KB197342

개인상담 ^{2판}

고기홍 저

Individual Counseling (2nd ed.)

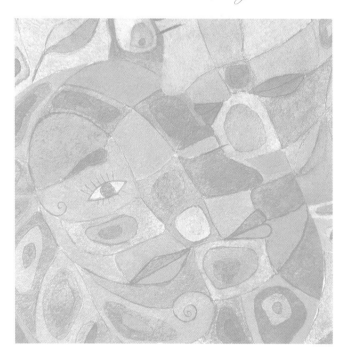

학지사

▦ 2판 머리말

상담에서 과학기반 실천이 요구되고 있다. 과학기반 실천은 원래 의학에서 시작된 근거기반 실천 운동에 기원해 있다. 즉, 1992년 캐나다 맥마스터 대학의 고든 기얏(Gordon Guyatt) 등이 '의학적 개입은 의견이 아닌 실증된 근거자료에 기반해서 해 나가자'는 제안을 하였고, 이런 제안이 의학계에 널리 받아들여지면서 근거기반 실천 운동이 시작되었다. 의학에서 시작된 근거기반 실천 운동은 의학을 넘어서 응용학문 전반으로 퍼져 나갔고, 나중에는 학문을 넘어 민간 기업이나 정부 등 공공기관 등으로도 확산되었다. 이런 근거기반 실천은 상담에도 큰 영향을 미치고 있는데, 현재 상담에서 근거기반 실천은 단순한 운동이 아니라 꼭 지켜야 하는 하나의 준칙(準則)으로 자리매김했다고 할 수 있다.

그런데 상담에서의 근거기반 실천은 몇 가지 문제를 지니고 있다. 가장 큰 문제는 근거기반 실천의 토대가 되는 실증적 근거자료가 부족하다는 것이다. 우리 상담 분야와는 달리 근거기반 실천이 시작된 의학 분야에서는 과학적 연구에 기반한 실증적 근거자료들이 하루에도 수백 편씩 쏟아져 나오고 있고, 이런 자료들이 오랜 기간 누적되면서 거대한 실증적 근거자료 데이터베이스를 만들어 왔다. 의사들은 근거기반 실천을 하고자 한다면 실증적 근거자료 데이터베이스에 접근할 수 있고, 이를 토대로 근거기반 실천들을 해 나갈 수 있다.

그러나 상담 분야는 사정이 달라서, 상대적으로 실증적 근거자료들이 매우 부족하다. 물론, 상담 분야에서도 적지 않은 실증적 근거자료들이 누적되어 왔지만, 상담 실무에서 근거기반 실천을 할 수 있을 만큼의 실증적 근거자료들이 누적되어 있는 것은 아니다. 이 때문에 상담 분야에서는 실증적 근거자료들을 활용해서 근거기반을 실천하려고 해도 현실적으로 한계가 있다.

이러한 근거기반 실천의 문제점을 보완하기 위해 일부 학자들은 과학기반 실천을 제안하고 있는데, 본 저자도 그들 중 한 사람이다. 학자들이 제안하는 상담에서의 과학기반 실천의 세부 내용은 다음과 같다.

첫째, 실증적 근거자료가 있을 때는 이를 토대로 상담개입을 해 나가야 한다.

둘째, 실증적 근거자료가 없을 때는 상담실무 경험자료, 즉 임상적 경험자료를 토대로 상담개입을 해 나가야 한다.

셋째, 과학적 절차에 따라 상담개입을 해 나가야 한다. 즉, '객관적 정보수집과 평가, 객관적 사례개념화와 검증 가능한 상담개입 가설의 수립, 객관적 상담계획의 수립, 상담계획에 따른 객관적 상담개입, 상담개입 결과의 객관적 측정, 과정과 결과에 대한 객관적 진위나 효과검증(정보수집과 평가, 개념화, 가설, 상담계획, 상담개입, 결과에 대한 진위나 효과검증)과 재과정, 객관적 이론 통합'과 같은 과학적 절차에 따라 상담개입을 해 나가야 한다.

이 책은 과학기반 실천을 토대로 구성하고자 노력하였다. 즉, 기존의 실증적 연구결과들을 이 책에 담고자 노력하였다. 예를 들면, 상담효과, 상담과정, 상담효과 요인, 상담 특수요인, 상담기제나 기법 등에 대한 실증적 연구결과들을 이 책의 내용에 담고자 하였다. 그리고 탁월한 선배 상담자들의 상담실무적 경험자료, 즉 임상적 경험자료들도 최대한 담고자 하였다. 더불어, 저자가 35년 넘게 해 온 개인상담 실무 경험자료, 그리고 대학이나 전문기관에서 개인상담 교육을 실시하면서 축적해 온 교육적 경험자료들도 최대한 담고자 하였다. 그리고 가능한 범위 내에서 과학적 절차를 고려하여 내용들을 구성하고자 하였고, 이후 구성 내용에 대한 진위나 효과검증을 할 수 있도록 진술하고자 노력하였다.

2판에는 1판에 없던 내용들을 많이 추가하였다. 구체적으로, '제2장 반응분석, 제9장 상담목표 설정, 제10장 저항처리, 제16장 추후지도'는 1판에서 다루지 않았던 내용으로, 2판에 새롭게 추가하였다. 이 중 제2장 '반응분석'에서는 이 책의 이론적 토대이자 저자의 개인적 상담이론 모형인 반응분석 이론에 대해 설명하였다. 즉, '반응분석의 전제조건, 상담문제론, 상담문제 원인론, 상담개입 방법론'에 대해 설명하였다. 이는『상담사례개념화와 반응분석』(고기홍, 2020)에 기술된 반응분석 상담이론 모형을 요약한 것이다. 그리고 제16장 '추후지도'에서는 상담종결 이후의 개인상담 서비스 사후관리에 대해 설명하였는데, 세부 내용으로 '추후지도 개념 정의, 추후지도 유형, 추후지도 목적과 목표, 추후지도 방법'에 대해 설명하였다. 이는 추후지도에 대한 과학적 연구자료나 임상적 경험자료가 부족한 현실을 고려해서 주변 상담전문가들의 도움을 받아 가능한 범위 내에서 추후지도를 자세히 설명하고자 노력하였다.

그리고 '제1장 개인상담, 제3장 상담 준비, 제4장 신청접수, 제5장 접수면접, 제6장 상담관계 형성, 제7장 문제 명료화, 제8장 문제 평가, 제11장 감정정화 및 일치, 제12장 이해 경험, 제13장 대안 설정, 제14장 행동 형성, 제15장 상담종결'은 1판에서도 다루었던 내용으로, 2판에서는 과학기반 실천을 토대로 수정·보완을 해서 기술하였다. 이들 중에 어떤 장은 많이 수정·보완을 하였고, 어떤 장은 일부만 수정·보완을 하였다.

이 책은 다음과 같은 목적으로 구성하였다. 즉, 상담실무 현장에서 도움이 필요한 내담자들에게 개인상담 서비스를 제공하고 있는 상담실무자들, 그리고 대학이나 대학원에서 열심히 개인상담을 배우고 있는 학생들, 그리고 정규교육을 받은 이후에 상담수련기관에서 개인상담 수련을 받고 있는 상담수련생들에게 전문적인 개인상담 실무과정을 안내 및 설명할 목적으로 구성하였다. 또한 대학이나 대학원에서 미래 한국의 상담을 이끌어 갈 상담전문 인력을 양성하고 계시는 교수님들에게 양질의 개인상담 교재를 제공할 목적으로 구성하였다. 관련된 분들에게 이 책이 도움이 될 수 있기를 바란다.

이 책이 출판되기까지 많은 스승님들, 그리고 선후배 상담전문가님들의 도움이 있었다. 또 늘 가까이 있으면서 전문적인 자문과 조언을 해 주는 정성란 교수님, 그리고 원고교정을 도와주다가 이제는 취업해서 큰 일꾼으로 변한 딸 예주, 힘든 군대를 제대하고 세상 경험을 한다며 워킹홀리데이를 하고 있는 아들 예성에게도 감사의 마음을 전한다. 그리고 이 책의 출판을 허락해 주신 김진환 사장님께 감사드린다. 또 먼길 마다 않고 찾아 주시고 출판계약을 도와주신 진형한 대리님, 또한 매우 섬세하게 원고 교정과 출판 실무를 담당해 주신 유은정 과장님께 진심으로 감사드린다.

2025년 1월
저자 고기홍

📑 1판 머리말

저자가 개인상담에 대한 교육을 실시한 지는 내년이면 20년이 된다. 이 책에는 1996년
부터 현재까지 근 20여 년간 개인상담 교육을 하면서 상담실무자, 대학원생, 상담수련생
들에게 가르쳤던 내용들이 고스란히 담겨 있다.

이 책은 대학이나 대학원, 그리고 상담교육 기관 및 단체에서 개인상담 실제를 가르치
는 교재로 사용할 수 있도록 구성하였다. 그동안 개인상담 실제에 대한 좋은 교재들이
많이 저술되어 왔다. 그러나 다른 교재들과 비교할 때 이 책은 다음과 같은 측면에서 가
치를 가지고 있다.

첫째, 이 책에는 개인상담의 전체 과정이 체계적으로 설명되어 있다. 즉, '신청접수와
접수면접'과 같은 본 상담 이전의 과정, '상담관계 형성, 문제 명료화, 문제 평가, 감정정
화 및 일치, 이해, 대안 설정, 행동 형성, 종결'과 같은 본 상담과정, 그리고 '사후관리와
추후지도'와 같은 본 상담 이후의 과정이 체계적으로 설명되어 있다.

둘째, 이 책에는 접수면접 과정이 자세히 설명되어 있다. 접수면접의 중요성을 강조하
는 문헌이나 상담교육자들은 많이 있다. 하지만 정작 접수면접을 구체적으로 어떻게 진
행해야 하는지에 대해 자세히 설명한 교재는 찾아보기 힘들다. 이 책에는 접수면접 과정
에 대해 자세히 설명되어 있다. 그리고 접수면접에서의 내담자 선별준거, 위기평가준거
등이 새롭게 제시되어 있다.

셋째, 이 책에는 상담관계 발달 모형이 기술되어 있다. 개인상담을 진행하려면 개인상
담 과정에서 일어나는 현상, 특히 시간의 흐름에 따라 변화하는 양상을 보이는 상담관계
발달에 대한 이해가 필요하다. 이 책에는 기존의 상담이론과 임상적 경험을 토대로 한
상담관계 발달 모형이 기술되어 있다.

넷째, 이 책에는 상담구조화에 대해 체계적으로 설명되어 있다. 기존의 책들에는 상담

구조화가 오리엔테이션이나 교육 중심의 협의의 상담구조화를 중심으로 설명되어 있는 반면, '탐색, 동의, 요구, 구축'과 같은 상담구조 안내나 교육 이후의 과정에 대한 설명은 거의 찾아보기 힘들다. 이 책에는 상담구조 안내나 교육 이후의 과정이 자세히 설명되어 있다.

다섯째, 이 책에는 중기상담 과정에 대해 체계적으로 설명되어 있다. 기존의 다른 책들을 보면 중기상담 과정이 생략되거나 지나치게 일반화된 형태로 기술되어 있는 경우가 많다. 이를 보완하기 위해 이 책에서는 방대한 상담이론과 연구, 그리고 상담실무 경험 등을 토대로 '감정정화 및 일치, 이해, 대안 설정, 행동 형성'의 네 가지 상담 처치를 도출하고, 이를 중심으로 중기상담 과정이 체계적으로 설명되어 있다.

여섯째, 이 책에는 관점변화 원리와 방법에 대해 체계적으로 설명되어 있다. 관점변화는 상담의 핵심원리이자 방법임에도 불구하고, 그동안 중요성이 낮게 평가되어 왔다. 물론 일부 상담이론에서는 관점변화 원리와 방법을 설명하고 있지만, 이들은 대부분 지나치게 지엽적으로 관점변화 원리와 방법을 설명하는 경향이 있다. 이 책에는 관점변화 원리와 방법이 공간조망, 시간조망, 가치조망, 기본가정으로 나누어 체계적으로 설명되어 있다.

일곱째, 이 책에는 양적 상담목표를 설정하는 원리와 방법에 대해 체계적으로 설명되어 있다. 상담에서 목표 설정은 매우 중요하다. 특히 질적 상담목표를 양적 상담목표로 전환하는 작업은 매우 중요한데, 이를 체계적으로 설명한 책은 찾아보기 힘들다. 이 책에는 구체적인 사례를 들어, 상담목표 설정 원리와 방법, 그리고 질적 상담목표를 양적 상담목표로 전환하는 작업들이 자세히 설명되어 있다.

여덟째, 이 책에는 통합적 자기관리 모형에 기반하여 개인상담 실제가 설명되어 있다. 저자는 개인상담에서 지향하는 성숙한 인간 모형은 자기관리를 하는 인간이라고 생각한다. 이 책에는 정신장애, 당면한 생활문제, 그리고 성장과제를 가진 내담자들에게 어떻게 자신과 환경을 건강하고 만족스러우며 성장지향적인 방향으로 스스로 관리를 해 나가도록 조력하는지에 대해 통합적 자기관리 모형에 근거하여 자세히 설명되어 있다.

이 책은 총 12장으로 구성되어 있다. 제1장부터 제6장까지는 초기상담에 대해 설명하였다. 제1장은 '상담 준비'에 대해 설명하고 있는데, 구체적으로 '상담자 자질, 상담면접 준비, 개인상담실의 물리적 환경 조성'을 설명하였다. 제2장은 '신청 접수'에 대해 설명하고 있는데, 구체적으로 '상담문의와 안내, 내담자 방문과 접수, 신청접수 후 조치, 신청접수 과정에서 고려해야 할 사항'을 설명하였다. 제3장은 '접수면접'에 대해 설명하고 있는데, 구체적으로 '접수면접 구조화, 정보수집, 선별 및 조치, 접수면접 마무리'를 설명하였다. 제4장은 '접수면접'에 대해 설명하고 있는데, 구체적으로 '접수면접 구조화, 정보수집, 선별 및 조치, 접수면접 마무리'를 설명하였다. 제5장은 '상담관계 형성'에 대해 설명하고 있는데, 구체적으로 '상담관계 발달, 상담구조화, 라포 형성'을 설명하였다. 제6장은 '문제 명료화'에 대해 설명하고 있는데, 구체적으로 '호소문제 명료화, 문제상황 명료화'를 설명하였다.

제7장부터 11장까지는 중기상담에 대해 설명하였다. 제7장은 '문제 평가'에 대해 설명하고 있는데, 구체적으로 '평가, 진단, 사례개념화, 상담계획'을 설명하였다. 제8장은 '감정정화'에 대해 설명하고 있는데, 구체적으로 '감정정화를 위한 상담관계 형성, 회상 · 재경험 · 표현 촉진, 일치 및 수용받는 경험의 촉진'을 설명하였다. 제9장은 '이해 경험'에 대해 설명하고 있는데, 구체적으로 '지적 이해의 촉진, 정서적 이해의 촉진'을 설명하였다. 제10장은 '대안 설정'에 대해 설명하고 있는데, 구체적으로 '소망 탐색, 대안 탐색, 목표 설정, 실행계획 수립'을 설명하였다. 제11장은 '행동 형성'에 대해 설명하고 있는데, 구체적으로 '행동 형성 원리, 능력 형성, 실행 촉진'을 설명하였다.

마지막으로 제12장은 종결상담에 대해 설명하였는데, 구체적으로 '종결논의, 상담평가, 상담 마무리 조치'를 설명하였다.

이 책은 저자와 박태수 교수님이 공동으로 저술했던 『개인상담의 실제』(박태수, 고기홍, 2007)를 기초로 작성하였다. 박태수 교수님은 오랫동안 제주대학교에서 후학들을 가르치다가 2013년에 대학교육 일선에서 물러나 국제명상센터를 운영하면서 영성수련과 상담을 지속하고 있다. 이 책은 박태수 교수님의 동의를 받아 저술하였는데, 사실 박태수 교수님의 지도에 힘입어 저술되었다고 해도 과언이 아니다. 이 책의 저술과 관련하여, 개인적인 여건을 고려하여 개별 교재를 쓰도록 허락해 주신 박태수 교수님께 진심으로 감사드린다.

그리고 제 인생의 동반자이고, 또 상담과 교육의 동역자인 정성란 교수께 감사를 드린다. 특히 정 교수는 이 책의 전체적인 내용을 하나하나 읽고 전문적 식견을 나누고 또 대안들을 제시해 주었다. 이 책을 쓰는 동안 정서적 도움을 준 사랑스럽고 자랑스러운 딸 예주와 아들 예성이에게도 고마운 마음을 전한다.

또한 멀리 있으면서도 늘 도움을 주시는 김경순 선생님, 송남두 선생님, 양정국 선생님께 감사드린다. 그리고 가까이서 늘 힘이 되어 주시는 정욱호 선생님, 설기문 선생님, 황혜자 선생님, 김성회 선생님, 김정희 선생님, 박기원 선생님, 또 정현희 학장님, 박재황 교수님, 조명실 교수님, 또 박희구 학장님, 최재성 전 학장님, 이석순 실장님께도 감사를 드린다.

　마지막으로 학지사의 김진환 사장님, 박용호 전무님, 그리고 김선영 과장님께 깊이 감사를 드린다.

2014년 8월
고기홍

📋 차례

제**1**장

개인상담

개인상담 개념 정의

Individual Counseling

현재 '상담'이란 용어는 매우 다양한 분야에서 사용되고 있다(양명숙 외, 2013; 이장호, 1982). 예를 들면, 교육, 의료, 복지, 법률, 판매, 경영, 금융, 종교, 예술, 산업체, 군대 등 거의 모든 분야에서 상담이란 용어가 사용되고 있다. 그런데 이 책에서 말하는 상담이란 일반 사회에서 통용되는 의미의 상담이 아니라 전문적 상담을 의미한다. 즉, 의료영역에서의 정신치료 또는 심리치료, 심리영역에서의 심리상담, 교육영역에서의 교육상담, 그리고 복지, 종교, 예술, 군대, 교정 영역에서의 공인된 전문적 상담을 의미한다.

전문적 상담은 분류준거에 따라 여러 가지 유형으로 구분할 수 있다. 예를 들면, '영역'에 따라 '정신치료(또는 심리치료), 상담, 생활지도'로 구분하기도 하고, 학문적 배경에 따라 '정신의학, 심리상담, 교육상담, 복지상담, 초월영성상담, 표현예술상담' 등으로 구분하기도 한다. 또한 '대상'에 따라 '아동상담, 청소년상담, 성인상담, 노인상담' 등으로 구분하기도 하고, '개인상담, 집단상담, 가족상담, 지역사회상담, 생태체계상담' 등으로 구분하기도 한다. 또한 '학파'에 따라 '정신분석, 행동상담, 인간중심상담, 실존상담 등으로 구분하기도 한다. 또한 '내용'에 따라 '성격상담, 대인관계상담, 비행상담, 진로상담, 학업상담, 중독상담, 위기상담' 등으로 구분하고도 한다. 또한 '방법'에 따라 '대면상담, 비대면상담'으로 구분하기도 하고, '면접상담, 전화상담, 서신상담, 채팅상담, 화상상담, 가상현실상담' 등으로 구분하기도 한다(김규식 외, 2013).

상기된 분류에 근거한다면, 개인상담은 상담의 한 유형에 불과하다. 그러나 개인상담은 상담의 다른 하위유형들과는 다른 의미를 지니고 있다. 즉, 개인상담은 하나의 하위유형이라고 하기보다는 다양한 하위유형들의 원형에 해당하거나, 상담 그 자체를 대표하는 상징에 가깝다. 따라서 상담자가 되려면 상담의 원형이라 할 수 있는 또는 상담을 대표하는 상징이라 할 수 있는 개인상담을 필수적으로 배우고 익혀야 할 것이다.

이 책의 목적은 개인상담 과정에 대해 설명하는 것이다. 그런데 본격적으로 개인상담 과정에 대해 설명하기에 앞서, 여기서는 개인상담의 개념을 정의하였다.

개인상담 개념 정의

　상담자 자신이 내담자에게 제공하는 상담서비스가 무엇인지에 대해 명확한 개념지식이 없이 상담자 역할을 수행한다는 것은 이치에 맞지 않는 일이다. 따라서 상담전문가라면 당연히 '자신이 내담자에게 제공하려는 상담에 대한 개념 정의'를 할 수 있어야 한다. 즉, 자신이 제공하려는 '상담목적, 상담대상, 상담목표, 상담방법' 등에 대해 명확하게 정의할 수 있어야 한다. 엄격한 시각으로 본다면, 이는 숙련된 전문가에게만 적용되는 것이 아니다. 초보상담자들이라도 일단 상담자 역할을 수행하고 있다면, 자신이 내담자에게 제공하는 상담서비스가 무엇인지에 대한 명확한 개념지식을 가지고 있어야 한다.

　여기서는 상담에 대한 개념 정의를 하였다. 독자들은 각자 자신이 가진 개념지식과 비교해 볼 수 있기를 바란다. 상담에 대한 개념 정의는 'Rogers(1952), Garfield(1995), Hill(2012), 정원식과 박성수(1978), 이형득(1992), 이장호(2011)'가 제시한 '기존의 상담에 대한 개념 정의를 분석'하는 일에서부터 시작하였다. 그리고 이러한 분석을 토대로 '개념 정의에 포함되어 있는 하위구성요소들을 도출'하였고, 도출된 하위구성요소들을 중심으로 '상담의 특성'을 정리하여 설명하였으며, 정리된 상담의 특성을 반영한 '상담에 대한 개념 정의'를 제시하였다.

　먼저 '기존의 상담에 대한 개념 정의'를 몇 가지 살펴보면, 아래의 〈표 1-1〉과 같다.

표 1-1   기존의 상담에 대한 개념 정의

- 치료자와의 안전한 관계에서 내담자가 과거에 부정했던 경험을 다시 통합하여 새로운 자기로 변화하는 과정이다(Rogers, 1952).
- 치료자와 내담자 간의 언어적인 상호작용을 통해서 치료자가 내담자로 하여금 어려움을 극복하도록 도와주는 것이다(Garfield, 1995).
- 한 사람이 다른 사람을 도와 감정을 탐색하고 통찰을 받고, 그 사람의 삶에서 변화를 이끌어 내도록 하는 것이다(Hill, 2012).
- 정상적인 사람을 대상으로 태도상의 문제와 심리적 갈등의 문제에 대하여 새로운 학습을 하도록 도움을 주는 과정이다(정원식, 박성수, 1978).
- 도움을 필요로 하는 개인, 즉 내담자와 전문적 훈련을 쌓아 조력자로서의 자격을 갖춘 상담자와의 사이에 이루어지는 하나의 조력관계의 과정이다(이형득, 1991).
- 도움을 필요로 하는 사람이, 전문적 훈련을 받은 사람과의 대면관계에서, 생활과제의 해결과 사고 · 행동 및 감정측면의 인간적 성장을 위해 노력하는 학습과정이다(이장호, 2011).

Rogers(1952)는 상담을 '치료자와의 안전한 관계에서 내담자가 과거에 부정했던 경험을 다시 통합하여 새로운 자기로 변화하는 과정이다.'라고 정의하였는데, 이를 분석하여 재정리하면 다음과 같다.

- 주체: 내담자
- 목적 및 목표: 새로운 자기로 변화
- 전략: 상담자(치료자)와의 안전한 관계에서 내담자가 과거에 부정했던 경험을 다시 통합하는 과정

그리고 Garfield(1995)는 '치료자와 내담자 간의 언어적인 상호작용을 통해서 치료자가 내담자로 하여금 어려움을 극복하도록 도와주는 것이다.'라고 정의하였는데, 이를 분석하여 재정리하면 다음과 같다.

- 주체: 상담자(치료자)
- 대상: 어려움을 가진 내담자
- 목적 및 목표: 내담자 어려움 극복
- 전략: 상담자(치료자)와 내담자 간의 언어적인 상호작용, 어려움 극복하도록 도와주는 것

그리고 Hill(2012)은 상담을 '한 사람이 다른 사람을 도와 감정을 탐색하고 통찰을 받고, 그 사람의 삶에서 변화를 이끌어 내도록 하는 것이다.'라고 정의하였는데, 이를 분석하여 재정리하면 다음과 같다.

- 주체: 상담자(한 사람)
- 대상: 내담자(다른 사람)
- 목적 및 목표: 감정 통찰, 삶에서 변화
- 전략: 도움, 감정 탐색, 삶에서 변화를 이끌어 냄

정원식과 박성수(1978)는 상담을 '정상적인 사람을 대상으로 태도상의 문제와 심리적 갈등의 문제에 대하여 새로운 학습을 하도록 도움을 주는 과정이다.'라고 정의하였는데, 이를 분석하여 재정리하면 다음과 같다.

- 대상: 정상적인 사람, 태도상의 문제를 가진 사람, 심리적 갈등의 문제를 가진 사람
- 목적 및 목표: 태도상의 문제와 심리적 갈등의 문제에 대한 새로운 학습

- 전략: 도움을 주는 과정

그리고 이형득(1991)은 상담을 '도움을 필요로 하는 개인, 즉 내담자와 전문적 훈련을 쌓아 조력자로서의 자격을 갖춘 상담자와의 사이에 이루어지는 하나의 조력관계의 과정이다.'라고 정의하였는데, 이를 분석하여 재정리하면 다음과 같다.

- 주체: 내담자(도움을 필요로 하는 개인), 상담자(전문적 훈련을 쌓아 조력자로서의 자격을 갖춘 자)
- 전략: 내담자와 상담자와의 사이에 이루어지는 하나의 조력관계의 과정

이장호(2011)는 상담을 '도움을 필요로 하는 사람이 전문적 훈련을 받은 사람과의 대면관계에서 생활과제의 해결과 사고 · 행동 및 감정측면의 인간적 성장을 위해 노력하는 학습과정이다.'라고 정의하였는데, 이를 분석하여 재정리하면 다음과 같다.

- 주체: 도움을 필요로 하는 사람
- 목적 및 목표: 생활과제의 해결, 사고 · 행동 및 감정측면의 인간적 성장
- 전략: 상담자와의 대면관계에서, 생활과제의 해결과 인간적 성장을 위해 노력하는 학습과정

이상의 상담에 대한 개념 정의들을 종합하면, 개념 정의에는 5가지 항목, 즉 '상담주체, 상담대상, 상담목적, 상담목표, 상담전략'이 포함된다는 것을 알 수 있다. 여기서는 상기된 다섯 가지 항목을 중심으로 상담의 특성을 살펴보고 나서, 이 특성을 토대로 '상담에 대한 개념 정의'를 하였다.

상담주체   상담의 개념 정의에 포함된 첫 번째 항목은 상담주체이다. 기존의 상담 정의들을 분석하여 재구성하면, 상담의 주체는 '상담자, 내담자, 상담자와 내담자'라고 할 수 있다. 먼저, 일부 학자들은 상담의 주체를 '상담자'로 규정한다. 이들은 상담은 전문적 분야이고, 이 때문에 상담은 전문적 상담에 대한 공인된 교육을 받아 자격과 능력을 갖춘 상담자가 주체가 되어 전문적 상담서비스를 제공해 나가야 한다는 측면에서, 상담의 주체를 상담자로 규정한다.

반면, 일부 학자들은 상담의 주체를 '내담자'로 규정한다. 이들은 내담자는 문제를 경험하고 있는 주체이고, 자신의 문제를 해결하기 위해 상담자에게 직접 또는 간접적으로

도움을 요청하는 주체이며, 비록 상담사의 도움을 받더라도 결국 내담자 자신이 문제를 해결해 나가는 실제적인 주체라는 측면에서 상담의 주체를 내담자로 규정한다. 이들은 보통 상담의 주체는 내담자이기 때문에 상담과정에서 내담자는 주력자(主力者)가 되어야 하고, 상담자는 조력자(助力者)가 되어야 한다고 주장한다.

또 다른 학자들은 상담의 주체를 '상담자와 내담자'로 규정한다. 이들은 전문적 상담 서비스 제공 측면에서 상담의 주체는 상담자이고, 동시에 문제소유나 상담요청이나 문제해결 당사자라는 측면에서 상담의 주체는 내담자라고 규정한다. 즉, 상담자와 내담자 둘 다 상담의 주체라고 규정한다. 그리고 현대 상담은 일반적으로 상담의 주체를 '상담자와 내담자'라고 규정하는 것을 더 지지하는 경향이 있다.

상담대상   상담의 개념 정의에 포함된 두 번째 항목은 상담대상이다. 기존의 상담 정의들을 분석하여 재구성하면, 상담대상은 '정신장애나 당면한 생활문제나 성장과제와 관련된 도움을 필요로 하는 내담자들'이다.

구체적으로 말하면, 먼저 상담대상은 정신장애를 가진 내담자들이다. 즉, 우울장애, 불안장애, 강박장애, 외상후 스트레스 장애, 성격장애 등과 같은 정신장애가 발생하고, 이러한 정신장애에 대한 심리치료적 도움을 필요로 하는 자들 중에서 실제로 상담실을 방문한 내담자들이 상담대상이다.

또한 상담대상은 당면 생활문제를 가진 내담자들이다. 즉, 진로 의사결정 문제, 성적 저하 문제, 인간관계 갈등 문제, 분노문제, 폭력피해 문제 등과 같은 당면 생활문제가 발생하고, 이러한 당면 생활문제의 해결에 대한 전문적 도움을 필요로 하는 자들 중에서 실제로 상담실을 방문한 내담자들이 상담대상이다.

또한 상담대상은 성장과제를 가진 내담자들이다. 즉, 더 나은 삶을 살아가는 데 필요한 의사소통 능력의 증진, 자기주장 능력의 형성, 공부방법의 습득과 성적 향상, 가치관의 정립, 도덕성의 증진, 인성의 계발, 지도성의 함양 등과 같은 성장과제를 설정하고, 이러한 성장과제의 성취에 대한 전문적 도움을 필요로 하는 자들 중에서 실제로 상담실을 방문한 내담자들이 상담대상이다.

한편, 상담대상은 개인을 넘어서 집단, 가족, 지역사회까지 확대될 수도 있다. 가령, 집단상담의 대상은 정신장애나 당면 생활문제나 성장과제를 가진 구성원들로 이루어진 소집단이다. 또 가족상담의 대상은 가족구조나 기능이나 발달상의 당면 문제나 성장과제를 가진 가족이다. 또한 지역사회상담의 대상은 사회구조나 기능이나 발달상의 당면 생활문제나 성장과제를 가진 지역사회의 기관이나 단체나 시설, 또는 제도, 법이나 사회 규범, 사회문화 등이다.

상담목적　상담의 개념 정의에 포함된 세 번째 항목은 상담목적이다. 기존의 상담 정의들을 분석하여 재구성하면, 상담목적은 '정신장애의 심리치료, 당면한 생활문제의 해결, 성장과제의 성취'라고 할 수 있다. 일반적으로 목적이란 '어떤 행위를 하는 이유' 또는 '어떤 행위가 지향하는 방향'을 의미한다. 이를 토대로 하면 상담목적이란 '상담을 하는 이유' 또는 '상담이 지향하는 방향'을 의미한다.

앞에서 상담대상을 '정신장애나 당면한 생활문제나 성장과제를 가진 자'로 규정했었다. 이러한 상담대상에 대한 진술에서 상담 이유나 상담 지향 방향, 즉 상담목적을 찾아낸다면, ① 정신장애를 가진 자들에 대한 상담목적은 정신장애를 심리치료하는 것이라 할 수 있다. 그리고 더 나아가 정신장애를 사전에 예방하거나 심리치료 후에 재발을 예방하는 것이라 할 수 있다. ② 당면한 생활문제를 가진 자들에 대한 상담목적은 당면한 생활문제를 해결하는 것이라 할 수 있다. 그리고 더 나아가 생활문제를 사전에 예방하거나 문제해결 후에 재발을 예방하는 것이라 할 수 있다. ③ 성장과제를 가진 자들에 대한 상담목적은 성장과제를 성취해서 학습과 성장을 달성하는 것이라고 할 수 있다.

상담목표　상담의 개념 정의에 포함된 네 번째 항목은 상담목표이다. 기존의 상담 정의들을 분석하여 재구성하면, 상담목표는 '① 정신장애 증상행동의 제거나 감소 그리고 대안행동의 형성이나 증가, 또는 ② 당면 생활문제의 문제행동의 제거나 감소 그리고 대안행동의 형성이나 증가, 또는 ③ 성장과제의 학습행동의 형성이나 증가'라고 할 수 있다.

일반적으로 상담목표란 '상담대상에게 상담개입을 실시하고, 그러한 상담개입의 결과로서 산출하고자 하는 상담대상의 바람직한 변화에 대한 진술'이다. 여기서 상담대상의 변화란 '행동(또한 양식, 성격)의 변화'를 의미한다. 즉, 정신장애를 가진 자의 증상행동(또한 양식, 성격), 당면한 생활문제를 가진 자의 문제행동(또한 양식, 성격), 성장과제를 가진 자의 학습행동(또한 양식, 성격)의 변화를 의미한다. 그리고 상담대상의 바람직한 변화란 '역기능 행동(또한 양식, 성격)이 제거되거나 감소하고 대신 대안적인 순기능 행동(또한 양식, 성격)이 형성되거나 증가하는 것'을 의미한다.

좀 더 구체적으로 말하면, 정신장애를 가진 자를 상담할 경우, 상담목표는 '정신장애 증상행동(또한 양식, 성격)이 제거되거나 감소하고 대안행농(또한 양식, 성격)이 형성되거나 증가하는 것'이다. 그리고 당면한 생활문제를 가진 자를 상담할 경우, 상담목표는 '생활문제의 문제행동(또한 양식, 성격)이 제거되거나 감소하고 대안행동(또한 양식, 성격)이 형성되거나 증가하는 것'이다. 또한 성장과제를 가진 자를 상담할 경우, 상담목표는 '성장과제의 학습행동(또한 양식, 성격)이 형성되거나 증가하는 것'이다.

한편, 개인상담에서 관련인의 행동 변화, 그리고 가족, 학교나 직장, 지역사회의 구조나 기능의 변화는 1차적 상담목표가 아닌 2차적 상담목표라고 할 수 있다.

상담전략　　상담의 개념 정의에 포함된 다섯 번째 항목은 상담전략이다. 기존의 상담 정의들을 분석하여 재구성하면, 상담전략은 '객관성, 이론적 접근, 접근방법, 주도성, 변화대상, 원리와 과정, 상담절차 측면'으로 나눠서 설명할 수 있다.

첫째, 객관성 측면에서 상담전략은 효과가 과학적으로 검증된 상담전략을 선택하거나 사용할 것을 권장한다. 이와 관련해서, 최근 상담에서도 근거기반 실천이 요구되고 있는데, 이 근거기반 실천에서는 상담전략을 선택해서 사용할 때 그 효과가 과학적으로 검증된 상담전략을 선택해서 사용할 것을 권장한다. 그런데 안타깝게도 상담분야에서는 그동안 상담전략의 효과를 충분히 검증해 오지 못했다. 어떤 상담전략들은 그 효과가 과학적으로 이미 검증되었지만 또 다른 다수의 상담전략들은 그 효과가 과학적으로 검증되지 않았다. 이 때문에 과학적으로 검증된 상담전략들만 사용해서 상담을 해 나가는 것은 현실적으로 한계가 있다. 이런 문제점을 해결하는 한 가지 방법은 상담을 과학적 연구절차에 따라 진행하는 것이다. 즉, 상담을 과학적 연구절차에 따라 진행하면서, 검증되지 않은 상담전략들을 상담과정에서 검증해 나가는 것이다. 예를 들어, 특정 문제에 A상담전략을 적용하고자 한다면, 먼저 가설을 다음과 같이 수립할 수 있다. 즉, 'A상담전략을 사용하면 ○○문제행동이 감소할 것이다.'라는 가설을 수립할 수 있다. 그리고 나서, 이 가설에 따라 상담계획을 수립하고, 수립한 상담계획에 따라 상담을 실시한 후, 그 결과를 관찰 및 측정하고, 이렇게 관찰 및 측정한 결과를 토대로 이전에 수립한 가설의 진위를 판단하고, 만약 가설이 맞다면, 상담전략을 계속 사용하고, 가설이 틀렸다면, 다시 대안 상담전략을 찾아서 상기된 검증절차를 반복함으로써 검증된 상담전략이 부족해서 발생하는 문제점들을 해결해 나갈 수 있다.

둘째, 이론적 접근 측면에서 상담전략은 '전통적 접근, 절충적 접근, 통합적 접근 전략'으로 구분할 수 있다. 먼저, ① 전통적 접근이란 프로이트의 정신분석, 로저스의 인간중심, 펄스의 게슈탈트 등과 같이 과거 상담권위자들에 의해 상담이론이 개발되어 현재까지 전수되고 있는 역사와 전통을 지닌 이론적 접근이다. 상담자는 이론적 접근 측면에서 전통적 접근을 선택해서 상담을 해 나갈 수 있다. ② 절충적 접근이란 상담자가 2개 이상의 전통적 접근의 하위내용들을 조합해서 상담에서 사용하는 이론적 접근이다. 즉, 절충적 접근은 상담자가 자신의 이론을 개발하지 않은 상태에서 2개 이상의 전통적 접근의 개념체계, 상담문제 분류체계, 상담문제 원인 설명체계, 상담목표, 상담과정, 상담기법 등의 하위요소들을 큰 변형 없이 주어진 상황조건이나 각각의 내담자에 맞춰 이것저것 조합해서 사용하는 이론적 접근이다. 상담자는 이론적 접근 측면에서 이런 절충적 접근을 선택해서 상담을 해 나갈 수 있다. ③ 통합적 접근이란 2개 이상의 전통적 접근을 합쳐서 새로운 형태의 통합적 상담이론을 만들고, 이 새롭게 만든 통합적 상담이론을 토대로 상담을 해 나가는 이론적 접근이다. 상담자는 이론적 접근 측면에서 이런 통합적 접근을 선택해서 상담을 해 나갈 수 있다.

셋째, 접근방식 측면에서 상담전략은 '대면, 전화, 서신, 온라인 화상, 가상현실 전략'으로 구분할 수 있다. 먼저, ① 대면방식은 상담자와 내담자가 대면해서 상담하는 방식이다. 그리고 대면 방식은 내담자가 상담실로 방문하도록 하는 '내방 대면 방식'으로 할 수도 있고, 상담자가 내담자 있는 곳으로 찾아가는 '방문 대면 방식'으로 할 수도 있다. ② 전화방식은 상담자와 내담자가 전화를 통해서 상담하는 방식이다. ③ 서신방식은 상담자와 내담자가 서신이나 이메일이나 문자를 주고받으면서 상담하는 방식이다. ④ 온라인 화상 방식은 온라인 화상 프로그램을 통해서 상담하는 방식이다. ⑤ 가상현실 방식은 온라인이나 오프라인 가상현실 프로그램을 통해서 상담하는 방식이다. 상담자는 접근방식 측면에서 대면, 전화, 서신, 온라인 화상, 가상현실 방식 중에서 상황에 맞는 방식을 선택해서 상담을 해 나갈 수 있다.

넷째, 주도성 측면에서 상담전략은 '주력 전략과 조력 전략'으로 구분할 수 있다. 먼저, 주력(主力) 전략은 상담자가 주체가 되어 내담자를 이끄는 전략이다. 주력 전략은 상담자가 내담자 중심보다는 상담자 중심, 비지식적 접근보다는 지시적 접근을 더 선호할 때, 그리고 상담자가 특정 문제에 대한 전문적 지식과 능력 그리고 상담경험을 가지고 있을 때 사용할 수 있는 전략이다. 또한 주력 전략은 내담자가 스스로 문제를 해결할 수 있는 능력이나 상담동기가 부족할 때, 상담시간의 부족 등과 같이 불안정한 상담조건에 있을 때 사용할 수 있는 전략이다.

반면, 조력(助力) 전략은 내담자가 주체가 되어 스스로 문제해결과 성장을 해 나갈 수 있도록 상담사가 내담사에게 도움을 제공하는 전략이다. 조력 전략은 다음과 같은 전제를 가지고 있다. 즉, '내담자는 문제를 소유하고 있는 당사자이고, 또한 소유한 문제를 해결해 나가야 하는 당사자이다. 또한 내담자는 스스로 문제해결과 성장을 해 나갈 수 있는 잠재능력을 가지고 있는 존재이다.'라는 전제를 가지고 있다. 상담자는 조력 전략을 사용하여, 내담자가 스스로 문제해결과 성장을 해 나갈 수 있도록 도울 수 있다. 즉, 내담자가 주체가 되어 스스로 자신의 문제를 인식하고, 스스로 문제의 원인을 탐구하여 이해하며, 스스로 대안을 탐구하여 설정하고, 스스로 대안을 실천해서, 스스로 문제해결과 성장을 해 나가도록 돕는 데 조력 전략을 사용할 수 있다.

다섯째, 변화대상 측면에서 상담전략은 '개인의 반응 변화, 반응양식 변화, 성격의 변화 전략'으로 구분할 수 있다. 일반적으로 상담의 일차적 변화대상은 환경이 아니라 내담자의 반응, 반응양식, 성격이다. 즉, 상담은 변화대상 측면에서 개인을 변화시키는 전략, 특히 개인의 내현반응이나 외현반응, 그리고 능력이나 습관을 포함한 반응양식, 그리고 자아를 포함한 성격을 변화시키는 전략을 우선적으로 사용한다. 이렇게 개인의 반응, 반응양식, 성격을 변화시키려는 전략을 내재화 전략이라 한다.

좀 더 구체적으로 설명하면, ① 반응은 내현반응과 외현반응으로 구분할 수 있다. 여기서 내현반응은 신체반응 그리고 감각지각, 기억, 상상, 감정, 사고, 욕구, 인식, 의지, 조절, 선택, 계획, 방어기제 등을 포함한다. 그리고 외현반응은 형태, 동작, 언어표현, 행동수행 등을 포함한다. 상담에서는 이러한 반응의 바람직한 변화를 추구한다. ② 반응양식은 어떤 반응이 반복 및 재연될 때 이런 반복 및 재연을 불러일으키는 내적인 요소를 지칭하기 위해 만들어 낸 구성개념이다. 상담에서는 이러한 반응양식의 바람직한 변화를 추구한다. ③ 성격은 특정 반응들의 군집이 일반화되어 반복 및 재연될 때 이런 반복 및 재연을 불러일으키는 내적으로 굳어진 성질을 지칭하기 위해 만들어 낸 구성개념이다. 상담에서는 이러한 성격의 바람직한 변화를 추구한다.

상담, 특히 개인상담에서 내담자 문제의 관련인, 가족, 학교나 직장, 지역사회 등의 외부환경은 이차적 변화 대상이다. 이런 외부환경을 변화시키려는 전략을 외재화 전략이라 한다. 상담, 특히 개인상담에서는 내담자의 반응, 반응양식, 성격의 바람직한 변화를 촉진할 목적으로 보조수단으로서 외재화 전략을 사용할 수 있다. 물론 체계의 구조, 기능, 발달의 바람직한 변화를 촉진하고자 하는 가족상담이나 지역사회상담 등의 경우에는 체계의 구조, 기능, 발달의 바람직한 변화를 우선적으로 추구하며, 이런 경우에는 외재화 전략이 주된 상담전략으로 사용된다.

여섯째, 상담원리와 과정 측면에서 상담전략은 '심리치료, 문제해결, 학습 전략'으로 구분할 수 있다. 먼저, ① 상담에서는 심리치료 전략을 사용한다. 즉, '심리평가와 진단, 심리치료 계획 수립, 심리치료 실시, 심리치료 평가' 등의 과정을 거치는 심리치료 전략을 사용한다. ② 상담에서는 문제해결 전략을 사용한다. 즉, '문제 인식과 선정, 문제원인 분석, 문제해결 방안 개발, 문제해결 방안 실행, 문제해결 평가' 등의 과정을 거치는 문제해결 전략을 사용한다. ③ 상담에서는 학습 전략을 사용한다. 즉, '요구 분석, 학습계획 수립, 학습 지도, 학습 평가' 등의 과정을 거치는 학습 전략을 사용한다. 참고로 상담에서 '자기주도 학습방식, 대인관계 학습방식, 과정학습방식, 경험학습방식' 등을 많이 사용한다.

일곱째, 상담절차 측면에서, 상담전략은 '본 상담 이전의 신청접수, 접수면접, 그리고 본 상담의 상담관계 형성, 문제 명료화, 문제평가, 상담목표 설정, 상담계획 수립, 상담처치, 상담종결, 그리고 본 상담 이후의 추후지도' 순으로 진행한다. 그리고 상담절차에서 특정 개입은 상담성과와 유의미한 상관이 있는 것으로 알려지고 있다. 예를 들면, ① 신청접수 과정의 적극적 돌봄과 배려, ② 접수면접 과정의 선별, 고지된 동의, 배정, ③ 본 상담과정의 라포 형성, 상담구조화, 호소문제 명료화, 상담목표 설정, 상담사례 개념화, 상담계획 수립, 감정정화, 일치 경험, 반응과 반응양식과 성격 탐색과 이해, 대안 탐색와 설정, 대안행동 수행 능력 형성, 대안행동 실행과 습관 형성, 상담과정과 결과 평가, 상담마무리 조치, ④ 본 상담 이후의 추후지도 등의 개입들은 상담성과와 유의미한 상관이 있는 것으로 알려지고 있다.

이상의 내용들을 종합하면 상담은 아래와 같이 개념 정의를 할 수 있다.

공인된 교육을 받아 자격과 능력을 갖춘 상담자가 정신장애나 당면 생활문제나 성장과제와 관련된 도움을 필요로 하는 내담자들을 대상으로 검증된 상담방법 또는 검증 가능한 상담방법을 사용하여 반응, 반응양식, 그리고 성격의 바람직한 변화를 돕고, 이를 통해 정신장애의 치료나 당면 생활문제의 해결이나, 성장과제의 성취를 촉진해 나가는 전문적인 조력 과정이다.

상기된 상담 정의를 분석하면 다음과 같다.
• 주체: 공인된 교육을 받아 자격과 능력을 갖춘 상담자
• 대상: 정신장애나 당면 생활문제나 성장과제와 관련된 도움을 필요로 하는 내담자

- 전략: 검증된 상담방법 또는 검증 가능한 상담방법
- 목표: 반응, 반응양식, 그리고 성격의 바람직한 변화
- 목적: 정신장애의 치료, 당면 생활문제의 해결, 성장과제의 성취
- 규정: 전문적인 조력 과정

Individual Counseling

제 2장

반응분석

Individual Counseling

이 책의 이론적 배경은 반응분석(反應分析 Response Analysis)
이다. 반응분석은 저자가 쓴『상담사례 개념화와 반응분석』
(고기홍, 2020)에 기술된 상담이론 모형이다. 이 장에서는 반응분석을 전제조건, 상담문
제론, 상담문제 원인론, 상담개입 방법론으로 구분하여 설명하였다.

1. 전제조건

상담이론들은 전제조건을 가지고 있다. 반응분석도 다른 상담이론들처럼 전제조건을
가지고 있다. 반응분석의 주된 전제조건들은 아래와 같다.

첫째, 현대상담의 주류는 절충통합적 접근이다. 내담자들은 절충통합적 접근을 더 많
이 요구하고 있고, 상담자들은 자신의 이론적 정체성과 상관없이 주로 절충통합적 접근
을 하고 있다. 절충통합적 접근의 대표적인 모형은 생물심리사회적 모형과 취약성 스트
레스 모형이다. 그리고 반응분석(反應分析, Response Analysis)도 절충통합적 접근 모형 중
하나이다.

둘째, 상담의 대상은 정신장애나 당면 생활문제나 성장과제를 가진 자들이다. 그리고
이들 중에서 본인이나 관련인이나 관련기관이 상담 필요성을 인식하고 상담을 요청하면
상담대상이 된다.

셋째, 상담은 효과가 있다. 하지만 상담은 효과가 없는 경우도 있고, 심지어 피해가 발
생하는 경우도 있다.

넷째, 상담은 과학기반 접근이 요구되고 있다. 즉, 상담효과가 실증된 자료에 근거하
여 상담 서비스를 결정 및 수행해 나가되, 실증된 근거자료가 없을 경우에는 과학적 검
증이 가능한 방법과 절차를 토대로 상담개입을 해 나가는 것이 요구되고 있다.

다섯째, 상담은 내담자의 반응과 반응양식과 성격의 바람직한 변화를 우선적으로 지
향한다. 즉, 상담은 외부환경이나 타인의 변화가 아닌 내담자 자신의 반응(외현행동과 내
현반응)과 반응양식과 성격의 바람직한 변화를 우선적으로 지향한다.

여섯째, 문제행동은 단일원인이 아니라 다중원인에 의해 형성 및 유지된다. 즉, 정신장애의 증상행동, 당면 생활문제의 문제행동이나 대안행동, 성장과제의 학습행동이나 성장행동 등의 문제행동은 생물적·심리적·사회적·발달적 다중원인에 의해 형성 및 유지된다. 좀 더 구체적으로 말하면, ① 유전과 유전인자의 발현, ② 초기 발달사건과 경험, ③ 과거 학습사건과 경험, 그리고 ④ 현재의 신경생리의 구조적 결손이나 기능의 장애와 같은 신경생리적 취약성, ⑤ 역기능적인 성격이나 반응양식 그리고 자아의 인식과 조절기능의 약화와 같은 심리적 취약성, ⑥ 가족이나 지역사회의 구조적 결손이나 기능의 장애, 지지체계의 부족 등과 같은 사회적 취약성, 그리고 ⑦ 문제행동을 촉발하는 선행사건이나 문제행동을 강화하는 후속사건, 그리고 ⑧ 문제행동과 관련된 역기능적인 감각지각, 기억, 상상, 감정, 사고, 욕구, 인식, 의지, 선택, 계획, 방어기제 등의 내현반응, 그리고 ⑨ 문제행동과 관련된 역능적인 형태, 동작, 언어표현, 수행 등의 외현행동, 그리고 ⑩ 문제행동과 관련된 역기능적 의사소통, 역할, 위계질서, 경계, 규칙 등의 대인관계 상호작용, 그리고 ⑪ 문제행동과 관련된 발달단계와 미해결 발달과제나 당면 발달과제 등과 같은 다중원인에 의해 문제행동은 형성 및 유지된다.

일곱째, 문제행동을 변화시키기 위한 상담개입은 다중적 접근이 요구된다. 즉, 문제행동의 원인이 다중원인이기 때문에 상담개입도 신체적 접근(신경생리 구조와 기능, 약물과 음식, 운동, 휴식과 수면 등), 심리적 접근(내현반응, 외현행동, 반응양식, 성격, 자아기능 등), 사회적 접근(의사소통, 역할, 위계, 경계, 규칙, 그리고 가족구조와 기능, 그리고 사회적 지지체계 등), 발달적 접근(미해결 발달과제, 당면 발달과제 등), 환경적 접근(선행사건, 후속사건, 또는 극한 사건, 생활변화 사건, 잔일거리 사건) 등을 모두 고려하는 다중적 접근이 요구된다. 물론 다중적 접근을 고려하지만 실제는 단일접근을 할 수도 있다. 예를 들면, 내인성 우울의 경우, 다중접근을 고려하지만 실제는 단일접근으로 정신과에 의뢰해서 약물치료를 우선하게 할 수 있다. 또 생활변화 스트레스와 관련된 외인성 우울의 경우에도 다중적 접근을 고려하지만 실제는 단일접근으로 운동을 하게 하거나, 아니면 단일접근으로 감정정화를 통해 억압된 기억의 회상과 재경험 그리고 감정의 발산을 우선하게 할 수도 있다.

여덟째, 상담효과와 가장 밀접한 요인은 내담자, 상담자, 상담자와 내담자 상호작용, 핵심 상담처치 등이다. 즉, '내담자의 상담인식과 동기, 호소문제의 내용과 심각성, 문제태도, 반응양식, 성격과 자아의 인식과 조절기능, 치료나 해결이나 학습과 성장 잠재력 등의 내담자 요인', 그리고 '상담자의 전문적 자질이나 인간적 자질 등의 상담자 요인', 그리고 '내담자 선별, 배성과 의뢰, 상담관계 형성, 서항처리, 전이처리 등의 상담사와 내담자 상호작용 요인', 그리고 '감정정화 및 일치, 이해, 대안 설정, 행동 형성의 핵심 상담처치' 등은 상담효과와 밀접한 상관이 있다.

아홉째, 상담의 주된 전략 중에 하나는 학습 전략이다. 상담의 학습 전략은 구체적으로 '자기주도 학습 전략, 경험학습 전략, 대인관계 학습 전략, 과정학습 전략, 고전적 조건화 전략, 조작적 조건화 전략, 사회학습 전략, 인지학습 전략' 등을 포함한다.

열째, 상담의 주체는 상담자와 내담자이다. 즉, '전문적인 상담서비스를 제공하는 주체'는 상담자이다. 반면, '문제에 직면해 있고, 직면해 있는 문제를 해결해 나가야 할 주체'는 내담자이다.

2. 상담문제론

문제의 사전적 의미는 '해답을 요구하는 물음' 또는 '해결하기 어렵거나 난처한 대상 또는 그런 일'이다(국립국어원, 2024). 그런데 상담에서 다루는 상담문제란 '상담자와 내담자가 상담에서 다루기로 합의한 문제'이다. 이러한 상담문제는 다음과 같은 가정들을 포함하고 있다. 즉, '① 내담자는 부정적 상태에 있다. 이로 인해 ② 부정적 상태에서 벗어나 긍정적 상태가 되기를 바라고 있다. 그러나 아직 ③ 바라는 상태를 성취하지 못한 상태에 있다. 이로 인해 ④ 내담자에게 현상, 문제, 원인, 방법 등에 대한 의문이 발생했다. 그러나 아직 ⑤ 내담자는 발생한 의문의 답을 찾지 못한 상태에 있다. 그리고 이런 상태에서 ⑥ 내담자는 상담을 신청해서 현재 상담을 받고 있는 중이다. 그리고 ⑦ 상담 과정에서 상담자와 내담자는 특정 문제를 상담에서 다루기로 합의한 상태에 있다.'라는 가정들을 포함하고 있다.

상담에서 다루는 문제는 '호소문제, 이면문제, 상담문제'의 세 가지 하위문제로 구분을 할 수 있다. 즉, '내담자가 호소하는 호소문제, 내담자가 호소하지는 않았지만 상담자가 파악한 이면문제, 상담자와 내담자가 합의해서 상담에서 다루기로 합의한 상담문제'의 세 가지로 구분할 수 있고, 이를 좀 더 자세히 설명하면 다음과 같다.

1) 호소문제

상담에서 다루는 문제의 첫 번째 형태는 호소문제이다. 호소문제는 '내담자 또는 관련인이 상담장면에서 호소한 문제들', 그리고 호소한 문제들 중에서 '내담자 또는 관련인이 상담에서 우선적으로 다루어 달라고 호소한 문제'를 의미한다. 일반적으로 호소문제는 '내담자의 언어표상과 표현'에 의해 규정된다. 즉, 내담자가 자신의 문제에 대해 생각을 한 후, 언어표상 과정을 통해 자신의 문제를 지칭하는 단어나 문장을 구성하고, 이를 실제 말이나 글로 표현한 내용에 의해 호소문제가 규정된다. 물론 내담자 호소문제에 대한 상담자의 개념화 과정이 호소문제를 규정하는 데 관여되는 것은 사실이다. 하지만 이는 이차적인 과정이다. 일차적인 과정에서 호소문제를 규정하는 것은 내담자의 언어표상과 표현이다.

예를 들면, 내담자가 구두언어로 호소한 문제들, 또는 내담자가 구두언어로 호소한 문제들 중에서 우선적으로 다루어 달라고 요청한 문제가 호소문제에 해당한다. 또한 상담 신청서의 상담받고 싶은 문제를 표시하거나 직접 쓰도록 한 난에 표시되어 있거나 쓰여 있는 문제들이 호소문제에 해당한다. 그리고 부모가 자녀의 상담을 의뢰할 경우, 부모가 자녀의 문제라고 구두언어로 호소한 문제들, 또는 부모가 호소한 문제들 중에서 우선적으로 다루어 달라고 요청한 문제가 호소문제에 해당한다. 또 보호관찰소에서 비행청소년 상담을 의뢰할 경우, 보호관찰관이 의뢰하면서 해당 청소년의 문제라고 구두언어로 호소한 문제들, 또는 보호관찰관이 호소한 문제들 중에서 우선적으로 다루어 달라고 요청한 문제가 호소문제에 해당한다.

2) 이면문제

상담에서 다루는 문제의 두 번째 형태는 이면문제(裏面問題, inner problem)이다. 이면문제는 '내담자가 호소하지 않았지만 상담자가 내담자의 이면에 존재한다고 판단한 문제들', 그리고 '내담자의 이면에 존재한다고 판단한 문제들 중에서 상담에서 우선적으로 다룰 필요가 있다고 상담자가 판단한 문제'를 의미한다.

이면문제는 내담자 반응에 따라 '표현 안 한 문제, 숨기는 문제, 원하지 않는 문제, 무의식 문제'로 구분할 수 있다. 예를 들면, 보통 내담자들은 자신이 가진 문제들 중에서 어떤 문제는 호소하지 않고, 어떤 문제는 적극적으로 숨기거나 은폐하기도 한다. 그리고 어떤 문제는 호소를 했더라도 정작 상담에서 다루기를 원하지 않는다. 그리고 어떤 문제는 의식하지 못하는 무의식적 문제라서 의식적 수준에서는 자신의 문제를 인식하지 못하거나 문제를 부인하기도 한다. 또 어떤 문제는 관련인이 내담자가 가진 문제라고 인식하여 호소한 문제라서 정작 내담자 자신은 문제라고 인식하지 않거나 상담에서 다루기를 원하지 않는다. 위와 같은 내담자가 표현 안 한 문제, 숨기는 문제, 원하지 않는 문제, 무의식 문제 중에서 상담자가 파악해 낸 문제, 그리고 이런 문제들 중에서 상담자가 우선적으로 다룰 필요가 있다고 판단한 문제가 이면문제이다.

또한 이면문제는 문제의 내용에 따라 '위기문제, 정신장애 문제, 성격문제, 반응양식 문제, 발달문제, 기타 문제'로 구분할 수도 있다. 문제의 내용에 따른 구분에서 첫 번째 이면문제는 위기문제이다. 예들 들면, 자살시도, 자해, 폭력(신체 및 언어 폭력, 그리고 성, 가정, 아동, 학교, 직장, 조직, 국가폭력 등), 가출, 전염병, 급성 신체 및 정신질환, 외상 및 스트레스(전쟁, 천재지변, 화재, 교통사고, 재산손실, 생활변화, 잔일거리 누적 등) 관련 급성 부적응 문제 등과 같은 위기문제는 내담자의 호소여부와 상관없이 상담에서 관심을 가져야 하는 중요한 이면문제이다.

두 번째 이면문제는 정신장애 문제이다. 예를 들면, 신경발달장애(Neurodevelopmental Disorders), 조현병 스펙트럼 및 기타 정신병적 장애(Schizophrenia Spectrum and Other Psychotic Disorders), 양극성 및 관련 장애(Bipolar and Related Disorders), 우울장애(Depressive Disorders), 불안장애(Anxiety Disorders), 강박 및 관련 장애(Obsessive-Compulsive and Related Disorders), 외상 및 스트레스 관련 장애(Trauma-and Stressor-Related Disorders) 등과 같은 정신장애 문제는 내담자의 호소여부와 상관없이 상담에서 관심을 가져야 하는 중요한 이면문제이다.

세 번째 이면문제는 성격문제이다. 즉, 자아기능 약화, 역기능적 성격, 그리고 성격장애를 포함한 일반화된 역기능적 반응들을 불러일으키는 역기능적 성격문제는 상담에서 관심을 가져야 하는 중요한 이면문제이다. 예를 들면, 자아의 외부현실이나 대상 인식, 자기 인식, 가치 인식 등의 인식 기능, 그리고 의지와 자기반응 조절 등의 조절 기능의 과잉 약화는 중요한 이면문제이다.

그리고 과잉 역기능적 성격, 좀 더 구체적으로 성격의 하위요소인 신경성과 외향성과 개방성과 친화성과 성실성 등의 역기능적 하위특질, 그리고 분노문제의 공격성, 일탈문제의 반사회성, 의존문제의 의존성, 이기적 행동문제의 자기중심성 등과 같은 역기능적 특질 등은 중요한 이면문제이다.

그리고 성격장애의 정신병질과 관련된 편집성 성격장애(paranoid personality disorder)나 조현성 성격장애(schizoid personality disorder)나 조현형 성격장애(schizotypal personality disorder), 그리고 사회병질 또는 인간관계 이상과 관련된 반사회성 성격장애(antisocial personality disorder)나 경계선 성격장애(borderline personality disorder)나 연극성 성격장애(histrionic personality disorder)나 자기애성 성격장애(narcissistic personality disorder), 그리고 불안병질과 관련된 회피성 성격장애(avoidant personality disorder)나 의존성 성격장애(dependent personality disorder)나 강박성 성격장애(obsessive-compulsive personality disorder) 등과 같은 성격장애 문제는 내담자의 호소여부와 상관없이 상담에서 관심을 가져야 하는 중요한 이면문제이다.

네 번째 이면문제는 반응양식 문제이다. 즉, 무능력과 습관을 포함하는 반복적으로 역기능적 반응을 불러일으키는 역기능적인 반응양식은 상담에서 관심을 가져야 하는 중요한 이면문제이다. 예를 들면, 역기능적인 불수의적 반응양식(선행사건이나 조건이나 자극과 고전적 조건화된 불수의적 반응양식), 수의적 반응양식(후속사건이나 조건이나 자극과 조작적 조건화된 수의적 반응양식), 그리고 역기능적인 내현반응 양식(감각지각표상, 기억, 상상, 감정, 사고, 욕구나 동기, 대상이나 자기인식, 대상이나 자기 가치인식, 자기반응 조절, 방어기제 등의 양식), 외현행동 양식(형태, 비언어행동, 언어행동, 행동수행 등의 양식), 그리고 역기능적인 대인 상호작용 양식(대인반응 상호작용, 의사소통, 역할, 위계, 경계, 규칙 상호작용 등의 양식)과 같은 반응양식 문제는 내담자의 호소여부와 상관없이 상담에서 관심을 가져야 하는 중요한 이면문제이다.

다섯 번째 이면문제는 발달문제이다. 예를 들면, 태아기와 유아기 그리고 과거의 발달사건과 관련된 미해결 발달과제 문제(특히 생애초기의 뇌와 신체, 인지, 애착과 정서, 자아와 성격, 언어, 사회성 발달과 관련된 미해결 발달과제 문제), 그리고 현재의 발달사건과 관련된 당면 발달과제 문제 등의 발달문제는 내담자의 호소여부와 상관없이 상담에서 관심을 가져야 하는 중요한 이면문제이다.

여섯 번째 이면문제는 기타 문제이다. 상기된 이면문제 외에 상담에서 직접적으로 다루는 내용은 아니지만 내담자에게 큰 영향을 미치는 기타 문제들도 중요한 이면문제이다. 예를 들면, 신체문제, 경제문제, 법적문제, 가족문제, 사회문제, 환경문제 등과 같이 상담서비스 대상이라고 하기는 어렵지만 내담자에게 큰 영향을 미치는 문제들도 내담자의 호소여부와 상관없이 상담에서 이차적으로 관심을 가져야 하는 중요한 이면문제이다.

3) 상담문제

상담에서 다루는 문제의 세 번째 형태는 상담문제이다. 여기서 상담문제란 '상담자와 내담자가 서로 협의하여 상담에서 우선적으로 다루기로 합의한 문제'를 의미한다. 일반 적으로 상담자와 내담자가 서로 협의하여 상담문제를 선정할 때, 내담자의 호소문제 중에서 내담자가 우선적으로 다루기를 원하는 문제를 상담문제로 선정하는 경향이 있다.

그런데 상담자가 파악해 낸 이면문제가 있을 때는 상담자가 내담자를 설득하는 과정 이 요구된다. 즉, 내담자의 호소문제 외에 이면문제가 있음을 상담자가 확인했다면, 그 리고 확인된 이면문제가 호소문제보다 더 우선적으로 상담에서 다룰 필요가 있다고 상 담자가 판단을 했다면, 상담자는 내담자를 적극적으로 설득하여, 이면문제를 상담문제 로 선정하는 것이 바람직하다.

만약 이런 설득이 실패해서 내담자가 이면문제를 상담문제로 선정하는 데 동의하지 않는다면, 상담자는 일차적으로 내담자의 호소문제 중에서 내담자가 우선적으로 다루 기를 원하는 문제를 상담문제로 선정하고, 이렇게 선정한 상담문제에 초점을 두고 상담 을 진행해 나가되, 이면문제도 병행해서 다뤄 나가는 것이 요구되며, 이 경우에는 상담 의 전개가 다소 복잡해질 수 있다. 이런 점 때문에 상담자에게는 종종 합의된 상담문제 를 다루면서 동시에 중요한 이면문제도 같이 다뤄 나갈 수 있는 능력이 요구된다.

3. 상담문제 원인론

상담문제는 하나의 단일원인이 아닌 여러 가지 원인들에 의해 형성 및 유지된다. 여기 서는 여러 가지 상담문제의 원인들에 대해 설명하였다. 상담문제의 원인은 분류준거에 따라 다양하게 구분할 수 있다. 즉, 상담문제의 원인은 ① 영향력 정도에 따라 주된 원인 과 부수적 원인, ② 내용에 따라 신체적 원인, 심리적 원인, 사회환경적 원인, 초월영성적 원인, 발달적 원인, ③ 현재 작동기제와 과거 발생기제 중에 어디에 관심을 두느냐에 따 라 유지원인과 발생원인 등으로 다양하게 구분할 수 있다.

여기서는 상담문제 원인을 주된 원인과 부수적 원인, 그리고 유지원인과 발생원인으 로 구분하여 설명하였다. 좀 더 구체적으로 말하면, 먼저 주된 원인을 중심으로 상담문 제의 원인을 설정하였고, 부수적 원인은 간략하게 설명하였다. 그리고 유지원인과 발생

원인도 개념이해 수준에서 간략히 설명하였다.

1) 상담문제의 주된 원인

상담개입은 내담자를 둘러싼 환경이나 타인을 변화시키는 데 효과적인 것이 아니라 내담자 자신의 반응이나 반응양식이나 성격을 변화시키는 데 효과적이다. 바꿔 말하면, 내담자 자신의 내현반응이나 외현행동을 포함한 반응, 반복적인 반응을 불러일으키는 내적인 반응양식, 그리고 일반화된 반응들을 불러일으키는 내적인 성격을 바람직한 방향으로 변화시키는 데 효과적인 개입이 상담이라고 할 수 있다.

일반적으로 상담개입은 내담자의 반응, 반응양식, 성격의 바람직한 변화를 추구한다. 그리고 이 때문에 상담문제의 원인도 내담자의 반응, 반응양식, 성격에서 찾으려는 경향이 있다. 이런 경향을 토대로 하면, 상담문제의 주된 원인에는 반응 원인, 반응양식 원인, 성격 원인, 그리고 반응을 유발이나 억제, 또는 강화나 약화시키는 외부 사건 원인을 포함시킬 수 있다. 여기서는 상담문제의 주된 원인으로 외부사건, 반응(내현반응과 외현행동), 반응양식, 성격에 대해 설명하였다.

(1) 외부사건

상담문제의 주된 원인 중에 하나는 외부사건이다. 상담문제의 외부사건 원인은 '문제 상황, 조건학습, 스트레스'의 세 가지로 구분해서 설명할 수 있다. 먼저 상담문제는 문제 상황에서 유발한다. 구체적으로 ① 상담문제의 문제행동은 내담자가 경험한 최근의 문제상황에서 유발된다. 즉, 최근의 문제상황이 문제행동을 유발하는 외부사건 원인이다. ② 상담문제의 문제행동 양식은 내담자가 경험한 과거의 문제상황에서 형성된다. 즉, 문제행동이 형성된 과거의 문제상황이 문제행동 양식을 발생시킨 외부사건 원인이다. ③ 상담문제와 관련된 역기능적 성격은 내담자가 경험한 생애초기의 발달사건에서 주로 형성된다. 즉, 생애초기 발달사건이 역기능적 성격을 발생시킨 외부사건 원인이다. ④ 상담문제의 문제행동은 내담자가 예견하는 미래의 문제상황에 의해 유발된다. 즉, 미래의 문제상황이 문제행동을 유발하는 외부사건 원인이다. ⑤ 상담문제의 문제행동은 상담장면의 문제상황에서 활성화되면서 반복 및 재연된다. 즉, 지금여기 상담장면의 문제상황이 문제행동을 유발하는 외부사건 원인이다.

그리고 상담문제는 조건학습 관련 사건에서 유발된다. 구체적으로 ① 상담문제의 문제행동은 선행 촉발사건이나 억제사건에 의해 유발된다. 즉, 고진적 조건화와 관련하여 불수의적 문제행동(또는 증상행동)을 촉발하거나 억제하는 선행사건(또는 조건이나 자극)이 불수의적 문제행동의 외부사건 원인이다. ② 상담문제의 문제행동이나 대안행동은 후속 강화사건이나 약화사건에서 유발된다. 즉, 조작적 조건화와 관련하여 수의적 문제행동(또는 증상행동)이나 대안행동을 강화하거나 약화하는 후속사건(또는 조건이나 자극)이 수의적 문제행동이나 대안행동의 외부사건 원인이다. ③ 상담문제의 문제행동은 관찰사건에서 유발된다. 즉, 사회학습과 관련하여 문제행동 모델에 대한 관찰사건이 문제행동의 외부사건 원인이다.

스트레스 측면에서 보면, 상담문제는 스트레스 사건에서 유발된다. 구체적으로 ① 상담문제의 문제행동(특히 역기능적 위기행동)은 생명을 위협해서 역기능적 생존반응을 촉발하는 극한사건에 의해 유발한다. 즉, 극한사건이 문제행동의 외부사건 원인이다. ② 상담문제의 문제행동(특히 부적응 행동)은 일상생활의 항상성을 파괴해서 새로운 생활변화에 적응행동을 요구하는 생활변화 사건에 의해 유발된다. 즉, 생활변화 사건이 문제행동의 외부사건 원인이다. ③ 상담문제의 문제행동(특히 만성 부적응 행동)은 누적된 잔일거리 사건에 의해 유발된다. 즉, 인간은 잔일거리 스트레스를 참고 견딜 수 있는데, 이렇게 참고 견디는 정도는 한계가 있다. 만약 잔일거리 스트레스가 과잉 누적되면, 더 이상 참고 견딜 수 없는 임계선 지점에 이르게 되는데, 이를 임계선 항상성 파괴지점이라 한다. 그리고 이 임계선을 넘어서면 인간은 일상의 항상성이 파괴되면서 부적응적 문제행동을 보이는데, 이 경우 부적응적 문제행동은 임계선 항상성을 파괴해서 새로운 적응행동을 요구하는 과잉 누적된 잔일거리 사건에 의해 유발된다. 즉, 과잉 누적된 잔일거리 사건이 문제행동의 외부사건 원인이다.

이상의 문제상황, 조건학습, 스트레스 관련 외부사건들은 상담문제와 관련된 문제행동을 유발 및 유지시키는 원인들 중 하나이다.

(2) 내현반응

상담문제의 두 번째 주된 원인은 내현반응이다. 즉, 상담문제의 내현반응 원인은 문제행동을 유발하는 병리적이거나 역기능적인 지각표상, 기억, 상상, 감정, 사고, 욕구, 인식, 조절, 방어기제들이다. 구체적으로 ① 상담문제는 병리적이고 역기능적인 표상에 의해 유발이나 유지된다. 즉, 감각지각표상, 기억표상, 상상표상을 포함한 표상과정의 이상은 정신장애나 당면 생활문제를 유발이나 유지시키는 원인이 된다. ② 상담문제는 병리적이고 역기능적인 기억에 의해 유발이나 유지된다. 즉, 경험정보의 입력(registration, 또는 부호화 encoding), 저장(storage), 인출(retrieval) 과정의 이상은 정신장애나 당면 생활문제나 성장과제를 유발이나 유지시키는 원인이 된다. ③ 상담문제는 병리적이고 역기능적인 감정에 의해 유발이나 유지된다. 즉, 과잉 감정, 과소 감정, 감정 고착, 감정 둔화, 감정 억압, 감정 폭발 등의 감정 이상은 정신장애나 당면 생활문제나 성장과제를 유발이나 유지시키는 원인이 된다. ④ 상담문제는 병리적이고 역기능적인 사고에 의해 유발이나 유지된다. 즉, 의문, 탐구, 판단, 검증, 도식 형성 등의 사고과정 이상은 정신장애나 당면 생활문제나 성장과제를 유발이나 유지시키는 원인이 된다. ⑤ 상담문제는 병리적이고 역기능적인 욕구에 의해 유발이나 유지된다. 즉, 욕구의 이상은 정신장애나 당면 생활문제나 성장과제를 유발이나 유지시키는 원인이 된다. ⑥ 상담문제는 자아의 인식기능과 조절기능의 약화에 의해 유발이나 유지된다. 즉, 자아의 현실이나 대상 인식, 자기 인식, 가치 인식 등의 인식기능의 약화, 또는 자아의 의지, 결정이나 선택, 계획, 관리, 방어기제 등의 자기반응 조절기능의 약화는 정신장애나 당면 생활문제나 성장과제를 유발이나 유지시키는 원인이 된다.

(3) 외현행동

상담문제의 세 번째 주된 원인은 외현행동이다. 일반적으로 상담문제 속에는 상담문제와 관련된 역기능적인 외현행동들이 존재한다. 여기서 외현행동이란 '형태나 색상, 동작 또는 비언어 행동, 언어표현 행동, 수행행동 등과 같이 외적으로 관찰이나 측정, 설명이나 예측, 조작이나 검증 가능한 행동들'을 의미한다. 즉, ① 형태, 색상, 동작, 소리, 감촉, 냄새, 그리고 이런 반응들의 강도, 빈도, 지속시간, 위치 등의 비언어 행동, ② 구두음성이나 글쓰기로 표현되는 언어표현 행동, ③ 밥 먹기, 학교가기, TV보기, 공부하기, 책 읽기, 운동하기, 잠자기 등과 같이 목적을 가지고 반복이나 지속하는 수행행동 등을 외현행동이라 한다.

이러한 외현행동들 중에서 상담문제의 원인이 되는 외현행동은 다음과 같은 특징들을 가지고 있다. 즉, '① 자신이나 타인이나 사회에 역기능을 유발하고, ② 부적합한 상황이나 위치에서 나타나며, ③ 과잉 또는 과소의 강도나 빈도나 지속시간을 보이는 특징'을 가지고 있다. 다시 말하면, 상담문제의 원인이 되는 외현행동은 '역기능을 불러일으키는 상황에 부적합한 과잉 또는 과소 외현행동'이다. 이런 역기능적인 외현행동은 정신장애나 당면 생활문제나 성장과제를 유발이나 유지시키는 원인이 될 수 있다.

일반적으로 상담문제의 원인이 되는 역기능적인 외현행동은 크게 '과잉 외현행동과 과소 외현행동'으로 구분할 수 있다. 먼저, 과잉 외현행동은 '과잉 불안과 회피행동(불안), 과잉 억제행동(불일치), 과잉 식사행동(과식), 과잉 수면행동(과수면), 과잉 공격행동(폭력), 과잉 음주나 흡연행동, 과잉 거짓말 행동, 그리고 과잉 반복이나 지속행동(같은 동작 반복행동, 같은 자세 지속행동, 같은 단어나 문장 반복행동) 등'과 같은 행동들이다. 이런 역기능적인 과잉 외현행동들은 정신장애나 당면 생활문제나 성장과제를 유발이나 유지시키는 원인이 될 수 있다. 그리고 과소 외현행동은 '상황에 부적합한 과소 식사행동(거식), 과소 수면행동(불면, 늦잠), 과소 자기주장(비주장), 과소 표현행동(함구), 과소 주의행동(주의력 결핍), 과소 청결행동(불결), 과소 자녀돌봄행동(방임) 등'과 같은 외현행동들이다. 이런 과소 외현행동들도 정신장애나 당면 생활문제나 성장과제를 유발이나 유지시키는 원인이 될 수 있다.

(4) 반응양식

상담문제의 네 번째 주된 원인은 반응양식이다. 특정 사건(또는 조건이나 자극)에서 특정 반응이 반복되는 현상이 나타날 때, 이 특정 반응이 반복되는 현상을 불러일으키는 내적 요인이 있다고 가정하고, 이 내적 요인을 지칭하기 위해 만들어 낸 개념이 반응양식(反應樣式, Response Pattern)이다. 즉, 반응양식이란 '반복되는 반응을 불러일으키는 내적 요인'이다. 그런데 여기서 반응이란 '감각지각, 기억, 상상, 감정, 사고, 욕구, 인식, 조절, 방어기제, 비언어 행동, 언어행동, 수행행동'을 의미한다. 그리고 반응양식이란 이런 반응들이 반복되는 현상을 불러일으키는 내적 요인을 의미한다. 일반적으로 반응양식은 특정 사건이나 조건이나 자극에 의해 활성화되고, 이렇게 활성화된 반응양식은 자아의 인식과 조절과정을 거쳐, 특정 반응으로 표출되어 나타나게 된다.

반응양식의 대부분은 기능적이다. 하지만 일부 반응양식은 역기능적이다. 상담문제의 원인이 되는 것은 반응양식들 중에 역기능적인 반응양식이다. 즉, 정신장애와 관련된 증상행동의 원인이 되는 것은 정신병적이거나 신경증적인 증상행동 양식이다. 또 당면 생활문제와 관련된 문제행동의 원인이 되는 것은 역기능적인 문제행동 양식이다. 이러한 역기능적인 반응양식은 정신장애나 당면 생활문제를 유발이나 유지시키는 원인이 된다. 또한 이차적으로, 역기능적인 반응양식에 대한 자기관리의 부족, 즉 인식과 대처의 부족은 정신장애나 당면 생활문제나 성장과제를 유발이나 유지시키는 원인이 된다.

반응양식은 반응 경직성 정도에 따라 '고정반응 양식, 조건화 반응양식, 반응습관, 반응경향 등'으로 구분할 수 있다. 먼저, 고정반응 양식(또는 고정행동 양식)은 유전인자의 발현, 또는 신체구조나 기능의 표출과 관련된 양식이다. 고정반응 양식은 유발사건이나 조건이나 자극이 주어지면 거의 항상 활성화되면서 고정반응으로 표출되어 나타난다. 한편, 조건화 반응양식은 이전의 조건화 학습과정에 의해 형성된 반응양식이다. 조건화 반응양식은 유발사건이나 조건이나 자극이 주어지면 비교적 안정적으로 활성화되면서 조건화 반응으로 표출되어 나타난다. 그리고 반응습관은 실생활 속에서 반복되는 반응양식이다. 반응습관도 유발사건이나 조건이나 자극이 주어지면 비교적 안정적으로 활성화되면서 반응으로 표출되어 나타난다. 또한 반응경향은 특정 반응의 발생확률이 중간 이상일 경우에 사용하는 용어이다. 즉, 반응경향은 유발사건이나 조건이나 자극이 주어지면 우연보다 발생확률이 다소 높은 정도로 활성화되면서 반응으로 표출되어 나타난다.

반응양식의 자동화 정도는 상담개입에 영향을 미친다. 예를 들면, 고정반응 양식은 생물학적인 기반을 가지고 있기 때문에 변화시키기 어렵다. 고정반응 양식은 심리적 방법으로는 한계가 있고 수술이나 약물과 같은 의학적인 방법으로 변화를 시도할 수 있다. 조건화 반응양식이나 반응습관은 고정반응 양식보다는 쉽지만 대체로 변화시키기 어렵다. 이를 변화시키려면 조건화 재학습이나 습관 재형성 과정을 거쳐야 한다. 반응경향은 상대적으로 변화시키기 쉽다. 자기관리 행동을 강화하거나 간단한 학습과정을 통해 반응경향을 변화시킬 수 있다.

역기능적인 반응양식 중에 '역기능적인 조건화 반응양식, 반응습관, 반응경향'은 유전과 유전인자의 발현, 그리고 과거의 학습에 의해 형성된다. 또한 이 중에 역기능적인 반응양식의 학습은 다음과 같은 조건에서 더 잘 이루어진다.

첫째, 유전적 소인이 있을 때, 그리고 생존과 상관이 있을 때 역기능적인 반응양식이 더 잘 형성되고, 이후 형성된 반응양식이 더 잘 활성화되며, 더 많은 부적응들이 유발될 수 있다. 예를 들어, 특정 공포증의 경우, '어둠, 높은 곳, 심해, 맹독 동물'과 같이 생존과 상관이 있는 조건에서 공포반응 양식이 더 잘 형성되고, 이후 형성된 공포반응 양식이 더 잘 활성화되며, 더 많은 부적응들을 유발할 수 있다.

둘째, 발달초기의 결정적 시기에는 역기능적인 반응양식이 더 잘 형성되고, 이후 형성된 반응양식이 더 잘 활성화되며, 더 많은 부적응들이 유발될 수 있다. 예를 들어, 정신분석 이론의 전이양식, 저항양식, 방어기제 양식, 그리고 정신역동 이론의 아동기 감정양식, 대상관계 이론의 자기표상이나 타인표상 양식, 개인분석 이론의 생활양식 등은 발달초기의 결정적 시기에 형성된 역기능적 반응양식을 설명하는 개념들이다.

셋째, 외상사건이 발생하여 정신적 외상을 경험할 때, 역기능적인 반응양식은 더 잘 형성되고, 이후 형성된 반응양식이 더 잘 활성화되며, 더 많은 부적응들이 유발될 수 있다. 예를 들어, 외상후 스트레스장애의 경우, 외상 상황에서 '과잉 회피행동 양식'은 더 잘 형성되고, 이후 형성된 반응양식이 더 잘 활성화되며, 더 많은 부적응들이 유발될 수 있다.

넷째, 매우 강한 신체적 고통이나 부정적 정서를 경험할 때, 또는 반대로 매우 강한 신체적 쾌락이나 긍정적 정서를 경험할 때 역기능적인 반응양식은 더 잘 형성되고, 이후 형성된 반응양식이 더 잘 활성화되며, 더 많은 부적응들이 유발될 수 있다. 예를 들어, 충격적인 외상사건 이후의 외상후 스트레스 장애, 약물이나 도박과 관련된 쾌락경험 이후의 중독문제 등에서 이런 현상이 자주 발생한다.

다섯째, 특정한 역기능적 행동을 오랫동안 반복 및 지속할 때, 역기능적인 행동양식은 더 잘 형성되고, 이후 형성된 반응양식이 더 잘 활성화되며, 더 많은 부적응들이 유발될 수 있다. 이와 관련해서, 한 연구에서는 66일 동안 특정 행동을 반복이나 지속하면 행동양식, 즉 습관이 형성된다고 보고하였는데, 이런 행동양식의 형성을 결정하는 가장 중요한 요인은 바로 '특정 행동의 반복이나 지속'이었다(Lally, van Jaarsveld, Potts, & Wardle, 2010).

(5) 성격

상담문제의 다섯 번째 주된 원인은 성격이다. 특정 개인에게 특정 반응들이 일상생활 전반에서 반복적으로 나타나고 있을 때, 그리고 현재뿐만 아니라 과거에도 반복적으로 나타났었고, 미래에도 반복적으로 나타날 것이라고 예측될 때, 이렇게 일반화된 반응들을 반복적으로 나타나게 하는 굳어진 내적 성질이 있다고 가정하고, 이 굳어진 내적 성질을 지칭하기 위해 만들어 낸 개념이 바로 성격이다. 즉, 성격(性格, personality)이란 '일반화된 반응들을 불러일으키는 개인 고유의 굳어진 내적 성질'을 의미한다.

성격은 유전인자의 발현과 밀접한 상관이 있다. 즉, 특정 개인의 성격은 부모 또는 조상의 성격과 밀접한 상관이 있다. 또한 성격은 생애초기의 발달사건과 밀접한 상관이 있다. 특히 수정과 태아 발달사건, 출생사건, 신체 및 뇌신경 발달사건, 수유와 이유사건, 애착 발달사건, 인지발달 사건, 자아 및 성격 발달사건, 언어 발달사건, 배변훈련 사건, 사회성 발달사건, 그리고 신체적 심리적 외상사건 등과도 밀접한 상관이 있다. 이런 생애초기 발달사건들을 거치면서 일반화된 반응들을 불러일으키는 개인 고유의 굳어진 내적 성질인 성격이 형성되며, 그리고 이렇게 형성된 성격은 이후의 발달과정에서 지속되게 된다.

성격은 정신장애나 당면 생활문제나 성장과제를 유발이나 유지시키는 원인들 중에 하나이다. 좀 더 구체적으로 설명하면, 병리적 성격은 정신장애를 유발할 수 있는 소인(素因)으로 작동을 한다. 즉, 병리적 성격은 정신장애 소인으로 내부에 잠재해 있다가, 정신장애 증상행동을 유발시키는 외부사건이 발생하면, 내부에 잠재해 있던 병리적 성격이 활성화되고, 이와 함께 병리적 성격의 하위요소인 병리적 반응양식도 같이 활성화되며, 이렇게 활성화된 병리적 반응양식이 병리적 증상행동으로 표출되면, 관찰 가능한 정신장애 증상행동이 된다.

정신의학이나 임상심리에서는 정신장애 증상행동의 원인으로 이상성격을 오랫동안 연구해 왔다. 그런 연구의 결과가 DSM-5-TR의 성격장애이다. DSM-5-TR에는 '편집성, 분열성, 분열형, 반사회성, 경계선, 연극성, 자기애성, 회피성, 강박성, 의존성 성격장애'가 기술되어 있는데, 이 성격장애들은 상담에서 다루는 정신장애나 당면 생활문제의 원인이 될 수 있다. 예를 들어, 편집성 성격장애는 광범위한 망상문제나 대인관계 갈등 문제의 원인이 될 수 있다. 반사회성 성격장애는 사기, 착취, 폭력 등을 포함한 사회적 일탈이나 범죄행동과 관련된 문제의 원인이 될 수 있다. 경계성 성격장애는 반복된 자살시도나 자해문제, 불안정한 대인관계 문제, 불안정한 감정문제, 문란한 성관계 문제, 물질남용 문제, 과소비 문제 등의 원인이 될 수 있다.

한편, 정신분석에서는 상담문제가 발생하거나 유지되는 가장 큰 원인은 성격구조와 기능의 이상 때문이라고 보았다. 특히 자아기능의 약화, 즉 자아의 인식기능과 조절기능의 약화가 상담문제를 유발하거나 유지시킨다고 보았다. 이 때문에 정신분석에서는 자아기능을 강화하여 성격을 재구성하고 이를 통해 상담문제를 해결해 나가고자 하였다.

정신분석을 포함하여 현재까지 자아에 대한 연구결과들을 종합하면, 자아의 기능은 '인식기능과 조절기능'의 두 가지로 요약할 수 있다. 먼저, 자아의 인식기능이란 자아의 분별과 알아차림 기능이다. 즉, '① 외부 현실이나 타인에 대한 분별과 알아차림, ② 자기반응에 대한 분별과 알아차림, 그리고 ③ 외부 현실과 자기반응에 대한 가치분별과 알아차림'이다. 여기서 두 번째의 자기반응에 대한 인식이란 '외부 현실이나 타인에 대한 자신의 신체적 반응, 그리고 지각, 기억, 상상, 감정, 사고, 욕구, 인식, 조절, 비언어 행동, 언어행동, 수행행동 등의 심리적 반응'에 대한 분별과 알아차림을 의미한다. 또한 가치분별과 알아차림이란 '경험적 인식 대상을 유가치 대상과 무가치 대상과 무시 대상으로 가치분별하여 알아차리는 과정, 그리고 자기 자신의 가치를 분별하여 알아차리는 과정'을 의미한다. 이와 관련해서 자기 자신에 대한 가치분별과 알아차림의 과정을 통해 만들어진 개념이 '자아상(또는 자기상, 자아개념, 자기개념, 자아정체성, 자존감, 자기효능감 등)'이다.

자아의 조절기능이란 자아가 수의적으로 자기반응을 조절 또는 통제나 관리하는 기능이다. 즉, 자아가 신체, 지각, 기억, 상상, 감정, 사고, 욕구, 인식, 결정, 선택, 계획, 다짐, 방어, 형태, 동작, 언어표현, 수행 등의 자기반응을 외부현실이나 자기상태나 추구가치에 맞게 수의적으로 조절 또는 통제나 관리하는 기능이다.

성격구조나 기능의 이상, 특히 자아의 인식기능과 조절기능의 약화는 정신장애나 당면 생활문제나 성장과제를 유발이나 유지시키는 원인이 된다. 또한 이차적으로, 성격구조나 기능의 이상에 대한 자기관리의 부족, 즉 인식과 대처의 부족은 정신장애나 당면 생활문제나 성장과제를 유발이나 유지시키는 원인이 된다.

자아와 관련하여 자아상(自我像, self image) 역시 정신장애나 당면 생활문제나 성장과제의 원인이 될 수 있다. 여기서 자아상이란 '자아가 그려 내는 자기에 대한 이미지들'을 의미한다. 즉, 내적 자아가 자신의 소속과 자신이 가진 환경적 물질적 인적 조건들, 그리고 자신의 신체적 조건들, 그리고 자신의 심리적 반응, 능력, 습관, 특성이나 성격들, 그리고 과거와 현재에서 자신이 성공한 경험이나 실패한 경험들, 그리고 과거와 현재에서 중요인물이나 주변 사람들의 자신에 대한 인식이나 긍정적 부정적 평판들, 그리고 이런 조건이나 특성이나 경험이나 평판에 대한 인식과 가치판단을 토대로, 자아가 그려 내는 자기에 대한 긍정적 부정적, 현실적 비현실적, 기능적 역기능적 이미지들을 자아상이라 한다. 이런 자아상의 이상은 정신장애나 당면 생활문제나 성장과제의 원인이 될 수 있다. 예를 들어, 우울의 중심에는 '무가치한 자아상' 또는 '열등한 자아상'이 있다. 또한 불안의 중심에는 위험에 노출된 '연약한 자아상'이 있다. 또한 일탈행동이나 범죄행동은 종종 사회적 낙인이나 '일탈 관련 자아상'과 상관이 있다.

성격심리에서는 성격을 구성하는 요소인 특질에 대한 연구를 오랫동안 지속해 왔다. 그리고 특질에 대한 가장 신뢰할 만한 이론이라고 할 수 있는 성격5요인 이론을 구성하였다. 이 성격5요인 이론에서는 성격을 '신경성(또는 정서 안정성), 외향성, 개방성, 친화성(또는 우호성), 성실성'의 5개 기초단위 특질로 구분한다.

이 5요인을 사용하면, 특정 개인의 반응(또는 반응양식)들을 타당하고 신뢰롭게 기술, 설명, 예측, 통제할 수 있다. 정신장애의 증상행동, 당면 생활문제의 문제행동, 성장과제의 대안행동도 마찬가지로 성격5요인으로 타당하고 신뢰롭게 기술, 설명, 예측, 통제할 수 있다. 예를 들면, 성격5요인은 성격장애와 밀접한 상관이 있다. 구체적으로 신경성은 성격장애 중에 경계성, 편집성, 분열형, 회피성, 의존정 성격장애와 정적 상관을 보인다. 즉, 경계성, 편집성, 분열형, 회피성, 의존성 성격장애를 가진 내담자들은 신경성이 유의미하게 높다. 그리고 이 때문에 높은 신경성은 경계성, 편집성, 분열형, 회피성, 의존성 성격장애 증상행동을 유발이나 유지시키는 세부원인 중 하나로 추정된다.

친화성은 성격장애 중에 의존성 성격장애와는 정적 상관을 보이고, 반사회성, 편집성 성격장애와는 부적 상관을 보인다. 즉, 의존성 성격장애를 가진 내담자들은 친화성이 유의미하게 높고, 반사회성, 편집성 성격장애를 가진 내담자들은 친화성이 유의미하게 낮다. 그리고 이 때문에 높은 친화성은 의존성 성격장애의 증상행동을 유발이나 유지시키는 세부원인 중 하나로 추정된다. 또한 친화성은 반사회성, 편집성 성격장애의 증상행동을 억제하거나 약화시키는 세부원인 중 하나로 추정된다.

외향성은 성격장애 중에 연극성 성격장애와는 정적 상관을 보이고, 분열성, 회피성 성격장애와는 부적 상관을 보인다. 즉, 연극성 성격장애를 가진 내담자들은 외향성이 유의미하게 높고, 분열성, 회피성 성격장애를 가진 내담자들은 외향성이 유의미하게 낮다. 그리고 이 때문에 높은 외향성은 연극성 성격장애의 증상행동을 유발이나 유지시키는 세부원인 중 하나로 추정된다. 또한 외향성은 분열성, 회피성 성격장애의 증상행동을 억제하거나 약화시키는 세부원인 중 하나로 추정된다.

성실성은 성격장애 중에 강박성 성격장애와는 정적 상관을 보이고, 반사회성 성격장애나 경계선 성격장애와는 부적 상관을 보인다. 즉, 강박성 성격장애를 가진 내담자들은 성실성이 유의미하게 높고, 반사회성 성격장애나 경계선 성격장애를 가진 내담자들은 성실성이 유의미하게 낮다. 그리고 이 때문에 높은 성실성은 강박성 성격장애의 증상행동을 유발이나 유지시키는 세부원인 중 하나로 추정된다. 또한 성실성은 반사회성 성격장애나 경계선 성격장애의 증상행동을 억제하거나 약화시키는 세부원인 중 하나로 추정된다.

이상에서 설명한 바와 같이 성격5요인은 정신장애의 증상행동이나 당면 생활문제의 문제행동의 세부원인 중 하나로 추정된다.

2) 상담문제의 부수적 원인

앞에서 '외부사건, 내현반응, 외현행동, 반응양식, 성격'을 주된 원인으로 분류해서 설명을 하였다. 이어 중요하지만 위의 주된 원인에 포함시키지 않은 '유전, 신체, 발달, 가족, 지역사회 원인'을 부수적 원인으로 분류해서 간략하게 설명하였다.

(1) 유전

상담문제의 원인 중 하나는 유전과 유전인자의 발현이다. 모든 정신장애나 당면 생활문제들은 유전과 유전인자의 발현에 영향을 받는다. 그런데 일부 정신장애는 유전과 유전인자 발현의 영향을 상대적으로 더 많이 받는다. 예를 들면, 정신장애 중에서 지적장애, 자폐스펙트럼 장애, 신경인지 장애, 주의력결핍 및 과잉행동 장애, 조현병, 양극성 장애, 주요 우울장애, 성격장애 등은 유전과 유전인자 발현의 영향을 더 많이 받는 것으로 알려져 있다. 당면 생활문제나 성장과제도 역시 유전과 유전인자 발현의 영향을 받는다. 예를 들면, 과민성과 민감반응, 둔감성과 둔감반응, 위험 인식과 위기반응, 비관성과 부정적 반응, 낙관성과 긍정적 반응, 낯가림이나 수줍음 반응, 활동성과 신체활동 반응, 감각추구성과 자극추구나 탈억제 반응 등은 유전과 유전인자 발현의 영향을 상대적으로 더 많이 받는 것으로 알려져 있다.

(2) 신체

상담문제의 원인 중 하나는 신체의 구조적 손상이나 기능적 장애이다. 특히 뇌신경을 포함한 신경생리의 구조적 손상이나 기능적 장애는 정신장애나 당면한 생활문제나 성장과제를 유발이나 유지시키는 원인이라고 할 수 있다. 예를 들면, 정신장애 중에서 지적장애, 신경인지 장애, 조현병, 알코올 중독, 약물중독, 언어장애, 기억상실 등은 뇌신경의 구조적 손상이나 기능적 장애와 더 밀접한 상관이 있는 정신장애 또는 문제라고 알려져 있다.

(3) 발달

상담문제의 원인 중 하나는 발달과제이다. 일부 정신장애는 미해결 발달과제와 상관이 있다. 예를 들어, 신경발달장애(神經發達障碍, Neurodevelopmental Disorders)는 청소년기 이전의 미해결 발달과제와 관련된 정신장애들이다. 그리고 분리불안 장애, 선택적 함구증, 반응성 애착장애, 탈억제성 사회적유대감 장애, 배설장애, 적대적 반항장애, 간헐적 폭발장애 등은 아동기 이전에 시작되며, 미해결 발달과제와 관련된 정신장애들로 알려져 있다. 또한 당면 발달과제도 현재 발달단계에 고착되게 하거나, 현재 발달단계에서 다음 발달단계로 발달하는 것을 방해하거나 지연시키는 역할을 한다. 미해결 발달과제와 당면 발달과제는 상담문제, 즉 정신장애나 당면 생활문제나 성장과제를 유발이나 유지시키는 원인이 될 수 있다.

(4) 가족

상담문제의 원인 중 하나는 가족의 구조적 결손이나 기능적 장애이다. 가족구조의 결손은 가족기능에 악영향을 미칠 수 있고, 이런 악영향으로 인해 가족구조의 결손은 가족구성원의 정신장애나 당면 생활문제나 성장과제를 유발하거나 유지시키는 원인이 될 수 있다. 또한 가족 의사소통, 가족역할, 가족 위계질서, 가족경계, 가족규칙 등에서의 역기능들도 가족구성원의 정신장애나 당면 생활문제나 성장과제를 유발하거나 유지시키는 원인이 될 수 있다.

(5) 지역사회

상담문제의 원인 중 하나는 지역사회의 구조적 결손이나 기능적 장애이다. 내담자를 둘러싼 이웃, 학교나 직장, 마을 공동체, 국가사회, 국제사회, 그리고 자연환경 등의 구조적 결손이나 기능적 장애는 구성원들에게 악영향을 미쳐서 정신장애나 당면 생활문제나 성장과제를 유발하거나 유지시키는 원인이 될 수 있다. 예를 들면, 자연환경 문제, 집단분쟁이나 갈등 문제, 법이나 제도나 정치문제, 경제문제, 교육문제, 인권문제, 인구문제 등과 관련된 지역사회의 구조적 결손이나 기능적 장애는 소속 구성원들에게 영향을 미쳐, 소속 구성원들의 정신장애나 당면 생활문제나 성장과제를 유발하거나 유지시키는 원인이 될 수 있다.

3) 상담문제의 유지원인과 발생원인

상담에서는 상담문제의 원인을 유지원인과 발생원인으로 구분하기도 한다. 즉, 현재 작동기제와 과거 발생기제 중에 어디에 관심을 두느냐에 따라 유지원인과 발생원인으로 구분하기도 한다. 여기서는 유지원인과 발생원인에 대해 설명하였다.

(1) 유지원인

유지원인이란 '상담문제가 유지되는 원인, 즉 상담문제의 유지요인이나 기제

(Maintenance factor or mechanism)'를 의미한다. 상담문제의 유지원인은 '생물심리사회적 모델(Biopsychosocial Model), 그리고 취약성 스트레스 모델(Vulnerability Stress Model)'을 기반으로 '① 취약성, ② 선행 촉발사건(또는 억제사건), ③ 역기능적 반응, ④ 후속 강화사건(또는 약화사건)'의 네 가지 요인의 상호작용으로 설명할 수 있다.

유지원인의 첫 번째 요인은 취약성이다. 취약성이란 '내담자가 지니고 있는 특정 상담문제에 취약한 성질'을 의미한다. 가령 정신장애라면 내담자가 가지고 있는 특정 정신장애에 취약한 성질을 의미한다. 또한 당면 생활문제라면 내담자가 가지고 있는 특정 생활문제에 취약한 성질을 의미한다. 좀 더 세부적으로 설명하자면, 취약성의 내용은 유전적으로 특정 상담문제에 취약한 성질, 뇌신경을 포함한 신경생리적으로 특정 상담문제에 취약한 성질, 반응양식과 성격을 포함한 심리적으로 특정 상담문제에 취약한 성질, 사회적 지지체계를 포함한 사회적으로 특정 상담문제에 취약한 성질, 미해결 발달과제와 당면 발달과제를 포함한 발달적으로 특정 상담문제에 취약한 성질 등을 의미한다.

유지원인의 두 번째 요인은 선행 촉발사건(또는 억제사건)이다. 선행 촉발사건(또는 억제사건)이란 상담문제와 관련된 역기능적 반응을 유발(또는 억제)하는 선행사건(또는 조건이나 자극)을 의미한다. 이러한 선행 촉발사건(또는 억제사건)에는 역기능적 반응을 유발하는 문제상황, 스트레스 사건(또는 조건이나 자극), 조건화 학습사건(또는 조건이나 자극) 등이 포함된다.

유지원인의 세 번째 요인은 역기능적 반응이다. 역기능적 반응이란 상담문제와 관련된 역기능을 유발하는 반응을 의미한다. 즉, 정신장애의 역기능을 유발하는 증상행동이나 당면 생활문제의 역기능을 유발하는 문제행동을 의미한다. 이런 역기능적 반응은 자아기능의 약화와 상관있다. 즉, 자아의 인식과 조절 기능의 약화로 외부 현실과 자신을 인식하거나 자기반응을 조절하지 못해서 증상행동이나 문제행동을 하고, 이런 증상행동이나 문제행동은 신체적 심리적 인간관계적 직업적 역기능을 유발하는 것이다.

또한 역기능적 반응은 관련 신경생리, 성격, 반응양식의 활성화와 상관있다. 즉, 취약성으로서 역기능적 신경생리, 성격, 반응양식을 가지고 있다가, 스트레스 등의 촉발사건이 발생하면, 이 스트레스 사건은 관련 신경생리의 활성화에 영향을 미치고, 이는 다시 관련 성격의 활성화에 영향을 미치며, 이는 다시 관련 반응양식의 활성화에 영향을 미치고, 이는 결국 역기능적 반응의 활성화와 표출로 이어지게 되는 것이다.

유지원인의 네 번째 요인은 후속 강화사건(또는 약화사건)이다. 후속 강화사건(또는 약화사건)이란 상담문제와 관련된 역기능적 반응을 강화(또는 약화)하는 후속사건(또는 조건이나 자극)을 의미한다. 이러한 후속 강화사건(또는 약화사건)은 일반적으로 역기능적 반응을 증가(또는 감소)시키는 보상 사건이나 조건이나 자극(또는 처벌 사건이나 조건이나 자극)을 의미한다. 내담자는 상담문제와 관련된 역기능적 반응 이후에 후속 보상사건이 발생하면 상담문제와 관련된 역기능적 반응은 강화되어 증가하거나 지속되게 된다. 예를 들어, 발표불안이 나타난 이후에 발표를 면제시켜 주는 보상사건이 발생하면 발표불안 반응은 강화(부적 강화)되어 증가하거나 지속되게 된다. 이런 과정을 통해 발표불안 문제는 유지되게 된다.

(2) 발생원인

발생원인이란 '상담문제가 발생한 근원적 원인'을 의미한다. 바꿔 말하면 '과거 상담문제의 발생요인이나 기제(Occurrence factor or mechanism)'를 의미한다. 상담에서 발생원인은 '반응양식 학습 그리고 성격 발달'에 초점을 두고 '① 과거의 학습사건과 역기능적 반응양식 형성, ② 생애초기의 발달사건과 역기능적 성격 발달'의 두 가지 요인으로 설명한다.

먼저, 상담문제와 관련된 역기능적 반응양식의 발생원인은 과거의 학습사건이다. 앞에서 살펴본 바와 같이, 역기능적 반응양식이란 특정 역기능적 반응이 반복되는 현상을 불러일으키는 내적 요인을 의미한다. 이러한 역기능적 반응양식은 과거의 학습사건에 의해 형성된다. 즉, 과거의 역기능적 반응양식 학습사건이 상담문제와 관련된 역기능적 반응양식의 발생적 원인이라고 할 수 있다.

역기능적 반응양식 학습사건은 학습과 관련하여 고전적 조건화 학습사건, 조작적 조건화 학습사건, 사회적 학습사건으로 구분할 수 있다. 먼저, 고전적 조건화 학습사건은 과거에 선행하는 촉발사건(또는 조건이나 자극)과 역기능적인 불수의적 반응의 반복을 통해 역기능적인 불수의적 반응양식이 형성되는 학습사건을 의미한다. 조작적 조건화 학습사건은 과거에 역기능적인 수의적 반응과 후속하는 강화나 약화사건(또는 조건이나 자극)의 반복을 통해 역기능적인 수의적 반응양식이 형성되는 학습사건을 의미한다. 사회적 학습사건은 과거에 역기능적인 반응을 하는 모델을 관찰 및 모방하는 경험을 통해 역기능적인 반응양식이 형성되는 학습사건을 의미한다.

또한 역기능적 반응양식 학습사건에는 과거의 외상사건(traumatic event) 또는 스트레스 사건(stress event), 그리고 최초 문제상황도 포함된다. 먼저, 과거의 외상사건이란 과거에 정신적 상처를 경험했었던 사건을 의미한다. 즉, 과거의 특정 상황에서 정신적 상처를 경험하였고, 이 과정에서 상담문제와 관련된 역기능적 반응양식이 형성되었으며, 이후 정신적 상처는 아물지 않았고, 그때 형성된 역기능적 반응양식은 상담문제와 관련된 문제상황에서 역기능적 반응으로 표출되어 나타나는 일이 반복되고 있을 때, 역기능적 반응양식이 형성되었던 과거의 외상사건을 상담문제와 관련된 역기능적 반응양식의 발생적 원인이라고 할 수 있다.

스트레스 사건이란 역기능적인 스트레스 반응을 유발하는 극한 사건이나 생활변화 사건이나 잔일거리 누적 사건을 의미한다. 즉, 과거의 특정 스트레스 사건에서 역기능적인 반응양식이 형성되었고, 그때 형성된 역기능적 반응양식은 상담문제와 관련된 문제상황에서 역기능적 반응으로 표출되어 나타나는 일이 반복되고 있을 때, 과거의 스트레스 사건을 상담문제의 발생적 원인이라고 할 수 있다.

최초 문제상황이란 상담문제와 관련된 역기능적 반응양식이 처음으로 형성된 문제상황을 의미한다. 즉, 과거의 최초 문제상황에서 역기능적인 반응양식이 형성되었고, 그때 형성된 역기능적 반응양식은 상담문제와 관련된 문제상황에서 역기능적 반응으로 표출되어 나타나는 일이 반복되고 있을 때, 과거의 최초 문제상황을 상담문제의 발생적 원인이라고 할 수 있다. 참고로 상기된 학습사건, 외상사건, 스트레스 사건, 최초 문제상황 등은 동일 현상을 지칭하는 다른 용어들, 즉 중첩된 개념들이다.

4. 상담개입 방법론

상담에서는 '상담문제가 단일원인이 아닌 다중원인에 의해 발생 및 유지되기 때문에, 상담접근도 단일접근보다는 다중접근을 요구한다.'라고 가정한다. 그리고 여기서 다중접근이란 전통적 접근뿐만 아니라 절충적 접근과 통합적 접근을 병행한다는 의미이다. 이 절에서는 상담개입 방법론을 설명하는데, 이는 상담개입 목적, 상담개입 목표, 상담개입 전략으로 구분하여 설명하였다.

1) 상담개입 목적

상담개입 목적은 정신장애의 치료, 당면 생활문제의 해결, 성장과제의 성취를 조력하는 것이다. 즉, 상담개입은 정신장애를 가진 내담자들을 대상으로 정신장애를 치료하여 적응을 조력할 목적으로 실시한다. 또한 상담개입은 당면한 생활문제를 가진 내담자들을 대상으로 당면 생활문제를 해결하여 생활적응과 성장을 조력할 목적으로 실시한다. 또한 상담개입은 성장과제(또는 정신장애 예방과제나 당면 생활문제 예방과제)를 가진 내담자들을 대상으로 성장과제(또는 예방과제)를 성취하여 학습과 성장(또는 적응)을 조력할 목적으로 실시한다.

2) 상담개입 목표

상담개입 목표는 반응, 반응양식, 성격의 바람직한 변화이다. 즉, ① 내담자의 역기능적 반응을 소거하거나 감소시키고, 순기능적 반응을 형성하거나 증가시키는 것, ② 내담자의 반복적인 역기능적 반응을 유발하는 역기능적인 반응양식을 소거하고 순기능적인 반응을 유발하는 순기능적인 반응양식을 형성하는 것, ③ 내담자의 일반화된 역기능적 반응들을 유발하는 역기능적 성격을 일반화된 순기능적 반응들을 유발하는 순기능적 성격으로 재구성하는 것이 상담개입 목표이다.

좀 더 구체적으로 말하면, 정신장애를 가진 내담자의 정신장애 증상행동을 소거하거나 감소시키는 것, 그리고 반복적으로 정신장애 증상행동을 유발하는 병리적 반응양식을 소거하는 것, 그리고 일반화된 정신장애 증상행동들을 유발하는 병리적 성격을 기능적으로 재구성하는 것이 상담개입 목표이다.

또한, 당면 생활문제를 가진 내담자의 문제행동을 소거하거나 감소시키고 대안행동을 형성하거나 증가시키는 것, 그리고 반복적으로 문제행동을 유발하는 문제행동 양식을 소거하고 대신 반복적으로 대안행동을 유발하는 대안행동 양식을 형성하는 것, 그리고 일반화된 문제행동들을 유발하는 역기능적 성격을 일반화된 대안행동들을 유발하는 순기능적 성격으로 재구성하는 것이 상담개입 목표이다.

또한 성장과제(또는 예방과제)를 가진 내담자의 성취행동(또는 예방행동)을 형성하거나 증가시키는 것, 그리고 반복적으로 성취행동(또는 예방행동)을 유발하는 성취행동 양식(또는 예방행동 양식)을 형성하는 것, 그리고 일반화된 성취행동들(또는 예방행동들)을 유발하는 순기능적 성격으로 재구성하는 것이 상담개입 목표이다.

추가적으로 상담개입 과정목표는 다음과 같다. 즉, '① 신청접수를 실시하여 상담신청을 접수한다. ② 접수면접을 실시하여 정보수집, 선별, 고지된 동의, 배정 및 의뢰를 한다. ③ 상담구조를 형성 및 유지한다. ④ 상담자와 내담자 간의 라포를 형성 및 유지한다.

⑤ 내담자의 호소문제를 명료화한다. ⑥ 내담자의 이면문제를 평가한다. ⑦ 상담문제를 선정하거나 상담목표를 설정한다. ⑧ 상담계획을 수립한다. ⑨ 감정정화 및 일치경험을 촉진한다. ⑩ 문제 인식과 설명을 촉진한다. 그리고 문제의 유지원인과 발생원인에 대한 인식과 설명을 촉진한다. ⑪ 문제에 대한 대처방안 수립을 촉진한다. ⑫ 대안행동 수행 능력의 형성을 촉진한다. ⑬ 대안행동의 실천을 촉진한다. 그리고 대안행동 습관 형성을 촉진한다. ⑭ 종결저항을 처리한다. 그리고 종결 의사결정을 한다. ⑮ 종결평가를 한다. ⑯ 상담마무리 조치를 한다. ⑰ 추후평가와 추후지도를 한다.'이다.

3) 상담개입 전략

전략(戰略, strategy)이란 원래 군대용어인데, 그 의미는 '거시적인 전쟁방법' 또는 '거시적인 전쟁계획'이다. 즉, 전쟁에서 아군이 적군을 이겨 승리하기 위해 승리하는 방법들을 찾아보고, 이렇게 찾아본 방법들 중에서 실제로 적용할 거시적인 전쟁방법들을 선택한 후, 이를 요약·정리해 놓은 거시적인 전쟁방법, 또는 이를 실천계획으로 구성해 놓은 거시적인 전쟁계획을 전략이라고 한다.

군대에서 사용하기 시작한 전략이란 용어는 일반화되어 행정, 교육, 복지, 상담, 경영, 협상, 스포츠, 자기관리 등 사회 전반에서 사용하는 용어가 되었다. 상담에서도 상담전략이란 용어를 사용하는데, 상담에서 상담전략이란 '상담개입 목적이나 목표를 성취하기 위한 거시적인 상담방법 또는 거시적인 상담계획'을 의미한다. 반응분석의 주된 상담전략은 '조력 전략, 학습 전략, 사회적 지지 전략, 다중 복합 접근 전략, 4대 상담처치 전략, 10개의 세부 상담전략'으로 구분하여 아래와 같이 설명할 수 있다.

(1) 조력 전략

상담의 기본전략 중 하나는 조력 전략이다. 상담문제 해결의 주체는 내담자이다. 반면, 전문적인 상담서비스 제공의 주체는 상담자이다. 상담자의 주된 역할은 내담자가 스스로 문제를 해결해 나갈 수 있도록 조력하는 것이다. 물론 내담자 스스로 문제를 해결할 수 없는 조건에서는 예외적으로 상담자의 주력, 즉 상담자가 내담자를 대신해서 문제해결을 주도해 나갈 수 있다. 그러나 일반적인 조건에서 상담의 기본전략은 상담자의 주력 전략이 아닌 조력 전략이다.

(2) 학습 전략

상담의 또 다른 기본전략은 학습 전략이다. 상담은 과학적인 학습 원리를 사용해서 내담자의 행동을 비교적 영속적으로 변화시켜 나가는 학습과정이다. 따라서 상담의 기본 전략 중 하나는 학습 전략이라고 할 수 있다. 상담에서 사용하는 기본적인 학습 전략은 고전적 조건화 이론, 조작적 조건화 이론, 사회학습 이론, 인지학습 이론에 기반한 '고전적 조건화 전략, 조작적 조건화 전략, 사회학습 전략, 인지학습 전략'의 네 가지이다.

이런 기본적인 학습 전략과 함께 상담에서 사용하는 주된 학습 전략은 '자기주도 학습 전략, 경험학습 전략, 대인관계 학습 전략, 과정학습 전략'이다. 이 네 가지 학습 전략은 그 의미가 유사하거나 중첩된 개념들이다. 하지만 그 의미가 조금씩 다르기도 하고, 또 많이 사용하는 중요한 개념이기 때문에 간략히 설명하였다.

먼저, 상담의 주된 학습 전략은 자기주도 학습 전략이다. 상담에서의 자기주도 학습 전략이란 내담자가 스스로 문제를 선정하고, 스스로 문제의 원인을 탐구해서 이해하며, 스스로 대안을 탐구해서 설정하고, 스스로 설정한 대안을 실천하며, 스스로 일련의 과정과 결과를 평가하여 재과정에 반영하면서, 스스로 문제를 해결해 나가도록 조력하는 학습 전략이다.

두 번째 주된 학습 전략은 경험학습 전략이다. 경험학습은 간접학습과 대비된 직접학습을 의미한다. 또한 지식학습과 대비된 체험학습, 교실학습과 대비된 현장학습을 의미한다. 그런데 상담에서의 경험학습 전략이란 상담활동을 경험한 후, 자신의 경험을 탐구하여 학습과 성장, 또는 문제 발견, 원인 설명, 대안 모색들을 해 나가도록 조력하는 전략을 의미한다. 이러한 경험학습 전략은 특히 평가활동에서 많이 활용된다. 가령 내담자가 특정 행위를 한 이후에 자신이 한 특정 행위에 대해 평가하도록 하거나, 특정 상담활동을 한 이후에 특정 상담활동과 그 속에서의 자기경험을 평가하도록 하거나, 특정 상담회기를 종료하는 시점에서 특정 상담회기와 그 속에서의 자기경험을 평가하도록 하거나, 전체 상담을 종료하는 시점에서 전체 상담과 그 속에서의 자기경험을 평가하도록 하는 등의 평가활동에서 경험학습 전략이 많이 활용된다.

세 번째 주된 학습 전략은 대인관계 학습 전략이다. 상담에서 대인관계 학습 전략이란 상담자와 내담자의 대인관계 상호작용을 통해 학습하는 전략이다. 일반적으로 내담자는 상담장면에서 자신의 역기능적인 대인반응 양식이나 성격이 활성화되면서 상담자와의 역기능적인 대인반응으로 표출되어 나타나는 현상이 반복 · 재연된다. 이렇게 상담장면에서 활성화되면서 반복 · 재연되는 내담자의 역기능적인 대인반응을 탐색하여 이해하

고, 대안적인 대인반응을 탐색하여 대안 대인반응을 설정하며, 이렇게 설정한 내안 대인
반응을 배우고 익히며, 상담장면이나 실생활에 대안 대인반응을 실천하고 또 습관화시
켜 나가도록 조력하는 학습 전략을 대인관계 학습 전략이라고 한다.

　네 번째 주된 학습 전략은 과정학습 전략이다. 상담에서 과정학습 전략이란 결과학습
전략과 대비된 과정학습 전략을 의미한다. 즉, 표면적으로 나타난 고정되고 멈추어진 결
과현상에 초점을 두고 학습하는 것이 아니라 그 결과현상 이면의 고정되거나 멈추지 않
고 살아서 역동적으로 변화하는 과정현상에 초점을 두고 개방과 일치, 탐구와 이해, 점
검과 개선을 해 나가도록 조력하는 학습 전략이다. 이러한 과정학습 전략은 매우 다양하
고 복잡하지만 일반적으로 '시공간, 의사소통, 상호작용, 심리 측면의 과정학습 전략'으
로 세분해서 설명할 수 있다.

① 시공간 측면의 과정학습 전략이란 시간적으로 '그때' 그리고 공간적으로 '그곳'에 초
　점을 두는 것이 아니라 시간적으로 '지금' 그리고 공간적으로 '여기'에 초점을 두고
　학습하게 하는 전략이다. 즉, 시간적으로 멈추어진 과거의 '그때'나 공간적으로 직
　접 체험할 수 없고 회상이나 상상을 통해 간접 체험할 수 있는 '그곳'에 초점을 두는
　것이 아니라 시간적으로 시시각각 변화하면서 생동하고 있는 '지금'이나 공간적으
　로 직접 체험하면서 살아가고 있는 실존의 장인 '여기'에 초점을 두고 학습하게 하
　는 전략이다.
② 의사소통 측면의 과정학습 전략이란 의사소통 과정에서 '표현된 단어나 문장 중심
　의 언어표현 내용'에만 초점을 두는 것이 아니라 그 이면의 '비언어 표현이나 전달
　방식, 더 나아가 표현습관, 표현능력, 표현태도'에도 초점을 두고 개방과 일치, 탐구
　와 이해, 점검과 개선을 해 나가도록 조력하는 학습 전략이다.
　또 언어표현 내용 중에 '생각이나 의견'에만 초점을 두는 것이 아니라 그 이면의 '느
　낌이나 바람'에도 초점을 두고 개방과 일치, 탐구와 이해, 점검과 개선을 해 나가도
　록 조력하는 학습 전략이다.
　또한 '표면적인 언어표현 내용'에만 초점을 두는 것이 아니라 그 이면의 '현상 규정,
　그리고 현상 규정 중에서도 관계 규정, 그리고 관계 규정 중에서도 존재가치 규정,
　역할 규정, 행동규칙 규정, 친밀성 규정 등'에도 초점을 두고 개방과 일치, 탐구와
　이해, 점검과 개선을 해 나가도록 조력하는 학습 전략이다.
③ 상호작용 측면의 과정학습 전략이란 대인 상호작용 과정에서 '특정 개인의 반응'에

만 초점을 두는 것이 아니라 '개인들 간의 대인반응 상호작용 과정'에도 초점을 두고 개방과 일치, 탐구와 이해, 점검과 개선을 해 나가도록 조력하는 학습 전략이다. 특히 '대인 의사소통 반응 상호작용 과정, 대인 역할반응 상호작용 과정, 대인 위계반응 상호작용 과정, 대인 경계반응 상호작용 과정, 대인 규칙반응 상호작용 과정 등'에도 초점을 두고 개방과 일치, 탐구와 이해, 점검과 개선을 해 나가도록 조력하는 학습 전략이다.

④ 심리 측면의 과정학습 전략이란 심리적 과정에서 '표면적인 행동'에만 초점을 두는 것이 아니라 표면적인 행동으로 나타나기까지의 '내적인 감각지각표상, 기억회상, 상상표상, 감정, 사고, 욕구, 자아의 인식과 조절 등의 이면적인 내현반응 과정'에도 초점을 두고 개방과 일치, 탐구와 이해, 점검과 개선을 해 나가도록 조력하는 학습 전략이다.

또 행동이 반복될 경우, '이런 반복행동을 불러일으키는 내적인 행동양식이나 성격이 활성화되면서 외적인 행동으로 표출되는 과정'에도 초점을 두고 개방과 일치, 탐구와 이해, 점검과 개선을 해 나가도록 조력하는 학습 전략이다. 그리고 더 나아가 '특정 행동양식이 과거의 어떤 학습과정에 의해 형성되었고, 현재의 어떤 과정에 의해 과거 형성된 행동양식이 활성화되면서 특정 행동으로 나타나고 있는지'에도 초점을 두고 개방과 일치, 탐구와 이해, 점검과 개선을 해 나가도록 조력하는 학습 전략이다. 또 '특정 성격이 과거의 어떤 발달과정에 의해 발달되었고, 현재의 어떤 과정에 의해 과거 발달된 성격이 활성화되면서 특정 행동으로 표출되어 나타나고 있는지'에도 초점을 두고 개방과 일치, 탐구와 이해, 점검과 개선을 해 나가도록 조력하는 학습 전략이다.

또한 '선행하는 어떤 사건이나 조건이나 자극이 어떤 외현행동이나 내현반응을 유발하거나 억제하는지의 과정', 그리고 '후속하는 어떤 사건이나 조건이나 자극이 어떤 외현행동이나 내현반응을 강화하거나 약화하는지의 과정'에도 초점을 두고 개방과 일치, 탐구와 이해, 점검과 개선을 해 나가도록 조력하는 학습 전략이다.

(3) 사회적 지지

상담의 기본전략 중 하나는 사회적 지지(社會的 支持) 전략이다. 상담은 사회적 계약에 기초해 있다. 즉, 심리사회적 도움을 필요로 하는 내담자와 심리사회적 도움을 줄 수 있는 능력을 가진 상담자가 사회적 계약을 통해 형성된 관계가 상담관계이다. 사회적 계약

측면에서 상담자의 기본적인 역할은 내담자 편이 되어서 내담사에게 심리사회적 지지를
제공하는 지지자 역할이다. 여기서 지지(支持)란 '넘어지지 않게 받쳐 준다.'는 의미인데,
지지전략(支持戰略)이란 일차적으로 내담자가 스스로 자기반응이나 반응양식이나 성격
을 바람직한 방향으로 변화시켜 나갈 수 있도록 상담자가 정서적 지지를 제공하는 전략
을 의미한다. 그런데 내담자는 자기변화를 스스로 해 나갈 수 없는 상태일 수 있다. 이
경우의 지지전략이란 정서적 지지 이상의 적극적인 인지적 행동적 사회적 경제적 물리
적 지지 등을 상담자가 일시적으로 제공하는 전략을 의미한다. 예를 들면, 내담자가 스
스로 자기반응이나 반응양식이나 성격을 바람직한 방향으로 변화시켜 나갈 수 있을 때
까지 상담자가 일시적으로 필요한 정보를 제공해 주거나, 필요한 현상의 원인을 설명해
주거나, 필요한 해결방안을 제시해 주거나, 필요한 행동을 대신 수행해 주거나, 필요한
복지서비스를 연계시켜 주는 등의 적극적이고 지지적인 도움을 제공하는 전략을 의미
한다.

(4) 복합 접근

상담의 기본전략 중 하나는 복합적 접근 전략이다. 인간은 신체와 심리를 가지고 있
다. 그리고 자연이나 사회환경 속에서 살아간다. 그리고 종교적 영적 속성도 가지고 있
다. 그리고 인간의 생애주기 따라 성장발달을 해 나간다. 인간의 경험과 행동은 신체, 심
리, 사회, 영성, 발달과 상관이 있다. 상담에서 내담자의 문제도 마찬가지이다. 내담자의
문제는 신체, 심리, 사회, 영성, 발달에서의 역기능 형태로 다방면 또는 다중적 또는 복합
적으로 나타난다. 문제의 원인도 신체적 원인, 심리적 원인, 사회적 원인, 자연환경적 원
인, 영성적 원인, 발달적 원인 등과 같이 다원적이고 다중적이며 복합적이다. 문제와 그
원인이 다원적이고 다중적이며 복합적이기 때문에 문제해결 방법, 즉 상담전략도 신체,
심리, 사회, 영성, 발달 등을 함께 고려하는 다중적 복합적 접근 전략이 요구된다. 가령
심리적 접근만으로는 한계가 있다. 대신, 심리적 접근과 함께 신체적 사회적 영성적 발
달적 전략을 함께 고려하는 것이 요구된다.

반응분석에서는 생물심리사회 모델(Biopsychosocial Model), 그리고 취약성 스트레스
모델(Vulnerability Stress Model)을 기반으로 심리적 전략뿐만 아니라 신체적 전략, 사회적
전략, 영성적 전략, 발달적 전략을 병행하는 다중적 복합적 접근을 해 나간다. 바꿔 말하
면, 전통적 접근도 하고, 절충적 접근도 하며, 통합적 접근도 같이 하는 복합적 접근을 해
나간다.

(5) 4대 상담처치

반응분석의 기본전략 중 하나는 4대 상담처치(counseling treatment) 전략이다. 상담효과 연구, 상담효과 요인 연구, 상담효과 공통요인 연구, 상담효과 특수요인 연구들을 종합하면, 상담처치의 핵심내용은 네 가지로 요약할 수 있다. 즉, '감정정화 및 일치 경험, 이해 경험, 대안 설정, 행동 형성'의 네 가지이다. 이를 반영해서 반응분석의 기본전략은 '감정정화 및 일치 경험 촉진 전략, 이해 경험 촉진 전략, 대안 설정 촉진 전략, 행동 형성 촉진 전략'이다.

먼저, 감정정화 촉진 전략이란 내담자가 상담문제와 관련된 억압된 기억과 감정을 자기노출을 통해 배출시킴으로써 감정정화 경험을 할 수 있도록 조력하고, 이를 통해 상담문제의 해결을 촉진하는 상담처치이다. 그리고 일치경험 촉진 전략이란 내담자가 상담문제와 관련된 불일치 경험을 자기개방을 통해 있는 그대로 표현하게 함으로써 일치경험을 할 수 있도록 조력하고, 이를 통해 상담문제의 해결을 촉진하는 상담처치이다. 참고로 감정정화 경험과 일치 경험은 개념적으로 구분할 수 있다. 하지만 상담 실제에서는 구분이 어렵거나 불필요하기 때문에 여기서는 감정정화 및 일치경험이란 통합된 용어를 사용하였다.

이해 경험 촉진 전략이란 내담자가 자신의 상담문제, 상담문제의 원인, 상담문제의 해결방안을 인식, 설명, 통합하는 경험을 조력하고, 이를 통해 상담문제의 해결을 촉진하는 상담처치이다. 즉, 내담자가 자신을 힘들게 하는 문제가 무엇인지, 그리고 이 문제가 왜 발생했고 어떻게 유지되고 있는지, 그리고 이 문제를 해결하려면 어떻게 해야 하는지에 대해 의문하고 탐구하여 판단을 내리고, 이런 판단에 기초해서 대처행동을 하고, 그리고 이런 대처행동의 결과를 토대로 자신이 내렸던 판단이 옳은지를 검증하고, 이런 검증의 결과를 자신의 인지도식에 통합하거나 자신의 실생활 행동에 적용해 나가도록 조력하는 일련의 과정을 통해 상담문제의 해결을 촉진하는 상담처치이다.

대안 설정 촉진 전략이란 상담문제나 삶에 대한 대처방안 수립을 촉진하는 상담처치이다. 즉, 내담자가 문제해결이나 더 나은 삶과 관련된 자신의 소망을 찾아내고, 이 소망이 성취된 상태를 그려 내어 원하는 성취상태를 설정하며, 이 설정한 성취상태를 이루기 위한 구체적인 목표를 찾아서 성취목표를 설정하고, 이 설정한 성취목표를 이루기 위한 계획을 구상해서 성취계획을 수립하도록 조력하는 일련의 과정을 통해 상담문제의 해결을 촉진하는 상담처치이다.

행동 형성 촉진 전략이란 내담자의 대안행동 수행 능력을 점검해서 만약 대안행동 수행 능력이 없거나 부족할 경우에는 학습 원리를 활용한 교육 훈련을 통해 대인행동 수행 능력을 형성하거나 증진시키고, 이렇게 형성되거나 증진된 대안행동 수행 능력을 토대로 실생활 속에서 대안행동을 실천하게 하고, 더 나아가 대안행동이 습관화되도록 조력하는 일련의 과정을 통해 상담문제의 해결을 촉진하는 상담처치이다.

(6) 9개의 세부 상담전략

반응분석에서는 9개의 세부 상담전략을 사용한다. 즉, '외부사건 변화 전략, 내현반응 변화 전략, 외현행동 변화 전략, 반응양식 변화 전략, 성격 변화 전략, 신체반응 변화 전략, 발달과제 성취 전략, 초월영성적 전략, 가족구조와 기능 변화 전략'의 9개의 세부 상담전략을 사용한다.

첫 번째의 세부 상담전략은 외부사건 변화 전략이다. 외부사건 변화 전략이란 역기능적 불수의적 행동을 유발하거나 억제하는 선행사건(또는 조건이나 자극), 또는 역기능적 수의적 행동을 강화하거나 약화하는 후속사건(또는 조건이나 자극)을 변화시켜 역기능적 행동을 소거하거나 감소시키는 전략이다. 그리고 외부사건 변화 전략의 또 다른 형태는 스트레스 사건 변화 전략, 또는 문제상황 변화 전략이다. 스트레스 사건 변화 전략은 역기능적 스트레스 반응을 유발하는 스트레스 사건을 변화시켜 역기능적 스트레스 반응을 소거시키거나 감소시키는 전략이다. 또한 문제상황 변화 전략은 역기능적 문제행동을 유발하는 문제상황을 변화시켜 역기능적 문제행동을 소거시키거나 감소시키는 전략이다.

두 번째의 세부 상담전략은 내현반응 변화 전략이다. 내현반응 변화 전략이란 특정 내현반응을 변화시켜 원하는 상담효과를 산출하는 전략이다. 즉, 지각표상, 기억, 상상, 감정, 사고, 욕구, 인식, 조절 등의 내현반응들 중에서, 치료적 조작(또는 문제해결적 조작, 성장과제 성취적 조작)이 가능한 특정 수의적 내현반응에 대해, 실제로 치료적 조작을 하여, 그 결과로서 역기능적 행동을 소거하거나 감소시키고 순기능적 행동을 형성하거나 증가시키는 상담효과를 산출해 나가는 상담전략을 내현반응 변화 전략이라고 한다.

세 번째의 세부 상담전략은 외현행동 변화 전략이다. 외현행동 변화 전략이란 특정 외현행동을 변화시켜 원하는 상담효과를 산출하는 전략이다. 즉, 형태, 비언어 행동, 언어 행동, 수행행동 등의 외현행동들 중에서, 치료적 조작이 가능한 특정 수의적 외현행동에 대해, 실제로 치료적 조작을 하여, 그 결과로서 역기능적 행동을 소거하거나 감소시키고 순기능적 행동을 형성하거나 증가시키는 상담효과를 산출해 나가는 상담전략을 외현행동 변화 전략이라고 한다.

　네 번째의 세부 상담전략은 반응양식 변화 전략이다. 반응양식 변화 전략이란 특정 반응양식을 변화시켜 원하는 상담효과를 산출하는 전략이다. 예를 들어, 행동상담의 경우, 선행사건과 불수의적 행동과의 조건화 양식을 형성하는 고전적 조건화, 그리고 수의적 행동과 후속사건과의 조건화 양식을 형성하는 조작적 조건화, 관찰이나 모방을 통해 행동양식을 형성하는 사회학습 등의 학습 원리를 활용해서 반복적인 역기능적 반응을 불러일으키는 반응양식을 없애거나 줄이고, 대신 반복적인 순기능적 반응을 불러일으키는 반응양식을 형성하거나 증가시켜 나가는 상담전략을 반응양식 변화 전략이라고 한다. 또 정신분석 계열의 상담에서 자유연상, 분석과 해석, 훈습 등을 통해 병리적이거나 신경증적인 방어기제, 저항반응 양식, 전이반응 양식, 아동기 감정양식, 대상표상 양식, 자기표상 양식 등을 없애거나 줄여 나가는 상담전략을 반응양식 변화 전략이라고 한다. 또 인지상담 계열의 상담에서 현실적 논리적 실용적 사고의 과정을 통해 역기능적인 비합리적 사고양식, 비합리적 신념양식, 자동적 사고양식, 인지적 오류양식, 핵심신념 양식, 중간신념 양식 등을 없애거나 감소시키고, 대신 순기능적인 합리적 사고나 신념양식, 자동적 사고 양식, 핵심신념이나 중간신념 양식을 형성하거나 증가시켜 나가는 상담전략을 반응양식 변화 전략이라고 한다.

　다섯 번째의 세부 상담전략은 성격 변화 전략이다. 성격 변화 전략이란 성격구조나 기능을 변화시켜 원하는 상담효과를 산출하는 전략이다. 즉, 반응양식 재학습 전략, 재경험과 재구성 전략(또는 자아기능 강화 전략), 촉진적 관계환경의 제공과 재양육 전략 등을 활용해서 일반화된 역기능적 반응들을 불러일으키는 성격의 구조나 기능을 변화시키고, 이를 통해 역기능적 행동을 소거하거나 감소시키고 순기능적 행동을 형성하거나 증가시키는 상담효과를 산출해 나가는 상담전략을 성격 변화 전략이라고 한다. 그런데, 성격은 그 특성상 변화시키기 어렵기 때문에 성격 변화 전략의 대부분은 성격의 변화를 직접적으로 추구하기보다는 성격의 하위요소인 관련 반응양식의 변화를 통해 간접적으로 성격의 변화를 추구하는 경향이 있다. 예를 들어, 발표불안 문제인 경우, 발표불안의 원인이 되는 불안 성격, 즉 특성 불안을 직접 변화시키려 하기보다는 특성 불안의 하위요소인 '발표상황에서의 과잉 신체적 긴장 양식, 과잉 위험표상과 재경험 양식, 발표불안과 관련된 비합리적 사고양식, 발표상황에 대한 과잉 도피행동 양식이나 회피행동 양식, 관련 비주장 행동양식, 자아의 외부현실 인식기능이나 자기반응 인식기능이나 가치 인식기능 그리고 자아의 의지기능이나 자기반응 조절기능' 등과 같은 특성 불안의 하위요소인 불안반응 양식들의 변화를 추구한다. 그리고 이런 간접적인 방식을 통해 성격의 변화를 추구하는 경향이 있다.

여섯 번째의 세부 상담전략은 신체반응 변화 전략이다. 신체반응 변화 전략이란 신체구조나 기능을 변화시켜 원하는 상담효과를 산출하는 전략이다. 예를 들면, 면역 저하 문제인 경우라면 면역 강화를 위한 운동과 음식관리 전략, 과체중 문제인 경우라면 체중감량을 위한 운동과 음식관리 전략, 과음 문제인 경우라면 금주나 절주 전략, 흡연 문제인 경우라면 금연 전략, 신체건강 문제인 경우라면 씻기, 양치, 청소 등의 청결행동 강화 전략, 운동 부족 문제인 경우라면 걷기, 달리기, 수영, 등산, 산림욕 등의 신체운동 전략, 과민성 문제인 경우라면 둔감화 전략, 둔감성 문제인 경우라면 민감화 전략, 과잉 긴장과 각성 문제인 경우라면 이완훈련, 안구운동(EMDR, EMT 등), 복식호흡, 지압(TFT, EFT 등), 찜질, 아로마 등의 신체이완 전략, 건강문제인 경우라면 인스턴트 음식 제한, 과식제한, 건강식, 저당식, 저염식, 소식(小食) 등의 음식관리 전략 등을 통해 신체구조나 기능을 변화시키고, 이를 통해 역기능적 행동을 소거하거나 감소시키고 순기능적 행동을 형성하거나 증가시키는 상담효과를 산출해 나가는 상담전략을 신체반응 변화 전략이라고 한다.

일곱 번째의 세부 상담전략은 발달과제 성취 전략이다. 발달과제 성취 전략이란 발달과제를 성취시켜 원하는 상담효과를 산출하는 전략이다. 즉, 과거의 특정 발달단계에서 성취하지 못한 미해결 발달과제, 그리고 현재의 발달단계에서 성취하지 못한 당면 발달과제를 성취하도록 조력하고, 이를 통해 역기능적 행동을 소거하거나 감소시키고 순기능적 행동을 형성하거나 증가시키는 상담효과를 산출해 나가는 상담전략을 발달과제 성취 전략이라 한다.

여덟 번째의 세부 상담전략은 초월영성적 전략이다. 초월영성적 전략이란 초월영성적 체험을 통해 원하는 상담효과를 산출할 뿐만 아니라, 더 나아가 초월영성적 성장을 촉진해 나가는 전략이다. 즉, 초월영성적 성장을 이룬 상담자의 지도, 그리고 주의집중, 알아차림, 화두, 실존 탐구, 관점 변화, 분리 조망, 연합, 기도, 주문(呪文), 찬양 등의 초월영성적 방법들을 사용하여 초월영성적 체험을 촉진하고, 이를 통해 정신장애의 치료나 당면 생활문제의 해결이나 성장과제의 성취라는 상담효과를 추구하며, 더 나아가 분별을 초월한 근원자리에 대한 체험, 또는 자아초월과 참나 체험, 또는 의식초월과 우주의식 체험, 또는 대상 경계를 초월한 무상의 체험, 또는 유위를 초월한 무위(無爲, action without intention)의 체험, 또는 성령이나 임재 체험 등의 초월영성적 성장을 촉진하는 전략이다.

아홉 번째의 세부 상담전략은 가족구조와 기능 변화 전략이다. 가족구조와 기능 변화 전략이란 가족의 구조를 변화시키거나 가족의 기능을 변화시켜 원하는 상담효과를 산출하는 전략이다. 즉, 가족구성원 사망, 부부의 별거나 이혼이나 재혼, 배우자의 외도, 한부모, 소년소녀가장, 조부모 등과 관련된 가족의 구조적 결손을 변화시키기, 그리고 가족 의사소통, 가족 역할, 가족 위계질서, 가족 경계, 가족 규칙 등의 역기능을 순기능으로 변화시키기 등을 통해 내담자의 역기능적 행동을 소거하거나 감소시키고 순기능적 행동을 형성하거나 증가시키는 상담효과를 산출해 나가는 상담전략을 가족구조와 기능 변화 전략이라고 한다.

(7) 상담과정

상담과정은 크게 '본 상담 이전의 과정, 본 상담 과정, 본 상담 이후의 과정'으로 구분할 수 있다. 먼저 본 상담 이전의 과정은 '상담신청과 접수면접'으로 구분할 수 있다. 본 상담 이전의 신청접수에서는 '내담자의 신청을 공식적으로 접수하는 작업'이 요구된다. 또 본 상담 이전의 접수면접에서는 '본 상담 이전에 처리해야 하는 정보수집, 선별, 고지된 동의, 배정과 의뢰, 단회상담 조치 등'의 작업이 요구된다.

본 상담 과정은 초기과정, 중기과정, 종결과정으로 구분할 수 있다. 본 상담의 초기과정에서는 '상담구조화, 라포 형성, 호소문제 명료화, 문제 평가, 상담목표 설정, 상담계획 수립 등'의 작업이 요구된다. 그리고 본 상담의 중기과정에서는 '저항 처리, 감정정화 및 일치 촉진, 이해 촉진, 대안 설정 촉진, 대안행동 수행 능력 형성, 대안행동 실천과 습관화 등'의 작업이 요구된다. 그리고 본 상담의 종결과정에서는 '종결논의, 종결평가, 상담 마무리 조치 등'의 작업이 요구된다.

본 상담 이후의 과정은 추후지도가 있다. 본 상담 이후의 추후지도에서는 '추후 평가, 추후 마무리조치' 등의 작업이 요구된다.

제**3**장

상담 준비

Individual Counseling

개인상담은 전문적 서비스 과정이다. 그런데 전문적 서비스를 제공하고자 할 때는, 전문적 서비스를 시작하기에 앞서 전문적 서비스를 제공할 수 있는 조건이 갖춰졌는지, 즉 전문적인 개인상담 서비스를 제공할 준비가 되어 있는지를 점검해 볼 필요가 있다. 이 장에서는 개인상담을 시작하기 이전에 점검 및 준비해야 할 사항들로서 '상담자 자질, 상담면접 준비사항, 상담실의 물리적 환경 조성'에 대해 설명하였다.

1. 상담자 자질

개인상담의 성패를 결정짓는 가장 중요한 변인은 바로 '상담자 자질'이다. 즉, 특정 상담자가 '상담자로서의 자질을 어느 정도 갖추고 있느냐?'가 특정 상담의 성패를 결정짓는 가장 중요한 요인이다(김미리혜, 김진영 외 역, 2000). 이런 측면에서 '상담자 자질'이라는 개념은 상담자로서 준비된 정도를 평가하는 개념적 토대를 제공한다. 여기서는 상담자의 자질을 전문적 자질과 인성적 자질로 나누고(이형득 편저, 1992), 이를 중심으로 상담자의 준비에 대해 설명하였다.

1) 전문적 자질

상담자의 전문적 자질을 평가 및 판단하는 합의된 기준은 없지만 일반적으로 '상담 학력, 상담 자격증, 상담 경력'의 세 가지 명시적 요건, 그리고 '상담이론 지식, 상담자 역할 수행 능력'의 두 가지 내적 요건을 토대로 상담자의 전문적 자질을 평가 및 판단할 수 있다.

상담 학력 상담자의 전문적 자질을 평가 및 판단하는 첫 번째 요건은 상담 학력이다. 즉, 상담 관련 학위를 취득하였는지를 통해 특정 상담자의 전문적 자질을 평가 및 판단할 수 있다. 더 구체적으로 말하자면, 대학의 학부과정에서 상담 관련 학과를 졸업하여 학사학위를 취득하였거나, 대학원에서 상담 관련 학과를 졸업하여 석사나 박사 학위를 취득하였다면, 상담자로서의 전문적 자질을 가지고 있다고 할 수 있다.

그런데 전문성 수준은 학위 유형에 따라 달라질 수 있다. 즉, 상담 관련 학사 학위보다는 석사 학위, 석사 학위보다는 박사 학위가 상대적으로 전문성 수준이 더 높다고 할 수 있다. 또 전문성 수준은 학과와 세부전공에 따라서도 달라질 수 있다. 예를 들면, 의학에서 정신과를 전공했거나, 심리학에서 상담심리나 임상심리를 전공했거나, 교육학에서 교육상담을 전공했거나, 그리고 상담학, 아동상담학, 청소년상담학, 가족상담학, 복지상담학 등을 전공했다면 상대적으로 전문성 수준이 더 높다고 할 수 있다.

결론적으로 상담자가 상담 관련 학사학위, 또는 상담 관련 석사나 박사학위를 취득하였을 때 상담 학력 측면의 전문적 자질을 가지고 있다고 판단할 수 있고, 이렇게 학력 측면의 전문적 자질을 가지고 있을 때 상담자가 준비되어 있다고 판단할 수 있다.

상담 자격증   상담자의 전문적 자질을 평가 및 판단하는 두 번째 요건은 상담 자격증이다. 즉, 공인된 상담 자격증을 가지고 있는지의 여부를 통해 특정 상담자의 전문적 자질을 평가 및 판단할 수 있다.

여기서 공인된 상담 자격증이란 공인된 기관 및 단체에서 발급하는 상담 관련 자격증을 의미한다. 예를 들면, 국가에서 발급하는 청소년상담사 1급, 2급, 3급 자격증, 그리고 정신건강임상심리사 1급, 2급 자격증, 그리고 임상심리사 1급, 2급 자격증이 이에 해당한다. 또한 공인된 학회인 한국상담심리학회에서 발급하는 상담심리사 1급, 2급 자격증, 또한 공인된 학회인 한국상담학회에서 발급하는 전문상담사 1급, 2급 자격증, 또한 공인된 학회인 한국심리학회에서 발급하는 임상심리전문가 자격증이 이에 해당한다.

결국 상담자가 공인된 상담 자격증을 가지고 있을 때 자격증 측면의 전문적 자질을 가지고 있다고 판단할 수 있고, 이렇게 자격증 측면의 전문적 자질을 가지고 있을 때 상담자가 준비되어 있다고 할 수 있다.

상담 경력   상담자의 전문적 자질을 평가 및 판단하는 세 번째 요건은 상담 경력이다. 즉, 상담 경력을 가지고 있는지의 여부를 통해 특정 상담자의 전문적 자질을 평가 및 판단할 수 있다. 여기서 상담 경력에는 '상담실무 경력, 상담수련 경력, 상담교육 경력, 상담연구 경력'이 포함된다.

구체적으로 상담실무 경력이란 공인된 상담기관에서 상담자로 근무한 경력을 가지고 있는 것을 의미한다. 상담수련 경력이란 공인된 상담기관에서 공인된 상담전문가의 지도 아래 상담수련을 받은 경력을 가지고 있는 것을 의미한다. 상담교육 경력이란 각급학교나 전문상담기관에서 상담교육자로 근무한 경력을 가지고 있는 것을 의미한다. 상담연구 경력이란 공인된 상담 관련 연구지에 상담 관련 연구논문을 발표한 경력을 가지고 있거나, 공인된 출판사에서 발행하는 상담 관련 책을 저술한 경력을 가지고 있는 것을 의미한다.

결국 상담자가 상담실무 경력이나 상담수련 경력이나 상담교육 경력이나 상담연구 경력을 가지고 있을 때 경력 측면의 전문적 자질을 가지고 있다고 판단할 수 있고, 이렇게 경력 측면의 전문적 자질을 가지고 있을 때 상담자가 준비되어 있다고 할 수 있다.

이상에서 상담자의 전문적 자질에 대해 설명하였다. 결론적으로 말하자면, 어떤 특정 상담자가 상담 관련 학력, 자격증, 경력을 가지고 있을 때 그 특정 상담자에게 전문적 자질이 있다고 판단을 내릴 수 있다.

한편, 학력, 자격증, 경력의 세 가지 모두를 가지고 있을 때는 당연히 전문적 자질을 가지고 있다고 말할 수 있다. 그러나 학력, 자격증, 경력 중에 한 가지나 두 가지만 가지고 있고 나머지는 가지고 있지 않다면 전문적 자질을 평가하는 일은 다소 복잡해진다. 예를 들어, 학력은 상담 관련 박사학위를 가지고 있지만 자격증이나 경력이 없다면 전문적 자질을 가지고 있다고 할 수 있을까? 또는 상담 관련 박사학위를 가지고 있지만 자격증은 청소년상담사 3급을 가지고 있고, 경력은 전화상담기관에서 전화상담봉사를 30여 회한 것이 전부라면 전문적 자질을 가지고 있다고 할 수 있을까? 이런 사례들은 학력, 자격증, 경력 중에 우선순위가 있을 수 있음을 시사한다. 합의된 바는 없지만 군이 우선순위를 세우자면, 일반적으로 1순위는 학력, 2순위는 자격증, 그리고 3순위는 경력 순으로 생각하는 경향이 있다. 따라서 전문적 자질을 갖추고 상담자로서 준비가 되어 있다는 사회적 평가를 받기 위해서는 학력, 자격증, 경력이 모두 필요하지만, 이들 중에서도 학력, 자격증, 경력 순으로 우선시하는 사회적 경향이 있기 때문에, 상담 관련 학력을 우선적으로 취득하고, 이어 상담 관련 자격증을 취득하며, 그리고 나서 상담 관련 경력을 쌓아 나가는 것이 바람직하다고 할 수 있다.

반면, 학력이나 자격증이나 경력이 모두 있지만 모두 하위 수준의 학력이나 자격증이나 경력을 가지고 있다면 이 역시 전문적 자질을 평가하는 일은 다소 복잡해진다. 예를 들어, 학력은 학사이고, 자격증은 청소년상담사 3급이며, 경력은 1학기 동안 중등학교에서 상담자원봉사를 했다면 전문적 자질을 가지고 있다고 할 수 있을까? 이 경우는 전문적 자질이 없는 것은 아니지만 그렇다고 있다고 단정 짓기도 주저된다. 이는 결국 학력, 자격증, 경력에는 모두 상위등급과 하위등급이 있고, 전문적 자질을 갖추고 상담자로서 준비가 되어 있다는 사회적 평가를 받기 위해서는 하위등급이 아닌 상위등급의 학력, 자격증, 경력을 가지고 있어야 함을 시사한다.

이상적 또는 윤리적 측면에서 학력, 자격증, 경력을 모두 가지고 있는 상담자, 즉 전문적 자질을 갖춘 상담자들이 상담을 실시하는 것이 바람직하다. 그런데 현실에서는 학력, 자격증, 경력을 모두 갖춘 사람들만 상담자 역할을 수행하는 것은 아니다.

예를 들면, 정규교육이 아닌 비정규 교육, 즉 대학의 평생교육원, 상담 관련 중소학회의 단기 상담자 양성 과정, 일반 상담기관의 단기 상담자 양성과정을 이수한 사람들도 상담자 역할을 수행한다. 이런 경우라면 전문적 자질을 어떻게 평가할 수 있을까? 또한 상담분야에서 공인하기 어려운 특정 대학이나 특정 중소학술단체나 특정 상담기관에서 발급하는 상담자격증을 취득한 사람들도 상담자 역할을 수행한다. 이런 경우라면 전문적 자질을 어떻게 평가할 수 있을까? 또한 상담자 교육을 받지 않은 교사나 교수, 사회복지사, 목사나 장로나 권사, 신부나 수사나 수녀, 스님이나 보살, 경찰, 보호관찰관, 군대 하사관이나 장교들 중에서 일부는 주요 업무가 아닌 보조 업무의 일환으로 종종 상담자 역할을 수행한다. 이런 경우라면 전문적 자질을 어떻게 평가할 수 있을까?

엄격한 기준을 적용한다면, 위에 제시한 사례들에 대해 전문적 자질을 갖추었다고 할 수는 없다. 이런 경우들을 굳이 구분한다면, 전문가보다는 준전문가에 포함시키는 것이 더 타당할 것이다. 상담의 질적 관리 측면을 고려할 때, '전문적 자질을 갖춘 자들이 상담자 역할을 수행하도록 하는 것', 그리고 전문적 자질을 갖추지 못한 준전문가가 굳이 상담자 역할을 수행해야 하는 상황이라면 '슈퍼비전(supervision) 체계를 갖추는 것' 또는 '수행 가능한 범주 내에서 상담자 역할 수행을 하도록 하는 것' 또는 '준전문가를 대상으로 한 상담자 교육과정을 운영하는 것' 등은 앞으로 상담계가 풀어야 할 중요한 숙제이다.

전문적 자질을 갖추고 있지 않다면, 상담자 역할 수행은 제한되어야 한다. 바꿔 말하면, 상담자는 전문적 서비스를 제공할 수 있는 능력 범위 내에서 상담자 역할을 수행해야 한다. 이러한 원칙은 상담 준전문가뿐만 아니라 상담 전문가에게도 똑같이 적용된다.

한편, 상담자의 전문적 자질은 학력, 자격증, 경력 외에도 '이론적 지식과 수행 능력'을 통해서도 판단할 수 있다. 이를 좀 더 자세히 설명하면 다음과 같다.

상담이론 지식   상담자의 전문적 자질을 평가 및 판단하는 네 번째 요건은 상담이론 지식이다. 구체적으로 말하면 '기존의 상담이론에 대한 지식 정도'와 '자기 자신의 개인 적 상담이론을 구축한 정도'를 통해 판단할 수 있다. 일반적으로 숙련된 상담전문가들은 선배 상담자들이 오랜 기간 동안 시행착오를 통해 찾아낸 효과적인 상담 원리와 방법이 함축되어 있는 기존의 상담이론에 대한 풍부한 지식을 가지고 있다. 또한 기존 상담이론 에 대한 지식과 자신의 상담실무 경험 등을 통합하여 자신의 개인적 상담이론을 개발하 는 경향이 있다.

따라서 특정 상담자가 '기존의 상담이론에 대해 풍부한 지식'을 가지고 있고, 또한 '자 기 자신의 개인적 상담이론을 구축'한 상태라면, 그 특정 상담자는 전문적 자질을 가지고 있다고 판단할 수 있다.

전문적 자질은 '상담자 역할 수행 능력'을 통해 판단할 수 있다. 일반적으로 숙련된 상 담전문가들은 아래와 같은 상담자 역할 수행 능력들을 가지고 있다.

- 신청접수 능력: 상담안내 능력, 신청서 작성 및 접수 능력
- 접수면접 능력: 정보수집 능력, 선별 능력, 고지된 동의 능력, 배정 능력, 의뢰 능력, 단회상담 능력
- 상담관계 능력: 상담관계 형성 및 유지 능력, 저항처리 능력
- 문제 명료화 능력: 호소문제 명료화 능력, 문제평가 및 진단 능력, 상담목표 설정 능력
- 상담계획 능력: 상담전략 수립 능력, 상담계획 수립 능력
- 상담처치 능력: 감정정화 및 일치경험 촉진 능력, 이해경험 촉진 능력, 대안설정 촉진 능력, 행동형성 촉진 능력
- 상담종결 능력: 종결판단 및 의사결정 능력, 종결평가 능력, 상담마무리 조치 능력, 추후지도 능력
- 기타 능력: 알아차림 능력, 탐구와 이해 능력, 평가 능력, 개념화 능력, 의사소통 능 력, 상담기법 사용 능력, 지도 능력, 상담기록과 관리 능력, 상담시설이나 도구 사용 능력, 관련인이나 관련기관과 협조 능력, 윤리적 판단과 행동 능력

따라서 특정 상담자가 '신청접수 능력, 접수면접 능력, 상담관계 형성 능력, 문제 명료화 능력, 상담계획 능력, 상담처치 능력, 상담종결 능력 등'을 포함하는 '상담자 역할 수행 능력'을 가지고 있는 상태라면, 그 특정 상담자는 전문적 자질을 가지고 있다고 판단할 수 있다.

2) 인성적 자질

상담자 역할을 수행하려면 학력, 자격, 경력과 같은 전문적 자질 외에 인성적 자질도 점검되어야 한다. 인성적 자질이란 상담자 역할 수행에 필요한 인성적 조건들을 의미한다.

일부 학자들은 상담자에게 요구되는 인성적 특성에 대해서 언급해 왔다. 그 내용은 학자마다 다르지만 대체로 아래와 같은 특성들을 포함하고 있다(오혜영, 유형근, 이영애, 강이영, 2011; 이형득 편저, 1992; Corey & Corey, 2010; George & Cristiani, 1981).

- 상담전문가로서의 정체성, 소명의식
- 상담자 역할 수행 효능감
- 가치관, 도덕성, 윤리적 태도
- 객관성, 넓은 관점, 현실인식, 역사인식, 미래인식
- 자기, 타인, 환경, 그리고 맥락에 대한 민감성, 또는 있는 그대로의 실존에 대한 인식과 수용 태도
- 불확실성에 대한 인식과 수용 태도
- 일치성, 개방성, 진실성
- 정서적 안정감, 자기신뢰, 자존감
- 인간이 가진 치료나 문제해결이나 성장의 잠재력에 대한 신뢰 태도
- 인간 행동의 다양성과 개인차를 존중하는 태도
- 공감적 태도, 친사회적이고 이타적인 태도
- 자발성, 자주성, 자율성
- 용기, 모험심, 호기심과 탐구적 태도
- 창의성, 생산성
- 치료나 문제해결이나 성장 지향성
- 반응 융통성

- 지도성, 협동성
- 대인매력, 사회성
- 겸손
- 유머감
- 인내, 성실성, 책임감
- 자기성찰, 자기이해, 자기관리 태도

그런데 상기된 상담자의 인성적 자질들은 추상적이면서 동시에 매우 이상적이다. 이렇게 추상적이고 이상적인 특성들을 나열하고, 이를 모두 갖추어야 상담자 역할을 수행할 수 있다고 주장하는 것은 분명히 비현실적이고 지나친 요구이다.

상담자도 인간적 한계를 지니고 있기 때문에 상기된 특성들을 모두 갖추기는 어렵다. 또한 상기된 특성들 중 일부를 갖추지 않았다고 해서 상담자 역할 수행을 할 수 없는 것도 아니다. 실제 저자를 포함하여 우리 주변에 있는 거의 모든 상담자들은 부분적으로 미성숙한 상태에서 상담자 역할을 수행하고 있다. 일부는 전문가 정체성이나 효능감이 부족한 상태에서 상담을 하고, 일부는 자기이해나 자기관리가 부족한 상태에서 상담을 한다. 또 스트레스를 겪고 있으면서 스트레스에 대한 상담을 하고, 만성적 불안을 겪고 있으면서 불안문제에 대해 상담하며, 진로갈등을 겪고 있으면서 진로상담을 하고, 결혼하지 않고도 부부 및 가족 상담 또는 성문제 상담을 하며, 부모자녀 문제를 겪고 있으면서 학부모 상담을 하기도 한다.

이런 현실들을 고려할 때, 상기된 인성적 자질들은 필수조건이라고 하기보다는 권장조건에 가깝다. 즉, 상기된 인성적 자질들을 모두 갖추고 있어야만 상담자가 될 수 있다는 말이 아니라, 상기된 인성적 자질들을 모두 갖추지 않더라도 상담자가 될 수 있지만, 가급적 제시된 특성들을 갖추기 위해 노력할 필요가 있다고 권장하는 사항이다.

한편, 상담자의 인성적 자질을 함양하는 활동에는 앞에서 설명한 학력이나 자격증 취득 과정, 또는 재교육 과정, 그리고 교육분석, 집단상담, 독서, 연구나 저술, 기타 다양한 형태의 자기계발 활동 등이 포함된다.

내담자의 벌거벗은 현실과 마주하려면 상담자도 벌거벗은 한 인간으로 내담자와 마주할 수 있어야 한다.

30대의 한 여성 내담자는 스스로 자신을 비난하고 학대하는 문제를 가지고 있었다. 그녀는 대인관계 상호작용을 할 때 상대방으로 하여금 가학적인 역할을 하도록 무의식적으로 유도하는 경향이 있었는데, 상담과정 중에 상담자와의 상호작용에서도 이런 역기능적인 상호작용이 재연되었다.

하지만 상담자는 자신의 반응과 상호작용을 인식하였고, 더 나아가 이를 치료적으로 활용하였다. 즉, 상담자는 그녀를 비난하고 싶고 한 대 때려 주고 싶은 충동이 자신에게 일어나는 것을 인식하였고, 이를 통해 내담자가 스스로 자신을 비난하는 자학적 경향이 있을 수도 있다는 점, 그리고 대인관계에서 자기는 학대받는 역할을 하고 상대는 학대하는 역할을 하도록 유도하는 경향이 있을 수 있다는 점을 추정하였다.

상담자는 자기반응과 상호작용에 대한 인식을 토대로, 가학적 역할을 유도하는 내담자의 역동에 말려들지 않았다. 그 대신 추가적인 정보수집을 통해 내담자에게 자기비난과 관련된 역기능적 대인관계 양식이 정말로 존재하는지에 대해 더 탐색해 나갔다. 그리고 자기비난과 역기능적 대인관계 양식을 점진적으로 반영하면서 관련된 갈등에 대한 감정 정화, 이해, 대안 설정, 행동 형성들을 조력해 나갔다.

상기된 사례에 나타나 있는 상담자의 치료적이고 성숙한 반응들은 상담자가 전문적 자질을 가지고 있기 때문에 가능한 일이다. 즉, 상담 관련 학력, 자격증, 경력 등에 기초한 전문적 자질, 또는 기존의 상담이론에 대한 풍부한 지식이나 자신이 구축한 개인적 상담이론, 그리고 상담자 역할 수행 능력 등에 기초한 전문적 자질을 가지고 있기 때문에 가능한 일이다.

또한 상담자의 치료적이고 성숙한 반응들은 전문적 자질뿐만 아니라 인성적 자질을 가지고 있기 때문에 가능한 일이다. 즉, 민감성과 수용적 태도, 일치성, 정서적 안전감, 신뢰 태도, 존중 태도, 공감적 태도, 자발성, 용기나 모험심, 탐구적 태도, 창의성, 반응 융통성, 지도성, 성실성, 책임감, 자기관리 태도, 상담전문가로서의 정체성, 윤리적 태도 등을 가지고 있기 때문에 가능한 일이다.

제시된 〈표 3-1〉 상담자 역할 수행 준비도 평가 항목은 상담자로서 자신의 준비된 정도를 평가해 볼 수 있는 내용들을 정리한 것이다. 표에는 학력, 자격증, 경력, 그리고 기존 상담이론 지식과 자신의 개인적 상담이론 구축을 포함한 상담이론, 상담자 역할 수행 능력, 그리고 신체적 · 정신적 · 사회적 · 직업적 자기관리 등이 포함되어 있다. 이 표에 기재된 각 항목에 대한 자신의 상태를 글로 써 보거나 10점 척도로 평가해 봄으로써 상담자로서 준비된 정도를 점검해 볼 수 있을 것이다.

표 3-1 상담자 역할 수행 준비도 평가 항목

1. 교육 배경
 1-1 정규: 상담 관련 학력 _____
 1-2 비정규: 상담자교육 이수 경력 _____
 1-3 상담 또는 교육분석 받은 경험 _____

2. 자격증
 2-1 상담 관련 자격증 _____

3. 상담 경력
 3-1 상담실무 경력 _____
 3-2 상담수련 경력 _____
 3-3 상담연구 경력 _____

4. 상담이론
 4-1 기존 상담이론 지식 _____
 4-2 자기 상담이론 구축 _____

5. 상담자 역할 수행 능력
 5-1. 신청 및 접수면접 능력 _____
 5-2. 상담관계 형성 및 유지 능력 _____
 5-3. 문제 명료화 능력 _____
 5-4. 상담계획 및 상담처치 능력 _____
 5-5. 상담종결 능력 _____
 5-6. 윤리적 판단과 행동 능력 _____

6. 자기관리
 6-1 신체적 건강 _____
 6-2 정신적 건강과 성숙 _____
 6-3 친밀하고 성장지향적인 대인관계 _____
 6-4 만족스럽고 생산적인 직업과 일 _____

2. 상담면접 준비

여기서는 초보상담자들을 위해 첫 상담면접을 실시하기 직전에 점검 및 준비해야 할 사항들, 즉 '상담자 상태, 첫 회기 상담진행 계획, 상담실 환경'에 대해 설명하였다.

상담자 상태   상담자는 자신의 신체적 · 심리적 상태를 점검하여, 내담자를 맞이하거나 상담을 효율적으로 진행할 수 있는 준비상태가 되도록 할 필요가 있다. 이를 체육에서는 워밍업(warming up)이라고 한다. 이는 운동을 시작하기 이전에 자신의 신체적 상태를 격렬한 운동을 시작해도 될 만큼의 수준으로 끌어올리는 준비운동 과정을 말한다. 상담도 이와 비슷하다. 본 상담을 하기 전에 상담자 자신의 신체적 · 심리적 상태를 살펴보고, 필요하다면 내담자를 반갑게 맞이하고, 또 효율적으로 상담을 진행해 나갈 수 있을 정도의 수준으로 신체적 · 심리적 상태를 끌어올리는 워밍업을 하는 것이 바람직하다.

예를 들면, 자신의 상태를 살펴보고, 만약 신체적 · 심리적 긴장 상태에 있다면 긴 복식호흡을 통해 신체적 · 심리적 이완상태가 되도록 할 수도 있고, 또 자신의 마음이 부정적 상태에 있다면 긍정적 심상이나 긍정적 자기암시를 통해 긍정적 마음상태가 되도록 할 수도 있으며, 또 상담하기가 싫고 귀찮은 마음상태에 있다면 자신의 소명과 역할에 대한 자기암시나 자기지시를 통해 상담동기나 의지가 증가된 상태가 되도록 할 수도 있고, 또 상담자 역할 수행에 대한 자기효능감이 낮은 상태에 있다면 상담과정을 상상으로 시연해 보거나 긍정적 자기암시를 통해 역할 수행에 대한 자기효능감이 높아진 상태가 되도록 할 수도 있다.

한편, 내담자와 대면하기 이전에 상담자, 특히 초보상담자들이 많이 겪는 문제 중 하나는 불안이다. 다소의 불안은 거의 대부분의 초보상담자들이 경험하는 문제이고, 또 기능적 측면들도 있기 때문에 특별한 조치를 필요로 하지 않는다. 그러나 지나친 불안은 효과적인 상담자 역할수행을 저해할 수 있기 때문에 점검 및 조치가 필요하다(이장호, 2005).

초보상담자들이 경험하는 불안에 대한 현실적인 조치는 불안반응을 인식하고 견디어 내는 것이다. 즉, 자신의 불안반응들을 알아차리고 받아들이며, 일정 기간 동안 불안이 일어날 수 있음을 인식하고, 불안을 느끼더라도 상담자 역할 수행을 피하지 않고 실시하면서 불안반응이 점진적으로 둔감화되기를 기다리는 것이다. 이렇게 불안을 견디거나 직면하다 보면 나중에는 오히려 불안이 상담자를 준비시키는 에너지로 바뀐다는 사실을 알게 될 것이다. 또 불안이 둔감화되는 과정을 넘어서면 자신감과 겸손함을 얻게 된다는 사실도 알게 될 것이다.

그럼에도 불구하고 불안이 너무 강해서 스스로 불안을 관리할 수 없을 때, 또는 불안이 너무 강해서 상담자 역할을 수행하는 데 어려움이 느껴질 때는 슈퍼비전이나 교육분석과 같은 전문적 도움을 고려하는 것이 바람직하다.

첫 회기 상담진행 계획　　초보상담자에게 첫 회기를 진행하는 일은 어려울 수밖에 없다. 숙련된 상담자들은 첫 회기 진행에 대한 경험적 준거를 가지고 있는 반면, 초보상담자들은 경험적 준거를 가지고 있지 않기 때문에 낯설고 힘들게 느껴질 수밖에 없다. 설사 몇 번의 경험을 통해 어느 정도의 진행에 대한 경험적 준거를 가지고 있다고 하더라도 아직까지는 숙련되지 않았기 때문에 서툴고 부족하게 느껴질 수밖에 없다.

자신이 숙련된 상담자가 아닌 초보상담자라면, 첫 회기 상담을 시작하기 전에 준비해야 할 일 중에 하나는 '첫 회기 상담진행에 대한 계획을 수립하는 일'이다. 첫 회기 상담진행 계획을 수립하려면 먼저 상담신청서, 접수면접 기록지, 신청 및 접수면접자 구두보고 내용, 전화상담자 구두보고 내용 등을 토대로 내담자에 대한 사전정보들을 수집해야 한다. 그리고 나서 첫 회기 결과목표와 과정목표를 수립하고, 이러한 결과나 과정목표들을 성취하기 위한 상담진행 순서나 상담자 개입 순서를 결정한 후, 이를 정리하여 첫 회기 상담진행 계획을 수립하면 된다.

상담초보자라면 첫 회기 상담진행 계획을 수립하고, 이에 기초하여 실제 상담을 진행해 나가는 것이 바람직하다. 그러나 첫 회기 진행계획을 아무리 철저히 수립했다고 하더라도 계획으로는 해소되지 않는 불확실한 측면들이 남아 있기 마련이다. 이렇게 남아 있는 불확실성에 대한 인식과 수용이 필요하다. 또한 아무리 통제하려고 하더라도 통제할 수 없는 주어진 조건이나 나타나는 현상들이 있다는 점에 대한 인식과 수용도 필요하다. 또한 시간적으로 사전에는 근접할 수 없고 오직 현재 속에서만 경험되는 생생한 경험적 측면들이 상담과정에 내재되어 있다는 점에 대한 인식과 수용도 필요하다. 또한 우려와는 달리 맞닥뜨리면 자연스럽게 되어지는 측면들이 있다는 점에 대한 인식과 수용도 필요하다.

상담실 환경　　상담자는 첫 상담이 시작되기 전에 개인상담실의 물리적 · 사회적 환경을 점검하여 필요한 사항들을 준비하는 것이 바람직하다. 먼저 개인상담실 공간을 확보하고, 필요한 상담기자재를 점검 및 준비하는 것이 바람직하다. 예를 들면, 중소상담실의 경우 내담자 수에 비해 개인상담실이 부족할 수 있다. 이럴 경우에는 사전에 현황을 파악하여 개인상담실 사용이 가능하도록 조치를 취할 필요가 있다. 또한 상담신청서, 접수면접지, 질문지나 심리검사지, 상담진행기록지, 필기구, 녹음 및 녹화장치, 냉난방기 등을 점검하고, 필요한 것들을 사전에 준비해 두는 것이 바람직하다. 그리고 다른 상담원이나 직원들에게 개인상담이 있음을 미리 알려 방해되지 않도록 협조를 구해 두는 것도 바람직하다. 또한 첫 면접이 본 상담이 아니라 신청접수이거나 접수면접일 경우에는, 원활한 접수 및 의뢰를 위해 본 상담자나 접수면접자 등의 스케줄을 미리 점검하여 사전 협의를 해 두는 것이 바람직하다.

개인상담실의 물리적 환경의 점검 및 준비에 대해서는 다음 절에서 더 자세히 설명하였다.

3. 개인상담실의 물리적 환경 조성

개인상담실의 물리적 환경은 상담자나 내담자의 심리적 상태에 영향을 미치기 때문에 중요하다. 즉, 개인상담실의 물리적 환경을 어떻게 구성하느냐에 따라 상담자나 내담자의 반응행동이나 태도가 달라질 수 있고, 심지어 상담방향이나 개입전략, 그리고 상담결과에도 영향을 미칠 수 있다. 따라서 상담자는 내담자를 만나기 이전에 개인상담실의 물리적 환경을 점검하고, 필요한 준비들을 해 나가는 것이 바람직하다.

전용공간　　개인상담을 하려면 개인상담만을 위한 전용공간이 필요하다. 그러나 상담실무에서는 전용공간이 아닌 곳에서 개인상담을 해야 하는 상황이 종종 발생한다. 가령 사람들이 자주 드나드는 신청접수실, 휴게실, 그리고 넓은 강의실 등에서 상담을 해야 하는 일들이 종종 발생한다. 이런 경우, 당연히 주변 환경에 영향을 받기 때문에 개인상담의 효율성은 저해된다. 또 개인상담실이 한두 개만 있을 경우에도 개인상담실이 부족해지는 일이 가끔씩 일어난다. 예를 들어, 다른 상담자가 먼저 개인상담실을 사용하고 있을 경우에는 어쩔 수 없이 집단상담실, 심리검사실, 아니면 강당이나 교육실, 대기실이나 휴게실 등에서 개인상담을 해야 하는 경우가 종종 발생할 수 있다. 이럴 때 내담자는 물론 상담자조차도 임시처소에 있는 듯한 기분 때문에 상담에 몰입하기 어려울 수 있다. 또 개인상담 전용공간이 아니기 때문에 다른 사람들이 상담이 진행되고 있음을 모르고 갑작스럽게 들어와서 상담이 중단되는 일도 가끔씩 발생하곤 한다.

따라서 개인상담은 가급적 전용공간에서 실시하는 것이 바람직하다. 하지만 불가피하게 임시처소에서 해야 할 상황에서는 정리정돈과 의자배치 등을 가급적 미리 해 두고, 주변 사람들에게도 '상담에 방해되지 않도록 협조해 달라'고 사전 양해를 구하거나 방문 앞에 '상담 중'이라는 표시를 해 두는 것이 바람직하다.

　한편, 개인상담실 전용공간은 대체로 2~5평 진후의 크기가 적당하고, 3~5명이 앉을 수 있는 의자를 배치해 두는 것이 무난하다. 입구나 문에는 개인상담실이라 쓴 문패와 상담 중임을 알릴 수 있는 표지판을 배치해 두는 것이 바람직하다.

　방해받지 않는 공간　　효과적인 개인상담을 위해서는 방해받지 않는 공간이 필요하다. 가령 방음이 안 되어 도로를 질주하는 차 소리나 옆방에서 떠드는 소리, 또는 위층에서 쿵쿵거리는 소리가 들린다든지, 상담 중에 다른 사람이 들어온다든지, 전화기의 벨이 울리는 등의 상황이 벌어지면 상담은 방해받게 될 것이다. 따라서 방음시설을 보강하거나, 개인상담실 문 앞에 상담 중이라는 표지를 달아 두거나, 주변 사람들에게 상담 중이니 방해되지 않도록 해 달라는 협조를 구하거나, 전화기가 있을 경우 미리 전화코드를 뽑아 두는 등의 사전 조치가 필요하다.

　한편, 최근에는 전통적 상담만을 고집하지 않고 내담자의 상황적 여건에 맞춰서 상담하는 경향이 증가하고 있다. 이에 따라 개인상담 장소도 상담실에만 국한하지 않고 산책이나 드라이브, 길거리 대화, 가정방문 등과 같이 상담실을 벗어나는 형태들도 나타나고 있다. 이처럼 상담실 밖에서 개인상담을 해야 하는 상황이라면 전용공간을 마련하거나 방해받지 않는 공간을 확보하기가 현실적으로 어렵게 된다. 하지만 이런 경우라고 하더라도 주어진 여건하에서는 가급적 외부의 방해를 차단하기 위한 적극적인 노력들이 필요하다.

　청결하고 안정감 있는 공간　　개인상담실은 내담자에게 청결함과 안정감을 줄 수 있어야 한다. 가령 곳곳에 얼룩이나 때가 보이고 심한 경우 바퀴벌레가 기어 다니는 등의 불결한 상황에서는 온전히 상담에만 주의를 집중하기가 어려울 것이다. 따라서 내담자를 만나기 이전에 개인상담실을 정리 정돈하여 청결함을 유지할 필요가 있다.

　청결과 함께 정서적 안정감도 고려해야 한다. 일반적으로 정서적 안정감은 감각적인 차원에서 고려할 수 있다. 예를 들어, 시각적으로 수은등보다는 크롬등이나 백열등을 사용하고, 빛의 밝기는 강하기보다 다소 약하게 하며, 벽지나 바닥, 그리고 커튼 등의 색상은 어두운 계열보다는 밝은 계열, 원색보다는 파스텔 계열, 강렬한 인공적 색상보다는 녹색, 황토색, 하늘색 등과 같은 자연적인 색상을 사용하는 것이 정서적 안정감을 느끼게 하는 데 도움이 된다.

　또 청각적으로 시끄러운 곳보다 조용한 곳이 더 바람직하고, 촉각적으로 거칠고 딱딱한 의자보다는 부드러운 의자, 실내온도는 온도 자체에 주의가 가지 않을 정도의 쾌적한 수준을 유지하는 것이 정서적 안정감을 느끼게 하는 데 도움이 된다.

생활환경 이외의 공간   개인상담은 내담자의 일상에서 벗어난 공간에서 실시하는 것이 바람직하다. 왜냐하면 내담자를 변화시키는 것은 생활환경 안에서보다 생활환경 밖에서가 더 쉽기 때문이다. 실제로 상담을 해 보면 생활환경과는 다른 곳에서 상담하는 것이 방어기제의 약화, 자기노출 및 탐색, 새로운 행동변화를 일으키는 데 더 유리하다.

생활환경 이외의 공간에서 상담한다는 말은 결국 내담자를 상담실로 오게 하는 것을 의미한다. 그러나 예외적인 경우도 있다. 가령 특수상담의 한 형태로서 찾아가는 상담인 경우에는 내담자 생활환경 내에서의 상담이 불가피하다. 하지만 찾아가는 상담인 경우라도 다소의 전략적 접근이 필요하다. 예를 들어, 초기에는 내담자의 생활환경 내에서 상담하다가 점차 안정적으로 상담을 지속할 수 있는 상담실로 이끄는 것과 같은 전략적 접근이 필요하다.

한편, 일반상담의 경우, 상담실에서 상담하다가 종결과정에 들어서면 오히려 생활환경 내에서 상담하는 것이 권장되기도 한다. 즉, 상담 장면에서의 바람직한 변화가 실생활 장면에서도 나타나도록 이끌기 위해 내담자의 생활환경 내에서 상담하는 것이 권장되기도 한다. 또한 일부 상담자들은 내담자에 대한 초기평가 과정에서 보다 신뢰할 수 있는 정보를 수집하고 정서적 유대를 강화할 목적으로 가정방문 형태의 상담을 권장하기도 한다.

개인상담 기자재   개인상담을 실시하려면 개인상담에 필요한 기자재들이 준비되어 있어야 한다. 개인상담 기자재에는 기본적으로 상담 신청서, 심리검사 신청서, 접수면접 질문지, 상담진행 기록지, 평가 보고서 등과 같은 면접기록 양식들, 그리고 MMPI, 문장 완성 검사, 개인용 지능검사 등과 같은 심리검사 도구들이 포함된다. 또한 의자, 테이블, 시계, 필기구, 휴지, 거울, 인터폰, 문패, 방음시설, 녹음 및 녹화시설, 냉난방시설, 조명 시설 등도 포함된다.

이런 상담 기자재들은 대상, 문제유형, 상담목표 및 접근방법 등에 따라 달라질 수 있다. 가령 음악치료를 할 때는 악기 또는 오디오가 필요하고, 미술치료를 할 때는 각종 미술도구나 재료가 필요하며, 놀이치료를 할 때는 각종 놀이치료 도구나 관련 기자재들이 필요하다. 또 점진적 이완훈련, 최면요법, 자유연상 등을 실시하고자 한다면 안락의자가 필요할 수 있다.

　한편, 개인상담실뿐만 아니라 상담대기실에 필요한 사항도 미리 점검하여 필요한 것들을 준비해 두는 것이 바람직하다. 예를 들면, 기다리는 사람들을 위해 신문이나 잡지, 상담도서 등을 비치해 두거나, 해당 상담기관의 목적이나 기능, 이용 가능한 시설과 이용방법 등을 설명하는 리플릿을 비치해 두거나, 상담원들의 교육배경 및 자격 등을 안내하는 자료를 비치하는 것 등을 고려할 수 있다.

Individual Counseling

제 **4** 장

신청접수

Individual Counseling

개별 사례마다 상담과정은 다르게 전개된다. 이를 상담과정의 특수성이라 한다. 그러나 여러 개의 개별 사례의 상담과정을 모아서 분석해 보면, 상담과정은 대부분 유사하게 전개된다는 것을 알 수 있다. 이렇게 상담과정이 유사하게 전개되는 측면을 상담과정의 일반성이라 한다.

일반성 측면에서 개인상담 과정은 크게 '본 상담 이전의 사전 면접, 본 상담, 본 상담 이후의 추후지도'로 구분할 수 있다. 여기서 사전 면접은 다시 '신청접수와 접수면접'으로 세분할 수 있다. 일반적으로 개인상담 절차는 '신청접수' 그리고 '접수면접'을 거쳐 '본 상담'으로 이어진다. 하지만 상담기관 특성이나 상황적 여건에 따라 신청접수와 접수면접을 하나로 묶어 '신청 및 접수면접'으로 실시할 수도 있고, 신청접수나 접수면접 절차 없이 곧바로 '본 상담'으로 이어질 수도 있다.

예를 들어, 규모가 큰 상담기관에서는 신청접수, 접수면접, 본 상담을 구분하여 각각 별도의 과정으로 실시한다. 하지만 규모가 작거나 단기상담을 위주로 하는 일부 상담기관에서는 신청접수와 접수면접을 하나로 묶어 '신청 및 접수면접'을 실시한 후, 본 상담을 하기도 한다. 또한 위기상담 기관이나 전화상담 기관과 같이 단회상담을 주로 하는 기관에서는 그 특성상 신청접수, 접수면접, 본 상담을 별도의 과정으로 구분하지 않고 '본 상담'만을 실시한다.

그런데 신청접수나 접수면접 과정을 편의상 생략하더라도 각 절차에 수반된 상담업무들까지 없어지는 것은 아니다. 이들 업무는 보통 그다음 상담과정에 통합된다. 즉, 신청접수나 접수면접을 하지 않고 곧바로 본 상담을 한다고 해서, 신청접수나 접수면접에서 해야 할 상담업무들이 없어지는 것이 아니라 다음 과정인 본 상담에서 이들 업무를 처리해야 한다는 말이다. 이 책에서는 개인상담 과정을 '신청접수와 접수면접'으로 구분하여 설명하였다. 이 장에서는 먼저 신청접수에 대해 설명하였다.

신청접수란 '내담자 또는 대리인이 상담을 신청하면 이를 문서나 구두를 통해 공식적으로 접수하는 과정'을 말한다. 여기서는 신청접수 과정을 '상담 문의와 상담 안내, 내담자 방문과 접수, 신청접수 후 조치, 그리고 신청접수 과정에서 고려해야 할 사항'으로 구분하여 설명하였다.

1. 상담 문의와 상담 안내

신청접수는 내담자의 상담 문의와 신청접수자의 상담 안내에서부터 시작된다. 여기서는 먼저 내담자의 상담 문의에 대해 설명하고 나서, 신청접수자의 상담 안내에 대해 설명하였다.

1) 상담 문의

대부분의 내담자들은 상담실을 직접 방문하기 전에 상담에 대해 문의하는 경향이 있다. 상담 문의는 보통 전화로 많이 하지만 이메일이나 인터넷 게시판 등을 사용하기도 한다. 내담자가 전화나 이메일, 또는 인터넷 게시판을 통해 상담에 대해 문의하는 과정에서 보이는 이면적인 경험, 동기나 기대들을 정리하면 다음과 같다.

- 상담을 하고 싶은 마음과 하고 싶지 않은 마음이 공존하는 양가감정 상태에서 상담 문의를 하는 경향이 있다.
- 상담받을지의 여부를 결정하는 데 필요한 정보를 수집하고자 한다.
- 상담 문의 과정에서 익명성을 유지하여 자신을 보호하고자 한다. 그리고 자신의 사적인 문제를 구체적으로 노출하는 것을 피하려 한다.
- 문제와 관련된 자신의 상태와 그 심각성 정도에 대한 객관적인 평가나 진단을 받고자 한다.
- 자신의 상태가 상담을 받아야 하는 상태인지 아닌지에 대해 확인받고자 한다.
- 자기문제의 해결 방안에 대한 유용한 정보를 얻을 수 있기를 기대한다.
- 성취 가능한 상담효과에 대한 정보를 얻고자 한다.
- 상담을 받는 것이 사적 비밀 노출과 같은 위험요소가 있는지, 즉 안전한지에 대한 정보를 얻고자 한다.
- 상담자의 능력이나 특성에 대한 정보를 얻고자 한다.
- 상담기관의 특성에 대한 정보를 얻고자 한다.
- 상담시간, 상담장소, 상담비에 대한 정보를 얻고자 한다.

다음은 상담기관 인터넷 사이트의 게시판에 있는 상담 문의 사례, 그리고 진화로 상담 문의한 내용을 질문 형식으로 요약해서 정리한 것이다.

- 중학교 1학년 아들이 학교에서 따돌림을 당하나 봐요. 그 문제로 학교 가기를 싫어해요. 따돌림 문제를 다루는 전문가가 있나요? 여기서 상담받으면 정말 따돌림 문제를 해결할 수 있을까요?

- 우리 아들이 하라는 공부는 안 하고 게임만 하려고 해요. 이런 저런 방법들을 다 해 보았지만 게임을 그만두게 하지는 못했어요. 그래서 물어보고 상담을 받으려고 해요. 게임중독도 상담이 되나요?

- 이혼문제 때문에 몇 가지 물어봐도 괜찮을까요? 솔직히 말하면, 전 좋아하는 사람이 생겨서 아내 몰래 연애를 해 왔습니다. 그러다가 아내의 의심을 받기 시작했고요. 아내는 심부름센터에 돈을 줘서 저의 뒷조사를 하게 했어요. 결국 바람피우는 것을 들켰고, 집에서 난리가 났죠. 저는 지금 다 정리를 했는데, 그래도 아내는 아닌가 봐요. 아내는 합의이혼해서 따로 살자고 요구하는데 전 버티고 있습니다. 아이들도 어리고 이혼은 답이 아닌 것 같아요. 저희 같은 사람을 대상으로 부부상담도 하나요? 상담하면 도움이 되나요? 상담시간은 어느 정도 해야 하나요? 상담비는 얼마나 드나요?

- 오빠가 이상해서 문의전화 드렸습니다. 오빠는 모든 사람들이 다 자신을 도청이나 감시하고 있다고 생각해요. 엄마에게도 CIA 명령에 따라 자신을 감시하는 사람이라고 말해요. 그리고 친엄마도 아니라고 말해요. 한 7~8개월 전부터 다니던 직장도 그만두고 이사까지 해 버려서 만나기도 힘들고 전화도 잘 안 받고 있어요. 정신병인 것 같은데, 어떻게 하는 것이 좋을까요?

- TV에서 우울증에 대한 프로를 보았는데, 제가 우울증인 것 같아요. 나오는 증상들이 다 저에게 해당되더라고요. 우울하고, 잠도 잘 안 오고, 식욕도 없고, 사람들을 만나기도 싫고 그래요. 죽고 싶은 생각도 들고요. 제가 정말 우울증인가요? 우울증은 뇌에서 이상이 생긴 병이라고 하던데 정말 그런가요? 저도 꼭 상담을 받아야 할까요?

- 저는 ○○학과에 다니는 김영철이라 합니다. 5~6개월 전에 기차 타고 대전에 가다가 갑자기 숨이 막히는 거예요. 정말 죽을 것 같았어요. 그 때문에 병원에 갔었는데 이상이 없다는 거예요. 그러면서 의사 선생님이 공황장애일 수 있으니 정신과에 가

보라고 했어요. 사람을 정신병자 취급하는 것 같아 기분 나빠서 병원에 가지는 않았는데, 밤에 또 숨이 막힐 것 같은 거예요. 제가 정말 공황장애인가요? 상담을 받으면 비밀보장은 되나요?

2) 상담 안내

내담자들은 문의한 내용에 대한 답변을 직접 또는 간접적으로 요구한다. 내담자가 전화(또는 이메일이나 게시판)로 상담 문의를 한 이후에, 신청접수자에게 구체적인 답변을 요구하는 상황에서, 신청접수자가 상담 안내를 하는 방법에 대한 지침들을 정리하면 다음과 같다.

(1) 상담 안내 초반부

상담 안내 초반부에는 다음과 같은 점을 고려하는 것이 바람직하다.

첫째, 신청접수자 역할 및 업무를 제한해야 한다. 신청접수자의 주된 업무는 내담자의 상담신청을 접수하는 것이다. 신청접수자는 자신의 역할과 그 역할에 따르는 업무를 명확히 알고 있어야 한다. 이러한 역할 및 업무에 대한 인식을 바탕으로 자기 역할이나 업무에서 벗어나지 않도록 주의를 기울여야 한다.

예를 들어, 신청접수자는 특별한 경우가 아니라면 내담자에게 평가나 진단을 제공해서는 안 된다. 또한 해결방법을 제시하는 행위를 포함한 상담 처치를 제공해서도 안 된다. 이런 것들은 접수면접자나 본 상담자가 해야 할 업무들이지 신청접수자가 해야 할 업무들이 아니다.

한 슈퍼바이저가 지역 상담기관에 사례지도를 간 적이 있었는데, 사례지도가 시작되기 전 사무실에서 차를 마시는 동안, 50대 초반의 여자 직원이 걸려 온 전화를 받고 있었다. 칸막이가 있었음에도 불구하고 그녀의 말과 상담내용은 잘 들렸고, 심지어 전화기 속 내담자의 목소리까지도 간간이 들려왔다. 그런데 내용을 들어 보니 그녀는 전화상담을 하고 있었다. 그녀는 비교적 익숙하게 탐색적 질문을 했고, 자신의 경험을 노출하거나 조언을 했으며, 권위적인 말투로 "지금 말씀하신 것을 토대로 한다면, PTSD입니다. 그러니까 외상후 스트레스 장애라는 겁니다."라고 진단까지 내렸다. 그리고 "신앙생활과 기도를 열심히 해라, 운동을 해라, 식이요법을 해라." 등을 포함한 몇 가지 해결방법도 제법 설득력 있게 제시하였다.

나중에 실무 책임자에게 그녀가 누구인지에 대해 물었더니, 그녀는 행정직원이라고 말해 주었다. 그녀의 주된 업무 중 하나가 걸려 온 전화를 받는 것이었기 때문에, 지금까지는 전화로 신청접수를 받는 업무도 그녀가 담당하고 있다고 하였다. 그리고 그녀는 상담 관련 학력이나 자격증은 없고, 단지 상담실에서 3년 정도 행정직원으로 근무하고 있으면서 단기 상담교육을 받은 적이 있고, 또한 다른 상담원들이 전화상담 하는 것을 보고 들으면서 자연스럽게 전화상담자 역할까지 맡고 있다고 하였다.

슈퍼바이저는 실무책임자에게 훈련된 신청접수자를 별도로 지정하거나, 아니면 그 행정직원을 대상으로 신청접수자 역할 및 업무에 대한 재교육을 시킨 이후에 신청접수 업무를 계속 맡게 하는 것이 바람직할 것 같다고 제안하였다. 또한 그녀에게 전화상담자 역할은 하지 못하도록 제한하는 것이 바람직할 것이라고 제안하였다.

사례지도를 마치고 6개월 정도 지난 다음에 조치 결과를 확인할 기회가 있었는데, 그녀는 여전히 상담실로 걸려 온 전화를 받고 있다고 하였다. 하지만 더 이상 전화상담자 역할은 하지 않고 있고, 만약 전화상담이 필요할 경우에는 별도로 지정된 전화상담자, 또는 접수면접자에게 넘기도록 하고 있다고 하였다.

둘째, 상담신청실 전화벨이 울리면 가급적 빨리 전화를 받는 것이 바람직하다. 특수한 상황이 아니라면 보통 전화벨이 3회 이상 울리기 이전에 받는 것이 바람직하다. 전화를 가급적 빨리 받는 것은 신청접수자가 내담자를 배려한다는 상징적 의미를 지니고 있다. 또 기관에 대한 내담자의 신뢰감 형성에도 긍정적 영향을 미친다.

셋째, 전화를 받은 이후에 신청접수자가 인사를 한다. 인사를 할 때는 상담기관명, 자신의 역할, 그리고 이름을 밝히는 것이 바람직하다. 예를 들면, "대구상담실 신청접수자 김영철입니다."라고 말한다.

넷째, 내담자가 문의하는 내용을 잘 경청하고 정서적 지지를 제공한다. 예를 들면, 주요 내용을 메모지에 기록하면서 경청한다. 그리고 정서적 지지를 제공하기 위해 존중과 온정의 태도를 유지하고, 이를 내담자에게 언어적·비언어적으로 전달한다. 특히 비언어적으로 내담자 목소리의 세기, 빠르기, 억양, 단어나 문장 등에 장단 맞추면서 이야기를 한다.

다섯째, 내담자가 문의한 내용을 요약하여 반영 및 확인한다. 즉, 내담자가 문의한 내용을 경청하고 나서, 신청접수자가 이해한 내담자의 문의 내용을 언어로 반영한 후, 내담자가 문의한 내용을 상담자가 제대로 이해하고 있는지를 확인한다. 그리고 필요하면 추가로 탐색적 질문을 한다. 이 과정에서도 정서적 지지를 제공한다.

여섯째, 상담 안내 과정에 대한 설명, 즉 구조화를 한다. 예를 들면, 다음과 같이 구조화를 실시한다.

- 저희는 상담실로 찾아오신 분들을 대상으로 면접상담 서비스를 제공하고 있습니다. 전화상으로는 간략하게 상담 문의를 받고 나서 짧게 상담 안내를 해 드리고 있습니다.
- 저희 상담실을 방문해 주시면 상담 서비스에 대해 더 자세하게 안내를 받으시거나 직접 상담을 받으실 수 있습니다.

(2) 상담 안내 중반부
상담 안내 중반부에는 다음과 같은 점들을 고려하는 것이 바람직하다.
첫째, 상담 문의 내용과 관련된 답변, 즉 상담 안내를 실시한다.

- 답변은 사실 중심으로 이루어져야 한다. 즉, 미사어구나 평가적 용어의 사용, 상담효과나 상담자 능력에 대해 과장하기 등은 가급적 피하는 것이 바람직하다. 의사소통 기법 차원에서 보면, 추상적 명명, 과잉 추리, 가치 평가를 중심으로 한 Be-Language의 사용은 줄이고, 대신 사실적 기술, 구체적 명명을 중심으로 한 Do-Language의 사용을 늘리는 것이 바람직하다.
- 상담 안내 과정에서 '평가나 진단, 해결방법 제시' 등은 제한해야 한다. 즉, 내담자가 자신의 문제에 대한 평가나 진단, 해결방법을 제시해 달라고 요청하면, 신청접수자는 가급적 '답변을 접수면접자나 본 상담자에게 넘기는 것'이 바람직하다. 예를 들면, "정확한 것은 방문해서 평가면접을 한 이후에 알 수 있습니다." 또는 "해결방법은 상황에 따라 다를 수 있습니다. 상담실을 방문해서 담당 상담자와 상담을 하다 보면 효율적인 방법을 찾을 수 있을 것입니다." 또는 "우리 상담실의 상담자들은 모두 10년 이상의 경력을 가진 전문가들인데, 우리 상담실을 방문하시면 전문가 분들이 필요한 도움을 드릴 수 있을 것입니다."라고 말하면서 접수면접자나 본 상담자에게 넘기는 것이 바람직하다.
- 답변 내용에 사적 정보가 포함되어서는 안 된다. 여기에서 말하는 사적 정보에는 상담기관 종사자의 사적 정보가 포함된다. 즉, 신청접수자, 접수면접자, 상담자, 그리고 상담행정원의 집 전화번호나 휴대폰번호, 집 주소, 가족사항 등은 공개하지 말아

아 한다. 만약 내담자가 특정 상담자의 휴대폰번호를 알려 달라고 요청했다면 알려 주지 말고, 대신 연락처를 남겨 주면 신청접수자가 해당 상담자에게 알린 후, 내담 자에게 연락하도록 하겠다고 응답하는 것이 바람직하다. 상담자뿐만 아니라 내담 자의 사적 정보도 제공해서는 안 된다. 상담을 의뢰한 보호자나 지도권한과 책임이 있는 자와 같이 일부 예외적인 경우가 아니라면 내담자 인적사항, 내담자가 상담받 은 사실 여부, 상담 내용이나 결과 등을 답변에 포함시켜서는 안 된다.

중학교 1학년 학생인 김 군은 집단폭력 문제로 학교로부터 '상담과 사회봉사명령'을 받았다. 김 군은 상담실에 전화하여 '상담시간과 상담실 위치'에 대해 문의했는데, 이때 김 군의 전화 목소리는 매우 차갑고 신경질적이었다.

비자발적 내담자인 경우, 자신의 의지와 상관없이 상담을 강요받는 상황에 대한 불평 불만을 가질 수 있고, 이런 불평불만은 종종 신청접수자에게로 향할 수도 있다. 이럴 때 신청접수자가 내담자의 차갑고 신경질적인 행동 양상과 그 이면의 불안과 방어, 그리고 상담에 대한 불평불만 등을 민감하게 알아차릴 수 있다면 보다 생산적으로 반응할 수 있 게 된다. 이 상황에서 김 군에게 필요한 것은 신청접수자의 감정적 반응이 아니라 이해 와 수용을 포함한 정서적 지지이다.

김 군을 담당했던 신청접수자는 겉으로 나타나는 저항행동 이면의 불안과 방어, 소망 에 민감했다. 그는 감정적으로 반응하지 않았을 뿐만 아니라 김 군의 불편한 심정을 관 심 기울이기, 공감, 타당화 등을 통해 이해 및 수용해 주었고, 더불어 문의해서 알고자 했 던 상담시간과 장소에 대해서도 친절하게 안내하였다. 1주일 후, 상담 및 봉사명령이 끝 나면서 김 군에게 상담에서 좋았던 것이 무엇이냐는 질문을 했을 때, 김 군이 응답한 내 용에는 '처음 신청접수자가 친절하게 대해 주었던 것'도 포함되어 있었다.

둘째, 답변을 해 준 이후에는 신청접수자의 답변 내용을 내담자가 잘 이해하였는지를 확인하고, 필요하면 추가적인 답변이나 보충 설명을 해 주는 것이 바람직하다.

(3) 상담 안내 후반부

상담 안내 후반부에는 다음과 같은 점들을 고려하는 것이 바람직하다.

첫째, 상담실 방문 및 상담을 권유한다. 그리고 필요하면 내담자와 협의하여 신청 및 접수면접 또는 본 상담에 대한 시간약속을 한다.

- 신청접수자의 주된 업무 중에 하나는 내담자에게 상담을 권유하는 일이다. 유료상담 기관의 운영책임자는 홍보 및 모집차원에서 신청접수자에게 상담권유를 적극적으로 하도록 요구할 수도 있다. 신청접수자는 "상담실을 방문해서 상담을 받아 보십시오."라고 직접적으로 권유할 수도 있고, 암시적 의사소통을 사용하여 "언제 상담실을 방문하시겠습니까?"라고 질문할 수도 있다.
- 내담자가 상담실 방문 및 상담을 원하면 일정을 협의하여 시간약속을 한다. 원활한 시간약속을 위해 사전에 접수면접자, 그리고 본 상담자의 면접 스케줄을 짜 두는 것이 바람직하고, 사후에 내담자와 약속된 시간을 접수면접자 또는 본 상담자에게 알려 주어야 한다.

둘째, 끝내기 전에 질문사항이 있는지를 내담자에게 확인한다. 예를 들면, "끝내기 전에 더 묻고 싶은 것이 있습니까?"라고 질문한다.

셋째, 마무리 인사를 한다. 예를 들면, '수고하셨습니다. 좋은 저녁 되십시오. 상담실에서 뵙겠습니다.' 등의 인사를 한 후 마무리한다.

넷째, 내담자의 상담문의 내용, 신청접수자의 답변 내용, 그리고 내담자의 반응과 합의한 내용 등을 기록한다.

2. 내담자 방문과 접수

내담자가 상담실을 방문하면 내담자를 맞이하고, 그리고 내담자가 상담신청을 하면 이를 접수해 나간다.

1) 내담자 맞이하기

내담자가 상담실을 방문했을 때, 내담자를 맞이하는 신청접수자의 행동이나 태도는 내담자의 상담에 대한 첫인상을 결정짓는 중요한 요인이다. 내담자 맞이하기란 내담자가 상담실로 들어서는 시점에서, 신청접수자가 사회적 인사와 정서적 배려를 제공함으로써 내담자가 신청접수나 상담실이나 상담 자체에 대한 긍정적인 인상을 형성할 수 있도록 하는 과정이다.

내담자 맞이하기는 상담 문의나 상담 안내 과정에서부터 이미 시작되었다고 할 수 있다. 하지만 내담자들은 상담 문의나 상담 안내의 절차를 거치지 않고 곧바로 상담기관을 방문할 수도 있고, 상담 문의나 상담 안내를 거쳤더라도 상담실을 방문하지 않은 상태에서 전화나 인터넷으로 문의하거나 안내를 받았을 수 있기 때문에 내담자 맞이하기를 상담 문의나 상담 안내와는 별도의 과정으로 구분하여 설명하였다.

내담자를 맞이하는 과정은 '내담자 중심적 태도'와 '사회적 인사와 정서적 배려'의 두 가지로 구분하여 설명하였다.

내담자 중심적 태도   내담자 맞이하기는 상담교육 및 훈련과정에서 거의 다루어지지 않는다. 하지만 상담기관의 서비스 수준은 신청접수자를 통해서 처음으로 공개되기 때문에 상담기관 운영이나 상담실무 측면에서는 매우 중요한 과정이다. 내담자 맞이하기는 겉으로 드러나는 행위 이전의 마음가짐에서부터 출발한다. 즉, 상담자가 내담자를 무시하거나 거부하는 마음을 가지고 있으면, 자연스럽게 행동으로 표출될 것이고, 이런 표출은 내담자에게 전달되어 무시당하거나 거부당하는 느낌을 갖게 할 것이다. 반대로 상담자가 내담자를 존중하고 환영하는 마음을 가지고 있으면, 자연스럽게 행동으로 표출될 것이고, 이런 표출은 내담자에게 전달되어 소중한 존재로 대우받고 환영받는다는 느낌을 갖게 할 것이다.

내담자가 상담에 대한 첫인상을 긍정적으로 형성하는 것과 관련된 신청접수자의 마음가짐 중에서 가장 중요한 것은 '내담자 중심적 태도'이다. 상담은 일종의 '심리사회적 서비스'이기 때문에 고객 중심, 즉 내담자 중심적 태도를 가지고 내담자 입장에서 느끼고 생각하고 배려하려는 것은 상담에 대한 첫인상을 긍정적으로 형성하는 데 가장 중요한 요소 중 하나이다.

내담자 중심적 태도가 생각처럼 쉬운 것만은 아니다. 신청접수자는 쉽게 자기중심적이거나 기관 중심이 될 수 있기 때문이다. 예를 들어, 내담자는 아주 다양한 모습으로 찾아온다. 여리고 위축된 모습뿐만 아니라 거칠고 거만하며 강한 모습으로 올 수도 있다. 선한 피해자의 모습뿐만 아니라 악한 가해자의 모습일 수도 있다. 깨끗하고 단정한 모습뿐만 아니라 더럽고 추한 모습일 수도 있다. 어떤 내담자들은 인생의 바닥상태에서 오지만 어떤 내담자들은 인생의 최고점에서 올 수도 있다. 때때로 신청접수자가 개인적으로 선호하는 모습과는 전혀 다른 혐오스러운 모습이거나 신청접수자를 두렵고 위축되게 만드는 모습을 하고 내담자가 상담실을 방문했을 때, 신청접수자는 내담자를 싫어하고 배척하거나 두려워하면서 경계할지도 모른다.

일부 신청접수자들은 업무를 시작할 때, 자신의 마음가짐을 점검 및 준비하는 시간을 정해 둔다. 이 시간에 신청접수자는 자신의 신체적 긴장과 피로, 부정적 감정, 당면한 다른 업무로 인한 스트레스 등을 인식하고, 여기에서 벗어나기 위한 신체적 심리적 사회적 활동들을 한다. 예를 들면, 심호흡 또는 이완호흡을 하거나, 짧은 체조나 스트레칭을 하거나, 웃는 표정 연습을 몇 번 하거나, 자신을 위로나 격려하는 자기암시를 속으로 몇 번 되뇐 후에 신청실로 들어가서 신청접수 업무를 시작할 수 있다.

그런데 신청접수자의 마음가짐을 온전히 내담자 중심적 태도로 바꾸는 것은 이상적이긴 하지만 현실에서 실천하기는 어려울 수 있다. 현실적인 수준에서 실천 가능한 것은 내담자 중심적 태도의 필요성을 인식하는 것, 자신의 태도를 인식하고 점검하는 것, 이를 통해 좀 더 나은 태도를 생각하거나 선택하거나 실천함으로써 하나씩 배워 나가는 것이다. 더 나아가 단순한 신청접수자 역할 수행 이상의 '자기성장과 가치실현, 그리고 만남의 기회로 활용하는 것'이다. 다양한 내담자들과의 만남은 자신과 타인, 그리고 세상을 탐색하고 이해하며, 용서하고 수용하며, 너 나은 내안을 찾고 배우며 실천할 수 있는 기회를 제공해 줄 수도 있다. 또한 사회적 약자, 즉 심리사회적 위기상태에 있는 내담자들에게 사랑과 봉사라는 가치를 실현하는 기회가 될 수도 있다. 또한 시간적으로 지극히 한정된 삶을 살아가는 인간의 삶과 인연을 고려할 때 내담자와 대면하는 순간들은 그 하나하나가 모두 경이롭고 소중한 인연이 될 수도 있다.

사회적 인사와 정서적 배려   내담자 중심적 태도를 갖추는 것도 중요하지만, 이를 표현하여 내담자에게 전달하는 것도 중요하다. 여기서는 신청접수자의 표현과 관련된 사회적 인사와 정서적 배려에 대해 설명하였다. 다음의 내용은 사회적 인사와 정서적 배려에 대한 네 가지 지침이다.

첫째, 신청접수자는 적극적 인사를 통해 환영의 마음을 전달하는 것이 바람직하다. 즉, 언어적 인사를 통해 반가움과 환영을 표현하고, 염려를 전달하거나 안부를 묻고, 상태나 심정을 살피면서 온정을 전달하고, 또 자신을 소개할 수 있다. 예를 들면, "어서 오십시오! 만나서 반갑습니다!"라고 하면서 반가움과 환영을 표현하고, "안녕하십니까! 오시느라 고생하셨습니다! 추운데 수고하셨습니다!, 상담실을 찾는 데 어려움이 없던가요?"라고 하면서 염려를 전달하거나 안부를 묻고, "땀을 흘리셨네요. 밖이 많이 덥지요." "피곤해 보이시는군요. 저녁식사 시간인데 식사는 하고 오셨습니까?"라고 하면서 내담자 상태를 살펴 온정을 전달하고, "저는 신청접수를 담당하는 ○○○입니다. 전에 전화로 통화했던 ○○○입니다. 저와 전화통화를 했었던 ○○○ 씨 맞지요?"라고 하면서 소개를 할 수도 있다. 언어적 인사뿐만 아니라 비언어적 인사도 적극적으로 하는 것이 좋다. 비언어적 인사에는 가벼운 목례, 허리 숙인 인사, 눈 맞춤과 미소, 악수 등이 포함된다.

둘째, 사회적 인사를 할 때는 이면적 의사소통을 고려해야 한다. 이면적 의사소통이란 겉으로 드러나지 않고 이면적으로 이루어지는 의사소통을 말한다. 이는 주로 문화와 개인차, 상황적 여건, 그리고 비언어적 요소 등과 관련된다. 예를 들어, 신청접수자보다 나이 많은 내담자에게 "오느라고 수고하셨네요!"라는 말은 보통 염려와 배려하는 마음으로 전달되지만 일부 전통과 예법을 중시하는 문화적 배경을 가진 사람에게는 자신을 무시하고 건방진 것으로 들릴 수 있다. 마찬가지로 '악수'를 청하거나 '시선 맞추기'를 하는 것이 일부 내담자들에게는 종종 '무례함'으로 전달될 수도 있다. 인사할 때 신청접수자가 '적극성을 보이는 것'은 보통 '환영과 반기는 것'이 될 수 있다. 그러나 지나치면 '인위적이고 가식적인 것'으로 보일 수도 있다. 부모와 같이 내방한 아동 내담자가 인사를 하지 않자 신청접수자가 웃으면서 "이런 데 와서 어른을 처음 보면 '안녕하세요.'라고 인사하는 거야! 알겠니?"라고 말했다면 보통은 '친밀한 관계를 형성하려는 행동'으로 느낄 수 있지만 일부 아동이나 부모에게는 '강요나 역할경계를 침범하는 것'으로 인식될 수도 있다. 또 상담실 직원끼리 귓속말로 소곤거리거나 다른 내담자에 대해 평가하는 말을 듣거나 목격했다면 일부 소외나 배척받는 것에 대해 민감한 내담자들은 '내가 듣지 못하도록 소곤거려야 할 자기들만의 비밀이 존재하는구나. 여기서도 자기들끼리 경계를 만들어 나와 거리를 두려 하는구나. 나도 이들의 부정적 평가 대상이 될 수 있겠구나. 또는 여기서 상담한 내용들은 비밀유지가 안 되겠구나.'라고 지각하여 소외감을 느낄 수도 있고, 또 부정적 평가나 비밀유지에 대해 염려하는 마음이 생겨날 수도 있다.

신청접수자의 의상, 화장, 청결상태도 내담자에게 여러 가지 의미를 전달할 수 있다. 예를 들어, 정장을 입고 내담자를 맞이하는 것과 빨간 셔츠에 반바지를 입고 내담자를 맞이하는 것은 전혀 다른 의미일 수 있다. 의상, 화장, 청결상태에 대한 신청접수자의 개인적 취향이 있겠지만 기관을 대표해서 내담자를 맞이한다는 점, 많은 유형의 내담자들을 접하게 된다는 점, 그리고 외모에 따라 긍정적이거나 부정적 이미지를 전달할 수도 있다는 점 등을 고려할 때 외모에 대해서도 신경을 쓰는 것이 바람직하다. 상황에 따라 다를 수 있지만 대체로 보수적인 정장계통의 옷들이 무난하고, 지나치지 않은 적절한 화장, 신체적 청결 등이 권장된다.

이상에서 살펴본 바와 같이 사회적 인사를 할 때는 이면적 의사소통, 또는 문화와 개인차, 상황적 여건, 비언어적 요소 등을 민감하게 고려하는 것이 바람직하다. 그런데 이러한 요인들을 고려한 신청접수자의 구체적 반응 중에 하나는 '맞추기'이다. 즉, 신청접수자가 내담자의 형태와 동작, 언어와 소리 등을 민감하게 알아차리고, 이에 맞추어서 반응하는 것이다. 예를 들어, 내담자를 맞이하면서 사회적 인사를 나눌 때, 내담자가 서 있는 상태라면 신청접수자도 의자에 앉아 있기보다는 서서 맞이하는 것이 더 나을 수 있다. 내담자가 시선 맞추기를 어려워하면 신청접수자는 기본적인 시선 맞춤은 유지하되 적절히 시선을 피해 주면서 대신 귀를 기울여 주는 것이 더 나을 수 있다. 만약 내담자가 긴장해서 가쁘게 호흡하고, 높고 빠른 소리로 말하고 있다면 신청접수자도 호흡과 언어반응을 다소 빠르게 하는 것이 더 나을 수 있다.

셋째, 사회적 인사와 함께 정서적 배려행동도 고려해야 한다. 여기에서 말하는 정서적 배려행동이란 '내담자가 정서적으로 배려받는다고 느낄 수 있도록 하는 신청접수자의 행동'을 의미한다. 이러한 정서적 배려행동에는 '안내하기, 사적 공간 확보하기, 편의 제공하기'가 포함된다.

먼저 안내하기란 상담실 사정을 잘 모르는 내담자에게 특정 장소를 알려 주거나 그 장소로 인도하는 것, 활용 가능한 시설, 장비, 비품에 대해 알려 주고 이를 활용할 수 있도록 이끌어 주는 것, 내담자에게 요구되는 행동을 알려 주고 이런 행동을 할 수 있도록 이끌어 주는 것 등이다. 구체적인 예를 들면, 대기실, 접수면접실, 심리검사실, 상담실 등을 알려 주거나 그곳까지 인도하는 것, 대기실에서 일정 시간을 기다리도록 알려 주는 것, 기다리는 동안 볼 수 있는 신문이나 잡지, 자료 등을 알려 주는 것, 화장실, 식수, 다과 등과 같은 이용 가능한 시설이나 물품을 알려 주는 것 등이다.

사적 공간 확보하기란 내담자의 사적인 부분이 드러나지 않도록 조치하는 것을 의미한다. 예를 들면, 내담자가 다른 사람들을 거치지 않고 곧바로 신청접수자와 만날 수 있도록 공간배치 및 절차를 구성하는 것, 신청서 기록 내용이나 언어적 자기노출 내용을 다른 사람이 보거나 들을 수 없도록 격리된 조건에서 신청접수를 받도록 하는 것, 상담실 후문을 개방하고 원할 경우 후문을 이용하도록 안내하는 것 등이다.

편의 제공하기란 내담자 편의를 위한 조치들을 의미한다. 예를 들면, 내담자가 기다려야 할 때 음료나 차를 대접하는 것, 읽을 자료나 신문을 제공하는 것, 필요해서 요청할 때 화장지나 수건, 볼펜을 제공하거나 사무실 전화기 사용을 허락하는 것 등이다.

넷째, 내담자의 부정적 반응도 고려해야 한다. 신청접수자의 호의적 반응이 반드시 내담자의 호의적 반응으로 이어지지 않을 수도 있다. 때때로 내담자는 무례하고 공격적인 반응으로 응답할 수도 있다. 따라서 내담자가 부정적 반응을 보일 수도 있다는 점, 그로 인해 신청접수자가 불편해질 수도 있다는 점을 미리 알고 있는 것이 좋다. 이런 인식은 신청접수자의 반응 유연성을 증가시켜 결국 신청접수자 역할 수행에 도움이 될 것이다.

한편, 신청접수 과정에서 보이는 내담자의 반응들, 특히 부정적 반응들은 나중에 내담자를 이해하고 치료적 개입을 해 나가는 데 매우 중요한 정보자료가 된다. 따라서 주어진 조건에서 보이는 내담자의 반응들을 잘 관찰한 후, 이와 관련된 정보를 접수면접자나 본 상담자에게 전달하는 것이 필요하다.

2) 상담신청서 작성 및 접수

상담신청서 작성과 접수는 일종의 사회적 계약 과정이다. 즉, 내담자가 공식적인 문서를 통해 상담을 신청하면 상담기관에서 이를 접수함으로써 상담계약이 성립되는 과정이다.

신청접수 과정에서 내담자를 맞이하여 신청실로 안내한 이후에는 내담자에게 상담신청서를 작성하게 하고, 이를 접수하는 과정으로 이어진다. 이러한 과정은 '상담신청서 작성방법 설명, 상담신청서 작성 조력, 상담신청서 접수'로 구분하여 설명할 수 있다.

(1) 상담신청서 작성방법 설명

내담자가 상담신청서를 작성하기 전에, 먼저 상담신청서의 작성 목적, 절차, 역할 및 규범에 대해 내담자에게 설명하는 과정이 필요할 수 있다. 이 과정을 '상담신청서 작성에 대한 구조화'라고 한다. 이러한 구조화를 예시하면 다음과 같다.

> 저희 상담실에서는 상담을 받기 전에 먼저 신청서를 작성하도록 하고 있습니다. 저는 상담을 받으러 오신 분들에게 상담신청서를 받고 상담 선생님에게 안내하는 역할을 하는 사람입니다. 우선 신청서를 보시고 성명, 주소, 연락처를 적어 주십시오. 상담받고 싶은 영역을 보시고 자신이 상담을 받고 싶은 내용에 ✓표 하시면 되고, 그 아래에는 상담받고 싶은 내용을 간단한 문장으로 써 주시면 됩니다. 작성된 신청서는 저와 상담 선생님만이 볼 수 있고, 또 상담목적으로만 사용되며 특별한 경우가 아니라면 그 내용은 비밀이 보장됩니다. 신청서를 작성하는 도중에 궁금한 것은 언제든지 말씀하시면 제가 자세히 알려 드리겠습니다. 그럼 작성해 주시기 바랍니다.

상담신청서 양식   상담신청서 양식은 상담기관마다 다르다. 하지만 상담신청서 양식에 포함되는 내용은 대체로 비슷하다. 일반적으로 상담신청서 양식에 포함되는 내용은 '상담신청 및 접수일자, 신청접수자 이름, 내담자 인적사항, 상담경위나 호소문제, 행동관찰, 조치사항 등'이다.

신청접수와 접수면접을 같이 실시할 경우에는 상기된 항목 외에 '문제 관련 정보들과 기능 관련 정보들'이 추가된다. 이와 관련된 내용은 접수면접에서 자세히 다룰 것이다.

(2) 상담신청서 작성 조력

신청서 작성에 대한 구조화를 했더라도, 내담자는 실제 신청서를 작성하는 과정에서 여전히 어려움을 겪을 수 있다. 이 때문에 내담자가 신청서 작성에 대한 도움을 요청한다면 그에 맞는 도움을 제공해 줄 수 있어야 한다. 설사 내담자가 도움 요청을 하지 않더라도 신청접수자가 적극적으로 살펴서 적절한 도움을 제공해 주는 것도 바람직하다.

아래에 제시된 축어록에는 상담신청서 작성을 조력하는 과정이 제시되어 있다.

내담자   (상담신청서의 '문제영역'을 손으로 가리키며) 이거는 어떻게… 한 개만 표시를 해요?

상담자   한 개를 표시해도 좋고 두 개 이상 여러 개를 표시해도 좋습니다. 자신이 상담 받고 싶은 내용에 모두 표시하면 됩니다.

내담자   (상담신청서의 '상담 받고 싶은 문제'를 손으로 가리키며) 이건…….

상담자   자기가 상담받고 싶은 내용을 간단한 문장으로 쓰시면 됩니다. 그러니까 위에서 표시한 문제영역들 중에서, 특히 우선적으로 상담받고 싶은 문제를 선택하고 나서, 그 문제를 간단한 문장으로 쓰는 겁니다. (문제영역을 가리키며) 여기에 보니까 '대인관계와 이성문제 그리고 정신건강 문제'에 표시했군요. 이 문제들 중에서 먼저 상담받고 싶은 문제가 무엇입니까?

내담자   이성문제요.

상담자   그럼 지금 자신이 당면하고 있는 이성문제를 짧은 문장으로 표현한다면 어떻게 쓸 수 있을까요? 여기다가 그 내용을 쓰시면 됩니다.

내담자   학교에서… 친구이름도 구체적으로 써요?

상담자   쓰고 싶지 않으면 안 써도 됩니다.

내담자   (신청서에 "남자친구와 헤어져서 힘들다."라고 기록한 후) 이렇게만 써도 돼요?

상담자   예, 잘하셨네요.

(3) 상담신청서 접수

내담자가 상담신청서를 다 작성하면, 신청접수자는 이를 검토하여 누락된 부분이 없는지 확인하고 나서 상담신청서를 접수한다. 그리고 추가적으로 접수일시, 접수자 이름, 행동관찰이나 조치사항 등을 기록한다. 여기서의 행동관찰이란 '신청접수를 하는 조건에서의 내담자 반응행동들'을 기술하는 것이다. 그리고 조치사항이란 '신청접수자가 취한 조치내용'을 기술하는 것이다. 행동관찰이나 조치사항은 사실을 중심으로 간단하게 기록하면 된다. 추가해서 행동관찰이나 조치사항을 기록할 때는 그 내용을 내담자가 볼 수 없도록 하는 것이 바람직하다. 다시 말하면, 신청접수가 끝난 다음에 내담자가 없는 상황에서 기록하는 것이 바람직하다.

3. 신청접수 후 조치

신청서 작성과 접수를 한 이후에는 안내, 배정, 의뢰, 기타의 네 가지 조치가 필요하다. 먼저 안내는 이후의 진행절차(접수면접 또는 본 상담), 상담서비스 제공이 가능한 상담자들, 상담 가능한 시간, 상담비 등에 대해 내담자에게 간략히 설명하는 과정이다. 그런데 안내는 접수면접, 본 상담에서도 실시되기 때문에 불필요하게 중복될 수 있다. 따라서 이런 점을 고려하여 신청접수에서는 생략되거나 간략하게 이루어져야 한다.

배정은 상담원들, 그리고 내담자와 협의하여 담당 상담자를 결정하거나, 다음 면접시간(접수면접 또는 본 상담)을 결정하는 과정이다. 상담기관에서 담당자 배정이나 시간 배정을 효율적으로 운영하기 위해서는 '상담원들에게 내담자 배정을 어떻게 할 것인지, 구체적으로 면접시간을 언제로 할 것인지'에 대한 사전 합의가 필요하다. 그리고 상황적 여건을 고려한 '잠정적인 면접 배정 시간표'도 미리 작성해 두는 것이 바람직하다. 하지만 상황적 변수들이 있기 때문에 담당 상담자나 면접시간이 달라질 수 있다는 점을 염두에 두고 있어야 한다. 이 과정에서 일어나는 혼란과 조율의 어려움은 일정 부분 신청접수자가 감당해야 할 몫이다.

의뢰는 다음 면접자(접수면접자 또는 본 상담자)에게 특정 내담자가 배정되었다는 사실과 내담자에 대한 정보, 그리고 약속한 면접시간 등을 알린 후에, 면접과 사례관리를 요청하는 과정이다. 의뢰할 때는 보통 상담신청서를 면접자에게 넘겨주고, 필요하다면 내담자에 대한 간략한 구두보고를 할 수도 있다.

상기된 배정과 의뢰는 가급적 내담자가 기다리지 않고 곧바로 이어지게 하는 것이 바람직하다. 지연이 불가피한 경우라고 하더라도 대기시간 또는 대기일자를 최소화하는 것이 좋다. 만약 곧바로 면접할 수 없는 상황이라면 이를 내담자에게 알린 후, 다음 면접 일자와 시간을 협의해서 확정해야 한다.

기타 내담자에게 상담비를 청구하여 행정담당자에게 납부하도록 요청하기, 예약된 상담일시에 임박하였을 때 전화, 이메일, 문자, 구두를 통해 내담자나 면접자에게 면접이 예약되어 있음을 알리기 등도 신청접수자의 업무에 포함시킬 수 있다.

이상의 전체적인 신청접수 과정에 대한 사례를 간략히 예시하면 다음과 같다.

내담자   오늘 2시에 약속한 사람인데요.

접수자   어서 오세요. 강영철 씨군요. 제가 전화를 받은 사람입니다. 상담실을 찾는 것이 어렵지 않았나요? 〈중략〉

접수자   (신청실로 안내하여 상담신청서 양식과 펜을 제시하면서) 저희 상담실에서는 상담을 받기 전에 먼저 신청서를 작성하도록 하고 있습니다. 저는 상담을 받으러 오신 분들에게 상담신청서를 작성하도록 한 후, 담당 상담 선생님에게 안내하는 역할을 하는 사람입니다. 우선 신청서를 보시고 성명, 주소, 연락처를 적어 주십시오. 상담받고 싶은 영역들을 보시고 자신이 상담받고 싶은 내용에 √표 하시면 되고, 그 아래에는 상담받고 싶은 내용을 간단한 문장으로 써 주시면 됩니다. 작성된 신청서는 저와 영철 씨를 담당하는 선생님만 볼 수 있고, 상담목적으로만 사용되며, 특별한 경우가 아니라면 그 내용은 비밀이 보장됩니다. 신청서를 작성하는 도중에 궁금한 것은 말씀하시면 제가 자세히 알려 드리겠습니다. 그럼 작성해 주시기 바랍니다. 〈중략〉

내담자   휴대폰번호도 적어요?

접수자   예. 그렇게 해 주시는 것이 좋겠습니다.

내담자   (신청서에 기록하다가 문제영역을 손으로 가리키며) 하나만 표시하나요?

접수자   한 개를 표시해도 좋고, 두 개 이상 여러 개를 표시해도 좋습니다. 자신이 상담 받고 싶은 내용에 모두 표시하면 됩니다.

내담자   이 '상담·검사경험'은…….

접수자 전에 상담이나 심리검사를 받은 적이 있나요?

내담자 아뇨.

접수자 그렇다면 '없음'이라고 쓰시면 됩니다.

내담자 (없음이라고 쓰고 나서) 다 적었어요.

접수자 수고하셨습니다. (신청접수자가 상담신청서를 받아들고 누락된 부분을 확인한다. '상담받고 싶은 내용' 난이 기록되지 않았음을 발견하고 나서 그곳을 가리키며) 여기에는 상담받고 싶은 문제를 간단한 문장으로 쓰는 곳인데 기록하지 않았네요.

내담자 어떻게 써야 할지 몰라서…….

접수자 위에 표시한 문제영역들 중에서 우선적으로 상담받고 싶은 문제를 선택해서 그 문제를 간단한 문장으로 쓰시면 됩니다. (문제영역을 가리키며) 여기에 보니 학업진로, 교우, 정신건강 문제에 표시를 하셨네요. 이 문제들 중에서 먼저 상담받고 싶은 문제가 무엇입니까?

내담자 학업진로요. 그리고 교우문제도요.

접수자 학업진로와 교우문제이군요. 그럼 지금 당면한 학업진로나 교우문제가 무엇인지를 간단한 문장으로 쓰시면 됩니다.

내담자 (내담자가 첫 줄에 "공부할 때 집중이 잘 안 된다. 성적도 좋지 않다."라고 기록한다. 그리고 둘째 줄에 "친구들이 왕따시킨다."라고 기록한 후), 다 썼어요.

접수자 수고하셨습니다. 잠시 기다려 주십시오. (상담신청서의 '일시' 난에 '날짜와 시간'을 쓰고, '접수자' 난에는 '신청접수자의 이름'을 쓴다. 신청실 밖으로 나가서, 인터폰으로 담당 접수면접자에게 면접이 있음을 알린다. 담당 접수면접자에게 지금 시간에 면접이 가능하다는 것을 확인하고 나서, 상담신청서에 추가 기록을 한다. '행동관찰' 난에는 "시선 회피 경향, 손으로 볼펜을 돌리는 행동을 함, 신청서 작성 중에 작성방법에 대한 질문을 3회 정도 함, 상담받고 싶은 내용에 대한 기록이 누락되어 있어 추가로 기록하도록 요청함, 친구와 같이 내방함."이라고 쓴다. 그리고 '조치사항' 난에는 "강인호 상담자에게 인계함."이라고 기록한다.)

접수자 영철씨! 많이 기다리셨죠. 212호실에서 강인호 선생님이 기다리고 있습니다. 제가 안내를 하겠습니다. 이리로 오시지요. (접수면접실로 내담자를 안내한다. 접수면접자에게 내담자를 소개한 후 신청서를 건넨다. 그리고 접수면접자와 내담자에게 인사를 하고 밖으로 나온다.)

4. 신청접수 과정에서 고려해야 할 사항

신청접수는 대체로 5~10분 전후의 짧은 시간 안에 이루어지는 과정이다. 이 때문에 상담신청을 접수하는 과정은 일견 단순해 보일 수도 있다. 하지만 이 짧은 시간 안에도 신청접수자가 미처 예상하지 못했던 곤란한 일들이 발생할 수도 있다. 신청접수 과정에서 일어날 수 있는 곤란한 상황에는 '내담자가 신청서 작성을 거부하는 경우, 신청접수자에게 상담을 받으려고 하는 경우, 위기문제를 호소하는 경우, 신청접수 과정에서의 선별이나 상담비용 청구하기' 등이 포함된다.

1) 신청서 작성을 거부할 경우

신청접수 과정에서 내담자가 상담신청서 작성을 거부하는 일도 가끔씩 일어나는데, 만약 내담자가 상담신청서 작성을 거부한다면 신청접수자는 어떻게 대처하는 것이 바람직한 것일까? 예를 들어, 고부갈등 문제로 상담받으러 온 유명한 정치가의 며느리는 주변에 소문나는 것이 두려워 신청서 작성과 상담내용 기록을 거부할 수 있다. 정신병원에서 편집중 진단을 받은 한 중년남자는 신청서를 어떤 용도로 활용하는지에 대한 끈질긴 의문과 불신을 제기하면서 신청서 작성을 거부할 수 있다. 또 한글을 모르는 60대 할머니는 쓰지 못하기 때문에 신청서 작성을 거부할 수 있다. 만약 당신이 상기된 내담자들을 맞이하는 신청접수자라면 어떻게 반응할 것인가?

이에 적절한 신청접수자의 첫 반응은 '관심 기울이기, 반영적 공감, 타당화'와 같은 지지적 반응이다. 이런 지지적인 반응 이후에는 신청서 작성을 거부하는 이유를 물어보는 것이 적절하다. 내담자가 이유를 말한다면, 이를 잘 경청하고 나서 신청서 작성과 관련된 설명, 즉 '구조화'를 실시하면 좋다. 그리고 일련의 과정에서 보이는 내담자의 반응들은 잘 관찰했다가 차기 면접자에게 알려 주는 것이 필요하다.

예를 들어, 정치인 며느리가 신청서 작성을 거부했다면, 먼저 거부행동과 그에 수반된 심정에 관심을 기울이면서 공감을 해 준다. 이어서 거부하는 이유를 물어본 후, 내담자가 대답을 하면 경청한다. 그리고 나서 구조화, 특히 '비밀보장에 대한 구조화'를 실시한다. 그럼에도 불구하고 여전히 거부한다면 굳이 신청서 작성을 강요할 필요는 없다. 신청서를 작성하는 것보다 도움을 제공하는 것이 더 우선이기 때문이다. 이때 사례관리상

신청서 작성은 필요하지만 동시에 내담자의 거부권도 고려해야 하기 때문에 신청접수자는 딜레마에 빠질 수 있다. 합리적인 해결책은 사례관리를 위해 신청서 작성은 하되 비밀보장도 유지할 수 있는 방안을 찾아내는 것이다. 한 가지 방안은 내담자의 사적인 정보가 전혀 드러나지 않도록 내담자에게 작성하게 하거나 상담 이후에 상담자가 작성하는 것이다. 이러한 일련의 과정에서 보이는 내담자의 반응들은 잘 관찰했다가 신청접수지의 관찰행동 난에 기록한 후, 다음 면접자에게 알려 주는 것도 중요하다. 사례를 다룰 때 신청접수자는 '내담자의 신청서 작성을 거부하는 행동'이 단순히 '신청서 작성을 방해하는 행동'이 아니라 '내담자의 내적인 상태를 반영하는 행동' 또는 '내담자를 이해하는 중요한 행동단서'임을 인식할 필요가 있다.

2) 신청접수자에게 상담을 받으려고 할 경우

일부 내담자들은 신청접수자에게 상담을 받으려고 할 수 있다. 대체로 이런 유형의 내담자들은 신청접수자가 제지하지 않는 한 자신의 문제상황을 매우 구체적으로 이야기하는 경향이 있다. 이런 상황이 발생하는 주된 이유는 신청접수자가 자신의 한정된 역할에 대해 내담자에게 설명해 주지 않았거나 설명이 불충분했기 때문이다. 내담자들이 신청접수자를 상담자로 오인할 여지는 충분하다. 따라서 신청접수자는 자신의 한정된 역할, 즉 신청접수만을 하는 사람이고 접수면접자 또는 본 상담자가 따로 있음을 내담자에게 명확히 알려야 한다.

첫 면접을 하다 보면 내담자로부터 "조금 전에 다른 선생님에게 문제를 다 이야기했는데, 또 다시 이야기를 해야 합니까?"라는 말을 가끔씩 듣는다. 신청접수자에게 한 이야기를 또다시 접수면접자나 본 상담자에게 반복해야 하는 상황은 내담자에게 결코 유쾌하거나 유익한 경험이 아니기 때문에 가급적 일어나지 않도록 해야 한다.

이런 일이 일어나는 또 다른 이유는 신청접수자가 '문제상황 구체화 개입'을 했기 때문이다. 예를 들어, "고부갈등 문제를 상담받고 싶습니다."라고 내담자가 이야기했을 때, 신청접수자가 "고부갈등이란 구체적으로 무엇을 말하는 겁니까? 최근에 고부갈등 문제가 있었습니까? 언제부터 이런 문제가 생겼나요?" 등과 같은 질문을 했다면 내담자들은 이 질문에 답하기 위해 자신의 구체적인 문제상황이나 경험들을 노출하면서 신청접수가 아닌 상담이 되어 버릴 수 있다. 따라서 신청접수자가 '문제상황 구체화 개입'을 하는 것은 결코 바람직하지 않다. 이는 본 상담자가 해야 할 일이지 신청접수자가 해야 할 일은 아니기 때문이다.

3) 위기상황일 경우

위기문제를 가진 내담자들도 상담실을 찾는다. 예를 들면, 자살문제, 급성 불안발작, 가정폭력 피해, 성폭력 피해나 낙태 문제, 교통사고나 가족사망 또는 재산손실과 같은 충격적인 사건을 경험한 이후에 나타나는 극심한 불안이나 우울문제, 그리고 이혼 결정, 진로와 관련된 학교 및 학과 선택 등과 같은 중요한 사안에 대한 급박한 의사결정 문제 등이다. 이 중에서도 특히 자살문제는 즉각적이면서도 책임 있는 개입이 요구된다. 따라서 내담자가 자살과 관련된 위기문제를 가지고 올 때, 신청접수자는 구체적으로 어떻게 대처해야 하는지에 대한 명확한 지침을 가지고 있어야 한다.

신청접수자는 자살문제라고 판단되면 곧바로 담당상담자에게 의뢰하여 위기평가 및 조치를 받도록 해야 한다. 하지만 문제는 곧바로 의뢰할 수 없는 상황이 발생할 수 있다는 점이다. 실제로 곧바로 의뢰할 수 없는 상황이 발생한다면, 일차적인 위기조치의 책임은 신청접수자에게 주어진다.

이때 신청접수자가 해야 할 가장 우선적인 조치는 '내담자 보호'이다. 즉, 직접 또는 간접적인 방법을 동원하여 일어날 수 있는 잠재적 위험으로부터 내담자를 안전하게 보호하는 조치가 우선되어야 한다. 이와 관련해서 가장 먼저 해야 할 일은 내담자의 자기파괴적인 행동을 제지하거나 지연시키는 것이다. 또 다른 우선적인 조치는 가급적 빠른 시간 안에 접수면접자나 본 상담자, 또는 상급자나 슈퍼바이저에게 보고한 후 자문을 받는 것이다. 더불어 외부적으로는 보호자에게 연락을 취하고 관련기관에 연락해서 도움을 요청하는 것이다. 만약 외부기관에 의뢰해야 할 상황이라면 내담자를 혼자만 보내지 말고 의뢰가 끝날 때까지 누군가가 동행하도록 하는 조치도 필요하다.

4) 신청접수 과정에서의 선별하기

일반적으로 내담자 선별은 접수면접 과정에서 이루어진다. 하지만 신청접수 과정에서도 사전 선별이 이루어질 수 있다. 예를 들어, 내담자가 경제적 도움, 법률적 자문, 의학적 치료를 요청한다면 상담 대상이라고 하기 어렵다. 만약 내담자의 호소문제나 요청 사항이 해당 상담기관이나 소속 상담자들이 제공할 수 없는 내용이라면 비록 신청접수

과정이라고 하더라도 사전 신별을 하는 것이 직절하다.

20대 중반의 박 양은 1개월 전에 헤어진 애인이 자살로 죽었다는 이야기를 그의 누나로부터 들었다. 더 충격적인 것은 전 애인이 자신과 헤어질 당시에 이미 에이즈 양성 판정을 받았었다는 것이다. 전 애인의 자살로 인한 정신적 충격에 더하여, 자신에게 에이즈 감염 사실을 숨겨 왔던 일, 그리고 이제 자신마저도 에이즈에 감염되었을 확률이 높다는 점 때문에 더 큰 충격과 분노, 우울과 절망감, 공포심 등이 혼합된 극심한 혼란 상태에 빠졌다. 그로부터 3개월 지난 어느 날 그녀는 상담실로 전화하여 에이즈와 관련된 상담에 대해 문의했다. 하지만 해당 상담실은 에이즈 전문 상담기관이 아니었기 때문에 신청접수자는 상담신청을 권유하지 않았고, 그 대신 에이즈예방협회와 에이즈 전문병원에 대한 정보를 제공하면서 그곳으로 문의하도록 안내하였다. 그리고 박 양의 동의를 받아 에이즈 전문병원에 전화를 해서 진단 및 치료예약을 하도록 도왔다.

2년제 대학에 막 입학한 딸을 둔 40대 후반의 여자가 상담실로 전화하였다. 그녀는 자신의 딸이 최근 들어 환청이 들린다는 이야기를 자주 한다고 했다. 딸이 보이는 증상에 대해 인터넷 검색을 한 결과, 자신의 딸이 정신분열증인 것 같아서 정확한 진단과 치료를 받고 싶어 전화를 했다고 하였다. 그리고 경제적으로 어려운 모녀가정이기 때문에 무료상담을 받을 수 있는지에 대해서도 알고 싶다고 하였다. 하지만 해당 상담실은 정신분열증을 진단 및 치료하는 곳이 아니었고, 또 무료가 아닌 유료 상담실이었기 때문에 신청접수자는 시립 정신건강복지센터에 대한 정보를 제공하면서 그곳으로 문의하도록 안내하였다.

그런데 이런 사전 선별은 대체로 매우 소극적인 과정이다. 다시 말하면, 서비스 대상이 아니라는 명백한 증거가 없는 한 일단 상담신청을 접수하는 것이 더 적합하다는 말이다.

5) 상담비 청구하기

기관에 따라 다를 수 있지만, 상담비 청구나 영수처리 업무는 대부분 별도의 행정담당자가 맡아서 처리한다. 그러나 작은 규모의 상담실에서는 별도의 행정담당 인력이 없을 수 있기 때문에 이런 소규모 상담실에서는 신청접수자가 상담비 청구나 영수처리 업무를 담당하기도 한다.

상담비 청구와 관련된 업무는 다음과 같은 것들을 포함한다. 즉, '상담비에 대한 규정을 명확히 설명하는 것, 해당 회기의 상담비를 청구하는 것, 내담자가 돈을 지불하면 돈을 받고 영수처리를 하는 것 등'이다.

상담기관에서 '신청접수, 접수면접, 본 상담'을 각각 독립적인 과정으로 운영하고자 한다면, 업무분장이 명확해야 한다. 즉, 일련의 상담업무 진행 과정에서 신청접수자, 접수면접자, 본 상담자의 담당 업무가 명확히 구분되어 있어 서로 중복되지 않아야 한다.

제**5**장

접수면접

Individual Counseling

신청접수에서 설명했던 것처럼 '접수면접'은 신청접수와는 다른 별도의 독립된 과정으로 실시할 수도 있고, 함께 묶어 '신청 및 접수면접'으로 실시할 수도 있으며, 또는 생략할 수도 있다. 그런데 함께 묶어 실시하거나 생략을 하더라도 접수면접에서 해야 하는 업무들까지 없어지는 것은 아니기 때문에 여기서는 별도의 접수면접 절차에 대해 설명하였다.

접수면접이란 본 상담 이전에 실시하는 초기면접 과정이다. 즉, 본 상담을 시작하기 이전에 처리해야 할 '내담자에 대한 정보수집, 선별, 고지된 동의, 배정 및 의뢰, 단회상담 조치' 등의 상담작업들을 해 나가는 초기면접 과정이 접수면접이다. 이러한 접수면접은 높은 수준의 전문성을 요한다. 예를 들면, 필요한 정보를 수집하는 능력, 접수 대상과 제외 대상을 선별하는 능력, 상담 구조화와 계약을 포함한 고지된 동의를 받는 능력, 특정 내담자를 특정 상담자 또는 특정 상담시간에 배정 및 의뢰하는 능력, 필요한 경우 단회상담 조치를 할 수 있는 능력 등 높은 수준의 전문성을 필요로 한다.

여기서는 접수면접을 '접수면접 구조화, 정보수집, 선별, 고지된 동의, 배정 및 의뢰, 단회상담 조치, 접수면접 마무리'로 구분하여 설명하였다.

1. 접수면접 구조화

접수면접 구조화란 '내담자에게 접수면접에 대해 설명하는 일'을 의미한다. 즉, 접수면접 목적이나 목표, 절차, 소요시간, 역할 및 규범 등에 대해 내담자에게 설명함으로써 접수면접에 대한 내담자의 이해와 협력을 촉진하는 작업을 의미한다. 접수면접 구조화에 대한 구체적인 예문을 제시하면 다음과 같다.

저희 상담실에서는 본 상담을 실시하기 전에 접수면접을 실시하고 있습니다. 저는 접수면접을 담당하는 홍길동이라 합니다. 담당 상담자는 이 접수면접이 끝난 이후에 만나게 될 것입니다. 접수면접에서 하는 일들은 우선 상담에 필요한 기초 정보를 알아보고, 그리고 무엇을 원하는지, 저희 상담실에서 도움을 드릴 수 있는지, 만약 도움을 드릴 수 있다면 담당 상담자는 누구를 배정할 것인지, 언제 담당 상담자와 만날 것인지 등의 내용을 다루게 됩니다. 소요시간은 약 30~50분 정도 걸리는데, 심리검사를 해야 할 경우에는 시간이 더 늘어날 수도 있습니다.

2. 정보수집

접수면접의 주된 기능 중 하나는 내담자에 대한 정보를 수집하는 일이다. 즉, 내담자 사례관리에 필요한 정보, 그리고 선별, 고지된 동의, 배정 및 의뢰, 단회상담 조치에 필요한 정보, 그리고 본 상담에 필요한 정보 또는 본 상담자가 요구하는 정보를 수집하는 일이다.

1) 정보수집 방법

내담자에 대한 정보를 과학적으로 수집하는 방법은 '면접, 심리검사, 행동관찰'의 세 가지이다. 물론 이 세 가지 방식은 단지 접수면접에서만 사용되는 것은 아니고 전체 상담과정에서 사용된다.

면접Interview　　면접이란 상담자의 질문에 대한 내담자나 관련인의 언어적 응답 내용, 그리고 면접 조건에서 보이는 내담자의 비언어적 반응을 관찰하여 정보를 얻는 방법이다(정성란 외, 2013).

면접의 종류에는 대면 여부에 따라 직접 면접과 간접 면접, 대상 수에 따라 개별 면접과 집단 면접, 구조화 정도에 따라 비구조화 면접, 반구조화 면접, 구조화 면접 등으로 나눌 수 있다.

직접 면접이란 내담자와 직접 만나 면접하는 것을 의미한다. 직접 면접의 또 다른 의미는 전화, 채팅, 이메일 등을 이용하지 않고 내담자와 대면하여 면접하는 것을 의미한다. 반면, 간접 면접이란 내담자에 대한 정보를 수집하기 위해 내담자가 아닌 관련인, 즉 부모, 형제, 배우자, 자녀, 애인, 친구, 교사, 경찰, 사회복지사 등과 면접하는 것을 의미한다. 간접 면접의 또 다른 의미는 전화, 채팅, 이메일 등의 수단을 통해 면접하는 것을 의미하기도 한다.

개별 면접이란 한 사람의 내담자나 관련인과 일대일 형태의 면접을 의미하고, 집단 면접이란 둘 이상의 내담자나 관련인과 일 대 다수 형태의 면접을 의미한다. 여기서 집단 면접의 대상이 되는 집단 구성원들은 '한 사람의 내담자와 관련인들'일 수도 있고, '둘 이상의 내담자들'일 수도 있으며, 내담자 없이 '둘 이상의 관련인들'일 수도 있다.

비구조화 면접이란 면접을 구조화하지 않고 실시하는 것을 의미한다. 즉, 상담자가 면접의 목표, 진행순서, 구체적인 질문내용, 시간 등을 인위적으로 계획하지 않고 자연스러운 역동에 따라 진행하는 면접을 의미한다. 이러한 비구조화 면접은 숙련된 상담자가 사용할 수 있는 방식이다. 즉, 이미 많은 면접 경험을 가지고 있어서 면접에서 어떤 일이 일어나는지, 그리고 어떻게 진행해야 하는지를 잘 알고 있는 숙련된 상담자가 자연스러운 역동을 고려하면서 진행하는 방식이다. 보통 초보자에게 권장할 만한 방식은 아니다. 비구조화 면접과 반대되는 형태의 면접을 구조화 면접이라 한다. 다시 말하면, 구조화 면접이란 면접을 구조화해서 실시하는 것을 의미한다. 즉, 상담자가 면접의 목표, 진행순서, 구체적인 질문내용, 시간 등을 사전에 계획한 후, 이 계획대로 진행하는 면접을 의미한다. 반구조화 면접은 비구조화 면접과 구조화 면접을 절충한 방식이다. 즉, 역동성을 강조하는 비구조화 면접의 장점과 체계적인 관리를 위해 계획을 강조하는 구조화 면접의 장점을 절충한 방식이다. 반구조화 면접은 사전 계획은 수립하되 계획대로만 진행하지 않고 자연스러운 역동을 고려하면서 융통성 있게 진행하는 면접을 의미한다.

한편, 면접은 매우 실용적인 방식이다. 일반적으로 내담자에 대한 대부분의 정보는 면접을 통해 수집된다. 그러나 면접 방식은 '상담자의 주관적 요인'에 의해 질문내용이 달라질 수 있고, 이에 따라 내담자의 응답내용이나 상담자의 정보수집 내용도 달라질 수 있다는 단점을 가지고 있다. 또한 내담자의 '인식과 구두보고'에 의존하기 때문에 내담자가 의도적으로 숨기는 내용, 모르는 내용, 알고 있더라도 잘못 알고 있는 내용 등에 대한 정보는 객관적으로 파악하기가 어려운 단점도 가지고 있다. 또한 수집된 정보를 양적으로 수치화하기가 어려운 단점도 가지고 있다.

심리검사Psychological Test   심리검사란 과학적 측정도구인 심리검사에 대한 내담자의 반응행동(또는 응답행동), 그리고 심리검사를 시행하는 조건에서 보이는 내담자의 비언어적 반응을 관찰하여 정보를 얻는 방법이다(정성란 외, 2013).

이러한 심리검사는 역사적으로 면접법의 대안으로 발전하였다. 즉, 심리검사가 발달하지 않은 초기에는 주로 면접법을 통해 내담자에 대한 정보를 수집하였다. 하지만 면접법은 면접자의 주관적 요인에 의해 객관성이 훼손될 수 있다는 단점이 드러났다. 이러한 단점을 보완하기 위한 방법들이 모색되었는데, 그중 하나는 구조화된 방식으로 면접을 진행하는 것이었다. 이 과정에서 구조화된 면접을 위한 질문목록들이 개발되었다. 그런데 구조화 면접도 여전히 면접자의 주관적 요소를 배제할 수 없었기 때문에, 이를 줄이려는 시도가 계속되었고, 그 결과로 나타난 것이 면접자의 개입을 최대한 배재하고 대신 면접자가 질문해야 할 내용들을 질문지로 작성하여 내담자에게 응답하게 하는 방식이다. 이러한 질문지가 점차 검사지 형태로 변형되었고, 더 나아가 과학적인 절차에 의해 검사내용과 문항들이 선정되었고, 검사 실시 절차가 표준화되었으며, 규준이 과학적으로 만들어졌고, 그리고 채점 과정과 해석 과정이 표준화되었다. 이런 과정을 거쳐 나타난 것이 바로 표준화된 심리검사이다.

다른 한편, 지능, 정신장애, 성격, 자기개념, 자존감, 창의성, 적성, 흥미 등과 같은 심리적 변인들은 면접법으로 파악하기가 쉽지 않다. 이런 심리적 변인들을 과학적으로 알아내기 위한 노력의 결과가 심리검사이기도 하다.

심리검사의 종류는 분류준거에 따라 다양하게 구분할 수 있다. 즉, 표준화 여부에 따라 표준화 검사(standardized test)와 비표준화 검사(informal test), 참조체제에 따라 규준참조 검사(norm-referenced test)와 준거참조 검사(criterion-referenced test), 목적에 따라 개관검사(survey test)와 분석검사(analysis test)와 진단검사(diagnostic test), 검사 내용에 따라 능력검사와 성향검사, 검사방식에 따라 객관적 검사(objective test)와 투사검사(projective test), 또는 언어성 검사(verbal test)와 비언어성 검사(nonverbal test), 인원에 따라 개인검사와 집단검사, 도구에 따라 지필검사와 도구검사와 컴퓨터이용검사, 구성에 따라 단일검사와 종합검사(full-battery) 등으로 다양하게 구분할 수 있다(김계현, 황매향, 선혜연, 김영빈, 2012; 박영숙, 박기환, 오현숙, 하은혜, 최윤경, 2010).

심리검사는 면접으로 파악하기 힘든 내현적 정보를 객관적인 방식으로 얻을 수 있기 때문에 객관적이고 유용하다. 특히 심리적 특성을 양적 수치로 전환하고, 또 대부분 규준을 사용하여 검사점수가 모집단 내에서 어느 위치에 있는지를 알 수 있기 때문에 객관적이고 유용하다.

하지만 심리검사 도구를 개발해서 사용하려면 시간과 경비가 많이 소요되고, 또 심리검사 개발에 대한 고도의 전문성도 필요로 한다. 따라서 접수면접이나 상담실무에서 심리검사를 개발해서 사용한다는 것은 비현실적이다. 현실적인 방안은 이미 개발되어 있는 심리검사들 중에서 선택해서 사용하는 것이다. 하지만 개발된 심리검사를 사용하려고 해도 내담자 특성에 적합한 심리검사가 없을 수도 있다. 내담자 특성에 맞는 심리검사가 있다고 하더라도 일부 심리검사들은 선행교육이나 훈련이 요구되기 때문에 사용이 제한될 수도 있다. 즉, 접수면접자나 상담자 능력수준에 따라 심리검사 사용이 제한될 수도 있다. 또한 상업적으로 만들어진 심리검사를 구매해서 사용해야 하기 때문에 경제적인 측면도 고려해야 한다.

일반적으로 다음과 같은 경우에 접수면접에서 심리검사가 필요하다. 첫째, 정신병원이나 특수아동 상담실과 같은 임상기관에서 진단을 위해 절차상 심리검사가 필요한 경우, 접수면접에서 단일 또는 종합 심시검사가 실시된다. 둘째, 임상기관이 아닌 일반 상담실에서 특정 내담자에 대해 일차적인 정보수집을 한 결과 정신장애가 의심될 경우, 이차적인 정밀 정보수집이 요구되며, 이 일환으로 정신장애 평가 목적의 심리검사가 접수면접에서 실시된다. 셋째, 자살시도, 성폭력 피해, 가정폭력과 가출 등과 같은 위기문제인 경우, 위기평가나 위기판단 목적의 심리검사가 접수면접에서 실시된다. 넷째, 객관성을 강조하는 일부 상담기관에서는 기초선 평가 목적의 심리검사가 접수면접에서 실시된다. 예를 들면, 과학적인 접근을 강조하는 응용행동분석, 그리고 연구목적의 상담사례의 경우 사전사후 비교를 위해 기초선 평가 목적의 심리검사가 접수면접에서 실시된다. 다섯째, 본 상담자로부터 접수면접에서 특정 심리검사를 실시해 달라고 요청을 받은 경우에도 접수면접에서 심리검사가 실시될 수 있다. 예를 들면, 진로상담 기관에서는 흔히 접수면접에서 적성검사를 해서 본 상담으로 넘겨 달라는 요청을 상담자들로부터 받고 접수면접에서 심리검사를 실시할 수 있다. 여섯째, 내담자나 관련인이 특정 심리검사를 요청할 경우에도 접수면접에서 심리검사가 실시될 수 있다. 일곱째, 윤리적 논란의 여지가 있지만, 일부 유료상담기관에서는 내담자를 위해서라기보다는 상업적 이득을 위해 심리검사를 권유하여 동의를 받은 후에, 접수면접에서 심리검사를 실시하기도 한다.

행동관찰Behavioral Observation   면접이나 심리검사는 내담자의 문제행동이 발생하는 바로 그 현장에서 수집한 정보가 아니다. 반면, 행동관찰은 문제행동이 일어나는 바로 그 현장을 직접 관찰해서 정보를 수집하는 방식이다. 행동관찰을 통해 수집되는 현장 정보의 내용은 보통 '선행사건과 자극, 반응행동, 후속사건과 자극'의 세 가지를 포함한다(정성란 외, 2013).

행동관찰은 인위성 여부에 따라 자연적 관찰과 인위적 또는 체계적 관찰, 관찰자의 참여에 따라 참여적 관찰과 비참여적 관찰, 관찰 주체에 따라 자기 관찰과 타인 관찰, 기록 방식에 따라 일화기록과 표본기록, 또는 현장기록과 사후기록, 시간표집법과 사건표집법, 행동목록법 등으로 다양하게 구분할 수 있다.

한편, 행동관찰의 특수한 형태는 실험이다. 실험은 주로 인과관계 정보를 얻기 위한 목적으로 실시한다. 즉, 실험실 장면에서, 선행사건이나 자극, 그리고 후속사건이나 자극을 인위적으로 통제하는 실험조건을 만든 후, 이런 실험조건에서의 내담자 반응행동을 관찰하여, '특정 선행사건이나 자극, 그리고 후속사건이나 자극'과 '문제행동이나 대안행동'과의 인과관계를 파악하는 방법이다. 이렇게 알아낸 인과적 정보들은 문제행동을 이해하고 소거하는 데, 그리고 대안행동을 이해하고 새롭게 형성하는 데 활용된다. 이런 실험법은 특히 특수아동, 그리고 정신과 환자 등을 위한 행동치료에서 종종 활용된다.

일반적으로 접수면접에서의 행동관찰은 내담자 정보를 수집하는 주된 수단이 아니라 보조 수단이다. 접수면접 단계에서 내담자의 문제행동과 관련된 현장정보들을 수집하기 위해 체계적인 행동관찰을 하는 경우는 드물다. 이런 작업은 주로 본 상담에서 이루어진다. 일반적으로 접수면접 단계에서는 '접수면접 조건에서 보이는 내담자의 반응행동을 관찰'하는 '보조 수단'으로 행동관찰법이 사용된다. 그러나 행동상담을 주로 하는 아동상담기관이나 특수아동 상담기관 등에서는 종종 접수면접 단계에서도 행동관찰법을 사용한다.

2) 정보수집 내용

접수면접에서 면접, 심리검사, 행동관찰 등을 통해 객관적 정보를 수집하는 이유는 '내담자 사례관리, 선별 및 선별 후 조치, 그리고 본 상담'에 필요하기 때문이다. 따라서 접수면접에서 수집하는 정보의 내용은 '내담자 사례관리에 필요한 정보, 선별 및 선별 후 조치에 필요한 정보, 그리고 본 상담자가 요구하는 정보'로 구분하여 설명할 수 있다.

내담자 사례관리 정보   내담자 사례관리란 '특정 내담자에 대한 전반적인 관리'를 의미한다. 즉, 특정 내담자에 대한 본 상담서비스뿐만 아니라 본 상담 이전의 상담신청 접수, 접수면접, 그리고 상담회기 사이나 상담이 끝난 이후의 추후지도, 상담 이외의 검사, 교육, 홍보, 출석이나 상담비 관리, 행정적 지원 등을 모두 포괄한 전반적인 관리의 의미로 사용된다.

사례관리에 필요한 정보는 대체로 '인적 사항과 관련된 인적 정보'이다. 인적 정보는 '이름, 나이, 성별, 주소, 연락처, 가족관계, 직업 및 직장'과 같은 기초정보들이다. 그리고 인적 정보에 추가하여 '문제 관련 정보, 기능 정보, 특수 정보'도 필요하다. 먼저 문제 관련 정보는 '호소문제, 병력(病歷)이나 문제사(問題史), 상담사(相談史), 상담태도 등과 관련된 정보'를 말하고, 기능 정보는 '신체적 기능, 심리적 기능, 인간관계 기능, 직무 기능 등과 관련된 정보'를 말하며, 특수 정보는 '정신장애나 위기상태와 관련된 정보'를 말한다.

한편, 사례관리를 위해 사적인 정보를 수집하는 일은 책임이 따른다. 가급적 사적인 정보는 필요한 내용만 수집해야 하고, 일단 수집된 사적인 정보는 안전하게 관리되어야 한다. 즉, 철저한 비밀보장과 함께 내담자 권익을 보호 및 증진하기 위한 용도로만 제한해서 사용되어야 한다.

선별 및 선별 후 조치 정보　선별 및 선별 후 조치란 상담 서비스 대상이 아닌 자를 변별해서 제외하고, 상담 서비스 대상인 자를 변별해서 접수한 후, 고지된 동의를 받고, 그리고 상담자와 상담시간을 배정 및 의뢰하며, 그리고 단회상담 대상인지를 변별해서 대상이라면 단회상담 서비스를 제공하는 일련의 작업들을 의미한다.

선별 및 선별 후 조치를 하려면, 먼저 선별 및 선별 후 조치 작업을 하기 위해 필요한 정보들을 수집해야 한다. 그리고 선별 및 선별 후 조치에도 역시 '인적 정보, 문제 정보, 기능 정보, 특수 정보'가 필요하다. 즉, '이름, 나이, 성별, 주소, 연락처, 가족관계, 직업 및 직장' 등의 인적 정보, '호소문제, 병력이나 문제사, 상담사, 상담태도' 등의 문제 정보, '신체적 기능, 심리적 기능, 인간관계 기능, 직무 기능' 등의 기능 정보, '정신장애, 위기상태' 등의 특수 정보가 있어야 합리적인 선별 및 선별 후 조치가 가능하다.

본 상담 정보　일반적으로 본 상담에 필요한 정보들은 본 상담자가 직접 수집하도록 하는 것이 바람직하다. 즉, 본 상담에 필요한 정보를 수집하는 일, 예를 들면 심리평가를 하거나, 진단 및 사례개념화를 하는 업무 등은 접수면접자가 아닌 본 상담자의 몫으로 남겨 두는 것이 바람직하다.

그러나 상담기관의 특성에 따라서, 일부 특정 정보들은 본 상담이 아닌 접수면접 단계에서 정보를 수집하는 것이 더 나은 경우도 있다. 이 때문에 일부 상담자들은 사전에 접수면접자에게 특정한 정보를 수집하거나 심리평가를 해 달라고 요청할 수 있다. 예를 들어, 임상분야에서는 정확한 진단을 내릴 수 있도록 접수면접에서 신경생리검사를 포함한 심리평가를 해 달라고 요청할 수 있다. 정신분석 기관에서는 접수면접 단계에서 특정 성격검사를 실시 및 채점까지만 해 달라고 요청할 수 있다. 진로상담 기관에서는 접수면접 단계에서 지능, 적성, 흥미, 진로발달 검사들 중에서 일부 검사를 실시, 채점, 해석하고, 더 나아가 종합적인 진로평가 보고서까지 작성해 달라고 요청할 수 있다. 위기상담 기관에서는 접수면접 단계에서 모든 내담자를 대상으로 위기평가를 해 달라고 요청할 수 있다.

상기된 내용을 포함하여 몇 가지 예외적인 상황에서만 접수면접 단계에서 본 상담에 필요한 정보를 수집하고, 일반적인 상황에서는 본 상담에서 필요한 정보를 접수면접 단계에서 수집하는 것은 바람직하지 않을 수 있다.

3. 선별

선별이란 상담신청을 한 특정 내담자가 상담기관에서 제공하는 상담서비스의 대상인지 아닌지를 구분하고, 상담서비스 대상인 자는 상담신청을 접수하고, 대상이 아닌 자는 상담신청을 접수하지 않고 제외하는 작업을 의미한다. 접수면접에서의 내담자 선별은 다음과 같은 11개의 선별기준을 토대로 실시할 수 있다(고기홍, 2021).

책무   첫 번째 선별기준은 '접수면접자는 내담자 선별에 대한 책무나 권한을 가지고 있고, 동시에 그 결과에 대한 책임도 있다.'이다. 즉, 접수면접에서 내담자의 상담신청을 접수할 것인지 제외할 것인지를 결정할 책무나 권한 그리고 책임은 접수면접자에게 있다는 의미이다. 그런데 선별은 주로 접수면접에서 실시하지만 그렇다고 접수면접에서만 선별하는 것은 아니고 신청접수, 접수회의, 본 상담에서도 선별이 이루어진다. 따라서 신청접수 과정에서 신청접수자, 접수면접 과정에서 접수면접자, 접수회의(또는 사례회의)에서 접수회의 참가자, 본 상담 과정에서 담당상담자는 내담자 선별에 대한 책무나 권한을 가지고 있고, 동시에 그 결과에 대한 책임도 있다고 할 수 있다. 단, 수련생이 신청접수자나 접수면접자나 담당상담자 역할을 수행할 경우, 선별에 대한 책무나 권한, 그리고 책임은 상담기관의 슈퍼바이저에 의해 제한될 수 있다. 그리고 이런 제한이 주어질 경우에 선별에 대한 책무나 권한, 그리고 책임은 슈퍼바이저에게 있다.

접수 우선   두 번째 선별기준은 '상담신청은 접수를 우선한다.'이다. 즉, 내담자가 상담신청을 하면 모두 접수하는 것을 우선으로 하되, 불가피하게 안되는 일부 내담자들만 예외적으로 제외시킨다는 의미이다. 다시 말하면, 명백하게 부적합한 대상만 선별하여 제외시키고 나머지는 웬만하면 접수한다는 의미이다. 접수면접에서의 선별은 상담기관이나 상담자의 입맛대로 원하는 조건을 갖춘 내담자들을 고르는 적극적인 과정이 아니라 상담에 부적합한 대상만 어쩔 수 없이 골라내는 매우 소극적인 과정이라고 할 수 있다.

한편, 상기된 첫 번째의 책무 기준과 두 번째의 접수 우선 기준은 전체기준에 해당한다. 여기서 전체기준이란 전체 선별과정에서 기준으로 삼아야 하는 기본적인 선별기준이라는 의미이다. 또한 뒤에서 언급할 강제기준, 우선기준, 차선기준들보다 선순위에 적용하는 기준이라는 의미이다.

사업 대상   세 번째 선별기준은 '상담기관의 목적사업 대상인 자는 접수하고, 목적사업 대상이 아닌 자는 제외한다.'이다. 일반적으로 상담기관마다 목적사업 대상이 존재한다. 이를 반영해서 상담기관의 목적사업 대상인 자가 상담신청을 하면 접수하고, 상담기관의 목적사업 대상이 아닌 자가 상담신청을 하면 제외한다는 기준이 마련된 것이라고 할 수 있다. 가령 특정 학교에 소속된 학교상담실의 목적사업 대상은 소속 학생 그리고 관련인들이다. 따라서 학교상담실인 경우, 소속 학생이나 관련인이 상담신청을 하면 접수하고, 소속 학생이나 관련인이 아닌 자가 상담신청을 하면 제외해야 한다. 또 특수아동 상담실의 목적사업 대상은 특수아동이나 유사 특수아동, 그리고 관련인들이다. 따라서 특수아동 상담실인 경우, 특수아동이나 유사 특수아동, 그리고 관련인이 상담신청을 하면 접수하고, 그 외의 사람들이 상담신청을 하면 제외해야 한다.

전문성   네 번째 선별기준은 '내담자의 상담요청이 상담기관 또는 소속 상담자들의 전문분야와 일치하면 접수하고 불일치하면 제외한다.'이다. 일반적으로 상담기관마다 전문분야가 서로 다를 수 있다. 그리고 상담기관에 소속된 상담자들도 전문분야가 서로 다를 수 있다. 그런데 내담자는 상담신청을 할 때 상담기관이나 소속 상담자들의 전문분야와 일치한 내용에 대해 상담요청을 할 수도 있고, 전문분야와 불일치한 내용에 대해 상담요청을 할 수도 있다. 이런 점을 고려하여, 내담자가 상담신청을 할 때 상담기관 또는 소속 상담자들의 전문분야와 일치한 상담요청을 하면 접수하고, 불일치한 상담요청을 하면 제외한다는 기준이 마련되었다고 할 수 있다. 가령 정신분석 상담기관인데 내담자가 정신분석을 해 달라고 요청하면 접수하고, 정신분석 상담기관이 아닌데 내담자가 정신분석을 해 달라고 요청하면 제외해야 한다. 그리고 언어치료 상담기관인데 내담자가 조음장애 문제에 대한 상담을 요청하면 접수하고, 언어치료 상담기관이 아니고 언어치료 전문가도 없는데 내담자가 조음장애 문제에 대한 상담을 요청하면 제외해야 한다. 또한 성폭력상담실인데 성폭력 피해문제에 대한 상담을 요청하면 접수하고, 진로상담실이고 성폭력 전문가도 없는데 내담자가 성폭력 피해문제에 대한 상담을 요청하면 제외해야 한다.

참고로 실제 접수면접에서는 1차 상담요청이 전문분야와 불일치하다고 곧바로 제외를 결정하는 것은 바람직하지 않다. 제외를 결정하기 전에, 상담서비스 불가한 1차 상담요청을 상담서비스 가능한 2차 상담요청으로 전환하도록 개입하고, 이를 통해 내담자가 1차 상담요청 대신 2차 상담요청을 한다면 접수를 하는 것이 바람직하다. 예를 들어, 정신분석상담기관이 아닌데 내담자가 정신분석을 해 달라고 요청하면, 곧바로 제외를 결정하는 것은 바람직하지 않다. 대신 정신분석 전문가가 없기 때문에 정신분석 상담은 할 수 없지만 20년 이상의 경력을 가진 인지행동 전문가와 현실치료 전문가가 있기 때문에 인지행동 상담이나 현실치료는 가능하고, 더구나 상담효과나 상담비 측면에서 보면 정신분석 보다 더 나을 수도 있으니, 인지행동 상담이나 현실치료 중에 하나를 선택하는 것도 고려하라고 권유하고, 내담자가 동의해서 둘 중 하나를 선택하면 접수하고, 여전히 정신분석을 받겠다고 하면 제외하는 것이 바람직하다.

한편, 상기된 세 번째의 사업 대상 기준과 네 번째의 전문성 기준은 강제기준에 해당한다. 여기서 강제기준이란 이 기준을 충족하면 강제적으로 제외해야 하는 기준이라는 의미이다. 즉, 접수해서는 안 되는 대상에 대한 기준이다.

능력   다섯 번째 선별기준은 '내담자 역할수행 능력이 있는 자는 접수를 우선하고, 내담자 역할수행 능력이 없거나 매우 부족한 자는 제외를 우선한다.'이다. 일반적으로 상담에서는 내담자에게 특정 역할을 수행하도록 요구한다. 가령 상담신청서를 작성하도록 요구하고, 자신의 문제를 솔직하게 노출하도록 요구하며, 문제상황과 그 상황에서의 자기반응이나 반응양식이나 성격을 탐색하여 새롭게 인식, 설명, 통합하도록 요구하고, 대안을 탐색하여 비전이나 목표를 설정하고 계획을 수립하도록 요구하며, 대안행동을 연습하여 수행능력을 형성하도록 요구하고, 실생활 속에서 대안행동을 실천하여 습관화하도록 요구한다.

내담자가 상담을 받으려면 위와 같은 내담자에게 요구되는 역할들을 수행할 수 있는 능력을 가지고 있어야 한다. 이런 점을 고려하여 '내담자 역할 수행능력이 있으면 접수를 우선하고, 없으면 제외를 우선한다.'는 선별기준이 마련되었다고 할 수 있다. 가령 '뇌손상으로 인한 기질장애들, 매우 낮은 지능, 중증 조현병' 등으로 인해 내담자 역할 수행능력이 없거나 부족한 자들은 제외가 우선인 대상이라고 할 수 있다.

그런데 예외적으로 내담자 역할 수행능력이 없거나 부족한 자들이지만, 이들을 대상으로 하는 전문기관이거나 전문가가 있을 경우에는 오히려 이들이 우선적인 접수 대상이 된다. 예를 들어, 지적장애 상담을 하는 특수아동상담센터나 발달상담센터나 지적장애인자립센터 등에서는 낮은 지능을 가진 지적장애 아동도 접수 대상이 된다.

문제 인식　여섯 번째 선별기준은 '문제 인식이나 변화필요성 인식이 있는 자는 접수를 우선하고, 문제 인식이나 변화필요성 인식이 없는 자는 제외를 우선한다.'이다. 즉, 내담자가 자신에게 정신장애나 당면 생활문제나 성장과제와 같은 문제가 있다는 문제 인식이나 변화가 필요하다는 변화필요성 인식이 있는 자라면 접수가 우선이고, 이와 반대로 내담자가 문제 인식이 없거나 변화필요성 인식이 없는 자라면 제외가 우선이라는 것이다. 일반적으로 상담은 심리적 고통이나 문제 인식을 가지고 있고 그래서 변화의 필요성을 인식하고 있는 사람들을 대상으로 한 서비스이지 심리적 고통이나 문제 인식이 없고 변화의 필요성도 인식하지 못하는 사람들을 대상으로 한 서비스가 아니다. 만약 내담자가 심리적 고통도 없고 문제 인식도 없으며 변화필요성 인식도 없다면 제외가 우선되어야 한다.

그런데 종종 내담자 본인은 심리적 고통과 문제 인식과 변화필요성 인식이 없지만 관련인이 심리적 고통과 문제 인식과 변화필요성 인식을 가지고 상담을 대리신청하는 경우가 있다. 즉, 가족, 담임교사, 담당 사회복지사, 담당경찰이나 검사나 판사와 같은 관련인이 해당 내담자로 인해 심리적 고통을 느낄 수도 있고, 내담자에게 문제가 있다고 인식하거나 변화가 필요하다고 인식하여 상담을 대리신청할 수 있다.

이런 경우에는 '권한과 통제력'의 두 가지 요인을 추가적으로 고려하여 접수나 제외 여부를 판단해야 한다. 먼저, 대리신청을 한 관련인이 대리신청 권한을 가진 자이면 접수가 우선이고, 대리신청 권한이 없는 자이면 제외가 우선이다. 가령 부모, 담임교사, 담당 사회복지사, 담당경찰이나 검사나 판사와 같이 대리신청 권한을 가진 자가 상담을 대리신청했다면 접수가 우선이고, 대리신청 권한이 없는 자가 상담을 대리신청했다면 제외가 우선이다. 그리고 대리신청을 한 관련인이 내담자가 상담을 받도록 할 수 있는 능력, 즉 내담자 통제력을 가진 자이면 접수가 우선이고, 내담자 통제력이 없거나 부족한 자이면 제외가 우선이다. 가령 부모가 상담을 대리신청한 이후에 내담자인 자녀를 상담실로 데리고 올 수 있는 능력이 있다면 접수가 우선이고, 데리고 올 수 있는 능력이 없다면 제외가 우선이다.

상담동기   일곱 번째 선별기준은 '상담동기가 있거나 높은 자는 접수를 우선하고, 상담동기가 없거나 낮은 자는 제외를 우선한다.'이다. 인간이 가진 고통이나 문제는 상담을 받아야만 해결할 수 있는 것은 아니다. 인간이 가진 고통이나 문제는 상담을 받지 않더라도 시간이 지나면 자연스럽게 해결되기도 하고, 사색과 성찰, 독서, 운동, 종교, 주변 사람들의 관심과 조언 등을 통해서도 해결할 수 있다. 상담은 고통이나 문제를 해결하는 여러 가지 수단들 중에 하나일 따름이다. 만약 특정 내담자가 자신의 고통이나 문제를 해결하는 수단으로 상담을 받으려는 동기, 즉 상담동기가 있거나 높다면 그 내담자는 접수가 우선되어야 한다. 그러나 상담동기가 없거나 낮다면 그 내담자는 제외가 우선되어야 한다.

그런데 종종 내담자 본인은 상담동기가 없거나 낮지만 관련인이 상담동기가 높은 상태에서 대리신청을 할 수 있다. 예를 들면, 가족, 담임교사, 담당 사회복지사, 담당경찰이나 검사나 판사와 같은 관련인이 상담동기가 높은 상태에게 특정 내담자에 대한 상담을 대리신청할 수 있다. 이 경우에도 마찬가지로 '권한과 통제력'을 추가적으로 고려하여 접수나 제외 여부를 판단해야 한다. 즉, 대리신청을 한 관련인이 대리신청 권한을 가진 자이면 접수가 우선이고, 대리신청 권한이 없는 자이면 제외가 우선이다. 그리고 대리신청을 한 관련인이 내담자가 상담을 받도록 통제할 수 있는 능력, 즉 내담자 통제력을 가진 자이면 접수가 우선이고, 내담자 통제력이 없거나 부족한 자이면 제외가 우선이다.

한편, 상기된 다섯 번째의 능력 기준, 여섯 번째의 문제인식 기준, 그리고 일곱 번째의 상담동기 기준은 우선기준에 해당한다. 여기서 우선기준이란 제외가 우선이고 접수는 차선인 기준이라는 의미이다. 즉, 이 기준에 해당하면, 제외를 우선하되 차선으로 접수도 신중하게 고려해야 한다는 의미이다.

상담예후   여덟 번째 선별기준은 '상담예후가 긍정적인 자는 접수가 우선이고, 상담예후가 부정적인 자는 접수가 우선이지만 제외도 신중히 고려해야 한다.'이다. 즉, 상담예후가 좋으면 접수하고, 상담예후가 나쁘면 접수가 우선이긴 하지만 제외도 신중히 고려해야 한다는 것이다.

우리의 선배 상담자들은 앞선 상담실무 경험을 통해 상담개입을 하더라도 긍정적 변화가 잘 일어나지 않는 내담자들, 즉 상담예후가 나쁜 내담자들을 발견해 왔다. 예를 들어, 능력 부족, 문제인식 부족, 상담동기 부족과 비자발성, 그리고 알코올이나 약물을 포함한 중독문제, 성격장애 문제, 기질성 발달장애 문제, 조현병 문제, 양극성장애 문제, 기질성 우울장애 문제, 반복성 비행이나 범죄행동 문제를 가진 내담자들과 같이 상담예후가 나쁜 내담자들을 발견해 왔다. 이런 내담자들은 우리의 선배 상담자들이 반복적으로 확인해 왔던 것처럼 우리도 이런 내담자들을 대상으로 상담을 하더라도 긍정적 변화가 잘 일어나지 않는다는 사실을 반복적으로 확인할 가능성이 높다. 이 때문에 상담예후가 좋으면 접수하고, 상담예후가 나쁘면 접수가 우선이긴 하지만 제외도 신중히 고려해야 한다는 선별기준을 만들었고, 이 기준을 사용하여 선별을 함으로써 상담개입 효율성을 관리해 왔다고 할 수 있다.

위험　아홉 번째 선별기준은 '위험요인이 없거나 적은 자는 접수를 우선하고, 위험요인이 있거나 높은 자는 접수를 우선하되 제외도 신중히 고려해야 한다.'이다. 즉, 위험요인이 없으면 접수하고, 위험요인이 있으면 접수가 우선이지만 제외도 신중히 고려해야 한다는 것이다.

실제로 내담자들 중에 일부는 신체적, 심리적, 사회적, 그리고 윤리나 법적으로 당면한 또는 잠재적 위험을 가지고 있다. 이런 당면한 또는 잠재적 위험은 내담자 본인 뿐만 아니라, 내담자 주변인들, 그리고 상담자나 상담기관, 더 나아가 지역사회에 피해나 불이익을 발생시킬 수 있다. 예를 들어, 내담자에게 자해나 자살 위험이 있는 경우, 타해나 타살 위험이 있는 경우, 에이즈 등을 포함한 전염병 위험이 있는 경우, 심각한 위법행동 위험이 있는 경우, 상담자나 상담기관을 대상으로 소송할 위험이 있는 경우 등과 같이 당면한 또는 잠재적 위험은 내담자 뿐만 아니라, 내담자 주변인들, 그리고 상담자나 상담기관, 더 나아가 지역사회에 피해나 불이익을 발생시킬 수 있다. 이 때문에 접수면접자는 위험요인에 대한 민감성이 있어야 한다. 그리고 이런 민감성을 바탕으로 위험요인에 대한 정보를 수집하고, 이렇게 수집된 정보를 토대로 위험 대상인지 아닌지를 객관적으로 판단하고, 이런 판단을 토대로 접수나 제외를 결정해 나갈 수 있어야 한다.

경제   열 번째 선별기준은 '유료 상담기관인 경우, 상담비를 안정적으로 지불할 수 있는 자는 접수가 우선이고, 상담비를 안정적으로 지불할 수 없는 자는 제외가 우선이다'이다. 즉, 유료 상담기관인 경우, 내담자가 상담비를 지불할 수 있으면 접수하고, 상담비를 지불할 수 없으면 제외해야 한다는 것이다. 일반적으로 유료 상담기관은 상담비를 받고 그 대가로 전문적인 상담서비스를 제공하는 곳이다. 이 때문에 내담자가 상담비를 안정적으로 지불할 수 없다면 신중하게 제외를 고려해야 한다. 물론 상담비를 안정적으로 지불할 능력이 없는 내담자를 접수하지 않고 제외하기로 결정했다면, 윤리적 측면에서 그리고 사후 조치의 하나로 해당 내담자에게 무료 상담기관을 적극적으로 안내하거나 의뢰하는 것이 바람직하다.

조건 일치   열한 번째 선별기준은 '상담자와 내담자의 상호 상담계약 성립 조건이 일치하면 접수하고, 불일치하면 접수가 우선이지만 제외도 신중히 고려해야 한다.'이다. 즉, 내담자가 원하는 상담조건과 상담자가 원하는 상담조건이 일치하면 접수하고, 불일치하면 접수가 우선이긴 하지만 제외도 신중히 고려해야 한다는 것이다.

상담자와 내담자가 원하는 상담계약 성립 조건이 서로 일치할 수도 있고 불일치할 수도 있다. 구체적으로 상담 가능한 시간, 서로 원하는 나이나 성별, 특성이나 능력, 문제유형 등이 일치할 수도 있고 불일치할 수도 있다. 그런데 상담은 사회적 계약에 기반해 있다. 이 때문에 서로의 상담조건이 일치하면 접수하고, 불일치하면 접수가 우선이긴 하지만 제외도 신중히 고려해야 한다. 예를 들면, 서로 상담 가능한 시간이 일치할 수도 있고 불일치할 수도 있는데, 서로 시간이 일치하면 접수하고, 불일치하면 접수가 우선이지만 제외도 신중히 고려해야 한다. 그리고 내담자가 원하는 상담자의 나이나 성별이나 전문성이 실제 상담기관에 소속된 상담자들의 나이나 성별이나 전문성과 일치할 수도 있고 불일치할 수도 있는데, 일치하면 접수하고, 불일치하면 접수가 우선이긴 하지만 제외도 신중히 고려해야 한다. 또한 상담자가 원하는 내담자의 나이나 성별이나 문제유형이 실제 상담실을 방문한 내담자의 나이나 성별이나 문제유형과 일치할 수도 있고 불일치할 수도 있는데, 일치하면 접수하고, 불일치하면 접수가 우선이긴 하지만 제외도 신중히 고려해야 한다.

한편, 상기된 여덟 번째의 예후 기준, 아홉 번째의 위험 기준, 열 번째의 경제 기준, 그리고 열한 번째의 조건 일치 기준은 차선기준에 해당한다. 여기서 차선기준이란 전체기준, 강제기준, 우선기준보다 후순위에 적용하는 기준이라는 의미이다.

이상의 11개의 선별기준을 요약정리하면 〈표 5-1〉과 같다.

표 5-1 **접수면접에서의 내담자 선별기준**

1. 전체기준

　1-1. 책무와 책임: 접수면접자는 내담자 선별에 대한 책무나 권한을 가지고 있고, 동시에 그 결과에 대한 책임도 있다.

　1-2. 접수 우선: 상담신청은 접수를 우선한다.

2. 강제기준

　2-1. 사업 대상: 상담기관의 목적사업 대상인 자는 접수하고, 목적사업 대상이 아닌 자는 제외한다.

　2-2. 전문성: 내담자의 상담요청이 상담기관 또는 소속 상담자들의 전문분야와 일치하면 접수하고 불일치하면 제외한다.

　2-3. 능력: 내담자 역할수행 능력이 있는 자는 접수를 우선하고, 내담자 역할수행 능력이 없거나 매우 부족한 자는 제외를 우선한다.

3. 우선기준

　3-1. 문제 인식: 문제 인식이나 변화필요성 인식이 있는 자는 접수를 우선하고, 문제 인식나 변화필요성 인식이 없는 자는 제외를 우선한다.

　3-2. 상담동기: 상담동기가 있거나 높은 자는 접수를 우선하고, 상담동기가 없거나 낮은 자는 제외를 우선한다.

4. 차선기준

　4-1. 상담예후: 상담예후가 긍정적인 자는 접수가 우선이고, 상담예후가 부정적인 자는 접수가 우선이지만 제외도 신중히 고려해야 한다.

　4-2. 위험: 위험요인이 없거나 적은 자는 접수를 우선하고, 위험요인이 있거나 높은 자는 접수를 우선하되 제외도 신중히 고려해야 한다.

　4-3. 경제: 유료 상담기관인 경우, 상담비를 안정적으로 지불할 수 있는 자는 접수가 우선이고, 상담비를 안정적으로 지불할 수 없는 자는 제외가 우선이다.

　4-4. 조건 일치: 상담자와 내담자의 상호 상담계약 성립 조건이 일치하면 접수하고, 불일치하면 접수가 우선이지만 제외도 신중히 고려해야 한다.

4. 고지된 동의

선별과정에서 부적합 대상이 아니라면 모두 접수해야 한다. 접수를 한 이후에, 선별 후 조치들이 필요한데, 이런 조치들 중 하나가 고지된 동의이다.

고지된 동의(Informed Consent)란 접수면접자가 내담자에게 상담 관련 정보를 고지한 후 내담자의 동의를 받는 작업이다. 좀 더 자세히 설명하면, 고지된 동의는 윤리적 용어이다. 즉, 내담자나 상담자나 상담기관의 권리와 책무, 내담자의 알 권리, 상담기관의 고지 책무, 공정 계약과 실천 등의 윤리적 요인과 관련된 용어이다. 그리고 접수면접 실제에서 고지된 동의는 본 상담 이전에 실시하는 상담구조화 작업이라고 할 수 있다. 즉, 접수면접자가 내담자에게 상담자, 상담과정, 상담시간, 상담비, 비밀보장과 예외조건, 내담자와 상담자의 권리와 책무 등의 상담서비스 관련 정보들을 알려 주고, 이런 정보들에 대한 내담자의 이해를 도우며, 그리고 상담서비스에 대한 내담자의 구두동의를 받거나, 상담신청서를 포함하여 개인정보 수집 동의서, 상담동의서 등의 서면동의를 받는 것과 같이 본 상담 이전에 접수면접에서 실시하는 상담구조화 작업을 고지된 동의라고 한다.

여기서는 고지된 동의를 상담안내와 상담계약으로 구분하여 설명하였다.

1) 상담안내

접수면접에서의 상담안내란 본 상담을 시작하기 전에 내담자가 알아야 할 것들, 특히 내담자가 본 상담을 선택하기 전에 알아야 할 정보들을 제공해 주는 작업을 의미한다.

윤리적 측면에서 보면, 내담자는 본 상담을 받기로 최종 의사결정을 하기 전에 본 상담의 내용에 대해 알 권리를 가지고 있다. 그리고 상담기관이나 상담자는 내담자에게 상담서비스의 내용에 대해 고지할 책무를 가지고 있다.

일반적으로 접수면접에서 내담자에게 고지하도록 권장하는 정보의 내용에는 '상담자 전문성, 상담과정, 상담시간, 상담비, 비밀보장과 예외조건, 내담자의 권리 및 책임' 등이 포함된다. 즉, '상담자의 교육배경, 자격, 경력 등'과 같은 상담자 전문성과 관련된 내용, '신청접수, 접수면접, 본 상담, 추후지도 등'의 상담과정과 관련된 내용, '상담요일과 시간, 단위회기 시간, 회기 빈도, 전체 회기수, 전체 상담기간 등'의 상담시간과 관련된 내용, '회기당 상담비용, 납부방식과 납부장소, 지각과 결석시 비용청구, 일시납부를 했을 때 할인과 그 비율, 상담 취소와 선납금 반납, 영수처리 방식 등'의 상담비와 관련된 내용, '비밀보장, 비밀보장을 할 수 없는 예외상황, 상담기록과 보고, 배정과 의뢰, 슈퍼비전, 연구 등'과 같은 비밀보장과 예외조건과 관련된 내용, 기타 내담자 권리 및 책임과 관련된 내용 등을 고지하도록 권장된다.

이러한 고지는 내담자가 문의하면 알려 주는 수동적인 방식으로 할 수도 있고, 문의하지 않아도 먼저 알려 주는 오리엔테이션 형태의 적극적이고 능동적인 방식으로 할 수도 있다.

한편, 일부 내담자들은 상담에 대한 부정적 편견을 가지고 있고, 이 때문에 상담에 대한 합리적인 의사결정이 방해받을 수도 있다. 이럴 때는 적극적인 상담안내, 즉 상담 구조화가 필요할 수 있다. 예를 들어, 내담자는 '상담자'나 '상담성과'에 대한 부정적 편견을 가질 수도 있고, '비밀보장에 대한 불신과 걱정, 자기노출 강요에 대한 예상과 걱정, 조롱이나 사회적 낙인에 대한 예상과 걱정, 정신적 질병의 전염이나 오염에 대한 예상과 걱정' 등을 하고 있을 수도 있다. 그리고 이러한 것들로 인해 부적절하게 상담을 회피할 수도 있다.

내담자가 '부정적 편견'을 가지고 있고, 이러한 것들이 상담에 대한 합리적인 의사결정을 방해하고 있다면, 접수면접자는 먼저 이를 확인한 후, 적극적인 상담안내, 즉 상담 구조화를 실시함으로써 내담자가 합리적인 의사결정을 할 수 있도록 돕고, 동시에 내담자가 상담의 구조적 틀에 대해 인식 및 수용할 수 있도록 도울 필요가 있다.

2) 상담계약

상담계약이란 상담기관을 대표하는 접수면접자와 상담서비스를 받으려는 내담자 간에 서로의 권리와 의무와 책임에 대하여 정하는 것, 즉 '약속 맺는 것'을 말한다. 상담계약은 말이나 글을 사용하여 명시적으로 계약할 수도 있고, 이면적인 교류를 통해 묵시적으로 계약할 수도 있다.

접수면접에서 이루어지는 상담계약은 대부분 묵시적 계약이다. 즉, 계약 내용과 항목에 대해 명시적으로 언급하거나 문서화하는 과정 없이 본 상담으로 넘어간다는 말이다. 그런데 묵시적 계약은 쌍방이 아닌 일방적인 방식으로 이루어지는 경우가 많고, 서로의 권리와 의무와 책임이 불분명하기 때문에 사회적 구속력도 약하다. 이런 상황에서는 권리가 무시되기 쉽다. 그리고 의무를 이행하지 않더라도 책임을 묻기도 어렵다. 이 때문에 묵시적 계약은 종종 갈등의 원인이 될 수도 있다. 따라서 책임이 따르거나 갈등 소지가 있는 내용에 대해서는 묵시적 계약보다는 명시적 계약을 하는 것이 더 바람직하다.

넓은 의미의 명시적 상담계약에는 문서로 하는 문서계약뿐만 아니라 구두로 하는 구두계약도 포함된다. 하지만 좁은 의미의 명시적 상담계약은 구두계약이 아닌 문서계약을 말한다. 접수면접에서의 명시적 계약은 대부분 구두계약 형태로 이루어지지만, 일부 특정한 상황에서는 문서계약이 요구된다. 여기서 문서계약이 요구되는 특정한 상황이란 다음과 같은 것들이다.

첫째, '사적 정보가 공개될 때' 문서계약이 요구된다. 예를 들면, '개인정보 수집 동의서, 녹음 및 녹화 동의서, 정보공개 동의서, 사례연구 동의서, 사례발표 동의서' 등이 이에 해당한다.

둘째, 일부 상담기관에서는 내담자에게 고지된 동의를 받았다는 근거를 마련하기 위해 종종 문서계약을 하기도 한다. 예를 들어, '상담자 전문성에 대한 내용, 비밀보장과 예외 조건에 대한 내용, 상담비와 관련 규정에 대한 내용, 내담자 권리와 의무와 책임에 대한 내용' 등을 고지한 안내지를 만들어 놓고 있다가, 내담자가 방문하면 이를 읽은 후 서명하게 함으로써 '고지해야 할 내용을 명확히 전달'하고 동시에 '고지된 동의가 이루어졌음'을 근거로 남기기도 한다.

셋째, 학교상담실에서는 수업 결손과 방과 후 지도에 대한 책임 등을 고려해 학부모나 담당교사에게 상담동의서를 받기도 한다. 일부 산업체 상담실에서도 직원이 근무시간 중에 상담을 받아야 할 때는 업무 지연이나 손실, 그리고 부하직원 지도감독에 대한 책임 등을 고려해 상급자에게 상담동의서를 받기도 한다.

넷째, 자살위험이 높은 내담자에게 자살위기 조치를 해야 하는 상황에서, 자살위기 조치의 하나로 자살금지 서약서를 받기도 한다.

다섯째, 신청접수 단계에서 작성한 상담신청서도 문서계약의 한 형태이다. 내담자가 상담신청서를 작성했다는 것은 '내담자가 자신의 자유의지로 상담을 신청했다. 또는 자신의 의지에 반하여 상담 신청을 한 것이 아니다. 내담자 역할과 의무와 책임을 감당하겠다.'는 상징적 의미를 지닌다. 마찬가지로 상담기관과 상담자들을 대표하는 신청접수자가 상담신청서를 접수했다는 것은 '상담기관에서 상담서비스 제공과 관련된 역할과 의무와 책임을 감당하겠다.'는 상징적 의미를 지닌다.

5. 배정 및 의뢰

상담안내 및 계약 이후에는 내담자를 상담할 담당 상담자를 배정하고, 그 배정된 담당 상담자에게 내담자를 의뢰하는 과정이 필요하다.

1) 담당 상담자 배정

담당 상담자 배정이란 특정 내담자를 상담해 나갈 담당 상담자를 결정하는 일을 말한다. 특정 내담자를 어떤 상담자에게 배정할 것인지에 대한 결정은 '내담자 변인, 상담기관 변인, 그리고 상담자 변인'을 모두 고려해야 한다.

담당 상담자 배정과 관련된 내담자 변인에는 '내담자 호소문제 유형, 성별, 나이 및 발달수준, 사회경제적 수준, 원하는 상담시간, 원하는 상담자' 등이 포함된다. 예를 들어, 내담자의 호소문제가 무대 공포증이라면 인지행동치료 전문가를 담당 상담자로 배정할 수 있다. 또 아동이라면 아동상담자를, 성인이라면 성인상담자를 배정할 수 있다. 또 내담자가 특정 시간대에 상담을 원한다면 그 시간에 가능한 상담자를 배정하고, 내담자가 특정 상담자를 원한다면 그 상담자를 우선적으로 배정할 수 있다.

상담기관 변인에는 '담당 부서, 상담자 구성' 등이 포함된다. 즉, 상담기관의 업무부서, 소속 상담자의 숫자나 상담자의 전문영역이나 전문성 수준에 따라 배정이 달라질 수 있다. 예를 들어, 상담기관 내의 업무부서가 '아동상담부, 청소년상담부, 성인상담부'로 구분되어 있다면, 아동이 내방했을 때 아동상담부에 소속된 상담자에게 배정하고, 성인이 내방했다면 성인상담부에 소속된 상담자에게 배정할 수 있다. 또 동일 부서 내에 여러 명의 상담자가 있다면, 배정 순번을 정해 놓고 순서대로 내담자를 배정할 수도 있고, 현재 담당하고 있는 사례 수를 고려하여 서로 비슷한 수준을 유지할 수 있도록 배정할 수도 있다.

상담자 변인에는 '상담자의 전공분야, 소지 자격증, 상담 경력, 직책, 근무시간, 내담자 선호 경향' 등이 포함되는데, 이들 요인에 따라서 배정이 달라질 수 있다. 예를 들어, 상담자가 정신분석을 수련받은 정신분석가라면 정신분석을 원하거나 이를 필요로 하는 내담자들을 우선적으로 배정할 수 있다. 상담자가 행동상담을 전공했다면 행동상담을 원하거나 이를 필요로 하는 내담자들을 우선적으로 배정할 수 있다. 또 특정 상담자가 화요일과 목요일에만 상담이 가능하다면 화요일과 목요일에 시간을 낼 수 있는 내담자들을 배정할 수 있다.

기타 상담자와 내담자의 사회적 관계, 즉 이중관계 여부를 고려해서 배정하는 것이 바람직하다. 예를 들면, 내담자와 특정 상담자가 '친척, 친구, 선후배, 제자, 직장동료, 이웃, 채권채무' 등의 관계로 얽혀 있을 때는 내담자를 해당 상담자에게 배정하지 않는 것이 바람직하다.

담당 상담자 배정 과정을 효율적으로 운영하려면 사전에 상담자와 '상담 시간표와 배정'에 대해서 충분한 협의 및 합의를 해 두는 것이 바람직하다.

2) 의뢰

의뢰란 담당 상담자에게 연락하여 특정 내담자가 배정되었음으로 알리고, 신청 및 접수면접 과정에서 얻은 정보와 조치사항을 문서나 구두로 전달한 후, 내담자를 인계하는 작업을 의미한다.

의뢰 과정은 '상담 시간표'나 '배정 및 의뢰방식'에 대해 담당 상담자와 사전 협의를 하는 것에서부터 출발할 수 있다. 그런데 담당 상담자와 함께 상담 시간표에 대해 사전 협의를 했다고 하더라도 상황적 변수가 있기 때문에 첫 상담시간을 결정할 때는 담당 상담자를 배제한 상태에서 일방적으로 확정하는 것은 바람직하지 않다. 가급적 담당 상담자에게 연락해서 예정했던 특정 시간에 특정 내담자를 배정 및 의뢰해도 괜찮은지를 상의하여 결정하는 것이 바람직하다.

그리고 의뢰할 때는 내담자가 불필요하게 기다리지 않도록 가능한 범위 내에서 빠르게 연결하는 것이 바람직하다. 즉, 접수면접이 끝나면 곧바로 내담자를 담당 상담자에게 의뢰해서 가급적 빠르게 본 상담으로 이어질 수 있도록 하는 것이 바람직하다는 뜻이다. 또한 내담자를 의뢰할 때는 접수면접지 뿐만 아니라, 내담자가 응답한 질문지, 심리검사 자료, 심리평가 보고서, 그리고 신청접수자에게 인계받았던 상담신청서 등도 함께 넘겨야 한다. 그리고 필요하다면 구두보고를 추가할 수 있다.

한편, 일부 상담기관에서는 접수회의를 실시하기도 한다. 접수회의란 접수면접과 전문가 회의가 결합된 형태의 상담기관내 협의 및 의사결정 기구이다. 즉, 접수면접과 관련된 업무들을 처리하기 위해 상담기관에 소속된 상담전문가들이 모두 참가하는 전문가 회의를 개최하고, 이 전문가 회의에서 신청접수를 받는 내담자에 대한 선별, 배정 및 의뢰, 그리고 평가 및 개선(또는 슈퍼비전)에 대한 안건들을 협의하여 의사결정을 해 나가는 상담기관 내 접수면접 업무를 처리하기 위한 전문가 회의를 접수회의라고 한다.

6. 단회상담 조치

접수면접자의 일차적 임무는 직접적인 상담 서비스를 제공하는 것이 아니라 본 상담을 하기 이전의 업무들을 처리하는 것이다. 따라서 직접적인 상담 서비스는 본 상담자들의 업무이지 접수면접자의 업무가 아니다.

그런데 예외적으로 접수면접자가 단회상담 서비스를 제공해야 하는 불가피한 상황이 발생할 수 있다. 예를 들면, 선별과정에서 '특정 내담자를 접수하지 않고 제외해야 할 경우', 그리고 '곧바로 배정 및 의뢰할 상담자가 없는 상황'에서 내담자가 '단순정보를 요청할 경우, 급박한 의사결정 문제를 호소하는 경우, 그리고 자살과 같은 심각한 위기문제를 호소하는 경우' 등이다. 이런 상황에서는 가급적 신속하게 단회상담 대상자인지의 여부를 판단하고, 필요한 단회상담 조치를 취할 수 있어야 한다.

여기서는 단회상담을 '제외, 단순정보 요청, 급박한 의사결정'을 위한 단회상담, 그리고 '위기개입'을 위한 단회상담으로 구분하여 설명하였다.

1) 제외, 단순정보 요청, 급박한 의사결정

제외 대상자, 그리고 배정 및 의뢰할 상담자가 없는 상황에서 단순정보 요청자, 급박한 의사결정 문제를 가진 내담자에게는 접수면접자가 단회상담 서비스를 제공해 주어야 한다.

접수면접에서의 단회상담 서비스는 다양한 형태로 제공될 수 있다. 하지만 그 기본적인 골격은 '지지 요법'이다. 지지 요법이란 내담자의 약화된 자아기능을 상담자가 대신 보완해 줌으로써 내담자가 쓰러지지 않도록 받쳐 주는 접근방식들을 지칭한다. 구체적으로 내담자가 감정억압 상태에 있다면 상담자가 감정정화를 촉진하고, 내담자가 이해 부족 상태에 있다면 상담자가 대신 이해해서 설명해 주며, 내담자가 대안 부족 상태에 있다면 상담자가 대신 대안을 수립해서 제시해 주고, 내담자가 대안행동 수행 능력이 부족하거나 실행이 부족한 상태에 있다면 상담자가 대신 행동해 주는 것과 같은 접근방식들을 지칭한다.

선별과정에서의 제외자는 단회상담 대상자이다. 접수면접자는 이들에게 '자신이 왜 상담 서비스 대상에서 제외되었는지'에 대해 설명해 주는 것이 바람직하다. 또한 제외와 관련된 경험에 대해 노출이나 개방이나 주장할 기회를 제공하고, 이 과정에서 정서적 지지를 제공하는 것이 바람직하다. 더 나아가 대안 서비스에 대한 정보를 제공하고, 필요하다면 직접 의뢰를 해 주는 것이 바람직하다. 일반적으로 제외자에 대한 단회상담은 짧게 실시하는데, 대체로 5~10분 전후의 짧은 시간 안에 마무리된다.

한편, 접수면접을 하다 보면 곧바로 배정 및 의뢰할 상담자가 없는 상황이 종종 발생한다. 더구나 이런 상황에서 내담자가 단순정보를 요청하거나, 급박한 의사결정 문제를 호소하는 경우도 종종 발생한다. 이런 경우, 일차적인 상담 서비스를 제공할 책임은 접수면접자에게 있다.

곧바로 배정 및 의뢰할 상담자가 없는 상황에서 단순정보를 요청하는 내담자들은 단회상담 대상자이다. 이런 내담자들이 원하는 것은 자신에게 필요한 정보에 대한 구체적인 내용이다. 따라서 이 경우에는 내담자가 요청하는 정보를 제공해 주거나, 정보를 얻을 수 있도록 도와주면 된다.

또한 곧바로 배정 및 의뢰할 상담자가 없는 상황에서 급박한 의사결정을 요청하는 내담자도 단회상담 대상자이다. 이들은 대부분 시간적으로 급박한 상태에서 중요한 의사결정을 해야 하는 문제 때문에 상담실을 찾는다. 이런 경우에는 급박한 의사결정 과제에 대한 합리적 의사결정을 할 수 있도록 접수면접자가 조력해 주어야 한다. 그런데 이렇게 합리적 의사결정을 조력하려면 접수면접자도 개인상담 능력을 가지고 있어야 한다. 이 때문에 비전문가나 준전문가 또는 초보상담자가 접수면접자 역할을 하는 것은 바람직하지 않고, 가급적 숙련된 전문가가 하는 것이 바람직하다.

2) 위기개입

접수면접에서 내담자가 위기문제를 호소하면 곧바로 담당 상담자를 배정하여 내담자를 의뢰해야 한다. 그러나 접수면접을 하다 보면, 곧바로 배정 및 의뢰할 상담자가 없는 상황에서 내담자가 자살과 같은 심각한 위기문제를 호소하기도 하는데, 이럴 경우에는 접수면접자가 위기개입 형태의 단회상담 서비스를 제공해 주어야 한다. 접수면접에서의 위기개입은 중요하기 때문에 여기서는 따로 구분하여 설명하였다.

일반적으로 접수면접 과정에서 만날 수 있는 위기문제는 '자살, 급성 정신증, 공황장애 또는 불안발작, 약물중독, 외상후 스트레스 장애, 가정폭력 피해, 성폭력 피해, 가출, 임신과 낙태문제, 분노 발작이나 난폭 행동, 행동화 가능성 있는 범죄문제, 급박한 의사결정 문제' 등이다. 이러한 위기문제들 중에서도 접수면접 단계에서 우선적인 위기개입 조치가 필요한 것은 자살문제이기 때문에 여기서는 '자살문제에 대한 위기개입'에 대해서만 설명하였다. 그리고 접수면접에서의 자살문제에 대한 위기개입을 '자살위기 평가와 자살위기 조치'로 구분하여 설명하였다.

① 자살위기 평가

접수면접에서의 자살위기 평가는 일반평가와 정밀평가의 두 단계를 거쳐 이루어진다. 즉, 처음부터 위기문제에 대한 정밀평가를 실시하는 것이 아니라 먼저 일반평가를 실시하고, 이 과정에서 자살과 관련된 단서가 발견되었을 때, 2차적으로 자살문제에 대한 정밀평가를 실시한다. 자살위기 평가는 '자살반응과 자살 취약성'의 두 가지 항목을 고려할 수 있다.

자살반응 평가   자살반응 평가란 자살과 관련된 내담자의 반응에 대한 객관적 정보들을 수집하고, 이를 토대로 자살위기 수준과 자살위기에 대한 개입조치가 필요한지의 여부를 판단하는 과정이다. 자살반응에는 '자살 충동과 사고, 자살 의사결정, 자살시도 행동'이 포함되는데, 이러한 반응들을 토대로 자살위기 수준과 자살위기에 대한 개입조치가 필요한지의 여부를 판단할 수 있다. 이에 대한 평가기준들을 정리하면 다음과 같다.

첫째, 내담자가 '자살 충동과 사고가 있다.', 그리고 '그 정도가 심하다.'라고 보고한다면 접수면접자는 자살위기에 대한 개입조치를 고려해야 한다. 그런데 자살 충동과 사고는 간접적인 형태로 나타날 수도 있다. 가령 신체적 증상으로 나타날 수도 있고, 상실감, 절망감, 죄책감, 죄의식 등의 정서적 문제로 나타날 수도 있으며, 학교나 직장, 그리고 사회생활에서의 부적응 행동으로 나타날 수도 있고, 일탈행동으로 나타날 수도 있다. 따라서 내담자가 '신체적 증상, 정서적 문제, 부적응 및 일탈행동을 한다.', 그리고 '그 정도가 심하다.'라고 보고한다면 접수면접자는 그 이면에 '자살 충동과 사고가 있는지', 그리고 '그 정도가 심각한지'를 추가로 평가해야 한다.

둘째, 내담자가 '자살을 결정했다.' 또는 '자살계획을 가지고 있다.'라고 보고한다면 즉각적인 자살위기에 대한 개입조치를 고려해야 한다. 그리고 추가적으로 '자살계획의 구체성, 자살방법의 치명성, 자살도구의 접근성' 등도 고려해야 한다. 즉, 수립된 자살계획이 구체적이며, 자살방법이나 도구가 치명적이고 접근이 용이한 상태라면 즉각적인 자살위기에 대한 개입조치를 고려해야 한다.

셋째, 내담자가 '자살을 준비하고 있다.' 또는 '지금 자살하려고 한다.'라고 보고한다면 즉각적인 자살위기에 대한 개입조치를 고려해야 한다. 예를 들면, '자살도구를 마련하는 행동, 자신에게 소중한 물건을 처리하는 행동, 유서를 쓰는 행동, 유언을 하는 행동' 등을 한다면 내담자 의지에 반하는 강제적인 조치를 포함하여 즉각적인 자살위기에 대한 개입조치를 적극적으로 고려해야 한다.

자살반응 평가는 내담자와의 면접, 그리고 관련인과의 면접을 통해 실시할 수 있다. 보다 정밀한 평가가 필요할 때는 심리검사를 통해 실시할 수 있다. 예를 들면, Beck 자살생각척도, Leynolds 자살척도 등을 사용할 수 있다.

자살 취약성 평가   자살 취약성 평가는 자살반응 평가를 보완하는 기능을 한다. 다시 말하면 자살반응 평가만으로 자살위기 조치 여부를 확정 짓기 이려울 때는 추가적으로 자살 취약성 평가를 고려해야 한다는 말이다. 예를 들어, 내담자가 '자살충동'을 느끼거나 '자살사고'를 가지고 있지만 '그 정도가 약'할 때, 그리고 '자살하겠다'고 주변 사람들에게 반복적으로 말은 하지만 '수반된 자살 관련 행동들'이 나타나지 않을 때 등은 추가적으로 자살 취약성을 평가하여 자살위기 조치 여부를 결정해야 한다.

자살 취약성은 '신체적 취약성, 심리적 취약성, 사회적 취약성, 상황적 취약성'으로 구분하여 다음과 같이 평가할 수 있다.

첫째, 내담자가 '신체적으로 취약한 상태'인 경우 자살위험이 증가할 수 있다. 즉, 내담자가 '위중한 만성 또는 급성 질환'을 앓고 있거나, '심각한 신체적 상해'를 입었거나, 그리고 '견디기 힘들거나 오래 지속되는 신체적 고통'을 경험하고 있다면 자살위험은 증가한다.

둘째, 내담자가 '심리적으로 취약한 상태'인 경우 자살위험이 증가할 수 있다. 구체적으로 '우울, 조울, 성격장애, 불안, 알코올중독, 약물중독, 정신분열, 섭식장애'와 같은 '정신장애'가 있으면 자살위험이 증가한다. 또 '이전의 자살시도 경험, 가족 자살력, 정신병원 입원 경력'과 같은 '병력'이 있으면 자살위험이 증가한다. 또 '사회적 일탈행동, 범죄'와 같은 '일탈문제'가 있으면 자살위험이 증가한다. 또 '충동성'과 같은 '자기조절 문제'가 있으면 자살위험이 증가한다.

셋째, 내담자가 '사회적으로 취약한 상태'인 경우 자살위험이 증가할 수 있다. 구체적으로 '독신, 이혼, 별거, 배우자 사별' 등과 같이 '사회적 소외나 고립상태'에 있으면서 '사회적 교류나 지지체계가 부족'하고 '도움을 받지 못하거나 도움을 거부'하고 있다면 자살위험은 증가한다. 또 '무직, 실직'과 같은 '진로문제', 그리고 '지속되는 심각한 가난, 경제적 어려움, 채무'와 같은 '경제적 문제'를 가지고 있으면 자살위험은 증가한다.

넷째, 내담자가 '상황적으로 취약한 상태'인 경우 자살위험이 증가할 수 있다. 구체적으로 '전쟁, 교통사고, 화재, 강간피해' 등과 같은 '극한 사건'을 최근에 경험(또는 재경험)했거나, '가족 사망, 이혼, 별거, 원치 않는 임신, 질병, 가족 질병, 이직, 실직, 사업실패' 등과 같은 '생활변화 사건'을 경험하고 있거나, '집안 청소, 육아, 가족갈등, 상급자나 하급자와의 갈등, 과중한 업무' 등과 같이 '늘 지속되면서 매우 힘들게 하는 잔일 거리'를 가지고 있다면 자살위험이 증가한다.

자살 취약성 평가는 내담자나 관련인과의 면접을 통해 이루어진다. 그리고 보다 정밀한 평가가 필요할 때는 '스트레스 검사, 우울 검사, 기타 정신장애 관련검사' 등을 사용하기도 한다.

2 자살위기 조치

접수면접 단계에서 자살위기 조치의 현실적 목표는 '자살위험 수준을 낮춘 후, 의뢰하는 것'이다. 이러한 목표를 성취하기 위해 '자살위기 평가 및 협의, 자살위험으로부터의 내담자 보호, 단회상담, 지지망 구축, 의뢰 및 보고' 등의 조치가 필요하다.

자살위기 평가 및 협의　접수면접 과정에서 '자살위험 단서'가 포착되면, 2차로 '자살위기에 대한 정밀 평가'가 필요하다. 이러한 '자살위기 평가'는 자살위기 조치의 중요한 일부분이다. 만약 자살위기 평가를 통해 위기 조치가 필요하다는 판단을 내렸다면, 이를 내담자와 협의하는 것이 좋다. 즉, 자살위기 평가 내용을 전달하고, 자살위기 조치에 대한 동의를 구하는 것이 좋다. 비자발적인 내담자인 경우 가족 및 보호자와 협의하는 것도 중요하다.

보호　자살위기의 일차적인 조치는 내담자를 보호하는 것, 즉 '자살시도를 제지하는 것'이다. 구체적으로 보호란 '자살시도에 대한 물리적 제지나 속박, 정신병원과 같은 보다 안전한 환경으로 격리, 정신병원에서 약물치료 등을 받도록 하는 것, 자살도구의 제거' 등을 포함한다.

단회상담　자살위기 개입으로서의 상담 조치는 위기상담 모형에 근거하여 실시할 수 있다. 단, 다음과 같은 점들을 추가로 고려하는 것이 바람직하다.

첫째, 자살문제와 관련된 내담자의 경험을 말이나 글, 행위나 상징을 통해 표출하면 감정정화 및 일치 경험이 촉진된다. 이런 감정정화 및 일치 경험을 촉진하면 자살충동이나 자살사고, 그리고 행동화, 즉 자살시도가 감소할 수 있다.

둘째, 자살문제와 관련된 내담자의 묶여 있는 관점을 풀어 주면, 즉 조망을 넓혀 주면 바람직한 인식과 행동이 증가할 수 있다. 구체적으로 자살문제와 관련하여 '자기중심적이고, 협소하며, 단기적이고, 부정적인 조망'을 하고 있는 내담자에게 '보다 넓고, 장기적이며, 긍정적인 조망'을 하도록 하면 바람직한 인식과 행동이 증가할 수 있다.

셋째, 자살과 관련된 내담자의 역기능적인 자살사고나 신념을 기능적인 사고나 신념으로 바꾸면 바람직한 인식과 행동이 증가할 수 있다. 예를 들어, 자살과 관련된 역기능적인 자살사고나 신념에는 다음과 같은 내용들이 포함된다.

- 나는 심각하게 병들었다. 완전히 실패했다. 너무 불행하다. 나에게 정말 중요한 것을 영원히 잃어버렸다.
- 나는 용서받을 수 없는 잘못을 했다. 거짓 행동을 했다. 악한 행동을 했다. 추하고 더러운 행동을 했다. 모든 것은 나의 잘못이다.
- 나는 너무 나약하고 무능력한 존재이다. 매우 악한 존재이다. 정말 추하고 더러운 존재이다. 나는 결코 사랑받을 수 없는 존재이다.
- 나는 처벌받아 마땅하다. 병들어 마땅하다. 완전한 실패가 마땅하다. 불행이 마땅하다.
- 나의 미래는 매우 부정적이다. 절망적이고 희망이 없다. 저주받았다. 완전히 버려졌다. 나는 이제 완전히 끝장났다.
- 세상은 너무 악하다. 너무 추하고 더럽다. 너무 위험하다. 너무 부당하다. 그 누구도 결코 신뢰할 수 없다.
- 나는 도저히 더 이상 견딜 수 없다. 더 이상 참을 수 없다.
- 모든 문제는 내가 죽으면 해결된다. 내가 죽으면 고통과 질병은 사라진다. 실패와 불행은 사라진다. 더 이상 다른 사람들과 세상으로부터 시달리지 않아도 된다. 원

수들에게 앙갚음할 수 있다. 내가 죽으면 원수들은 후회하고 영원히 고통받게 될 것이다.

이러한 내담자의 자살사고나 신념들을 상담자가 탐색하여 명료화시킨 후, 이에 도전하여 다음과 같은 대안적인 사고나 신념을 형성시킨다면 바람직한 인식과 행동이 증가할 수 있다.

- 내가 병들고 실패하고 불행한 것은 객관적 사실이 아니다. 그것은 객관적 사실에 대해 내가 부정적으로 명명한 것이다. 나는 다르게 명명할 수 있다. 병든 것이 아니라 문제가 있으니 고치라고 알려 주는 신호이다. 실패나 불행이 아니라 내가 원하는 결과가 아닐 뿐이다. 이전의 나의 행동에 대한 결과를 알려 주는 신호이고, 내가 원하는 결과를 얻으려면 다르게 행동하라고 알려 주는 신호이다.
- 모든 것은 변화하고 지나간다. 지금 경험하는 위험도 지나간다. 지금의 실패와 불행도 지나간다. 이 시간이 지나면 언젠가는 더 나은 상태가 찾아올 것이다. 그때가 되면 지금의 위험과 실패와 불행은 의미 있는 추억이 될 것이다.
- 위험, 그리고 실패와 불행은 분명히 나를 변화시킬 것이다. 그리고 그런 변화 속에는 성장의 기회도 포함되어 있다. 내가 이 위험과 실패와 불행을 성장의 기회로 활용할 수 있다면, 나는 분명히 더 강하고 더 나은 사람이 되어 있을 것이다.
- 위험, 그리고 병이나 실패나 불행에는 손해만 있는 것이 아니라 분명히 이득도 있다. 위험이나 병이나 실패나 불행은 관련된 역기능적 문제행동들을 점검할 수 있는 기회이면서 동시에 새로운 기능적 대안행동들을 배울 수 있는 기회가 될 수 있다. 또 이에 대한 내성을 기르고 대처 능력을 증진하는 기회가 될 수도 있다.
- 반대로 안전이나 건강이나 성공이나 행복에는 이득만 있는 것이 아니라 분명히 손해도 있다. 또한 그것들은 분명한 대가를 치러야만 얻을 수 있고 누릴 수 있는 것들이기도 하다. 지금의 위험과 병과 실패나 불행은 내가 더 나아지기 위해 내가 치러야 할 대가일 수 있다.
- 나는 가치 있고 소중한 존재이다. 나는 몇 가지 부정적인 측면이 있음에도 불구하고 그보다 몇 배 혹은 몇 십 배 더 긍정적인 측면을 가지고 있는 가치 있고 소중한 존재이다.
- 나는 유능한 존재이다. 병이나 실패나 불행은 내가 무능력하다는 증거가 될 수도 있

지만, 동시에 내가 유능하다는 증거가 될 수도 있다. 긍정적인 관점에서 보면 병은 완벽하게 병을 성취한 유능함의 증거이다. 실패나 불행도 완벽하게 실패나 불행을 성취한 유능함의 증거이다. 나는 나의 유능함을 병, 실패, 불행을 만들고 유지하는 데 쓰지 않고, 병을 치료하고, 실패를 극복하여 성공하고, 불행을 딛고 행복해지는 데 쓸 수도 있다.

- 우주와 자연은 서서히 성장하면서 진화해 나간다. 인간과 나도 서서히 성장하면서 진화해 나간다. 나의 모든 행동들은 성장을 향해 있다. 나의 바람직한 행동뿐만 아니라 나의 바람직하지 않은 행동들도 성장을 향해 있다. 성장을 향한 동기, 즉 성장동기는 나의 근원적인 동기이다. 나의 동기는 선하고 긍정적이며 성장 지향적이다. 자살은 성장동기를 성취하기 위한 바람직하지 않은 대처행동이다.
- 난 죽고 싶은 것이 아니다. 나는 단지 고통과 문제에서 벗어나고, 지금보다 더 나아지고 싶은 것일 뿐이다.
- 자살로 모든 것이 끝나는 것은 아니다. 자살은 나와 사랑하는 사람들 모두에게 가장 최악의 선택이다. 결코 자살할 수밖에 없는 것은 아니다. 나에게는 자살할 수밖에 없는 이유보다 살아갈 수밖에 없는 이유가 몇 배 혹은 몇 십 배 더 많다.
- 나의 미래는 지금 어떻게 인식하고 선택하며 행동하느냐에 따라 달라진다. 나는 지금 위험하고 병들고 실패하고 불행하지만 그럼에도 불구하고 나는 지금 안전해지는 데 도움이 되는 행동을 인식하고 선택하고 실천할 수가 있다. 또한 병을 치료하고 성공하고 행복해지는 데 도움이 되는 행동을 인식하고 선택하고 실천할 수가 있다.

넷째, 내담자의 소망과 성장동기에 기반을 두어 바람직한 대안행동을 선택하고 이를 실천하도록 지도하면 바람직한 인식과 행동이 증가할 수 있다. 예를 들어, '자기표현과 주장을 하도록 하는 것, 도움을 요청하도록 하는 것, 상담, 약물치료, 입원을 하도록 하는 것, 운동과 야외활동을 하도록 하는 것, 동반여행, 모임, 예술, 종교활동을 하도록 하는 것' 등이다.

다섯째, 자살위험이 높을 경우에는 자살금지에 대한 구두 및 문서계약을 받는 것도 필요하다. 이렇게 하면 다소나마 자살예방 효과를 기대할 수도 있고, 이후에 위기개입을 해 나갈 수 있는 발판을 마련할 수 있다. 그리고 '자살금지 계약서'는 부수적으로 상담자가 '자살위기에 대한 응급조치를 적절하게 했다.'는 증거자료로 활용되기도 한다.

지지망 구축　자살위기 문제를 가진 내담자들은 약 '4주에서 8주 정도'의 위기극복 기간 동안 상담자를 포함한 주변 사람들로부터의 도움, 즉 지지체계를 필요로 한다. 이와 관련해서 자살위기 조치의 하나는 사회적 지지망을 구축하는 것이다.

자살문제를 가진 내담자들은 대체로 사회적 지지체계가 부족하다. 하지만 잘 찾아보면 내담자의 생활환경 내에서 내담자를 도와줄 수 있는 가족이나 친지, 동성친구나 이성친구, 선후배, 이웃, 목사, 신부, 스님, 교사, 자원봉사자, 사회복지 기관 및 단체 등을 찾을 수 있다.

지지망을 구축하는 활동에는 지지자들을 찾아내고, 이들에게 지원을 요청하며, 필요할 경우 역할수행 지침을 제공하고, 각자의 역할과 협력해야 할 사항에 대해 협의하는 일이 포함된다. 그리고 지지자들이 실제로 내담자를 돕기 시작하면 이들의 활동을 지원하는 일도 포함된다.

그런데 접수면접자의 주된 역할이 직접적 상담서비스가 아니라 내담자를 본 상담자에게 의뢰하는 것이기 때문에 접수면접자가 위기개입을 지속해 나가는 것은 바람직하지 않다. 현실적인 대안은 가급적 빠른 시간 안에 적합한 위기관리전문가를 찾아서 의뢰하는 것이다. 이 때문에 접수면접 단계에서의 지지망 구축은 보호자, 위기상담센터, 정신병원을 중심으로 구축하고, 가급적 빨리 의뢰하는 것이 바람직하다.

의뢰 및 보고　접수면접자는 자살위기 문제에 대한 응급조치를 한 이후에는 가급적 신속하게 기관 내 담당 상담자를 배정하여 의뢰하거나, 다른 자살위기 전문 상담기관으로 내담자를 의뢰하는 것이 바람직하다.

자살위기 내담자를 의뢰할 때는 먼저 접수면접자가 내담자에게 '의뢰의 필요성과 목적, 절차, 비용, 그리고 의뢰기관에 대한 정보' 등을 안내한 후, 동의를 받는 것이 바람직하다. 이어 의뢰기관에 연락해서 의뢰에 대한 협조를 요청한 후 허락을 받는다. 그리고 내담자에게 의뢰기관으로 찾아가도록 안내한다. 그런데 다른 기관으로 의뢰할 때, 자살위험이 높은 내담자인 경우 혼자만 가도록 하는 것은 바람직하지 않다. 만약 보호자가 있을 경우에는 보호자에게 '의뢰기관 담당자를 만날 때까지 동행하도록 권고'하고, 보호자가 없을 경우에는 접수면접자나 대리인이 의뢰기관 담당자를 만날 때까지 동행하는 것이 바람직하다.

한편, 자살위기 조치 중 하나는 보고이다. 보고는 법적, 윤리적, 행정적 지침과 처리절차에 따라 내담자의 반응행동과 접수면접자가 취한 조치를 특정 대상에게 알리는 것이다. 보고는 크게 '기관 내 보고'와 '기관 외 보고'로 나눌 수 있다.

기관 내 보고는 상담실 내에서 이루어지는 보고를 말하는데, 구체적으로 '담당 상담자에게 하는 보고'와 '슈퍼바이저(supervisor)에게 하는 보고'가 있다. 자살위기 사례를 담당 상담자에게 의뢰할 경우에는 '자살위기 평가 내용'과 '접수면접에서의 내담자 반응행동', 그리고 '접수면접자가 취한 조치'에 대해 서면 및 구두로 알려 줄 책임이 접수면접자에게 있다. 만약 접수면접자가 상담수련생이라면 슈퍼바이저에게 서면 및 구두로 보고할 책임이 주어지기도 한다.

기관 외 보고는 '보호자에게 하는 보고와 의뢰기관 담당자에게 하는 보고'가 있다. 먼저 자살위험이 높은 내담자인 경우, 보호자나 가족에게 그 사실을 알려야 한다. 그런데 종종 내담자가 보호자나 가족에게 알리는 것을 완강하게 반대하는 일도 발생한다. 이럴 때는 내담자가 '반대하는 것에 대한 정서적 지지'를 제공한 후, '비밀보장 예외 조건에 대한 구조화'와 '적극적인 설득'이 필요할 수 있다. 그래도 안 될 경우, 그리고 내담자가 자살할 위험이 높은 경우에는 내담자 의사에 반하여 보호자나 가족에게 알리는 방안도 적극 고려해야 한나. 그리고 자살문제를 가진 내담지를 외부 기관에 의뢰할 경우에도 적절한 보고가 필요하다. 하지만 이는 관행적으로 지나치게 간소화되는 경향이 있다. 기관 외 보고를 할 경우에는 윤리나 법적인 측면을 고려해서 보다 신중하고 합리적으로 이루어져야 한다. 이에 대한 자세한 내용은 상담윤리에 대한 자료들을 참조하기 바란다.

7. 접수면접 마무리

접수면접 마무리란 접수면접 회기를 끝내는 과정을 말한다. 접수면접 마무리는 '접수면접을 마치겠습니다. 수고하셨습니다!'라고 말하면서 곧바로 마칠 수도 있고, 좀 더 섬세한 마무리 작업을 하면서 마칠 수도 있다. 마무리 작업을 섬세하게 하고자 할 때는 다음과 같은 내용들을 포함시키는 것이 바람직하다. 즉, 접수면접 과정에 대한 요약, 결정사항 재확인 및 안내, 질의응답, 소감 나누기, 마무리 인사, 그리고 종료 이후의 접수면접 기록, 내담자 상담 의뢰 및 자료 인계 등을 포함시키는 것이 바람직하다.

먼저, 접수면접을 섬세하게 마무리할 때는 접수면접 과정에 대해 간략히 요약정리하는 것이 바람직하다. 그리고 요약정리의 일부로서 의사결정된 내용을 다시 언급한 후, 확인하는 것도 좋다. 가령 "오늘 5시부터 약 50분 동안 접수면접을 했습니다. 시작하면서 제가 접수면접이 무엇인지에 대해 짧게 설명을 드렸고, 그러고 나서 접수면접질문지를 작성하였습니다. 그리고 영철씨가 상담받고 싶어 하는 문제는 여러 가지였지만, 우선 발표불안 문제를 상담에서 다루기로 하였습니다. 그리고 영철씨에 대한 담당 상담선생님은 불안문제 전문가이신 박은호 선생님이 맡게 될 예정입니다. 첫 회기 상담은 다음 주 화요일 5시에 하기로 했습니다. 맞지요?"라고 요약정리 및 확인하는 것이 바람직하다. 그리고 이 과정에서 중요한 안내사항을 다시 안내하는 것도 필요할 수 있다. 가령 상황을 고려하면서 '상담비 납부, 주차장 이용이나 교통편'에 대해 다시 안내하는 것도 필요할 수 있다.

또한 마무리 과정에서 질의응답 시간을 갖는 것도 바람직하다. 가령 "이제 대략 5분 정도 시간이 남았는데, 마치기 전에, 혹시 궁금한 것이 있습니까?"라고 말한 후, 질의응답 시간을 갖는 것도 바람직하다. 단, 질의응답을 하면, 흔히 내담자는 자신의 문제와 원인에 대한 진단, 그리고 해결책을 알려 달라고 요구할 수 있다. 그런데, 접수면접 과정에서 이런 내담자의 요구에 반응해서 문제나 원인을 진단해 주거나 해결책을 알려 주는 행위는 대체로 부적절하기 때문에 주의가 필요하다. 접수면접자는 항상 접수면접 과정에서 상담처치를 하는 것은 바람직하지 않을 수 있음을 기억할 필요가 있다. 이런 경우에는 "그 주제는 나중에 본 상담에서 다루게 될 것입니다."라는 정도로 응답하는 것이 합리적이다. 그리고 질의응답을 주고받을 때는 내담자가 약속시간을 넘겨서까지 질의응답을 주고받으려는 일이 종종 발생한다. 따라서 접수면접자는 주어진 시간 내에서 질의응답을 할 수 있도록 내담자를 이끄는 것이 필요하다.

또한 소감 나누기 시간을 갖는 것도 바람직하다. 가령 "오늘 접수면접을 해 보니 어떠셨습니까? 소감이 궁금합니다!"라고 말한 후, 내담자가 소감을 이야기할 수 있도록 이끄는 것이 바람직하다. 그런데 만약 내담자가 긍정적이거나 중립적인 소감이 아니라 부정적 소감을 이야기한다면, 접수면접자는 관심 기울이기, 공감, 타당화 등의 지지적 반응을 적극적으로 해 주고, 더 나아가 필요한 사후구조화를 해 주는 것이 바람직하다. 그리고 내담자의 소감을 듣고 나서, 접수면접자의 소감도 짧게 이야기하면 좋은데, 이때 접수면접자가 부정적 소감을 이야기하는 것은 바람직하지 않기 때문에 가능하다면 긍정적 소감 위주로 이야기를 하는 것이 좋다.

또한 마무리를 하기 전에, 접수면접을 마쳐도 되는지를 내담자에게 묻고, 내담자의 동의를 구한 후에 종결선언을 하는 것이 바람직하다. 가령 "그럼 마무리를 해도 되겠습니까?"라고 묻고, 내담자의 동의를 구한 후에 "그럼, 마무리를 하겠습니다. 수고하셨습니다!"라고 종결선언과 마무리 인사를 하는 것이 바람직하다.

그리고 접수면접을 종료한 이후에는, 접수면접 기록지를 작성하는 작업이 필요하다. 그리고 담당 상담자에게 연락해서 내담자가 배정되었음을 알리고, 내담자 상담을 의뢰하는 작업이 필요하다. 이때 의뢰하면서 내담자와 관련된 기록이나 자료들을 본 상담자에게 인계하는 작업도 필요하다.

제 **6** 장

상담관계 형성

 Individual Counseling

　이 장에서는 개인상담 과정의 첫 단계인 '상담관계 형성'에 대해 설명하였다. '상담관계'는 다양한 측면에서 '개념 정의'를 할 수 있다. 먼저 구조적 측면에서 상담관계란 말 그대로 '상담자와 내담자의 관계'를 의미한다. 또한 사회계약 측면에서 상담관계란 '상담자와 내담자가 상담계약을 함으로써 형성된 관계'를 의미한다. 즉, 상담서비스를 제공할 수 있는 상담자와 상담서비스가 필요한 내담자가 서로 상담서비스를 주고받는 것에 대해 합의를 함으로써 성립된 관계로서 일종의 사회적 계약을 토대로 형성된 관계이다. 또 현상적 측면에서 상담관계란 '상담자와 내담자가 나타내는 상호작용 양상'을 의미한다. 이러한 상담자와 내담자의 상호작용은 상담자 변인, 내담자 변인, 상호작용 변인, 환경 및 맥락변인들에 의해 시간의 흐름에 따라 다양한 변화 및 발달 양상을 보인다. 또 기능적 측면에서 상담관계란 '상담효과를 낳게 하는 상담자와 내담자의 관계 또는 상호작용'을 의미한다. 즉, 상담관계란 단순히 상담자와 내담자 관계 또는 상호작용을 의미하는 것이 아니라 긍정적 상담결과를 낳게 하는 바람직한 관계 또는 바람직한 상호작용을 의미한다. 이상의 상담관계에 대한 정의들을 토대로 한다면, '상담관계 형성'이란 '상담효과를 낳게 하는 상담자와 내담자의 관계 또는 상호작용을 구축하는 작업'을 의미한다.

　상기된 구조, 사회계약, 현상, 그리고 기능 측면에서 상담관계에 대해 정의한 내용들을 요약하면 〈표 6-1〉과 같다.

　한편, 상담관계 형성이 '상담효과를 낳게 하는 상담자와 내담자의 관계 또는 상호작용을 구축하는 작업'이라면, 상담효과를 낳게 하는 바람직한 관계 또는 상호작용이란 구체적으로 무엇일까? 그리고 이를 어떻게 형성시킬 수 있을까? 많은 상담자들은 상담효과

표 6-1 구조, 형성, 현상, 기능 측면의 상담관계 정의

- 구조: 상담자와 내담자의 관계
- 계약: 상담자와 내담자가 상담계약을 함으로써 형성된 관계
- 현상: 상담자와 내담자가 나타내는 상호작용 양상
- 기능: 상담효과를 낳게 하는 상담자와 내담자의 관계 또는 상호작용

를 낳는 바람직한 관계를 신뢰관계로 설명한다. 실제로 신뢰관계와 관련된 연구들은 '신뢰관계의 질과 상담효과와 밀접한 상관있다.'는 결과나 '신뢰관계는 상담효과를 예측하는 중요한 변인'이라는 결과를 비교적 일관되게 보고하고 있다(Garfield, 1995).

다른 한편, 정신의학 또는 심리치료에서는 '상담관계'란 용어보다 '치료동맹(Therapeutic alliance)'이란 용어를 더 많이 사용하는 경향이 있다. 치료동맹이란 프로이트가 제안한 개념으로 '환자의 병든 부분을 치료하기 위해 치료자가 환자의 건강한 부분과 동맹을 맺은 상태'를 의미한다. 지금까지 많은 학자들이 심리치료 효과를 낳게 하는 치료동맹의 구성요소에 대해 연구해 왔는데, 이들 중에서 Bordin(1979)은 치료동맹이 '정서적 유대, 목표 합의, 과제 동의'의 세 가지로 구성되어 있다고 주장하였다. 즉, 상담자와 내담자가 서로 '정서적 유대'가 형성되고, '상담목표'에 대해 합의하며, 이러한 상담목표를 성취하기 위한 '상담과제'에 대해 동의했을 때 치료동맹이 형성되었다고 할 수 있고, 이렇게 치료동맹이 형성되었을 때, 심리치료 효과를 낳게 하는 관계의 토대가 구축된다는 주장이다.

치료동맹을 형성하는 작업은 라포 형성이나 상담구조화 작업과 밀접한 관계에 있다. 즉, 치료동맹의 '정서적 유대가 형성된 상태'를 '라포'라 하고, 상담자가 이런 '라포를 형성해 나가는 작업'을 '라포 형성'이라 한다. 그리고 치료동맹의 '목표 합의나 과제 동의가 형성된 상태'를 '바람직한 상담구조'라고 하고, 상담자가 이런 '바람직한 상담구조를 형성해 나가는 작업'을 '상담구조화'라고 한다. 따라서 '치료동맹을 형성하는 작업'은 '라포 형성 작업과 상담구조화 작업'으로 재해석할 수 있다.

이 장에서는 상담관계 형성에 대해 설명하였다. 먼저 '상담관계 발달'에 대해 설명하였고, 이어 '상담구조화'와 '라포 형성' 순으로 설명하였다.

1. 상담관계 발달

상담관계는 상담자 변인, 내담자 변인, 상호작용 변인, 환경 및 맥락변인들에 의해 시간의 흐름에 따라 다양하게 변화 및 발달하는 양상을 보인다. 따라서 상담관계를 제대로 이해하려면 상담관계 변화 및 발달양상, 즉 상담관계 발달에 대한 이해가 필요하다.

많은 상담자들이 상담관계 발달에 대한 연구에 관심을 가져 왔다. 하지만 대부분 '전체적인 상담관계 발달'이 아니라 '상담초기의 신뢰관계'에 초점을 두거나 '초중기의 저항관계, 중기의 전이관계'에 초점을 두고 연구가 이루어져 왔다. 따라서 전체적인 상담관계 발달에 대한 연구는 거의 찾기 힘들다. 그런데 최근에 고기홍(2013)이 7단계의 '상담 관계 발달 모형'을 제시하였다. 즉, 상담관계 발달을 '상담 이전의 사회적 관계, 상담시작 에서의 계약관계, 상담초기의 신뢰관계, 상담초중기의 갈등관계, 상담중기의 전이관계, 상담후기의 현실관계, 상담종결 이후의 내재화된 사회적 관계'로 구분하여 전체적인 상 담관계 발달을 설명하였다. 이 7단계 모형을 제시하면 다음과 같다.

제1단계: 상담 이전의 사회적 관계

1-1 구조: 내담자와 상담자가 서로 상담에 대한 계약을 맺기 이전의 관계이다. 잠재적 내담자는 잠재적 상담자에 대한 사전 정보나 상상에 근거하여 가상적 상담 구조를 인식할 수 있다.

1-2 유대: 잠재적 내담자는 잠재적 상담자에 대한 사전 정보나 상상에 근거하여 상담자 와 정서적 유대를 경험할 수 있다. 즉, 친밀감이나 신뢰감을 경험할 수 있다.

1-3 저항: 잠재적 내담자는 '상담신청과 내담자 역할수행' 등에 대해 저항을 경험한다. 잠재적 상담자도 '상담접수와 상담자 역할수행' 등에 대해 저항을 경험한다. 하지만 상담자는 자신의 저항을 인식 및 조절할 수 있다.

1-4 전이: 잠재적 내담자와 잠재적 상담자는 전이보다 현실에 기반하여 행동한다. 하 지만 잠재적 내담자와 상담자는 각자의 일상생활 속에서 전이나 역전이 관 계, 또는 전이반응이나 역전이 반응이 활성화될 수 있다.

1-5 과제: 다음 단계로 나아가려면 내담자가 상담을 신청하고, 상담자가 상담신청을 접수해야 한다. 이어 상담계약을 해야 한다. 즉, 상담자는 상담구조화를 해 야 하고, 내담자는 제시되는 기본적인 상담구조에 대해 동의를 해야 한다.

제2단계: 상담시작에서의 계약관계

2-1 구조: 내담자가 상담신청을 하면, 상담자는 신청을 접수한다. 이에 따라 상담자와 내담자 간의 계약관계가 성립된다. 상담이 시작되면 상담자는 상담구조화 를 한다. 내담자는 제시되는 기본적인 상담구조에 대해 동의한다. 그러나 이 단계에서 내담자는 상담자가 제시하는 상담구조를 충분히 인식 및 이해하지 못하거나 수용하지 않는다.

2-2 유대: 내담자와 상담자는 서로를 계약 대상으로 경험한다. 정서적 유대는 아직 발 달하지 않았기 때문에 친밀감이나 신뢰감은 약하다.

2-3 저항: 내담자는 '주어진 상담구조, 상담지속, 자기노출이나 개방' 등에 대해 저항을 경험하나, 이를 직접적이기보다 간접적으로 표현한다. 상담자는 '내담자 담당하기, 상담지속, 상담자 역할수행, 상담구조화' 등에 대해 저항을 경험한다. 하지만 상담자는 자신의 저항을 인식 및 조절할 수 있다.

2-4 전이: 내담자와 상담자는 서로 전이보다 현실에 기반하여 행동한다. 내담자는 전이반응을 보일 수 있지만 활성화나 인식 수준은 낮다. 상담자도 역전이 반응을 보일 수 있다. 하지만 활성화 정도는 낮고, 또한 자신의 역전이 반응을 인식 및 조절할 수 있다.

2-5 과제: 이 단계에서 상담계약을 해야 한다. 즉, 상담자는 상담구조화를 해야 하고, 내담자는 제시되는 기본적인 상담구조에 대해 동의를 해야 한다. 다음 단계로 나아가려면 내담자와 상담자는 서로에 대한 친밀감과 신뢰감을 경험해야 한다. 특히 내담자는 상담자에 대한 친밀감, 상담자에게 자기노출이나 개방을 하는 것에 대한 안전감, 상담자의 전문능력에 대한 신뢰감 등을 경험해야 한다. 그리고 상담사가 내담자의 친밀감이나 신뢰감 발달을 촉진해야 한다.

제3단계: 상담초기의 신뢰관계

3-1 구조: 내담자는 제시된 상담구조를 인식 및 수용한다. 이에 따라 상담자의 명시적 구조화 행동은 이전 단계보다 감소한다.

3-2 유대: 내담자와 상담자는 서로에 대한 친밀감과 신뢰감이 급격히 증가한다. 특히 내담자는 상담자에 대한 친밀감, 상담자에게 자기노출이나 개방하는 것에 대한 안전감, 상담자의 전문능력에 대한 신뢰감 등이 급격히 증가한다.

3-3 저항: 내담자는 '과잉 친밀이나 신뢰, 의존이나 자기상실, 취약성이나 수치심이 수반된 경험에 대한 자기노출이나 자기개방'에 대해 저항을 경험한다. 이는 인식되지 않을 수도 있고, 인식하더라도 직접적 방식보다는 간접적 방식으로 표현된다. 상담자는 '과잉 친밀이나 신뢰, 지도 및 책임, 자기노출이나 개방'에 대해 저항을 경험한다. 하지만 상담자는 자신의 저항을 인식 및 조절할 수 있다.

3-4 전이: 내담자와 상담자는 전이보다 현실에 기반하여 행동한다. 만약 내담자의 전이반응이 활성화된다면 긍정적 전이반응이고, 그에 대한 인식 수준은 낮다.

상담자도 역전이 반응을 보일 수 있다. 하지만 상담자는 자신의 역전이 반응을 인식 및 조절할 수 있다.

3-5 과제: 이 단계에서 내담자와 상담자는 서로에 대한 친밀감과 신뢰감을 경험해야 한다. 특히 내담자는 상담자에 대한 친밀감, 상담자에게 자기노출이나 개방을 하는 것에 대한 안전감, 상담자의 전문능력에 대한 신뢰감 등을 경험해야 한다. 다음 단계로 나아가려면 내담자는 지금여기에서 경험하는 부정적 경험에 대한 인식, 노출이나 개방행동이 증가해야 하고, 상담자가 이를 촉진해야 한다.

제4단계: 상담초·중기의 갈등관계

4-1 구조: 내담자는 제시된 일부 상담구조의 효용성과 가치에 의문을 가지고, 부정적으로 평가하며, 대안적 상담구조를 기대한다. 이러한 의문이나 평가나 기대는 상담자에게 직접적으로 표현하기보다는 억제되거나 간접적으로 표현된다. 제시된 상담구조에 반하는 내담자의 일탈행동이 증가한다. 이에 따라 상담자는 제시된 상담구조를 옹호하기 위해, 그리고 제시된 상담구조에서 벗어난 내담자의 일탈행동을 통제하기 위해 명시적 구조화 행동을 한다. 상담자의 명시적 구조화 행동은 이전 단계에 비해 증가한다.

4-2 유대: 내담자와 상담자 간의 친밀감과 신뢰감은 감소한다. 특히 내담자는 상담자에 대한 정서적 불편감, 상담자에게 자기노출이나 개방하는 것에 대한 불안감, 상담자의 전문능력에 대한 불신감 등을 포함한 상담자에 대한 부정적 인식과 표현이 증가한다. 상담자도 내담자에 대한 부정적 인식과 표현이 증가한다. 이로 인해 부정적 상호작용이 발달하면서 갈등이 증가한다.

4-3 저항: 내담자는 지금여기에서 경험하는 상담구조에 대한 불만, 그리고 상담자와의 갈등을 포함하는 자신의 부정적 경험을 인식, 억제, 또는 노출이나 개방하는 것에 대해 저항을 경험한다. 더 나아가 상담자와의 갈등이나 관련된 내담자의 반응을 분석, 평가, 대안반응 설정, 대안반응 연습, 대안반응 실행에 대해 저항을 경험한다. 상담자도 부정적 경험을 인식, 억제, 또는 노출이나 개방에 대해 저항을 경험한다. 또한 저항하는 내담자를 지도하는 역할에 대해 저항을 경험한다. 하지만 상담자는 자신의 저항을 인식 및 조절할 수 있다.

4-4 전이: 내담자와 상담자는 비교적 전이보다는 현실에 기반을 두고 행동한다. 만약 내담자의 전이반응이 활성화된다면 대체로 '아버지와 자녀 간의 위계질서와 관련된 갈등'이나 '형제간의 주도권 경쟁과 관련된 갈등'과 같은 부정적 전이반응들이고, 이에 대한 인식 수준은 대체로 낮다. 상담자도 비슷한 역전이 반응을 보일 수 있다. 하지만 상담자는 자신의 역전이 반응을 인식 및 조절할 수 있다.

4-5 과제: 이 단계에서 내담자는 지금여기에서 경험하는 부정적 경험에 대한 인식, 노출이나 개방행동이 증가해야 하고, 상담자가 이를 촉진해야 한다. 더 나아가 상담자와의 갈등이나 관련된 내담자의 반응에 대한 분석, 평가, 대안반응 설정, 대안반응 연습, 대안반응 실행이 증가해야 하고, 상담자가 이를 촉진해야 한다. 다음 단계로 나아가려면 전이관계와 전이반응이 활성화되어야 한다. 그리고 내담자는 전이관계와 전이반응에 대한 인식, 노출이나 개방행동이 증가해야 하고, 상담자가 이를 촉진해야 한다. 한편, 상담자의 역전이 행농은 인식 빛 조절되어야 한다.

제5단계: 상담중기의 전이관계

5-1 구조: 제시된 상담구조는 내담자에게 수용되면서 행동에 통합된다. 이에 따라 내담자에게 요구되는 기대행동은 증가하고 일탈행동은 감소한다. 상담자의 명시적 구조화 행동은 이전 단계에 비해 많이 감소하고, 대신 암시적 구조화 행동은 증가한다. 상담자는 암시적 구조화를 통해 전이관계와 전이반응이 활성화되도록 촉진한다. 전이관계 및 전이반응이 활성화되면 이에 대한 노출이나 개방을 촉진한다. 그리고 더 나아가 분석, 평가, 대안반응 설정, 대안반응 연습, 대안반응 실행을 촉진한다.

5-2 유대: 전이관계가 발달하면 과거 중요인물과의 관계 양상에 따라 내담자와 상담자의 정서적 유대 양상도 달라진다. 일반적으로 내담자의 긍정적 전이가 활성화되면 상담자에 대한 친밀감이나 신뢰감이 비현실적으로 강하게 발달한다. 반면, 내담자의 부정적 전이가 활성화되면 상담자에 대한 불편감, 불신감, 적대감, 경쟁심 등이 비현실적으로 강하게 발달한다.

5-3 저항: 내담자는 전이관계와 전이반응을 인식, 노출이나 개방하는 것에 대해 매우 강한 저항을 경험한다. 더 나아가 전이관계와 전이반응을 분석, 평가, 대안

반응 설정, 대안반응 연습, 대안반응 실행에 대해서도 매우 강한 저항을 경험한다. 상담자도 역전이 반응을 인식, 노출이나 개방하는 것에 대해 강한 저항을 경험할 수 있다. 하지만 상담자는 자신의 저항을 인식 및 조절할 수 있다.

5-4 전이: 내담자와 상담자의 전이관계와 전이반응이 활성화된다. 특히 내담자는 과거 또는 아동기 외상경험들을 회상 및 재경험하면서 과거 중요인물과의 상호작용 양상을 상담자와의 상호작용 속에서 재연 및 반복한다. 전이관계와 전이반응에 대한 내담자의 인식은 점진적으로 증가한다. 상담자도 역전이 반응을 보일 수 있다. 하지만 상담자는 자신의 역전이 반응을 인식 및 조절할 수 있다.

5-5 과제: 이 단계에서 전이관계와 전이반응은 활성화되어야 한다. 그리고 내담자는 자신의 전이관계와 전이반응에 대한 인식, 노출이나 개방행동이 증가해야 하고, 상담자가 이를 촉진해야 한다. 더 나아가 내담자는 자신의 전이관계와 전이반응에 대한 분석, 평가, 대안반응 설정, 대안반응 연습, 대안반응 실행이 증가해야 하고, 상담자가 이를 촉진해야 한다. 한편, 상담자의 역전이 행동은 인식 및 조절되어야 한다. 다음 단계로 나아가려면, 내담자는 자신의 전이관계와 전이반응을 분석하는 데 그치지 않고, 대안적인 현실관계와 현실반응이 증가되어야 한다. 즉, 내담자는 자신의 문제를 자주적으로 해결해 나가면서 상담자의 조력에 협력하는 자주적 협력행동이 증가해야 하고, 상담자가 이를 촉진해야 한다.

제6단계: 상담후기의 현실관계

6-1 구조: 전이관계가 분석되면서 비현실적인 관계는 줄어들고 현실관계는 증가한다. 내담자는 현실인식을 바탕으로 상담자와 협력하면서 자주적으로 자신의 문제상황을 인식, 노출이나 개방한다. 그리고 더 나아가 문제상황과 자신의 반응을 분석, 평가, 대안반응 설정, 대안반응 연습, 대안반응 실행이 증가한다. 내담자의 자주성과 협력이 증가함에 따라 상담자의 명시적 구조화 행동은 이전 단계보다 더욱 감소한다.

6-2 유대: 내담자와 상담자는 서로 현실에 기반하여 상호작용함에 따라 비현실적 관계와 비현실적인 반응들이 감소한다. 정서적 관여 또는 정서적 유대는 다소

약화되지만 현실에 기반한 관계 안정성은 매우 높다.

6-3 저항: 내담자는 '현실관계와 현실반응, 의존이나 자주성, 협력이나 비협력, 상담지
       속이나 상담종결' 등에 대해 저항을 경험한다. 상담자도 비슷한 저항을 경
       험한다. 하지만 상담자는 자신의 저항을 인식 및 조절할 수 있다.

6-4 전이: 갈등관계와 갈등반응, 그리고 전이관계와 전이반응들이 분석되면서 비현실
       적인 관계와 비현실적인 반응은 줄어들고 현실관계와 현실반응은 증가한
       다. 특히 내담자는 상담자와의 현실관계에 기반한 자주적이고 협력적인 행
       동이 증가한다.

6-5 과제: 이 단계에서 내담자는 현실관계와 현실반응이 증가되어야 한다. 즉, 내담자
       는 자신의 문제를 자주적으로 해결해 나가면서 상담자의 조력에 협력하는
       자주적 협력행동이 증가해야 하고, 상담자가 이를 촉진해야 한다. 다음 단
       계로 나아가려면 상담을 종료해야 한다. 그리고 내담자는 상담을 내재화하
       여 내면화된 상담자를 발달시켜야 하고, 상담자가 이를 촉진해야 한다.

제7단계: 상담종결 이후의 내재화된 사회적 관계

7-1 구조: 상담자와 내담자는 상담을 종료한다. 이에 따라 상담계약이 종료되면서 상담
       관계도 종료된다. 둘의 관계는 다시 사회적 관계로 회귀된다. 그러나 내담자
       는 이전의 상담경험을 회상 및 재경험하면서 상담구조를 인식할 수 있다.

7-2 유대: 상담종결로 인해 내담자와 상담자의 정서적 유대는 약화된다. 하지만 내담
       자는 이전의 상담경험을 회상 및 재경험하면서 상담자에 대한 친밀성과 신
       뢰감을 경험할 수 있다.

7-3 저항: 내담자는 '상담경험의 통합 또는 상담자 내재화, 사회적 관계로의 회귀'에 대
       해 저항을 경험한다. 상담자도 '사회적 관계로의 회귀'에 대해 저항을 경험
       한다. 하지만 상담자는 자신의 저항을 인식 및 조절할 수 있다.

7-4 전이: 상담종결로 인해 실제 상담자와의 전이관계와 전이반응은 일어나지 않는
       다. 하지만 내담자는 내재화된 상담자를 회상 및 재경험하면서 전이관계와
       전이반응을 보일 수 있다.

7-5 과제: 이 단계에서 상담을 종료해야 한다. 그리고 내담자는 상담경험을 통합해야
       한다. 즉, 상담을 내재화하여 내면화된 상담자를 발달시켜야 하고, 상담자
       가 이를 촉진해야 한다.

2. 상담구조화

상담관계를 형성하는 작업은 라포 형성과 상담구조화로 구분하여 설명할 수 있다. 그런데 개인상담은 보통 구조화를 하면서 시작되기 때문에 상담절차 측면에서 보면 라포 형성보다는 상담구조화가 우선이다. 따라서 여기서는 먼저 상담구조화에 대해 설명을 하고, 이어 라포 형성에 대해 설명하였다.

1) 상담구조화 정의

상담구조화에서 구조(構造, structure)란 '상담효과를 낳게 하는 구조'를 의미한다. 또한 구조화(構造化, structuring)란 '상담구조를 만들어 가는 작업'을 의미한다. 따라서 상담구조화란 '상담효과를 낳게 하는 상담의 구조적 형태를 내담자의 반응을 고려하면서 상담자가 주도적으로 만들어 가는 작업'이라고 정의할 수 있다. 즉, '상담효과를 낳게 하는 상담 방향 및 목표, 상담절차 및 방법, 역할 및 규범 등'을 내담자의 반응을 고려하면서 상담자가 주도적으로 만들어 가는 작업을 상담구조화라고 한다.

2) 상담구조화 과정

상담구조화는 상담구조를 만들어 가는 일련의 과정이다. 즉, 상담구조에 대한 '교육 과정, 계약 과정, 구축 과정'으로 이루어진 일련의 과정이다. 더 구체적으로 말하면 ① 상담자가 내담자에게 상담구조를 안내하거나 설명하는 교육 과정, ② 내담자가 가진 상담구조에 대한 인식이나 태도를 탐색하고 확인하며, 상담구조에 대해 논의하고 합의나 동의를 받는 계약 과정, ③ 교육하거나 계약한 상담구조대로 상담자가 진행하고, 내담자에게 상담구조를 요구하고, 내담자가 기대되는 행동을 하면 강화하고, 일탈행동을 하면 소거하면서 상담구조를 구축해 나가는 구축 과정으로 이루어진 일련의 과정이 상담구조화이다. 이를 요약하면 [그림 6-1]과 같다.

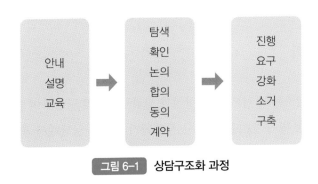

그림 6-1 상담구조화 과정

그런데 좁은 의미의 상담구조화는 '상담자가 내담자에게 상담구조를 안내하거나 설명하는 교육 과정'을 지칭한다. 하지만 넓은 의미의 상담구조화에는 상담구조에 대한 교육 과정뿐만 아니라 상담구조에 대한 계약 과정, 그리고 상담구조를 실제로 구축해 나가는 구축 과정이 포함된다.

일반적으로 경험 많은 숙련된 상담자들은 상담초기에 상담구조에 대한 교육, 계약, 구축작업을 중요시하는 경향이 있다. 구체적으로 숙련된 상담자들이 가진 상담구조화 특징들을 요약하면 아래와 같다.

첫째, 숙련된 상담자들은 상담초기에 '바람직한 상담 방향 및 목표, 상담절차 및 방법, 역할 및 규범'과 같은 상담구조에 대해 내담자에게 충분히 안내하거나 설명함으로써 내담자를 교육하는 경향이 있다.

둘째, 숙련된 상담자들은 내담자가 가진 상담에 대한 기대, 그리고 상담자가 설명한 상담구조에 대한 내담자의 이해를 탐색하거나 확인하고, 만약 내담자가 상담구조에 대해 잘못된 기대나 이해를 하고 있을 경우, 상담구조에 대해 논의하고, 이러한 논의를 토대로 상담구조에 대해 내담자와 합의하거나 내담자의 동의를 이끌어 냄으로써 명시적으로 계약하는 경향이 있다.

셋째, 숙련된 상담자들은 바람직한 상담구조, 또는 교육이나 합의한 상담구조가 실제 상담장면에 구축되도록 진행하고, 내담자에게 상담구조를 따르도록 요구하며, 내담자가 기대되는 행동을 하면 강화하고 기대되지 않는 행동을 하면 소거함으로써 바람직한 상담구조를 구축해 나가는 경향이 있다.

한편, 숙련된 상담자들과는 달리 초보상담자들은 상대적으로 상담초기에 상담구조 교육이 부족하거나, 상담구조 합의나 동의가 부족하거나, 상담구조 구축에 실패하는 경향이 있다.

3) 상담구조화 유형

상담구조화의 유형은 방식, 시점, 내용, 범주 등의 준거에 따라 다양하게 분류할 수 있다. 이런 분류준거에 따른 상담구조화 유형들을 요약 정리하면 다음과 같다.

첫째, '방식'에 따라 '명시적 구조화와 암시적 구조화'로 나눌 수 있다. 명시적 구조화란 분명하게 나타나는 방식으로 상담구조를 형성해 나가는 작업을 의미한다. 즉, 명확한 구두나 문자언어를 사용하여 상담구조를 안내 및 교육하고, 또한 명확한 구두나 문자언어를 사용하여 합의나 동의를 이끌어 내며, 또한 명확한 구두나 문자언어를 사용하여 실제 상담 과정에서 상담구조를 구축해 나가는 작업을 의미한다. 반면, 암시적 구조화란 구조화 의도나 내용이 겉으로 드러나지 않은 상태에서, 이면적이고 일방적인 방식으로 상담구조를 형성해 나가는 작업을 의미한다. 즉, 비언어적 방식으로 상담구조를 형성해 나가는 작업을 의미한다.

예를 들어, 단위회기 시간을 구조화할 때, 상담자가 언어로 "단위회기 상담시간은 50분입니다."라고 말하면 명시적 구조화이다. 반면, 시간에 대해 말이나 글로 아무런 설명도 하지 않은 상태에서 상담을 시작한 지 50분이 되었을 때 상담을 끝내면 암시적 구조화이다. 또한 상담기록과 관련하여 상담자가 언어로 "상담할 때는 기록을 합니다."라고 말하면서 그 이유를 설명하면 명시적 구조화이다. 반면, 말이나 글로 아무런 설명도 하지 않은 상태에서 상담기록을 한다면 암시적 구조화이다. 또한 상담목표와 관련하여 상담자가 언어로 "상담의 목표는 행동을 변화시키는 것입니다."라고 말하면 명시적 구조화이다. 반면, 말이나 글로 아무런 설명도 하지 않은 상태에서 문제상황을 탐색한 다음에 원하는 것이 무엇인지에 대해 질문하고, 또 현재 어떻게 행동하고 있는지에 대해 질문하며, 또 원하는 것을 얻기 위해 어떻게 행동할 수 있는지에 대해 질문하고, 또 다음 시간까지 수행할 수 있는 대안행동을 과제로 제시하고, 수행한 행동을 평가하면서 대안행동을 강화해 나간다면 암시적 구조화이다. 이러한 명시적 구조화와 암시적 구조화에 대해서는 뒤에서 더 자세히 설명하였다.

둘째, '시점'에 따라 사전 구조화, 현장 구조화, 사후 구조화로 구분할 수 있다. 사전 구조화란 구조화와 관련된 사건이 일어나지 않았더라도 앞으로 일어날 것을 미리 예상하여 사전에 구조화하는 것을 말한다. 그리고 현장 구조화란 관련된 사건이 일어난 직후에 곧바로 구조화하는 것을 말한다. 그리고 사후 구조화란 사건이 일어난 후 일정시간이 지난 다음에 구조화하는 것을 말한다.

예를 들어, 지각의 경우, 내담자가 아직 지각하지 않았지만 미리 지각할 것을 예상하여 "지각하지 마세요. 만약 지각하면 그 이유를 묻고 지각하지 말라고 다시 요구할 것입니다."라고 한다면 사전 구조화이다. 그러나 내담자가 5시에 시간약속을 했는데 5시 10분에 와서 10분을 지각한 상황이라면, 내담자가 도착하여 상담을 시작하면서 곧바로 "오늘 10분 늦었군요. 늦을 만한 일이 있었나요? 다음부터는 지각하면 안 됩니다. 아셨죠?"라고 한다면 현장 구조화이다. 반면, 위와 같이 내담자가 10분을 지각한 상황에서, 내담자가 도착하였을 때는 즉각적인 반응을 하지 않고 있다가 그 회기 종료 5분을 남겨 놓고 "오늘 10분을 늦게 왔어요. 늦을 만한 일이 있었나요? 다음부터는 지각하면 안 됩니다. 아셨죠?"라고 한다면 사후 구조화이다.

셋째, '내용'에 따라 구조화를 구분하기도 한다. 일반적으로 내용에 따른 구분에서는 구조화하려는 특정 내용을 넣어서 '~ 구조화'라고 명명한다.

예를 들어, 목표에 대해 구조화하면 '목표 구조화', 상담과정에 대해 구조화하면 '상담과정 구조화', 상담자와 내담자의 역할에 대해 구조화하면 '역할 구조화', 비밀보장에 대해 구조화하면 '비밀보장 구조화', 시간에 대해 구조화하면 '시간 구조화', 상담비에 대해 구조화하면 '상담비 구조화' 등으로 구분할 수 있다.

넷째, '범주'에 따라 전체상담 구조화, 단위회기 구조화, 단위활동 구조화, 단위행동 구조화로 구분할 수 있다. 전체상담 구조화는 신청접수나 접수면접, 또는 본 상담을 시작하면서 상담의 전반적인 사항에 대해 구조화하는 것을 말하고, 단위회기 구조화는 단위회기를 시작하거나 마치면서 단위회기 상담의 전반적인 사항에 대해 구조화하는 것을 말하며, 단위활동 구조화는 상담을 진행하는 도중에 역할극이나 평가활동 등과 같은 단위활동을 시작하거나 마치면서 단위활동의 전반적인 사항에 대해 구조화하는 것을 말하고, 단위행동 구조화는 '지각하기, 결석하기, 자기노출하기, 질문하기, 상담 도중에 전화 걸거나 받기, 과제 수행하기' 등과 같은 특정 단위행동에 대해 구조화하는 것을 말한다.

이외에도 의사소통이나 의사결정 방향에 따라 일방적 구조화, 쌍방적 구조화로 구분하기도 한다. 즉, 상담자가 내담자의 반응을 고려하지 않고 일방적으로 상담구조를 제시할 때, 이를 일방적 구조화라고 한다. 반면, 상담자가 상담구조를 제시한 후, 내담자의 반응을 고려하면서 제시한 상담구조에 대해 내담자의 합의나 동의를 이끌어 내는 방식으로 구조화할 때, 이를 쌍방적 구조화라 한다.

또한 '횟수'에 따라 구조화와 재구조화로 구분하기도 한다. 즉, 처음 구조화할 때는 그냥 '구조화'라고 한다면, 같은 내용을 두 번 이상 구조화할 때는 '재구조화'라고 한다.

4) 상담구조화 실제 과정

이상에서 상담구조화 개념, 과정, 유형에 대해 설명하였다. 이하에서는 실제적인 상담구조화 과정에 대해 설명하였는데, 그 내용은 암시적 구조화와 명시적 구조화를 중심으로 설명하였다.

(1) 암시적 구조화

여기서는 암시적 구조화에 대해 '암시적 구조화 정의, 암시적 구조화 특징, 암시적 구조화의 역기능에 대한 대처방안'의 순으로 설명하였다.

① 암시적 구조화 정의

상담구조화에서 암시(暗示, suggestion)란 용어는 '겉으로 드러나지 않게 간접적이고 이면적인 방식, 즉 비언어적인 방식으로 제시하는 것'을 의미한다. 따라서 암시적 구조화란 '겉으로 드러나지 않게 간접적이고 이면적인 방식, 즉 비언어적인 방식으로 상담구조를 제시하는 상담구조화의 한 형태'라고 정의할 수 있다.

② 암시적 구조화 특징

암시적 구조화는 명시적 구조화와 달리 이면성, 일방성, 전체 조건의 관여, 인식과 통제의 한계 등의 특징을 가지고 있다.

첫 번째 특징은 '이면적 특성'이다. 암시적 구조화는 겉으로 드러나지 않고 이면적으로 이루어진다. 즉, 상담자의 상담구조화 의도가 겉으로 드러나지 않게 숨겨진다. 상담구조화 내용도 역시 겉으로 드러나지 않게 숨겨진다. 겉으로 드러나지 않게 숨겨진다는 말은 결국 상담자가 상담구조화 의도나 상담구조화 내용을 구두로 말하거나 문서로 제시하지 않는다는 말이다. 이런 점들 때문에 암시적 구조화 의도와 내용은 내담자들에게 명확하게 인식되지 않는다. 설사 내담자가 암시적 구조화 의도나 내용의 일부를 인식했더라도 명확하지 않기 때문에 보통 언급하지 않고 그냥 넘어가는 경향이 있다.

두 번째 특징은 '일방적 특성'이다. 암시적 구조화는 상담자에 의해 일방적으로 상담구조를 구축해 나가는 방식으로 이루어진다. 이 때문에 암시적 구조화에서는 앞에서 설명한 상담구조화의 교육, 계약, 구축의 세 가지 과정 중에서 명시적 교육이나 계약 과정이 생략된다. 즉, 구두나 문자언어를 사용하여 내담자에게 상담구조를 안내 및 설명하는 교육 과정이 생략된다. 또한 구두나 문자언어를 사용하여 내담자가 가진 상담구조에 대한 인식이나 기대, 그리고 상담자가 설명해 준 상담구조에 대한 이해를 탐색하는 과정, 그리고 구두나 문자언어를 사용하여 내담자와 상담구조에 대해 협의하는 계약 과정이 생략된다.

세 번째 특징은 '전체 조건의 관여'이다. 즉, 상담상황에서 주어진 모든 조건과 상담자의 모든 행동들은 암시적 구조화에 관여된다. 예를 들면, 학교에서 상담장소는 개인상담실에서 상담할 수도 있고, 개인상담실이 없어서 보건실에서 할 수도 있는데, 이 중 어떤 장소에서 하느냐에 따라 상담장소에 대한 암시적 구조화가 이루어진다. 만약 보건실에서 한다면 상담경험이 없는 내담자는 상담은 보건실에서 하는 것으로 인식하고 앞으로도 보건실에서 할 것으로 기대할 수 있다.

또 가출과 결석을 반복하는 학생에 대한 상담을 수업시간 중에 할 수도 있고, 수업이 끝난 방과 후 시간에 할 수도 있는데, 이 중 어떤 시간에 상담하느냐에 따라 상담시간에 대한 암시적 구조화가 이루어진다. 만약 방과 후에 한다면 상담경험이 없는 내담자는 상담은 방과 후 시간에 하는 것으로 인식하고 앞으로도 방과 후 시간에 할 것으로 기대할 수 있다.

마찬가지로 단위회기 상담시간을 30분간 실시할 수도 있고 60분간 실시할 수도 있는데, 상담시간을 몇 분 동안 실시했느냐에 따라 단위회기 상담시간에 대한 암시적 구조화가 이루어진다. 만약 30분만 했다면 상담경험이 없는 내담자는 상담은 30분 전후로 하는 것으로 인식하고 앞으로도 30분 전후로 할 것으로 기대할 수 있다.

내담자에게 제시되는 상황적 조건뿐만 아니라 상담자의 모든 행동도 암시적 구조화에 관여된다. 예를 들어, 내담자가 약속시간보다 30분 일찍 상담실로 찾아왔는데, 상담자가 곧바로 상담을 했다면, 내담자에게 '30분 일찍 와도 곧바로 상담이 가능하다.'는 시간규범에 대한 암시적 구조화가 이루어질 수 있다.

이와는 달리 내담자가 10분 늦게 도착했는데, 이에 대해서는 아무런 언급을 하지 않고 상담을 진행했다면 '10분 지각은 허용된다.'는 시간규범, 또는 '10분 늦어도 이에 대한 언급을 하지 않는다.'는 행동규범에 대한 암시적 구조화가 이루어질 수 있다.

또 상담기록과 관련해서, 내담자가 이야기할 때마다 그 내용을 상담자가 일일이 기록하는 행동을 하면, 상담경험이 없는 내담자들에게는 '상담에서는 내담자가 이야기하면 상담자들은 그 내용을 일일이 기록한다.'는 상담기록에 대한 암시적 구조화가 이루어질 수 있다. 일단 암시적 구조화가 이루어진 이후에는, 자신이 말하는 동안 상담자가 기록

하지 않으면 오히려 의아하게 생각하고, 때로는 자신이 부적합한 이야기를 했기 때문에 기록하지 않은 것으로 여길 수도 있다.

또 상호작용과 관련해서, 상담자가 내담자에게 계속해서 질문을 하면, 내담자는 이에 맞춰 계속 질문에 응답하는 행동을 할 수 있고, 이렇게 되면 암시적 구조화에 의해 '상담자가 질문하면 내담자가 응답하는 상호작용'이 하나의 상담구조로 굳어질 수도 있다.

이외에도 상담상황에서 주어진 모든 조건과 상담자의 모든 행동들은 암시적 구조화에 관여된다.

네 번째 특징은 '인식과 통제의 한계'이다. 암시적 구조화는 대부분 상담자의 의식적 통제영역 밖에서 이루어진다. 상담자의 의식적 통제하에 있는 것은 단지 일부분일 뿐이다. 이는 결국 암시적 구조화와 관련된 모든 조건을 인식하거나 통제할 수 없다는 현실적 한계를 반영한다. 바꿔 말하면, 암시적 구조화는 대부분 무의식적 과정이기 때문에 관리하기 어렵다는 말이다.

③ 암시적 구조화의 역기능에 대한 대처방안

암시적 구조화는 대부분 상담자의 인식이나 통제범위 밖에서 일어나게 되고, 이런 과정에서 종종 역기능적인 상담구조가 형성되기도 한다. 그런데 상담자가 암시적 구조화를 인식하거나 통제하기 어렵다고 해서, 암시적 구조화에 의해 형성된 역기능적 상담구조에 대한 책임으로부터 자유로운 것은 아니다.

그렇다면 상담자가 인식하거나 통제하기 어려운 암시적 구조화에 대한 대처방안은 무엇일까? 상담자의 인식이나 통제범위 밖에서 이루어지는 암시적 구조화에 대한 몇 가지 대안들을 정리하면 다음과 같다.

첫 번째 대안은 상담자가 전문적 자질을 갖추는 것이다. 즉, 학력, 자격증, 경력을 갖추는 것이다. 상담자 양성교육을 받고, 상담 관련 전문가 자격증을 취득하고, 상담경력을 쌓다 보면 자연스럽게 암시적 구조화의 역기능에 대처할 수 있는 힘들이 형성된다. 또한 상담자 자신의 개인상담 이론을 개발하고, 상담자 역할수행 능력을 기르다 보면 자연스럽게 암시적 구조화의 역기능에 대처할 수 있는 힘들이 형성된다.

두 번째 대안은 개인상담 윤리지침을 숙지하고 이를 실천하는 것이다. 윤리지침은 다양한 측면을 고려하여 만들어진 실무적 도덕적 법적 규범들이다. 따라서 이러한 윤리지침을 숙지하고 이를 준수하면 암시적 구조화의 역기능을 줄이는 데 도움이 된다.

세 번째 대안은 상담자가 촉진적 태도를 견지하는 것이다. 인간중심적 상담에서 강조하는 것처럼 '상담자의 진실성, 무조건적 긍정적 존중, 공감적 이해의 세 가지 촉진적 태도'는 바람직한 상담구조의 본질적인 요소이기 때문에 암시적 구조화의 역기능을 줄이는 데 도움이 된다.

네 번째 대안은 상담자가 바람직한 의사소통 기법들을 사용하는 것이다. 즉, '관심기울이기, 공감, 나 전달법, 주장하기, 질문, 즉시성, 해석' 등과 같은 바람직한 의사소통 기법들을 학습하고, 이를 적합하게 사용한다면, 암시적 구조화의 역기능을 줄이는 데 도움이 된다.

다섯 번째 대안은 암시적 구조화에 대한 인식 및 활용능력을 증진하는 것이다. 이와 관련된 기법 중 하나는 이면적 의사소통이다. 이면적 의사소통 능력을 증진시키면 암시적 구조화의 역기능을 줄일 수 있을 뿐만 아니라, 암시적 방식으로 바람직한 상담구조를 형성하는 데도 도움이 된다.

여섯 번째 대안은 바로 명시적 구조화이다. 암시적 구조화 과정에서 역기능적 상담구조가 형성되었거나 그럴 위험이 인식된다면, 이는 명시적 구조화가 필요함을 알리는 신호이다. 암시적 구조화의 역기능을 줄이는 가장 직접적인 대안은 바로 명시적 구조화이다.

(2) 명시적 구조화

여기서는 명시적 구조화에 대해 '명시적 구조화 정의, 명시적 구조화가 필요한 상황, 명시적 구조화의 절차'의 순으로 설명하였다.

1 명시적 구조화 정의

상담구조화에서 명시(明示)란 용어는 '명확한 구두나 문자언어를 사용하여 제시하는 것'을 의미한다. 따라서 명시적 구조화란 '명확한 구두나 문자언어를 사용하여 상담구조를 제시하는 상담구조화의 한 형태'라고 정의할 수 있다.

구체적으로 말하면, 명확한 구두나 문자언어를 사용하여 상담구조를 안내 및 교육하고, 또한 명확한 구두나 문자언어를 사용하여 합의나 동의를 이끌어 내며, 또한 명확한 구두나 문자언어를 사용하여 상담을 진행하고, 역할 및 행동규범을 요구하거나 강화하면서 상담구조를 구축해 나가는 작업을 의미한다.

2 명시적 구조화가 필요한 상황

명시적 구조화의 원칙 중 하나는 절제(節制)이다. 절제의 원칙이란 '명시적 구조화는 가급적 줄이고 꼭 필요할 때만 하라.'는 일종의 상담지침을 말한다. 이런 절제의 원칙에 도 불구하고 명시적 구조화가 필요한 상황들을 정리하면 다음과 같다.

첫째, 상담자가 적극적으로 바람직한 상담구조를 형성시키고자 할 때 명시적 구조화가 필요하다. 이는 주로 상담이나 단위회기나 단위활동이나 특정행동을 시작하는 시점과 관련된다.

예를 들면, 본 상담을 시작하기 이전의 과정인 접수면접에서 전체상담에 대해 설명을 한 후 고지된 동의를 받고자 할 때, 첫 회기상담을 시작하면서 전체상담에 대해 설명할 때, 단위회기 상담을 시작하면서 단위회기에 대해 설명할 때, 회기평가나 역할놀이 등과 같은 단위활동을 처음 실시하면서 활동에 대해 설명할 때 등은 명시적 구조화가 필요하다. 그리고 안정적인 출석이나 상담과제 수행과 같은 특정행동을 형성하려는 시작시점에서도 명시적 구조화가 필요하다.

둘째, 내담자가 상담구조에 대한 설명을 요청할 때 명시적 구조화가 필요하다. 예를 들어, '상담이 뭐예요?, 상담받으면 정말 문제가 해결되나요?, 상담을 꼭 받아야 하나요?, 선생님은 저와 같은 사람에게도 상담을 해 보셨나요?, 상담을 어느 정도나 받아야 돼요?, 다음 시간에는 무엇을 하나요?, 심리검사가 뭐예요?, 친구랑 같이 와도 되나요?' 등과 같은 질문을 통해 상담구조에 대한 설명을 요청할 때는 명시적 구조화가 필요하다.

셋째, 상담자와 내담자 간에 상담구조에 대한 기대 차이가 있을 때 명시적 구조화가 필요하다. 즉, 상담자가 제시하는 상담구조와 내담자가 기대하는 상담구조가 차이가 있을 때, 또 상담자가 제시하는 상담구조와 내담자가 받아들이는 상담구조가 차이가 있을 때는 명시적 구조화가 필요하다.

예를 들어, 상담자는 내담자의 성격 변화를 기대하지만 정작 내담자는 성격 변화가 아니라 당면한 진로 의사결정 문제의 해결만을 기대할 수 있다. 또 상담자는 주 1~2회씩 1년 이상의 상담시간이 필요할 것으로 예상하지만 내담자는 1회기의 단회상담만을 예상할 수 있다. 또 상담자는 정신분석이나 인간중심적 접근을 시도하려 하지만 내담자는 상담자의 조언을 중심으로 한 지시적 접근을 기대할 수 있다. 또 상담자는 내담자에게 주력(主力)을 요구하고 자신은 조력(助力)하려고 하지만 내담자는 이와 반대로 자신은 수동적으로 묻는 말에만 대답을 하면 상담자가 알아서 문제해결을 다 해 줄 것을 기대할 수 있다. 상담자는 약속된 시간과 장소에서만 상담을 하고 약속하지 않은 시간이나 장소에서는 상담하는 일이 없을 것으로 기대할 수 있다. 그리고 면접으로만 상담하고 일반전화나 휴대폰 문자나 이메일로 상담하는 일은 없을 것으로 기대할 수 있다. 하지만 내담자는 일과 후, 심지어 밤중이나 휴일에도 전화, 문자, 이메일 등을 통해 상담할 수 있을 것으로 기대할 수 있다. 이처럼 상담자가 제시하는 상담구조와 내담자가 기대하는 상담구조 간에 차이가 있을 때는 명시적 구조화가 필요하다.

넷째, 역기능적 상담구조가 형성되었거나 그럴 우려가 있다고 판단될 때 명시적 구조화가 필요하다. 여기서 역기능적 상담구조가 나타날 때란 바람직하지 않은 상담 방향으로 나아갈 때, 바람직하지 않은 순서로 상담이 진행될 때, 바람직하지 않은 역할 및 규범이 형성될 때 등을 포함한다.

예를 들어, 사회봉사명령 때문에 상담을 하는 비자발적 내담자가 수동적인 태도로 일관하면서 단지 명령받는 시간만을 채우려고 하는 상황일 때, 또 자살문제로 의뢰받은 40대 여성과의 상담에서 지난 몇 회기 동안 자살문제에 대한 주제를 회피하면서 자녀의 문제 행동만을 이야기하고 있는 상황일 때, 또 대인관계 갈등문제를 가진 내담자가 자신의 반응행동을 점검하고 개선하는 방향으로 나아가기보다는 단순히 갈등인을 비난하는 행동만 반복하고 있을 때 등은 상담 방향에 대한 명시적 구조화가 필요하다.

또한 상담자가 질문하면 내담자가 답변하고, 이어 상담자가 관련된 조언을 하면 내담자는 저항하는 일련의 역기능적 상호작용 구조가 형성되어 있을 때 이에 대한 명시적 구조화가 필요하다. 또한 자기노출이나 개방, 자기탐색, 대안 설정, 실행, 평가 등과 같은 필요한 역할 수행에 대해 내담자가 저항할 때, 또 지각을 반복하기, 약속한 과제 수행을 안 하기, 유료상담에서 상담비 납부를 반복해서 미루기 등과 같이 행동규범을 지키지 않을 때에도 역할 및 행동규범에 대한 명시적 구조화가 필요하다. 또한 위급하지 않은 일로 밤중이나 휴일에 자주 전화할 때, 사전 약속 없이 종종 상담실을 찾아와서 상담을 요구할 때도 역할 및 행동규범에 대한 명시적 구조화가 필요하다.

윤리적 이슈가 발생하였을 때에도 명시적 구조화가 필요하다. 예를 들어, 접수면접에서 윤리적으로 공정한 계약을 위해 고지된 동의를 받아야 할 때 전체상담에 대한 명시적 구조화가 필요하다. 또 부모가 자녀에 대한 상담내용을 알려 달라고 요청할 때, 경찰이나 검찰에서 수사나 법적 문제와 관련하여 내담자에 대한 정보를 알려 달라고 요청할 때에도 비밀보장에 대한 명시적 구조화가 필요하다. 또 자살시도나 자해 사실이 있거나 그럴 위험이 있을 때, 가정폭력이나 아동폭력과 관련된 피해 사실이 있을 때, 타인을 해치거나 그럴 위험이 있을 때에도 비밀보장에 대한 명시적 구조화가 필요하다. 또 역기능적 이중관계가 발생할 우려가 있을 때에도 이중관계에 대한 명시적 구조화가 필요하다.

대학 1학년 남학생이 학업문제로 상담실을 내방하였다. 그는 "교양과목 2개를 F학점 받은 상태라서 학업성적을 높이는 방법을 알고 싶다."고 했다. 상담이 진행되면서 학업문제뿐만 아니라 다른 문제들도 드러났다. 그는 밤늦게까지 게임을 하다가 새벽 2~4시 사이에 잠을 자는 습관을 가지고 있어서 아침에 거의 일어나지 못했다. 이로 인해 결석이나 지각, 수업결손 문제 등을 가지고 있었다. 뿐만 아니라 과식하는 습관과 비만문제, 흡연과 음주문제, 사회적 기술 부족과 집단따돌림 문제, 그리고 정서적 불안과 우울문제 등을 가지고 있었다.

상담자는 우선적으로 우울, 그리고 수반된 자기관리 문제에 대한 상담이 최소 6개월 이상 필요하다고 생각하였다. 그리고 '6개월 이상의 중장기상담'을 계획하고, 이를 암시적으로 구조화하면서 내담자를 이끌었다. 하지만 내담자는 우울문제를 포함한 다양하고 심각한 문제들이 있음에도 불구하고 단지 '성적을 높이는 방법'만을 상담에서 다루고자 하였고, 짧은 단기상담을 원하였다.

이런 상황에서 필요한 것은 암시적 구조화가 아니라 명시적 구조화이다. 즉, 상담문제나 상담목표, 그리고 상담시간에 대한 명시적 구조화가 필요하다.

③ 명시적 구조화 절차
일반적으로 명시적 구조화는 '교육, 계약, 구축'의 세 단계로 설명할 수 있다.

가. 상담구조 교육
명시적 구조화의 첫 번째 단계는 상담구조에 대한 교육이다. 즉, 상담자가 내담자에게 구두나 문자언어를 사용하여 상담구조에 대해 충분히 안내하거나 설명하면서 교육하는 과정이다. 앞에서 설명한 것처럼 숙련된 상담자들은 상담초기에 '상담 방향 및 목표, 상담 과정, 역할 및 규범'에 대해 충분히 안내하거나 설명하면서 교육하는 경향이 있다.

① 상담 방향 및 목표
- 상담은 목적 지향적 활동이라 할 수 있습니다. 즉, 상담은 정신장애의 치료나 당면한 생활문제의 해결이나 성장과제의 성취를 지향하는 활동이라고 할 수 있습니다.
- 상담의 일차적인 목표는 세상이나 타인을 변화시키는 것이 아니라 자신의 행동을 변화시키는 것입니다. 즉, 자신의 내적인 마음이나 외적인 말과 행동을 변화시키는 것을 목표로 합니다.

② 상담원리, 접근방법, 상담과정

- 문제가 발생하거나, 이런 문제가 유지 및 악화되는 근본적인 이유 중 하나는 바람직하지 않은 성격 때문입니다. 즉, 성격을 구성하는 요소들 중에서 특히 인식과 조절 기능을 담당하는 자아가 약하기 때문입니다. 따라서 인식과 조절 기능을 하는 자아를 강하게 만들면 성격도 변화하게 되고, 이렇게 성격이 변하면 문제가 발생하거나, 유지 및 악화되는 일도 줄어들게 됩니다. 저는 주로 자아기능을 강화해서 성격을 변화시키고, 이를 기반으로 자신의 문제를 스스로 해결해 나가도록 돕는 정신역동적 접근을 하고 있습니다.

- 저는 행동상담을 하는 사람입니다. 행동상담에서는 먼저 문제상황 속에서 구체적으로 어떤 문제행동을 하고 있는지, 그런 문제행동을 유발하거나 유지시키는 환경적 요인은 무엇인지, 그리고 문제행동을 대신할 수 있는 바람직한 대안행동은 무엇인지, 그런 대안행동을 유발하거나 유지시키는 환경적 요인은 무엇인지를 밝히는 작업을 합니다. 그리고 나서 문제행동을 감소시키고 대안행동을 증가시킬 수 있는 구체적인 방안들을 찾고, 이를 실천하도록 돕는 작업을 합니다.

- 저희 상담기관은 주로 인지상담을 하고 있습니다. 인지상담이란 문제의 원인이 되는 병리적이고 역기능적인 인지 과정을 바람직한 방향으로 변화시키는 접근을 말합니다.

- 상담은 일종의 문제해결 과정이라고 할 수 있습니다. 즉, 상담에서 다룰 상담과제나 목표를 설정하고, 상담과제를 해결하거나 상담목표를 성취할 수 있는 방안들을 찾아 실천계획을 수립하며, 이러한 방안이나 계획들을 실생활에서 실천하면서 문제를 해결하거나 목표를 성취해 나가는 과정이라고 할 수 있습니다.

- 상담은 일종의 바람직한 행동을 배우고, 능력을 기르는 과정이라고 할 수 있습니다. 예를 들면, 자신의 문제를 노출하면서 있는 그대로의 자기 자신이 되는 방법을 배우고, 그에 수반된 능력들을 기르는 과정입니다. 또 자신의 문제상황과 반응들에 대해 이해하는 방법을 배우고, 그에 수반된 능력들을 기르는 과정입니다. 또한 자신이 원하는 것을 찾아서, 이를 성취하기 위한 대안을 수립하는 방법을 배우고, 그에 수반된 능력들을 기르는 과정입니다. 그리고 훈련이나 연습 과정을 통해 대안행동들을 배우고 익히면서, 그에 수반된 능력들을 기르는 과정입니다. 또한 실생활에서 대안행동을 실천해서 원하는 결과를 얻는 방법을 배우고, 그에 수반된 능력들을 기르는 과정이라고 할 수 있습니다.

• 저희 상담실에서는 신청 및 접수면접을 받은 후에 본 상담을 실시하고 있습니다.

③ 역할

• 제가 해야 할 역할도 있지만 ○○씨가 해야 할 역할도 있습니다. 사실 ○○씨와 제가 각자 역할을 충실히 하면서 협력을 해야 원하는 상담효과를 얻을 수 있게 됩니다. ○○씨가 해야 할 역할은 자신의 문제를 노출하거나 개방하는 일, 문제상황과 자신의 반응들을 탐색하고 이해하는 일, 자신이 원하는 것들을 탐색하고 대안을 수립하는 일, 대안행동을 습득하는 일, 실생활에서 대안행동을 실천하는 일 등입니다.

• 저는 ○○씨가 스스로 문제해결이나 성장을 해 나갈 수 있도록 돕는 역할을 할 것입니다. 즉, ○○씨가 자기노출이나 개방을 할 수 있도록 도울 것이고 ○○씨가 스스로 문제상황과 자신의 반응들을 이해할 수 있도록 도울 것입니다. 그리고 ○○씨가 원하는 것들을 찾아 대안을 수립할 수 있도록 도울 것입니다. 또한 필요하다면 ○○씨가 대안행동을 습득할 수 있도록 도울 것이고 필요하다면 실생활에서 대안행동을 실천하여 원하는 것들을 얻을 수 있도록 도와 나갈 것입니다.

④ 상담시간

• 저희 상담실에서는 1회에 50분의 상담을 실시합니다. 그리고 1회가 아니라 여러 번 상담을 해야 할 경우에, 상담빈도는 보통 1주일에 1회나 2회 정도 실시합니다. 그러나 필요에 따라서는 일주일에 3회 이상을 실시할 수도 있습니다.

• 상담기간이나 횟수는 1회로 끝날 수도 있고, 몇 주나 몇 달 또는 그 이상이 될 수도 있습니다. 상담기간이나 횟수의 결정은 ○○씨의 여건을 최대한 반영합니다. 하지만 ○○씨가 가진 문제의 심각도, 상담목표의 수준, 어떤 방법으로 상담하느냐, 그리고 실제로 나타나는 상담성과의 정도 등에 따라 상담기간이나 횟수가 달라질 수 있습니다.

• 저희는 공익기관이어서 상담 혜택이 일부 사람들에게 편중되지 않고 보다 많은 사람들에게 주어질 수 있도록 노력하고 있습니다. 이 때문에 가급적 한 사람당 12회 이하의 상담을 제공하도록 하는 원칙을 가지고 있습니다.

• 만약 시간약속을 지킬 수 없는 경우에는 가급적 빨리 늦어도 하루 전에는 상담실로 연락해서 시간조정을 해 주십시오.

⑤ 비밀보장

• 상담에서 이야기한 내용을 포함하여 ○○씨의 사적인 정보에 대한 비밀은 철저히 보장됩니다. 단, 다음과 같은 조건에서는 비밀이 보장되지 않습니다. ○○씨가 정보공개를 허락한 경우, 그리고 ○○씨가 자살이나 자해 위험이 높을 때, 타인을 해칠 위험이 높을 때, 신체적 성적 사회적 폭력이나 학대나 방치 위험에 처해 있을 때, 중범죄와 관련 있을 때, 전염위험이 높은 질병에 걸렸을 때 등에는 비밀이 보장되지 않습니다. 하지만 이런 경우에도 ○○씨의 권익보호를 위해 가능한 한 사적인 정보가 노출되지 않도록 최대한 노력을 하겠습니다.

⑥ 상담비

• 1회 상담비는 ○○원입니다. 10회 이상의 상담비를 선불하면 5% 할인됩니다. 만약 10회 상담비를 선불했는데 다 채우지 못하고 그만둘 때는 별도의 규정에 따라 환불 처리됩니다.

• 면담약속을 취소해야 할 경우에는 24시간 이전에 연락해 주십시오. 저희는 유료 상담기관이라서 아무런 연락 없이 시간약속을 지키지 않을 경우에는 상담비가 청구되니 유의하시기 바랍니다. 또한 사전 합의된 10분 이내의 전화면접에 대한 상담비는 부담하지 않아도 됩니다. 그러나 10분 이상 지속되거나 일반 면접을 전화상담으로 대치할 경우에는 상담비를 지불하셔야 합니다.

• 상담비 납부는 별도의 합의가 없는 한, 면담 전에 지불하셔야 합니다.

⑦ 상담회기

• 상담회기 진행은 도입활동, 본 활동, 마무리 활동으로 구분할 수 있습니다. 도입활동에서는 지난주에 상담한 내용들을 잠깐 떠올려 보고 나서, 오늘은 어떤 문제를 다룰지에 대해 짧게 상의하는 시간을 가집니다. 만약 숙제가 있었다면 이 시간에 숙제에 대한 이야기를 나눌 수도 있습니다. 그리고 본 활동에서는 자신의 문제나 문제상황들을 노출하고, 또 이를 탐색하면서 깊이 이해하고, 또 바람직한 대안이나 대안행동들을 찾아보고, 필요하면 대안행동을 연습해 볼 수도 있습니다. 그리고 나서 회기 마무리 활동을 하게 됩니다. 마무리는 오늘 활동들을 되돌아보면서 얻은 것이 무엇이고 아쉬운 것이 무엇인지를 정리하는 시간을 가질 수 있습니다. 그리고 필요하면 다음 주까지 실천할 과제를 구성할 수도 있습니다.

⑧ 행동규범 및 기타

- 시간 약속은 가능한 지켜 주십시오. 약속시간을 지키지 못할 일이 있을 때는 미리 연락을 해 주십시오. 만약 ○○씨가 결석이나 지각을 한다면 저는 그 이유를 묻고, 다시 그러지 말라고 재차 요구할 겁니다.
- 별도의 약속을 한 경우를 제외하고, 상담은 약속된 시간에만 할 것입니다. 불가피하게 약속 시간 외에 상담을 해야 할 때는 전화로 연락하시고, 연락이 안 되면 문자 또는 음성 메시지를 남겨 주십시오. 가능한 한 빠른 시간 내에 연락을 드리겠습니다. 단, 저희는 유료 상담기관이라서 10분 이상의 전화상담은 소정의 상담비를 추가로 받고 있으니 양해 바랍니다.
- 상담 시간에 특정 감정이나 생각이나 충동들을 말로 표현하는 것은 권장됩니다. 그러나 행동으로 표현하는 것은 상담활동의 일환인 경우에만 허용하고, 그렇지 않을 경우에는 제한됩니다. 예를 들면, 정말 화가 날 때, '참을 수 없을 정도로 정말 화가 난다.'고 말로 표현하는 것은 아주 좋습니다. 그러나 주먹을 쓰거나 물건을 던지거나 기물을 파손하는 행위는 안 됩니다.
- 여기서는 ○○씨의 사적인 문제에 초점을 둘 것입니다. 그러나 상담자인 저의 문제에는 초점을 두지 않을 것입니다.
- 회기 말 또는 단위활동이 끝난 직후에는 평가시간을 가질 것입니다.
- 상담비 이외의 별도의 선물은 받지 않을 것입니다.
- 상담시간 중에는 특별한 일이 없는 한 전화를 꺼 놓아야 합니다. 저도 전화를 꺼 놓겠습니다.
- 일상생활을 하다가 위기상황이 발생하여 저의 도움이 필요하면, 언제든지 연락을 해도 됩니다. 그러나 위기가 아닌 경우라면 상담은 약속된 시간과 장소에서만 실시할 것입니다.

나. 상담구조 계약

명시적 구조화의 두 번째 단계는 상담구조에 대한 계약이다. 명시적 구조화는 상담구조 안내나 설명을 통한 교육만으로는 충분하지 않은 경우가 많다. 안내나 설명을 통한 교육 이후에, 상담자가 제시한 상담구조를 내담자가 제대로 이해하지 못할 수도 있고, 이해를 했더라도 내담자 자신의 기대와는 다르기 때문에 수용하지 않을 수도 있다. 이런 경우에는 상담에 대한 내담자의 인식이나 기대를 탐색하고, 바람직한 상담구조에 대해 내담자와 충분히 논의하는 과정을 거친 후, 구체적인 상담구조에 대해 합의하거나 동의를 이끌어 내는 계약 과정이 필요하다. 따라서 상담구조 계약이란 상담구조에 대한 교육 이후에, 제시된 상담구조에 대한 내담자의 인식이나 기대를 탐색하고, 서로 상담구조에 대해 논의하는 과정을 통해 구체적인 상담구조에 대해 합의하거나 동의를 이끌어 내는 과정을 의미한다.

탐색 과정   상담구조를 계약하는 과정은 다시 세부적으로 탐색 과정과 합의 과정으로 구분할 수 있다. 먼저 탐색 과정이란 상담구조에 대한 내담자의 인식이나 기대를 탐색하는 과정을 말한다. 일반적으로 내담자들은 상담 방향 및 목표, 과정, 역할 및 규범 등과 같은 상담구조에 대한 나름대로의 인식 및 기대를 가지고 있다. 그리고 상담자가 상담구조에 대해 내담자에게 교육을 했더라도, 내담자가 그러한 내용들을 어떻게 이해하고 받아들이느냐는 또 다른 문제이다. 즉, 상담자가 제시한 상담구조를 바르게 이해하지 못했을 수도 있고, 이해는 했더라도 수용하지 않을 수도 있다.

예를 들어, 상담자가 '현실적인 상담목표를 설정할 필요성'에 대해 명시적 구조화를 했음에도 불구하고, 내담자는 여전히 '상담에 대한 비현실적인 기대를 유지'하면서 현실적인 상담주제 선택이나 목표 설정에 관심을 보이지 않을 수 있다.

또한 역할에 대한 명시적 구조화를 통해 '내담자 자신이 문제해결 당사자이고 상담자는 조력자'라는 것을 설명했음에도 불구하고, 내담자는 여전히 '상담자가 자신의 문제에 대한 해결책을 제시해 줄 것이라는 기대'를 가지고 '상담자의 조언을 요청'할 수도 있다.

또한 '정해진 시간에 시작하고 정해진 시간에 마친다.', 그리고 '약속시간을 지켜야 한다.'는 시간규범에 대해 명시적 구조화를 했음에도 불구하고, 내담자는 여전히 '지각해도 괜찮을 것이다. 시간약속을 했더라도 10~20분은 융통성이 있을 것이다.'라는 시간에 대한 자신의 인식과 기대를 유지할 수 있다. 그리고 이를 토대로 20분을 지각하기도 하고, 이미 약속된 50분이 지나 70분이 되었음에도 불구하고 회기시간을 더 연장하려고 시도할 수도 있다.

한편, 상담구조에 대해 계약할 때는 탐색 과정 이후에 합의 과정이 필요하다. 합의 과정이란 상담구조에 대한 내담자의 인식이나 기대를 탐색한 이후에, 상담구조에 대한 논의를 통해 내담자와 합의하거나 동의를 이끌어 내는 과정을 의미한다.

예를 들어, 상담자가 시간규범에 대한 명시적 구조화를 했음에도 불구하고, 내담자가 여전히 자신의 시간인식과 기대를 유지하면서 지각을 하고 회기시간을 연장하려 한다면, 이를 반영한 후 상담구조에 대한 논의를 아래와 같이 시작하는 것이 바람직하다.

> "잠깐 상담시간에 대한 이야기를 나누었으면 해요. 앞에서 제가 '정해진 시간에 시작하고 정해진 시간에 마친다.'는 것과 '시간약속을 하면 지켜야 한다.'는 점에 대해 이야기를 했었어요. 그러나 ○○씨는 제가 제안한 시간규범에 동의하지 않는 것 같아요. 오늘은 20분 늦게 상담실에 왔고, 지금 마칠 시간이 10분 이상 지났지만 ○○씨는 계속 자신의 이야기를 더 하고 싶어 합니다. 앞에서 제가 다소 일방적으로 시간규범을 제안했다고 생각해요. 그래서 이에 대한 이야기를 나누었으면 하는 거예요. 어떻게 생각하세요? 그러니까 '정해진 시간에 시작하고 정해진 시간에 마친다.'는 것과 '시간약속을 하면 지켜야 한다.'는 규범에 대해 어떻게 생각하세요? 그리고 제가 규범을 제안했던 것에 대해 어떻게 생각하세요? 저는 ○○씨의 상담시간에 대한 생각이나 기대하는 것을 알고 싶어요."

내담자의 시간인식이나 기대를 듣고 나서, 상담자는 이를 지지해 준 후, 추가적으로 시간규범에 대한 명시적 구조화를 실시하는 것이 바람직하다. 그러나 이때는 일방적인 안내나 교육에 그치지 말고 시간규칙에 대해 합의하거나 동의를 받음으로써 계약을 해 두는 것이 좋다. 예를 들면, 아래와 같은 말을 해 두는 것이 좋다.

상담자   그럼 앞으로 당신이 지각을 한다면, 그때마다 제가 당신에게 왜 지각을 했는지에 대해 묻고, 또 지각하지 말라고 강하게 요구할 겁니다. 그래도 괜찮겠습니까?

내담자   예!

상담자   그리고 정해진 시간이 지났음에도 불구하고 계속 상담시간을 연장해서 사용하려 할 때는 제가 시간이 지났다는 것을 알린 후, 마무리를 해도 괜찮겠습니까?

내담자   예!

상담자   그럼 두 가지 사항에 대해 약속을 한 거네요.

내담자   예!

50대 초반의 미혼인 김여인은 만성적인 우울과 불안 문제를 가지고 있었다. 그녀는 '자

신이 정신적으로 어떤 문제가 있는지', 그리고 '어느 정도 심각한 상태인지'에 대한 '진단'
을 받고 싶어서, 그리고 '치료방법에 대한 정보'를 알고 싶어서 내방하였다. 그녀는 '1회의
상담'을 예상하고 왔다. 그리고 '무료'로 상담을 받거나 '최대한 낮은 비용'으로 상담받을
수 있기'를 원했다. 그러나 정신분석가인 상담자는 '만성적인 우울과 불안문제를 가지고
있고, 그런 문제의 이면에 우울하고 불안한 성격문제를 가지고 있는 것으로 보이기 때문
에 1년 이상의 정신분석이 필요하다.'고 명시적 구조화를 하였다.

상담자의 야심 찬 목표나 장기적인 정신분석에 대한 명시적 구조화 내용에 대해 내담
자는 제대로 이해하지 못했다. 막연하게 감은 잡았지만 이를 수용하지는 않았다. 그녀는
여전히 '자신의 문제에 대한 진단과 치료에 대한 정보'만을 원했고 가급적 '짧고 경제적
인 상담'을 원했다.

이런 상황에서, 상담자는 그녀의 상담구조에 대한 인식과 기대를 탐색하는 것이 필요
하다는 판단을 하였다. 상담자는 내담자의 상담목표, 시간, 상담비에 대한 기대를 탐색
하여 확인하였다. 그리고 논의하여 '심리평가를 통해 자신의 상태에 대한 진단을 받기'로
합의하였다. 상담자는 심리검사 실시와 해석, 그리고 자신의 문제에 대해 이해하는 시간
을 가지기 위해 '5회기의 상담을 제안'하였고, 내담자의 '동의'를 받았다. 상담비 지출에
대한 부담을 줄이기 위해 '5회기 상담비를 일시납부하는 조건으로 10% 할인하기'로 합의
하였다.

다. 상담구조 구축

명시적 구조화의 세 번째 단계는 상담구조 구축이다. 상담구조 구축이란 계약한 상담
구조에 따라 상담자가 진행을 하고, 내담자에게 따르도록 요구를 하며, 상담구조에 맞는
내담자의 역할 및 행동은 강화하고, 맞지 않는 역할 및 행동은 소거하는 과정을 통해 바
람직한 상담구조를 형성해 나가는 작업을 의미한다.

상담구조 구축은 주로 역할 및 행동규범과 관련 있다. 상담구조 구축과 관련된 명시적
구조화의 구체적인 예를 제시하면 아래와 같다.

> 내담자   제가 사랑한다는 말을 하는 것이 좋을지, 안하는 것이 좋을지를 모르겠어요.
>   선생님! 어떻게 하는 것이 좋을까요?
> 상담자   사랑한다는 말을 할지 말지 확신이 서지 않는 것 같군요. 저의 의견이나 판
>   단을 듣고 싶기도 하고요.

내담자 에. 맞아요.

상담자 제 의견을 듣고 싶어 하는 바람은 알겠습니다. 하지만 앞에서 제가 설명하
고, 또 약속을 한 바와 같이, ○○씨가 저에게 자신의 문제에 대한 해결책이
나 관련된 의견을 달라고 이야기하면, 저는 스스로 해결책을 찾아보도록 질
문을 되돌릴 것이라는 말을 했었습니다. 기억나십니까?

내담자 예.

상담자 지금도 비슷한 상황인 것 같습니다. 스스로 답변을 해 보세요. 사랑한다는
말을 하는 것이 좋을까요? 아니면 안 하는 것이 좋을까요?

한편, 상담구조화는 치료적 처치의 기능을 할 수도 있다. 예를 들어, 많은 내담자들이
상담구조에서 벗어나는 행동을 한다. 어떤 내담자는 시간약속에 대한 명시적 구조화를
했음에도 불구하고 아무런 예고 없이 약속한 시간에 오지 않는다. 어떤 내담자는 약속
없이 불쑥불쑥 찾아오거나 퇴근 이후에 전화로 연락해서 상담을 해 달라고 요청한다. 어
떤 내담자는 선물을 받지 않을 것이라고 명시적 구조화를 했음에도 불구하고 선물을 한
다. 어떤 내담자는 역할과 행동 한계에 대해 명시적 구조화를 했음에도 불구하고 종종
성적으로 유혹을 한다. 이런 내담자들에게 상담구조화는 그 자체가 사회적 규범과 행동
을 가르치고, 건강한 초자아를 발달시키거나 자아의 인식과 조절기능을 강화하는 중요
한 수단이 된다.

3. 라포 형성

여기서는 라포 형성 과정에 대해 '라포 형성 정의, 라포 형성 관련 요인, 라포 형성 방
법' 순으로 설명하였다.

1) 라포 형성 정의

라포(rapport)는 보통 '신뢰관계'라는 의미로 사용된다. 그런데 원래 라포(rapport)란
용어는 메즈머(Mesmer)가 최면치료의 도구로 사용했던 쇠막대를 지칭하는 말이었다.
메즈머는 우주에 존재하는 치료적 자기(磁氣)가 치료자를 통해 그리고 쇠막대인 라포를

통해 환자에게 흘러 들어가게 할 수 있고, 이렇게 되면 환자의 증상이 치료된다고 주장하였다. 메즈머는 실제로 최면상태에서 라포를 사용하여 많은 환자들의 증상을 치료하였다. 그러나 나중에 치료효과와 라포는 상관이 없다는 것이 밝혀지면서, 라포의 의미도 바뀌게 된다. 그 이후 라포란 용어는 '최면술을 받는 사람이 최면술사를 신뢰하고 따르려는 상태'라는 의미로 사용되고 있다(고제원, 2008; 설기문, 이차연, 남윤지, 정동문, 권영달, 김행신 역, 2010; O'Connor & Seymour, 1993).

한편, 프로이트는 프랑스에서 최면을 배운 후, 이를 임상에서 활용하면서 라포란 용어를 사용하였고, 이 때문에 라포란 용어는 이후 정신분석에서도 자연스럽게 사용하게 되었다. 정신분석에서 라포란 '환자가 정신분석가를 신뢰하고 따르려는 상태'라는 의미로 사용된다. 프로이트 이후, 라포란 용어는 정신분석뿐만 아니라 일반 상담에서도 사용하게 되었는데, 일반 상담에서도 라포는 '내담자가 상담자를 신뢰하고 따르려는 상태'라는 의미로 사용된다. 따라서 라포 형성이란 '내담자가 상담자를 신뢰하고 따르려는 상태를 형성하는 작업'이라고 할 수 있다.

다른 한편, 라포는 상담효과를 예측하는 비교적 신뢰로운 변인으로 알려지고 있다. 라포가 형성되는 시점은 상담사례마다 다르기 때문에 단정적으로 라포 형성 시점을 말하기는 곤란하다. 하지만 군이 시점을 따지자면 대체로 1회기에서 4회기 전후로 추정된다. 이 시기는 앞에서 설명한 상담관계 발달 모형을 토대로 하면 두 번째 단계인 '신뢰관계'에 해당한다. 즉, 계약관계 이후에 '정서적 친밀성, 그리고 안전과 능력에 대한 신뢰감'이 나타나는 단계에 해당한다.

일단 상담초기에 신뢰관계가 형성되면, 친밀하고 안전하며 신뢰할 수 있는 작업환경이 만들어진다. 그리고 이런 관계 환경을 토대로 감정정화 및 일치, 이해, 대안 설정, 행동 형성과 같은 상담 처치들을 효과적으로 해 나갈 수 있게 된다. 따라서 기능적 측면에서 라포는 상담 작업을 위한 인간관계 기반으로 작용한다. 구체적으로 라포가 형성되었다는 말은 내담자가 자신의 취약성이나 수치심과 관련된 사적인 상담주제를 노출이나 개방하고, 이를 통해 감정정화 및 일치 작업을 해 나갈 대상으로 상담자를 신뢰하는 상태를 의미한다. 또 자신의 문제상황과 반응행동을 탐색하여 새롭게 인식, 설명, 통합해 나가는 이해 작업을 해 나갈 대상으로 상담자를 신뢰하는 상태를 의미한다. 또 자신의 소망을 탐색하여 소망의 성취상태를 수립하고, 목표를 설정하며, 실행계획을 수립하는 것과 같은 대안 형성 작업을 해 나갈 대상으로 상담자를 신뢰하는 상태를 의미한다. 또 대안행동의 학습, 대안행동 실천, 평가 등의 행동 형성 작업을 해 나갈 대상으로 상담자를 신뢰하는 상태를 의미한다. 따라서 라포의 본질적인 기능은 상담 작업을 할 수 있는 관계기반을 구축하는 것이라고 할 수 있다.

다른 한편 라포란 '내담자가 상담자를 신뢰하고 따르려는 상태'를 의미하는데, 여기서 말하는 '상담자를 신뢰하는 상태'란 다음의 세 가지 상태를 의미한다. 즉, '친밀감, 안전 신뢰, 능력 신뢰'의 세 가지이다.

친밀감   신뢰상태의 첫 번째 요소는 친밀감이다. 즉, 내담자가 상담자에게 친밀감을 느끼는 상태를 말한다. 이는 구체적으로 내담자에게 다음과 같은 친밀감과 관련된 인식들이 형성된 상태를 의미한다.

- 상담자는 매력적인 사람이다. 나는 상담자에게 호감을 느낀다. 따뜻하고 편하고 멋있고 좋다.
- 상담자는 나를 좋아한다. 상담자는 나에게 우호적이다. 상담자는 나를 배려하고 존중해 준다.
- 상담자와 나는 서로 친하다.

안전 신뢰   신뢰상태의 두 번째 요소는 안전에 대한 신뢰감이다. 즉, 내담자가 상담자에 대해 안전감을 느끼는 상태를 말한다. 이는 구체적으로 내담자에게 아래와 같은 안전에 대한 인식들이 형성된 상태를 의미한다.

- 상담자는 선한 사람이다. 상담자는 나에게 선한 동기를 가지고 행동한다.
- 상담자는 진실한 사람이다. 상담자는 나에게 솔직하게 말하고 행동한다.
- 상담자는 믿을 수 있는 사람이다. 상담자는 내 권리를 보호하고 대변하고 신장시켜 줄 사람이다. 상담자는 내 편이 되어 줄 사람이다.
- 상담자는 안전한 사람이다. 상담자에게 나의 사적 경험을 노출하거나 부적 경험을 개방하면 수용하고 지지해 줄 것이다. 비난이나 조롱이나 처벌하지 않을 것이다.
- 상담자에게 나의 사적 비밀을 솔직히 이야기해도 비밀이 보장될 것이다.

능력 신뢰   신뢰상태의 세 번째 요소는 능력에 대한 신뢰감이다. 즉, 내담자가 상담자의 전문적 능력에 대해 신뢰감을 느끼는 상태를 말한다. 이는 구체적으로 내담자에게 아래와 같은 상담자 능력에 대한 신뢰 인식들이 형성된 상태를 의미한다.

- 상담자는 성숙한 사람이다. 상담자는 똑똑하고 지혜로운 사람이다.

- 상담자는 전문가이다. 상담자는 상담 관련 학력, 자격, 경력을 가지고 있다.
- 상담자는 상담에 대한 지식과 기술을 가지고 있다.
- 상담자는 나의 문제를 바르게 평가 및 진단할 수 있고, 대안을 알고 있으며, 내가 변화하거나 문제를 해결할 수 있도록 도움을 줄 수 있는 능력을 가지고 있다.

대상표상 측면에서 보면, 라포 형성이란 '내담자가 상담자에 대해 친밀반응 표상, 안전반응 표상, 능력반응 표상이 형성된 상태'를 의미한다. 좀 더 구체적으로 말하면, 친밀감 형성이란 '상담자는 나에게 친밀반응을 반복할 것이라는 친밀반응 대상표상이 형성된 상태'이다. 그리고 안전에 대한 신뢰감 형성이란 '상담자는 나에게 안전반응을 반복할 것이라는 안전반응 대상표상이 형성된 상태'이다. 그리고 능력에 대한 신뢰감 형성이란 '상담자는 나에게 능력반응을 반복할 것이라는 능력반응 대상표상이 형성된 상태'이다.

그런데 이 중에 친밀감 형성은 상대적으로 얕은 수준의 라포라고 할 수 있다. 하지만 이는 단 몇 초의 아주 짧은 시간에도 빠르게 형성시킬 수 있기 때문에 상담실무에서는 매우 유용하다. 반면, 안전에 대한 신뢰감이나 능력에 대한 신뢰감은 상대적으로 깊은 수준의 라포라고 할 수 있다. 하지만 이들은 짧은 시간에 형성시키기 어렵고 또 형성되었다고 하더라도 불안정하기 때문에 상담실무에서의 유용성은 상대적으로 낮다고 할 수 있다. 이런 이유로 상담자가 맞추기 개입을 한 이후에 친밀감을 바탕으로 하는 얕은 수준의 라포가 형성되었다면, 그리고 이 때 안전이나 능력에 대한 신뢰감을 바탕으로 하는 깊은 수준의 라포는 형성되지 않았다고 하더라도, 이런 조건에서는 형성된 친밀감 수준의 라포를 토대로 필요한 이끌기 개입들을 해 나가는 것이 바람직하다.

2) 라포 형성 관련 요인

라포 형성 과정에는 상담실 환경 변인, 상담자 변인, 내담자 변인, 상담자와 내담자의 상호작용 변인 등이 관여된다.

환경 변인   라포 형성은 상담실 환경에 영향을 받는다. 라포 형성을 포함한 '상담에 적합한 상담실 환경'에 대해서는 상담준비에서 이미 설명하였다. 다시 짧게 요약하자면, 라포 형성을 포함한 상담에 적합한 상담실 환경이란 '상담실 전용공간, 방해받지 않는 공간, 청결하고 안정감 있는 공간, 그리고 생활환경 이외의 공간'을 의미한다. 이러한 상담실 환경을 조성함으로써 라포 형성을 촉진할 수 있다.

상담자 변인   라포 형성은 상담자 변인에 영향을 받는다. 예를 들면, '상담자의 학력, 자격, 경력', 그리고 '상담이론에 대한 지식', 그리고 '상담자 역할 수행 능력', 그리고 '상담자의 성숙, 윤리성, 대인매력' 등은 라포 형성과 상관있다.

먼저 라포 형성은 '상담자의 학력, 자격, 경력'과 상관있다. 일반적으로 상담자가 상담 관련 높은 학력과 자격, 그리고 많은 상담경력을 가지고 있다면 라포 형성은 촉진된다. 또 라포 형성은 '상담이론에 대한 지식'과 상관있다. 일반적으로 상담자가 기존의 상담이론에 대한 많은 지식을 가지고 있거나, 자신의 개인적 상담이론을 구축한 상태라면 라포 형성은 촉진된다. 또 라포 형성은 '상담자 역할 수행 능력'과 상관 있다. 일반적으로 상담자가 '인식 능력, 의사소통 능력, 심리평가와 사례개념화와 상담계획 능력, 상담처치 능력, 상담평가 능력' 등이 있으면 라포 형성은 촉진된다. 또 라포 형성은 '상담자의 성숙, 윤리성, 대인매력' 등과 같은 인성과 상관있다. 일반적으로 '상담자의 인격적 성숙함, 높은 윤리성과 대인매력'은 라포 형성을 촉진한다.

내담자 변인   라포 형성은 내담자 변인에 영향을 받는다. 예를 들면, '내담자의 나이, 성, 문제유형, 상담동기나 기대, 상담경험, 상담지식, 성격, 대인관계 반응양식, 사회경제적 지위' 등은 라포 형성과 상관있다.

내담자의 나이는 라포 형성에 영향을 미친다. 예를 들어, 아동, 청소년, 청년, 중년, 노년은 각기 다른 라포 형성 양상을 보인다. 일반적으로 아동은 라포 형성이 쉬운 반면 청소년은 상대적으로 어렵다. 아동이나 청소년들은 라포 형성 과정에서 소극적으로 행동하기 때문에 이들과의 상호작용에서 상담자는 보다 적극적으로 개입하는 경향이 있다. 성인의 경우에도 청년이냐 중년이냐 노년이냐에 따라 라포 형성 양상이 조금씩 달라질 수 있다.

내담자의 성별도 라포 형성에 영향을 미친다. 일반적으로 여자들은 남자에 비해 상담에 대한 선호도가 높고, 상담 과정에서 친밀성이나 정서적 지지에 대한 기대가 높으며, 비지시적 접근을 선호하는 경향이 있다. 반면, 남자들은 상담에 대한 선호도가 낮고, 상담 과정에서 친밀성이나 정서적 지지보다는 당면한 과제의 해결에 대한 기대가 높으며, 비지시적 접근보다는 지시적 접근을 선호하는 경향이 있다. 이런 성별 특징들은 라포 형성에 영향을 미친다.

내담자의 문제유형도 라포 형성에 영향을 미친다. 예를 들어, 정서나 성격문제를 가진 내담자들은 신뢰관계를 더 중요시하고, 이 때문에 상대적으로 라포가 빠르고 깊게 형성되는 경향이 있다. 반면, 행동문제, 진로문제, 의사결정 문제를 가진 내담자들은 신뢰관계를 덜 중요시하고, 이 때문에 상대적으로 라포가 느리고 얕게 형성되는 경향이 있다.

내담자의 상담동기도 라포 형성에 영향을 미친다. 일반적으로 자발적인 내담자들은 상담에 대한 기대가 높고, 이 때문에 상대적으로 라포가 빠르고 깊게 형성되는 경향이 있다. 반면, 비자발적인 내담자들은 상담동기나 기대가 낮고, 이 때문에 라포가 느리고 얕게 형성되는 경향이 있다.

기타 내담자의 상담경험, 상담지식, 성격, 대인관계 반응양식, 사회경제적 지위 등도 라포 형성에 영향을 미친다.

상호작용 변인   라포 형성은 상담자와 내담자의 상호작용 변인에 영향을 받는다. 라포 형성과 관련된 상호작용 변인에는 '의사소통, 근접성, 보상, 유사성, 긍정적 평가, 자기노출' 등이 포함된다.

먼저 라포 형성은 '상호 의사소통'과 상관있다. 특히 상담자의 '존중, 관심 기울이기, 공감, 타당화, 나 전달법, 자기노출, 자기개방, 자기주장, 구체성, 진실성, 맞닥뜨림, 즉시성, 해석, 정보제공' 등은 라포 형성과 밀접한 상관이 있다. 그리고 언어적이고 표면적인 의사소통뿐만 아니라 비언어적이고 이면적인 의사소통도 라포 형성과 밀접한 상관이 있다. 또한 '근접성, 보상, 유사성, 긍정적 평가' 등은 라포 형성과 밀접한 상관이 있다.

3) 라포 형성 방법

라포 형성 방법은 상담자 교육에서 많이 다루는 주제이다. 보통 상담자 교육에서 라포 형성 방법을 설명할 때는 주로 '상담자 태도'나 '언어적 의사소통' 차원에서 설명되어 왔다. 여기서는 상담자 태도나 언어적 의사소통에 대해서는 간략히 설명하고, 그 외의 방법, 즉 '관계규정과 라포 형성 과정'을 중심으로 설명하였다.

(1) 라포 형성과 상담자 태도

로저스는 필요충분조건을 기술하면서, 심리치료나 성격변화의 결정적 요인은 상담기법이 아니라 상담자의 태도, 즉 '일치, 무조건적 긍정적 존중, 공감적 이해'의 세 가지 태도라고 주장하였다. 후속 연구들에서도 이 세 가지 태도는 상담관계 형성이나 상담효과와 밀접한 상관이 있는 것으로 밝혀져 왔다.

　세 가지 태도에 대해 간략히 설명하면, 먼저 '일치'란 '자기이해를 바탕으로 한 진실성'을 말한다. 즉, '상담자가 있는 그대로의 자기 경험에 대한 이해와 수용을 바탕으로 일치되게 표현하는 행위들'을 의미한다.

　'무조건적 긍정적 존중'에서 '존중'이란 '내담자를 낮추지 않고 높이는 행위'를 말한다. 그리고 '무조건적'이란 문제의 근원이 되는 가치조건에 대한 대안으로서의 '어떠한 가치평가 조건도 없이 있는 그대로의 내담자를 존중하는 행위'를 나타낸다. 그리고 '긍정적'이란 인간잠재력에 대한 인본주의적 시각으로서 '내담자의 치료, 문제해결, 성장 잠재력에 대한 긍정적 기대를 가지고 존중하는 행위'를 나타낸다. 따라서 '무조건적 긍정적 존중'이란 '내담자를 조건 없이 있는 그대로, 그리고 성장 잠재력에 대한 긍정적 기대를 가지고 존중하는 행위들'을 의미한다.

　'공감적 이해'란 '상담자가 아닌 내담자 입장에서, 내담자의 언어적 비언어적 표현, 그 이면의 경험 중심에 있는 감정, 그리고 그런 표현을 하고 그런 감정을 느낄 수밖에 없는 맥락을 이해하고, 이를 언어로 반영하는 행위들'을 의미한다.

(2) 라포 형성과 의사소통

　상담기법은 지지 기법과 도전 기법으로 구분할 수 있다. 지지 기법은 내담자가 쓰러지지 않도록 정서 및 사회적으로 받쳐 주는 기술을 의미하고, 도전 기법은 내담자의 역기능적 반응이 변화되도록 도전하는 기술을 의미한다. 이 중에서 라포 형성과 밀접한 것은 지지 기법이다. 지지 기법 중에서 라포 형성과 관련된 주요 기법은 '관심 기울이기, 반영, 타당화'의 세 가지이다.

　관심 기울이기　관심 기울이기란 '내담자에 대한 관심을 비언어적 수단을 통해 내담자에게 효과적으로 전달함으로써 정서적 지지를 제공하는 기법'을 말한다. 관심 기울이기에는 아래와 같은 세부 내용들이 포함되어 있다.

- 관심: 내담자에 대한 존중과 온정과 수용의 태도
- 인식: 지금여기에 있는 내담자의 언어적 비언어적 표현, 그 이면의 경험 중심에 있는 감정, 그리고 그런 표현을 하고 그런 감정을 느낄 수밖에 없는 맥락에 대한 주의집중, 그리고 관찰, 경청, 추리를 통한 알아차림

• 표현: 표정 맞추기, 시선 맞추기, 고개 끄덕이기, 즉각적 언어 반응, 소리 맞추기 등
의 비언어적 수단을 통해 내담자에게 관심(존중과 온정의 태도)을 표현하기

반영   반영(反映)이란 '되돌려 비춰 주는 일'을 말한다. 상담에서 언어적 지지 기법의
대부분은 이러한 반영의 형태이다. 예를 들어, '말 따라하기, 말 바꾸기, 재진술, 의사확
인, 지각확인, 요약, 공감' 등은 모두 반영의 형태로 되어 있다.

언어적 반영 기법에는 네 가지 종류가 있다. 첫 번째 유형은 '말 따라하기'이다. '말 따
라하기란 내담자가 사용한 단어와 문장을 상담자가 그대로 따라하는 기법'이다. 말 따라
하기는 사용이 아주 용이하지만 지속적으로 사용하면 역효과가 나타날 수 있기 때문에
주의가 필요하다. 두 번째 유형은 '말 바꾸기'이다. '말 바꾸기란 내담자가 사용한 단어
와 문장을 사용하지 않고 같은 의미의 다른 단어나 문장을 사용하여 내용을 반영하는 기
법'이다. 세 번째 유형은 '내용 반영'이다. '내용 반영이란 내담자가 언어로 표현한 내용을
반영하는 기법'이다. 앞에서 기술한 '재진술, 의사확인, 지각확인, 요약' 등은 모두 내용
반영에 해당한다. 네 번째 유형은 '공감'이다. '공감이란 내담자 경험의 중심에 있는 감정
상태와 그런 감정 상태를 느낄 수밖에 없는 맥락을 반영하는 기법'이다.

타당화   '타당(妥當)'이라는 말은 '그럴 만함, 옳음, 합당함' 등의 뜻을 가지고 있다. 따
라서 타당화(妥當化)란 '그럴 만하게 만들어 감, 옳게 만들어 감, 합당하게 만들어 감' 등
의 뜻을 가지고 있다. 타당화는 객관적 사실에 대한 수용이나 긍정적 의미 부여와 상관
있다. 즉, 객관적 현상에 대해 '그런 현상이 일어날 만하다. 그런 현상이 옳다. 그런 현상
이 합당하다.'라고 수용하거나 긍정적으로 의미 부여하는 일이 타당화이다. 상담에서 타
당화란 '상담자가 내담자의 문제상황이나 문제행동이 일어날 만하고, 옳으며, 합당하다
고 말함으로써 내담자에게 정서적 사회적 지지를 제공하는 기법'이다. 타당화는 긍정화
(肯定化)라고도 한다.

(3) 라포 형성과 관계규정

상대방에게 전달되는 의사소통의 실제 의미는 단순히 언어적이고 표면적인 내용에 의
해서만 결정되는 것은 아니다. 왜냐하면 모든 의사소통에는 겉으로 드러나지 않는 이면
적 내용과 의미가 담겨 있기 때문이다. 내담자와 라포를 형성하기 위해서는 겉으로 드러
난 메시지뿐만 아니라 이면적인 메시지에 대해서도 알고 있어야 하며, 더 나아가 이러한

이면직 메시지를 바람직한 방향으로 활용할 수도 있어야 한다. 여기서는 이면적 의사소통 중에서 라포 형성과 관련 있는 관계규정에 대해서만 설명하였다.

어떤 사람이 언어를 통해 그려 내는 현상은 객관적인 사실이 아니라 그 사람이 주관적으로 그려 내는 것이라고 할 수 있다. 어떤 사람의 언어적 표현에는 주관적으로 현상을 분류하고 명명하는 과정, 즉 현상을 규정하는 과정이 포함되어 있다. 이러한 기능을 의사소통의 현상규정이라 한다.

예를 들어, 더운 여름날 어떤 사람이 물을 마시면서 '차갑다.'라고 표현하였다면, 이는 현상을 있는 그대로 표현한 것이라기보다는 화자에 의해 주관적으로 '차갑다.'라고 현상을 규정하고 있는 것이다. 똑같은 상황에서 다른 사람은 체온에 근거해서 '미지근하다.'라고 할 수도 있고, 미각에 근거해서 '물이 맛있다.'라고 할 수도 있으며, 시각과 미적 기준에 근거해서 '깨끗하다.'라고 할 수도 있고, 날씨에 대한 사고 과정을 통해 '요즘은 날씨가 너무 덥다.'라고 현상을 규정할 수도 있다.

모든 의사표현에는 현상을 규정하는 기능이 있다. 하지만 이는 대부분 무의식적인 과정이기 때문에 인식되지 않고, 이면적 과정이기 때문에 겉으로 잘 드러나지도 않는다. 그러나 다른 사람에게 영향력을 행사하기 때문에 현상 규정적 기능을 이해하는 것은 중요하다.

의사소통의 현상 규정적 기능 중에 하나가 바로 관계규정이다. 관계규정이란 화자가 서로의 관계에 대해 규정 내리는 것을 말한다. 예를 들어, 형이 동생에게 "너 오늘도 숙제 안 하고 빈둥거리면서 놀기만 할 거니?"라고 이야기했다면, 이 말 속에는 '형과 동생이 어떤 관계인지, 형과 동생은 어떤 존재인지, 형과 동생의 역할은 무엇인지, 형과 동생의 친밀성은 어떤지, 위계질서는 어떤지' 등과 같은 관계에 대한 규정들이 내재되어 있다. 예를 들면, '나는 형이고 너는 동생이다. 나는 질문하는 자이고 너는 대답하는 자이다. 나는 너를 평가하고 비난할 수 있는 자이고 너는 나의 평가를 받고 비난을 들어야 하는 자이다. 너는 이전에도 숙제 안 하고 빈둥거리면서 놀기만 했다. 너는 성실한 존재가 아니다. 너는 게으르고 무책임한 존재이다. 나는 네가 싫다.' 등과 같은 수많은 이면적 규정들이 포함되어 있다.

관계규정은 라포 형성 과정에 영향을 미친다. 가령 권위자와 갈등을 겪고 있는 남학생 내담자에게 상담자가 "여기서는 거짓말하지 말고 솔직히 말을 해야지! 안 그래?"라고 이야기를 했다면 이 속에 담겨 있는 이면적 관계규정 때문에 내담자가 매우 불쾌해하거나 크게 화를 낼 수도 있다. 이러한 말 속에는 '나는 너의 잘못이나 진실성을 평가할 수 있는 사람이다. 너는 평가 받아야 할 사람이다. 너는 여기서 거짓말을 했고 솔직하지 못했다. 너는 여기서 부적합한 행동을 하는 부적합한 사람이다. 너는 거짓말하는 나쁜 존재이다. 너는 솔직하지 않은 부도덕한 존재이다'와 같은 부정적 규정들이 많이 내포되어 있기 때문에 민감한 내담자들은 불쾌감이나 분노를 경험을 할 수 있다.

상기된 사례에서처럼 상담자가 의사소통의 관계규정 측면에 민감하지 못하면 라포 형성이 지연되거나 내담자의 저항이 증가할 수도 있다. 더 나아가 일어나는 상황을 이해하거나 개선하려고 해도 무슨 일이 벌어지고 있고, 무엇을 어떻게 해야 할지 모르기 때문에 적절한 조치를 취하기도 어렵게 된다. 하지만 관계규정적 측면을 이해하고 또 활용할 수 있는 능력을 갖추게 된다면, 상황을 이해하고, 적적한 개입전략을 구성하며, 상황을 바람직한 방향으로 개선해 나가는 데 도움이 된다.

관계규정은 내용에 따라 '존재가치에 대한 규정, 역할 및 규범에 대한 규정, 친밀성에 대한 규정' 등으로 구분할 수 있다.

존재가치에 대한 규정   관계규정의 내용 중 하나는 내담자의 존재가치를 규정하는 것이다. 이는 내담자의 존재가치를 긍정적 또는 부정적으로 규정하는 것으로서 라포 형성에 영향을 미친다. 특히 내담자를 부정적으로 규정하는 것은 라포 형성에 큰 영향을 미치는데, 이는 주로 '당신은 가치 없는 사람이다'라는 이면적 메시지를 내포하고 있기 때문이다.

예를 들어, "그만한 일로 상담실에 오셨어요. 남자답지 못하게 그런 일로 화를 내니. 넌 왜 그렇게 사람이 촌스럽니. 그것도 제대로 못하는구나. 넌 정신을 어디다 두고 다니니. 공부도 안 하는 사람이 무슨 독서를 한다고 그러니. 넌 항상 시시한 것들을 좋아하는 구나." 등과 같은 말들은 모두 '당신은 가치 없는 사람이다'란 이면적 메시지를 내포하고 있는 말들이다. 존재가치를 부정적으로 규정하는 말들을 상담자가 자주 사용하면 관계는 쉽게 손상된다.

관계규정은 화자에 의해 일방적으로 규정되는 것이기 때문에 상대의 실제 상태와 다를 수 있고, 이렇게 다른 점 때문에 서로 갈등이 유발될 소지가 많으며, 그 내용이 불분명하고 이면적이기 때문에 갈등이 발생하더라도 다루기가 어렵다. 가령 상담자가 내담자의 존재가치를 부정적으로 규정하는 언어들을 자주 사용하면 내담자는 무시당하는 것 같아 자존심이 상하고 불쾌감이나 분노를 느끼지만, 막상 항의하려면 그 내용이 분명하지 않을 뿐만 아니라 속 좁은 졸렬한 사람으로 보여질 것 같아 참게 되고, 이런 과정이 지속되면 실망과 갈등이 중대되면서 결국 상담관계가 악화될 수 있다.

내담자의 존재가치에 대한 부정적 규정은 특히 내담자가 자존감이 낮고, 자라면서 이런 말들을 많이 들어 왔으며, 그로 인해 불쾌한 감정적 경험을 많이 해 왔던 사람에게 더 부정적인 영향을 미친다. 상담을 받았더니 오히려 더 나빠졌다거나 심리적 상처를 받았다는 내담자들은 대체로 존재가치를 부정적으로 규정당하는 경험을 했다는 이야기도 같이 하는 경향이 있다. 이 때문에 상담자는 자신이 사용하는 이면적 메시지가 내담자에게 어떤 영향을 미치고 있는지에 대한 민감성이 요구되고, 이러한 민감성을 바탕으로 존재가치를 부정적으로 규정하는 용어들을 가능한 범위 내에서 줄여 나가는 것이 바람직하다.

그러나 존재가치를 규정하는 말들은 내담자가 어떻게 받아들이느냐에 따라 그 의미가 달라질 수 있기 때문에 단지 상담자가 존재가치를 부정적으로 규정하는 말들을 줄이는 것만으로는 부족하다. 왜냐하면 상담자가 의도하지 않았음에도 불구하고 내담자가 부정적으로 받아들일 수도 있기 때문이다. 따라서 상담자가 존재가치를 부정적으로 규정하는 용어들을 쓰지 않는 것도 중요하지만, 내담자의 경험에 주의를 기울여야 하고, 만약 의도하지 않은 부정적 반응이 나타날 때는 이를 명료화하여 적절한 조치를 취할 수 있어야 한다.

역할 및 규범에 대한 규정   관계규정의 또 다른 내용은 상대방의 역할이나 상호작용에 대한 규범을 규정하는 것이다. 즉, '당신 또는 나는 ~역할을 하는 사람이다.'라고 역할을 규정하거나 '당신 또는 나는 ~행동을 해야만 한다.'와 '~행동을 해서는 안 된다.'라고 상호작용 규범을 규정하는 것이다. 역할 및 규범에 대한 규정은 상대방에 대한 이면적 요구나 지시이다. 이런 이면적 요구나 지시는 상대방의 동의나 합의와는 상관없이 화자가 일방적으로 규정하는 내용들이기 때문에 서로 갈등의 소지가 많고, 불분명하며 이면적이기 때문에 다루기도 어렵다.

역할 규정과 관련해서 상담자와 내담자는 각자의 입장에서 서로의 역할을 규정하는데, 이와 관련된 중심주제는 '주력과 조력, 지시와 순종, 능동과 수동, 책임과 회피' 등이다. 즉, '누가 문제해결의 주력자 또는 조력자인지' '누가 지시자 또는 순종자인지' '누가 책임자인지' 등에 대해 상담자와 내담자가 각자의 입장에서 역할규정을 시도한다.

예를 들어, 인간중심적 상담을 고수하는 상담자들은 '내담자는 주력자, 자신은 조력자'로 역할을 규정하면서 동시에 '내담자가 주력해야 하고 자신은 조력해야 한다'라고 규범을 규정하는 경향이 있다. 그러나 내담자들은 '상담자는 주력자 또는 도움을 주는 사람', 그리고 '자신은 수혜자'로 역할을 규정하면서 '상담자가 주력해야 하고 자신은 상담자가 주는 도움을 받아야 한다.'라고 규범을 규정하는 경향이 있다. 이렇게 역할 및 규범에 대한 규정, 즉 이면적 요구나 지시가 서로 다를 때 갈등이 유발되지만 이면적 메시지이기 때문에 불분명하여 다루기도 어렵다.

> 내담자 그이가 자꾸 음란한 말을 해서 전 정말 싫은데, 그렇다고 말로 하기도 그렇
> 고. 이럴 때는 어떻게 해야 하나요?
>
> 상담자 어떻게 하는 것이 좋을까요?
>
> 내담자 내가 잘 모르니까 상담을 받으러 왔잖아요.
>
> 상담자 당신은 상담을 시작하면서부터 지금까지 여러 번 저에게 질문을 하는군요.
>
> 내담자 그럼 질문을 하지 말란 말인가요?

상기된 대화를 보면 두 사람 간에 대화가 원활하지 못하고 미묘한 갈등이 일어나고 있다는 것을 쉽게 알 수 있다. 이런 갈등의 원인 중 하나는 역할 및 규범에 대한 규정이 서로 다르기 때문이다. 즉, 내담자의 역할과 규범에 대한 규정은 상담자에게 받아들여지지 않고, 상담자의 규정은 내담자에게 받아들여지지 않는 복잡한 상호작용이 일어나고 있다. 위 사례의 이면적 교류를 자세히 풀어서 기술하면 아래와 같이 요약할 수 있다.

> 내담자 그이가 자꾸 음란한 말을 해서 전 정말 싫은데, 그렇다고 말로 하기도 그렇
> 고. 이럴 때는 어떻게 해야 하나요? (나는 질문하는 사람이다. 당신은 답변하
> 는 사람이다. 나는 질문을 할 수 있고, 당신은 답변을 해야 한다.)
>
> 상담자 어떻게 하는 것이 좋을까요? (나는 답변을 하는 사람이 아니다. 당신이 답변을
> 해야 하는 사람이다. 당신 스스로가 문제에 대한 해답을 찾아야 한다. 질문에 대
> 한 답은 당신이 내려야 한다.)
>
> 내담자 내가 잘 모르니까 상담을 받으러 왔잖아요. (나는 도움을 받는 사람이다. 당신
> 은 도움을 주는 사람이다. 당신은 내가 도움받으러 왔다는 사실을 받아들여야
> 한다. 당신은 해결책을 내려 주어야 한다.)
>
> 상담자 당신은 상담을 시작하고부터 지금까지 여러 번 저에게 질문을 하는군요. (당
> 신이 나에게 여러 번 질문을 하는 것은 특이한 행동이다. 이렇게 질문하는 행동

을 해서는 안 된다.)

내담자   그럼 질문을 하지 말란 말인가요? (나는 궁금한 점을 물어보는 사람이다. 나는 질문을 할 수 있다. 당신은 질문하지 말라고 해서는 안 된다.)

이상에서 보는 것처럼 관계규정, 특히 역할 및 규범에 대한 규정을 이해하지 못하면 본인의 의도와 상관없이 갈등이 일어날 수 있다. 따라서 상담자는 내담자와 상호작용 속에서 역할 및 규범에 대한 규정, 즉 이면적 메시지를 민감하게 알아차릴 수 있어야 하고, 이를 분명하고 융통성 있게 다룰 수 있는 능력이 있어야 한다.

친밀성에 대한 규정   관계규정과 관련된 또 하나의 내용은 친밀성이다. 즉, 의사소통을 하면서 은연중에 '당신과 나와의 관계는 친밀하다 또는 적대적이다. 당신은 나에게 소중하고 의미 있는 존재이다 또는 무의미한 존재이다. 나는 당신이 싫다 또는 좋다. 나는 당신에게 매력을 느낀다 또는 반감을 느낀다.' 등과 같이 친밀성을 이면적으로 규정한다. 이런 친밀성에 대한 규정은 내담자에게 큰 영향을 미치면서도 이면적이기 때문에 다루기도 어렵다.

예를 들어, 상담자가 "내가 그런 말을 했다고 남자답지 못하게 왜 그렇게 화를 내니!"라고 내담자에게 이야기했다면, 이 말 속에는 '나와 당신은 친밀하지 않다. 긴장상태에 있다. 나는 당신이 싫다, 당신은 나를 싫어한다. 나는 남자답지 못한 옹졸한 네가 싫다. 나는 필요 이상으로 화내는 네가 싫다. 너는 나를 싫어해서 화를 낸다.' 등과 같은 친밀성에 대한 규정들이 포함되어 있다. 이러한 이면적 규정은 내담자에게 민감하게 전달되어 '상담자가 자신에 대해 정서적으로 어떤 태도를 가지고 있는지'를 파악하는 근거가 되며, 더 나아가 '상담자에게 어떻게 반응할지'를 결정하는 근거가 되기 때문에 상담관계 형성에 결정적인 영향을 미친다. 가령 상담자가 자신에 대해 정서적으로 싫어한다거나 적대적인 태도를 가지고 있다고 인식되면 상담자에 대해 불쾌함이나 반감이 생겨나기 때문에 라포 형성에 방해가 될 것이다.

친밀성에 대한 규정은 언어보다도 비언어적 메시지에 더 민감하게 영향을 받는다. 예를 들어, 상담자가 내담자에게 '반복해서 퉁명스런 표정과 목소리'로 말하다가 또다시 '퉁명스런 표정과 목소리'로 "오늘 상담하면서 너를 참 좋게 느꼈어."라고 했다면, 내담자는 '상담자가 나를 정말로 좋아하는가의 여부를 판단하는 근거'를 언어적 내용보다 비언어적 내용에서 찾으려고 한다. 일반적으로 퉁명스런 목소리는 '나와 당신은 정서적으로

멀다.' 또는 '나는 당신에게 별 관심이 없다. 친밀해지고 싶지 않다. 우리는 가까운 관계가 아니라 형식적 관계이다.'라는 친밀성에 대한 규정이 함축되어 있기 때문에 내담자는 불쾌함이나 반감이 일어날 수 있고, 이러한 부정적 감정들은 라포 형성에 방해가 될 것이다. 따라서 라포 형성을 위해서는 상담자 자신의 비언어적 표현에 대한 민감성이 필요하고, 이러한 민감성을 토대로 비언어적 표현에 대한 자기관리가 필요하다.

(4) 라포 형성 과정

라포 형성 과정과 관련된 양상은 사례마다 다르게 나타난다. 하지만 다양한 양상으로 전개되는 라포 형성 과정들을 일반화하면, 아래의 그림과 같이 5단계 과정으로 요약할 수 있다. 즉 '알아차림, 맞추기, 라포 형성, 이끌기, 저항'의 5단계 모형이다(설기문, 2003; 설기문, 이차연, 남윤지, 정동문, 권영달, 김행신 역, 2010).

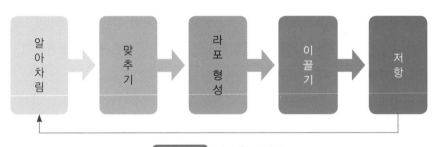

그림 6-2   **라포 형성 과정**

① 알아차림

한 내담자를 만나서 의미 있는 관계를 맺어 가는 과정은 하나의 새로운 우주를 만나서 전혀 다른 세계를 경험하는 경이로운 일이 될 수도 있다. 효과적인 라포 형성의 첫 번째 과정은 알아차림이다. 알아차림이란 인식의 주체인 상담자가 인식의 대상인 '내담자'와 '내담자의 행동'과 '그 맥락'을 알아차리는 일을 의미한다.

이러한 알아차림은 감각단서들을 통해서 이루어진다. 즉, 시각단서, 청각단서, 촉각단서, 그리고 후각단서를 통해서 알아차림이 이루어진다. 구체적으로 상담자는 ① 내담자에 대한 시각정보, 즉 형태, 색상, 동작 등에 대한 정보를 통해 내담자의 행동을 알아차릴 수 있다. ② 내담자에 대한 청각정보, 즉 소리의 내용, 세기, 빠르기, 길이, 억양 등을 통해 내담자의 행동을 알아차릴 수 있다. ③ 내담자에 대한 촉각정보, 즉 형체나 움직임에 대한 감촉, 온도, 압력, 고통, 그리고 내담자에 대한 상담자 자신의 정서반응 정보들을 통해 내담자의 행동을 알아차릴 수 있다. ④ 내담자에 대한 후각정보, 즉 냄새나 향기 등을 통해 내담자의 행동을 알아차릴 수 있다.

그리고 알아차림은 인식틀, 즉 인지도식이 관련되어 있다. 상담자의 인지도식은 감각단서를 표상하는 과정에 영향을 미친다. 또한 알아차림은 추리판단, 가치판단과 관련되어 있다. 상담자의 추리판단이나 가치판단은 내담자의 겉으로 드러나지 않은 내현 행동, 그리고 행동맥락을 인식하는 과정에 영향을 미친다.

전문가와 비전문가의 차이 중 하나는 알아차림이다. 전문가들은 비전문가들보다 내담자에 대한 감각민감성이 더 발달되어 있다. 이 때문에 여러 가지 감각단서들을 통해 내담자의 행동을 민감하게 알아차린다. 또한 전문가들은 비전문가들보다 내담자의 행동, 그리고 행동의 맥락을 알아차릴 수 있는 인지도식이 더 발달되어 있다. 또한 전문가들은 비전문가들보다 내담자의 행동, 그리고 행동의 맥락에 대해 보다 세밀하고 객관적인 추리판단이나 가치판단을 하는 경향이 있다.

② 맞추기

라포 형성의 두 번째 과정은 맞추기이다. 맞추기란 내담자에 대한 알아차림을 토대로 내담자의 언어 및 비언어적 표현에 상담자의 언어 및 비언어적 표현을 일치시키는 행위를 말한다.

맞추기 기법은 크게 언어적 맞추기와 비언어적 맞추기로 구분할 수 있다. 언어적 맞추기에는 '반영, 공감, 요약, 지각 확인, 의사 확인, 부연설명, 재진술' 등이 포함된다. 그리고 비언어적 맞추기에는 '배려하기, 관심 기울이기, 행동 따라하기' 등이 포함된다. 먼저 비언어적 맞추기부터 설명하면 아래와 같다.

배려하기   배려하기는 '내담자의 필요, 욕구, 기대, 선호 등을 알아낸 후, 이에 맞추어 상담자가 베풂을 제공하는 행위'를 말한다. 예를 들면, 내담자가 목마른 상태일 때 물을 제공하거나, 내담자가 휴대폰이 고장 나서 집으로 연락하지 못하고 있을 때 상담실 전화의 사용을 허락하거나, 내담자가 호흡곤란이나 답답함을 호소할 때 창문을 열어 주거나, 내담자가 더워서 힘들어할 때 에어컨을 틀어 주는 등의 행위를 말한다.

내담자   (내담자가 덥고 목마른 상태에 있다.)

상담자   덥고 목마르시죠. 시원한 물 한잔 드릴까요?

내담자   예!

상담자   (시원한 물을 제공한다.) 에어컨도 틀어 드릴까요?

내담자   예!

상담자   (에어컨을 가동시킨다.)

내담자   (창문이 닫혀 있다. 어둡다.)

상담자   창문을 열까요. 아니면 그대로 둘까요?

내담자   별 상관없어요.

상담자   그럼 그대로 닫아 둘까요?

내담자   예.

상담자   방이 어떠세요? 어두운가요? 불을 켤까요?

내담자   별로 어둡지 않은데요.

상담자   그럼 불을 켜지 않아도 괜찮겠어요?

내담자   예.

관심 기울이기와 행동 따라하기   관심 기울이기란 '상담자가 내담자에 대한 관심을 비언어적 수단을 통해 내담자에게 효과적으로 전달함으로써 정서적 지지를 제공하는 기법'을 말한다. 관심 기울이기에는 '표정 맞추기, 시선 맞추기, 고개 끄덕이기, 즉각적 언어 반응, 소리 맞추기' 등이 포함된다.

행동 따라하기란 '내담자의 비언어적인 행동을 상담자가 따라 함으로써 정서적 유대를 형성하는 기법'을 말한다. 행동 따라하기에는 시각적으로 '내담자의 표정, 시선, 몸짓, 손짓, 발짓, 자세, 호흡 등을 따라하기', 그리고 '청각적으로 내담자 소리의 세기, 빠르기, 길이, 억양 등을 따라하기'가 포함된다.

일반적으로 관심 기울이기나 행동 따라하기는 빠르게 친밀성을 형성할 수 있는 기술이다. 하지만 지나치게 인위적이거나 테크닉 수준에서 사용하면 내담자에게 조작이나 조종당하는 기분을 불러일으킬 수 있기 때문에 사용할 때 주의해야 한다.

반영   앞에서 설명한 바와 같이, 반영(反映)이란 '되돌려 비춰 주는 일'을 말한다. 즉, '상담자가 내담자의 행동을 되돌려 비춰 주는 행위'를 말한다. 상담에서 언어적 지지 기법의 대부분은 이러한 반영의 형태이다. 예를 들어 '말 따라하기, 말 바꾸기, 재진술, 의사확인, 시각확인, 요약, 공감' 등은 모두 반영의 형태로 되어 있다. 이런 반영의 형태들은 '말 따라하기, 말 바꾸기, 내용 반영, 감정 반영, 성장동기 반영'의 다섯 가지로 유형화할 수 있다. 예를 들면, 다음과 같다.

내담자   성적이 너무 떨어졌어요.
- 말 따라하기 성적이 너무 떨어졌구나.
- 말 바꾸기 시험 결과가 낮아졌단 말이구나.
- 내용 반영 네 말은 중간고사를 못 봐서 전체 성적이 너무 낮아졌다는 말이구나.
- 감정 반영 걱정되겠구나. 성적이 너무 떨어져서 염려스러운 거구나.
- 성장동기 반영 장학금을 받아서 부모님의 학비 부담을 덜어 드리고 싶어서 나름대로 열심히 했는데도, 성적이 너무 떨어져서 걱정이겠구나.

내담자   저는 친구가 없어요. 아무도 저를 좋아하지 않아요.
- 말 따라하기 친구가 없고, 아무도 너를 좋아하지 않는단 말이구나.
- 말 바꾸기 친한 사람이 없구나. 그 누구도 너에게 관심이 없다는 말이구나.
- 내용 반영 네가 한 말을 요약하자면, 학교 가면 친구가 없는데, 그 이유는 아무도 너를 좋아하지 않기 때문이라는 말이구나.
- 감정 반영 위축되고 소외감을 느끼는구나. 아무도 너를 좋아하지 않고 또 친구가 없다는 사실이 널 위축시키고 소외받는 감정을 느끼게 하는구나.
- 성장동기 반영 학교생활의 어려움들을 잘 이겨 내고 싶고, 또 서로 위해 주는 친구가 있으면 좋겠는데, 학교에 가면 아무도 너를 좋아하지 않고 또 친구가 없다는 사실이 널 위축시키고 소외감 느끼게 하는구나.

타당화   앞에서 설명한 바와 같이, 타당화(妥當化)란 '그럴 만하게 만들어 감, 옳게 만들어 감, 합당하게 만들어 감' 등의 뜻을 가지고 있다. 즉, 상담자가 내담자의 문제상황이나 문제행동이 일어날 만하고, 옳으며, 합당하다고 말함으로써 내담자에게 정서적 사회적 지지를 제공하는 기법이다.

내담자   성적이 너무 떨어졌어요. 이제 어떻게 해야 할지 모르겠어요. 전 사실 우리 식구들처럼 똑똑한 사람이 아닌가 봐요.

• 타당화 성적이 너무 떨어졌으니 당황스럽고 어떻게 해야 할지 막막할 만도 하겠네. 그리고 다른 식구들은 공부를 잘하는데, 너는 그렇지 않으니 식구들과 달리 똑똑하지 않다는 생각이 들만도 하겠구나.

내담자 저는 친구가 없어요. 아무도 저를 좋아하지 않아요. 학교에 가면 외톨이가 된 듯해서 사실 학교에 가고 싶지 않아요.

• 타당화 아무도 너를 좋아하지 않으니 정말 학교에 가면 외톨이가 된 기분이 들겠구나. 그런 외톨이 기분이 느껴지는 학교에는 가고 싶지 않은 마음이 들만도 하겠구나.

③ 라포 형성

상기된 상담자의 맞추기 반응들은 친밀감, 안전에 대한 신뢰감, 능력에 대한 신뢰감, 즉 라포 형성을 촉진한다. 기능적 측면에서 라포는 상담 작업을 위한 인간관계 기반으로 작용한다. 구체적으로 라포가 형성되었다는 말은 내담자가 자신의 취약성이나 수치심과 관련된 사적인 경험을 자기노출하거나 자기개방하고, 이를 통해 감정정화 및 일치 작업을 해 나갈 대상으로 상담자를 신뢰하는 상태를 의미한다. 또 자신의 문제상황과 반응행동을 탐색하여 새롭게 인식, 설명, 통합해 나가는 이해 작업을 해 나갈 대상으로 상담자를 신뢰하는 상태를 의미한다. 또 자신의 소망을 탐색하여 소망의 성취상태를 수립하고, 목표를 설정하며, 실행계획을 수립하는 것과 같은 대안 설정 작업을 해 나갈 대상으로 상담자를 신뢰하는 상태를 의미한다. 또 대안행동의 학습, 대안행동 실천, 평가 등의 행동 형성 작업을 해 나갈 대상으로 상담자를 신뢰하는 상태를 의미한다.

④ 이끌기

라포 형성은 상담을 해 나갈 수 있는 관계환경이 구축되었음을 의미한다. 즉, 라포가 형성되었다는 말은 상담자의 치료적 개입을 내담자가 받아들일 준비가 되었다는 말이다. 따라서 라포가 형성된 이후에는 상담자의 이끌기 개입이 요구된다. 여기서 이끌기 개입이란 맞추기 개입과 대비되는 것으로 상담자가 상담진행을 이끌어 나가면서 동시에 내담자의 참여나 변화를 이끌어 나가는 개입행위를 의미한다. 가령 라포가 형성된 이후에 상담자가 호소문제 명료화 개입을 하면서 동시에 내담자가 자신의 문제를 호소하도록 이끌거나, 상담자가 상담목표 설정 개입을 하면서 동시에 내담자가 자신의 상담소망과 성취상태를 탐색한 후 상담목표를 설정하도록 이끌거나, 상담자가 상담처치 개입을 하면서 동시에 내담자가 감정정화나 일치, 이해, 대안 설정, 행동 형성 등과 관련된 행동들을 수행해 나가도록 이끄는 등의 개입행위를 의미한다. 한편, 상담기법 차원에서의 이끌기는 '질문, 반영, 직면, 해석, 정보제공, 피드백, 즉시성' 그리고 '상담구조화, 자유연상, 역할놀이, 훈련, 과제, 평가' 등의 기법을 사용해서 내담자는 이끄는 개입행위라고 할 수 있다.

⑤ 저항

상담자가 내담자에게 도전하고 변화를 촉진하는 과정, 즉 이끌기 과정에서 내담자는 협력도 하지만 저항도 한다. 저항이란 '치료적 진전에 역행하는 내담자의 행위'를 말하는데, 라포 형성 과정에서 나타나는 내담자의 저항은 상담자에게 보내는 일종의 메시지이다. 즉, 이끌기가 아닌 맞추기를 해 달라는 메시지이다. 바꿔 말하면 도전받거나 변화하는 것이 두렵고 불편해서 피하고 싶고, 그래서 상담자의 개입에 협력하고 싶지 않은 마음이 있으니 이를 알아주고 지지해 달라는 신호이다.

따라서 내담자의 저항행동이 나타나면, 상담자는 이를 민감하게 알아차릴 수 있어야한다. 그리고 계속 이끌기를 고집하는 것이 아니라 융통성 있게 맞추기로 전환할 수 있어야 한다. 상담자가 내담자의 저항에 대해 알아차리고, 이에 대해 맞추기를 해 주면 다시 라포가 형성된다. 이렇게 라포가 형성되면 이를 기반으로 또다시 이끌기를 해 나갈 수 있게 된다.

요약하면, 라포 형성 과정은 하나의 순환 과정이다. 즉, 내담자에 대해 알아차리고, 이를 기반으로 맞추기를 하며, 맞추기를 통해 라포가 형성되면, 이러한 라포 형성의 토대 위해서 이끌기를 해 나가는 과정이다. 또한 이끌기 과정에서 내담자가 저항하면, 이를 알아차리고 맞추기를 통해 라포를 형성시킨 다음에, 다시 이끌기를 해 나가는 일련의 순환 과정이다.

Individual Counseling

제**7**장

문제 명료화

Individual Counseling

상담 실제에서 문제 명료화 과정은 다른 과정들과 상관없는 독립된 과정이 아니다. '문제 명료화' 과정은 다른 과정들과 중첩되어 있다. 즉, 문제 명료화 과정에는 '상담관계 형성'이나 '상담처치'나 '상담 평가' 등이 서로 중첩되어 있다. 여기서는 문제 명료화 과정을 독립된 별도의 과정으로 취급하였는데, 이렇게 한 이유는 전체적인 개인상담 과정을 설명하는 데 더 유리하기 때문이다. 이는 상담관계 형성, 문제 명료화, 문제 평가, 상담목표 설정, 저항처리, 상담처치, 종결 등도 모두 마찬가지이다.

한편, 문제 명료화란 '내담자가 호소하는 문제를 탐색 및 명료화하고, 호소문제들 중에서 상담문제를 선정하며, 선정된 상담문제가 일어나는 구체적인 문제상황과 그 속에서

표 7-1 문제 명료화 과정

1. 호소문제 명료화
  1-1. 호소문제 탐색 및 명료화
  1-2. 상담문제 선정

2. 문제상황 명료화
  2-1. 문제상황 탐색 및 명료화
  2-2. 문제행동 탐색 및 명료화

3. 문제 평가
  3-1. 평가
  3-2. 진단
  3-3. 사례 개념화
  3-4. 상담계획

4. 상담목표 설정
  4-1. 소망 탐색
  4-2. 대안 탐색
  4-3. 목표 설정

5. 재문제 명료화

의 문제행동을 탐색 및 명료화하고, 평가나 진단이나 사례개념화를 통해 내담자와 내담자가 가진 문제행동을 파악하며, 내담자와 협의하여 상담목표를 설정하는 일련의 작업들'을 의미한다.

상기된 정의를 토대로 한다면, 문제 명료화는 '호소문제 명료화, 문제상황 명료화, 문제 평가, 상담목표 설정' 네 개의 과정으로 구분하여 설명할 수 있다. 제7장 문제 명료화에서는 '호소문제 명료화와 문제상황 명료화'에 대해 설명하였다. 그리고 제8장에서는 '문제 평가'를 설명하였고, 제9장에서는 '상담목표 설정'을 설명하였다. 제13장 대안 설정에서는 상담처치의 하위내용으로서의 '상담목표 설정'을 설명하였다.

다른 한편, 문제 명료화 과정은 〈표 7-1〉과 같이 요약할 수 있다.

1. 호소문제 명료화

호소문제 명료화란 '내담자가 호소하는 문제를 탐색하여 명확하게 밝히고, 상담자와 내담자가 협의하여 상담에서 우선적으로 다룰 상담문제를 선정하는 작업'을 의미한다. 여기서는 호소문제 명료화를 '호소문제 탐색 및 명료화', 그리고 '상담문제 선정'의 두 가지 과정으로 구분하여 설명하였다.

1) 호소문제 탐색 및 명료화

호소문제란 '내담자가 상담자에게 이야기하는 문제들'을 지칭한다. 상담은 보통 호소문제를 탐색하는 일에서부터 시작된다. 즉, 상담자가 내담자에게 '상담받고 싶은 문제가 무엇인지?'에 대해 물으면, 내담자가 '자신이 상담받고 싶은 문제에 대해 이야기'하면서부터 상담이 시작된다.

호소문제 탐색 질문　상담자가 내담자의 호소문제를 탐색하는 일은 아래와 같은 질문들로 시작할 수 있다.

- 어떤 문제 때문에 오셨습니까? 상담에서 다루고 싶은 문제가 있습니까?
- 어떤 고민 때문에 오셨습니까? 상담에서 다루고 싶은 고민이 있습니까?
- 어떤 도움이 필요하십니까? 어떤 도움이 필요해서 오셨습니까? 상담에서 도움받고

싶은 것이 있습니까?

- 저희가 도와 드릴 일이 있을까요? 무엇을 도와 드릴까요? 어떤 점을 도와 드릴까요?
- 상담에서 어떤 것들을 기대하고 있습니까? 상담에서 어떤 것들을 얻고 싶으십니까? 상담을 통해 얻고 싶은 것이 있습니까?

구체화와 명료화　일반적으로 내담자는 자신의 문제를 인식하거나 말로 표현할 때 구체적이기보다는 일반화되어 있고, 명료하기보다는 불명료한 경향이 있다. 이 때문에 상담자는 내담자가 호소하는 문제를 명확하게 밝히기 위해 '일반화된 내담자의 인식이나 표현내용을 구체화'하고, 그리고 '불명료한 내담자의 인식이나 표현내용을 명료화'해 나간다. 이와 관련된 기법이 바로 '구체화와 명료화'이다.

상담 실제에서 구체화와 명료화는 거의 같은 뜻으로 사용된다. 그러나 이론적으로는 조금 다른 의미를 지니고 있다. 즉, 구체화(具體化)란 '내담자의 의식 수준의 일반화된 인식이나 언어적 표현 내용을 상담자가 자세히 물어서 구체적으로 인식하고 표현하게 하는 작업'을 말한다. 반면, 명료화(明瞭化)란 '내담자의 무의식이나 전의식 수준의 불분명한 인식이나 언어적 표현 내용을, 상담자가 분명하게 묻거나 해석해 줌으로써, 무의식이나 전의식적 내용을 명료하게 인식하고 표현하게 하는 작업'을 의미한다.

그런데 위와 같이 이론적으로는 구체화와 명료화를 구분할 수 있다. 하지만 상담실제에서 구체화와 명료화를 구분하는 것은 어렵고, 설사 구분을 했더라도 대부분 별 의미가 없다. 이런 현실을 고려하여 이 책에서는 '구체화와 명료화를 비슷한 의미로 혼용해서 사용'하였다.

언어적 상징　내담자들은 자신의 있는 그대로의 경험을 언어적 · 비언어적 상징을 통해 상담자에게 표현하기 때문에 내담자의 있는 그대로의 경험을 구체화나 명료화하기 위해서는 '상징'에 대한 이해가 필요하다. '상징'은 실제가 아니라 실제를 나타내는 대체물이다. 즉, '내담자의 언어적 · 비언어적 상징'은 내담자의 실제 상태가 아닌 '내담자의 실제 상태를 나타내는 대체물'이라고 할 수 있다.

가령, 내담자가 '자신의 있는 그대로의 내적 경험'을 '저는 우울증에 걸렸어요.'라고 언어적으로 상징화하여 표현하고, 동시에 '팔짱을 끼고 시선을 아래로 보면서 낮은 목소리로 이야기함'으로써 비언어적으로 상징화하여 표현했다고 하자. 그런데 여기서 '저는 우울증에 걸렸어요.'라는 언어적으로 상징화된 표현은 '내담자의 있는 그대로의 내적 경험

상태'가 아니라 '있는 그대로의 내적 경험 상태를 대신 나타내는 대체물'이다. 마찬가지로 '팔짱을 끼고 시선을 밑으로 보면서 낮은 목소리로 이야기'하는 비언어적 표현도 '내담자의 있는 그대로의 내적 경험 상태'가 아니라 '있는 그대로의 내적 경험 상태를 대신 나타내는 대체물'이다.

내담자들은 자신의 내적 경험을 언어적으로 상징화해서 상담자에게 표현하는데, 이렇게 언어적으로 상징화된 표현은 '서술, 명명, 추리판단, 가치판단'의 네 가지 유형으로 이루어져 있다. 예를 들면, '영어수업에 지각한 경우' 다음과 같이 네 가지 유형으로 표현될 수 있다.

- 서술(敍述): 오늘 영어수업이 9시에 시작되는데, 저는 9시 20분에 교실에 도착하였습니다. 어제는 9시 6분에 도착하였고, 이틀 전에는 8시 55분에 도착하였습니다.
- 명명(命名): 저는 지각하였습니다. 어제도 지각하였습니다. 저는 지각을 반복합니다.
- 추리판단(推理判斷): 제가 왜 지각을 했을까요? 제가 지각하는 이유는 늦잠을 잤기 때문입니다. 또 제가 지각을 반복하는 이유는 저의 성격 때문입니다. 제가 지각을 반복하는 또 다른 이유는 저의 어머니가 늦잠을 자서 저를 안 깨워 주기 때문입니다.
- 가치판단(價値判斷): 저는 지각하는 안 좋은 습관이 있습니다. 저는 부끄럽지만 지각쟁이입니다. 저는 늦잠 자는 안 좋은 습관이 있습니다. 지각을 반복하는 이유는 저의 게으르고 나태한 성격 때문입니다. 저는 지각을 할 수밖에 없는 좋지 못한 환경에서 살고 있습니다.

내담자가 호소문제를 이야기할 때, '일반화되어 있다.'거나 '불명료하다.'는 말은 언어적 상징의 관점에서 본다면 '가치판단'이나 '추리판단'이나 '명명'의 형태로 이야기하고 있고, 구체적이고 명료한 '서술'의 형태로 이야기하지 않고 있다는 말이다. 따라서 언어적 상징의 관점에서 본다면, 구체화나 명료화한다는 말은 내담자의 '가치판단이나 추리판단이나 명명된 언어적 표현'을 구체적이고 명료하게 '서술된 언어적 표현'으로 바꿔 나가는 작업을 의미한다.

2) 상담문제 선정

상담문제란 '상담자와 내담자가 협의하여 상담에서 우선적으로 다루기로 합의한 문세'를 지칭한다. 상담문제는 보통 내담자의 호소문제들 중에서 선택되는 경향이 있다. 상담문제 선정이란 호소문제가 탐색 및 명료화된 이후에, '상담자와 내담자가 협의하여 상담에서 우선적으로 다룰 문제를 선정하는 작업'을 의미한다.

보통, 상담자가 내담자에게 호소문제를 탐색하는 질문을 하면, 내담자들은 '당면한 고통, 아픔, 어려움, 갈등, 좌절, 고민, 걱정, 그리고 이와 관련된 사건과 경험들'을 호소한다. 또는 '상담계기, 동기, 기대, 소망, 목적, 목표, 그리고 이와 관련된 사건과 경험들'을 호소한다.

그런데 내담자가 호소하는 문제들을 탐색하다 보면, 어떤 내담자들은 상담에서 다룰 수 없는 문제를 호소한다. 또 어떤 내담자들은 하나가 아니라 여러 개의 문제들을 호소한다. 만약 내담자가 상담에서 다룰 수 없는 문제를 호소한다면, 상담자는 다룰 수 없는 문제를 제외시키거나 상담에서 다룰 수 있게 전환시키는 작업을 해 나가야 한다. 또한 내담자가 하나가 아니라 여러 개의 문제들을 호소한다면, 상담자는 내담자와 협의하여 우선순위를 정하는 작업을 해 나가야 한다.

상담문제 선정이란 내담자가 상담에서 다룰 수 없는 문제를 호소하거나, 호소하는 문제가 하나가 아니라 여러 개일 때 '상담자와 내담자가 협의하여 상담에서 다룰 우선 문제를 선정하는 작업'을 의미한다. 이하에서는 몇 가지 사례를 중심으로 호소문제 탐색이나, 상담문제 선정 과정을 예시하였다.

사례 1   아래의 사례는 생활 스트레스 문제로 상담실을 찾은 50대 초반의 부인과의 상담에서 호소문제 탐색 및 상담문제 선정을 해 나가는 부분이다.

상담자   상담에서 무엇을 도와드릴까요?

내담자   요즘 너무 힘들어서 상담이라도 받아 볼까 해서 왔어요.

상담자   너무 힘들어서 견디기 어려운 상황이 있는 것 같군요. 어떤 점들이 너무 힘들게 하나요?

내담자   제가 일주일 정도 몸살을 앓았어요. 몸도 마음도 너무 지치고 힘들었어요. 일주일간 아픈 상태에서도 여러 가지 일들을 신경 써야 하는 상황이 너무 힘든 거예요.

상담자   많이 지쳐 보이십니다. 〈중략〉

내담자   그래서 제가 너무 힘든 거예요. 몸도 아프고, 밤에 잠도 잘 못 자겠고, 어머니는 어머니대로 힘들게 하고, 또 김 부장과의 일도 그렇고, 그런 상태에서 남편이 바람을 피우는 것 같으니 제가 너무 힘든 거예요.

상담자　문제들이 겹치니 너무 지치고 힘들겠어요… 힘들고 쉬고 싶은 심정을 이해하겠습니다. 들어 보니 고민들이 참 많고 버겁겠다 싶네요. 몸 아픈 문제, 불면, 어머니 돌보는 문제, 김 부장과 다툰 일, 의심되는 남편의 외도 문제, 그리고 처음에 이야기한 화를 너무 많이 내는 문제 등 여러 가지를 문제들을 가지고 있군요.

내담자　예…….

상담자　만약 상담에서 우선적으로 다루고 싶은 문제를 선택한다면, 이 중에서 어떤 문제를 선택하시겠습니까?

내담자　글쎄요… 우선 스트레스를 줄이고 싶어요. 요즘에는 제가 너무 스트레스를 많이 받는 것 같아요.

상담자: 그럼 다른 문제들보다 우선적으로 '스트레스를 줄이는 데 초점'을 맞춰서 상담을 진행해도 괜찮겠습니까?

내담자　예.

사례 2　다음 사례는 대학교 3학년 여학생인 김 양이다. 상담신청은 본인이 아니라 김 양의 어머니가 하였다.

상담자　상담에서 무엇을 도와드릴까요?

내담자　그냥 전 엄마가 가라고 해서 왔어요.

상담자　엄마가 가라고 해서 왔군요. 저는 잘 모르겠는데, 엄마는 어떤 것을 기대하고 이곳으로 가라고 했는지가 궁금하군요.

내담자　남자친구 때문에…….

상담자　남자친구 때문에 가라고 했다고요?

내담자　예.

상담자　남자친구와 관련된 문제가 엄마를 염려스럽게 했던 거군요.

내담자　그게 아니고… 여기 비밀보장이 되죠?

상담자　예. 비밀보장이 됩니다. 단 생명이나 안전에 심각한 위험이 있을 때는 예외고요. 지영 씨는 비밀보장을 확실하게 받고 싶으신 거군요.

내담자　에… 저 중절수술했어요. 남자친구와도 헤어지고…….

상담자　중절수술하고 남자친구와 헤어지는 과정에서 힘들고 어려운 많은 일들을 경험했겠군요.

내담자　예.

상담자　엄마가 상담을 대신 신청하면서, 어떤 바람들을 가지고 상담을 신청했다고 생각하십니까?

내담자　제가 마음을 정리하기를 바라는 것 같아요. 제가 신경질도 많이 내고 우울하고 또 기분 변덕이 심해요. 어떤 때는 죽고 싶은 마음도 들고요… 진로도 어떻게 해야 할지 모르겠어요. 휴학을 할지 말지…….

상담자　엄마는 지영 씨가 여러 가지 문제들을 상담을 받으면서 정리하기를 기대하는 것 같군요. 구체적으로 임신중절로 인한 힘든 마음의 문제, 또 남자친구와 헤어진 문제, 신경질이나 우울함이나 기분변화의 문제, 그리고 죽고 싶은 마음이 드는 문제, 또 휴학을 포함한 진로문제 등을 상담에서 다루기를 원하는 것 같군요.

내담자　예.

상담자　엄마는 상담을 신청할 때, 접수면접자에게 딸이 죽고 싶다는 말을 한다면서 걱정을 했다는 이야기를 제가 들었습니다. 저는 엄마가 극단적인 경우 지영 씨가 자살을 시도하면 어떻게 하나 하는 걱정을 하고 있는 것처럼 느껴졌습니다. 물론 그 속에는 딸에 대한 사랑과 도움을 주고자 하는 마음이 있다는 것을 알고 있고요. 이런 엄마의 걱정과 기대를 알고 있었습니까?

내담자　죽고 싶다는 말을 여러 번 해서 그래요… 그러나 심각한 것은 전혀 아니에요. 그냥 힘들다는 말을 그렇게 말한 거예요.

상담자　그렇군요. 죽고 싶다는 말을 여러 번 해서 엄마의 걱정을 불러일으킨 것은 사실이지만 심각한 것은 전혀 아니란 말이군요.

내담자　예.

상담자　만약 상담에서 다룰 하나의 우선문제를 선택한다면, 어떤 문제를 상담에서 다루고 싶으십니까? 또는 앞에서 이야기한 문제들 중에서 상담에서 어떤 문제를 먼저 다루고 싶으신가요?

내담자　전 아무거나 괜찮아요.

상담자　상담은 지영 씨를 위한 시간이기 때문에 아무거나 말고, 먼저 다루고 싶은 하나의 문제를 선정한다면 어떤 문제를 먼저 다루고 싶습니까?

내담자 휴학문제도 괜찮나요?

상담자 휴학문제를 먼저 다루고 싶으신 건가요?

내담자 예.

상담자 그러면 휴학문제를 먼저 다루도록 할까요?

내담자 예.

사례 3   호소문제 탐색과 상담문제 선정은 상담신청서에 기록된 문제를 중심으로 이루어지기도 한다. 이 양은 담임교사의 소개로 상담실을 찾았는데, 담임교사는 "이 양이 평소에 자신감이 부족하고 우울경향이 있는 것 같다."고 하면서 우려하고 있었다. 이 양이 작성한 상담신청서의 호소문제 난에 "자신감을 얻고 싶어서"라고 쓰여 있었기 때문에 상담자는 이를 토대로 호소문제 탐색과 상담문제 선정 작업을 해 나갔다.

상담자 신청서에 보니까 상담받고 싶은 문제를 "자신감을 얻고 싶어서"라고 썼네요. 이게 어떤 의미인지 궁금하네요.

내담자 그러니까… 저는 자신감이 없어요. 그래서 상담을 받으려고요.

상담자 자신감이 없어서 상담을 받으려 하는군요. 자신감 없다는 상태가 어떤 것인지 알 수 있을까요?

내담자 그냥… 늘 자신이 없는 상태…….

상담자 항상 자신감이 부족하단 말이군요. 좀 더 이 양의 상태를 구체적으로 알고 싶은데, 자신감 없는 상태를 들여다보거나 느껴 보세요. 그리고 자신감 없는 상태란 구체적으로 어떤 상태인지 이야기해 줄 수 있나요?

내담자 그러니까… 얼굴도 못생겼고… 그래서… 사람들이 저를 싫어해요… 집에서도 그렇고.

상담자 '자신감 없다.'는 말은 '외모에 자신 없는 것', 그리고 '가족을 포함하여 주변 사람들이 이 양을 싫어하는 것'을 나타내는 말이군요.

내담자 예. 〈중략〉

상담자 제가 이해하기로는 외모에 대한 열등감 때문에 마음이 위축되어 소극적인 행동을 하게 되고, 그리고 사람들과 사귀는 데도 어려움을 느끼고, 또 학교 생활도 쉽지 않은 것으로 보이네요.

내담자　맞아요.

상담자　그럼 정리를 해 봅시다. 경미는 '외모에 대한 열등감, 소극적인 행동, 사람들과 사귀는 어려움, 그리고 학교생활 어려움' 등의 문제들을 상담받고 싶으신 거네요.

내담자　예.

상담자　그런데 한 번에 모든 문제를 해결할 수는 없으니까, 이들 중 우선적으로 상담받고 싶은 문제를 선정하는 것이 나을 것 같아요. 경미는 어떤 문제를 우선적으로 다루고 싶은지 궁금해요.

내담자　잘 모르겠어요.

상담자　잘 모르겠죠. 그렇다고 하더라도, 상담을 받는 당사자이니까 자신이 상담받으려는 문제를 선택해서 말을 해 주면, 필요한 도움을 드릴 수 있을 것 같아요. 그래서 잘 모르고 선정하기도 어렵겠지만, 그럼에도 불구하고 이들 중에서 가장 먼저 다루고 싶은 문제가 무엇인지를 한번 생각해 보았으면 합니다. '외모 문제, 소극적이고 내성적인 행동, 주변 사람들과의 어려움, 그리고 학교생활에서의 어려움'들 중에 어느 것부터 다루면 좋을까요?

내담자　열등감이 가장…….

상담자　외모에 대한 열등감 문제를 먼저 다루고 싶어요?

내담자　예.

상담자　그럼 '소극적 행동이나 사람들과의 어려움, 그리고 학교생활 어려움'에 대한 문제들은 나중에 다뤄도 되겠군요?

내담자　예.

상담자　좋습니다. 제가 볼 때는 모두 열등감과 관련된 문제들일 수 있는데, 어쨌든 외모에 대한 열등감부터 다뤄 나가고, 다른 문제들은 뒤로 미루는 것으로 합시다.

　사례 4　　호소문제 탐색 및 상담문제 선정은 비언어적 행동을 토대로 이루어지기도 한다. 즉, 상담장면에서 내담자의 비언어적 행동들을 구체화나 명료화함으로써 호소문제를 탐색할 수도 있다.

내담자　특별히 상담받을 문제가 있는 것은 아니에요. (길게 한숨 쉰다.) 제가 좀 그래요…….

상담자 한숨을 쉬는군요.

내담자 죄송합니다.

상담자 죄송하다고요?

내담자 갑자기 한숨이 나와서…….

상담자 갑자기 한숨이 나와서 죄송하다고 한 것이군요. 그런데 뭐가 죄송한가요?

내담자 그냥… 분위기를 무겁게 시작해서요.

상담자 분위기를 무겁게 하고 싶지 않은 마음이 있는 것 같군요. 죄송하다는 말 속에는 저를 배려하는 마음도 담겨 있지만 저의 눈치를 보는 측면도 있는 듯이 보이네요. 일상생활하면서 다른 사람들 눈치를 보는 편인가요?

내담자 예. 많이 신경 쓰는 편입니다. 그래서 사람들에게 신경질을 많이 내면서도 늘 후회하는 편입니다.

상담자 사람들 눈치를 덜 보는 사람이 되고 싶으신가요?

내담자 예.

상담자 그렇군요. 그리고 왜 한숨을 쉬었는지 궁금하군요.

내담자 한숨… 글쎄요. 그냥 스트레스 많이 받고, '신경질을 많이 내는 내가 싫다.' '내가 참 문제가 많구나.' '나에게 실망이다.'라는…….

상담자 스트레스와 한편으로 신경질을 많이 내고 문제가 많은 자신에 대한 실망스러움이 나도 모르게 한숨으로 나온 거군요…….

내담자 예… 제가 너무 예민하게 짜증 부리고 화내고 하는 것 같아요… 자꾸 그런 모습이 되어 가는 저 자신이 싫어요. 사실 민수와 싸운 일도 이것 때문이에요. 짜증을 많이 부리는 편이거든요.

상담자 사람들 눈치를 보는 문제, 그리고 예민하고 짜증 부리고 화내는 문제, 그러니까 신경질을 많이 내는 문제에 대해서 상담을 받고 싶으신 건가요?

내담자 예.

상담자 그럼 눈치 보거나 신경질 내는 문제에 대해 초점을 두고 상담을 할까요?

내담자 예.

사례 5   다음 사례는 발표불안 문제를 가진 남자 대학생이다. 이 역시 내담자의 비언어적 행동을 중심으로 호소문제 탐색과 상담문제 선정 작업을 해 나간 사례이다.

상담자   고등학교 영어시간이 무척 힘들었겠네요. 그 이전에는 기억나는 것이 없어요?

내담자   영어문제는 늘 제게 숙제예요… 저는 늘 부족하고 부끄러움이 많았거든요… 왠지 불편해요… 낯선 사람들과 있는 것이요.

상담자   지금은 어떠세요? 저와 이야기하는 상황이 편안하세요?

내담자   크게 편하지는 않고…….

상담자   그럴 수 있다고 생각돼요. 김 군이 지금 느끼는 심정을 좀 더 알고 싶네요. 지금 상태를 말로 표현해 볼 수 있겠어요?

내담자   사실 조금 떨리고… 긴장도 되고… 뭐랄까… 꼭 그런 것만은 아니지만 무엇인가 들킬 것 같고…….

상담자   다소 들킬 것 같은 기분 때문에 긴장되어 조금 떨리는 거군요… 지금까지 이야기하면서 김 군은 손으로 휴지를 계속 말고 있었다는 것을 알고 있으세요?

내담자   (다소 놀라면서) 아… 잘은 몰랐어요. 긴장이 되면… 버릇이 돼서…….

상담자   제 생각으로는 들킬 것 같은 기분, 긴장감, 그리고 손으로 휴지를 계속 마는 행동들은 불안을 나타내는 것 같아요. 그러니까 낯선 사람과 지금처럼 처음 만날 때 불안을 느낀다는 것이지요.

내담자   맞아요. 제가… 사실 마음이 약해서… 어릴 때부터 자신감이 없었거든요. 형처럼 공부도 못하고… 자라면서 열등감이 많았어요.

상담자   영어공부 문제, 그리고 불안과 관련된 주제도 있지만, 그 이면에는 자신감 없는 문제, 즉 열등감 문제를 가지고 있군요. 이들 중에서 하나를 선택해서, 그 문제를 중심으로 상담을 진행하면 더 나을 듯한데, 그래도 괜찮겠어요?

내담자   예. 전 아무렇게나 해도 괜찮아요.

상담자   김 군이 선택을 해 봐요. 어떤 문제를 더 우선적으로 상담받고 싶으신가요?

내담자   열등감 문제… 잘 모르겠어요.

상담자   그럼 우선 열등감 문제에 대해 초점을 두고 상담을 진행할까요?

내담자   예.

3) 상담문제 선정 준거

상담문제를 선정하는 작업이 쉽지 않을 수도 있다. 예를 들어, 내담자가 '많은 수의 문제들을 상담에서 다루고 싶다.'고 할 경우, 상담시간이 부족한 상황에서 '장기상담 주제를 상담에서 다루고 싶다.'고 할 경우, '신경생리적 정신질환 증상과 관련된 문제를 상담에서 다루고 싶다.'고 할 경우, '내담자가 호소하는 문제와 상담자가 파악한 핵심문제'가 다를 경우, '내담자의 호소문제와 관련인의 호소문제'가 다를 경우, 상담동기가 없거나 적은 '비자발적인 내담자'일 경우 등은 상담문제를 선정하는 작업이 쉽지 않다.

내담자들은 취약성이나 수치심과 관련된 일부 주제에 대해서는 상담에서 다루려고 하지 않는다. 예를 들어, 교통사고 뺑소니, 도둑질, 자위, 외도, 혼전 성경험, 혼전 임신, 자살충동, 정신병 등과 같은 취약성이나 수치심과 관련된 문제들은 상담에서 다루려고 하지 않을 수 있다. 또 일부 내담자들은 심각한 문제는 피하고 대신 가벼운 문제 또는 사회적으로 용납되는 문제를 다루려는 경향이 있다. 예를 들어, 부모자녀 갈등, 진로, 취업, 학업, 직무갈등, 사랑과 관련된 갈등과 같이 가볍고 사회적으로 용납되는 주제들을 다루려는 경향이 있다.

사례 1: '상습적인 도벽행동' 때문에 학교에서 징계를 받아 학생지도 차원에서 상담실로 의뢰된 중학교 3학년 여학생인 오 양은 상담에서 도벽문제를 다루는 것은 피하고 싶어 했다. 그녀는 도벽 대신 학습이나 진로 문제를 호소하면서 이를 다루고 싶어 했다.

사례 2: 30대 초반의 김 중사는 8개월 전에 수류탄 오폭사고를 경험하였다. 그 사건 이후에 김 중사는 수류탄뿐만 아니라 실탄이 장전된 총기나 포, 그리고 모든 폭발물에 대해 심한 공포를 느껴 왔지만 이를 숨기고 있다. 공포증이 진급에 악영향을 줄 것이란 확신 때문이었다. 상담자가 김 중사의 공포감 대해 언급하고, 이를 상담에서 다룰 것을 권하였지만 김 중사는 공포증이 아닌 불면증과 부하장병들과 의사소통 문제를 다루고 싶어 했다.

사례 3: 40대 후반의 어머니가 고등학교 2학년 아들의 집단 따돌림 당하는 문제를 상담해 달라고 하였다. 그러나 아들은 집단 따돌림 문제를 다루고 싶지 않다고 하였다. 그는 중학교 때 학교에서 몇 번 상담을 받았었는데, 학교 선생님의 부적절한 개입으로 인해 학교 전체 학생들에게 집단 따돌림 받는 아이로 낙인찍히면서, 문제가 더 악화된 경험을 가지고 있었다. 그는 최근에 검정고시와 관련된 고민을 하고 있었기 때문에 집단 따돌림 문제가 아닌 진로문제를 다루고 싶어 했다.

상담문제 선정은 종종 복잡하고 어려운 작업이 될 수 있는데, 이럴 때 상담문제를 선정하는 기준들을 알고 있으면 도움이 된다. 상담문제 선정과 관련된 기준들을 정리하면 다음과 같다.

첫째, 내담자가 호소한 문제를 우선한다. 즉, 내담자가 호소한 문제들 중에서 상담문제를 선정하는 것이 바람직하다. 반대로 내담자가 호소하지 않은 문제는 우선순위에서 차순위로 미루는 것이 바람직하다.

둘째, 내담자가 선택하거나 동의한 문제를 우선한다. 즉, 호소문제가 많을 때는 내담자에게 상담문제 선택을 요청한 후, 내담자가 선택한 문제를 우선한다. 또한 내담자의 호소문제와 관련인의 호소문제가 다를 때는 관련인의 호소문제를 내담자에게 알리고 나서 우선적인 상담문제로 선정할 것을 권유한 후, 내담자가 동의하는 문제를 우선한다.

셋째, 당면한 문제를 우선한다. 즉, 현재 내담자가 당면하고 있는 현안 문제를 우선한다. 반대로 무의식적인 과거의 미해결 문제나 아직 일어나지 않은 미래의 잠재적 문제는 우선순위에서 차순위로 미루는 것이 바람직하다.

넷째, 고통이 큰 문제를 우선한다. 즉, 주관적 고통이나 어려움 인식이 큰 문제를 우선한다. 반대로 주관적 고통이나 어려움 인식이 없거나 적은 문제는 우선순위에서 차순위로 미루는 것이 바람직하다.

다섯째, 해결 가능한 문제를 우선한다. 즉, 상담의 범주에서 다룰 수 있는 문제, 상담자의 전문적 자격과 능력 범주 내에서 다룰 수 있는 문제, 그리고 내담자의 능력 범주 내에서 해결이나 성취 가능한 문제를 우선한다. 이와 반대로 경제, 법률, 의료 등과 같이 상담서비스 영역이 아니거나 상담자의 전문 영역이 아닌 문제, 그리고 내담자의 능력 범주 밖의 문제들은 우선순위에서 차순위로 미루는 것이 바람직하다.

여섯째, 위기문제를 우선한다. 즉, 내담자나 관련인이나 사회공동체의 위기와 관련된 문제를 우선한다. 상대적으로 위기가 아닌 일반문제는 우선순위에서 차순위로 미루는 것이 바람직하다. 여기서 위기문제는 자살, 폭력(성, 가정, 학교, 군대 등), 가출, 원하지 않는 임신과 낙태, 급성 정신증, 공황, 약물, 가해, 범죄, 전염병 등을 포함한다. 그런데 내담자가 종종 이런 위기문제를 상담문제로 선정하기를 원하지 않는다. 이럴 경우 상담자는 정서적 지지와 함께 적극적인 설득이나 상담구조화가 필요할 수 있다.

일곱째, 정신장애 문제를 우선한다. 즉, 문제평가를 통해 정신장애가 있다는 것을 알게 되었다면, 이 정신장애 문제를 우선한다. 상대적으로 정신장애가 아닌 일반문제는 우선순위에서 차순위로 미루는 것이 바람직하다. 여기서 정신장애는 DSM5에 기술된 정신장애들을 포함한다. 그런데 내담자가 종종 이런 정신장애 문제를 상담문제로 선정하기를 원하지 않는다. 이럴 경우에도 상담자는 정서적 지지와 함께 적극적인 설득이나 상담구조화가 필요할 수 있다.

표 7-2 상담문제 선정 준거

1. 내담자가 호소한 문제를 우선한다.
2. 내담자가 선택하거나 동의한 문제를 우선한다.
3. 당면한 문제를 우선한다.
4. 고통이 큰 문제를 우선한다.
5. 해결 가능한 문제를 우선한다.
6. 위기문제를 우선한다.
7. 정신장애 문제를 우선한다.

비자발적이고 수동적인 내담자들   비자발적이고 수동적인 내담자들을 대상으로 호소문제를 탐색하거나 상담문제를 선정하는 작업은 결코 쉽지 않다. 이런 내담자들과 상담할 때 고려해야 할 사항들을 정리하면 아래와 같다.

첫째, 내담자가 지나치게 비자발적이고 수동적일 때는 관련인과의 면접을 고려한다. 즉, 가족이나 보호자, 상담 의뢰인 등과 면접하면서 호소문제 탐색이나 상담문제 선정 작업을 해 나간다. 예를 들면, 관련인에게 '내담자의 문제가 무엇인지?', 또 '상담에서 어떤 문제를 우선적으로 다루기를 원하는지?'에 대해 묻는다. 그리고 나중에, 내담자에게 관련인이 호소한 문제들을 알리면서 상담문제 선정 작업을 해 나갈 수 있다.

둘째, 지시적 접근을 한다. 즉, 상담자가 주도적으로 내담자의 문제를 진단해 주고, 또 상담자가 진단된 문제들 중에서 상담문제를 선택한 후, 이 상담문제를 중심으로 상담을 이끌어 나갈 수 있다.

셋째, 상담자 중심의 접근들 중에서 유용한 것은 투망식 탐색이다. 즉, 여러 범주의 문제들에 대한 질문들을 준비해서 내담자에게 투망하듯이 던져 보고, 내담자의 응답내용과 반응행동을 보면서, 몇 가지 상담문제들을 선택하고, 이 문제들 중에서 우선적인 상담문제를 선정하도록 요구하는 방식이다. 이런 투망식 탐색을 체계적으로 하려면 '상담문제 질문지, 위기평가 체크리스트, 생활문제 체크리스트, 스트레스 체크리스트, 문장완성 검사'와 같은 질문지나 체크리스트나 검사지 등을 활용하는 것이 바람직하다.

'상담문제 질문지'를 활용한 상담문제 선정 과정을 예시하면 다음과 같다. 사례의 내담자는 중학교 3학년 남학생인데, 등교거부 문제 때문에 학교 담임선생님이 상담을 의뢰하였다.

상담자 특별히 상담받을 문제가 없는데 정말 귀찮게 한다는 말이구나. 어떤 점이 귀찮은지 이야기해 줄 수 있어?

내담자 글쎄요. 그냥 귀찮아요…….

상담자 정말 귀찮고 싫은 것 같구나… 그런데 상담이 귀찮은 것만은 아니지 않니? 좋은 점 중에 하나는 상담을 받으면 네가 싫어하는 학교에 가지 않아도 되잖아. 안 그래?

내담자 그렇긴 하죠.

상담자 그렇지! 귀찮은 점도 있지만 좋은 점도 여러 개 있지… 그런데 상담을 하려면 네 상태를 알아야 하니까, 네가 어떤 상태이고 어떤 문제들을 가지고 있는지를 알아보려고 하는데. 괜찮겠어?

내담자 예.

상담자 관련된 20여 가지 질문들이 있는데, 이 질문들을 너에게 해도 괜찮겠니?

내담자 예.

상담자 그래. 그럼 질문들을 하겠는데, 이 질문들 중에는 사적인 내용을 묻는 질문들이 많이 포함되어 있어. 그래서 질문받고 답변하기 곤란하면 이야기를 해 주렴. 배려하면서 질문을 하고 싶어서 그래. 그래 줄 수 있니?

내담자 예.

상담자 그럼 질문을 시작할게. 신체적 건강은 어때? 어디 아프거나 이상이 있는 데는 없니?

내담자 없어요.

상담자 밥맛이 없거나, 잠을 잘 못 자거나 하는 문제들이 있니?

내담자 아뇨.

상담자 아픈 데 없고 건강한 상태구나… 지능검사를 받은 적이 있어?

내담자 학교에서 받은 것 같아요.

상담자 자신의 지능이 얼마인지 아니?

내담자 아뇨… 지능은 잘 모르겠고, 손재주 있고 음악가나 예술가가 맞다고 나왔던 것 같은데요.

상담자 손재주 있고, 음악이나 예술이 맞다고 나왔었구나… 그렇다면 넌 어떻게 생각하니? 스스로 지능이 높은 것 같아? 아니면 낮은 것 같아? 또는 보통?

내담자 그냥 보통… 잘 모르겠어요. 지금은 머리가 나쁜 것 같아요.

상담자 옛날에는 머리가 어땠었던 것 같니?

내담자 어릴 때는 똑똑하단 말을 좀 들었어요.

상담자 그랬구나. 어릴 때는 똑똑하단 말을 좀 들을 정도로 머리가 좋았었는데, 지금은 머리가 나쁜 것 같다는 말이구나… 혹시 집에서나 학교, 그리고 친구들과 놀 때나 혼자 있을 때 기분이 안 좋을 때가 있니? 만약 안 좋은 기분이나 감정을 느꼈다면 어떤 기분이나 감정들이니?

내담자 짜증 나는 거… 귀찮은 기분… 잘 모르겠어요.

상담자 잘 모르겠지만, 짜증 나고 귀찮은 기분을 느끼는구나… 그리고 평소에 널 힘들게 하는 안 좋은 기억이나 상상이나 생각들이 있어?

내담자 글쎄요…….

상담자 생각이 나지 않는 거구나… 그럼 평소에 널 힘들게 하거나 문제가 되는 마음속의 어떤 충동이나 동기나 소망이나 바람 등이 있니?

내담자 아니요.

상담자 자신의 행동들 중에 마음에 들지 않는 것이 있어? 예를 들어, 마음에 들지 않는 자신의 생각하는 방식이나 결정하는 방식, 그리고 방어적인 행동, 그리고 말하는 방식이나 행동 방식, 그리고 좋지 않은 습관이나 태도 등이 있니?

내담자 글쎄요… 아까 말한, 안 좋은 기억이 있긴 해요.

상담자 어떤 기억인지 이야기해 줄 수 있어?

내담자 이사한 일요.

상담자 이사한 기억이 안 좋은 기억이구나… 너에게는 이사와 관련된 안 좋은 일이 있는 것 같구나… 그 기억에 대해 궁금하다만, 추가로 다른 질문을 더 해도 되겠니?

내담자 예.

상담자 좀 전에 말한 자신의 행동들 중에 마음에 들지 않는 것이 있어?

내담자 별로 없어요.

상담자 별로 없단 말이지. 그럼 너의 주변 사람들, 그러니까 가족이나 친구들 또는 아는 사람들은 너의 성격이나 너의 행동 및 태도에 대해 어떤 생각들을 가지고 있는지 알고 있니?

내담자 아뇨. 잘 모르겠는데요.

상담자 그렇구나. 가족관계는 어떠니? 가족은 누가누가 있어?

내담자   아빠는 마산에 일하러 갔고, 저는 할머니와 둘이 같이 살아요.

상담자   엄마는?

내담자   없어요.

상담자   없다는 말은 무슨 뜻이니?

내담자   돌아가셨어요.

상담자   아~ 돌아가셨구나. 그런데 언제 돌아가셨어?

내담자   예?… 꼭 이야기를 해야 돼요?

상담자   이 이야기를 하는 것이 어떠니?

내담자   이야기하고 싶지 않아요.

상담자   그렇구나. 불편하면 이야기하지 않아도 돼. 그리고 지금처럼 대답하기 불편
          하면 불편하다고 이야기를 해 줘. 널 위해서 하는 상담이니 널 힘들게 할 생
          각은 없으니까 말이야. 알겠니?

내담자   예.

상담자   친구관계는 어떠니?

내담자   친구요?… 글쎄요… 친구들이 저를 좋아하지 않아요… 제일 친한 친구는 이
          사 와서 헤어졌어요.

상담자   이사 때문에 친한 친구와 헤어진 거구나… 주변에서 너와 친하게 지내는 사
          람들이 있니?

내담자   아뇨…….

상담자   학교 공부는 어때? 공부 좀 하니?

내담자   아뇨. 못해요… 전 공부를 거의 안 해요. 좋아하지 않아요.

상담자   그렇구나. 좀 더 자세히 묻자. 혹시 과목들 중에 특히 좋아하거나 싫어하는
          과목이 있어?

내담자   다 못해요. 어릴 때는 조금 잘했어요… 수학을 잘했어요.

상담자   어릴 때라면 초등학교 때를 말하니?

내담자   예.

상담자   초등학교 때는 공부를 제법 했었구나. 그리고 특히 수학을 잘했었구나… 그
          런데 어느 정도 잘했어?

내담자   반에서 1등도 하고, 항상 5등 안에는 들었어요.

상담자   그래? 공부를 조금 잘한 것이 아니라 많이 잘했었구나… 그런데 성적이 떨어

질 만한 이유가 있었니?

내담자 그냥요… 전 공부가 싫어요. 학교도 싫고…….

상담자 공부나 학교가 싫은 거구나… 지금까지 신체건강, 마음이나 행동, 인간관계, 학교 공부에 대해 내가 질문하면 네가 답변을 했는데, 질문 받고 또 답변을 하면서 어떤 생각을 했니?

내담자 좋았어요.

상담자 어떤 점이 좋았어?

내담자 그냥요…….

상담자 느낌이 좋았단 말이구나… 네 이야기를 들어 보니, 네가 '짜증나고 귀찮은 기분, 이사와 관련된 안 좋은 기억, 엄마와 관련된 이야기를 하는 것이 불편한 점, 친구들이 널 안 좋아한다는 문제, 그리고 공부 문제' 등을 가지고 있는 것 같구나. 이들 중에서 네가 원하는 문제를 하나 선정해서 상담을 해 나갔으면 좋겠는데, 그래도 괜찮겠니?

내담자 예.

상담자 어떤 문제를 먼저 다루고 싶니?

내담자 글쎄요… 이사했던 일을 이야기해도 돼요?

상담자 물론 되지. 그럼 이사와 관련된 안 좋은 기억에 대해 상담하는 것으로 할까?

내담자 예.

2. 문제상황 명료화

상담의 주된 목표는 내담자의 역기능적인 행동, 즉 문제행동을 바람직한 방향으로 변화시키는 것이다. 이 때문에 상담에서는 내담자의 문제행동을 탐색하여 명료화하려 한다. 그런데 이러한 문제행동은 문제상황이라는 구체적인 맥락 속에서 일어난다. 따라서 상담에서는 '맥락과 분리된 문제행동'이 아니라 '구체적인 문제상황이라는 맥락 속에서의 문제행동'을 탐색하여 명료화시키려 한다. 문제상황 명료화란 '문제행동이 일어나는 구체적인 상황을 탐색하여 명확하게 밝히는 작업'을 의미한다. 여기서는 문제상황 명료화를 '문제상황 탐색 및 명료화'와 '문제행동 탐색 및 명료화'로 구분하여 설명하였다.

1) 문제상황 탐색 및 명료화

일반적으로 호소문제가 탐색되고, 이를 바탕으로 상담문제가 선정된 이후에는, 선정된 상담문제가 일어나는 구체적인 문제상황을 탐색하여 명료화하는 작업으로 이어진다. 여기서 문제상황이란 문제행동이 일어나는 상황적 배경을 포괄적으로 지칭하는데, 상담에서 다루는 문제상황은 '최근의 문제상황, 과거의 문제상황, 미래의 문제상황, 그리고 지금여기 상담장면에서의 문제상황'의 네 가지로 구분할 수 있다. 따라서 '문제상황 탐색 및 명료화'란 '최근, 과거, 미래, 그리고 상담장면의 문제상황을 탐색하여 명료화하는 작업'을 의미한다. 한편, 상담실제에서 문제상황 탐색 및 명료화 작업을 할 때는 대안상황 탐색 및 명료화 작업도 병행된다. 즉, 상담실제에서는 문제행동이 일어나는 문제상황적 배경을 탐색 및 명료화하면서, 동시에 대안행동이 일어나는 대안상황적 배경도 탐색 및 명료화해 나간다.

접근방식에 따른 문제상황이나 대안상황 명료화   상담의 접근 방식에 따라 문제상황이나 대안상황 탐색 및 명료화 내용이 달라진다. 예를 들어, 정신분석, 행동상담, 인지상담, 인간중심상담에서의 문제상황이나 대안상황 탐색 및 명료화 내용을 요약하면 다음과 같다.

- 정신분석: 현재와 과거의 문제상황을 탐색 및 명료화한다. 먼저 현재의 문제상황들은 상담활동이나 상담자와의 상호작용과 관련된 사건들을 말한다. 특히 자신의 문제상황과 문제행동을 노출하는 일과 관련된 사건, 상담이나 상담자에 대한 저항과 관련된 사건, 상담자와의 전이와 관련된 사건, 저항이나 전이의 반복 및 재연과 관련된 사건 등이다. 또한 과거의 문제상황을 탐색 및 명료화한다. 이런 과거의 문제상황 속에는 최근의 문제행동과 관련된 생활사건, 그리고 과거의 정신적 외상이나 미해결문제와 관련된 사건, 그리고 생애초기 성격발달과 관련된 발달사건 등이 포함된다.
- 행동상담: 관찰, 측정, 조작 가능한 문제행동과 관련된 현재의 문제상황을 탐색한다. 여기서 문제행동과 관련된 현재의 문제상황에는 문제행동을 유발하는 선행사건과 자극, 그리고 문제행동을 강화하는 후속사건과 자극이 포함된다. 또한 대안행동과 관련된 현재의 대안상황을 탐색한다. 여기서 대안행동과 관련된 현재의 대안상황

에는 대안행동을 유발하는 선행사건과 자극, 그리고 대안행동을 강화하는 후속사
건과 자극이 포함된다.

- 인지상담: 역기능적 사고나 신념과 연관된 선행사건과 후속사건을 탐색 및 명료화한
  다. 여기서 선행사건이란 역기능적 사고나 신념이 시작되기 이전의 중립적 사건을
  의미하고, 후속사건이란 역기능적 사고나 신념 이후의 부정적 정서나 문제행동과
  연관된 부정적 사건을 의미한다. 또한 기능적 사고나 신념과 연관된 선행사건과 후
  속사건을 탐색 및 명료화한다. 여기서 선행사건이란 기능적 사고나 신념이 시작되
  기 이전의 중립적 사건을 의미하고, 후속사건이란 기능적 사고나 신념 이후의 긍정
  적 정서나 대안행동과 연관된 긍정적 사건을 의미한다.
- 인간중심적 상담: 현재의 문제상황을 탐색 및 명료화한다. 즉, 지금여기에서의 역기
  능적인 내담자의 정서적 경험이나 행동, 그리고 상담자와의 상호작용과 관련된 부
  정적 사건들을 탐색 및 명료화한다. 또한 현재의 대안상황을 탐색 및 명료화한다.
  즉, 지금여기에서의 기능적인 내담자의 정서적 경험이나 행동, 그리고 상담자와의
  상호작용과 관련된 긍정적 사건들을 탐색 및 명료화한다.

(1) 최근의 문제상황 탐색 및 명료화

호소문제가 탐색되고, 이를 바탕으로 상담문제가 선정된 이후에는, 선정된 상담문제
와 관련된 구체적인 문제상황을 탐색하여 명료화하는 작업으로 이어진다. 이런 작업은
보통 최근의 문제상황을 탐색하면서부터 시작된다. 최근의 문제상황을 탐색하는 질문들
을 정리하면 아래와 같다.

- 최근에 그런 문제(선정된 상담문제)가 일어났던 구체적인 사건을 예를 들어 보시겠
  습니까?
- 최근에 그런 문제가 일어난 구체적인 상황을 이야기해 보시겠습니까?
- 가장 최근에 그런 문제가 일어난 구체적인 사건을 이야기해 줄 수 있습니까?
- 그런 문제와 관련된 사건이 최근에 일어났습니까? 최근에 일어난 사건들을 이야기
  해 줄 수 있습니까?
- 이 문제로 고통을 경험한 구체적인 사건이 최근에 있었습니까?
- 최근에 내가 이 문제로 상담받을 필요가 있구나 하고 느낀 사건이 있었습니까?
- 최근에 나에게 이런 문제가 있구나 하고 느낀 구체적인 사건이 있었습니까?

예를 들어, 발표불안 문제를 가진 내담자에게는 다음과 같이 최근의 문제상황 탐색 및
명료화를 시도할 수 있다.

내담자　발표불안 문제가 가장 큰 것 같아요.

상담자　그럼 일단 발표불안 문제에 초점을 두고 상담을 진행하는 것으로 할까요?

내담자　예.

상담자　최근에 발표불안을 경험했던 일이 있었나요?

내담자　예. 며칠 전에도 그랬어요.

상담자　며칠 전에 있었던 사건에 대해 구체적으로 이야기해 줄 수 있나요?

내담자　그러니까 3일 전에 논문발표가 있었어요. 다른 일 때문에 제가 준비를 제대
　　　　로 못한 것도 있었지만, 사실 준비는 할 만큼 했어요. 오히려 너무 많이 해서
　　　　문제죠. 제가 마음이 약해서 사람들 앞에서 이야기하는 것을 싫어해요. 그러
　　　　나 피할 수 없는 거잖아요. 그래서 연습을 하고 또 하고 했는데, 막상 발표일
　　　　이 되니까 떨려서 발표를 잘 못하겠는 거예요. 사람들이 이상하게 볼 정도로
　　　　떨렸어요. 교수님도 편하게 하라고 말을 하는데 그게 말처럼 쉽게 되는 것이
　　　　아니잖아요.

다음은 외모문제로 상담을 받던 이 양의 사례이다.

내담자　외모죠. 전 열등감이 있어요.

상담자　그렇군요. 외모 때문에 열등감을 느꼈던 구체적인 예를 하나 들어 볼래요?

내담자　친구 아니… 여자들은 다 친한 친구들을 가지고 있잖아요. 서로 같이 다니고
　　　　선물도 하고 같이 놀러 다니고… 그런데 저는 혼자예요…….

상담자　다른 아이들과는 달리 친구가 없어서 외롭다는 말이네요… 그렇게 친구가
　　　　없어서 외로움을 느꼈던 구체적인 사건을 예로 들어 줄 수 있어요?

내담자　쉬는 시간이 되면 친한 친구들끼리 매점도 가고 그렇거든요. 학교 끝나면 서
　　　　로 같은 학원에 다니기도 하고요. 그러나 저는 친한 친구가 없어요… 없는
　　　　건 아니지만 친하지가… 아이들은 저 보고 '점순이'라고 놀려요. 친구 이름도
　　　　말해요? (상담자가 고개를 끄덕임). 영희라고 있는데, 조금 있다고 잘난 척하
　　　　는 아이예요. 나보고 같이 다니면 쪽팔린다고… 전에 '점순이'라고 놀려서 저

도 '공부도 못하면서 혼자 잘난 척한다.'고 말해 버렸죠. 그래서 싸웠어요…

영희 짝꿍이 일곱 명 있는데… 나하고는 말도 안 해요. 영희가 그렇게 만들

거든요.

상담자 따돌림이나 배척받는 기분을 느끼는 거군요.

내담자 예.

상담자 영희와 그 일곱 명의 짝꿍들로부터 따돌림이나 배척을 당할 때 외모에 대한

열등감이 문제가 되는 거군요… 이번 주에도 그런 일이 있었어요?

내담자 거의 매일 그래요.

상담자 그럼 이번 주에 일어난 사건을 구체적으로 이야기해 볼래요?

내담자 어제 점심 때, 우린 급식을 하거든요. 사람들이 많아서 앉을 자리가 없는데…

내가 먼저 자리에 앉았거든요. 그런데 미경이가 먼저 자리를 잡아 놓았다면

서 다른 데로 가라고 하잖아요. 자리는 조금 여유가 있었거든요. 그런데도…

미경이 남자친구는 짱이거든요… 가만히 있으니까 또 영희가 와서… 사람들

앞에서 막 뭐라고… 저보고 '재수 없다, 더럽다, 얼굴도 참 못생겼다, 꼭 외계

인 같다.'는 말들을 많이 해요. 그 애들은 꼭 같이 붙어 있거든요…….

상담자 그러니까 이 양은 영희와 그 친구들에게 재수 없다거나 못생겼다거나 외계

인 같다는 말을 자주 듣게 되는데, 그럴 때 외모에 대한 열등감이 생긴다는

말이군요. 이런 경험은 거의 매일 하게 되지만, 구체적으로는 어제 점심시간

에 식당에서 밥을 먹으면서 또 경험을 했던 것이고요.

질문과 문제상황 명료화   질문은 문제상황을 탐색하거나 명료화해 나가는 데 꼭 필요
한 기초기술이다. 이런 질문은 육하원칙을 토대로 이루어진다. 즉, '언제, 어디서, 누가, 무
엇을, 어떻게, 왜 했나?'를 질문함으로써 문제상황을 탐색하거나 명료화해 나갈 수 있다.

- '언제?'란 질문을 통해 문제가 일어난 '구체적인 시간, 시기, 지속기간' 등을 탐색할
  수 있다.
- '어디서?'란 질문을 통해 문제가 일어난 '구체적인 장소, 환경이나 상황적 조건' 등을
  탐색할 수 있다.
- '누가?'란 질문을 통해 '구체적으로 문제를 느끼는 자, 고통받는 자, 문제를 정의하는
  자, 문제를 유발하는 자, 문제에 영향을 받는 자' 등을 탐색할 수 있다.

- '무엇을?'이란 질문을 통해 문제와 관련된 '구체적인 경험의 내용이나 대상, 구체적인 상황이나 사건' 등을 탐색할 수 있다.
- '어떻게?'란 질문을 통해 문제와 관련된 '구체적인 행동의 내용, 행동의 전개과정' 등을 탐색할 수 있다.
- '왜?'란 질문을 통해 문제와 관련된 '사건과 행동과 결과 간의 상관이나 인과관계, 그리고 원인, 동기, 목적, 소망, 역사, 그리고 귀인태도' 등을 탐색할 수 있다.

생략, 왜곡, 일반화 탐색   NLP(Neuro Linguistic Programming)에는 탁월한 심리치료자들이 사용하는 언어패턴들을 요약 · 정리한 메타모형(Meta Model)이란 것이 있다. 메타모형에서는 내담자의 심층 의식에 존재하는 '있는 그대로의 경험'이 표층 의식으로 '인식되는 과정'에서, 그리고 표층 언어로 '표현되는 과정'에서 '생략, 왜곡, 일반화가 일어난다.'고 가정한다. 이 모형은 생략, 왜곡, 일반화된 인식이나 언어표현을 찾아내고, 여기에 도전하는 원리와 방법을 체계적으로 설명하고 있다. 이 때문에 메타모형은 문제상황을 명료화하는 데 많은 도움이 된다.

구체적으로 말하면, 메타모형은 ① 내담자의 인식이나 언어적 표현내용 중에서 생략된 것들이 무엇인지에 대한 설명틀을 제공해 준다. ② 생략된 내용에 도전하기 위해서 어떻게 질문하면 되는지에 대한 구체적인 방법을 제공해 준다. ③ 메타모형은 내담자의 인식이나 언어적 표현내용 중에서 왜곡된 것들이 무엇인지에 대한 설명틀을 제공해 준다. ④ 왜곡된 내용에 도전하기 위해서 어떻게 질문하면 되는지에 대한 구체적인 방법을 제공해 준다. ⑤ 메타모형은 내담자의 인식이나 언어적 표현내용 중에서 일반화된 것들이 무엇인지에 대한 설명틀을 제공해 준다. ⑥ 일반화된 내용에 도전하기 위해서 어떻게 질문하면 되는지에 대한 구체적인 방법을 제공해 준다.

예를 들어, '변심한 약혼자로부터 파혼을 통보받은 일로 힘들어하는 여자 내담자'가 "회복할 수 없는 상처를 받았어요."라고 언어적 표현을 했다면, 이 문장에는 서술어와 목적어만 있고 '주어가 생략'되어 있다. 또한 특정 사건과 경험을 '회복할 수 없다, 상처를 받았다, 내가 피해자다.'라고 인식하고 또 이를 표현하는 과정에서 '왜곡이나 일반화'가 일어나고 있다. NLP에서는 여기에 도전할 수 있는 구체적인 원리와 방법을 제공한다. 예를 들면, 다음과 같은 질문을 통해 도전할 수 있다.

내담자   회복할 수 없는 상처를 받았어요.

상담자　누가 회복할 수 없는 상처를 받았다는 말입니까? ('생략된 주어'에 대한 질문)

내담자　제가요.

상담자　당신이 회복할 수 없는 상처를 받았다는 말이군요. 그런데 당신이 받은 회복할 수 없는 상처란 구체적으로 무엇을 의미하나요? ('일반화된 목적어인 상처'에 대한 구체화 질문)

내담자　자존심 상했어요.

상담자　자존심 상했군요. 그렇게 자존심 상하는 상황에서 당신은 구체적으로 어떻게 행동하였습니까? (일반화된 서술어 '자존심 상했어요.'에 대한 구체화 질문)

내담자　아무런 말도 못하고 가만히 얼굴 붉히고 있었어요.

상담자　자존심이 상했지만 아무 말도 못하고 얼굴만 붉히고 있었군요.

내담자　사람들은 그런 상황에서 다 그럴 수밖에 없는 거 아닌가요?

상담자　그런 상황에서는 모든 사람이 다 아무 말도 못하고 얼굴만 붉힌다고 생각하시는군요. 그런데 정말 모든 사람이 다 아무 말도 못하고 얼굴만 붉히고 있을까요? 정말 아무도 다르게 행동하지 않을까요? (일반화된 '모든 사람이 다 아무 말도 못하고 얼굴만 붉힌다.'에 대한 도전)

(2) 과거의 문제상황 탐색 및 명료화

　문제상황은 어느 날 갑자기 나타나는 것이 아니다. 모든 문제상황은 역사적 맥락을 가지고 있다. 상담에서는 문제와 관련된 역사를 문제사(問題史)라 하고, 임상에서는 정신병과 관련된 역사를 병력(病歷)이라 한다. 일부 상담접근에서는 문제사나 병력을 탐색하여 명료화하려 한다. 예를 들면, 정신분석에서는 정신적 외상이나 미해결 과제와 관련된 과거의 문제상황, 더 나아가 성격발달과 관련된 아동기의 문제상황들을 탐색하여 명료화하려 한다.

　일반적으로 과거의 문제상황을 탐색 및 명료화할 때는 구체적인 기억을 직접 회상시키거나 아니면 관련된 기억을 연상시킨다. 예를 들면, 아래와 같은 질문으로 시작할 수 있다.

- 이런 문제는 언제부터 시작되었습니까? 그때 구체적으로 어떤 사건들을 경험하였습니까?
- 맨 처음 이런 문제를 겪게 된 것은 언제입니까? 그 당시에 경험했던 구체적인 사건

을 이야기해 보십시오.

• 이와 비슷한 문제가 과거에도 있었나요? 과거에 경험했던 일을 구체적으로 이야기 해 줄 수 있습니까?

• 이 문제와 연관되어 과거에 경험했던 일 중에 지금 떠오르는 사건들이 있습니까? 과 거의 사건들을 떠오르는 대로 이야기해 보시겠습니까?

발표불안 문제를 가진 이 양의 사례에서, 과거의 문제상황을 탐색하여 명료화하는 과 정을 예시하면 아래와 같다.

내담자   도망치고 싶었습니다.

상담자   정말 부끄러웠겠네요. '발표불안'은 구체적으로 '세미나 발표'와 연관되어 있 군요. 그런데 언제부터 발표할 때 불안을 느끼기 시작했는지 기억할 수 있겠 어요?

내담자   잘 모르겠어요. 글쎄⋯ 어릴 때부터 겁이 많다는 이야기를 많이 들었어요⋯ 어쨌든 발표할 때는 늘 그런 것 같아요.

상담자   발표장면이나 이런 불안과 관련해서 떠오르는 기억들이 있으세요? 그러니 까 상관이 있는 것인지 없는 것인지는 잘 모르더라도 그냥 연관해서 떠오르 는 기억이 있습니까?

내담자   잘은 모르겠는데⋯ 고등학교 때 영어선생님이 영어 책을 모두 읽도록 했거든 요. 한 달에 한 번 정도 걸리는데, 제 차례가 오면 되게 떨렸어요⋯ 저는 영어 를 잘 못했거든요. 읽을 때는 긴장되고 말을 더듬고 얼굴이 빨개져서⋯ 2학 기 되니까 조금 나아지긴 했지만⋯⋯.

상담자   고등학교 영어시간이 참 힘들었겠어요. 그때의 경험과 세미나에서 느끼는 발표불안과 연관되는지도 모르겠군요⋯ 그 이전에는 발표할 때 불안했던 경 험이 없었나요?

내담자   어릴 때부터 부끄러움이 많았거든요. 그러니⋯ 선생님들 앞에서는 왠지 불 편했어요⋯⋯.

상담자   그와 관련해서 구체적으로 기억나는 일들이 있습니까? 〈중략〉

내담자   초등학교 6학년 때 담임이 김길수 선생님이란 분이었거든요. 그분이 저를 좋게 봐 주셨는데⋯ 저는 선생님 앞에서는 어색하고 불편했어요. 사실은 우리 집 근처 보람아파트에 살고 아빠도 잘 알거든요. 그래서 가끔 집까지 차를 태워다 주셨는데, 저는 차를 타면 왠지 쑥스럽고 어색해서 불편했던 기억이 나요. 글쎄… 나쁜 것은 아니지만 어색했어요. 그래서 수업을 마치면 선생님 몰래 도망가곤 했어요.

상담자 담임선생님이 잘해 주는 것이 정서적으로 나쁘지는 않으면서도 어색하고 부담스러웠겠군요. 그래서 선생님을 피하기도 했고요… 이런 기억이 현재의 불안과 연관이 있을 수도 있겠군요… 또 발표불안과 관련되어 연상되는 기억이 있나요? 〈중략〉

내담자 아빠가 그랬다고… 여고생하고… 그 문제로 아빠가 경찰서에 잡혀갔고 신문에 나고… 집에서는 난리가 났었죠. 학교에서도 다 소문나고… 그 일 때문에 학교에 가기도 그랬고… 결국 엄마와 아빠는 이혼하셨어요. 난 엄마와 강원도로 이사를 했고… 그 일은 아무도 몰라요. 〈중략〉

상담자 그런 일이 있었으니 그럴 만도 하겠군요. 학교란 곳이 어떤 부담감을 느끼게 하고 있는 것 같아요. 그런 부담은 발표불안과 상관이 있을 수도 있고요.

중학교 2학년 남학생인 김 군은 '가출과 절도 문제'로 경찰로부터 상담을 의뢰받았다. 김 군은 가출이나 절도행동을 유발하는 사회환경적 조건을 가지고 있었다. 즉, 전국에서도 손꼽히는 '범죄율이 높은 우범지역'에 살고 있었고, 그의 친구들은 대부분 '일탈행동 문제'를 가지고 있었으며, 특히 친하게 지내는 민호는 초등학교 때부터 절도와 폭력문제를 일으켜 왔기 때문에 경찰서와 보호관찰소에서 특별관리를 하고 있는 대상이었다. 그리고 김 군의 부모는 7년 전에 이혼했는데, 현재 엄마는 재혼한 후 연락이 끊긴 상태이고, 아빠는 전국을 떠돌며 장사를 해서 아이를 돌볼 수 없는 상태였기 때문에 김 군은 할머니와 같이 살고 있었다. 하지만 할머니 역시 노점상을 하고 있었기 때문에 김 군은 어릴 때부터 제대로 된 돌봄이나 훈육을 받지 못했다.

김 군의 가출과 절도행동에는 관련된 선행사건들이 있었다. 김 군이 최근에 가출을 하게 된 계기는 할머니가 "너 같은 놈은 필요 없다. 이 집에서 당장 나가!"라는 말을 했기 때문이었다. 그리고 절도를 하게 된 계기는 저녁 8시경에 민호와 주택가 길을 걸어가는데 '신문과 전단지가 쌓여 있는 불 꺼진 집'을 보았고, 장난 삼아 '초인종을 반복해서 눌렀는데 반응이 없었기' 때문이었다. 그런 상황에서 민호가 "이번엔 너 차례다."라는 말을 했기 때문에 김 군은 그 집 담을 넘어 들어가 돈과 귀금속을 훔치고 달아났다.

또한 김 군의 가출과 절도행동 이후에 문제행동과 관련된 후속사건들이 일어났다. 즉, 가출 이후에 '할머니의 잔소리를 듣지 않게' 되고, '민호나 친구들과 밤늦게 게임하며 놀 수 있게' 되었으며, 민호네 집에서는 '잠자리와 종종 음식까지 제공'해 주었다. 이런 가출행동 이후의 후속사건들은 김 군의 가출행동을 강화하는 기능을 하고 있었다. 그리고 김 군은 절도행동을 한 이후에 '돈이나 옷이나 음식이나 필요한 물건들을 얻을 수 있게' 되었고, 민호와 친구들이 '용감한 아이, 자기 몫을 해낼 줄 아는 아이로 인정'을 해 주었다. 이런 절도행동 이후의 후속사건들은 김 군의 절도행동을 강화하는 기능을 하고 있었다.

만약 김 군의 가출이나 절도행동을 변화시키려면 김 군의 환경조건이나 문제행동과 관련된 선행사건, 그리고 문제행동과 후속사건을 구체화나 명료화해야 한다. 바꿔 말하면 문제상황에 대한 구체화나 명료화가 필요하다.

한편, 내담자의 과거사는 문제사나 병력만 있는 것이 아니라 성장 및 발달사, 그리고 건강사도 존재한다. 일부 상담접근에서는 부정적인 문제사나 병력에 초점을 맞추기보다는 성장 및 발달사, 그리고 건강사에 초점을 맞추기도 한다.

2) 문제행동 탐색 및 명료화

일반적인 상담목표는 내담자의 역기능적인 행동, 즉 문제행동을 바람직한 방향으로 변화시키는 것이다. 문제행동을 변화시키려면 이를 먼저 명료화시켜야 하는데, 위에서 설명한 문제상황 명료화 과정에서 문제행동은 자연스럽게 명료화된다. 하지만 종종 문제상황 명료화만으로는 문제행동이 명확해지지 않기 때문에 직접적으로 문제행동을 탐색하여 명료화하는 작업이 필요할 수 있다.

(1) 문제행동

문제행동은 겉으로 드러난 외현적 문제행동과 내현적 문제행동으로 구분할 수 있다. 먼저 외현적 문제행동이란 가시적으로 나타난 행동들을 말한다. 예를 들면, '역기능적인 언어적 표현, 역기능적인 비언어적 행동, 그리고 역기능적인 반복행동이나 습관' 등을 말한다. 상담에서는 역기능적인 '외현적 문제행동'을 탐색하여 명료화하려 한다.

그리고 '내현적 문제행동'이란 외부로 나타나지 않는 역기능적인 내적 반응들을 말한다. 이런 내현적 문제행동들은 대부분 직접 겉으로 드러나지 않기 때문에 외현적 행동을 통해 추정해야 알 수 있는 것들이다. 예를 들면, '신경생리적 결함이나 역기능', 그리고 역기능적인 '감각, 주의, 인지도식, 표상, 기억, 상상, 감정, 추리판단, 가치판단, 신념, 욕구, 기대, 선택, 계획, 의지, 자기방어 및 조절' 등을 말한다. 상담에서는 역기능적인 '내현적 문제행동'을 탐색하여 명료화하려 한다.

(2) 문제행동 탐색 및 명료화

상담에서는 '문제행동'을 탐색하여 명료화하려 한다. 문제행동 탐색 및 명료화와 관련된 질문들은 예시하면 아래와 같다.

가. 내현행동: 그 상황에서 당신은 구체적으로 무엇을 어떻게 반응하였습니까?

- 구체적으로 어떤 감정을 어떻게 느꼈습니까?
- 구체적으로 어떤 생각을 어떻게 하였습니까?
- 구체적으로 어떤 판단을 어떻게 하였습니까?
- 구체적으로 어떤 가치판단을 어떻게 하였습니까?
- 구체적으로 무엇을 어떻게 보았습니까?
- 구체적으로 어떤 상상을 어떻게 하였습니까?
- 구체적으로 어떤 충동을 어떻게 느꼈습니까?
- 구체적으로 무엇을 어떻게 원했습니까? 무엇을 어떻게 기대하였습니까?
- 구체적으로 어떤 선택이나 결정을 어떻게 하였습니까?
- 구체적으로 어떤 다짐이나 결심을 어떻게 하였습니까?
- 구체적으로 어떤 계획을 어떻게 수립하였습니까?
- 구체적으로 자기방어를 어떻게 하였습니까?
- 구체적으로 문제가 뭐라고 생각합니까?
- 구체적으로 문제의 원인이 뭐라고 생각합니까?
- 구체적으로 문제의 해결책이 뭐라고 생각합니까? 어떤 대안행동이 필요하다고 생각합니까? 자신에게 대안행동 수행능력이 있다고 생각합니까?
- 현재의 상황에서 구체적으로 무엇을 원하십니까? 어떤 꿈을 가지고 있습니까? 어떤 계획을 가지고 있습니까? 앞으로 당장 어떻게 할 생각입니까?

나. 외현행동: 그 상황에서 당신은 구체적으로 무엇을 어떻게 행동하였습니까?

- 구체적으로 무슨 말을 어떻게 표현하였습니까?

- 구체적으로 어떤 비언어적 행동을 어떻게 표현하였습니까?

- 구체적으로 어떤 반복행동을 어떻게 수행하였습니까?

- 구체적으로 어떤 신체적 반응을 어떻게 하였습니까?

- 현재, 해결책이나 대안을 실천하고 있습니까? 구체적으로 무엇을 어떻게 실천하고 있습니까? 과거에 해결책이나 대안을 실천해 보았습니까? 구체적으로 무엇을 어떻게 실천해 보았습니까?

제**8**장

문제 평가

Individual Counseling

문제 평가란 문제 명료화 작업의 일부로서 '상담자가 내담자와 내담자가 가진 문제에 대해 객관적으로 이해하는 작업'을 말한다. 앞에서 설명한 호소문제 명료화나 문제상황 명료화 과정에서 내담자가 가진 문제들이 모두 그리고 객관적으로 밝혀지지는 않는다. 예를 들면, 내담자는 자신이 가진 문제들 중에 일부를 노출하지 않을 수 있다. 또 노출을 했더라도 자기관리나 방어를 목적으로 자신이 가진 문제를 누락시키거나 왜곡시키거나 추상적으로 표현할 수도 있다. 또 내담자가 가진 문제들 중에 일부는 내담자의 의식 경계 밖에 있는 무의식적 내용이라서 내담자도 모를 수 있고, 이 때문에 노출하지 못했을 수도 있다.

이처럼 호소문제 명료화나 문제상황 명료화 과정을 거쳤다고 하더라도 '내담자가 노출하지 않은 문제, 숨기는 문제, 모르는 문제'와 같은 명료화되지 않는 문제들이 남아 있을 수 있고, 이렇게 남아 있는 문제들 중에 상담에서 다뤄야 할 중요한 문제가 있을 수도 있다. 이러한 이유 때문에 상담자들은 '내담자가 노출하지 않은 문제, 숨기는 문제, 모르는 문제'를 포함하여, 내담자를 좀 더 객관적으로 이해하기 위한 '평가, 진단, 사례개념화'와 같은 절차들을 만들어 냈는데, 이 책에서는 이런 절차들을 '문제 평가'라는 항목으로 묶어서 설명하였다. 여기서는 문제 평가를 '평가, 진단, 사례개념화'로 구분하여 설명하였다. 그리고 추가적으로 '상담계획'을 덧붙여서 설명하였다.

1. 평가

평가(評價)란 '대상의 속성에 대한 객관적 정보를 수집하고, 객관적 평가준거를 사용하여 그 속성의 양적 수준이나 질적 가치를 판정 및 설명하는 행위'이다(정성란 외, 2013). 평가의 방법에는 '면접법, 심리검사, 행동관찰법'이 있다.

면접Interview　　　상담실무에서 평가는 대부분 면접을 통해서 이루어진다. 면접이란 상담자의 질문에 대한 내담자나 관련인의 언어적 응답 내용, 그리고 면접 조건에서 보이는 내담자의 비언어적 반응을 관찰하여 얻은 자료에 근거하여 평가를 하는 방법이다(정성란 외, 2013).

면접 방식은 매우 실용적이지만 다음과 같은 몇 가지 단점을 가지고 있다. 첫째, 면접은 신뢰성이 낮다. 즉, 상담자, 시간, 장소 등의 변인에 의해 내담자의 구두응답이나 반응행동 내용이 많이 달라진다. 둘째, 면접은 특히 '상담자의 주관적 요인'에 영향을 많이 받는다. 즉, 상담자의 특성이나 상태에 따라 질문내용이 달라질 수 있고, 이에 따라 내담자의 구두응답이나 반응행동 내용도 달라질 수 있다. 셋째, 면접으로는 내담자의 인식이나 언어표현 과정에서 이루어지는 '삭제, 왜곡, 일반화'를 객관적으로 파악하기가 어렵다. 즉, 면접은 내담자의 '인식과 구두보고'에 의존하기 때문에 '내담자가 의도적으로 숨기는 내용, 모르는 내용, 알고 있더라도 잘못 알고 있는 내용, 인식이나 구두보고와는 다른 실생활 내용' 등에 대해서는 객관적으로 파악하기가 어렵다. 넷째, 면접은 객관적인 평가 준거가 없기 때문에 수집된 정보를 분류 및 명명하거나, 더 나아가 양적 수준이나 질적 가치를 객관적으로 판정 및 설명하기가 어렵다.

심리검사Psychological Test   심리검사란 심리측정도구인 심리검사에 대한 내담자의 응답행동, 그리고 심리검사를 시행하는 조건에서 보이는 내담자의 비언어적 반응행동을 관찰하여 얻은 자료에 근거하여 평가를 하는 방법이다(정성란 외, 2013). 이 심리검사는 면접 방식의 단점을 보완하는 과정에서 발달한 것이다. 즉, 상담자의 주관적 개입을 줄이고, 평가과정의 조건을 일정하게 유지시키며, 표준화된 규준과 매뉴얼을 사용하여 객관성을 높인 것이 바로 심리검사이다.

일반적으로 평가를 심리검사와 같은 의미로 사용하기도 한다. 임상분야에서 심리검사는 흔히 진단의 근거자료로 활용되는데, 이때는 하나의 검사만 실시하기보다는 종합검사를 실시하는 경향이 있다. 그리고 정신분석에서는 성격변화를 목표로 하기 때문에 성격검사를 많이 사용하는 경향이 있다. 진로상담에서는 진로 의사결정을 목표로 하기 때문에 적성검사, 흥미검사, 진로발달검사 등을 많이 사용하는 경향이 있다. 기타 상담기관이나 상담자의 전문적 특성에 따라 다양한 심리검사들을 사용한다.

한편, 진단 목적의 심리검사가 아닌 상담과정에서 내담자 이해를 목적으로 하는 심리검사는 2차적 정밀평가 기능을 한다. 즉, 1차적으로는 면접을 통해 내담자에 대한 정보수집 및 평가를 한다. 그런데 추가적으로 특정 변인에 대해 더 정밀한 정보수집 및 평가가 필요하다고 판단될 때 2차적으로 실시하는 방식이 심리검사이다. 예를 들면, 처음부터 지능검사를 실시하는 것이 아니라 1차적으로 면접을 하다가 낮은 지능과 관련된 단서들이 있을 때 2차적으로 지능검사를 실시한다. 또 1차적으로 면접을 하다가 불안장애가 의심되는 단서들이 있을 때 2차적으로 불안에 대한 심리검사를 실시한다.

상담장면에서 내담자와 내담자가 가진 문제를 이해하기 위해 사용하는 심리검사 도구들을 정리하면 아래와 같다.

첫째, 표준화 성격검사는 MMPI(Minnesota Multiphasic Personality Inventory), 표준화성격진단검사, 16PF(16 Personality Factor Questionnaire), MBTI(Myers Briggs Type Indicator), MMTIC(Murphy Meisgeier Type Indicator for Children), 그리고 자아개념 검사 등이 있다.

둘째, 투사적 성격검사는 SCT(Sentence completion test), TAT(Thematic Apperception Test), CAT(Children Apperception Test), RIT(Rorschach Inkblot Test), HTP(House-Tree-Person), KFD(Kinetic Family Drawing), DAP(Draw-A-Person) 등이 있다.

셋째, 정신장애 검사에는 간이정신진단검사(SCL-90-R), 그리고 우울(CDI, BDI, CES-D, GDS-K), 불안(SAIC, BAI, STAI), 주의력결핍 및 과잉행동장애(ADHD RS-IV, CASS), 학습 장애(K-LDES)와 관련된 검사 등이 있다.

넷째, 지능검사에는 웩슬러 지능검사(K-WISC-Ⅲ, K-WPPSI), 카우프만 아동용 지능검사(K-ABC), 다중지능 검사 등이 있다.

다섯째, 진로검사에는 적성검사, 흥미검사, 진로탐색검사, 진로발달검사, 진로성숙도검사 등이 있다.

여섯째, 신경생리적 검사에는 벤더 게슈탈트 검사(BGT), 공간지각 능력 검사(ROCF), 아동 색 선로 검사(CCTT), 억제과정 효율성 검사(Stroop Test) 등이 있다.

심리검사는 객관적이다. 하지만 심리검사 도구를 개발해서 사용하려면 시간과 경비가 많이 소요되고 전문성을 요하기 때문에 어려움이 수반된다. 이미 개발되어 있는 심리검사를 사용하더라도 내담자의 특성이나 상담자의 능력수준에 맞는 심리검사를 선택해야 하고, 그리고 이를 구매하는 과정에서도 어려움이 수반된다. 또한 적합한 심리검사를 선택했더라도 검사의 실시, 채점, 해석을 표준화된 절차에 따라 시행해야 하기 때문에 이 과정에서도 어려움이 수반된다. 특정 심리검사를 사용하려면 해당 심리검사에 대한 선행교육이나 훈련이 요구되기도 한다.

행동관찰Behavioral Observation   접수면접에서 설명한 바와 같이, 면접이나 심리검사는 내담자의 문제행동이 발생하는 바로 그 현장에서 수집한 정보가 아니다. 반면, 행동관찰은 문제행동이 일어나는 바로 그 현장을 직접 관찰해서 정보를 수집하는 방식이다. 행동관찰을 통해 수집되는 현장 정보의 내용은 보통 '선행사건이나 자극, 반응행동, 후속사건이나 자극' 등을 포함한다(정성란 외, 2013).

한편, 실험을 통해 평가가 이루어지기도 한다. 실험은 주로 인과관계 정보를 얻기 위한 목적으로 실시한다. 즉, 실험실 장면에서, 선행사건이나 자극, 그리고 후속사건이나 자극을 인위적으로 통제하는 실험조건을 만든 후, 이런 실험조건에서의 내담자 반응행동을 관찰하여, '특정 선행사건이나 자극, 그리고 후속사건이나 자극'과 '문제행동이나 대안행동과의 인과관계'를 파악하는 방법이다. 이렇게 알아낸 인과적 정보들은 문제행동을 이해하고 소거시키는 데, 그리고 대안행동을 이해하고 새롭게 형성시키는 데 활용된다. 이런 실험법은 특히 특수아동, 그리고 정신과 환자 등을 위한 응용행동분석에서 주로 활용된다.

2. 진단

진단이란 의사가 '환자의 질병을 분류 및 명명하는 일'을 말한다. 즉, 의사가 '환자의 상태를 진찰하여 질병의 상태와 그 원인을 파악한 후, 질병분류체계를 사용하여 질병을 분류 및 명명하는 일'을 말한다.

그런데 정신의학에서의 진단은 신체의학에서의 진단과 몇 가지 차이가 있다. 가장 큰 차이는 진단체계이다. 신체의학에서 진단은 증상과 원인에 따라 질병을 분류 및 명명한다. 따라서 신체의학에서 특정 질병으로 진단을 내렸다면 그 진단명 속에는 증상과 원인이 함축되어 있다. 가령 '알레르기성 기관지염, 모기매개의 바이러스 뇌염'이라는 진단을 내렸다면, 이 진단명 속에는 증상뿐만 아니라 원인이 무엇인지가 함축되어 있다.

반면, 정신의학에서 진단은 원인을 고려하지 않고 증상에 따라 질병을 분류 및 명명한다. 따라서 정신의학에서 특정 질병으로 진단을 내렸다면 그 진단명 속에는 원인은 없고 단순히 증상만 함축되어 있다. 가령, '동물 공포증, 주요 우울증'으로 진단을 내렸다면 이 '동물 공포증, 주요 우울증'이란 진단명 속에는 원인은 없고 단순히 증상만 함축되어 있다. 정신의학에서 원인을 고려하지 않고 증상별 분류체계를 만든 이유는 신체적 질병과는 달리 정신적 질병들은 그 원인을 찾기가 어렵기 때문이었다. 즉, 정신현상은 거의 인과관계가 성립되지 않았기 때문이었다.

신체의학은 오랜 역사를 가지고 있다. 이런 오랜 역사를 통해 환지의 증상과 원인을 파악하는 과정을 체계화하였는데, 이 과정이 바로 진단이다. 반면, 정신의학은 상대적으로 그 역사가 짧다. 정신의학이 태동하던 시기의 주요 과제는 기존 의학의 한 분야로서 지위를 확보하는 것이었고, 이 때문에 신체의학처럼 진단체계를 구축할 필요가 있었다. 진단체계를 구축하려면 정신적 질병의 증상과 원인을 밝히고, 이를 유형화해야 한다. 그런데 정신적 현상은 인과관계를 밝히기가 어렵고, 이 때문에 증상 및 원인별 분류체계를 구축할 수 없음을 알게 된다. 그래서 차선책으로 고안해 낸 것이 원인을 뺀 증상별 진단체계이고, 이와 관련된 학문이 기술정신병리학이다. 최근에 뇌영상 기기의 발달로 뇌의 구조와 기능에 대한 지식들이 축적되었고, 또 정신약물학의 발달로 정신현상의 생화학적 기반에 대한 지식들이 축적되면서 정신현상의 신경생리적 원인들이 일부 밝혀지고 있다. 하지만 아직까지는 신경생리적 원인들이 정신장애 진단체계에 포함되어 있지는 않다.

비판적 시각에서 보면 현대 정신의학에서의 진단과정과 치료과정은 신체의학처럼 체계화되어 있다고 하기 어렵다. 정신의학에서 진단이란 신체의학처럼 증상과 원인을 파악하여 원인에 맞는 타당한 치료계획을 수립하는 과정이 아니다. 현재의 정신의학적 진단은 단순히 증상을 파악하여 분류 및 명명하는 과정이다. 결국 정신장애 진단은 분류 및 명명의 문제이다. 즉, 현재의 진단은 질병의 원인을 파악하여 타당한 치료계획을 수립하는 작업과는 별개의 과정으로서, 단지 증상을 이해하고 증상을 분류해서 명명하는 작업으로 전락하였다는 말이다.

한편, 상담에서 '진단의 가치'는 오래된 논쟁거리이다. 이는 상담에서의 진단이 기능적 측면과 함께 역기능적 측면을 동시에 가지고 있음을 시사한다. 상담에서 진단의 필요성과 역기능에 대한 논의들을 정리하면 다음과 같다.

진단의 필요성   상담에서 진단의 필요성은 다음과 같다. 첫째, 진단은 상담자가 내담자의 증상을 이해하는 데 도움이 된다. 현재의 진단준거는 증상별 분류체계이다. 진단을 했다는 말은 내담자의 증상을 이해했다는 말이 된다. 하지만 진단은 원인별 분류체계가 아니기 때문에 진단을 내렸다고 해서 원인을 알 수 있는 것은 아니다. 따라서 원인을 이해하기 위해서는 별도의 작업과정이 필요하다.

둘째, 진단은 내담자의 자기이해를 촉진하는 수단이 된다. 내담자들은 '자신의 문제가 무엇인지'에 대해 상담자에게 듣고 싶어 한다. 상담자가 내담자에게 타당한 진단명과 함께 합리적인 설명을 제공해 줄 수 있다면 내담자의 자기이해를 촉진할 수 있다.

셋째, 진단은 상담계획을 수립하는 데 도움이 된다. 진단명에는 원인이 포함되어 있지 않기 때문에 정밀한 상담계획을 수립하는 데는 큰 도움이 되지 않는다. 하지만 포괄적인 상담계획을 수립하는 데는 진단이 도움된다. 예를 들어, '주요 우울증'이라고 진단을 했다면, 이 진단명은 '상담목표와 전략'을 수립하는 기초자료로 활용할 수 있다. 즉, 상담목표를 '우울 증상의 감소'로 설정하고 상담전략을 '우울한 사고과정을 변화시키기 위한 인지상담'으로 결정하는 데 기초자료로 활용할 수 있다.

넷째, 진단은 관련 자료를 찾아 활용하는 데 유용하다. 내담자와 내담자가 가진 문제에 대한 경험적 자료들은 이미 방대하게 축적되어 있다. 그런데 이러한 자료들 중 상당 부분은 진단명을 중심으로 분류 및 관리되고 있기 때문에 진단명을 아는 것은 관련 정보 자료에 접근하는 중요한 수단이다. 예를 들면, '외상후 스트레스 장애'라는 진단명을 알 수 있다면 그렇지 않은 경우보다 관련 자료를 찾아 활용하는 데 유용하다.

다섯째, 상담행정이나 사례관리에 도움이 된다. 예를 들면, 진단명이 내려지면 상담실적을 집계하기가 용이하고, 의뢰하거나 자문을 받을 때 시간과 노력을 줄일 수 있으며, 면접기록이 간단해지고, 기록된 자료는 진단명을 중심으로 분류 및 보관할 수 있기 때문에 관리에도 편리하다.

진단의 역기능   진단은 다음과 몇 가지 역기능들을 가지고 있다. 첫째, 개인차가 무시된다. 진단은 일반화된 분류 및 명명체계에 내담자와 내담자가 가진 문제를 짜 맞추는 작업이다. 개인의 독특성이나 상황적 여건을 고려하지 않고 표준화된 분류 및 명명체계에 짜 맞추는 과정에서 필연적으로 개인차는 무시된다. 이러한 개인차 무시, 또는 과잉일반화 오류를 피하기 위해 진단은 항상 잠정적으로 내려져야 하고, 새로운 정보에 근거하여 지속적으로 재진단하려는 자세가 바람직하다(정남운, 이기련 역, 2008).

둘째, 사회적 낙인문제이다. 일부 상담자들은 정신장애에 대한 진단이 사회적 낙인을 찍는 결과를 낳을 수도 있다고 우려한다. 즉, 정신장애를 분류 및 명명하는 과정에서 편견, 부정적인 기대, 행동에 대한 파괴적인 해석, 사회적 배척 등이 발생하고, 이로 인해 2차적 피해를 유발할 수도 있고, 심지어 정신장애나 문제행동을 유지 및 강화할 수도 있다고 우려한다.

상담현장에서 일어나는 낙인 피해는 근본적으로 오용되기 때문에 발생한다. 즉, 치료나 상담 이외의 장면에서 치료나 상담이 아닌 다른 목적으로 진단이 오용될 때 낙인 피해가 발생할 수 있다. 예를 들면, 법원이나 검찰에서 임상적 진단을 증거자료로 사용하거나, 학교의 생활기록부에 임상적 진단명을 기록하는 것 등은 전형적인 오용이고, 이는 2차적 낙인 피해를 불러일으킬 수 있다. 따라서 진단은 객관적이고 타당한 근거를 가지고 신중하게 내려져야 하고, 일단 진단명이 내려진 이후에는 치료나 상담 이외의 장면에서는 가급적 사용되지 않도록 주의를 기울여야 한다. 더 나아가 오용의 문제를 줄이기 위해서는 법률이나 명확한 윤리지침이 마련되어 있어야 한다.

셋째, 진단준거의 문제이다. 진단은 분류 및 명명하는 준거체계를 사용하여 정신장애를 분류 및 명명하는 작업이다. 이러한 분류 및 명명하는 과정에서는 자연스럽게 준거체계에 맞추어 현실을 왜곡하거나 변형하는 현상이 일어난다. 예를 들어, 긍정적 문제와 부정적 문제의 두 가지로만 구분하는 준거체계를 가지고 진단을 한다고 가정한다면 세상의 모든 문제는 긍정과 부정으로 나뉘어 명명될 것이다. 그리고 보다 더 발전된 준거체계라고 하더라도 내담자나 내담자가 가진 문제들을 주어진 준거체계에 맞추어 분류 및 명명하는 과정에서 필연적으로 왜곡이나 변형이 일어난다. '특정 내담자가 보이는 일련의 증상들'이 진단과정을 거쳐 '주요 우울증'으로 분류 및 명명되었다면, 일련의 증상들이 주요 우울증으로 분류 및 명명되는 과정에서 왜곡이나 변형이 일어난다. 흑과 백의 준거 안에서 회색이란 있을 수가 없다. 흑과 백 사이의 모든 중간색은 둘로 나뉘고 흑 또는 백으로 명명될 수 있다. 또한 '흑과 백이 같은 것'으로 혹은 '흑과 흑이 다른 것'으로 분류 및 명명될 수도 있다.

정신장애 진단의 준거로 활용되는 대표적인 것은 DSM-5와 ICD-10이다. 즉, 미국정신의학회에서 발간한 정신장애 진단 및 통계편람 5판(Diagnostic and Statistical Manual of Mental Disorders 5 Edition Text Revision: DSM-5-TR)과 WHO에서 발간한 국제질병분류 10판(International Classification of Disorder 10: ICD-10)이다. 진단준거인 DSM-5-TR과 ICD-10도 분류 및 명명하는 과정에서 왜곡이나 변형이 일어나기 때문에 이를 염두에 두고 진단 및 활용을 할 필요가 있다.

넷째, 진단의 효용성 문제이다. 의학에서 '먼저 진단을 한 이후에 나중에 치료적 처치'를 하는 이유는 먼저 증상과 원인을 제대로 파악한 이후에 원인에 맞는 효과적인 치료적 처치를 제공하기 위해서이다. 따라서 진단의 본래 기능은 증상과 원인을 바르게 파악하는 것이다. 그런데 증상과 원인을 바르게 파악하려면 증상 및 원인별 분류체계를 사용해야 한다. 하지만 안타깝게도 정신장애 진단준거인 DSM-5-TR과 ICD-10은 증상 및 원인별 분류체계가 아니라 증상별 분류체계이다. 따라서 DSM-5-TR과 ICD-10을 사용하여 특정 진단명을 내렸다면, 이 특정 진단명 속에는 증상에 대한 이해만 포함되어 있고 원인에 대한 이해는 포함되어 있지 않다. 그러므로 원인에 대해 이해하려면, 이를 위한 별도의 과정을 만들어야 한다. 정신과에서는 DSM-5-TR과 ICD-10을 사용한 진단과는 다른 별도의 과정을 통해 신경생리적 원인을 파악하고 이를 토대로 약물치료를 하고 있다.

이상에서 설명한 '진단의 준거는 증상별 분류체계라는 점', 그리고 '증상별 분류체계를 사용하기 때문에 별도의 원인을 이해하는 작업과정이 필요한 점' 등을 고려할 때, 실무과정에서 진단이 정말 필요한가에 대한 의문을 제기할 수 있다.

우선, 정신과에서 진단은 약물처치의 근거가 된다. 즉, DSM-5-TR과 ICD-10을 사용하여 진단을 내린 후, 이에 근거하여 약물처치를 한다. 그런데 별도의 원인을 파악하는 과정이 없다면 DSM-5-TR과 ICD-10을 사용하여 진단을 내린 후, 이에 근거하여 곧바로 약물처치를 하는 것은 분명히 적절하지 않은 측면이 있다. 이런 측면 때문에 진단의 효용성에 대해 의문을 제기하기도 한다.

현재 정신과에서의 치료적 처치는 대부분 약물처치이고, 상대적으로 심리치료는 매우 부족한 실정이다. 이렇게 약물처치가 주를 이루는 이유들은 다음과 같다. 즉, 신경생리적 구조나 기능에 대한 지식의 증가, 정신약물의 발달, 거대 제약회사의 출현과 정신약물의 상업화, 병원 정신과에서 재정적 안정을 위해 많은 수의 환자들을 진료해야 하는 현실, 정신과 환자나 가족들이 정신병을 숨기는 경향 등으로 인해 대부분의 정신과에서는 심리치료보다는 약물치료를 우선시하는 경향이 있다. 그런데 이런 경향은 약물치료의 부작용, 그리고 심리치료 및 상담의 가치나 효용성이 평가절하되고 있다는 점에서 점검이 필요한 사항이다.

한편, 진단이나 정신과 치료와 관련하여 다음과 같은 의문들을 제기할 수 있다. 즉, 정신과적 질환들이 실제로 존재하는가? 아니면 만들어 낸 것인가? 정신과적 질환들이 생물학적 신경생리적 정신약물적 근거를 가지고 있는가? 그 근거는 신뢰할 만하고 타당한가? 정신과적 질환들이 약물치료의 대상인가? 비교적 명확한 신경생리적 원인을 찾을 수 있는 정신장애와 상대적으로 신경생리적 원인을 명확히 찾을 수 없는 정신장애를 구분하지 않고 대부분의 정신장애에 약물치료를 하는 것이 적합한가? 약물치료는 안정적인가? 약물치료의 효과를 얻기 위해 약물치료의 부작용을 감수하는 것이 경제적인가? 비윤리적인 요소는 없는가? 심리적 장애는 치료의 대상인가? 아니면 학습이나 재학습의 대상인가? 의학에서 학습이나 재학습 분야를 담당하는 것이 적절한가? 이런 의문들 속에는 정신과에서 이루어지고 있는 진단이나 치료에 대한 부정적이고 회의적인 시각들이 반영되어 있다. 그러나 이에 대한 개방적인 논의가 정신과뿐만 아니라 전체 상담분야의 발전에 도움이 될 것이다.

> 진단이란 용어는 의학적 용어가 아닌 일반적인 의미로도 쓰인다. 일반적인 의미로 쓰일 때 진단이란 '특정 상황이나 대상에 대한 문제, 문제의 원인, 문제의 해결방안을 찾아서 명확히 밝히는 일'을 의미한다. 여기서 문제란 '이상, 역기능, 고통, 고장, 오작동 상태' 등을 의미하고, 문제의 원인이란 '이상, 역기능, 고통, 고장, 오작동 상태' 등과 '인과관계나 상관관계를 가진 요인들'을 의미하며, 그리고 문제의 해결방안이란 '문제와 관련된 소망을 성취하는 데 도움이 되는 통제 가능한 방법들'을 의미한다.

3. 사례개념화

사례개념화(case conceptualization)란 '특정 내담자의 문제, 문제의 원인이나 관련 요인, 상담개입 방향이나 목표 그리고 전략에 대해 이론적 개념체계를 사용하여 설명하는 일'을 의미한다. 상담자의 사례개념화 능력은 '상담자의 전문성'이나 '상담서비스의 질'을 유지하는 데 매우 중요한 요소이다. 만약 이론과 근거자료를 토대로 내담자의 문제, 문제의 원인, 상담개입 방향이나 목표 그리고 전략에 대해 타당하게 설명할 수 없다면 상담자의 행위를 무엇으로 정당화시킬 수 있겠는가? 만약 상담자에게 사례개념화 능력이 없다면, 그를 전문가라고 하기는 어려울 것이다. 또 그런 상담자에 의해 이루어지는 상담서비스의 질을 기대하기도 어려울 것이다.

여기서는 사례개념화를 '정보수집과 분석, 문제에 대한 분류 및 명명, 원인 또는 관련 요인에 대한 설명, 그리고 상담개입의 방향 및 목표 그리고 전략에 대한 설명'으로 구분하여 설명하였다.

1) 정보수집과 분석

사례개념화는 객관적인 정보를 가지고 시작한다. 객관적인 정보라는 말은 '있는 그대로의 사실이나 사실에 대한 실증적 추론'을 말한다. 일반적으로 면접, 행동관찰, 심리검사, 자기보고 질문지 등을 통해서 내담자에 대한 객관적인 정보들을 얻을 수 있는데, 이러한 객관적인 정보가 수집되면 정보자료의 효용성을 높이기 위해 분석과정을 거친다. '정보를 분석한다.'는 말은 '객관적인 정보를 좀 더 작은 단위로 쪼개어 구성요소를 확인하고, 그 구성요소의 형태나 기능을 확인하는 일'을 의미한다. 또한 분석은 '사실을 확인하는 일'에서 더 나아가 '사실 확인을 토대로 추리판단하는 일'을 의미하기도 한다.

　정보의 분석은 '구성요소 분석, 추리판단'의 두 단계로 구분할 수 있다. 예를 들어, "이 내담자는 모 고등학교 3학년 남학생입니다."라는 이야기를 접수면접자에게 들었다면, 아래와 같이 정보를 분석할 수 있다.

- 구성요소 분석: "이 내담자는 모 고등학교 3학년 남학생입니다."라는 말 속에는 '내담자, 모 고등학교, 3학년, 남학생' 등의 정보가 들어 있다. 이런 정보들은 다시 세분할 수 있는데, 가령 '모 고등학교'란 정보는 '인문계, 사립학교, 시내에 위치하는 학교, 남자 학교, 50년의 역사, 작년에 24명이 서울대에 입학한 공부 잘하는 학교' 등으로 세분할 수 있다.
- 추리판단: 원정보 또는 세분된 정보를 토대로 다시 실증적 추론이 가능한데, 가령 '인문계'란 세분화된 정보를 토대로 '대학진학 위주의 교육 환경 속에 노출되어 있다, 입시 스트레스 문제를 가지고 있을 가능성이 많다.' 등을 추론할 수 있다. 또 '3학년'이란 정보는 '수능을 3개월 10일 앞두고 있다, 5개월 후에 졸업한다.' 등으로 세분할 수 있고, 이를 가지고 다시 '수능과 관련된 심리적 갈등을 겪을 가능성이 많다, 대학과 학과 선택을 포함한 진로 의사결정 갈등을 겪고 있을 수 있다.' 등을 추론할 수 있다.

　인적사항과 같은 단순한 정보가 아니라 신청 및 접수면접지, 부모나 교사의 이야기, 면접과정에서 호소한 내용, 관찰되는 반응행동 등도 분석이 필요할 수 있다. 예를 들어, 첫 면접을 하는 도중에 내담자가 보이는 '시선회피, 작은 목소리, 손으로 휴지 뜯는 행동'은 분석이 필요할 수 있다. 더 나아가 추리판단이 필요할 수도 있다. 가령 시선회피와 관련해서 '내담자는 상담자와 시선을 마주하는 것을 불편해한다. 이와 비슷한 상황에서 내담자는 시선을 회피해 왔을 것이다.'라고 추론할 수 있다. 또 작은 목소리는 '위축된 상태에 있다.', 휴지 뜯는 행동은 '불안한 상태에 있다.', 혹은 일반화하여 '면접장면에서 불안 반응을 보이고 있고, 이는 생활장면에서의 대인불안을 반영할 수 있다.' 등으로 추론할 수도 있다.

한편, 모든 정보를 다 분석한다는 것은 불가능할 뿐만 아니라 꼭 필요한 일도 아니다. 오히려 쏟아지는 많은 정보들 중에서 상담에 필요한 일부 정보를 분리해 내고 동시에 불필요한 정보들을 무시하거나 버리는 것이 요구된다. 일반적으로 감정, 욕구나 충동, 소망, 그리고 긍정 또는 부정적 평가나 판단, 가치 및 신념에 대한 표현들, 그리고 자신 및 상담자에 대한 표현, 모순된 반응, 과잉 또는 과소 반응, 생소하거나 특이한 반응, 반복적 반응, 회피 반응 등은 상대적으로 중요한 정보일 가능성이 높다.

경험 많은 전문가들은 수많은 정보들 중에서 중요한 정보를 찾아내며, 이렇게 찾아낸 몇 가지 단서만 가지고도 깊이 있는 실증적 추론과 상담개입을 위한 개념적 토대를 구성할 수 있다. 그러나 전문가들의 직관적 분석이나 개념화 방식은 오랜 기간 동안 학습과 실무경험을 통해 습득한 것들이기 때문에 초보상담자들이 쉽게 따라할 수 있는 성질의 것이 아니다. 정보분석이나 개념화 작업은 어렵고 많은 시간과 노력이 요구되기 때문에 실무과정에서는 종종 생략된다. 하지만 어렵더라도 가급적 실시하는 것이 바람직하다. 정보분석이나 개념화 작업들이 누적되면 결국 탁월한 전문가들의 직관적 분석이나 개념화 방식으로 발전될 것이기 때문이다.

2) 문제에 대한 분류 및 명명

사례개념화에는 '문제에 대한 분류 및 명명, 원인 또는 관련 요인에 대한 설명, 그리고 상담개입의 방향 및 방법에 대한 설명'을 포함시키는 것이 바람직하다. 먼저 사례개념화에는 '문제에 대한 분류 및 명명'을 포함시키는 것이 바람직한데, 이러한 문제에 대한 분류 및 명명에는 '내담자가 호소한 문제들, 상담자가 파악한 문제들, 상담자와 내담자가 합의한 상담문제'를 포함시키는 것이 바람직하다.

첫째, 사례개념화의 분류 및 명명에는 '내담자가 호소한 문제들'을 요약하여 서술하는 것이 바람직하다. 예를 들어, 내담자가 '진학문제로 왔어요.'라고 한다면 '진학문제'로 분류 및 명명하고, 또 내담자가 '저는 상담을 받고 싶은 것이 없어요.'라고 하더라도 부모가 '우리 아이가 가출을 했고 학교에 가지 않겠다고 합니다.'라고 한다면 '가출문제나 등교거부 문제'로 분류 및 명명하여 서술할 수 있다. 또는 '내담자는 상담동기 없음, 어머니는 가출문제, 등교거부 문제를 호소함' 등으로 분류 및 명명하여 서술할 수 있다.

또는 기관마다 상담실적 집계를 위해 만들어 놓은 문제유형 분류표를 가지고 있을 수 있는데, 이에 근거하여 분류 및 명명을 할 수도 있다. 예를 들면, '학업, 성, 진로, 성격, 정서, 친구관계, 정체감, 가정, 중독 및 비행, 가출, 도벽, 폭력, 학교부적응, 정보제공, 기타' 등으로 나눈 문제유형 분류표에 근거하여 내담자의 문제들을 분류 및 명명하여 서술할 수 있다. 일반적으로 내담자는 하나가 아니라 여러 개의 문제들을 호소하기 때문에 호소 문제는 하나가 아니라 여러 개이다.

둘째, 사례개념화의 분류 및 명명에는 '상담자가 파악한 문제들'을 서술하는 것이 바람 직하다. 예를 들어, 상담자가 파악한 '진단명이나 문제명'이 있으면 이를 서술한다. 진단 명의 경우, DSM-5-TR을 사용했다면 진단명, 그리고 주요 증상과 다양한 공병증상을 심각도 차원에서 평가한 내용을 기술할 수 있다.

한편, 기존의 진단체계를 따르지 않고 별도의 분류 및 명명체계를 사용하여 문제를 분 류 및 명명을 했다면, 이를 서술하면 된다. 단, 사용한 별도의 분류 및 명명체계는 객관성 과 실용성을 갖추고 있는 것이 바람직하다.

셋째, 사례개념화의 분류 및 명명에는 상담자와 내담자가 서로 논의하여 상담에서 다 루기로 '합의한 상담문제'를 서술하는 것이 바람직하다. 만약 상담문제를 합의하지 않았 다면, 내담자의 호소문제들 중에서 내담자가 우선적으로 다루어 주기를 원하는 문제를 서술할 수도 있고, 상담자가 파악한 문제들 중에서 상담자가 우선적으로 다룰 필요가 있 다고 판단하는 핵심문제(또는 주요문제)를 서술할 수도 있다.

3) 원인 또는 관련 요인에 대한 설명

사례개념화에는 '문제의 원인 또는 관련 요인에 대한 설명'을 포함시키는 것이 바람직 하다. 그런데 문제의 원인 또는 관련 요인에 대한 설명은 모든 문제를 대상으로 실시하 는 것은 아니다. 즉, 내담자가 '호소한 문제들'이나 상담자가 '파악한 문제들' 모두에 대해 원인 또는 관련 요인에 대한 설명을 하는 것은 아니다. 보통은 '상담문제나 핵심문제를 중심으로 원인 또는 관련 요인에 대한 설명'을 한다.

일반적으로 상담에서 주로 다루는 심리나 인간관계 문제는 유전적, 생리적, 심리적, 사회 환경적 측면의 수많은 요인들이 복잡하게 관련되어 있으면서도 그 요인들 간의 관 계가 불분명하기 때문에 인과론적 측면에서 문제의 원인을 찾아 명확히 설명한다는 것 은 현실적으로 어렵다. 그러나 상관관계 측면에서는 다르다. 복잡하고 불분명함에도 불 구하고 상대적으로 밀접하고 통제 가능한 관련 요인들을 찾을 수 있다. 따라서 원인을 설명한다는 말은 인과론적 측면에서 원인을 찾는다는 말이 아니라 상관관계 측면에서 밀접하고 통제 가능한 관련 요인을 찾는다는 말로 이해하는 것이 바람직하다.

한편, 문제의 원인을 몰라도 내담자에게 도움을 줄 수 있다. 가령 배고픈 사람에게 도움을 줄 때는 배고픈 원인을 몰라도 그냥 음식을 제공함으로써 도움을 줄 수 있다. 그리고 불안한 사람에게 군이 불안한 원인을 모르더라도 신체나 심리적 이완을 촉진하여 도움을 제공할 수 있다. 이처럼 원인을 몰라도 내담자에게 도움을 주는 것이 가능하다. 그러나 원인을 아는 것이 불필요한 것은 결코 아니다. 오히려 원인을 알면 내담자를 더 효과적으로 도울 수 있게 된다. 가령, 배고픈 이유는 다양할 수 있다. 가난해서 굶고 있을 수도 있고, 다이어트 중이거나 노사문제로 단식투쟁 중일 수도 있다. 또한 종합신체검사를 받기 위해 금식 중일 수도 있고, 금식하며 기도 중일 수도 있으며, 혹은 너무 바빠서 식사를 못하고 있을 수도 있다. 이처럼 배고픈 이유는 아주 다양할 수 있기 때문에 배고픈 이유를 알아야 보다 효과적으로 도울 수 있게 된다. 만약 '다이어트 중이거나 노사문제로 단식투쟁인 사람, 종합신체검사를 받기 위해 금식 중인 사람, 그리고 금식기도 중인 사람'에게 음식을 제공하려 한다면 도움보다는 방해가 될 가능성이 높다. 따라서 원인을 알아야 보다 효과적으로 도움을 제공할 수 있다.

불안문제도 마찬가지이다. 신경생리적 이상 때문일 수도 있고, 전쟁이나 지진 때문일 수도 있으며, 약물남용의 결과일 수도 있고, 임박한 죽음에 대한 두려움 때문일 수도 있으며, 심각한 경제적 손실 때문일 수도 있고, 불법적이거나 비윤리적인 행동 때문일 수도 있으며, 충격적인 경험 이후의 심리적 반응일 수도 있고, 뚜렷한 원인을 찾을 수 없는 불안일 수도 있다. 만약 이유를 알 수 없는 불안이라면 이완을 촉진하는 것이 도움되겠지만 전쟁이나 지진에 당면한 사람에게 이완을 촉진하는 것은 오히려 해를 끼칠 수도 있기 때문에 원인을 알고 도움을 제공하는 것이 필요하다.

'문제의 원인이 무엇이냐'에 대한 상담자의 개념적 이해는 상담방향 및 방법을 결정하는 직접적인 토대가 된다. 예를 들면, 모든 불안문제는 가족 내 의사소통, 특히 '부모자녀 간의 의사소통에 원인이 있다.'고 생각하는 상담자는 '가족 내 의사소통 문제를 개선함'으로써 불안문제를 해결하고자 할 것이다. 그리고 불안문제의 원인을 '비합리적 사고와 신념 때문'이라고 생각하는 상담자는 비합리적 사고와 신념을 바꿈으로써 불안문제를 해결하고자 할 것이다. 또 불안문제가 '과거 외상경험과 관련된 미해결 과제 때문'이라고 생각하는 상담자는 과거 외상을 재경험하도록 하면서 미해결 과제를 해결하고자 할 것이다. 또한 불안문제가 이를 촉발하거나 강화하는 '선행자극이나 후속자극 때문'이라고 생각하는 상담자는 선행자극이나 후속자극의 변화를 통해 문제행동을 줄이고 대안행동을 형성시키고자 할 것이다. 이처럼 문제의 원인에 대한 상담자의 개념적 설명은 상담방향 및 방법을 결정하는 중요한 요소가 된다.

(1) 개념화 준거

문제의 원인에 대한 개념적 설명은 아무렇게나 하는 것이 아니라 이미 검증된 개념적 준거를 가지고 실시하는 고도의 전문적 작업이다. 이 때문에 원인에 대한 개념화를 제대로 실시하려면 전문적 지식과 경험을 토대로 한 개념화 준거가 필요하다.

개념화 준거라는 말은 '문제, 원인, 개입방향 및 방법을 개념적으로 설명하는 준거로서의 이론적 틀'을 의미한다. 일반적으로 개념화 준거에는 '기존의 상담이론'과 '개인적 상담이론'의 두 가지가 있다. 즉, 일부 상담자들은 '기존의 상담이론'을 사용하여 개념화하고, 또 다른 상담자들은 자신의 '개인적 상담이론'을 사용하여 개념화한다. 예를 들어, 정신분석을 준거로 사용하는 상담자들은 '무의식, 과거 외상사건, 억압, 초기 발달사건, 성격 발달, 성격구조와 기능, 원욕, 초자아의 양심과 자아이상, 자아의 인식과 조절기능, 아동기 감정양식, 방어기제, 불안, 저항, 전이' 등에서 문제의 원인을 찾아 개념화를 시도할 것이다. 인간중심적 상담이론을 준거로 사용하는 상담자들은 '현상의 장, 자아개념, 조건화된 가치체제, 부정적 자아상과 불일치, 성장 잠재력과 성장환경' 등에서 원인을 찾아 개념화를 시도할 것이다. 그리고 행동상담을 준거로 사용하는 상담자들은 '자극과 반응 간의 고전적 연합, 반응과 강화·처벌 간의 조작적 연합, 인지적 오류, 관찰 및 모방' 등에서 원인을 찾아 개념화를 시도할 것이다.

이와는 달리 자신의 개인적 상담이론을 발전시킨 상담자들은 자신이 구성한 개념을 토대로 문제의 원인을 설명할 것이다. 자기이론을 개발하고, 이를 개념적 준거로 사용하는 것은 전문성 측면에서 매우 바람직한 일이다. 단, 자기이론을 개념적 준거로 사용하려면 개발된 자기이론이 명확성, 체계성, 객관성, 실용성을 갖추고 있어야 한다.

(2) 개념적 설명의 내용

원인에 대한 개념적 설명을 할 때 포함시켜야 할 내용은 개념적 준거에 따라 다르겠지만 대략 다음과 같은 것들을 고려해야 한다. 즉, 주된 요인과 부수적 요인, 내적 요인과 외적 요인, 발생 요인과 유지 요인, 통제 요인과 비통제 요인 등이다.

주된 요인과 부수적 요인　　일반적으로 문제에는 많은 요인들이 관련되어 있는데, 여러 가지 요인들 중에서 문제와 가장 밀접한 것을 주된 요인 또는 핵심요인이라 한다. 즉, 문제를 유발 및 유지시키는 데 가장 큰 역할을 하는 요인을 의미한다. 이러한 주된 요인을 뺀 나머지 요인들을 부수적 요인이라 한다. 원인에 대한 개념화는 주된 요인을 중심으로 실시하는데, 이렇게 함으로써 상담개입의 초점을 유지할 수 있다.

내적 요인과 외적 요인　　내적 요인이란 소인(素因) 또는 줄여서 내인(內因)이라고도 하는데, 예를 들면 유전, 연령, 성, 신경생리, 심리 등이 있다. 외적 요인이란 유인(誘因) 또는 줄여서 외인(外因)이라고도 하는데, 예를 들면 선행 촉발이나 억제사건, 후속 강화나 약화사건, 스트레스사건, 물리적 외상, 전염, 가족이나 또래와 같은 인간관계, 직장환경, 경제, 자연환경 등이 있다. 문제는 내적 요인과 외적 요인의 상호작용에 의해 나타나는 것으로 알려지고 있다. 보통 내적 요인이 많으면 외적 요인이 적더라도 문제가 발생하고, 마찬가지로 외적 요인이 많으면 내적 요인이 적더라도 문제가 발생하게 된다. 개인 상담에서 원인에 대한 개념화는 내적 요인에 더 큰 비중을 두는 경향이 있다. 하지만 외적 요인도 충분히 고려되어야 한다.

유지 요인과 발생 요인　　유지 요인이란 문제가 유지되는 데 관련된 요인들을 말한다. 일반적으로 유지 요인의 하위내용에는 '문제 취약성, 선행 촉발사건이나 후속 강화사건, 역기능적 반응, 지지체계 부족' 등이 포함된다. 그리고 발생 요인이란 문제가 발생하는 데 관련된 요인들을 말한다. 일반적으로 발생 요인에는 '유전과 유전인자, 생애초기 발달사건과 성격 형성, 과거 학습사건과 반응양식 형성' 등이 포함된다. 한편, 원인에 대한 개념화를 할 때는 유지 요인과 발생 요인을 모두 고려해야 한다. 그러나 유지 요인과 발생 요인을 모두 고려해야 한다고 하더라도 편향은 발생할 수 있다. 가령 상담이론적 접근 중에 '행동상담, 인간중심상담, 실존상담, 게슈탈트 상담' 등은 유지 요인과 발생 요인을 모두 고려하지만 그 특성상 발생 요인보다는 유지 요인에 더 편향되어 있다. 반면, '감정정화법, 정신분석, 분석심리' 등은 유지 요인과 발생 요인을 모두 고려하지만 그 특성상 발생 요인에 더 편향되어 있다.

통제 요인과 비통제 요인　　통제 요인이란 조작이 가능한 요인을 말하여, 비통제 요인이란 통제 및 조작이 어렵거나 불가능한 요인을 말한다. 사실상 어떤 요인이든지 통제 및 조작이 불가능한 것은 아니다. 그러나 통제의 효율성에 있어서 차이가 있다. 가령 유전적 요인은 통제가 불가능한 것은 아니지만 통제나 조작이 어렵다. 예를 들어, 조울증을 가진 부모의 자녀가 조울증에 걸릴 확률은 일반인에 비해 높은데, 이러한 조울증의 유전적 요인을 통제나 조작할 수 없는 것은 아니지만 현실적으로 매우 어렵다. 그러나 조울증의 인지적 요인은 상대적으로 통제나 조작이 용이하다. 원인에 대한 개념화는 비통제 요인에 대해서도 이루어져야 하지만 주로 통제 요인을 중심으로 실시하는 것이 바람직하다.

4) 상담개입 방향 및 목표 그리고 전략에 대한 설명

사례개념화에는 '상담개입 방향 및 목표 그리고 전략에 대한 설명'을 포함시키는 것이 바람직하다. 앞에서 설명한 정보수집 및 분석, 문제, 문제의 원인에 대한 개념화는 결국 상담개입을 어떻게 할 것인가를 결정하기 위한 것이다. 따라서 상담개입 방향 및 목표 그리고 전략에 대한 개념적 설명은 개념화의 결정판이라고 할 수 있다. 그런데 상담개입 방향 및 목표 그리고 전략에 대한 설명을 요약정리한 것이 바로 상담계획이다. 여기서는 중복을 피하기 위해서 설명을 생략하였다. 상담개입 방향 및 목표 그리고 전략에 대한 설명은 상담계획을 참고하기 바란다.

한편, 이상의 사례개념화는 아래의 '〈표 8-1〉 사례개념화 문장'을 기술함으로써 완성할 수 있다.

표 8-1 사례개념화 문장

- 내담자의 주된 문제는 _____이고, 이러한 문제는 _____ 증상으로 나타나고 있다.
- 내담자 문제 및 증상의 원인은 _____이다.
- 상담개입은 _____ 방향으로 나아가면서 _____ 목표를 성취해야 한다.
- 상담개입 방향 및 목표를 성취하기 위해 _____ 전략을 사용할 수 있다.

5) 기타

기타 사례개념화를 실시할 때는 다음의 두 가지 사항을 고려하는 것이 바람직하다. 첫째, 사례개념화는 진리(眞理)가 아니라 가설(假說)이라는 점을 항상 염두에 두고 있어야 한다. 따라서 사례개념화를 실시한 이후에도 내담자에 대한 추가 정보를 수집하고, 이를 토대로 기존의 가설을 점검 및 수정하는 지속적인 과정이 필요하다.

둘째, 사례개념화는 정신장애나 문제, 그리고 그 원인을 찾는 데 초점이 있기 때문에 부정적으로 흐르기 쉽다. 따라서 전략상 내담자의 긍정적인 부분에 초점을 두고 사례개념화를 함으로써 균형을 유지하는 것이 바람직하다. 예를 들면, 내담자의 정신장애나 문제와 함께 내담자가 가진 '건강'이나 '탁월성' '문제가 없거나 잘 기능하는 측면들'을 찾아내어 분류 및 명명한다. 그리고 긍정적인 측면의 원인들을 찾아내어 설명한다. 더 나아가 긍정적 측면과 그 원인들을 더 확대하거나 장려하기 위한 상담개입 방향 및 목표 그리고 전략들을 찾아내어 설명한다. 이렇게 하면 상담과정의 부정적 편향을 방지할 수 있고, 내담자에게 문제나 원인이나 대처방안을 설명하는 과정에서 일어나는 부정적 자아상을 형성시키는 문제도 어느 정도 보완할 수 있다.

4. 상담계획 수립

상담계획이란 '내담자에 대한 사례개념화를 토대로 상담개입의 목표와 전략을 구성하는 작업'을 의미한다. 즉, 내담자의 자원과 문제의 특성, 그리고 상담자의 전문성을 고려하여 상담개입의 방향 및 목표를 설정하고, 이를 성취하기 위한 변화대상, 수단, 시간, 공간, 절차 및 지침 등과 같은 개입전략을 수립하는 작업을 의미한다.

전문적 상담을 하려면 내담자의 문제, 원인, 개입방안에 대한 개념적 이해를 토대로, 구체적으로 어떻게 상담해 나갈 것인지에 대한 상담계획을 수립할 수 있어야 한다. 상담계획이 수립되면 명확한 방향과 지침을 가지고 상담과정을 조직화시켜 나갈 수 있으며, 이로 인해 결국 생산성과 효율성을 높일 수 있게 된다. 또한 상담계획은 평가 및 조정의 기본골격이 되고 상담자의 전문성을 향상시키거나 경험적 자료를 축적시켜 나가는 데도 기여한다. 반대로 상담계획이 없거나 부실하면 회기가 거듭될수록 방향과 목적을 상실한 채 표류하기 쉽다. 따라서 상담계획을 수립하는 것은 사례관리 측면에서 매우 중요한 절차라고 할 수 있다.

일반적으로 잘 구성된 상담계획에는 전문성, 개별성, 역동성과 융통성, 실용성이 고려되어 있다. 첫째, 잘 구성된 상담계획은 전문적 지식을 토대로 수립되어 있다. 즉, 인간에 대한 광범위한 지식, 그리고 문제, 원인, 해결방법에 대한 전문적 지식, 상담과정의 역동에 대한 전문적 지식이 있어야 상담계획을 제대로 수립할 수 있다는 말이다.

둘째, 잘 구성된 상담계획은 개별화되어 있다. 즉, 모든 내담자를 획일적으로 상담하는 것이 아니라 해당 내담자에게 적합하게 수립되어 있다.

셋째, 잘 구성된 상담계획은 역동성과 융통성이 고려되어 있다. 상담은 관련된 여러 가지 힘들의 상호작용에 의해 역동적으로 변화한다. 이로 인해 상담계획을 수립할 시점에서 예상했던 것과는 다른 양상들이 이후의 과정에서 나타날 수 있다. 예를 들면, 내담자가 달라져서 이전에 수립했던 상담계획의 목표나 전략을 수정이나 보완해 달라고 직간접적으로 요구할 수 있다. 또 상담자가 수립된 상담계획의 목표나 전략이 뒤늦게 잘못 설정되었다는 것을 발견할 수도 있다. 또 상담계획을 수립할 때 토대가 되었던 정보가 나중에 잘못된 정보였다는 사실을 알게 될 수도 있다. 또 상담계획에 반영하지 못했던 중요한 정보를 새롭게 알게 될 수도 있다. 또 수립한 상담계획의 목표나 전략보다 더 적합한 목표나 전략이 추가로 발견될 수도 있다. 또 슈퍼비전을 받는 과정에서 슈퍼바이저로부터 상담계획의 목표나 전략을 수정하도록 요구받을 수도 있다. 또 상담기관의 서비스 방침이 달라지거나 사회환경적 조건이 달라져서 상담계획을 수정해야 하는 상황이 발생할 수도 있다.

따라서 상담계획을 수립할 때는 주어진 조건들을 반영하여 최적의 상담계획을 수립해야 하고, 이후 수립한 상담계획에 따라 상담개입을 충실히 해 나가야 한다. 그러나 변화하는 역동을 고려하여 상담계획은 잠정적으로 수립되어야 하고, 이후의 달라지는 조건들을 반영하여 융통성 있게 수립된 상담계획을 점검 그리고 수정이나 보완을 해 나가는 것이 요구된다.

넷째, 잘 구성된 상담계획은 실용적이다. 즉, 상담계획을 수립하는 과정이 쉽고 간단하며, 수립된 상담계획은 실무에서 쉽게 활용할 수 있도록 구성되어 있다. 만약 계획절차가 어렵고 복잡해서 지나치게 시간과 에너지를 소모하거나, 상담계획을 수립한 이후에 실무에서 활용되지 않는다면 바람직한 상담계획이라고 할 수 없다.

한편, 실무과정에서 상담자들이 모두 상담계획을 수립하는 것은 아니다. 상담계획을 수립하지 않고 상담을 해 나가는 상담자들도 많이 있는데, 이는 상담계획에 대한 회의적인 인식 및 태도 때문이다. 즉, 정신적 수고와 노력은 요구되지만 막상 수고와 노력에 비해 활용이 적고 성과에도 별로 도움이 되지 않는 상담행정적 절차 정도로 상담계획을 인식하기 때문이다.

그러나 상담활동을 보다 전문화하기 위해서는 상담계획의 필요성에 대한 상담자의 인식 및 태도를 점검하고 개선해 나갈 필요가 있다. 특히 상담계획은 상담활동을 효율적으로 조직화하여 생산적인 결과를 낳게 하는 수단이면서 동시에 상담서비스의 질을 유지시키고 상담자의 자질을 높여 나가는 중요한 절차이기 때문에 상담계획을 수립하는 데 따르는 어려움에도 불구하고 상담계획을 수립하는 것이 전체적인 측면에서 유리하다는 점을 인식시킬 필요가 있다.

상담계획을 수립하지 않는 또 다른 이유는 교육이나 관행과 상관있다. 대체로 상담계획을 전혀 수립하지 않는 상담자들은 상담계획에 대한 교육을 제대로 받아 보지 못했기 때문에 무엇을 어떻게 해야 하는지에 대해 잘 모른다. 그리고 상담기관에서는 보통 사례관리 측면에서 상담계획을 수립하도록 요구한다. 하지만 비밀보장이라는 윤리적 측면 때문에 상담자가 상담계획을 수립했는지의 여부를 실무적으로 점검하지 않는 경향이 있다. 이런 상황에서 상담계획을 수립하지 않은 습관이나 관행은 쉽게 형성된다.

상담계획을 수립하는 습관을 형성시키기 위해서는 상담자를 양성하는 교육과정에서부터 상담계획의 필요성을 인식시키고 실제로 상담계획을 수립하는 방법을 가르쳐야 한다. 또 기관에서도 상담원들에게 상담계획을 수립하도록 요구하고 이를 윤리적 범주 내에서 점검할 수 있는 운영 시스템이 개발되어야 한다.

다른 한편, 상담계획은 개입목표, 그리고 개입목표를 성취하기 위한 개입전략으로 구성되어 있다. 이 장에서는 개입목표와 전략을 구성하는 절차와 방법에 대해 자세히 살펴볼 것이다.

1) 상담개입 목표 수립

상담계획이란 '상담개입을 통해 성취하고자 하는 개입목표와 이러한 목표를 성취하기 위한 개입방법을 수립하는 작업'을 의미한다. 따라서 상담계획을 수립하는 첫 단계는 상담개입을 통해 성취하고자 하는 개입목표를 구체적으로 설정하는 것이라 할 수 있다. 상담자는 내담자의 호소문제 및 증상, 그리고 원인에 대한 이해를 토대로 상담을 종결했을 때 얻을 수 있는 긍정적인 결과가 무엇인지를 예견하면서 구체적인 개입목표를 수립한다. 즉, 내담자의 요구와 현실적 여건, 그리고 상담자의 전문적 지식을 토대로 성취 가능한 결과들을 추리판단하고 이를 기반으로 구체적인 개입목표를 수립한다.

한편, 목표는 '궁극적 목표, 결과목표, 과정목표, 세부목표'로 구분할 수 있다. 먼저 궁극적 목표는 상담자가 궁극적으로 지향하는 방향, 즉 상담방향을 의미한다. 그리고 결과목표는 상담이 종결되었을 때 얻을 수 있는 구체적인 산출결과를 의미하고, 과정목표는 결과목표를 성취하기 위한 과정에서 해결해야 하는 과제들을 의미하며, 세부목표는 과정목표를 성취하기 위해 해결해야 하는 단계별 과제들을 의미한다. 일반적으로 상담계획에서의 개입목표는 결과목표를 의미한다.

다른 한편, 개입목표를 수립할 때는 현실성과 구체성이 고려되어야 한다. 즉, 현실적인 여건 속에서 달성할 수 있는 내용을 구체적으로 기술할 수 있어야 바람직한 개입목표라고 할 수 있다. 잘 수립된 개입목표는 개입의 방향성을 유지시켜 상담과정의 혼란을 줄이고 조직화된 활동을 할 수 있도록 이끈다. 그러나 부적절하게 수립된 개입목표는 상담의 현실적 한계를 부정하고 지나치게 이상적으로 구성되어 있거나, 반대로 현실적 가능성을 부정하고 지나치게 비관적으로 구성되어 있다. 또 애매하고 추상적인 용어를 사용하기 때문에 성취하고자 하는 것이 무엇인지 명확하지 않다.

상담계획의 개입목표는 현실적인 여건 속에서 달성할 수 있는 구체적인 결과, 즉 결과목표의 형태로 구성해야 한다. 그러나 결과목표의 형태로 수립하는 것이 바람직하지만 반드시 그렇게 해야 하는 것은 아니다. 결과목표로 구체화되기 전 상태인 상담개입의 방향 형태로 구성할 수도 있고, 좀 더 작은 단위의 과정목표나 세부목표의 형태로 구성할 수도 있다.

(1) 개입목표의 구성 형태

상담방향의 형태   상담계획의 개입목표는 구체적인 결과목표가 아니라 상담개입 방향의 형태로 구성할 수 있는데, 이는 주로 ① 문제명료화 과정에서 내담자와 함께 상담목표를 설정하기 이전이나 ② 평가, 진단, 사례개념화를 하기 이전에 상담계획을 수립해야 할 때 사용하는 형태이다.

상담방향의 형태로 구성된 개입목표들은 구체화 정도에서 차이가 난다. 덜 구체화된 형태라면 '잠재력을 계발한다. 성격을 재구성한다. 감정을 정화한다. 합리적 신념을 형성한다. 긍정적 자아개념을 형성한다. 자존감을 높인다. 진로의사결정을 하게 한다. 지지체계를 구축한다. 또래 환경을 개선한다, 적응을 촉진한다.' 등과 같이 일반적이고 추상적인 용어를 사용하여 구성할 것이다. 그러나 보다 더 구체화된 형태라면 '의사소통능력이 증진된다. 아버지와의 관계에서 주장능력을 형성한다. 성적을 높인다. 분노가 감소한다. 우울 증상이 감소한다.' 등과 같이 변화시키려는 영역 및 대상이 상대적으로 분명하게 드러날 것이다.

결과목표의 형태   상담계획의 개입목표로서 가장 이상적인 형태는 결과목표로 구성되어 있는 것이다. 결과목표의 형태로 구성되어 있어야 상담개입의 방향성을 유지시키는 동시에 활동구성, 과정수행, 성과측정, 평가 및 조정 등과 같은 조직화된 활동에 더 유리하다.

일반적으로 잘 구성된 결과목표에는 '① 표적행동이 포함된 성취결과, ② 결과의 성취 여부를 판단하는 성취준거'의 두 가지가 포함되어 있다. 결과목표를 구성하는 자세한 방법은 '상담처치의 대안 설정'을 참고하기 바란다.

(2) 상담효과

상담계획에 들어갈 개입목표를 구성하기 위해서는 현실적인 상담의 결과로서 얻을 수 있는 구체적인 효과에 대한 지식이 필요하다. 특히 경험이 부족한 초보상담자들에게는 효과에 대한 지식이 매우 중요한데, 왜냐하면 효과가 무엇인지를 모르는 상태에서 상담계획의 개입목표를 구성한다는 것 자체가 모순이기 때문이다.

상담의 긍정적인 결과로서 얻을 수 있는 일반적인 상담효과들을 요약하면 다음과 같다.

증상 및 갈등의 감소, 그리고 대안행동 증가   호소문제와 관련된 증상이나 갈등이 감소하고 바람직한 대안행동이 증가한다. 구체적으로 심인성 신체질환이나 기능장애, 그리고 부정적 정서, 부정적 사고, 부정적 행동이 감소한다. 또한 가족, 또래, 학교 등과 같은 사회환경 내의 역기능 또는 역기능으로 인해 발생하는 갈등이 감소한다. 이와 함께 부정적 증상이나 갈등을 대신하는 신체적 건강의 증진, 긍정적 정서, 긍정적 사고, 긍정적 행동의 증가, 가족, 또래, 학교 등의 사회환경 내의 순기능 또는 순기능으로 인한 친밀성과 생산성이 증가한다.

정서적 안정   정서적으로 안정된다. 즉, 정서적 불균형이 감소하여 정서적 안정이 증진된다. 구체적으로 불안, 흥분, 좌절, 불만, 분노, 우울, 조급, 충동, 억압 등과 같은 정서적 불안정이 감소하는 반면, 안정, 신뢰, 평온, 만족, 기쁨, 감사 등과 같은 정서적 안정이 증가한다.

일치　일치에 대한 동기와 행동이 증가한다. 즉, 자신의 있는 그대로의 경험, 특히 인식과 말과 행동 간의 불일치를 알아차리고, 이를 있는 그대로 수용하며, 더 나아가 일치된 방향으로 나아가려는 동기와 행동이 증가한다.

관점 변화　관점이 넓어진다. 즉, 공간조망, 시간조망, 가치조망, 기본가정 조망 행동이 증가한다. 구체적으로 자기관점에서 벗어나 타인이나 객관적인 제삼자의 관점에서 현상이나 의미를 바라보는 공간조망 행동이 증가한다. 그리고 현재의 문제 시점에서 벗어나 문제가 없던 과거시점이나 문제가 해결된 미래의 시점에서 현상이나 의미를 바라보는 시간조망 행동이 증가한다. 한편, 부정적인 관점에서 벗어나 결점의 자원화, 동기의 긍정적 해석, 의미부여와 같은 긍정적 관점에서 현상이나 의미를 바라보는 가치조망 행동이 증가한다. 또한 신념이나 기본가정에서 벗어나서 현실과 자신을 바라보는 기본가정 조망 행동이 증가한다.

긍정적 주의 및 경험　긍정적 주의 및 경험이 증가한다. 즉, 부정적인 경험에 대한 주의가 줄어들고 긍정적 경험에 대한 주의가 증가한다. 구체적으로 과거의 부정적 경험에 대한 회상, 현재의 부정적 경험에 대한 인식, 그리고 미래의 부정적 경험을 예견하는 행동이 줄어든다. 반면, 과거의 긍정적 경험에 대한 회상, 현재의 긍정적 경험에 대한 인식, 그리고 미래의 긍정적 경험에 대한 기대나 예견 행동이 증가한다. 또한 실패나 좌절보다 성공이나 성취경험, 결점보다 자원, 없는 것보다 있는 것, 행동의 긍정적 동기, 경험의 잠재적 가치나 의미에 대한 인식 및 표현행동이 증가한다.

알아차림 및 설명　알아차림 및 설명이 증가한다. 즉, 새로운 사실, 또는 알고 있던 사실의 새로운 의미에 대한 알아차림 및 설명행동이 증가한다. 구체적으로 억압 및 부정했던 경험의 내용, 일치 또는 불일치 경험의 내용, 경험의 보편성, 그리고 연관성, 개인차와 다양성, 경험의 긍정적 의미나 가치 등에 대한 알아차림 및 설명행동이 증가한다. 또한 현상 및 문제, 원인, 대처방안에 대한 알아차림 및 설명행동이 증가한다.

이성적 능력　이성적 능력이 증진된다. 구체적으로 내적인 욕구나 충동, 감정적 상태에 지배되지 않고, 또한 외부의 강요나 위협에 지배되지 않는 상태에서 현상을 인식, 분석, 해석, 판단, 예견, 결정, 평가, 조정하는 행동이 증가한다. 또한 자기 이익 이상의 이타 또는 공익, 현재 이상의 더 나은 미래, 쾌락 이상의 가치나 의미, 물질 이상의 정신적 가치나 의미를 인식하고 이를 표현하는 행동이 증가한다.

반응행동 융통성   반응행동 융통성이 증가한다. 즉, 역기능적인 행동과 관련된 무의식적·자동적·반복적인 그리고 정형화된 반응행동이 줄어든다. 반면, 순기능적 행동과 관련된 있는 그대로의 자연적 반응, 상황적 여건에 맞는 반응, 그리고 개인적 욕구나 가치, 사회적 요구나 가치에 순응하는 행동이 증가한다. 바꿔 말하면 행동의 폭이 넓고 다양해져서 상황에 맞는 행동을 융통성 있게 할 수 있게 된다.

성장 지향적 동기와 행동   성장 지향적 동기와 행동이 증가한다. 즉, 회피 및 파괴적 동기와 행동이 감소하고 성장 지향적 동기와 행동이 증가한다. 구체적으로 억압, 부정, 회피, 기만, 과잉반응, 자기와 사회환경 파괴와 같은 회피 및 파괴적 동기와 행동이 감소한다. 반면, 자기 및 환경에 대한 신뢰를 바탕으로 개방, 수용, 직면, 도전, 모험, 공존공익 추구 등과 같은 성장 지향적 동기와 행동이 증가한다.

욕구만족 지연 및 승화   욕구만족 지연 및 승화의 동기와 행동이 증가한다. 즉, 무의식적인 충동이나 강요에서 벗어나 상황적 요구에 따라 욕구만족을 지연 및 승화시키려는 동기와 행동이 증가한다. 구체적으로 상황적 요구에 따라 하고 싶은 일을 못하는 상황, 또는 하고 싶지 않은 일을 해야 하는 상황에서 상위 목적을 위해 자신의 욕구만족을 뒤로 미루려는 욕구만족 지연 동기와 행동, 그리고 상황적 요구에 맞추어서 자신의 욕구를 긍정적인 방향으로 승화시키려는 동기와 행동이 증가한다. 예를 들어, 생리적 욕구보다는 안전의 욕구, 안전의 욕구보다는 사회적 욕구, 사회적 욕구보다는 자기존중의 욕구, 자기존중의 욕구보다는 자기실현 욕구, 자기실현의 욕구보다는 자기초월 욕구의 충족을 위해 욕구지연 또는 승화하려는 동기와 행동이 증가한다.

자기관리   자기관리 동기와 행동이 증가한다. 즉, 자신의 문제 또는 문제와 관련된 전반적 생활과제들을 상담자나 다른 대상에게 의존하지 않고 내담자 스스로 해결 및 관리해 나가려는 동기와 행동이 증가한다. 구체적으로 외모를 가꾸고, 청결을 유지하며, 음식을 통해 골고루 영양을 흡수하고, 규칙적으로 운동하며, 충분한 휴식을 취하고, 건강을 해치는 일들을 삼가며, 자신의 병을 치료하는 등에 대한 동기와 행동이 증가한다.

그리고 긍정적 심상과 사고, 목표 및 시간관리 계획 수립, 문제해결 및 목표성취와 관련된 자기관찰, 자기지시, 구체적 대처방안에 대한 개발, 자기계약, 자기보상, 자발적 실천, 자기점검과 조정 등에 대한 동기와 행동이 증가한다. 또한 자기표현 및 주장, 협력, 예의 바른 행동, 사회적 지지체제 개발, 경제활동, 직무활동, 학습활동, 여가활동 등에 대한 동기와 행동이 증가한다.

의사소통　　의사소통에 대한 동기와 행동이 증가한다. 즉, 억압 및 불일치에서 벗어나 자기표현과 주장에 대한 동기와 행동이 증가한다. 구체적으로 자신의 상태를 표현하고 원하는 사항을 주장하며, 타인의 상태와 주장을 관심 있게 경청하고 공감적으로 이해하려는 동기와 행동이 증가한다. 더 나아가 서로의 차이를 수용하고, 서로 만족할 수 있는 대안을 찾아 실천하려는 동기와 행동이 증가한다.

친사회적 행동　　친사회적 동기와 행동이 증가한다. 즉, 자기중심적이거나 반사회적인 동기와 행동이 줄어들고 친사회적 동기와 행동이 증가한다. 구체적으로 무시, 비난, 이간질, 흉보기, 협박, 공갈, 거짓말, 기만, 폭력, 절도, 고립 등과 같은 반사회적 동기와 행동이 감소한다. 반면, 확대된 자기의식과 상호 관계성에 대한 인식을 바탕으로 존중, 공감, 칭찬, 격려, 동조와 협력, 진심 어린 충고, 자기노출, 주장, 타협, 봉사와 헌신과 같은 친사회적 동기와 행동이 증가한다. 바꿔 말하면 사람들과 정서적 유대를 맺고 인정을 받으려는 동기와 행동, 공존공익을 위해 협력하려는 동기와 행동, 그리고 사회적 가치와 윤리와 규범을 지키려는 동기와 행동이 증가한다.

신체적 기능　　심인성 신체질환이 감소하고 신체적 기능이 증진될 수 있다. 구체적으로 심인성 신체질환인 심장혈관계, 위장계, 호흡기계, 비뇨생식계, 내분비계, 신경계, 근골격계, 피부계 질환이 감소할 수 있다. 그러나 이런 변화가 상담의 직접적인 효과라기보다는 간접적인 효과라고 말해야 정확할 것이다. 따라서 신체적 질환이나 기능장애는 상담 및 심리치료 이전에 의학적 치료를 우선해야 한다.

2) 상담개입 전략

상담계획의 두 번째 단계는 개입목표를 성취하기 위한 방법, 즉 개입전략을 구성하는 것이다. 전략(戰略)은 군사적 용어로서 '진두에서 승리를 성취하기 위한 주요 방법이나 책략'을 의미한다. 따라서 상담개입 전략이란 개입목표를 성취하기 위한 주요 방법이나 책략이라고 할 수 있다. 상담개입 전략에는 변화대상, 변화 수단, 시간, 공간, 절차 및 지침 등이 포함된다.

(1) 변화대상

상담에서도 경제적 원리를 고려한다. 즉, 어떤 특정한 부분을 변화시킴으로써 전체적인 변화를 얻고자 하는 것, 즉 최소 투자로 최대 이익을 얻고자 한다. 이렇게 전체의 변화 또는 목표성취를 위해 변화시키려는 부분을 가리켜 변화대상이라 한다. 일반적으로 변화대상이 무엇이냐에 따라 전략의 세부 내용이 달라질 수 있다. 가령 개인을 변화시키는 전략과 환경을 변화시키는 전략은 전혀 다를 수 있다. 또 신체와 심리를 변화시키는 전략, 더 세부적으로 감정, 사고, 행동을 변화시키는 전략들은 각기 다를 수 있다.

이러한 변화대상을 선정하면 그에 적합한 변화 수단을 선정하기가 쉬워진다. 예를 들어, 우울증을 가진 내담자인 경우 환경보다는 개인, 개인 중에서도 심리적 요인, 심리적 요인 중에서도 인지적 요인, 인지적 요인 중에서도 '부정적 사고와 신념'을 변화대상으로 선정할 수 있다. 이렇게 변화대상을 선정하면 '인지요법' 등과 같이 변화 수단들을 선정하는 데 도움이 된다.

한편, 변화대상을 선정할 때는 개인차와 구체성을 신중히 고려해야 한다. 먼저 변화대상을 선정할 때는 개인차를 고려해야 한다. 즉, 개인적 여건에 맞게 변화대상을 선정해야 하고, 일단 선정된 이후에도 개인이나 상황적 변화에 맞게 지속적으로 재선정해 나갈 필요가 있다. 예를 들면, 발달수준과 관련해서 같은 불안문제라도 초등학생의 문제는 가족환경 중에서 '부모의 폭력행동'을 변화대상으로 선정할 수 있지만, 성인의 불안문제는 개인의 심리적 요인 중에서 '외부의 위협을 과대평가하고 자신의 대처능력을 과소평가하는 인지적 반응'을 변화대상으로 선정하는 것이 바람직할 수 있다. 그리고 변화대상을 선정한 이후에도 내담자의 신체적 심리적 사회환경적 변화에 따라 변화대상을 점검 및 조정해 나가는 것이 필요하다.

그리고 상담자의 이론적 입장이 무엇이냐에 따라서도 변화대상이 달라질 수 있다. 가령 불안문제의 경우 정신분석에서는 '정서적 억압행동이나 성격구조'를 변화대상으로 선정하겠지만, 행동상담에서는 '회피행동'을 변화대상으로 선정할 것이다.

변화대상을 선정할 때는 개인차뿐만 아니라 구체성도 고려해야 한다. 즉, 변화대상은

표 8-2 변화대상

변화대상	개인	신체	유전인자
			뇌신경
			신체생리
		심리	감각, 인지도식, 표상
			회상, 상상
			인식과 감정, 추리와 판단, 가치판단
			욕구, 기대, 목표, 결정, 계획, 다짐, 자기조절과 방어
			비언어 표현, 언어표현, 반복행동, 습관
	환경	사회	가족
			또래
			직장
			지역사회

통제 가능한 단위까지 세분해서 구체화해야 한다. 예를 들어, '환경' 또는 '심리나 신체, 가족, 또래' 또는 '정서, 사고, 행동' 등과 같이 일반화된 형태로 변화대상을 선정하면 이를 다루기 어렵기 때문에 구체화하여야 한다. 가령 불안문제의 경우 '개인, 심리, 인지' 등과 같이 일반화된 형태의 변화대상이라면 이를 더 구체화하여 '외부의 위협을 과대평가하고 자신의 대처능력을 과소평가하는 인지반응' 등으로 변화대상을 선정해야 이를 토대로 적합한 세부전략을 수립해 나갈 수 있게 된다.

그러나 지나치게 구체화하는 것도 바람직하지 않다. 지나치게 구체화하면 통제는 쉽지만 전체적인 변화나 목표를 성취하는 데 미치는 영향은 미미할 수 있기 때문이다. 가령 대인관계 불안문제의 경우 '시선회피 행동'만을 변화대상으로 선정하는 것은 적합하지 않다. 왜냐하면 시선회피 행동만을 변화시키기는 상대적으로 쉬울 수 있겠지만 이를 변화시켜서 불안문제의 해결을 기대하기는 어렵기 때문이다. 이런 경우에는 '대인관계 장면의 위협을 과대평가하고 자신의 대처능력을 과소평가하는 인지반응'이나 '비주장적 행동' 등으로 변화대상을 선정하는 것이 더 바람직할 수 있다.

(2) 변화 수단

변화대상을 바람직한 방향으로 변화시키기 위해 상담자가 사용하는 주된 방법을 변화 수단이라고 하며, 이는 상담전략의 골격을 이룬다. 이러한 변화 수단은 타당성과 구체싱, 그리고 융통성을 고려하여 선정해야 한다. 즉, 변화 수단은 대상을 변화시키는 힘을 가지고 있어야 하고, 일반적이거나 애매하지 않고 구체적이고 명확해야 하며, 수단 또는 방법이기 때문에 대상을 변화시키는 데 도움이 되지 않으면 융통성 있게 변화시켜 나가야 한다.

여기서는 변화 수단을 '주요 상담이론의 변화 수단, 상담효과 요인, 상담효과 억제 요인'으로 구분하여 설명하였다.

① 주요 상담이론의 변화 수단

상담이론마다 변화 수단이 다르게 제시되고 있다. 변화 수단을 구성하기 위해 상담이론별 변화 수단을 숙지할 필요가 있다. 정신분석, 행동상담, 인간중심적 상담의 세 가지 상담이론에서 주로 활용하는 변화 수단을 살펴보면 다음과 같다.

정신분석의 변화 수단   정신분석에서는 인간문제의 원인이 생의 초기에 형성된 무의식적인 성격구조에 있다고 가정한다. 따라서 상담목표는 무의식적 성격구조의 변화, 즉 원욕, 자아, 초자아 중에서 인식과 조절기능을 하는 자아의 기능을 강화하는 것이다. 이런 자아기능 강화를 통해 내적으로 무의식적인 욕망과 초자아의 횡포로부터 해방되게 하고, 외적으로 삶의 문제들을 스스로 인식하여 해결해 나가고, 더 나아가 일과 관련된 성취감, 그리고 인간관계와 관련된 사랑을 증진해 나가도록 돕는다. 상담목표를 성취하기 위해 정신분석에서는 정화법, 통찰법, 지지법의 세 가지 변화 수단을 사용한다.

첫 번째 변화 수단은 정화법이다. 즉, 증상과 관련된 과거의 외상 경험을 재경험하게 한 후, 이를 표현하도록 함으로써 '신체적 긴장과 정서적 불안의 감소와 이완, 부정적이고 비현실적인 사고의 감소와 긍정적이고 객관적인 사고의 증가, 기타 증상의 감소나 제거'를 촉진하는 방법이다.

두 번째 변화 수단은 통찰법이다. 즉, 자유연상을 기반으로 하여 연상, 꿈, 저항, 전이에 대한 분석 및 해석을 통해 무의식적 내용에 대한 통찰을 촉진함으로써 '정화의 효과'와 함께 '자아기능 강화와 성격 재구성, 자신과 대상에 대한 이해와 수용의 증가, 저항반응의 감소와 작업동맹 반응의 증가, 전이반응 감소와 현실반응 증가, 일과 관련된 성취감, 인간관계와 관련된 사랑의 증진' 등을 촉진하는 방법이다.

세 번째 변화 수단은 지지법이다. 즉, 증상의 근본이 되는 무의식적 원인을 의식화하는 개입을 하지 않고, 상담자가 내담자의 문제에 대한 원인과 해결방안을 파악해서 내담자에게 적응에 도움이 되는 구체적인 행동을 지시하거나 지도함으로써 '내담자가 쓰러지지 않도록 지지'해 주는 방법이다. 예를 들어, 불안장애를 일으키는 내담자에게 불안의 무의식적 원인을 의식화하는 개입을 하는 것이 아니라, 대신 이완방법을 가르치고, 불안과 관련된 비합리적 사고나 신념을 지적하고 대안적인 합리적 사고나 신념을 가르치며, 불안장면에서 회피나 도피를 하는 대신 노출행동을 하도록 지시함으로써 적응을 촉진하는 방법이 지지법이다.

행동상담의 변화 수단　　행동상담에서는 인간의 문제를 학습의 관점에서 파악한다. 즉, 문제행동은 바람직하지 않은 학습의 결과이기 때문에 재학습 과정을 통해 변화시킬 수 있다고 가정한다. 행동상담의 목표는 바람직하지 않은 문제행동을 소거하거나 감소시키고 바람직한 행동을 형성하거나 증가시키는 것이고, 주요 변화 수단은 고전적 조건화, 조작적 조건화, 인지학습, 사회학습의 네 가지 학습원리이다.

첫 번째 변화 수단은 고전적 조건화, 즉 자극-반응 연합이다. 고전적 조건화에서는 문제행동이 선행자극과 연합되어 있다고 가정한다. 따라서 문제행동을 소거하고 대안행동을 형성하기 위해서 기존의 문제행동을 유발하는 '선행자극과 문제행동 간의 연합'을 파괴하고, 그 대신 '선행자극과 대안행동 간의 연합'을 새롭게 형성하는 전략을 사용한다. 예를 들어, 물공포증은 '물이라는 선행자극과 공포반응이라는 문제행동이 연합된 것'이라고 본다. 따라서 물공포증 치료는 '물과 공포반응 간의 연합'을 파괴하고, 그 대신 '물과 둔감화 반응', 또는 '물과 접근반응 혹은 대안행동 간의 연합'을 새롭게 형성하는 노출전략을 사용한다.

두 번째 변화 수단은 조작적 조건화, 즉 반응과 자극 연합이다. 조작적 조건화에서는 문제행동은 후속결과와 연합되어 있다고 가정한다. 따라서 문제행동을 소거하고 대안행동을 형성하기 위해서 기존의 '문제행동과 후속결과 간의 연합'을 파괴하고, 그 대신 '대안행동과 후속결과 간의 연합'을 새롭게 형성하는 전략을 사용한다. 예를 들어, 거짓말을 했을 때 처벌이나 무시를 하고, 참말을 했을 때 주의집중, 미소, 칭찬, 물질적 보상과 같은 긍정적인 강화물을 제공함으로써 거짓말을 줄이고 참말을 형성하는 전략을 사용한다.

세 번째 변화 수단은 인지학습, 즉 인지요법이다. 인지요법에서는 부정적 감정이나 문제행동은 하나의 결과인데, 이는 부정적 사건에 대한 결과가 아니라, 사건에 대한 역기능적 사고와 신념의 결과라고 가정한다. 따라서 인지요법에서는 '역기능적 사고나 신념을 기능적 사고나 신념으로 바꿈'으로써 부정적 감정이나 문제행동을 소거하고 대안적 감정이나 행동을 형성하는 전략을 사용한다. 예를 들어, 물공포증은 '물에 대한 역기능적인 사고나 신념의 결과'라고 보고, '물과 관련된 역기능적인 사고나 신념을 기능적 사고나 신념으로 바꿈'으로써 물공포증을 소거하고 물에 대한 둔감화 반응이나 접근반응을 형성하고자 한다.

네 번째 변화 수단은 사회학습, 즉 관찰 및 모방학습이다. 사회학습에서는 관찰 및 모방을 통해서 행동을 학습할 수 있는 능력이 인간에게 있다고 가정한다. 사회학습에서는 문제행동이나 대안행동과 관련된 모델을 제공함으로써 관찰 및 모방학습을 하도록 하고, 이를 통해 문제행동을 소거하고 대안행동을 형성하는 전략을 사용한다. 예를 들어, 물공포증을 지닌 내담자에게 '물공포증을 가진 모델이 물공포증을 극복해 나가는 과정을 보여 주고, 이를 '관찰 및 모방하게 함'으로써 물공포 반응을 소거하고 물에 대한 둔감화 반응이나 접근반응을 형성시키고자 한다.

인간중심적 상담의 변화 수단　　인간중심적 상담에서는 인간문제의 원인이 '있는 그대로의 자기경험이나 성장 잠재력을 억제하는 환경적 조건, 이러한 환경 속에서 역기능적 가치조건의 내면화, 외부 현실이나 자기경험의 왜곡이나 부인, 그리고 불일치' 등에 있다고 가정한다. 인간중심적 상담의 목표는 '충분히 기능하는 인간으로 성장'하도록 조력하는 것이다. 즉, '경험에 대한 개방성, 실존적 태도, 유기체에 대한 신뢰, 자유와 창조성을 지닌 존재로 성장'하도록 조력하는 것이다. 그리고 이러한 성장을 바탕으로 '자신의 문제를 스스로 해결'해 나가도록 조력하는 것이다.

이런 목표를 성취하기 위한 주요 변화 수단은 '지시적이 아닌 비지시적 접근, 상담자 중심이 아닌 내담자 중심의 접근, 이론 중심이 아닌 경험 중심의 접근, 문제 중심이 아닌 인간 중심의 접근'이다. 또 다른 주요 변화 수단은 산파술(産婆術)이다. 인간중심적 상담에서는 '일치성, 무조건적 긍정적 존중, 공감적 이해의 성장촉진적인 상담자 태도'를 통해 '성장촉진적 관계환경'을 내담자에게 제공하고, 이러한 성장촉진적 관계환경 속에서 내담자가 스스로 '경험에 대한 개방성, 실존적 태도, 유기체에 대한 신뢰, 자유와 창조성을 지닌 충분히 기능하는 인간으로 성장'해 나가도록 조력한다. 그리고 더 나아가 자기성장을 바탕으로 '내담자 스스로 자신의 문제를 탐색 및 이해하고, 대안을 수립하며, 이를 실천하여 문제를 해결'해 나가도록 조력한다. 이런 접근방식을 흔히 산파술(産婆術)이라 한다.

2 상담효과 요인

상담효과를 일으키는 요인들도 변화 수단에 해당하기 때문에 상담효과 요인들을 알고 있으면 개입전략을 수립하는 데 도움이 된다. 상담효과 요인에는 다음과 같은 것들이 포함된다. 즉 '상담관계, 감정정화, 일치 경험, 교정적 감정 경험, 관점 변화, 정보 제공과 습득, 이해, 인지수정, 가치, 암시, 목표 설정, 이완, 둔감화, 사회적 기술' 등이다.

- 상담관계: 상담관계의 질은 상담효과와 밀접한 상관이 있다. 즉, 상담구조화를 통해 상담효과를 낳게 하는 상담구조가 구축되고, 라포 형성을 통해 상담자와 내담자 간에 정서적 유대가 형성되면 상담효과를 얻는 데 도움이 된다.
- 감정정화: 최면이나 자유연상이나 면담을 통해 정신장애나 문제의 원인이 되는 과거 외상적 사건을 회상하고, 이를 재경험하면서, 관련된 억압된 부정적 감정을 언어나 비언어적 행동을 통해 표출시키면 역기능적 행동이 감소하고 기능적 행동이 증가한다.
- 일치 경험: 상담자가 내담자에게 촉진적 상담관계 환경을 제공해 주면, 이런 촉진적인 환경 속에서 내담자는 방어나 가치조건에서 벗어나 있는 그대로의 자신을 자각하고 일치되게 표현 및 행동하면서 자기성장을 해 나간다.
- 교정적 감정 경험: 상담장면에서 내담자가 '강한 감정적 경험'을 하고, 이를 '바람직한 방향으로 교정하는 경험', 즉 '재학습 경험'을 하면 역기능적 행동이 감소하고 기능적 행동이 증가한다.
- 관점 변화: 문제와 관련된 내담자의 관점을 변화시키기, 즉 내담자의 공간조망, 시간조망, 가치조망, 기본가정 조망을 변화시키면 역기능적 행동이 감소하고 기능적 행동이 증가한다.
- 정보 제공과 습득: 상담자가 내담자에게 '증상행동이나 문제행동, 원인, 대처방안'에 대한 객관적 정보를 제공하면 역기능적 행동이 감소하고 기능적 행동이 증가한다.
- 이해: 정신장애나 문제와 관련된 상황에서 내담자가 외부 현실과 자신의 반응행동을 새롭게 알아차리고 설명하고 통합하는 이해 경험을 하면 역기능적 행동이 감소하고 기능적 행동이 증가한다.
- 인지수정: 정신장애나 문제와 관련된 내담자의 역기능적인 사고나 신념을 기능적 사고나 신념으로 변화시키면 역기능적 행동이 감소하고 기능적 행동이 증가한다.
- 가치: 정신장애나 문제와 관련된 내담자의 가치판단 과정이나 가치에 대한 신념을

변화시키면 역기능적 행동이 감소하고 기능적 행동이 증가한다.

- 암시: 정신장애나 문제와 관련된 내담자의 무의식적이고 역기능적 내적대화나 자기암시를 기능적 내적대화나 자기암시로 변화시키면 역기능적 행동이 감소하고 기능적 행동이 증가한다.
- 목표 설정: 정신장애나 문제에 대한 대처방안이 포함된 상담목표를 설정하면 역기능적 행동이 감소하고 기능적 행동이 증가한다.
- 이완: 신체적 긴장과 심리적 불안은 이완을 통해 낮출 수 있다. 이완을 통해 긴장이나 불안이 낮아지면 역기능적 행동이 감소하고 기능적인 행동이 증가한다. 이완법에는 '근육이완, 호흡이완, 심상이완, 자기암시, 최면, 명상, 요가, 음악, 향기, 그리고 바이오피드백' 등이 있다.
- 둔감화: 불안문제의 경우, 내담자가 불안상황이나 자극을 회피하지 않고 직면하도록 하면 둔감화 현상이 일어나 불안과 관련된 문제행동이 감소하고 대안행동이 증가한다.
- 사회적 기술: 내담자가 사회적 기술, 즉 알아차림, 관심 기울이기, 공감, 나 전달법, 자기노출 및 개방, 자기주장 등의 기술을 학습하면, 대인관계와 관련된 역기능적 행동이 감소하고 기능적 행동이 증가한다.

③ 상담효과 억제 요인

상담효과를 억제하는 요인들도 있다. 개입전략을 구성하려면 상담효과를 촉진하는 요인에 대한 지식과 함께 억제하는 요인에 대한 지식도 필요하다. 일반적으로 알려진 상담효과 억제요인은 크게 내담자 요인, 상담자 요인, 상황적 요인으로 나누어 볼 수 있다.

먼저 상담효과를 억제하는 내담자 요인에는 기질적 손상 요인, 정신병적 요인, 인격적 요인, 그리고 사회환경적 요인 등이 있다. 기질적 손상 요인은 유전과 같은 선천적 요인이나 물리적 손상과 같은 후천적인 요인에 의해 정신 및 행동기능에 장애가 발생한 경우다. 이러한 기질적 손상이 있을 경우에는 상담효과가 제한된다. 정신병적 요인은 조현병, 망상성 장애, 병적 우울증이나 조증 등이 있을 경우에 해당하는데, 이러한 경우에도 상담효과는 제한된다. 인격적 요인은 편집성, 분열성, 반사회성, 히스테리성, 의존성, 강박성 인격장애와 같은 심각한 인격장애가 있을 경우에 해당하며, 이러한 경우에도 상담효과는 제한된다. 사회환경적 요인은 가족, 또래, 직장, 지역사회의 구조와 기능이 역기능적인 경우이다. 이러한 역기능적인 사회환경이 있을 경우에도 상담효과가 제한된다.

상담효과를 억제하는 상담자 요인에는 전문성 부족, 인격적 미성숙 등이 있다. 먼저 상담자가 전문성이 부족하면 당연히 상담효과는 제한된다. 즉, 상담자가 학력, 자격증, 경력, 상담이론, 상담자 역할 수행 능력 등이 부족하면 당연히 상담효과는 제한된다. 또 상담자의 인격적 미성숙도 상담효과를 제한한다. 아무리 전문성이 높다고 하더라도 인격적으로 미성숙하면 상담효과가 제한된다. 특히 경험에 대한 알아차림과 개방성, 자기통제 능력이 부족할 경우, 투사 또는 역전이 반응이 많을 경우, 관계형성 및 유지와 관련된 심한 불안이나 갈등이 있을 경우, 타인을 돌보려는 동기와 가치가 빈약할 경우, 성격장애가 있을 경우 등은 상담효과가 제한된다.

상담효과를 억제하는 상황적 요인에는 부적절하거나 부족한 상담시간, 부적절한 상담장소, 역기능적인 상담기관이나 지역사회 관행, 규범, 법이나 제도 등이 포함된다. 이런 경우에도 상담효과는 제한된다.

(3) 상담시간 구성

개입전략을 구성할 때 고려해야 할 내용 중 하나가 시간이다. 즉, 개입전략을 구성할 때는 단위시간, 빈도, 기간 등과 같은 시간에 대한 설계가 포함되어야 한다.

단위시간 단위시간이란 한 회기 동안에 소요되는 시간을 말한다. 단위시간은 내담자의 연령이나 문제유형, 상담접근 방법 등에 따라 다양하게 구성할 수 있다. 일반적으로 단위시간은 50분을 기준으로 한다. 하지만 단위시간은 대상에 따라 달라질 수 있다. 가령 아동은 30분 그리고 성인은 50분을 기준으로 단위시간을 구성할 수 있다. 또 접근방법에 따라 단위시간이 달라질 수도 있다. 예를 들어, 상담 도중에 표준화된 심리검사를 실시할 경우에는 1.5~2시간 정도를 구성할 수 있다. 또한 진행과정에 따라서도 다르게 구성할 수 있는데, 가령 신청접수는 5~10분 전후, 접수면접은 30~90분 전후, 본 상담은 50분 전후로 단위시간을 구성할 수 있다.

상담빈도 상담빈도도 내담자의 호소문제 유형이나 특성, 상담의 접근방법에 따라 다양하게 구성할 수 있다. 가령 대상에 따라 빈도를 다르게 구성하는데, 주로 아동은 1주당 1~5회기, 성인은 1주당 1~2회기 정도의 범위에서 빈도가 결정된다. 또 문제유형에 따라 자살과 같이 위기문제인 경우 2~3시간씩 집중적으로 하거나 매일 또는 격일로 빈도를 구성할 수 있다. 그러나 진로문제는 주 1회 또는 격주 1회로 빈도를 구성할 수 있다.

그리고 진행과정에서 따라서도 빈도가 달라질 수 있다. 주로 초기나 중기에는 주 1~2회 정도를 유지하다가 종결기가 되면 격주 1회 또는 월 1회 정도로 빈도를 구성할 수 있다.

상담기간   기간은 상담이 시작할 때부터 끝날 때까지의 소요시간을 말한다. 상담기간은 내담자의 호소문제 유형이나 성격특성, 상담자의 이론적 경향, 기타 상황적 여건에 따라 한 회기에서부터 수십 회기에 이르기까지 다양하게 구성할 수 있다. 가령 내담자가 병리적 문제를 가지고 있으면 당면한 생활문제보다 상담기간은 늘어날 것이다. 또 내담자의 자아강도가 낮고 전반적인 기능수준이 떨어지며 문제가 고질적이고 오랜 병력을 가지고 있다면 상담기간은 늘어나겠지만, 상대적으로 내담자의 자아강도가 높고 단순한 문제인 경우에는 상담기간이 줄어들 것이다. 또한 정신분석적 접근은 인간중심적 접근이나 행동주의적 접근보다 상담기간이 늘어날 것이다.

(4) 상담공간 구성
개입전략을 구성할 때 고려해야 할 또 다른 내용은 공간이다. 즉, 개입전략을 구성할 때는 상담장소, 면접형태, 상담시설 및 도구 등과 같은 공간에 대한 설계가 포함되어야 한다.

상담장소   상담장소를 구성해야 한다. 즉, 상담을 실시하는 장소가 상담실이냐 아니면 상담실 이외의 장소이냐의 여부, 그리고 상담실 이외의 장소에서 한다면 구체적으로 어디에서 상담할 것이냐를 구성해야 한다. 전통적으로 상담실 내에서 상담을 실시해 왔었지만 최근에는 내담자의 생활공간으로 상담자가 직접 찾아가는 형태의 상담도 이루어지고 있다. 예를 들어, 교도소, 소년원, 시설원생을 대상으로 상담할 경우에는 찾아가는 상담을 구성할 수 있다. 또 상담동기가 없지만 상담이 필요하다고 판단되는 대상과 상담을 해야 할 때도 찾아가는 상담을 구성할 수 있다. 이렇게 찾아가는 상담을 구성할 때는 구체적으로 어느 장소에서 상담할 것인지를 미리 설계하는 것이 바람직하다.

면접형태   만남의 형태를 구성해야 한다. 일반적으로 개인상담의 면접형태는 내담자와 일대일 대면이다. 그러나 가족이나 교사 등과 같이 공동으로 대면할 수도 있고, 내담자 없이 관련인들과 대면할 수도 있다. 또 대면형태도 직접 대면이 아니라 전화, 서신, 화상 등과 같은 간접대면을 할 수도 있다. 면접형태도 내담자의 호소문제나 특성, 상담자의 전문성, 기타 상황적 여건을 고려하여 구성해야 한다.

상담시설 및 기구　　상담개입 방법에 따른 시설 또는 기구를 설계해야 한다. 가령 정신 분석을 할 경우, 방음시설이나 카우치 등을 확보하는 방안이 설계되어야 한다. 또 놀이 치료를 할 경우 놀이치료 시설이 있는 공간을 확보하는 방안이 설계되어야 한다.

(5) 상담개입 절차 또는 지침

개입전략을 수립할 때 고려해야 할 또 다른 내용은 개입절차나 지침이다. 즉, 실제적 인 상담의 진행순서나 지침을 구성하는 것이다. 여기서 개입절차란 상담자가 개입해 들 어가는 순서를 말하고, 개입지침이란 상담개입을 해 나갈 때의 참조사항들을 말한다.

상담자는 내담자 문제의 특성, 상담자의 전문성, 개입방향 및 목표, 개입전략, 그리고 상담과정에 대한 이해를 토대로 상담개입 절차나 지침을 구성한다. 절차나 지침은 다양 한 형태로 구성할 수 있는데, 두 가지 사례를 제시하면 다음과 같다.

> 30대 중반의 김 여인은 사촌동생과 같이 퇴근하던 길에 지하상가 입구에서 호흡곤 란과 심장 두근거림, 그리고 죽을 것 같은 극도의 불안을 경험했다. 다음날 병원에서 종 합검사를 받았지만 아무런 이상이 없었다. 그런 경험을 한 이후부터 그녀는 혼자 나다 닐 수 없었기 때문에 꼭 누군가와 동행을 했다. 그리고 지하상가나 지하 주차장, 지하철, 심지어 할인매장의 지하 식품점에도 들어갈 수 없었다. 그녀는 사촌동생의 권유로 상담 을 받으러 왔다. 접수면접자는 내담자를 의뢰하면서, 공황장애가 의심된다는 소견을 이 야기하였다. 첫 회기 면접과정에서 확인해 본 결과 DSM-5-TR의 공황장애 진단기준 을 충족하였다. 첫 회기 상담 이후 상담절차 또는 지침을 다음과 같이 구성하였다.

① 공황장애에 대한 심리교육을 한다. '실태, 진단기준, 원인, 대처방안'에 대한 설명 교재를 찾거나 자료를 만든다.

② 이완훈련을 실시한다. 호흡이완법, 자기암시 이완법을 가르치고 훈련시킨다.

③ 인지수정을 한다. 신체생리적 단서의 오귀인, 과잉 해석을 수정한다.

④ EFT(Emotional Freedom Techniques)를 가르치고 훈련시킨다. 가슴 답답함이나 호 흡곤란이 일어날 때, 심장 두근거림이 일어날 때, 혼자 밖에 나갈 때, 지하실 갈 때 EFT를 할 수 있도록 가르치고 훈련시킨다.

⑤ 노출훈련을 실시한다. '혼자 외출하기, 지하상가나 지하 주차장에 혼자 가기, 지하 철에 혼자 타기, 할인매장의 지하 식품점에 혼자 방문하기'와 관련하여 간접적 그

리고 직접적 노출훈련을 실시한다.

수면장애를 겪고 있는 고3 여학생인 오 양은 3일째 거의 잠을 자지 못했다고 하면서 상담실을 찾아왔다. 특히 중간고사 시험 이후부터 증세가 심해졌는데, 최근에는 수면문제 때문에 공부는 뒷전이 된 상태이다. 2회기의 면접을 거치면서 수면장애와 관련된 여러 가지 습관상의 문제들을 가지고 있다는 것이 밝혀졌다. 가령 많은 양의 커피와 콜라를 마시는 습관, 그리고 라면, 햄, 햄버거, 피자 등과 같은 인스턴트식품을 밤늦게 먹는 습관, 학교에서 수업 중이나 쉬는 시간에 낮잠을 자는 습관, 공부나 대인관계와 관련해서 항상 신체적 긴장과 심리적 불안을 경험하는 것 등이다. 뿐만 아니라 오 양의 집은 도로가에 있었기 때문에 밤늦게까지 소음이 심했다. 오 양의 수면장애 문제에 대한 개입절차 및 지침은 다음과 같이 구성하였다.

① 심리교육을 실시한다. 수면장애 실태, 진단기준, 원인, 대처방안에 대해 교육한다.
   • 특히 많은 양의 커피와 콜라를 마시는 습관, 그리고 라면, 햄, 햄버거, 피자 등과 같은 인스턴트식품을 밤늦게 먹는 습관, 학교에서 수업 중이나 쉬는 시간에 낮잠을 자는 습관, 공부나 대인관계와 관련해서 항상 신체적 긴장과 심리적 불안을 경험하는 것, 그리고 도로의 소음 등이 숙면을 방해하고 있음을 이해시킨다.
② 식습관 개선 프로그램을 구성하고 실천하도록 한다.
   • 커피와 콜라를 줄인다. 계약과 강화, 자기관리를 활용한다.
   • 라면, 햄, 햄버거, 피자 등과 같은 인스턴트식품을 줄인다. 계약과 강화, 자기관리를 활용한다. 부모와 가족의 협조를 구한다.
   • 밤늦게 먹는 습관을 없앤다.
③ 운동을 하도록 한다. 헬스, 수영 등의 운동 프로그램 등록을 권한다.
④ 낮잠을 줄인다. 낮잠을 10분 이하로 줄인다.
⑤ 공부나 대인관계 스트레스와 관련된 대처행동 능력을 형성한다. 이완 훈련을 실시한다. 자기암시 훈련을 실시한다.
⑥ 부모에게 도로의 소음을 줄이기 위한 보강공사를 권한다.
⑦ 인지수정을 한다. 수면장애 관련 인지를 수정한다.

제**9**장

상담목표 설정

Individual Counseling

간의 행동은 목표에 영향을 받는다. 즉, 인간은 목표를 설정하면 설정된 목표를 지향하는 행동을 하는 경향이 있다. 상담초기에 상담자와 내담자가 합의해서 상담목표를 설정하면, 상담자와 내담자는 상담과정에서 설정된 상담목표를 성취하려는 성취지향 행동들을 하게 된다. 그리고 이런 성취지향 행동들의 결과로 상담성과를 얻을 가능성도 증가하게 된다. 상담은 목표지향적 활동이다. 구체적으로 상담은 정신장애를 가진 사람들을 대상으로 정신장애 증상행동을 없애거나 감소시키는 목표를 설정하고, 이렇게 설정된 목표를 성취하기 위한 행동을 하며, 이런 성취행동을 통해 설정한 정신장애 증상행동을 없애거나 감소시켜 나가는 활동이다. 또한 상담은 당면한 생활문제를 가진 사람들을 대상으로 문제행동을 없애거나 감소시키는 목표를 설정하고, 이렇게 설정된 목표를 성취하기 위한 행동을 하며, 이런 성취행동을 통해 설정한 문제행동을 없애거나 감소시켜 나가는 활동이다. 한편, 상담은 성장과제를 가진 사람들을 대상으로 성장행동을 형성하거나 증가시키는 목표를 설정하고, 이렇게 설정된 목표를 성취하기 위한 행동을 하며, 이런 성취행동을 통해 설정한 성장행동을 형성하거나 증가시켜 나가는 활동이다.

상담초기의 중요한 과업 중 하나는 상담목표 설정이다. 이 장에서는 상담목표 설정을 개념 정의, 기능, 유형, 과정 순으로 설명하였다.

1. 개념 정의

일반적으로 상담에서는 상담목적과 상담목표를 구분한다. 즉, 상담목적은 상담방향을 지칭하는 용어인 반면, 상담목표는 상담결과를 지칭하는 용어이다. 좀 더 자세히 설명하면, 상담목적은 상담방향을 지칭하는 용어인데, 여기서 상담방향이란 '상담이 지향하는 방향, 상담에서 구현하려는 바람직한 가치, 전체 사회에서 상담이 지향하는 바람직한 역할' 등을 의미한다. 예를 들면, '정신치료나 심리치료, 정신건강, 적응, 문제해결, 성장. 예방, 잠재력 계발, 행복 증진, 자기실현, 성공, 지역사회 정신건강과 발전에 이바지'

등은 상담목적과 관련된 용어들이다. 이러한 상담목적은 질적 상담현상과 관련된 질적 상담용어라고 할 수 있다.

반면, 상담목표는 상담결과를 지칭하는 용어인데, 여기서 상담결과란 '특정 상담개입을 한 이후, 그 특정 상담개입의 결과로서 얻고자 하는 특정 산출물'을 의미한다. 예를 들면, '증상행동의 소거나 감소, 문제행동의 소거나 감소, 대안행동의 형성이나 증가', 또는 더 구체적으로 '부정적 감정의 감소와 긍정적 감정의 증가, 부정적 사고의 감소와 긍정적 사고의 증가, 부정적 행동의 감소와 긍정적 행동의 증가, 자존감의 증가, 비합리적 사고와 신념의 소거나 감소, 합리적 사고와 신념의 형성이나 증가, 충동성의 감소와 욕구지연 능력의 증가, 대인관계 능력의 증진, 성적의 증가, 재산의 증가, 직업적 승진, 자격증의 취득' 등은 상담목표와 관련된 용어들이다. 이러한 상담목표는 관찰, 측정, 예측, 조작, 검증 가능한 구체적인 양적 상담현상과 관련된 양적 상담용어라고 할 수 있다.

이상을 토대로 상담목표와 상담목표 설정에 대한 개념 정의를 한다면, 다음과 같이 개념 정의를 할 수 있다. 즉, 상담목표란 '상담의 결과로서 얻고자 하는 긍정적 성과에 대한 합의된 진술'이라고 개념 정의를 할 수 있다. 그리고 상담목표 설정이란 '상담의 결과로서 얻고자 하는 긍정적 성과에 대한 합의된 진술을 구성해 나가는 작업'이라고 개념 정의를 할 수 있다.

2. 상담목표 설정 기능

상담목표를 설정하면 상담진행과 성과를 산출하는 데 도움이 된다. 구체적으로 상담목표 설정은 '상담방향 제시, 상담활동 조직화, 성취 판단기준, 상담동기 강화, 상담관계 강화, 대안 설정, 상담효과 증진' 등의 순기능을 가지고 있다.

1) 상담방향 제시

상담목표 설정의 첫 번째 기능은 상담방향 제시 기능이다. 즉, 상담목표 자체가 앞으로 상담이 나아갈 바람직한 방향을 제시하는 역할을 하기 때문에 상담목표 설정 작업은 상담방향을 제시하는 기능을 한다고 할 수 있다.

예를 들면, 무대공포 문제를 가진 내담자의 상담목표를 '발표상황에서 공포반응이 감소힌다.'로 설정하면, 이후의 상담을 발표상황에서 공포반응을 감소시키는 방향으로 나아가도록 설정된 상담목표가 이끌기 때문에, 상담목표를 설정하면 상담방향을 제시하는 기능을 한다고 할 수 있다.

2) 상담활동 조직화

상담목표 설정의 두 번째 기능은 상담활동 조직화 기능이다. 즉, 상담목표를 설정하면 결과목표가 분명해지고, 이 분명한 결과목표를 토대로 상담전략과 과정목표를 설계할 수 있으며, 이 상담전략과 과정목표를 토대로 세부전략과 세부목표를 설계할 수 있고, 기타 시간, 장소, 인력, 경비, 기자재 등도 설계할 수 있게 된다. 다시 말하면, 상담목표 설정은 상담활동을 조직화시키는 기능을 한다고 할 수 있다.

예를 들면, 무대공포 문제를 가진 내담자의 상담목표를 '발표상황에서 공포반응이 감소한다.'로 설정하면, 이 결과목표를 토대로 고전적 조건화, 인지수정, 이완훈련 원리들을 조합해서, 이완훈련, 불안위계목록 작성, 논박과 인지수정, 간접 노출, 직접 노출로 이어지는 둔감화 개입과정을 구성할 수 있고, 또한 이를 기반으로 상담시간, 상담장소, 담당 상담자, 상담비, 기자재 등을 설계할 수 있게 된다. 즉, 상담목표를 설정하면 설정한 상담목표를 기반으로 상담활동을 조직화시키는 것이 가능하기 때문에 상담목표는 상담활동 조직화 기능을 한다고 할 수 있다.

3) 성취 판단기준

상담목표 설정의 세 번째 기능은 성취 판단기준 기능이다. 일반적으로 상담목표는 성취 판단기준으로서 기능을 한다. 즉, 내담자의 상담문제에 대해 특정 상담개입을 실시한후, 상담문제가 해결이 되었는지 안 되었는지, 또는 특정 상담개입이 상담문제 해결에효과가 있었는지 없었는지를 판단하는 기준은 없거나 불분명하다. 그런데 사전에 상담목표를 설정하는 작업을 해 두면, 나중에 종결시점에서 이전에 설정해 둔 상담목표를 성취했는지의 여부에 대한 판단을 통해 상담문제가 해결이 되었는지 안 되었는지, 또는 특정 상담개입이 상담문제 해결에 효과가 있었는지 없었는지를 판단할 수 있기 때문에, 상담목표 설정은 성취 판단기준으로서 기능을 한다고 할 수 있다.

예를 들면, 무대공포 문제를 가진 내담자의 상담목표를 '발표상황에서 공포반응이 감소한다.'로 설정하면, 상담종결 시점에서 내담자의 발표상황에서의 공포반응을 측정하여, 공포반응의 감소 여부를 판단하고, 이를 토대로 상담문제가 해결이 되었는지 안 되었는지, 또는 둔감화 개입이 상담문제 해결에 효과가 있었는지 없었는지를 판단할 수 있기 때문에, 상담목표 설정은 성취 판단기준으로서 기능을 한다고 할 수 있다.

4) 상담동기 강화

상담목표 설정의 세 번째 기능은 내담자의 상담동기를 강화하는 기능이다. 일반적으로 상담목표를 설정하면, 내담자의 상담동기가 강화되어 상담 협조행동이 증가하고 상담 비협조행동이 감소한다. 그리고 상담목표에 대한 접근동기가 강화되어 상담목표 성취행동이 증가한다. 즉, 상담목표 설정은 내담자의 상담동기를 강화하는 기능이 있다고 할 수 있다.

예를 들면, 무대공포 문제를 가진 내담자의 상담목표를 '발표상황에서 공포반응이 감소한다.'로 설정하면, 상담목표 설정하기 이전과 비교할 때 내담자의 상담 협조행동 그리고 상담목표 성취행동이 증가한다. 따라서 상담목표 설정은 내담자의 상담동기를 강화하는 기능이 있다고 할 수 있다.

5) 상담관계 강화

상담목표 설정의 다섯 번째 기능은 상담관계 강화 기능이다. 상담개입 측면에서 상담관계 형성은 상담구조화와 라포 형성의 두 가지 하위요소로 구성되어 있는데, 상담목표를 설정하면 이 두 가지 하위요소가 강화된다. 먼저 상담구조화가 강화된다. 즉, 상담목표를 설정하면, 상담목표에 대한 상담구조화가 강화된다. 또한 라포 형성이 강화된다. 즉, 상담목표를 설정하면, 상담과 상담자에 대한 내담자의 신뢰가 증가하여 라포 형성이 강화된다. 따라서 상담목표 설정은 상담관계를 강화하는 기능이 있다고 할 수 있다.

6) 대안 설정

상담목표 설정의 여섯 번째 기능은 대안 설정 기능이다. 주된 상담처치의 하나는 대안 설정이고, 이러한 대안 설정의 하위내용 중에 하나는 목표 설정이다. 그런데 상담목표 설정은 그 자체가 주된 상담처치의 하나인 대안 설정 기능을 하고, 특히 대안 설정의 하위내용인 목표 설정 기능을 한다.

일반적으로 내담자는 문제와 관련해서 절망을 경험하는 사람이다. 그런 내담자에게 상담목표 설정은 절망에서 벗어나게 하고 희망을 고취시키는 기능을 한다. 그리고 절망을 견딜 수 있게 돕고, 문제해결에 대한 희망을 품고 상담목표를 성취하기 위한 성취행동들을 해 나갈 수 있도록 돕는 기능을 한다. 따라서 상담목표 설정은 대안 설정 기능을 한다고 할 수 있다.

7) 상담효과 증진

상담목표 설정의 일곱 번째 기능은 상담효과 증진 기능이다. 상담목표 설정과 상담효과나 상담만족도는 밀접한 정적 상관이 있는 것으로 알려지고 있다. 즉, 잘 설정된 상담목표는 상담효과와 상담만족도를 예측하는 비교적 신뢰로운 변인이라고 할 수 있다. 그리고 상담목표 설정은 선행 작업을 강화할 뿐만 아니라 후속 작업을 강화하기 때문에 상담효과 산출에 기여한다. 즉, 상담목표를 잘 설정하려면, 그 이전에 상담구조화, 라포 형성, 내담자의 호소문제 명료화, 그리고 내담자의 이면문제 평가 등의 상담목표 설정의 선행 작업들을 제대로 수행해야 한다. 이 때문에 상담목표 설정은 선행 작업들을 충실히 하도록 이끄는 기능을 하고, 이는 상담효과를 증진시키는 기능으로 이어진다. 또한 상담목표를 잘 설정하면, 그 이후에 내담자 저항처리, 그리고 감정정화 및 일치, 이해 경험, 대안 설정, 행동 형성, 그리고 종결논의, 상담평가, 상담마무리 조치, 추후지도 등의 상담목표 설정의 후속 작업들을 잘 수행하도록 돕는다. 이 때문에 상담목표 설정은 후속 작업들을 충실히 하도록 이끄는 기능을 하고, 이는 상담효과를 증진시키는 기능으로 이어진다. 따라서 상담목표 설정은 상담효과를 증진시키는 기능을 한다고 할 수 있다.

3. 상담목표 유형

상담목표는 준거에 따라 여러 가지 유형으로 구분할 수 있다. 즉, 크기나 범주, 수치화 정도, 설정 주체, 성취시점에 따라 다르게 구분할 수 있다.

1) 궁극적 목표, 결과목표, 과정목표, 세부목표, 즉시적 목표

상담목표는 크기나 범주에 따라 '궁극적 목표, 결과목표, 과정목표, 세부목표, 즉시적 목표'로 구분할 수 있다. 먼저, 궁극적 목표는 '상담을 통해 궁극적으로 성취하려는 목표'를 의미한다. 즉, '상담이 지향하는 바람직한 방향, 상담에서 구현하려는 바람직한 가치, 상담에서 충족시켜야 하는 바람직한 요구나 필요나 기능, 상담을 실시하는 바람직한 이유나 의도' 등을 의미한다. 바꿔 말하면 목적(目的)을 의미한다. 그리고 결과목표는 '상담 개입의 결과로서 산출하고자 하는 긍정적 결과'를 의미한다. 즉, 상담이 끝났을 때 산출하려는 최종 성과(成果, outcome)를 의미한다. 그리고 과정목표는 '결과목표를 성취하기 위한 중간단계의 하위목표들'을 의미한다. 즉, 징검다리 목표들을 의미한다. 그리고 세부목표는 '각각의 과정목표를 성취하기 위한 세부단계 수준의 하위목표들'을 의미한다. 즉, 각각의 과정목표를 성취하기 위한 중간단계보다 더 하위단계인 세부단계의 작은 징검다리 목표들을 의미한다. 마지막으로 즉시적 목표는 '상담을 진행하는 과정에서 상담자의 즉각적 개입행위를 통해 즉각적으로 산출하고자 하는 성과들'을 의미한다. 즉, 상담자의 즉각적 개입행동의 즉각적 성과를 의미한다.

일반적으로 상담자와 내담자가 함께 작업하는 상담초기의 상담목표 설정 과정에서는 상담목표를 결과목표의 형태로 설정하는 것이 바람직하다. 그런데 상담자의 업무라고 할 수 있는 상담계획 수립 과정에서는 궁극적 목표, 결과목표, 과정목표, 세부목표 형태의 목표들을 모두 설정한 후, 이를 상담계획에 반영하는 것이 바람직하다.

2) 질적 상담목표와 양적 상담목표

상담목표는 수치화 정도에 따라 질적 상담목표와 양적 상담목표로 구분할 수 있다. 우선, 질적 상담목표에서 질적(質的)이란 용어는 관찰이나 측정, 조작이나 검증 가능한 양적인 수치의 형태로 바뀌기 이전의 질적 형태, 즉 수치화(數値化) 또는 가시화(可視化)되기 이전의 질적 상태라는 의미이다. 따라서 질적 상담목표란 수치화되지 않은 질적 형태로 진술된 상담목표라고 할 수 있다. 반면, 양적 상담목표에서 양적(量的)이란 용어는 관찰이나 측정, 조작이나 검증 가능한 양적인 수치의 형태, 즉 수치화 또는 가시화가 이뤄진 양적 상태라는 의미이다. 따라서 양적 상담목표란 수치화된 양적 형태로 진술된 상담목표라고 할 수 있다.

일반적으로 상담목표는 양적 형태로 설정하라고 권장된다. 상담목표를 양적으로 설정하면 관찰이나 측정, 설명이나 예측, 조작이나 검증이 용이해지며, 이는 결국 상담목표의 성취를 촉진하기 때문이다. 그런데 상담에서 다루는 심리적 현상이나 사회적 현상의 대부분은 양적인 것이 아닌 질적인 것들이다. 질적인 현상을 양적으로 바꾸는 작업이 때로는 불필요하거나 부적합할 때도 있다. 이 때문에 상담목표는 종종 질적 형태로 설정하는 것이 오히려 더 바람직할 때도 있다.

3) 상담자의 상담목표와 내담자의 상담목표

상담목표는 설정 주체에 따라 상담자의 상담목표와 내담자의 상담목표로 구분할 수 있다. 또한 상담목표는 일방적 상담목표와 합의된 상담목표로 구분할 수 있다. 먼저 내담자의 상담목표는 내담자가 구성한 후 상담자에게 공식 상담목표로 선정해 달라고 요구하는 상담목표이다. 반면, 상담자의 상담목표는 상담자가 구성한 후 내담자에게 공식 상담목표로 선정하자고 제안하는 상담목표이다. 참고로 상담자의 상담목표는 대부분 상담자가 파악한 이면문제의 해결과 관련된 것들이다.

내담자의 상담목표와 상담자의 상담목표는 합의 이전에 내담자나 상담자가 일방적으로 구성한 것이기 때문에 일방적 상담목표라고도 한다. 이와 대비해서, 상담자와 내담자가 합의해서 설정한 상담목표를 합의된 상담목표라고 한다. 일반적으로 상담목표는 합의된 상담목표로 설정하라고 권장된다.

4) 장기 상담목표와 단기 상담목표

상담목표는 성취시점에 따라 장기 상담목표(또는 장기목표)와 단기 상담목표(또는 단기목표)로 구분할 수 있다. 먼저, 장기 상담목표는 1년 이상의 장기상담이 끝났을 때 산출하고자 하는 상담목표이다. 그런데 종종 장기 상담목표란 용어는 '상담개입 방향, 궁극적 상담목표'와 동의어로 사용되기도 한다. 반면, 단기 상담목표는 1주일, 1개월, 3개월, 6개월 등과 같이 상대적으로 짧은 기간동안의 상담이 끝났을 때 산출하고자 하는 상담목표이다. 일반적으로 단기 상담목표는 '과정목표나 세부목표'에 해당한다고 할 수 있다.

한편, 장기 상담목표와 단기 상담목표로 구분하는 분류체계는 1년 이상의 장기상담에서는 유용하기 때문에 많이 사용된다. 하지만 단지 1회의 상담만을 실시하는 단회상담이나 6개월 이하의 상담을 실시하는 단기상담에서는 그 효용성이 낮아지기 때문에 덜 사용되는 경향이 있다. 다시 말하면 상담목표를 장기 상담목표와 단기 상담목표로 구분하는 분류체계는 장기상담(또는 중장기 상담)에서는 유용하지만 단회상담이나 단기상담에서는 유용하지 않을 수 있다.

한편, 상담초기의 상담목표 설정과 상담중기의 상담처치의 일부로서 목표 설정은 서로 중첩되는 상담개입 내용을 포함하고 있다. 즉, 상담초기의 상담목표 설정은 그 자체가 상담중기의 상담처치의 일부로서 목표 설정이기도 하다. 또한 상담중기의 상담처치의 일부로서 목표 설정은 상담초기의 상담목표 설정에서 부분적으로 실행된다고 할 수 있다. 상담처치의 일부로서 목표 설정은 이 책의 뒷부분에서 좀 더 자세히 설명하였다.

4. 상담목표 설정 과정

상담진행은 순차성이 고려되어야 하는데, 상담목표 설정도 마찬가지로 순차성이 고려되어야 한다. 일반적으로 상담목표 설정 작업을 수행하려면, 이전의 선행작업들이 수행되어 있어야 한다. 좀 더 구체적으로 말하면 상담목표에 대한 구조화를 포함한 상담구조화, 우선적인 상담문제 선정을 포함한 호소문제 명료화, 그리고 정신장애나 위기문제 평가를 포함한 문제 평가 작업(특히, 이면문제 평가 작업) 등의 선행작업들이 수행되어 있어야 그 후속 작업인 상담목표 설정도 잘 수행해 나갈 수 있다.

일반적으로 상담목표 설정 과정은 '상담목표 설정에 대한 구조화, 상담문제의 해결과 관련된 소망에 대한 탐색, 질적 상담목표의 설정, 양적 상담목표의 설정, 설정된 상담목표의 점검과 수정'의 순으로 진행할 수 있다.

1) 상담목표 설정에 대한 구조화

상담목표 설정 작업은 상담자가 내담자에게 상담목표 설정에 대한 구조화를 하면서 시작할 수 있다. 상담목표 설정에 대한 구조화는 '상담목표 설정이 무엇인지, 상담목표 설정이 왜 필요한지, 상담목표 설정은 어떻게 해 나가는지 등에 대해 상담자가 내담자에게 설명하고, 동의를 받아 내며, 상담목표 설정 작업에 대한 수행을 요구하고, 내담자가 이전 상담에서 우선적으로 다룰 상담문제에 대해 살펴보았습니다. 이제 우리가 다룰 상담문제의 해결 상태에 대해 생각해 보고, 그 상담문제 해결 상태를 담아 낸 상담목표를 설정하는 작업이 필요합니다. 이런 상담목표 설정 작업을 잘 해야, 우리가 앞으로 나아갈 상담방향도 알 수 있고, 또 우리가 상담에서 무엇을 해 나가야 하는지도 설계할 수 있게 됩니다. 그리고 상담목표를 설정하는 것이 실제로 상담효과를 얻는 데도 도움이 됩니다.

우리가 겪는 문제는 세상이나 다른 사람들 때문에 발생할 수 있습니다. 그러나 우리가 겪는 문제를 해결하기 위해서 무엇인가 바꾸고자 할 때는 세상이나 다른 사람들을 바꾸는 것은 현실적으로 매우 어렵습니다. 왜냐하면 세상이나 다른 사람들을 통제하는 것은 그 자체가 매우 어렵고 또 불안정하기 때문입니다. 대신 우리가 효과적으로 통제할 수 있고 바꿀 수 있는 것은 자신의 행동입니다. 이 때문에 상담목표를 설정할 때는 세상이나 다른 사람을 바꾸는 것이 아닌 자신의 행동을 바람직한 방향으로 바꾸는 것으로 설정하는 것이 좋습니다.

이 시간은 상담목표를 설정하는 시간으로 사용했으면 합니다. 상담목표를 설정하려면, 먼저 상담문제의 해결과 관련해서 ○○ 씨가 원하는 것들을 찾아보는 시간이 필요합니다. 그리고 ○○ 씨가 원하는 것들 중에서 상담이 끝났을 때 얻고 싶은 것을 선정하고, 이를 상담목표로 설정하는 작업이 필요합니다. 그리고 필요하면 상담목표를 좀 더 구체화시키는 작업을 할 수도 있습니다. 가령 상담이 성공적으로 끝났을 때 무엇이 어떻게 어느 만큼 변화할지에 대해 좀 더 구체적으로 설정하는 작업이 필요할 수도 있습니다. 또한 필요하면 이미 설정한 상담목표를 점검해서 다시 수정하는 작업이 필요할 수도 있습니다.

설정 작업을 수행하면 이를 강화해 나가는 일'을 의미한다. 예를 들면, 다음과 같이 상담목표 설정에 대한 구조화를 실시할 수 있다.

한편, 상담목표를 설정하는 과정에서 내담자가 비자발적인 내담자인 경우, 그리고 정신장애나 위기문제와 같은 중요한 이면문제가 있을 경우 등에서는 내담자가 원하는 상담목표와 상담자가 필요하다고 판단하는 상담목표가 서로 달라서 불일치한 상황이 발생할 수 있다. 보통 이런 상황이 발생하면 상담구조화 작업이 필요하다. 즉, 상담자가 상담에서 우선적으로 다뤄야 한다고 판단하는 내담자의 문제, 그리고 이 문제의 해결과 관련된 목표를 내담자에게 설명한 후, 이를 우선 상담문제 또는 우선 상담목표로 설정하자고 제안하고, 내담자를 설득해서 동의를 받아 내며, 실제로 이를 우선 상담문제 또는 우선 상담목표로 설정해 나가는 상담구조화 작업이 필요하다.

예를 들어, 경찰서에서 13세 비행청소년의 도벽문제에 대한 10회의 상담을 의뢰하였다. 상담자는 외뢰받은 내담자와 상담을 시작했고, 첫 회기에 내담자가 '진로문제에 대한 상담을 받고 싶어요.'라고 했다. 그리고 '성공하고 싶어요. 그래서 성공하기 위한 계획들을 짜고 싶어요.'라고 했다. 하지만 상담자가 볼 때 내담자는 진로문제보다 도벽문제에 대한 점검과 개선이 더 우선되어야 한다고 생각했다. 그리고 절도행동을 없애는 것을 상담목표로 설정할 필요가 있다고 판단하였다. 이런 상황에서는 상담구조화가 필요하다. 즉, 상담에서는 진로문제 보다 '도벽문제를 우선적으로 다뤄야 한다.'고 내담자에게 설명 및 설득을 해야 한다. 또한 '절도행동을 없앤다.'를 상담목표로 설정해야 한다고 설명 및 설득을 해야 한다. 그러고 나서 내담자의 동의를 받아 내고, 이후 도벽문제를 상담문제로 선정하고, 또 절도행동을 없앤다를 상담목표로 설정해 나가는 일련의 상담구조화 작업이 필요하다. 물론 이 사례가 10회기 상담이 아닌 6개월 이상의 중장기 상담이라면 진로문제에 초점을 두고 성공계획 수립하기를 상담목표로 설정하는 것이 더 적합할 수도 있다.

2) 상담문제 해결과 관련된 소망에 대한 탐색

상담목표에는 상담문제의 해결과 관련된 내담자의 소망들이 반영되어 있어야 한다. 그리고 내담자의 소망들을 상담목표에 반영하려면, 먼저 내담자의 소망들을 탐색하는 작업이 요구된다. 그리고 소망 탐색 작업을 수행하려면, 내담자에게 상담문제의 해결과 관련된 소망들에 대해 탐색적 질문들을 해 나가야 한다. 상담문제 해결과 관련된 내담자의 소망을 탐색할 수 있는 질문들을 정리하면 아래와 같다.

- 문제는 무엇인가? 상담에서 다뤄서 해결하고 싶은 상담문제는 무엇인가?
- 상담문제와 관련하여 당신이 원하는 것들은 무엇인가? 예를 들면, 정신장애와 관련하여 원하는 것들은 무엇인가? 또는 당신의 당면한 생활문제와 관련하여 원하는 것들은 무엇인가? 또는 당신의 성장과제와 관련하여 원하는 것들은 무엇인가?
- 만약, 상담이 끝나고, 상담효과가 있다면, 상담문제가 어떻게 달라져 있을까? 구체적으로 당신의 정신장애 증상은 어떻게 달라져 있을까? 또는 당신의 당면한 생활문제와 관련된 문제행동은 어떻게 달라져 있을까? 또는 당신의 성장과제와 관련하여 무엇을 학습하고 어떻게 성장·발달해 있을까?

- 만약, 상담문제가 해결된다면, 당신은 어떻게 달라져 있을까? 무엇을 보기나 무엇을 듣게 될까? 무엇을 기억하고, 무엇을 상상하게 될까? 무엇을 느끼고, 어떤 생각을 하게 될까? 자신과 다른 사람들을 어떻게 인식하게 될까? 당신은 어떻게 말하고 어떻게 행동하고 있을까? 인간관계는 어떻게 하고 있을까? 진로나 직업은 어디서 무엇을 하고 있을까? 다른 사람들은 당신을 어떻게 인식하게 될까? 당신의 일상생활은 어떻게 달라져 있을까?
- 상담목표를 무엇으로 정할까?

상기된 내용들을 내담자에게 질문하여, 질문에 대한 내담자의 응답을 듣고, 응답을 더 자세히 말하도록 요구하거나 요약·정리하도록 요구하는 등의 개입이 필요하다. 이 과정을 통해 내담자가 상담문제 해결과 관련된 자신의 소망들을 탐색하여 이해하고, 더 나아가 이런 소망들이 성취된 상태를 내담자가 그려낼 수 있도록 이끌어 가는 것이 필요하다.

3) 질적 상담목표의 설정

상담문제 해결과 관련된 소망에 대한 탐색을 통해 내담자의 소망과 이 소망이 성취된 상태를 그려 내도록 도운 후, 소망이나 성취상태들 중에서 적합한 내용을 선택해서 상담목표를 설정해 나가는 작업이 필요하다.

앞에서 살펴본 바와 같이, 상담목표는 수치화 정도에 따라 질적 상담목표와 양적 상담목표로 구분할 수 있는데, 질적 상담목표란 수치화되어 있지 않은 질적 형태로 진술된 상담목표를 의미하고, 양적 상담목표란 관찰이나 측정, 조작이나 검증 가능한 수치의 형태, 즉 수치화된 양적 형태로 진술된 상담목표를 의미한다.

일반적으로 상담목표는 양적 형태로 설정하도록 권장된다. 양적 상담목표를 설정하면 관찰이나 측정, 설명이나 예측, 조작이나 검증이 용이해지며, 이는 결국 상담목표의 성취를 촉진시킬 수 있기 때문이다. 하지만 상담실무에서는 양적 상담목표보다는 질적 상담목표를 더 선호하는 경향이 있다. 물론 충분히 그럴 만한 타당한 이유도 있다. 즉, 내담자나 문제의 특성, 상담자나 상담접근의 특성, 상담목표 설정의 순차성과 선행작업이 진전된 정도 등과 같은 타당한 이유들 때문에 상담실무에서는 양적 상담목표 설정보다 오히려 질적 상담목표 설정을 더 선호하는 경향이 있다.

좀 더 구체적으로 말하면, 내담자의 성장발달 수준과 관련하여 일부 내담자들은 양적 상담목표를 설정하는 데 필요한 능력들이 덜 발달되어 있다. 또 어떤 내담자들은 그들의 성격이나 흥미와 관련하여 양적 상담목표를 설정하는 작업을 선호하지 않기 때문에 이에 협조하지 않거나 저항을 한다. 또 내담자가 호소하는 어떤 문제들은 그 문제의 특성상 양적 상담목표로 바꾸기가 어렵고 적합하지도 않다. 예를 들면, 성격, 열등감, 가치, 윤리, 자기이해, 자기수용, 자기실현, 자존감, 짝사랑, 영성체험 등과 같은 문제들은 양적 상담목표를 설정하는 작업은 불가능한 것은 아니지만 상대적으로 더 어려울 수 있다. 그리고 양적으로 설정하는 것이 문제의 특성과 맞지 않아 적합하지 않을 수도 있다.

상담에서 다루는 심리적 현상이나 사회적 현상의 대부분은 본디 양적인 것이 아닌 질적인 것들이다. 그런데 양적 상담목표를 설정하려면, 본디 질적인 심리나 사회적 현상들을 양적인 심리나 사회적 현상으로 바꾸는 작업이 요구되는데, 이 바꾸는 작업은 비교적 높은 수준의 전문성을 요한다. 이 때문에 덜 숙련된 상담자들은 양적 상담목표를 설정하는 작업이 어려울 수 있고, 이로 인해 종종 양적 상담목표 설정 작업을 회피하기도 한다. 일부는 어려움을 극복하고 양적 상담목표 설정을 완료했다고 하더라도, 설정한 상담목표를 잘 살펴보면 부적합하게 설정해서 오히려 아니한만 못한 상황이 발생할 수도 있다.

상담접근에 따라서 양적 상담목표 설정보다 질적 상담목표 설정을 더 선호할 수도 있다. 예를 들어, 정신분석적 상담 계열의 통찰과 자아기능 강화를 지향하는 접근들, 그리고 인간중심적 상담 계열의 자기탐색과 이해, 자기관리, 자기계발과 실현 등을 지향하는 접근들, 대인관계 상담 계열의 대인관계 학습이나 경험학습이나 자기주도 학습을 통한 대인관계 성장이나 자기성장을 지향하는 접근들은 상담초기 과정에서 양적 상담목표 설정보다는 질적 상담목표 설정을 더 선호하는 경향이 있다.

순차성을 고려할 때 양적 상담목표를 설정하려면 이전의 선행작업들이 잘 수행되어 있어야 그 토대 위에서 양적 상담목표를 설정해 나갈 수 있다. 그런데 선행작업들이 잘 수행되지 않았다면 양적 상담목표를 설정하기가 어려워질 수 있다. 가령 상담목표 설정에 대한 상담구조화의 부족, 호소문제 명료화의 부족, 정신장애나 위기문제와 같은 이면문제에 대한 문제평가의 부족, 사례 개념화의 부족 등과 같은 선행작업이 부족할 때, 양적 상담목표를 설정하는 작업이 어려워질 수 있고, 이로 인해 인위적이고 상황에 부적합해서 오히려 아니한만 못한 상담목표를 설정하는 현상이 발생할 수도 있다.

이상에서 살펴본 것처럼 내담자나 문제의 특성, 상담자나 상담접근의 특성, 상담목표 설정의 순차성과 선행작업이 진전된 정도 등을 고려할 때, 양적 상담목표 설정보다 오히려 질적 상담목표 설정이 더 적합한 경우들도 있다고 할 수 있다. 그리고 이런 문제를 해결하기 위해서 일부 숙련된 상담자들은 처음부터 양적 상담목표를 설정하기보다, 먼저 질적 상담목표를 설정하고, 그러고 나서 굳이 양적 상담목표가 필요하다면, 추가 작업을 통해 이미 설정한 질적 상담목표를 양적 상담목표로 바꾸는 방식으로 양적 상담목표를 설정해 나가는 경향이 있다. 다음에 기술된 내용은 특정 문제와 관련된 질적 상담목표들을 예시한 것이다.

- 진로문제 관련 질적 상담목표들: 진로문제를 해결한다. 자신의 적성과 흥미를 이해한다. 직업세계에 대한 이해력을 높인다. 진로를 결정한다. 진로계획을 수립한다. 직업체험을 한다. 취업한다. 창업한다. 수련과정을 이수한다. 자격증을 취득한다. 대학원에 입학한다.
- 학교 부적응 문제 관련 질적 상담목표들: 학교에 적응한다. 학교적응능력을 기른다. 공부를 열심히 한다. 출석관리를 한다. 성적관리를 한다. 성적을 올린다. 대인관계 능력을 기른다. 학교상담실에서 상담을 받는다. 학교를 졸업한다.
- 우울문제 관련 질적 상담목표들: 우울증을 극복한다. 불행감에서 벗어난다. 행복감이 증가한다. 열등감을 없앤다. 자신감을 높인다. 상실감을 극복한다. 자살시도를 하지 않는다. 자기관리 능력을 기른다. 자기주장 능력을 기른다. 사회성을 기른다. 비합리적 신념을 없앤다. 합리적 사고능력을 기른다. 자기비하 습관을 고친다.
- 성격문제 관련 질적 상담목표들: 소극적 성격을 적극적 성격으로 바꾼다. 부정적 성격을 긍정적 성격으로 바꾼다. 의존성을 낮춘다. 공격성을 낮춘다. 자기중심성을 낮춘다. 충동조절능력을 기른다. 자존감을 높인다. 사회성을 기른다. 자아기능을 강화한다.
- 폭력문제 관련 질적 상담목표들: 친구들과의 갈등을 줄인다. 싸우지 않는다. 화해한다. 피해자에게 용서받는다. 분노를 관리한다. 분노조절 방법을 습득한다. 자기주장 능력을 기른다. 공격성을 없앤다. 사회성을 기른다.
- 비행문제 관련 질적 상담목표들: 착하게 살아간다. 가출하지 않는다. 충동성을 낮춘다. 인내심을 기른다. 사람들과 친하게 지낸다. 폭력을 줄인다. 의사소통 능력을 기른다. 자기주장 능력을 기른다. 진로계획을 수립한다. 봉사활동을 한다. 사회성을 기른다. 준법성을 기른다. 품격 있게 생각하고 선택하고 말하고 행동하는 능력을 기른다.

- 무기력 문제 관련 질적 상담목표들: 성실성은 높인다. 책임감을 높인다. 게으름을 줄인다. 포기하는 습관을 고친다. 청소하는 습관을 기른다. 계획하는 습관을 기른다. 실천력을 기른다.
- 불안문제 관련 질적 상담목표들: 불안을 줄인다. 약한 모습에서 벗어나 강해진다. 회피행동을 줄인다. 생각하는 능력을 기른다. 불안극복 기술을 습득한다. 이완능력을 기른다. 걱정하는 습관을 고친다. 스트레스 대처능력을 기른다. 자존감을 높인다.
- 경제문제 관련 질적 상담목표들: 가난에서 벗어난다. 부자가 된다. 돈은 많이 번다. 도박을 줄인다. 공부하는 습관을 기른다. 대학에 진학한다. 아르바이트를 해서 생활비를 번다. 낭비하는 습관을 고친다. 저축하는 습관을 기른다.
- 행동습관 문제 관련 질적 상담목표들: 게으른 습관을 고친다. 일하는 습관을 기른다. 늦잠자는 습관을 고친다. 일찍 일어나는 습관을 기른다. 지각하는 행동을 고친다.

4) 양적 상담목표의 설정

이상적인 측면에서 상담목표는 양적 형태로 설정하는 것이 바람직하다. 거듭 말하지만 상담목표를 양적 형태로 설정하면 관찰이나 측정, 설명이나 예측, 조작이나 검증이 용이해지며, 이는 결국 상담목표 성취를 촉진하기 때문에 상담목표는 양적 형태로 설정하는 것이 바람직하다. 하지만 앞에서 설명한 것처럼 상담실무에서는 여러 가지 이유로 질적 상담목표 설정을 더 선호하는 경향이 있다. 이런 문제를 해결하기 위해서 일부 숙련된 상담자들은 먼저 질적 상담목표를 설정하고, 이후 양적 상담목표 설정이 필요해지면, 이미 설정한 질적 상담목표를 양적 상담목표로 바꾸는 작업을 하는 순차적 방식을 많이 사용한다.

그런데 상황에 따라서는 순차적 방식을 사용하지 않고 곧바로 양적 상담목표를 설정해야하는 상황들도 있다. 예를 들면, 과학적 접근을 강조하는 '행동상담, 응용행동분석, 인지상담, 인지행동 상담 등'에서는 처음부터 양적 상담목표를 설정하도록 강하게 요구한다. 또 상담과정의 특정 국면 또는 이 특정 국면에 초점을 둔 상담접근에서도 양적 상담목표 설정을 강하게 요구한다. 가령 상담중기의 상담처치에서 '목표 설정과 계획 구성을 포함하는 대안 설정'을 해 나가는 국면, 그리고 이런 대안 설정을 강조하는 상담접근에서도 양적 상담목표를 설정하도록 강하게 요구한다. 또한 '대안행동 수행 능력 점검 및 형성 그리고 실생활 대안행동 실천과 습관 형성을 포함하는 행동 형성'을 해 나가는 국면, 그리고 이런 행동 형성을 강조하는 상담접근에서도 양적 상담목표를 설정하도록 강하게 요구한다. 또한 교육과정 형태로 만들어진 교육훈련 프로그램에서도 양적 상담 목표 설정을 강하게 요구한다. 가령 '의사소통 훈련, 주장 훈련, 불안감소 프로그램, 부끄 러움 극복 프로그램 등과 같은 교육훈련 프로그램'에서도 양적 상담목표를 설정하도록 강하게 요구한다.

양적 상담목표 설정 과정은 수치화 또는 가시화를 하는 작업 과정이다. 즉, 상담목표 를 관찰이나 측정, 설명이나 예측, 조작이나 검증 가능하게 구성해 나가는 작업이 양적 상담목표 설정 과정이다. 이러한 양적 상담목표를 설정하는 과정에서 비교적 엄격한 기 준들이 발달되어 왔는데, 일반적으로 양적 상담목표로 인정받으려면 다음과 같은 조건 들을 갖추어야 한다. 즉, 양적 상담목표는 성취결과와 성취준거가 명시되어 있어야 한 다. 그리고 이 중에 성취결과에는 산물, 능력, 수행, 측정의 양적 지표를 사용해서 내담자 의 행동이나 행동양식이나 성격의 바람직한 변화가 명시되어 있어야 한다. 또한 성취준 거에는 성취시간과 성취수량이 명시되어 있어야 하는데, 세부적으로 성취시간에는 성취 완료시간이나 성취 수행기간이 명시되어 있어야 한다. 또한 성취수량에는 빈도, 크기나 강도, 지속시간, 위치나 순위 등의 수량이 명시되어 있어야 한다.

이상적으로는 상기된 조건들을 모두 충족시켜야 양적 상담목표로 인정받을 수 있다. 물론 상담실무에서는 이런 조건들을 완벽히 충족시키기는 현실적으로 어렵기 때문에, 이런 조건들을 부분적으로 충족시켰다고 하더라도 어느 정도 양적 상담목표에 근접했다 고 여겨지면 양적 상담목표라고 인정하는 경향이 있다.

한편, 질적 상담목표와 양적 상담목표를 포함한 상담목표 설정할 때는 '타당성, 내재 화, 성취 가능성, 구체성, 결과형, 긍정성, 합의'의 7개의 지침을 고려해야 한다. 즉, 잘 설 정된 상담목표는 타당성이 있고, 내재화되어 있으며, 현실적으로 성취 가능하고, 구체적 으로 기술되어 있으며, 결과목표의 형태로 기술되어 있고, 긍정적 내용을 포함하고 있으 며, 상담자와 내담자가 합의한 형태로 설정되어 있다. 이런 7개의 지침들을 요약·정리 하면 아래와 같다.

첫째, 상담목표는 타당성 있게 설정해야 한다. 즉, 설정한 상담목표는 내담자의 상담 문제가 해결된 상태를 담고 있어야 한다. 가령 정신장애 문제를 가진 내담자인 경우, 설 정된 상담목표는 정신장애 문제가 치료된 상태를 담고 있어야 한다. 당면한 생활문제를 가진 내담자인 경우, 설정된 상담목표는 당면한 생활문제가 해결된 상태를 담고 있어야 한다. 또 성장과제 문제를 가진 내담자인 경우, 설정된 상담목표는 성장과제 문제가 성취된 상태를 담고 있어야 한다.

그리고 타당성 있는 상담목표를 설정한다는 말은 상담문제 해결과 관련된 내담자의 요구를 상담목표에 반영한다는 말이기도 하다. 예를 들어, 불안 문제를 가진 내담자인 경우, 내담자가 '불안이 줄어들었으면 좋겠다.'라는 소망을 이야기하면, 이를 반영해서 '불안을 낮춘다.'라는 질적 상담목표를 설정하고 이를 다시 양적 상담목표로 바꿔 나감으로써 내담자의 요구를 반영할 수 있다. 또 도벽문제 때문에 보호관찰소로부터 의뢰받은 내담자가 이성과의 갈등문제를 호소하면서 '이성과의 갈등이 줄어들었으면 좋겠다.'라는 소망을 이야기하면, 도벽문제와 관련된 요구, 그리고 이성과의 갈등 감소에 대한 소망을 반영해서 '도벽행동을 없앤다.' 그리고 '이성과의 갈등을 감소시킨다.'라는 질적 상담목표를 설정하고 이를 다시 양적 상담목표로 바꿔 나감으로써 내담자의 요구를 반영할 수 있다.

둘째, 상담목표는 내재화된 내용으로 설정해야 한다. 즉, 설정한 상담목표는 세상이나 타인을 변화시키는 내용이 아닌 내담자의 내현반응이나 외현행동을 포함한 반응의 변화, 능력과 습관을 포함한 반응양식의 변화, 자아기능(자아의 인식과 조절, 자기상, 자존감 등)을 포함한 성격의 변화를 중심으로 설정해야 한다. 그리고 이런 내재화 측면을 고려하여 상담목표는 내담자가 주어로 구성되어 있어야 한다.

예를 들면, '가정이 화목해진다. 자녀의 게임행동이 줄어든다. 가족갈등이 감소한다'라고 설정하는 것보다는 '나의 언어폭력행동이 감소하고 주장행동이 증가한다.' 또는 '나의 주장능력과 습관을 형성한다.' 또는 '나의 언어폭력행동이나 신체폭력행동이 감소한다. 나의 집안 청소행동과 설거지행동이 증가한다.'라고 설정하는 것이 바람직하다.

셋째, 상담목표는 현실에서 성취 가능한 내용으로 설정해야 한다. 즉, 설정한 상담목표는 내담자의 능력, 상담자의 능력, 그리고 기타 현실적 제약조건들을 고려하여 현실에서 성취 가능한 내용으로 설정해야 한다.

예를 들어, 단기상담에서 우울장애 내담자의 상담목표를 '성격을 재구성한다.'라고 야심차게 설정하기보다 '우울반응이 감소한다. 우울상황에서 우울사고와 신념을 찾아서 논박하고 대안 사고와 신념을 찾아서 제시할 수 있다.'라고 설정하는 것이 현실적인 성취 가능성 측면에서 바람직하다. 또한 선수학습이 부족해서 성적이 학급에서 22명 중에 19위인 학생 내담자의 상담목표를 '이번 학기의 기말 평균성적이 학습에서 3위 이내가 된다'로 설정하기보다 '이번 학기의 기말 평균성적이 학급에서 15위 이내가 된다.'로 설정하는 것이 현실적인 성취 가능성 측면에서 바람직하다.

그런데 성취 가능하게 구성한다고 난이도를 지나치게 낮게 설정하는 것은 바람직하지 않다. 왜냐하면 현실에서 성취 가능한 범주 내에서는 비교적 난이도를 높게 설정해야 상담목표로서의 제 기능을 발휘할 수 있기 때문이다. 따라서 난이도는 지나치게 낮게 설정하지 말고 비교적 높게 설정하는 것이 바람직하다.

그리고 상담목표의 크기가 너무 클 때는 상담목표를 작은 단위로 나누어서 재구성할수도 있다. 즉, 결과목표, 과정목표로 나누어 재구성하거나, 장기목표와 단기목표로 나누어 재구성함으로써 관리를 용이하게 하고, 성취 가능성도 높을 수 있다.

넷째, 양적 상담목표는 구체적으로 기술해야 한다. 가령 양적 상담목표는 성취결과를 산물, 능력, 수행, 측정 등의 양적 지표를 사용해서 구체적으로 기술해야 한다. 또한 행동용어를 사용하여 내담자의 행동이나 행동양식이나 성격의 바람직한 변화의 형태로 기술해야 한다. 또한 성취 완료시간이나 성취 수행기간을 명시해야 한다. 또한 빈도, 크기나 강도, 지속시간, 위치나 순위 등을 사용하여 성취수량을 명시해야 한다.

물론 질적 상담목표는 이런 구체성 기준을 충족시키지 않아도 된다. 하지만 질적 상담목표라고 하더라도 가능한 한 범위 내에서는 구체적으로 기술하는 것이 바람직하다.

다섯째, 상담목표는 결과형으로 기술해야 한다. 상담목표는 상담이 끝난 시점에서 상담의 결과로서 얻고자 하는 긍정적인 성과에 대한 진술이다. 따라서 상담목표는 상담의 결과로서 얻고자 하는 것이기 때문에 상담목표는 결과형으로 기술되어 있어야 한다. 바꿔 말하면, 상담목표는 결과목표로 기술되어 있어야 하고, 궁극적 목표나 과정목표로 기술되어 있어서는 안 된다는 뜻이다.

예들 들면, 불안 문제를 가진 내담자인 경우, '불안을 극복한다. 불안을 예방한다'와 같이 궁극적 목표의 형태로 기술하거나 '이완훈련을 한다. 노출치료를 한다. 상담관계를 형성한다.'와 같이 과정목표의 형태로 기술하는 것은 바람직하지 않다. 대신 '주관적 불안지수가 3 이하로 감소한다. 졸업공연을 통과해서 졸업한다.'와 같이 결과목표의 형태로 기술하는 것이 바람직하다.

여섯째, 상담목표는 긍정적인 내용도 고려되어야 한다. 일반적으로 상담목표는 부정적인 것을 없애거나 줄이는 것으로 설정한다. 그런데 여기에 그치지 말고 더 나아가 긍정적인 것을 형성하거나 증가시키는 것도 고려하는 것이 바람직하다.

예를 들면, 열등감 문제인 경우, 상담목표를 '주관적 열등감 지수의 점수가 낮아진다. 자기비하 표현이 감소한다'와 같이 부정적인 것을 없애거나 줄이는 것으로 설정해도 된다. 하지만 여기에 그치지 말고 더 나아가 긍정적인 것을 형성하거나 증가시키는 것도 고려해서 '주관적 자존감 지수의 점수가 증가한다. 자기존중 언어표현이 증가한다. 문제 상황에서 비합리적 신념을 찾아 논박한 후 대안신념을 제시할 수 있다. 자기주장 능력을 형성한다.'라고 추가 설정을 하는 것이 더 바람직하다고 할 수 있다.

일곱째, 상담목표는 상담자와 내담자가 합의해서 설정해야 한다. 즉, 상담자나 내담자에 의해 일방적으로 또는 편향되게 설정한 상담목표는 바람직하지 않고 대신 상담자와 내담자가 논의와 합의를 거쳐 설정한 상담목표가 바람직하다는 것이다.

5) 설정된 상담목표의 점검과 수정

상담목표를 설정한 이후에는, 설정한 상담목표를 성취하기 위한 상담자의 개입행동과 내담자의 성취행동들이 요구된다. 상담자의 개입행동과 내담자의 성취행동을 수행하는 과정에서 수많은 수행의 어려움들, 여러 가지 방해와 난관들, 시행착오들, 실패와 좌절들이 발생할 수 있고, 상담자와 내담자는 이를 극복하면서 설정한 상담목표를 성취하기 위한 개입행동과 성취행동들을 해 나갈 수 있어야 한다.

그런데 상담목표 설정 이후에, 상담목표를 성취하기 위한 노력을 하는 과정에서 필요한 것들 중에 하나는 설정한 상담목표를 점검하고, 필요하면 설정한 상담목표를 적합하게 수정해 나가는 작업이다. 이러한 설정한 상담목표의 점검과 수정 작업은 이전의 상담목표 설정 과정을 반복하는 재과정이라고 할 수 있다.

제 **10** 장

저항처리

Individual Counseling

상담에서 저항과 저항처리는 매우 중요하다. 표면적으로 저항은 상담을 방해하는 부정적 요소로 인식될 수 있지만, 상담실제에서 저항은 상담의 진행과정을 점검 및 개선하게 하고, 내담자를 깊이 이해하고 의미있는 변화를 이끌어 낼 수 있는 자료들이 담겨있다는 점에서 매우 중요한 현상이자 긍정적 요소라고도 할 수 있다. 저항과 저항처리는 다소 복잡한 역동을 포함하기 때문에 저항을 이해하고, 필요한 저항처리를 해 나가는 작업은 비교적 높은 전문성을 요구한다. 이 장에서는 저항의 개념, 저항의 특성, 저항과 상담성과의 관계, 저항의 원인, 저항처리 목표, 저항처리 방법에 대해 설명하였다.

1. 상담학자들의 저항에 대한 개념 정의

프로이트는 1895년 히스테리 연구에서 처음으로 저항이란 용어를 사용하였다(Frank, 1992). 그는 히스테리 환자를 치료하는 과정에서 환자들이 치료적 진전에 역행하는 행동을 하는 것을 발견하고, 환자들의 이런 행동을 저항(resistance)이라 명명하였다. 프로이트 이후 저항에 대한 연구들이 많이 이루어졌는데, 이 과정에서 여러 상담학자들이 저항이 무엇인지에 대한 개념정의를 시도해 왔다. 상담학자들의 저항에 대한 개념정의들을 정리하면 아래와 같다.

- Greenson(1967)은 저항을 '분석의 진전에 역행하는 내담자의 내적인 모든 힘, 즉 자유연상을 방해하고, 통찰을 위한 노력을 방해하며, 이성적 자아와 변화에 대한 소망에 역행하는 모든 힘이다.'라고 정의하였다. 즉, 저항을 '상담의 진전에 역행하는 내담자의 내적인 힘'으로 규정하였다.
- Stone(1973)은 저항을 '정신분석 과정을 간섭, 방해하거나 혹은 기본적인 목표와 목적을 방해하는 환자의 본질적으로 정신 내적인 성질을 지니는 모든 것이다.'라고 정의하였다. 즉, 저항을 '상담과정을 방해하는 내담자의 내적인 성질들'로 규정하였다.

- Sandler 등(1973)은 저항을 '심리치료 과정에 역행하는 내담자의 내적 요소 및 힘이다.'라고 정의하였다. 즉, 저항을 '상담과정에 역행하는 내담자의 내적 요소 및 힘'으로 규정하였다.

- Laplanch와 Pontalis(1974)는 저항을 '무의식에 대한 접근을 방해하는 환자의 모든 말과 행동이다.'라고 정의하였다. 즉, 저항을 '무의식 접근을 방해하는 내담자의 말과 행동들'로 규정하였다.

- Moore 등(1990)은 저항을 '정신분석의 진행을 방해하기 위해 작동하는 내담자의 모든 정신기제, 환상, 기억, 반응 등을 통칭하는 것이다.'라고 정의하였다. 즉, 저항을 '상담의 진행을 방해하는 내담자의 내적 반응들'로 규정하였다.

- Mahoney와 Moes(1997)는 저항을 '너무 빨리 또는 너무 많이 변화될 것을 강요받을 때, 체계유지를 위해 자발적으로 자신을 보호하는 현상이다.'라고 정의하였다. 즉, 저항을 '변화 강요에 대한 체계유지 및 자기보호 현상'으로 규정하였다.

- 천성문 등(2006)은 저항을 '개인의 갈등 혹은 고통스러운 감정을 탐색하지 못하도록 막는 행동이다.'라고 정의하였다. 즉, 저항을 '갈등이나 고통감정을 탐색 못하게 막는 행동'으로 규정하였다.

- 하지현과 유재학(2007)은 저항은 '정신분석을 진행하는 과정에서 환자의 무의식과 의식 양측에서 발생하는 진행을 막고자 하는 노력이다.'라고 정의하였다. 즉, 저항을 '상담과정에서 진행을 막고자 하는 노력'으로 규정하였다.

표 10-1 기존 학자들의 개념 정의

개념 정의	요약
상담의 진전에 역행하는 내담자의 내적인 힘 상담과정을 방해하는 내담자의 내적인 성질들 상담과정에 역행하는 내담자의 내적 요소 및 힘 무의식 접근을 방해하는 내담자의 말과 행동들 상담의 진행을 방해하는 내담자의 내적 반응들 상담과정에서 진행을 막고자 하는 노력 갈등이나 고통감정을 탐색 못하게 막는 행동	상담진전에 역행하는 내담자 반응
변화 강요에 대한 체계유지 및 자기보호 현상 강요 당할 때 발생하는 거부반응 내담자의 방어행동	변화 강요에 대한 내담자 방어행동

- Egan(2015)은 저항을 '내담자가 강요당하는 느낌을 가질 때 일어나는 거부 반응이다.'라고 정의하였다. 즉, 저항을 '강요당할 때 발생하는 거부반응'으로 규정하였다.
- Okun과 Kantrowitz(2019)는 저항을 '내담자가 조력관계와 조력의 과정에 효과적으로 참여하는 것을 방해하는 방어행동이다.'라고 정의하였다. 즉, 저항을 '내담자의 방어행동'으로 규정하였다.

상기된 내용들을 요약정리하면, 대다수의 상담학자들은 저항을 '① 상담진전에 역행하는 내담자 반응'으로 규정하고 있다. 그리고 일부 학자들은 저항을 '② 변화 강요에 대한 방어행동'으로 규정하고 있다.

2. 저항의 주요 특성

저항에 대한 개념정의를 토대로 저항의 특성을 정리하면 아래와 같이 '구성개념, 전과정 현상, 다양성, 역기능과 순기능 공존'의 4개 특성으로 요약할 수 있다.

첫째, 저항은 구성개념이다. 즉, 저항은 상담을 진행해 나가는 과정에서 나타나는 내담자들의 비협조 행동을 지칭하기 위해 만들어 낸 구성개념이다. 그리고 내담자의 비협조 행동을 지칭하는 저항이란 구성개념을 만들어 낸 이유는 상담자가 내담자의 비협조 행동을 잘 인식해서 관리함으로써 내담자의 협조행동을 이끌어 내고, 이런 협조행동 속에서 전문적인 상담서비스를 제공하여 상담성과를 산출하기 위해서이다. 또한 다른 상담자들과 내담자들의 비협조 행동, 그리고 관련된 상담개입에 대해 의사소통을 잘 해 나가기 위해서이다.

둘째, 저항은 상담의 전과정에서 나타나는 현상이다. 즉, 본 상담 이전의 상담신청, 접수면접, 그리고 본 상담의 초기회기, 중기회기, 종결회기, 그리고 본 상담 이후의 추후지도 등의 전과정에서 내담자의 저항이 나타날 수 있다. 물론 내담자의 저항은 일부 국면에서는 더 강하게 나타나는데, 일반적으로 상담초중기의 갈등관계 국면에서 상담중기의 상담처치 이전 국면에서 내담자의 저항이 더 강하게 나타나는 경향이 있다. 그리고 저항은 특정 내담자에게만 일어나는 예외적인 현상이 아니라 모든 내담자에게 일어나는 보편적인 현상이다. 물론 특정 내담자들은 저항이 더 강하게 나타나는데, 일반적으로 조현병 등의 정신병, 지적장애를 포함한 기질성 정신장애, 반사회성 성격장애를 포함한 성격장애, 비행이나 범죄행동을 반복하는 내담자들, 알코올이나 약물중독 내담자들, 그리고 낮은 사회성이나 낮은 협조성, 그리고 높은 충동성이나 공격성 등을 보이는 내담자들은 저항이 더 강하고 더 빈번하며 더 오래 지속되는 경향이 있다. 그리고 저항은 내담자뿐만 아니라 상담자에게도 일어난다.

셋째, 저항은 매우 다양한 형태의 비협조 행동으로 나타난다. 저항은 내담자 내면의 협조하려는 힘과 비협조하려는 힘 사이의 균형이 깨지면서 협조하려는 힘이 약해지고 비협조하려는 힘이 매우 강해진 상태에서, 이 내면의 비협조하려는 힘이 외적인 비협조 행동으로 표출된 것이다. 이렇게 표출된 비협조 행동은 매우 다양한 형태를 보인다. 예를 들면, 출석과 관련하여 과잉 지각, 조퇴, 결석, 시간 변경, 조기종결 등의 형태로 저항이 나타날 수 있다. 또는 의사소통과 관련하여 과잉 침묵, 수다, 요구, 주제전환, 주제회피, 논쟁, 딴짓하기 등의 형태로 저항이 나타날 수 있다. 또는 상담문제의 노출과 관련하여 과거의 문제경험에 대한 자기노출의 과잉 회피, 지금여기 경험에 대한 자기개방의 과잉 회피, 과잉 망각이나 착각, 거짓말 등의 형태로 저항이 나타날 수 있다. 또는 이해경험과 관련하여 과잉 탐색회피, 무의식적 기억이나 무의식적 동기에 대한 과잉 신경질 반응, 과잉 주지화나 합리화, 과잉 왜곡 등의 형태로 저항이 나타날 수 있다. 또는 대안 설정과 관련하여 과잉 소망이나 목표탐색 회피, 선택이나 결정이나 계획의 회피, 과잉 수동성 등의 형태로 저항이 나타날 수 있다. 또는 행동 형성과 관련하여 과잉 수동성, 의존성, 게으름, 귀찮아함, 행동 지연, 약속 안 지키기, 문제의 재발이나 악화, 다른 문제의 유발 등의 형태로 저항이 나타날 수 있다. 이외에도 상담비 지불지연, 자학, 앙심품기, 철회행동, 신체화 등의 다양한 형태로 저항이 나타날 수 있다.

넷째, 내담자의 저항은 역기능과 순기능이 공존한다. 먼저, 저항은 역기능적이다. 저항은 기본적으로 상담의 진전에 역행하는 내담자의 비협조 행동을 지칭하는데, 이런 내담자의 비협조 행동은 상담과업의 수행과 완료를 방해한다. 예를 들어, 신청접수에서 내담자의 거부 행동은 신청서 작성 작업의 수행과 완료를 방해한다. 접수면접에서 내담자의 침묵이나 단답형 응답이나 수동적 행동은 정보수집과 평가 보고서 작성 작업, 그리고 선별, 고지된 동의, 배정이나 의뢰 등의 수행과 완료를 방해한다. 본 상담 첫회기에서 내담자의 조퇴행동은 첫회기의 회기평가 작업의 수행과 완료를 방해한다. 종결회기에서 내담자의 분리불안 증상의 재발은 종결작업의 수행과 완료를 방해한다. 이런 내담자의 비협조 행동들은 상담의 진전을 방해하기 때문에 역기능적이다.

하지만 저항은 순기능적 측면도 가지고 있다. 예를 들면, 활성화된 저항은 상담관계가 진전되었음을 나타내는 신호기능을 한다. 즉, 활성화된 저항은 상담관계가 계약관계, 초기신뢰관계를 넘어서 갈등단계로 진전되었음을 나타내는 신호이다. 그리고 저항은 그런 저항을 발생시키는 요인이 존재를 알리는 신호기능을 한다. 따라서 저항이 발생하면, 상담자는 저항과 그 저항을 발생시키는 요인들을 정직하게 직면하고, 이를 탐구해서 이해하며, 대안을 모색해 나갈 수 있는 기회를 얻을 수 있다.

또한 저항은 상담장면에서 활성화되어 나타나는 것이다. 따라서 저항의 활성화는 상담장면에서 저항을 직접적으로 다룰 수 있는 기회를 제공한다. 즉, 표출된 저항은 이와 관련된 자기노출과 감정정화 경험, 자기개방과 일치 경험의 기회를 제공한다. 그리고 저항을 탐색하여 이해할 수 있는 기회를 제공한다. 그리고 저항을 대신할 대안행동을 탐색하여 설정하고, 대안행동을 연습해서 익히며, 대안행동을 실생활 속에 실천하거나 습관화시킬 수 있는 기회를 제공한다.

저항의 표출은 관련된 상담자의 개입행동과 기존의 상담관계에 대한 점검과 개선이 필요함을 알리는 신호기능을 한다. 먼저, 내담자의 저항은 상담자의 개입행동과 밀집한 상관이 있다. 즉, 일정 부분 내담자의 저항은 상담자의 개입행동에 의해 유발된 것이다. 따라서 내담자가 저항한다는 것은 상담자의 개입행동에 문제가 있음을 시사한다. 즉, 내담자의 저항은 상담자의 개입행동에 대한 점검과 개선이 필요함을 알리는 신호기능을 한다. 또한 내담자의 저항은 이를 유발한 상담자의 개입행동이 기존의 상담관계에 부정적 영향을 미쳐 기존의 상담관계를 악화시킬 수 있으니, 상담관계 재형성이나 재강화를 위한 개입이 필요함을 알리는 신호기능도 한다. 이는 결국 내담자의 저항이 상담자의 개입행동, 그리고 상담관계를 점검 및 개선할 기회들을 제공한다는 의미이다. 내담자의 저항은 하나의 시험대가 된다. 즉, 내담자의 저항은 상담자의 개입을 점검해서 개선할 기회로 활용할 수 있느냐 없느냐 하는 시험대가 된다. 또한 비협조적 상담관계를 협조적 상담관계로 바꿀 기회로 활용할 수 있느냐 없느냐 하는 상담관계를 진전시킬 시험대가 된다.

프로이트는 저항의 순기능과 관련하여 다음과 같이 언급하였다(서봉연, 이관용 역, 1990). "환자의 저항들을 편협하게 비난해서는 안 된다. 저항들은 환자의 과거 생활로부터의 가장 중요한 자료를 매우 많이 포함하고 있고, 또 매우 확실한 방법으로 그것을 상기시키기 때문에, 저항들을 최대로 선용할 수 있는 숙련된 기법을 옳게만 사용한다면, 저항들은 분석에 매우 큰 도움을 주게 된다. 주목할 만한 것은 이 재료가 처음에는 저항으로서 작용하며 치료에 해로운 것으로 가장하여 나타난다는 것이다. … 이러한 저항을 극복하는 것이야말로 분석의 본질적인 업무이며, 우리가 환자를 위해서 무엇을 이룩했다는 것을 우리에게 확신시켜 주는 것은 바로 이것이라는 것을 이해하게 된다."

3. 저항에 대한 개념 정의

이상에서 기존의 상담학자들의 저항에 대한 개념 정의를 살펴보았다. 또한 저항의 '구성개념, 전과정 현상, 다양성, 역기능과 순기능 공존'의 4개 특성에 대해서도 살펴보았다. 이들을 종합해서 저항을 개념 정의하면 다음과 같다.

> 저항이란 상담의 진전에 역행하는 내담자의 비협조 반응이다.

상기된 개념 정의 속에는 저항이 상담장면에서 발생하는 현상이라는 점, 저항은 상담의 전과정에서 나타나는 현상이라는 점, 저항은 상담의 진전을 방해하거나 역행하는 역기능이 있지만 동시에 상담관계가 진전되었음을 나타내는 지표이고, 상담장면에서 활성화되기 때문에 상담장면에서 직접 다룰 수 있는 기회를 제공하며, 상담자의 개입행동과 형성된 상담관계를 점검 및 개선하게 이끄는 순기능이 있다는 점, 그리고 저항의 본질은 상담자의 상담진행에 대한 내담자의 비협조 반응이라는 점 등이 반영되어 있다.

4. 저항과 상담성과와의 관계

일반적으로 저항과 상담성과는 부적 상관이 있는 것으로 알려져 있다. 즉, 높은 상담성과를 보이는 성공사례에서는 저항이 적게 나타나고, 낮은 상담성과를 보이거나 중도 탈락한 실패사례에서는 저항이 상대적으로 높게 나타나는 경향이 있다. 그런데 상담장면에서 저항을 활성화시켜 이를 직접 다루어 나가는 정신분석 상담, 그리고 저항 자체를 치료적으로 활용하는 역설적 상담인 경우, 성공사례에서는 오히려 저항이 높게 나타나고, 실패사례에서는 저항이 낮게 나타나는 경향이 있다. 또한 전체 상담과정 측면에서 보면, 성공사례의 경우 상담초기에 낮은 수준의 저항이 니타나고, 상담중기에 중간 수준의 저항이 나타나며, 상담종결에 다시 낮은 수준의 저항이 나타나는 경향이 있다(권희경, 안창일, 2000).

　저항이 상담의 진전에 역행하는 내담자의 비협조 반응이라는 점을 고려하면, 내담자의 비협조 반응이 높아지고 협조반응이 낮아지면 당연히 성담성과는 낮아질 것이다. 반대로 내담자의 비협조 반응이 낮아지고 협조반응이 높아지면 당연히 성담성과는 높아질 것이라는 점은 어렵지 않게 추정할 수 있다.

　내담자의 저항, 즉 비협조 반응들은 의도치 않게 상담자가 유발시키거나 강화시킬 수 있다. 반대로 저항의 대안행동, 즉 협조반응들은 상담자가 의도적으로 유발시키거나 강화시킬 수 있다. 상담자는 내담자의 저항을 유발하거나 강화하는 상담개입을 점검해서 개선해 나갈 수 있어야 한다. 바꿔 말하면, 내담자의 비협조 반응을 감소시키고 협조반응을 증가시키는 상담개입을 해 나갈 수 있어야 한다. 그리고 이런 상담개입을 통해 상담관계를 재형성하거나 강화시켜 나갈 수 있어야 한다. 나아가 이렇게 재형성이나 강화된 상담관계 속에서 양질의 상담서비스를 제공하여 양질의 상담성과를 산출해 나갈 수 있어야 한다.

5. 저항의 원인

　내담자의 비협조 저항행동을 하는 원인은 매우 다양하지만, 일반적으로 저항의 원인은 상담자 요인과 내담자 요인으로 구분할 수 있다. 먼저, 상담자 요인에 의해 내담자의 저항이 발생할 수 있다. 가령, 상담자의 전문적 자질이나 인간적 자질은 내담자의 상담자 표상에 영향을 미쳐 저항의 원인이 될 수 있다. 예들 들면, 상담자의 낮은 전문적 자질에 대한 정보는 내담자가 상담자를 전문성이 낮은 상담자로 대상표상을 하는 데 영향을 미치고, 이는 상담자에 대한 불신 반응과 비협조 행동, 즉 저항의 원인이 될 수 있다. 또한 상담장면에서 보이는 상담자의 역기능적인 비언어행동, 언어행동, 수행행동과 같은 외현행동들은 내담자의 비협조 저항행동의 유발요인이나 강화요인이 될 수 있다.

　그리고 내담자 요인에 의해서도 저항이 발생한다. 가령, 내담자의 저항과 관련된 내적인 지각표상, 기억, 상상, 감정, 사고, 욕구, 인식, 조절 등은 외적인 저항행동의 원인이 될 수 있다. 또한 관련된 반응양식은 반복되는 저항행동의 원인이 될 수 있다. 또한 관련된 성격이나 성격의 하위요소인 자아의 기능 약화는 일반화된 저항행동들의 원인이 될 수 있다. 또한 관련된 신경생리나 유전적 요인도 저항행동들의 생물학적 원인이 될 수 있다. 또한 저항 반응양식이 형성된 과거의 학습사건, 그리고 저항 성격이 형성된 생애 초기 발달사건도 저항행동의 발생원인이 될 수 있다.

좀 더 세부적인 측면에서 저항의 원인을 찾는다면, 저항은 내담자의 방어기제와 밀접한 상관이 있다. 일반적으로 방어기제란 자기보호 책략을 의미한다. 즉, 내적인 또는 외적인 위험에 의해 불안이 발생하고, 이런 내외적 위험과 불안에 대처하기 위해서 자아가 무의식적 차원에서 동원하는 회피(evasion), 억압(repression), 부정(denial), 투사(projection), 전환(displacement), 합리화(rationalization), 행동화(acting out), 신체화(somatization), 주지화(intellectualizastion), 반동형성(reaction formation), 해리(dissociation), 동일시(identification), 승화(sublimation) 등의 자기보호 책략들을 방어기제라고 한다. 그런데 상담상황에서 내외적 위험과 불안이 발생하면, 내담자의 방어기제가 활성화되고, 이렇게 활성화된 방어기제가 상담의 진전에 역행하는 비협조 반응 형태로 표출된 것이 저항이라고 할 수 있다.

상담자와 내담자의 상호작용 측면에서 원인을 찾는다면, 일차적으로 상담자의 개입행동에서 원인을 찾을 수 있다. 즉, 저항은 상담자의 개입행동, 특히 상담관계 형성을 위한 상담자의 개입행동과 밀접한 상관이 있다. 앞에서 살펴본 바와 같이, 상담관계 형성을 위한 상담자의 개입행동은 라포 형성 개입과 상담구조화 개입으로 구분할 수 있다. 그런데 저항은 바로 상담관계 형성의 부족, 즉 라포 형성 개입의 부족, 또는 상담구조화 개입의 부족 때문에 유발 및 유지된다고도 할 수 있다. 바꿔 말하면, 내담자의 저항은 상담자의 라포 형성 개입, 그리고 상담구조화 개입을 점검해서 개선하라는 신호라고 할 수 있다.

상담자와 내담자의 상호작용 측면에서, 내담자의 저항은 이면적 관계규정과 상관이 있다. 즉, 내담자의 저항은 상담자의 이면적 규정에 대한 대항이자 내담자가 새롭게 규정하려는 시도라고 할 수 있다.

내1: 수치죠!

상1: 아팠다는 것은 사실이 아니군요. 그러니까 미영씨가 거짓말을 한 거군요. 이에 대한 이야기를 나누는 것이 수치스럽다는 말인가요?

내2: 저는 여기에 대해서 더 이상 말하고 싶지 않습니다.

상2: 그러니까 자신의 거짓말 행동이나 관련해서 느끼는 수치심에 대해서는 더 이상 이야기를 하고 싶지 않다는 말이군요.

내3: … 예. … 아까 말씀드렸던 것처럼, 오늘은 일이 있어서 이제 그만 일어나야 할 것 같습니다. … 죄송합니다. 먼저 일어나겠습니다(일어서서 나가려고 한다).

상3: 다음 시간에 오십니까?

내4: 제가 일정을 보고 나중에 연락을 드리겠습니다(이후, 내담자는 연락을 하지 않았고, 상담자가 전화를 해도 받지 않았다. 상담을 조기종결되었다).

위의 사례를 보면, 내담자 1에서, 내담자는 자신의 경험을 '수치'로 규정했다. 하지만 상담자 1에서, 상담자는 규정대상을 '아팠다고 말했던 사건'으로 확장한 다음, '아팠다고 거짓말한 것'으로 규정했다. 또한 상담자는 규정대상을 '아팠다는 말과 거짓말에 대해 이야기 나누는 것'으로 다시 확장한 다음 '이에 대한 이야기를 나누는 것이 수치스럽다는 말인가요?'라고 의문을 제기하면서, '내담자가 아팠다는 말과 거짓말에 대해 이야기를 나누는 것이 수치스럽다고 느끼는 상황'이거나 또는 '불분명하게 말해서 확인해야 할 상황'으로 규정했다. 그리고 덧붙여서 '상담자 자신을 질문하는 자로 내담자를 답변하는 자로 역할 규정'을 하는 동시에 '내담자에게 질문에 대한 답변행동을 하도록 이면적으로 요구'하였다.

이에 내담자 2에서, 내담자가 '저는 여기에 대해서 더 이상 말하고 싶지 않습니다.'라고 말함으로써 '상담자의 질문자와 답변자 역할규정에 대항'했고, '답변행동 요구에 대항'했다. 그리고 내담자 3과 내담자 4에서, '상담자의 상담자와 내담자 역할규정에 대항'했다. 이 내담자는 약 1시간 정도 후에 상담실로 전화해서 "상담을 계속할 수 없는 상황이 생겼습니다. 그래서 상담을 더 이상 못할 것 같습니다. 상담선생님께도 죄송하다고 전해 주십시오."라고 했고, 이후 상담은 조기종결되었다. 내담자는 상담자와 내담자 역할규정을 깨뜨리고, 상담을 종료 및 조기종결시켰다.

일련의 과정에서 내담자의 '더 이상 말하고 싶지 않습니다라고 언어행동으로 표현된 저항행동' 그리고 '조기종결 저항행동'은 상담자의 이면적 규정에 대한 대항이자 내담자가 새롭게 규정을 시도했던 결과라고도 할 수 있다. 즉, 내담자 저항의 원인 중 하나는 상담자와 내담자의 이면적 규정이라고도 할 수 있다.

6. 저항처리 목표

상담의 진전에 역행하는 내담자의 비협조 반응을 저항이라고 하고, 이런 내담자의 저항에 대해 상담개입을 해 나가는 작업을 저항처리라고 한다. 저항처리의 목표는 다음과 같이 요약할 수 있다.

- 저항처리의 첫 번째 목표는 '내담자의 상담 비협조행동을 감소시키고 상담 협조행동을 증가시키는 것'이다.
- 저항처리의 두 번째 목표는 '상담관계를 재형성(또는 재강화)하는 것'이다. 여기서 상담관계 재형성은 다시 라포 재형성과 상담 재구조화로 세분할 수 있다. 먼저, 라포 재형성과 관련된 세부목표는 '상담자가 친밀반응, 안전반응, 유능반응을 할 것이라는 상담자 대상표상을 재형성하는 것'이다. 그리고 상담 재구조화와 관련된 세부목표는 내담자가 '협조 및 비협조 행동 규범에 대한 지식을 형성하는 것'이다.
- 저항처리의 세 번째 목표는 '저항 이전의 상담서비스를 지속하는 것'이다. 즉, 내담자의 비협조 행동의 감소와 협조행동의 증가, 그리고 라포 재형성과 상담 재구조화를 한 이후에, 저항 이전에 다루던 상담서비스를 지속해 나가는 것이다. 그런데 다음과 같은 조건이 충족될 경우에는 '내담자의 저항반응을 감소시키거나 저항반응 양식을 소거시키고 대신 내담자의 협조반응을 증가시키거나 협조반응 양식을 형성시키는 것'이 더 우선적인 목표가 될 수도 있다. 즉, '내담자의 높은 상담동기와 높은 자아강도', 그리고 '상담자의 높은 전문성 또는 높은 숙련도', 그리고 '상담초기나 상담종결기가 아닌 상담중기'인 조건이라면, 저항 이전의 상담서비스를 지속하는 것보다 오히려 '내담자의 저항반응을 감소시키거나 저항반응 양식을 소거시키고 대신 내담자의 협조반응을 증가시키거나 협조반응 양식을 형성시키는 것'이 더 우선적인 목표가 될 수도 있다.

7. 저항처리 방법

상담의 전과정에서, 매우 다양하고 이질적인 형태의 저항을 다루는 작업은 비교적 높은 수준의 전문성을 요구한다. 여기서는 내담자의 저항을 처리하는 방법들을 '저항처리 지침'으로 요약정리하여 설명하였다. 구체적인 저항처리 지침은 아래와 같다.

1. 저항이 활성화되면, 상담내용보다 저항처리를 우선한다.
2. 저항이 활성화되면, 이끌기보다 맞추기를 우선한다.
3. 라포가 형성되면, 다시 이끌기를 해 나간다. 그리고 이 상황에서의 우선적인 이끌기는 저항 관련 자기노출과 감정정화 경험, 자기개방과 일치 경험을 촉진하는 것이다.
4. 저항 관련 감정정화나 일치 경험 이후에는, 비협조행동 및 협조행동 규범에 대한 상담 재구조화를 실시한다
5. 상담 재구조화 이후에는, 저항 이전에 다루던 상담내용을 다룬다. 그리고 저항 반응이나 저항반응 양식은 상담중기의 상담처치에서 다룬다.

첫 번째 저항처리 지침은 '저항이 활성화되면, 상담내용보다 저항처리를 우선한다.'이다. 예를 들어, 아래의 사례를 살펴보자.

내: 저는 여기에 대해서 더 이상 말하고 싶지 않습니다.
상: 그러니까 자신의 비주장 행동이나 관련해서 느끼는 수치심에 대해서는 더 이상 이야기를 하고 싶지 않다는 말이군요.

위의 짧은 사례에서 상담내용은 '비주장 행동과 수반된 수치심 감정'이다. 그리고 여기서 저항은 '더 이상 말하고 싶지 않습니다라고 언어행동으로 표현된 비협조 행동' 그리고 그 이면에 있는 '말하고 싶지 않은 심정이나 회피동기 등의 비협조 반응들'이다. 그리고 저항처리를 우선한다는 것은 '비주장 행동과 수반된 수치심 감정'에 대해 초점을 맞추지 말고 '더 이상 말하고 싶지 않습니다라고 언어행동으로 표현된 비협조 행동' 그리고

그 이면에 있는 '말하고 싶지 않은 심정이나 회피동기 등의 비협조 반응들' 그리고 '비협조 행동을 하게 만드는 상담자의 행동이나 현재의 상담상황들'에 대해 초점을 맞추는 것을 더 우선해야 한다는 의미이다.

두 번째 저항처리 지침은 '저항이 활성화되면, 이끌기보다 맞추기를 우선한다.'이다. 여기서 맞추기는 '① 상담자가 내담자의 시각단서에 대한 주의집중과 관찰, 내담자의 청각단서에 대한 주의집중과 경청, 상담자의 상담지식과 경험을 토대로 한 추리판단 등을 통한 알아차림, 그리고 ② 상담자의 내담자 표정 맞추기, 시선 맞추기, 고개 끄떡이기, 소리 맞추기, 즉각적 언어반응하기 등을 통한 관심기울이기, 그리고 ③ 상담자의 내담자 말 따라하기, 말 바꾸기, 내용 반영, 감정 반영, 소망 반영 등을 통한 공감하기, 그리고 ④ 상담자가 내담자의 특정 비협조 저항행동을 할 만한 타당한 이유를 찾아서 말로 표현하기, 저항 관련 마음을 수용하거나 허용하는 말을 해 주기 등을 통한 타당화하기' 등을 의미한다.

이런 맞추기의 목표는 라포를 형성하는 것이다. 바꿔 말하면, 상담자 대상표상을 긍정적으로 형성시키는 것이다. 즉, 내담자가 '상담자에 대한 친밀반응 대상표상을 형성'시키는 것이다. 더 나아가, 친밀반응 대상표상 이상의 '안전반응 대상표상을 형성'시키거나 '유능반응 대상표상을 형성'시키는 것이다. 이러한 맞추기를 통해 라포를 형성하는 데 요구되는 시간은 단 몇 초의 매우 짧은 시간일 수도 있고, 몇십 분이나 몇 시간이나 심지어 몇 일의 비교적 긴 시간이 소요될 수도 있다. 일반적으로 친밀반응 대상표상은 단 몇 초의 매우 짧은 시간에도 형성시킬 수 있다. 반면, 안전반응 대상표상이나 능력반응 대상표상은 비교적 오랜 시간을 통해 형성되어 나간다. 이 때문에 라포 형성은 단 몇 초의 매우 짧은 시간에도 형성시킬 수 있는 친밀반응 대상표상을 형성시키는 데 초점을 두는 경향이 있다.

세 번째 저항처리 지침은 '라포가 형성되면, 다시 이끌기를 해 나간다.'이다. 그리고 이 상황에서 우선적인 이끌기는 '저항 관련 자기노출과 감정정화 경험, 자기개방과 일치 경험을 촉진하는 것이다.'이다. 좀 더 자세히 말하면, 저항이 활성화되면, 먼저 맞추기를 한 후, 라포를 형성시킨다. 그리고 라포가 형성되면, 다시 이끌기를 해 나가는데, 이 상황에서의 우선적인 이끌기는 '상담실 장면에서 활성화된 저항과 관련된 자기노출과 감정정화 경험을 촉진하는 것', 그리고 '자기개방과 일치 경험을 촉진하는 것'이다.

이때의 자기노출이나 자기개방에는 흔히 외재화 행동이 많이 포함된다. 즉, 내담자의 저항과 관련된 어려움이나 문제가 내담자 자신 때문에 발생한 것이 아니라, 타인이나 상담자 또는 주어진 상담조건이나 환경 때문에 발생했다고 여겨, 남 탓이나 상담자 탓 또는 주어진 상담조건이나 환경 탓으로 돌리면서 비난하는 현상이 일어날 수 있다. 그런데 이 시점에서의 이끌기의 초점은 저항 관련 자기노출과 감정정화 경험, 자기개방과 일치 경험을 촉진하는 것이다. 따라서 이 시점에서 상담 개입을 할 때는 내담자의 외재화 행동을 수용 또는 허용하고, 가급적 내재화를 촉진하는 상담개입은 하지 않거나 하더라도 매우 조심스럽게 하는 것이 바람직하다.

네 번째 저항처리 지침은 '저항 관련 감정정화나 일치 경험 이후에는, 비협조행동 및 협조행동 규범에 대한 상담 재구조화를 실시한다.'이다. 좀 더 자세히 말하면, 저항이 활성화되면, 먼저 맞추기를 한 후, 라포를 형성시킨다. 그리고 라포가 형성되면, 다시 이끌기를 해 나간다. 이때의 이끌기는 감정정화나 일치 경험 촉진을 우선한다. 그리고 감정정화나 일치 경험을 촉진한 이후에는, '비협조행동 및 협조행동 규범에 대한 상담 재구조화'를 해 나가야 한다.

여기서 비협조행동 및 협조행동 규범에 대한 상담 재구조화란 상담자가 내담자에게 비협조 저항행동 대신 대안적인 협조행동이 필요함을 잘 설명하고, 협조행동 실천에 대한 약속을 받아 내며, 약속한 협조행동을 하도록 요구해서, 실제로 협조행동을 실행으로 옮기면, 이를 강화함으로써 상담에서 내담자의 협조행동이 증가하도록 개입해 나가는 작업을 의미한다.

상담 재구조화와 관련해서, 비협조 저항행동을 감소시키고 협조행동을 증가시키기 위해 종종 역설적인 방식으로 상담 재구조화를 실시하기도 한다. 예를 들면, 비협조 저항행동을 줄일 목적으로 '비협조 저항행동을 의도적으로 더 해라.' 또는 '변화하지 말고 지금처럼 비협조 저항행동을 유지하라.' 또는 '너무 빨리 변화하려고 하지 말라.' 또는 '저항은 변화가 너무 빠를 때 보내오는 내면의 신호이다. 변화가 너무 빨라서 나타나는 저항이니 너무 빨리 변화하려고 하지 말고 변화속도를 줄여라.' 또는 '저항은 상담관계가 진전되었음을 나타내는 신호이다. 저항이 일어나면 억제하지 말고 경험을 하고, 이를 말이나 행동으로 표현해라. 그래야 저항을 상담장면에서 직접 다룰 수 있다.' 등과 같은 역설적인 방식으로 상담 재구조화를 하기도 한다.

다섯 번째 저항행동에 대한 상담 재구조화 이후에는, 우선적으로 '저항 이전에 다루던 상담내용을 다룬다.'이다. 그리고 '저항반응이나 저항반응 양식은 상담중기의 상담처치에서 다룬다.'이다. 좀 더 자세히 말하면, 저항이 활성화되면, 먼저 맞추기를 한 후, 라포를 형성시킨다. 그리고 라포가 형성되면, 다시 이끌기를 해 나간다. 이때의 이끌기는 감정정화나 일치 경험 촉진을 우선한다. 그리고 감정정화나 일치 경험을 촉진한 이후에는, 저항행동 규범에 대한 상담 재구조화를 실시한다. 그리고 상담 재구조화 이후에는, 우선적으로 저항 이전에 다루던 상담내용을 다루어 나간다. 그리고 지금은 상담초기라는 점을 고려해서 저항반응이나 저항반응 양식을 직접적으로 다루는 작업은 지금 하지 말고, 상담중기의 작업으로 미루어 두는 것이 바람직할 수 있다. 하지만 내담자의 상담동기가 높고 자아강도도 강하며, 그리고 상담자의 전문성 또는 숙련도가 높은 조건이라면 비록 상담초기라고 하더라도 저항반응, 저항반응 양식에 대한 직면, 그리고 관련된 감정정화 및 일치, 이해, 대안 설정, 대안행동 수행 능력 형성, 대안행동 실행과 습관화를 촉진하는 상담처치를 곧바로 해 나가는 것이 바람직할 수도 있다.

제 **11** 장

감정정화 및 일치

Individual Counseling

문제를 경험하고 있고 그 문제를 해결해 나가야 할 주체는 분명히 내담자이다. 반면, 내담자가 문제를 해결해 나갈 수 있도록 전문적 상담서비스를 제공해야 할 주체는 상담자이다. 그렇다면 상담자가 내담자에게 제공해 줄 수 있는 전문적 상담서비스의 핵심내용, 즉 상담처치의 핵심내용은 무엇일까? 윤리적 측면에서 볼 때 상담자는 이 질문에 대해 명확히 답변을 할 수 있어야 한다. 만약 상담자가 내담자에게 제공하고자 하는 상담처치의 핵심내용이 무엇인지 모르는 상태에서 상담자 역할을 수행하고 있다면 이는 결코 바람직한 일이 아니다.

기존의 상담이론들을 정리해 보면 상담처치의 핵심내용은 네 가지로 요약할 수 있다. 즉, '감정정화, 이해 경험, 대안 설정, 행동 형성'의 네 가지이다. 이를 그림으로 나타내면 [그림 11-1]과 같다.

상기된 그림을 보면, 4대 상담처치가 중첩된 원으로 표시되어 있다. 이는 '감정정화, 이해 경험, 대안 설정, 행동 형성'이 이론적으로는 구분이 가능하지만 상담 실제에서는 많은 부분이 중첩되어 있음을 상징한다.

그리고 화살표가 한쪽 방향으로 향해 있고 전체적으로 보면 원이 되게 표시한 것은 명확한 것은 아니지만 4대 상담처치가 다소의 흐름이 있음을 상징한다. 즉, 초기에는 다른 처치보다 '감정정화'가 초점이 된다. 그러다가 어느 정도 감정정화 경험이 이루어지면 서서히 '이해 경험'으로 초점이 넘어가고, 이어 '대안 설정'에 초점이 있다가 다시 서서히

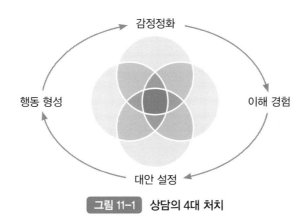

그림 11-1 상담의 4대 처치

'행동 형성'으로 초점이 넘어가는 경향이 있음을 상징한다.

이 장에서는 상담처치 중에 감정정화에 대해 설명하였다. 감정정화는 프로이트와 관련된다. 그는 브로이어와 함께 환자들이 최면상태에서 자신의 증상과 관련된 과거의 기억을 회상하여 재경험하면서 언어적으로 표현했을 때 증상이 호전된다는 것을 발견하였고, 이를 치료적 기법으로 개발하여 정화법이라 명명하였다. 프로이트는 증상이란 과거 성적 외상과 관련된 사건에 의해 유발된 부정적 감정을 억압했기 때문에 나타나는 것이라고 생각하였다. 따라서 증상의 원인이 되는 과거 성적 외상과 관련된 억압된 부정적 감정을 언어적 표현을 통해 밖으로 배출시키면 증상을 치료할 수 있다고 주장하였다.

최면을 통한 정화법은 이후 자유연상을 기반으로 하는 정신분석의 일부로 통합되었다. 또 정신분석에 큰 영향을 받은 분석심리, 개인분석, 기타 신프로이트 학파의 접근법에도 감정정화가 통합되어 있다. 또 정신분석 이후에 나타난 인간중심적 상담, 게슈탈트, 의사거래분석 등의 거의 모든 상담접근에도 감정정화가 통합되어 있다. 감정정화는 거의 모든 상담 접근에 포함되어 있는 공통요인이자 핵심요인이라고 할 수 있다.

한편, 감정정화란 '내담자가 안전하고 신뢰할 수 있는 관계 환경 속에서 해소되지 않은 억압된 감정을 언어나 행동, 그리고 상징적 수단을 통해 표현하도록 함으로써 정신장애를 치료하거나 당면한 생활문제를 해결하거나 성장과제의 성취를 돕는 일'이라고 할 수 있다. 여기서는 감정정화를 ① 감정정화를 위한 상담관계 형성, ② 회상, 재경험, 그리고 표현 촉진, ③ 일치 및 수용 받는 경험의 촉진, ④ 기타 고려사항으로 구분하여 설명하였다.

1. 감정정화를 위한 상담관계 형성

감정정화를 촉진하기 위해서는 이에 필요한 상담관계를 형성하는 것이 필요하다. 즉, ① 감정정화 작업을 해 나가고 또 감정정화의 효과를 산출할 수 있는 상담구조를 만들어 나가는 상담구조화, 그리고 ② 친밀하고 안전하며 신뢰할 수 있는 관계 환경을 만들어 나가는 라포 형성이 필요하다.

1) 상담구조화

내담자의 감정정화 경험을 촉진하기 위해서는 이를 위한 상담구조를 상담자가 제시해 줄 수 있어야 한다. 상담자의 이론적 접근이나 감정정화를 촉진하는 방식에 따라 최면, 자유연상, 산파술, 역할놀이 등과 같이 상담구조가 달라질 수 있다. 감정정화를 촉진하기 위해서는 각자의 여건에 맞게 감정정화 목적 및 목표, 과정 및 방법, 역할 및 규범 등에 대해 명시적 또는 암시적 방식으로 구조화를 해 주어야 한다.

2) 라포 형성

일반적으로 내담자가 상담장면에서 사적인 주제에 대한 자기노출을 꺼리는 이유는 심리적 충격이나 상처를 받는 상황에 놓이지 않으려고 하기 때문이다. 즉, 무의식적으로 자기노출 과정에서 취약하고 수치스러운 자신이 드러나는 것을 경험하고 싶지 않기 때문이고, 상담자에게 무시, 조롱, 거부, 비난 또는 공격받는 경험을 하고 싶지 않기 때문이다.

내담자의 무의식적인 두려움들은 여러 가지 형태로 나타날 수 있다. 가령 자기노출 거부나 소극적 태도, 주제 회피나 전환, 침묵, 불평불만, 빈정거림, 분노, 결석이나 지각 등으로 나타날 수 있다. 감정정화 경험을 촉진하기 위해서는 이런 두려움과 저항행동들이 먼저 처리되어야 한다.

라포 형성은 사적인 자기노출에 대한 내담자의 두려움과 저항행동을 줄일 수 있는 관계의 초석이 된다. 라포의 치료적 핵심요소는 안전감과 신뢰감이다. 즉, 라포가 형성되었다는 말은 자신의 사적인 경험을 상담자에게 드러내도 안전하다는 생각과 함께, 자신을 이해하고 도와줄 수 있는 능력이 상담자에게 있다고 생각하는 것을 의미한다. 따라서 안전감과 신뢰감이 내담자에게 형성되었다면 정화경험을 해 나갈 수 있는 관계 환경이 조성되었다고 할 수 있다.

2. 회상, 재경험, 그리고 표현 촉진

Laplanche와 Pontalis(1967)의 '정신분석 사전'에 보면, 정화요법을 다음과 같이 설명하고 있다.

추구하는 치료 효과가 정화, 즉 병인이 되는 정동의 적절한 방출인 정신치료 방법.

그 치료는 환자에게 정동이 얽혀 있는 외상적 사건을 환기시켜 다시 체험하게 함으로써 그 정동을 해소한다(임진수 역, 2005).

상기된 정화법에 대한 설명을 분석해 보면, 아래와 같은 가정들이 포함되어 있다.

- 억압된 정동은 정신장애의 원인이 된다.
- 병의 원인이 되는 억압된 정동을 방출시키면 정화 효과가 나타난다.
- 병의 원인이 되는 억압된 정동을 해소하려면 그 정동과 관련된 외상적 사건을 회상하여 재경험하게 해야 한다.

한편, 프로이트와 브로이어는 히스테리 연구에서 아래와 같이 감정정화 원리에 대해 설명하였다.

우리가 발견한 바로는 개개의 히스테리 증상을 야기한 사건에 대한 기억을 밝혀내고, 그것에 수반되는 감정을 일으키는 데 성공했을 때, 그리고 환자가 그 사건을 가능한 한 자세히 묘사하고, 그 감정을 말로 표현했을 때, 그것이 즉시 그리고 영구히 사라졌다. 감정이 없는 회상은 거의 언제나 아무런 결과도 맺지 못했다(서봉연, 이관용 역, 1984).

히스테리 연구에 기술되어 있는 감정정화 원리에 대한 설명을 분석해 보면, 아래와 같은 가정들이 포함되어 있다.

- 히스테리 증상은 감정정화로 치료하면 사라진다.
- 감정정화는 아래와 같은 조건들을 충족시켜야 효과가 있다.
  - 히스테리 증상을 야기한 사건에 대한 기억을 밝혀내야 한다.
  - 사건에 대한 기억에 수반되는 감정을 불러일으키는 데 성공해야 한다. 만약 수반된 감정을 불러일으키지 못하고 단지 사건에 대한 회상만 한다면 히스테리 증상은 사라지지 않는다.
  - 히스테리 증상을 야기한 사건을 언어로 자세히 묘사해야 한다. 그리고 사건에 수반된 감정을 언어로 표현해야 한다.

위에 기술되어 있는 감정정화에 대한 설명들과 분석 내용들을 요약하면 감정정화를 촉진하는 과정은 '회상하기, 재경험하기, 표현하기'로 구분하여 설명할 수 있다.

1) 회상하기

프로이트는 무의식을 의식화하는 것, 억압들을 제거하는 것, 기억 속의 틈들을 메우는 것은 같은 것이고, 이는 치료의 목표가 되어야 한다고 하였다(서봉연, 이관용 역, 1984). 감정정화 경험을 촉진하기 위해서는 문제와 관련된 과거의 '외상적 사건과 경험에 대한 기억'을 탐색하고 이를 회상시켜야 한다. 최면, 자유연상, 역할놀이, 문제사나 발달사 탐색, 문제상황 명료화 등은 문제와 관련된 기억을 탐색 및 회상시키는 효과적인 방법들이다.

그런데 어떤 내담자들은 문제와 관련된 과거의 외상적 사건과 경험을 구체적으로 기억하고 있기 때문에 탐색하거나 회상시키기가 쉽다. 하지만 다른 많은 수의 내담자들은 부분적인 기억만 가지고 있거나 전혀 기억을 못하기 때문에 탐색하거나 회상시키는 일이 쉽지 않다.

기억을 탐색 및 회상시키는 과정에서의 또 다른 어려움 중에 하나는 내담자의 저항이다. 저항은 관련 기억의 탐색 및 회상을 어렵게 한다. 내담자들은 의식 또는 무의식적으로 자신의 취약성이나 수치심을 직면하지 않으려 한다. 이 때문에 취약성이나 수치심을 동반하는 문제 관련 기억의 탐색 및 회상, 그리고 노출을 꺼리게 된다. 정화경험을 촉진하기 위해서는 이러한 저항들이 극복되어야 한다.

2) 재경험하기

프로이트는 히스테리 증상을 치료하기 위해서는 과거의 외상적 사건을 회상하되 그에 수반된 감정을 불러일으킬 수 있어야 하고, 만약 사건을 회상할 때 수반된 강한 감정을 재경험할 수 없다면 거의 치료적 효과를 기대할 수 없다고 하였다(서봉연, 이관용 역, 1984). 알렉산더 역시 치료적 효과를 얻기 위해서는 사건을 회상할 때 강한 정서적 경험이 동반되어야 한다고 하였다(최해림, 장성숙 역, 2008).

상담자가 내담자의 감정정화 경험을 촉진하기 위해서는, 내담자가 문제와 관련된 사건에 대한 기억을 회상할 수 있게 조력해야 한다. 하지만 동시에 그 사건에 대한 기억을 회상하면서 수반된 감정도 재경험할 수 있도록 조력해야 한다.

한편, 내담자가 수반된 감정을 재경험하고 있음을 알 수 있는 뚜렷한 지표는 생리적 반응이다. 예를 들어, 분노를 재경험하고 있다면 심장박동이 빨라지고, 피가 근육으로 몰리고, 근육이 긴장하고, 호흡이 빨라지고, 침이 마르고, 땀이 난다. 또 다른 지표는 내적 표상과 정서이다. 수반된 감정을 재경험하고 있는 상태가 되면 과거를 회상하면서 감각적으로 재경험한다. 즉, 그때 장면을 눈으로 보고, 그때의 소리를 듣고, 그때의 감촉을 느끼고, 그때의 냄새를 맡고, 그때의 맛을 느끼는 것과 같은 기억표상들이 활성화되면서 재경험한다. 그리고 정서가 활성화된다. 분노를 재경험하고 있다면 분노가 의식의 전경이 된다. 우울을 재경험하고 있다면 우울이 의식의 전경이 된다. 따라서 감정 재경험을 촉진하기 위해서는 생리적 반응, 기억표상, 그리고 정서적 반응이 활성화되도록 이끌어 나가는 것이 필요하다.

3) 표현하기

감정정화 경험을 촉진하기 위한 또 하나의 조건은 회상된 사건과 재경험된 감정을 표현하는 것이다. 이러한 표현 방식에는 언어화, 행동화, 상징화의 세 가지가 있다.

첫 번째 표현 방식은 언어화이다. 즉, 회상된 사건과 재경험된 감정을 언어적으로 표현하게 함으로써 감정정화를 촉진할 수 있다. 그런데 회상된 사건을 언어화할 때는 가능한 한 자세히 묘사하게 해야 한다. 또한 재경험된 감정을 언어로 표현하게 해야 한다. 만약 회상된 사건을 자세히 묘사하지 못하면, 그리고 재경험된 감정을 언어로 표현하지 못하면 감정정화 효과는 제한될 수 있다.

언어화를 통해 감정정화를 촉진하는 방식에는 '최면'을 통한 자기노출, '정화법'을 통한 자기노출, '자유연상'을 통한 자기노출, 그리고 '산파술'을 통한 자기노출이나 자기개방, 그리고 '역할놀이'를 통한 자기노출이나 자기개방, 그리고 '글쓰기'를 통한 자기노출이나 자기개방 등이 있다.

두 번째 표현 방식은 행동화이다. 즉, 회상된 사건과 재경험된 감정을 행동적으로 표현하게 함으로써 감정정화를 촉진할 수 있다. 행동화는 언어화가 잘 안 되는 내담자, 행동화 방식의 표현을 선호하는 내담자 그리고 재경험된 감정 속에 행동화 충동이 내재된 내담자들에게 적합한 방식이다. 행동화를 통해 감정정화를 촉진하는 방식은 심리극의 '역할놀이', 게슈탈트의 '빈의자 기법', 기타 표현예술상담의 '울음치료, 웃음치료' 등이 있다.

한편, 행동화 방식을 사용하여 분노를 다룰 때는 주의가 필요하다. 즉, 분노경험이 신체에 미치는 악영향에 주의를 기울여야 하고, 분노의 행동화가 습관이 되지 않도록 해야 하며, 분노의 행동화가 일상생활로 전이되어 인간관계 갈등으로 이어지지 않도록 주의해야 한다. 그리고 행동화 방식을 사용한 이후에는 후속작업을 통해 다시 언어화를 촉진하는 개입을 하는 것이 바람직하다.

세 번째 표현 방식은 상징화이다. 즉, 회상된 사건과 재경험된 감정을 상징적으로 표현하게 함으로써 감정정화를 촉진할 수 있다. 상징화는 언어화나 행동화가 잘 안 되는 내담자, 상징화된 표현을 선호하는 내담자, 그리고 재경험된 감정 속에 상징화 충동이 내재된 내담자들에게 적합한 방식이다. 상징화를 통해 감정정화를 촉진하는 방식에는 게슈탈트의 '상상기법, 예술적 기법', 가족상담의 '가계도, 가족조각기법', 표현예술상담의 '놀이, 미술, 음악', 심리검사의 '그림검사' 등이 있다.

한편, 상징화 방식을 사용할 때는 주의가 필요하다. 가장 주의해야 할 점은 상담활동이 중심이 되지 않고 표현예술 활동이 중심이 되는 것이다. 예를 들면, 미술상담을 한다면, 미술활동이 중심이 되어서는 안 되고, 미술활동 이후에 미술활동을 활용한 상담활동이 중심이 되어야 한다. 즉, 미술활동을 한 이후에, 문제와 관련된 과거의 사건을 회상하고, 수반된 감정을 재경험하면서, 회상된 사건을 언어적으로 자세히 묘사하고, 수반된 감정을 언어로 표현하는 작업이 중심이 되어야 한다.

대학교 1학년 학생인 박 군은 분노와 관련된 충동조절 문제를 가지고 있다. 박 군은 상담과정에서 자신의 분노 이면에 두려움과 무력감이 있음을 알게 되었다. 그는 초등학교 내내 계부의 폭력에 시달려야 했는데, 계부는 자주 박 군과 어머니에게 위협을 하거나 신체적 폭력을 가했다. 박 군은 상담장면에서 초등학교 2학년 때, 어머니와 자신을 죽이겠다고 칼을 들고 위협하던 계부와 그때 두려움과 분노와 무력감을 느끼던 자신의 모습을 회상하면서 눈물을 흘렸다.

상담자는 내담자가 '칼을 들고 벽에다 내리치면서 죽이겠다고 위협하는 계부를 상상'하자, 그런 계부를 가상으로 빈의자에 앉히고, 박 군에게 '하고 싶은 말을 해 보라고 요구'하였다. 박 군은 주먹을 쥐고 머리를 감싸 쥐면서 "할 이야기가 없어요. 그냥 때려 죽이고 싶어요."라고 하였다. 상담자는 옆에 있는 신문지로 만든 몽둥이를 주면서 "여기는 마음을 해소하는 장소이고, 실제가 아니니까, 실제 때려죽이고 싶은 계부가 이 인형이라고 생각하세요. 그리고 이 몽둥이를 사용해서 마음속으로 하고 싶은 것을 말이나 행동으로 표현해 보세요."라고 하였다. 박 군은 조금 망설이다가 몽둥이로 인형을 때리기 시작하였다. 점점 때리는 몸짓이 크고 격렬해졌다. 그리고 고함을 치며 욕을 하기 시작했다. "야~ 이 새끼야! 야~ 이 병신 새끼야! 넌 인간도 아니야! 이 더러운 새끼야!" 한동안 욕을 하다가 힘이 빠진 듯이 자리에 주저앉아 멍하니 상담실 벽면을 바라보았다.

상담자가 현재의 심정을 묻고 나서, 원래 자리에 앉도록 한 후, 다시 과거 기억을 회상하여 말로 표현하도록 이끌었다. 박 군은 어릴 때 경험을 회상하면서 눈물을 흘렸다. 그는 '초등학교 5학년 때 어머니와 함께 계부의 폭력을 피하기 위해 야반도주를 했던 일, 초등학교 6학년 때 계부가 두 모자를 찾아왔을 때 두려움에 떨었던 일, 그리고 숨어서 계부와 어머니가 싸우는 것을 지켜보았던 일, 계부가 오토바이 사고로 거의 실명했다는 이야기를 들었을 때 안도감을 느꼈던 일, 집에서 어머니와 싸우면서 물건을 부순 이후에 자신도 계부처럼 폭력적으로 행동하고 있다는 것을 알게 되어 다소 충격을 받았던 일, 계부에게 복수하는 공상을 많이 했던 일, 그리고 계부를 죽이고 싶은 마음으로 진짜 칼을 사서 보관했던 일' 등을 이야기하였다.

박 군은 다음 회기에 상담받으러 오기로 한 약속을 지키지 않았다. 그렇게 상담은 2회기 만에 종료되었다. 약 두 달 정도 지났을 때, 우연히 박 군을 담당했던 학과 지도교수를 통해, 박 군이 어느 순간 완전히 달라졌고 전혀 다른 사람처럼 대학생활을 잘하다가 보름 전에 하사관 시험에 합격하여 군대에 입대했다는 이야기를 전해 들었다.

3. 일치 및 수용받는 경험의 촉진

감정정화를 촉진하기 위해서는 내담자가 문제 관련 사건을 회상하고, 수반된 감정을 재경험하며, 사건과 재경험을 표현하도록 조력해야 한다. 그러나 여기에서 끝나지 않고, 추가적으로 내담자가 일치 경험과 수용받는 경험을 하도록 조력해야 한다. 일치 경험과 수용받는 경험의 여부에 따라 의미 있는 감정정화 경험으로 이어질 수도 있고, 때로는 오히려 부정적인 결과로 이어질 수도 있기 때문이다.

1) 일치 경험 촉진

일치 경험이란 있는 그대로의 솔직한 자기 자신이 되는 경험을 말한다. 즉, 일치 경험이란 ① 있는 그대로의 자기 경험을 인식하지 못하거나 숨기는 불일치한 상태에서 벗어나, ② 지금여기에서 일어나는 있는 그대로의 경험을 알아차리고, ③ 자신의 있는 그대로의 경험을 왜곡 및 부인하지 않고 수용하며, ④ 있는 그대로의 경험과 일치된 방식으로 선택하고 말하고 행동하는 경험 상태를 말한다.

회상된 사건과 재경험된 감정을 표현하는 행위는 자연스럽게 일치 경험을 유발한다. 만약 내담자가 표현을 한 이후에도 일치 경험이 일어나지 않는다면, 이는 그 이전 과정인 '상담관계 형성, 사건의 회상, 수반된 감정의 재경험, 그리고 회상된 사건과 재경험된 감정의 표현 과정'이 제대로 이루어지지 않았고, 이로 인해 감정정화 효과가 제한될 수 있음을 시사한다. 따라서 내담자의 일치 경험을 촉진하기 위해서는 앞에서 설명한 상담관계 형성, 회상하기, 재경험하기, 표현하기의 원칙들을 준수해야 하며, 그렇게 하면 일치 경험은 자연스럽게 일어난다.

한편, 인간중심적 상담에서는 내담자의 일치 경험을 촉진하기 위한 방법으로 성장촉진적인 상담관계 환경을 내담자에게 제공한다. 즉, 일치성, 무조건적 긍정적 존중, 공감적 이해의 상담자 태도를 통해 안전하고 신뢰할 수 있는 상담관계 환경을 제공하고, 이러한 관계 환경 속에서 내담자가 일치 경험을 해 나갈 수 있도록 조력한다.

2) 수용받는 경험 촉진

내담자의 '수용받는 경험'이란 내담자가 사건의 회상, 수반된 감정의 재경험, 그리고 회상된 사건과 재경험된 감정의 표현을 통해 '일치 경험을 했을 때, 상담자가 내담자의 있는 그대로의 일치 경험 상태를 수용해 줌'으로써, '내담자가 자신의 있는 그대로의 상태가 상담자에게 받아들여지고 있다고 인식하는 경험 상태'를 의미한다. 내담자의 일치 경험은 수용받는 경험으로 이어져야 비로소 의미 있는 감정정화 경험으로 발전될 수 있다.

내담자의 수용받는 경험은 '상담자가 내담자의 있는 그대로의 경험 상태를 수용해 줌'으로써 촉진할 수 있다. '상담자가 수용해 준다.'는 말은 구체적으로 '상담자가 내담자에게 일치성, 무조건적 긍정적 존중, 공감적 이해와 같은 성장촉진적인 태도로 반응하는 것'을 말한다. 또한 내담자의 있는 그대로의 경험 상태에 대해 상담자가 '관심 기울이기, 공감, 타당화, 그리고 자기노출, 긍정적 피드백 등의 반응을 하는 것'을 말한다.

4. 기타 고려사항

상담실제에서는 감정정화를 촉진하는 작업이 독립된 작업이 아니라 다른 작업과 함께 병행되는 작업이라고 할 수 있다. 예를 들면, 신청 및 접수면접 과정에서도 드물지만 감정정화 경험을 촉진해야 할 수 있다. 그리고 첫 회기를 포함한 초기단계의 문제 명료화 과정에서는 적극적으로 감정정화 경험을 촉진해야 한다. 또한 갈등국면의 상담자와 내담자 간의 상호 갈등이나 내담자의 저항을 처리하는 과정에서도 감정정화 경험을 촉진해야 하고, 이해 경험, 대안 설정, 행동 형성을 촉진하는 과정에서도 감정정화 경험을 촉진해야 하며, 상담종결 단계의 종결논의나 마무리 조치 과정에서도 감정정화 경험을 촉진해야 한다.

그런데 상담의 전체과정 중에 어느 시점에 있느냐에 따라 감정정화를 촉진하는 개입은 조금씩 달라져야 한다. 특정 국면에서는 감정정화를 촉진해야 하지만 다른 특정 국면에서는 감정정화를 제한해야 할 수도 있다. 감정정화를 촉진하기 위한 과정별 지침을 요약하면 다음과 같다.

첫째, 신청 및 접수면접에서는 감정정화를 가급적 제한해야 한다. 신청 및 접수면접의 주된 기능은 상담 처치를 통해 내담자를 변화시키는 것이 아니라, 본 상담을 하기 이전에 필요한 정보수집, 선별, 선별 후 조치를 취하는 데 있다. 따라서 이 단계에서 감정정화를 촉진하는 개입은 바람직하지 않다.

하지만 종종 접수면접자의 개입의도와는 달리 내담자는 자신의 문제와 관련된 이야기를 하는 과정에서 감정정화 경험을 할 수도 있다. 그러나 이런 상황에서조차도 접수면접을 담당하는 접수면접자는 가급적 감정정화를 촉진하기보다 억제나 제지해 나가는 것이 바람직하다. 왜냐하면 접수면접에서의 어설픈 감정정화 작업이 본 상담에서의 감정정화 작업과 중복되고 치료적 감정정화 경험을 방해할 수도 있기 때문이다. 따라서 신청 및 접수면접에서는 가급적 감정정화를 제한하는 것이 바람직하다.

단, 접수면접 과정에서 '위기문제를 가진 내담자, 급박한 의사결정 문제를 가진 내담자, 그리고 선별과정에서 제외 대상자' 등과 단회상담을 해야 하는 상황에서는 다르다.

이 경우에는 오히려 정화경험을 촉진하는 것이 더 바람직할 수 있다.

둘째, 문제명료화 과정에서는 적극적으로 감정정화를 촉진해야 한다. 감정정화를 촉진하는 개입은 사실상 문제명료화 과정에서 대부분 이루어진다. 특히 문제상황을 명료화하는 과정, 그리고 과거의 문제사나 생의 초기의 발달사를 탐색하는 과정에서 감정정화는 주된 상담처치의 하나이다.

셋째, 이해 경험을 촉진하는 과정에서 인지적 작업을 할 때는 방해받지 않는 범위 내에서 감정정화를 촉진해야 한다. 이해의 경험에는 인지적 경험과 함께 정서적 경험도 포함되어 있다. 따라서 이해 경험을 촉진하려면 인지적 작업뿐만 아니라 정서적 작업도 고려해야 한다. 그런데 보통 정서적 작업을 할 때 인지적 개입을 하면 정서적 작업이 방해되고, 인지적 작업을 할 때 정서적 개입을 하면 인지적 작업이 방해되는 경향이 있다. 따라서 이해 경험을 촉진하는 과정에서는 먼저 정서적 작업을 하고 나서 인지적 작업을 하도록 하고, 일단 인지적 작업에 들어서면 정서적 작업은 어느 정도 제한되어야 한다. 즉, 이해 경험 촉진 과정에서는 감정정화를 다소 제한하는 것이 바람직하다. 물론 인지적 작업 이후에 다시 정서적 작업 과정에 들어서면 위와는 반대로 인지적 작업을 어느 정도 제한시키는 것이 바람직하다.

넷째, 대안 설정과 행동 형성 과정에서는 감정정화를 제한해야 한다. 대안 설정이나 행동 형성을 촉진하는 일은 인지 · 행동적 작업에 해당한다. 보통 감정정화와 관련된 정서적 작업들은 '비전이나 목표 설정, 실행계획 수립', 그리고 '대안행동 학습이나 대안행동 실천'과 관련된 인지 · 행동적 작업을 하는 데 방해요인으로 작용할 수도 있다. 따라서 일단 대안 설정이나 행동 형성과 관련된 인지 · 행동적 작업에 들어서면 감정정화와 관련된 정서적 작업들은 어느 정도 제한시키는 것이 바람직할 수 있다.

다섯째, 종결상담은 전반적으로 정리를 하는 과정이기 때문에 정서적 개입보다는 인지 · 행동적 개입이 더 많이 요구된다. 종결의 첫 단계인 종결논의 과정에서도 비슷하다. 그러나 종결논의 과정의 일부인 '종결감정을 처리할 때'는 인지 · 행동적 개입보다 감정정화를 촉진하는 정서적 개입이 더 바람직할 수 있다. 단, 주의할 점은 지나친 감정자극으로 다시 치료적 과제들을 만들어 내는 일은 피하는 것이 좋다. 이 단계에서는 가급적 짧은 시간 안에 언어화를 통한 감정정화를 촉진하고, 곧이어 인지 · 행동적 작업으로 전환하는 것이 비교적 무난하다.

여섯째, 종결과정에서 상담평가와 상담 마무리 조치를 할 때는 감정정화를 제한해야 한다. 상담평가와 상담 마무리 조치 과정에서는 주로 인지 · 행동적 개입이 요구된다. 따라서 감정정화 경험을 촉진하기보다는 어느 정도 제한하는 것이 바람직하다. 단, 상담 마무리 조치 중에 '상담관계 마무리 조치'를 할 때는 오히려 감정정화 및 일치 경험을 촉진하는 것이 바람직하다. 특히, 지금까지의 상담자와 내담자 간의 부정적 상호작용 과정에서 발생했던 부정적 감정과 관련된 경험, 그리고 상담자를 좋아하는 감정이나 감사함 등을 포함하는 상담자에 대한 긍정적 감정과 관련된 경험, 그리고 상담자와의 이별과 관련된 정서적 경험 등에 대해서는 감정정화 및 일치 경험을 촉진하는 것이 바람직하다.

한편, 감정정화만으로는 상담효과가 제한적일 수 있다. 바꿔 말하면 감정정화 이후에 이해 경험, 대안 설정, 행동 형성 등이 추가되어야 상담효과가 보다 안정적으로 유지된다.

일찍이 프로이트는 정화법이 최면을 기반으로 하고 있어서 암시로 인한 현실왜곡 현상이 있음을 알게 되었다. 프로이트가 최면을 대신할 방법을 찾던 중에, 최면의 변형 의식상태가 아닌 일반적인 각성 상태에서도 의미 있는 회상이나 재경험이 일어난다는 것을 발견하였다. 그래서 최면의 대안으로 개발한 것이 바로 자유연상이고, 이 자유연상을 기반으로 한 접근법을 정신분석이라고 명명하였다.

또한 프로이트는 정화법을 사용하여 상담하면 증상이 호전되었다가 다시 재발하거나 또 다른 증상으로 전환되는 현상이 있음을 발견하였다. 그리고 임상적 연구를 통해 재발 문제를 해결하기 위해서는 성격의 구성요소들 중에 인식과 조절 기능을 담당하는 자아의 기능을 강화해야 한다는 것을 알아내고, 자아기능을 강화하기 위한 통찰 중심의 접근법인 정신분석을 개발하였다.

정신분석 이후에 발달한 상담이론들은 자아기능 강화나 통찰 이상의 '대안 설정, 대안 행동 수행능력의 형성, 실행' 등이 더 필요하다는 것을 찾아내고, 이들을 촉진하기 위한 방법들을 개발해 왔다. 예를 들어, 현실요법에서는 감정정화나 통찰보다는 대안 설정과 실행의 필요성을 인식하고, 이를 촉진하기 위한 자기관리 촉진 방법들을 개발해 왔다. 행동상담에서도 감정정화나 통찰보다는 대안행동 수행능력 형성과 실행의 필요성을 인식하고, 이를 촉진하기 위해 학습원리를 활용한 여러 가지 상담기법들을 개발해 왔다.

제 **12** 장

이해 경험

Individual Counseling

이해 경험은 이론적 접근에 따라 통찰, 의식화, 자각, 알아차림 등과 같이 여러 가지 용어로 쓰이고 있는데, 용어에 관계없이 내담자에게 이해 경험을 촉진하는 것은 거의 모든 상담접근에 존재하는 주된 상담 처치의 일부이다(Garfield, 1995).

예를 들어, 프로이트는 갈등의 원인이 되는 무의식적 내용에 대한 통찰을 강조하였다. 즉, 무의식적인 과거의 발달이나 외상적 사건, 무의식적인 원욕, 자아, 초자아의 역동, 무의식적인 방어기제, 반복 및 재연되는 무의식적인 감정양식, 행동양식, 대인관계 양식 등에 대한 이해를 강조하였다. 로저스도 지금여기에서 일어나는 현상, 그리고 자신의 경험과 행동에 대한 자각을 강조하였고, 더 나아가 있는 그대로의 경험과 일치행동을 부정 또는 왜곡하는 불일치 행동, 이러한 불일치 행동을 일으키는 가치조건이나 부정적 자아개념, 그리고 성장동기와 성장 잠재력에 대한 자각을 강조하였다. 엘리스도 문제와 관련된 '선행 사건, 무의식적인 사고나 신념, 그리고 부정적 정서나 문제행동 간의 관계'에 대한 이해를 강조하였다. 특히 부정적 정서나 문제행동의 원인이 되는 무의식적인 비합리적 사고나 신념, 그리고 더 나아가 대안적 정서나 행동과 관련된 합리적 사고나 신념에 대한 이해를 강조하였다. 상기된 것처럼 이해 경험을 촉진하는 것은 거의 모든 상담접근에 존재하는 주된 상담 처치의 일부이다.

한편, 이해(理解)의 사전적 의미는 '사리를 분별하여 해석함', 그리고 '깨달아 앎 또는 잘 알아서 받아들임'이다(국립국어원, 2024). 이를 분석해 보면 이해는 '사리 분별, 사리 해석, 깨달음, 앎, 앎과 수용' 등으로 구성되어 있다. 여기서 '사리'를 '현상'으로 바꾸고, '분별, 앎'을 '인식'으로 바꾸며, '해석'을 '설명'으로 바꾸고, '깨달음'을 '새로운 인식이나 설명'으로 바꾸면 이해는 다음과 같이 정리할 수 있다. 즉, 사전적 의미의 이해란 '현상을 새롭게 인식하고 설명하고 수용한다.'는 의미를 가지고 있다고 할 수 있다.

한편, 정신분석에서는 이해를 지적 이해와 정서적 이해의 두 가지로 구분한다(이무석, 2006). 첫 번째의 지적 이해란 '새로운 지적 정보에 근거하여, 정서적 경험과 경험적 확신을 수반하지 않은 상태에서, 자신의 무의식적인 문제와 원인과 대안을 새롭게 인식하고 설명하고 통합하는 경험'을 의미한다. 두 번째의 정서적 이해란 '정서적 경험과 경험적 확신, 즉 아하 경험을 수반한 상태에서, 자신의 무의식적인 문제와 원인과 대안을 새롭게 인식하고 설명하고 통합하는 경험'을 의미한다.

이상의 논의를 토대로 이해 경험을 개념정의하면 다음과 같다. 즉, '이해 경험이란 지적 정서적 차원에서 자신의 문제와 원인과 대안을 새롭게 인식하고 설명하며 통합하는 경험이다.'라고 정의할 수 있다. 상기된 이해 경험의 정의에 근거하여 '이해 경험의 특징들'을 정리하면 다음과 같다.

첫째, 이해 경험이란 '인식하고 설명하는 경험'이다. 즉, 이해란 자신의 문제나 원인이나 대안을 새롭게 인식하고 설명하는 경험이다. 좀 더 구체적으로 말하면, 인식하고 설명하지 못하던 '자신의 무의식적인 문제 인식, 이러한 문제 인식이 일어나는 구체적인 문제상황, 문제상황에서의 구체적인 사건과 사건의 전개과정, 내현적 외현적 반응행동과 반응행동의 전개과정, 문제사(또는 병력이나 발달사), 문제상황과 문제행동의 반복 및 재연되는 악순환, 반복 및 재연되는 악순환과 관련된 문제행동 양식, 그리고 대안상황과 대안행동' 등을 인식하고 설명하는 경험을 이해 경험이라고 한다.

둘째, 이해 경험이란 '새롭게' 인식하고 설명하는 경험을 의미한다. 이해했다는 말은 '새로운 경험을 했다는 것'을 의미한다. 즉, 인식하거나 설명하지 못하던 자신의 무의식적인 문제나 원인이나 대안을 새롭게 인식하거나 설명할 수 있게 되는 경험을 의미한다.

예를 들면, 불안장애를 가진 내담자의 경우, 구체적인 불안상황에서 경험하는 불안반응의 하위요소로서 활성화된 표상이나 회상, 사고나 신념, 충동과 소망, 방어기제, 선택과 다짐 등과 같은 내적 반응행동, 그리고 비언어적 표현, 언어적 표현, 반복적인 행동이나 습관, 대인관계 상호작용 등과 같은 외적 반응행동을 새롭게 인식하거나 설명할 수 있게 되는 경험을 의미한다. 또는 자신의 불안반응을 촉발하는 조건화된 선행사건이나 자극, 조건화된 외현적 내현적 반응행동, 조건화된 후속사건이나 자극을 새롭게 인식하거나 설명할 수 있게 되는 경험을 의미한다. 또는 지금까지 인식하거나 설명하지 못했던 문제와 관련된 현상의 의미를 새롭게 인식하거나 설명할 수 있게 되는 경험을 의미한다. 또는 지금까지 인식하거나 설명하지 못했던 자신의 불안반응과 관련된 가족구조나 기능을 새롭게 인식하거나 설명할 수 있게 되는 경험을 의미한다.

셋째, 이해 경험이란 '새롭게 통합하는 경험을 수반'한다. 즉, ① 의식하지 못했던 무의식적 경험을 새롭게 인식하거나 설명하고, 이를 '의식적 경험에 통합하는 것', ② 받아들이지 않았던 경험, 무가치하게 느끼던 경험, 인정하지 않았던 경험을 새롭게 인식하거나 설명하고, 이를 '수용 경험이나 가치 있는 경험이나 인정하는 경험에 통합하는 것', ③ 세상과 자신에 대해 새롭게 인식하거나 설명하고, 이를 '기존의 인지도식에 통합하는 것', 다시 말하면 새로운 세상에 대한 인식이나 설명을 '기존의 세상인식 모형에 통합하는 것', 그리고 새로운 자신에 대한 인식이나 설명을 '기존의 자기인식 모형에 통합하는 것', ④ 관리되지 않는 사건이나 반응행동을 새롭게 인식하고, 이를 '실생활 자기관리 행동에 통합하는 것'을 수반한다.

예를 들어, 새로운 인식이나 설명은 기존의 인식틀이나 설명틀에 통합된다. 상담자에게 느끼는 어려움이나 불안한 감정이 직장 상사에게 느끼는 어려움이나 두려움과 상관이 있고, 이런 어려움이나 불안은 어릴 때의 폭력적인 아버지에게 느꼈던 두려움과 상관이 있다는 것을 인식하거나 설명할 수 있게 되면, 이런 새로운 경험은 기존의 인식틀이나 설명틀에 통합되면서 자신이나 상담자나 직장 상사나 아버지에 대한 기존의 인식틀이나 설명틀의 변화로 이어진다. 더 나아가 이런 인식틀이나 설명틀의 변화는 일상생활에서의 반응행동에 통합된다. 가령 정서적으로 직장 상사를 포함한 권위적인 대상을 두려워하는 반응이 줄어들면서 동시에 둔감화 반응이 증가하고, 인지적으로 권위자들을 지나치게 위협적으로 지각하는 반응이 줄어들면서 동시에 현실적으로 지각하는 반응이 증가하며, 행동적으로 불안상황에 대한 회피행동이 줄어들면서 동시에 접근행동이 증가할 수 있다.

그리고 수용할 수 없었던 경험에 대한 새로운 인식이나 설명은 '수용 경험에 통합되면서 현실 수용'으로 이어진다. 즉, 받아들일 수 없었던 고통이나 어려움에 대한 새로운 인식이나 설명은 주어진 현실을 받아들이도록 이끈다. 그리하여 주어진 고통과 어려움, 그리고 자신이 만들어 낸 주관적 현실, 이를 토대로 한 헛된 소망과 역기능적이고 파괴적인 행동들을 받아들이고 인정하도록 이끈다.

넷째, 이해 경험은 '지적 차원'에서도 일어날 수 있고 '정서적 차원'에서도 일어날 수 있다. 즉 '새로운 지적 정보에 근거하여, 정서적 경험과 경험적 확신을 수반하지 않은 상태에서, 자신의 문제와 원인과 대안을 새롭게 인식하고 설명하고 통합하는 지적 이해 경험'을 할 수도 있고, '정서적 경험과 경험적 확신, 즉 아하 경험을 수반한 상태에서, 자신의 문제와 원인과 대안을 새롭게 인식하고 설명하고 통합하는 정서적 이해 경험'을 할 수도 있다.

여기서 지적 이해와 정서적 이해의 결정적 차이는 체험과 확신이다. 지적 이해는 신경생리적 활성화나 정서적 체험, 그리고 경험적 확신이 없는 인지적 수준에서의 이해인 반면, 정서적 이해는 신경생리적 활성화나 정서적 체험, 그리고 아하 경험과 같은 경험적 확신이 수반된 이해를 의미한다.

상담장면에서 정서적 이해가 일어난다는 말은 내담자가 직접 자신의 문제를 체험하고, 문제의 원인을 체험하며, 대안을 체험한다는 의미가 담겨 있다. 일반적으로 이해 경험은 정서적 차원에서 이루어질 때 더 의미 있고 안정적인 행동변화를 이끌어 내는 경향이 있다. 또한 이러한 이유 때문에 상담에서는 지적 학습보다는 경험적 학습이 더 강조되는 경향이 있다.

이 장에서는 이해 경험을 '지적 이해의 촉진과 정서적 이해의 촉진'으로 구분하여 설명하였다.

1. 지적 이해의 촉진

앞에서 설명한 바와 같이, 지적 이해란 '새로운 지적 정보에 근거하여, 정서적 경험과 경험적 확신을 수반하지 않은 상태에서, 자신의 문제와 원인과 대안을 새롭게 인식하고 설명하고 통합하는 경험'을 의미한다. 여기서 지적 이해를 촉진한다는 말은 방법적으로 '상담자가 새로운 지적 정보를 제공해 줌'으로써 내담자가 자신의 문제와 원인과 대안을 새롭게 인식하고 설명하고 통합하는 경험을 하도록 조력한다는 의미이다.

문제가 유발되거나 유지되거나 악화되는 원인 중 하나는 '정보의 부족'이다. 일반적으로 내담자들은 문제나 문제해결과 관련된 정보를 모르고 있을 수 있다. 설사 알고 있더라도 부분적으로 알고 있거나, 틀리거나 왜곡된 정보를 사실로 믿고 있을 수도 있다. 이럴 때 상담자가 내담자에게 필요한 정보를 제공해 주면, 내담자는 자신의 문제나 문제해결 방안을 이해하고, 바람직한 방향으로 나아가는 데 도움이 된다(김미리혜, 김진영 외, 2000).

한편, 인간중심적 상담이나 게슈탈트와 같은 경험적 접근에서는 지적 접근 방식을 선호하지 않는다. 이런 경험적 접근에서는 '지적 접근은 부적절한 개입 또는 낮은 수준의 개입이다.'라는 무의식적 가정을 가지고 있다. 이 때문에 경험적 접근을 하는 상담자들은 실제로 지적 접근을 꺼리는 경향이 있다.

상담에서 경험적 접근이 지적 접근보다 내담자의 문제해결이나 성장에 더 많은 도움을 줄 수 있다는 것은 사실이다. 하지만 상담 실제에서는 지적 접근이 경험적 접근보다 더 적합하고 유용한 경우도 많이 있다. 예를 들면, 아래와 같은 경우에는 지적 접근을 하거나 아니면 이해 경험 없이 곧바로 대안 설정이나 행동 형성으로 넘어가는 것이 더 바람직할 수도 있다.

- 내담자가 발달상 미성숙할 때(예: 유아, 아동, 청소년, 지적장애 등)
- 내담자가 자기관리 능력이 부족할 때(예: 정신분열증, 조울증, 해리장애, 치매, 기억 상실증, 알코올 및 약물중독, 뇌손상 등)
- 내담자가 상담에 대한 동기가 없거나 부족할 때, 또는 비자발적인 태도를 보일 때 (예: 부모의 손에 이끌려 상담을 받으러 온 자녀, 법원에서 상담명령을 받은 내담자, 학교에서 징계차원의 상담처분을 받은 학생, 교육이나 복지시설에서 관리차원의 상담을 받는 피교육자 또는 시설수용자, 그리고 품행장애, 반사회성 성격장애, 분열성 성격장애, 성도착증 등)
- 내담자가 경험적 접근을 원하지 않을 때
- 내담자가 지적 접근을 요청할 때 또는 특정 주제와 관련된 구체적인 지적 정보를 요청할 때
- 내담자의 호소문제가 의료, 법률, 학업, 진로, 성 등과 관련되어 있고, 그 원인이 정보 부족 때문일 때
- 내담자의 호소문제가 내담자 자신의 문제가 아닌 관련인의 문제를 호소할 때(예를 들면, 자녀의 성적 문제를 호소하거나, 남편의 술버릇 문제를 호소하거나, 지도학생의 진학 문제를 호소할 때)
- 현실적으로 주어진 상담시간이 부족할 때
- 상담자가 경험적 접근에 숙달되지 않았을 때

경험적으로 보면, 상기된 상황에서는 정서적 이해를 촉진하기보다는 지적 이해를 촉진하거나, 이해 경험 없이 곧바로 대안 설정이나 대안행동 수행 능력 형성, 그리고 대안행동 실행에 초점을 둔 개입이 더 적합할 수 있다.

다른 한편, 상담자가 내담자에게 필요한 정보를 제공해 줌으로써 내담자의 지적 이해를 촉진하는 개입, 즉 지적 개입을 할 때는 아래와 같은 점들을 고려하는 것이 바람직하다.

목표 지향성   지적 접근은 상담자 중심이 아니라 내담자 중심으로 이루어져야 한다. 정보제공을 중심으로 한 지적 접근은 대체로 내담자에 대한 이해가 부족한 상태에서 이

루어지기 때문에 쉽게 상담자 중심으로 흐르는 경향이 있다. 즉, 대부분의 지적 접근은 내담자에 대한 정보가 부족하고, 이에 따라 내담자, 그리고 내담자가 가진 문제와 그 원인과 해결방안에 대해 충분히 이해하지 못한 상태에서 이루어지는 개입이다. 바꿔 말하면, 지적 접근이란 상담자가 몇 가지 빈약하고 불분명한 자료에 근거하여 내담자의 문제나 원인이나 대안을 추리판단이나 가치판단을 하고, 이를 토대로 내담자에게 필요할 것으로 판단하는 지적 정보를 제공해 주는 작업이기 때문에, 지적 접근은 쉽게 상담자 중심으로 흐르는 경향이 있다.

따라서 지적 접근을 할 때는 상담자 중심에서 벗어나 내담자 중심으로 진행하려는 의식적인 노력이 필요하다. 내담자 중심 접근의 최우선적인 과제는 '내담자 반응행동의 바람직한 변화'라는 '목표 지향성을 유지하는 것'이다. 지적 접근의 가치는 결국 내담자 반응행동의 바람직한 변화에 어느 정도 기여하는지의 여부에 달려 있다.

오용 주의   지적 접근은 종종 상담자와 내담자 간의 역기능적인 대인관계 역동으로 변질될 수도 있기 때문에 주의가 필요하다. 예를 들어, 시작단계나 갈등단계에서 내담자들은 무의식적으로 상담자가 능력 있는 사람인지, 그리고 신뢰할 만한 사람인지를 시험할 목적으로 상담자에게 지적 질문을 할 수 있고, 이런 질문에 대해 상담자도 무의식적으로 내담자에게 자신의 전문적 능력이나 신뢰할 만한 사람이라는 점을 보여 주기 위해 지적 접근을 취함으로써 둘 간에 바람직하지 않은 대인관계 상호작용이 발생할 수 있다.

갈등단계에서 상담자와 내담자 간에 경쟁적인 상호작용이 일어날 수 있는데, 이런 경쟁적인 상황에서 상담자의 지적 접근은 논쟁적인 상호작용으로 변질되기 쉽다. 또 이런 상황에서 상담자의 지적 접근은 무의식적으로 내담자에게 자신의 힘을 과시하거나, 내담자와의 관계에서 지배적인 위치를 차지하고 통제하려는 시도일 수 있다. 힘의 과시나 통제 시도는 신뢰감 발달을 억제하고, 더 큰 갈등이나 경쟁적인 상호작용이나 역기능적인 지배와 복종의 상호작용을 불러일으켜 결국 조기종결로 이어질 수도 있다.

지적 접근은 종종 지적 유희 추구나 상상놀이나 역할놀이와 같은 상담자와 내담자의 역기능적인 상호작용으로 변질될 수도 있다. 예를 들어, 상담장면에서 상담자가 내담자의 문제와 관련된 주제에 대해 강의를 하면 내담자가 이를 수강하는 상황이 연출될 수도 있다. 때로는 상담자도 직접 경험해 보지 않은 사실에 대한 지적 정보를 내담자에게 제시해 줄 수도 있다. 상담자가 직접 경험해 보지 않은 정보를 내담자에게 제공하는 지적 접근은 일종의 상상놀이다. 표면적으로 상담자와 내담자가 의미 있는 지적 정보를 주고

받은 것처럼 보일 수 있지만 실제로는 서로 상상한 것들에 대해 이야기를 주고받는 지적 놀이로 전락할 수 있다.

준비도   지적 접근은 상담자와 내담자의 준비도를 고려해야 한다. 즉, 상담자와 내담자가 준비되어 있을 때 지적 접근을 하는 것이 바람직하다는 말이다.

상담자 준비도   정보제공을 통해 내담자의 지적 이해를 촉진하기 위해서는 상담자가 준비되어 있어야 한다. 상담자가 준비되었다는 말은 상담자가 '전문적 지식'을 가지고 있고, 그리고 해당 사례에 대한 '진단이나 사례개념화나 상담계획'을 한 상태를 의미한다. 즉, 상담자는 '내담자, 그리고 내담자가 가진 문제, 문제의 원인, 문제의 해결방안에 대한 전문적 지식'을 가지고 있고, 이를 토대로 해당 사례에 대한 '진단이나 사례개념화나 상담계획을 수립한 상태'라면 지적 접근은 효과적일 수 있다.

내담자 준비도   정보제공을 통해 내담자의 지적 이해 경험을 촉진하기 위해서는 내담자가 준비되어 있어야 한다. 내담자가 지적 이해를 경험할 준비가 되었는지의 여부는 '타이밍과 상담관계 형성 정도'를 통해서 점검해 볼 수 있다.

첫째, 지적 정보를 제공할 때는 타이밍이 적합해야 한다. 타이밍이 적합하다는 말은 절차나 흐름상 적합한 시기일 때 지적 정보가 제공되어야 함을 의미한다. 일반적으로 경험적 접근에서는 먼저 경험활동이나 경험에 대한 탐색활동을 한 이후에 필요한 지적 정보를 제공하는 것이 바람직하다고 주장한다. 또한 문제 명료화, 평가, 진단, 사례개념화를 통해 '내담자, 내담자가 가진 문제, 문제가 일어나는 구체적인 문제상황, 문제상황에서의 내담자의 역기능적 반응행동, 그리고 대안상황과 대안행동'들을 먼저 명료화하거나 충분히 이해한 다음에 필요한 지적 정보를 제공하는 것이 바람직하다고 주장한다. 따라서 시간적으로 이른 시점, 즉 경험활동이나 경험에 대한 탐색활동을 통해 문제상황과 문제행동, 그리고 대안상황과 대안행동을 충분히 이해하지 못한 시점에서 지적 정보를 제공하는 일은 지적 정보의 가치를 떨어뜨리는 바람직하지 않은 행위로 인식된다.

반면, 지적 접근에서는 경험적 접근에서의 주장이 지나치게 이상적이고 실용적이지 못하다고 주장한다. 지적 접근에서는 이상적인 최적시점이 아닌 현실적 실용적 최적시점에서 지적 정보를 제공해야 한다고 주장한다. 물론 지적 접근에서도 경험적 접근에서와 같이 내담자의 문제가 명료화된 이후에 관련 지적 정보를 제공하는 것이 바람직하다고 본다. 다시 말하면, 내담자의 호소문제, 문제상황, 문제행동, 문제행동 양식, 그리고 대안상황과 대안행동 등이 명료화되거나, 내담자와 내담자가 가진 문제에 대한 평가, 진단, 사례개념화가 된 이후에 지적 정보를 제공하는 것이 바람직하다고 본다. 그러나 문제명료화가 되지 않은 시점이라도 내담자가 직접 또는 간접적으로 지적 정보를 요청하는 시점, 그리고 주어진 상담시간이 부족한 시점에서는 관련 지적 정보를 제공하는 것이 바람직하다고 본다.

둘째, 지적 정보는 상담관계가 형성된 다음에 제공하는 것이 바람직하다. 즉, 상담구조가 내담자에게 수용되고, 상담자에 대해 최소한의 친밀감과 안정감과 신뢰감을 느끼고 있어서, 내담자가 받아들일 수 있는 상태가 되어 있을 때 상담자가 지적 정보를 제공하는 것이 바람직하다. 만약 상담관계가 형성된 상태라면 대부분의 지적 접근은 효과적일 수 있다.

지적 이해 촉진 방식　　상담자가 내담자에게 필요한 지적 정보를 제공하는 방식은 다양할 수 있다. 예를 들어, 문제와 관련된 특정 현상에 대한 정보를 제공해 주는 방식이 될 수도 있고, 직접적으로 진단명이나 문제, 원인, 대처방안을 설명하는 방식이 될 수도 있으며, 대처방안과 관련된 조언, 충고, 지시 등의 방식이 될 수도 있고, 상담자의 사적 경험을 이야기해 주는 자기노출 방식이 될 수도 있으며, 심리검사 이후에 해석을 해 주는 방식이 될 수도 있고, 강의를 통해 정신장애나 문제의 진단기준, 실태, 원인, 대처방안에 대해 체계적으로 가르치는 심리교육 방식이 될 수도 있으며, 정신장애나 문제와 관련된 책을 활용하여 정보를 제공하는 독서상담 방식이 될 수도 있고, 기타 편지나 이메일을 통해 필요한 정보를 제공하는 방식이 될 수도 있다.

한편, 상담자가 내담자에게 지적 정보를 제공할 때는 아래와 같은 점들을 고려하는 것이 바람직하다.

- 명료성: 지적 정보를 제공할 때는 제공하는 지적 정보가 타당하고 명확하며 구체적이어야 한다.
- 화법: 지적 정보를 전달할 때는 Be Language(사실에 대한 추상적 명명, 그리고 사실에 대한 판단이나 평가를 하는 형태의 화법)보다 Do Language(있는 그대로의 사실을 객관적으로 진술하는 형태의 화법)를 더 많이 사용하는 것이 바람직하다.
- 저항 고려: 지적 정보를 제공할 때는 저항을 고려해야 한다. 이를 위해 권위적 방식

을 피하고 가급적 비권위적 방식으로 하는 것이 바람직하다. 예를 들면, 지적 정보를 제공할 때는 일방적으로 하기보다 먼저 내담자에게 지적 정보를 제공해도 될지에 대해 허락을 구한 후, 내담자가 동의하면 필요한 지적 정보를 제공하는 것이 더 바람직할 수 있다.

• 지지: 지적 정보를 제공할 때는 정서적 지지를 충분히 제공하는 것이 바람직하다. 특히 지적 정보를 제공한 이후에는 적극적 경청의 자세를 취하는 것이 바람직하다.

• 추가 개입: 정보를 제공한 이후에는 제공된 정보에 대한 내담자의 정서적·인지적·행동적 반응들을 탐색하는 것이 바람직하다. 예를 들면, 내담자에게 '상담자가 하는 말을 들으면서 어떤 생각이나 느낌이 들었는지?'에 대해 질문함으로써 내담자에게 자신의 경험을 인식하고, 이를 언어적으로 설명할 기회를 제공하는 것이 바람직하다. 그리고 더 나아가 상담자가 제공한 정보와 내담자가 당면한 문제를 연결하는 질문을 한 후, 내담자가 자신의 문제상황이나 문제행동과 관련된 경험을 인식하고, 이를 언어적으로 설명할 기회를 제공하는 것이 바람직하다.

33세의 박 씨는 짝사랑하던 여자후배가 다른 남자와 약혼했다는 이야기를 듣고 나서 크게 상심한 상태로 상담자를 찾아왔다. 그는 상실감, 그리고 배신감과 분노로 힘들어하고 있었다. 상담자는 내담자에게 자신이 처한 상황과 경험들에 대해 이야기할 기회를 제공하였다. 그리고 내담자의 이야기를 한참 동안 듣고 나서, '상담자 자신의 짝사랑 경험을 내담자에게 자기노출'하였다. 이어 '시간이 지나면 점차 지금의 아픈 감정도 무디어지게 될 것'이고, '그때가 되면 상처가 아니라 오히려 아름다운 추억'이 될 수 있으며, '살다 보면 또 다른 사랑이 반드시 찾아온다.'는 말을 내담자에게 해 주었다. 그러고 나서 다시 '지금의 아내를 만나 더 나은 사랑을 경험했던 일을 내담자에게 자기노출'하였다. 상담이 끝날 때, 박 씨는 상담자가 사적인 자기노출을 해 준 점, 그리고 도움이 되는 말을 해 준 점에 대해 고마움을 표시하였다. 그리고 마음의 위로가 되고 용기도 생긴다고 하였다. 상담자는 '이제 현실을 수용하라.', 그리고 '떠나간 그녀를 포기하고 용서하라.'고 조언하였다. 또 '혼자 남겨진 슬픔과 배신감과 분노로 힘들어하는 자신을 학대하지 말고 위로하고 돌보라.'고 조언하였다. 다음 회기에서 박 씨는 '자신에게 보내는 위로의 편지를 써서 가지고 왔다.'라고 말하면서, 자신이 쓴 편지를 상담자에게 보여 주었다.

또 다른 내담자인 김 군은 대학교 1학년 1학기 기말고사를 치르고 나서 휴학에 대한 고민 때문에 상담자를 찾아왔다. 김 군은 2학기를 등록하여 계속 학교에 다닐지, 아니면 휴학을 한 이후에 반수를 할 것인지의 여부를 놓고 고민 중이라고 하였다. 그런데 김 군은 1학기 동안 거의 성적관리를 하지 않았다. 2개 과목은 F학점이 거의 확실시되는 상황이라고 하였다. 김 군의 문제와 관련된 인식과 태도들을 탐색하는 과정에서, 김 군은 자신이 원하지 않던 대학에 들어왔고, 고등학교 때 꿈꾸던 자아이상과는 다른 낙오자 같은 초라한 자신의 모습에 대해 부끄러워하고 있다는 점이 드러났다. 그는 초라한 현실을 보상하기 위해 반수나 재수에 대한 공상을 자주 하곤 하였다. 하지만 현실에서 김 군은 게임에 빠져 공부는 뒷전이었다. 그 외에도 늦잠, 과식과 과음, 흡연, 약속 지키지 않기, 동생과의 잦은 싸움 등 전반적인 자기관리 문제를 가지고 있었다. 반수나 재수에 대한 고민은 자신의 기대보다 낮은 현실에 대한 방어나 보상으로 작용하고 있었다.

김 군은 '상담자가 반수하지 말라고 말해 주기를 무의식적으로 바라고 있었는지도 모르겠다.'라고 하였다. 상담자는 '반수나 재수, 그리고 편입을 시도하는 학생들의 대부분 더 나은 조건의 대학으로 진학하는 데 실패한다.'는 점을 내담자에게 이야기하였다. 그리고 '자신의 부족한 점과 초라하더라도 주어진 현실을 수용할 때 더 나은 만족과 성장이 가능하다.'는 점, '만약 더 나은 대학으로 가고자 한다면 현재 대학에서 열심히 공부한 후, 차라리 대학원을 더 나은 대학으로 진학하는 것이 더 적합할 수 있다.'는 점, '더 좋은 대학에서 용꼬리가 되는 것보다 지금 있는 대학에서 뱀머리가 되는 것이 더 많은 기회를 얻을 수 있다.'는 점을 이야기하였다. 상담자는 반수 이외의 대안이 있는지를 묻고 나서, '군입대 신청을 제안'하였고, 이런 제안에 대한 김 군의 의견을 물었다. 김 군은 '아직 구체적으로 계획한 바는 없지만 대략 2학년 1학기를 마치고 군대에 입대할 생각'이라고 하였다. 상담회기를 마칠 무렵 김 군은 반수가 아닌 군입대를 먼저 고려하겠다고 하였다. 상담자는 다음 시간까지 '군입대와 관련된 구체적인 정보를 탐색한 후, 잠정적인 입대계획을 수립해 올 것'을 제안하였다. 실제로 며칠 후에 그는 아버지와 함께 병무청을 방문했다. 그리고 의경 입대 지원서를 제출했다.

2. 정서적 이해의 촉진

정서적 이해란 '정서적 경험과 경험적 확신, 즉 아하 경험을 수반한 상태에서, 자신의 문제와 그 원인과 대안을 새롭게 알아차리고 설명하고 통합하는 경험'을 의미한다. 거의 모든 상담의 이론적 접근에서는 지적 이해 이상의 정서적 이해를 추구하는 경향이 있다.

여기서는 먼저 지적 이해와 정서적 이해의 차이에 대해 구체적으로 살펴보았다. 그러고 나서 정서적 이해 경험을 촉진하는 방법으로서 '관점 변화, 경험과 분석'에 대해 자세히 설명하였다.

지적 이해와 정서적 이해 차이   거의 모든 상담의 이론적 접근에서는 지적 이해 이상의 정서적 이해를 추구하는 경향이 있다. 그렇다면 지적 이해와 정서적 이해란 구체적으로 어떻게 구분할 수 있을까? 결론부터 이야기하자면 지적 이해와 정서적 이해를 구분하는 준거는 이론적이다. 바꿔 말하면 상담 실제에서는 지적 이해와 정서적 이해를 명확하게 구분하기는 어렵다는 말이다.

이론적인 측면에서 지적 이해와 정서적 이해의 결정적 차이는 체험과 확신이다. 즉, 지적 이해는 신경생리적 활성화나 정서적 체험, 그리고 확신이 없는 인지적 수준에서의 이해인 반면, 정서적 이해는 신경생리적 활성화나 정서적 체험, 그리고 아하 경험과 같은 인지적 확신이 수반된 이해를 의미한다. 또한 지적 이해는 반응행동의 변화에 미치는 영향이 작지만, 정서적 이해는 반응행동의 변화에 미치는 영향이 크다. 따라서 정서적 이해란 일종의 신체 및 정서적 체험, 인지적 깨달음과 확신, 그리고 반응행동의 변화가 결합된 형태의 것이다. 지적 이해와 정서적 이해의 차이를 몇 가지 예시하면 아래와 같다.

- 지적 이해: 제가 죄책감과 우울 문제를 가지고 있다는 것을 알겠어요. 우울증 진단항목과 내 상태가 일치한다는 것도 알겠어요. 그러나 내가 경험하는 상태가 정말 죄책감이고 우울증이라는 확신은 서지 않아요.
- 정서적 이해: 저는 죄책감과 우울 문제를 가지고 있어요. 전 죄책감이 느껴져요. 그 일을 생각하니 얼굴이 화끈거리고 숨고 싶은 심정이 들어요. 항상 후회하며 살고 있어요. 지금 저는 몸과 마음이 우울하고 힘들어요. 사실 전 비난받아 마땅한 사람이라는 생각을 늘 하면서 살고 있습니다.

- 지적 이해: 제가 부족한 측면이 있다는 생각을 해요. 특히 의사소통 기술이 부족하다는 생각이 들긴 해요. 그래서 의사소통을 배울 기회가 있으면 좋겠다는 생각은 들지만 딱히 마음이 내키지는 않아요.
- 정서적 이해: 제가 부족하다는 것을 확실히 알겠어요. 특히 의사소통 능력이 부족해서 그런 말까지 했던 일을 생각하면 지금도 얼굴이 화끈거려요. 전 의사소통 기술이 부족하다는 것을 정말로 절감하고 있어요. 그래서 의사소통 기술을 정말 제대로 배우고 싶은 마음이 일어나요.

- 지적 이해: 어머니가 나를 사랑하고 있었다는 것을 새롭게 알게 되었어요. 그러나 어머니가 나를 사랑한다는 것을 이성적으로는 알겠지만 정서적으로는 느낄 수가 없어요. 그래서 확신감이 들거나 충분히 받아들여지는 것은 아니에요.
- 정서적 이해: 어머니가 나를 사랑하고 있었다는 것을 새롭게 알게 되었어요. 그리고 어머니의 사랑을 이성적으로뿐만 아니라 정서적으로 생생하게 느낄 수 있어요. 어머니가 나를 사랑하고 있었다는 것을 지금은 확실히 알겠어요.

- 지적 이해: 내가 어릴 때 사랑받지 못한 경험과 지금 음식에 집착하는 행동과 상관이 있다는 것을 새롭게 알게 되었어요. 그러나 어릴 때 사랑받지 못한 경험이 지금 음식에 집착하는 행동과 정말 상관이 있을까 하는 의문이 들기도 해요. 그래서 정서적으로 확신감이 들거나 충분히 수용되지는 않아요.
- 정서적 이해: 내가 어릴 때 사랑받지 못한 경험과 지금 음식에 집착하는 행동과 상관이 있다는 것을 새롭게 알게 되었어요. 그리고 사랑에 굶주려 음식에 집착하는 내 안에 있는 어린아이를 이성적으로뿐만 아니라 정서적으로 느낄 수 있어요. 그래서 어릴 때 사랑받지 못한 경험과 지금 음식에 집착하는 행동과 상관이 있다는 것을 이제는 확실히 알겠어요. 그게 사실이니까요.

- 지적 이해: 내가 동성애적 충동이 있고, 그것을 억압해 왔을 수도 있다는 것을 새롭게 알게 되었어요. 그러나 그게 정말 동성애적 충동이었을까 하는 의문을 가지고 있어요. 그래서 이성적으로는 알겠지만 정서적으로는 확신감이 들거나 충분히 받아들여지는 것은 아니에요.
- 정서적 이해: 내가 동성애적 충동을 억압해 왔다는 것을 새롭게 알게 되었어요. 동성

애적 충동, 이에 대한 불안과 수치심, 그리고 사회적 비난을 피하기 위해 **충동을 억압**하고 있는 나 자신을 지금도 느낄 수 있어요. 솔직히 상담 선생님이 나를 어떻게 생각할까 두려워요. 저를 이상한 사람으로 볼까 봐 걱정돼요.

- 지적 이해: 내 폭력행동이 어릴 적 경험과 상관이 있다는 것을 알겠어요. 폭력적인 아버지 밑에서 자라다 보니 저도 어느새 폭력적인 사람이 되었을 수도 있겠다는 생각이 들어요. 그러나 그게 정말일까 하는 의문이 들어요. 그래서 이성적으로는 알겠지만 정서적으로는 확신감이 들거나 충분히 수용되지는 않아요.
- 정서적 이해: 나의 폭력행동이 어릴 적 경험과 상관이 있다는 것을 확실히 알겠어요. 그토록 싫어하던 폭력적인 아버지를 내가 닮아 있다는 사실에 난 정말 충격을 받았어요. 정말 머리가 띵한 느낌이었어요. 저는 항상 피해자라고만 생각하면서 살아왔지 가해자라고는 한 번도 생각하지 못했어요. 이제 내 아들이 왜 나를 싫어하는지도 정말 알겠어요. 내가 경험한 나의 아버지와 우리 아들이 경험하는 내가 비슷하다는 것을 이제 확실히 알겠어요.

이상에서 지적 이해와 정서적 이해의 차이에 대해 살펴보았다. 이하에서는 정서적 이해를 촉진하는 방법으로서 '관점 변화, 경험과 분석'에 대해 자세히 설명하였다.

1) 관점 변화 촉진

보통 상담에서는 관점을 비중 있게 다루지는 않는다. 하지만 관점은 매우 중요한 상담 인자이다. 특히 이해 경험을 촉진하는 과정에서 관점은 매우 중요한 변인이다. 모든 이해 경험은 관점 변화에서 시작되며, 관점 변화 없이 이해 경험은 일어나지 않는다.

관점(觀點)이란 '보기를 시작하는 점'이다. 즉, '어떤 현상이나 대상을 인식할 때, 그 인식의 출발점이 되는 조망틀'을 관점이라고 한다. 실제 상담과정에서 사용되는 상담자의 '관점과 관련된 문장들'을 몇 가지 예시하면 아래와 같다.

- 당신은 자신의 관점에서만 보려고 하는군요. 부모님의 관점에서는 결코 보려고 하지 않는군요. 부모님도 역시 자신의 관점에서만 보려고 하고, 결코 당신의 관점에서 보려고 하지 않습니다. 두 사람은 서로 상반된 관점을 가지고 있고, 또 서로 상대 관점

에서 보기를 저항하고 있습니다.
- 내가 당신을 무시할 것이라고 생각하는군요. 내가 볼 때, 내가 당신을 무시할 것이라고 당신이 생각하는 것은 내 관점이 아닌 당신의 관점에서만 보기 때문입니다. 제가 실제로 당신을 어떻게 생각하고 있는지가 궁금하지 않나요? 어쩌면 당신은 당신의 관점에 갇혀 실제를 왜곡하는 측면이 있는지도 모르겠습니다.
- 정신분석적 관점에서 볼 때, 그것은 자아기능이 약화되었기 때문입니다. 하지만 행동주의 관점에서 볼 때, 그것은 학습문제입니다.

관점은 어떤 현상이나 대상을 인식할 때, 그 인식의 출발점이 되는 조망틀을 의미한다. 정서적 이해란 새로운 관점을 통해서만 경험된다. 따라서 정서적 이해를 촉진하려면 관점 변화 원리에 대한 이해가 선행되어야 한다.

차원과 영역   상담에서 관점은 세 개의 차원과 네 개의 영역으로 구분할 수 있다. 먼저 관점은 '기본관점, 역관점, 초월관점'이라는 세 개의 차원으로 구분할 수 있다. 기본관점은 일원론(一元論)에 기반한 1차적 관점으로 내담자가 문제상황에서 취하고 있는 관점을 말한다. 역관점은 이원론(二元論)에 기반한 2차적 관점으로 내담자가 취하고 있는 기본관점과 반대되는 역관점을 말한다. 초월관점은 삼원론(三元論)에 기반한 3차적 관점으로 기본관점과 역관점에서 벗어난 객관적 또는 초월적 관점을 말한다. 관점 변화, 즉 관점 넓히기는 차원의 변화를 의미한다. 일반적으로 1차적 관점에서 2차적 관점으로, 그리고 2차적 관점에서 3차적 관점으로 조망이 넓어지면 내담자의 인식과 행동은 변화한다.

그리고 관점은 '공간, 시간, 가치, 기본가정'의 네 가지 영역으로 구분할 수 있다. 즉, 관점 변화는 공간 영역에서도 가능하고, 시간과 가치와 기본가정 영역에서도 가능하다. 다시 말하면, 관점 넓히기는 공간, 시간, 가치, 그리고 기본가정 영역에서 조망 차원을 넓힘으로써 가능하다는 말이다. 여기서는 공간조망 넓히기, 시간조망 넓히기, 가치조망 넓히기, 기본가정 넓히기 순으로 관점 변화 방법에 대해 자세히 설명하였다.

(1) 공간조망
관점 변화는 공간조망을 넓힘으로써 가능하다. 내담자의 공간조망을 넓히면, 문제상황을 바라보는 내담자의 인식을 확장시킬 수 있고, 이는 내담자의 행동 변화를 촉진한다. 공간조망 넓히기에는 '위치조망 넓히기, 주의 넓히기, 배경 조망하기' 등이 포함된다.

① 위치조망 넓히기

조망 위치는 그 순간의 인식과 행동에 영향을 미친다. '자신의 기본관점에서 조망'할 때의 인식과 행동은 '상대방의 역관점 또는 객관적인 초월관점에서 조망'할 때의 인식과 행동과는 다르다. 일반적으로 문제를 경험하고 있는 내담자들의 조망 위치는 기본관점에 머물러 있고, 역관점이나 초월관점을 취하지 않는 경향이 있다. 위치조망 넓히기는 자신의 조망 위치를 인식하고, 더 나아가 현재의 조망 위치에서 벗어나 자신의 조망 위치를 넓힘으로써 인식과 행동의 변화를 촉진하는 방법이다.

위치 바꾸기는 위치 조망을 활용한 관점변화 기법이다. 위치 바꾸기는 문제상황을 바라보는 내담자의 조망 위치를 기본관점에서 역관점으로, 역관점에서 초월관점으로 변화시킴으로써 조망을 넓히고, 이를 통해 인식과 행동의 변화를 촉진하는 방법이다. 이와 관련된 상담기법으로는 '역할 놀이, 빈의자 기법' 등이 있다.

16세인 김 군의 아버지는 재혼을 결심하였다. 이를 김 군에게 알리고 동의를 구하는 과정에서 큰 말다툼이 있었고, 끝내는 김 군의 따귀를 때리면서 "재혼하는 것이 마음에 들지 않으면, 너 혼자 나가서 살아!"라는 말을 하였다. 다툼이 있었던 다음 날 김 군은 가출을 했고, 현재 청소년쉼터에서 생활하고 있다.

상담초기에 김 군은 기본관점에 머물러 있었다. 김 군은 자신의 입장에서 아버지의 재혼에 대한 충격, 배신감, 새엄마에 대한 거부감, 그리고 이전에 자신과 어머니에게 했던 아버지의 잘못된 행동들을 이야기하는 데 대부분의 시간을 사용했다. 상담자는 내담자가 1차적 관점에서 자기노출이나 개방이나 주장이 이루어지도록 개입했다.

그리고 일정 시간이 지난 다음에, 빈의자 기법을 통해 2차적 관점으로 변화를 시도하였다. 즉, 아버지 입장이 되어, 지금까지 자신이 했던 말을 들었다고 가정하고, 아들에게 하고 싶은 말을 해 보라고 하였다. 김 군은 가출 전날의 상황을 재연하며, 그때 아버지가 자신에게 했던 말들을 이야기했다. 그리고 상담자는 김 군이 자기 자신과 아버지의 위치를 오가면서 대화를 하도록 이끌었다. 김 군이 가출을 결심하게 된 결정적인 계기는 아버지가 화난 상태에서 자신에게 "재혼하는 것이 마음에 들지 않으면, 너 혼자 나가서 살아!"라는 말을 했기 때문이었다.

상담자 (아버지 역할을 하는 김 군에게) 아버지! 영철이를 바라보세요. 아버지! 영철이가 괜씸하고 밉잖아요. 그런데 진심으로 김 군이 밖에 나가서 살기를 원하시나요? 말은 나가라고 하고, 나가서 너 혼자 살라고 했지만 본심은 따로 있지 않나요? 아버지! 영철이를 바라보면서 본심을 말해 주세요. 자 실제로 영철이를 보세요. 그리고 본심을 말씀해 주세요.

내담자 (김 군이 아버지 입장에서, 빈의자에 있는 김 군에게) 물론 널 사랑하지… 세상에서 가장 사랑하는 사람이 너라는 것을 너도 알잖아…….

상담자 (아버지 역할을 하는 김 군에게, 김 군의 입장을 대변하면서) 전 잘 모르겠는데요. 말씀해 보세요. 아버지가 세상에서 날 가장 사랑하는 사람이라는 것을 제가 이해할 수 있게 자세히 말씀을 해 보세요. 나는 "너 혼자 나가 살아!"라고 고함지르며 나를 미워하던 아버지만 알고 있을 뿐이에요…….

내담자 (김 군이 아버지 입장에서, 빈의자에 있는 김 군에게) 내가 자주 너에게 말했잖니. 네가 태어나던 날 얼마나 기뻤는지… 그리고 네 엄마가 아파서 입원해 있는 동안 할머니와 내가 널 돌보면서 널 위해서라면 죽을 수도 있겠다는 생각을 했었다고 많이 이야기를 했었잖아. 기억 안 나니?… 네가 해 달라는 것을 내가 안 해 준 적 있니? 웬만하면 다 해 줬잖아. 안 그래?

상담자 자! 다시 역할을 바꿔 보세요. 이제 영철이가 되어 보세요. 영철이 입장에서 아버지 이야기를 듣고 하고 싶은 말을 해 보세요. 자! 아버지가 너에게 말했어. '널 위해서라면 죽을 수도 있겠다는 생각을 했었단다. 그리고 해 달라는 것을 웬만하면 모두 해 줄 정도로 널 사랑해 왔다. 안 그래?'… 자! 그 이야기를 듣고, 영철이 입장에서 하고 싶은 말을 해 주세요.

내담자 전 아빠의 간섭이 부담스러워요… 물론 사랑하는 것은 알지만…….

상담자는 아버지와 김 군 간에 대화를 하도록 이끌면서, 이면적으로는 기본관점에서 역관점으로 조망이 넓어지도록 이끌었다. 그리고 나서 인식의 통합을 유도하기 위해 제3의 초월관점에서 조망하도록 이끌었다. 김 군은 기독교 신자였기 때문에, 상담자는 김 군에게 예수님의 입장에서, 지금 힘들어하는 김 군에게 문제해결과 관련된 다섯 가지 조언을 해 보라고 요구하였다. 김 군은 예수님 입장에서, 자신에게 "아버지를 용서해라. 새엄마를 받아들여라. 집에 들어가라. 대학 진학 후에 분가해라. 기도해라."라는 다섯 가지 조언을 하였다. 나중에 활동에 대한 평가과정에서 김 군은 "아버지 입장이 이해된다."

고 하였다. 그리고 "아버지와 이야기하고 싶다."고 하였다. 실제로 그날 서녁에 김 군은 쉼터 선생님의 도움을 받아서 아버지와 전화통화를 하였고, 다음 날 오후에 아버지가 쉼터로 찾아왔다. 그리고 김 군은 아버지와 함께 집으로 귀가하였다.

민수는 중학교 3학년 남학생이다. 그는 학교폭력 가해자이다. 현재 학생부장 선생님의 의뢰를 받고 상담을 진행하고 있다. 민수는 키가 170cm 정도이고 깡마른 체구인데, 학교폭력 가해자들의 거친 이미지와는 달리 첫인상이 좋은 편이고 사회성도 높아 보였다. 3회기 상담에서, 상담자는 다소 일방적인 방식으로 내담자의 관점변화를 시도하였다. 즉, 제삼자 입장에서의 조망을 내담자에게 제공함으로써 관점변화를 시도하였다. 다음은 이와 관련된 축어록이다.

상담자　민수도 자신이 과장하거나 확대 해석하는 경향이 있다는 것을 인정한다는 말이니?

내담자　예. 그런 것 같아요.

상담자　그런 행동을 고치고 싶어?

내담자　예.

상담자　정말 고치고 싶어? 그냥 하는 말이 아니고?

내담자　예. 고치면 좋죠.

상담자　그러면 앞으로 민수가 과장해서 생각하거나 확대 해석해서 말할 때는, 그런 생각이나 말에 대해 내가 구체적으로 지적을 하고, 또 고쳐 나가도록 요구해도 괜찮겠니?

내담자　예. 〈중략〉

내담자　경철이는 거짓말을 많이 했어요.

상담자　하지만 민수가 경철이의 거짓말하는 행동을 직접 확인한 것은 아니지 않니? 그냥 친구들의 이야기를 듣고 나서 경철이가 거짓말을 많이 했다고 생각하는 것이고, 그래서 놀리거나 괴롭혀도 괜찮은 대상이라고 생각했던 것이 맞지 않니?

내담자　어쨌든요. 그래서 사람들이 다 경철이를 싫어하는 거예요.

상담자　사람들이 다 경철이를 싫어하는 것을 네가 모두 확인해 본 것은 아니고, 현재로서는 사람들이 다 경철이를 싫어할 것이라고 네가 추측하는 것이겠구나. 그리고 분명해 보이는 것은 네가 경철이를 싫어하고 있고, 맞니?

내담자 그런 녀석을 누가 좋아해요. 당연히 싫죠.

상담자 정확히 말하자면, 그런 녀석을 아무도 좋아하지 않는 것이 아니라, 네가 '아무도 경철이를 좋아하지 않을 것이다. 경철이는 누구나 싫어하는 조건을 가진 아이다.'라고 생각하는 것이지! 실제로 조사해 보면 그의 부모나 친척들, 그리고 그 주변의 사람들은 경철이를 좋아하는 사람들이 많을 수도 있지! 안 그래? 그리고 싫은 것이 정당하고 당연하다는 것은 너의 논리이지 않니? 다른 사람들 눈에는 그냥 중립적으로 대하는 것이 더 당연하다고 생각할 수도 있고, 또 불쌍히 여기고 돌봐 줘야 할 대상으로 여기는 것이 더 당연할 수도 있고, 또는 오히려 매력적이고 착한 아이로 여기는 것이 더 당연하다고 생각할 수도 있지 않겠니?

내담자 뭐 그렇다고 할 수도 있겠네요.

상담자 민수가 아닌 다른 사람의 입장에서는 경철이를 달리 생각해서 오히려 경철이를 좋아할 수도 있다는 것을 이해한다는 말이니?

내담자 네.

상담자 그렇다면, 민수는 자신의 입장에서 경철이를 보고 있다는 것을 이해한다는 말이니?… 그러니까 경철이를 거짓말하는 아이로 보거나, 비난하거나 조롱하거나 못살게 괴롭혀도 되는 아이로 보는 것은 객관적인 입장이 아니라 민수의 주관적인 입장이라는 것을 이해한다는 말이니?

내담자 네. 〈중략〉

내담자 사실, 저도 제가 잘못한 것을 뉘우치고 있어요.

상담자 그래? 반성하고 있다는 말이구나. 어떤 점을 뉘우치고 있는지가 궁금하구나.

내담자 제가 경철이 입장이 되어 보지를 잘 못했어요. 그리고 다른 사람들이 어떻게 생각할지도 잘 몰랐고요… 이번 일로 많이 생각해 보았는데, 경철이 입장에서는 힘들었겠다는 생각이 들어요… 그래서 경철이를 괴롭히지 않으려고요. 그냥 하는 말이 아니라 정말이에요.

위치 바꾸기의 또 다른 기법은 분리 조망하기이다. 불안문제를 겪고 있는 사람과 불안문제를 극복한 사람들 간의 차이점 중에 하나는 '조망하기'이다. 즉, 불안문제를 극복하지 못한 내담자들은 '연합 조망'을 하는 반면, 불안문제를 극복한 내담자들은 '분리 조망'을 하는 경향이 있다. 여기서 연합 조망이란 '불안경험'과 '불안경험을 인식하는 나'가 분리되지 않고 연합된 상태의 조망을 의미한다. 반면, 분리 조망이란 '불안경험'과 '불안경험을 인식하는 나'가 분리된 상태의 조망을 의미한다. 즉, 분리 조망이란 '인식의 주체인 나와 인식의 대상인 불안경험이 분리'되어 있고, 그런 분리된 상태에서 내가 '경험하는 불안을 마치 영화나 TV를 바라보듯이 조망하는 상태', 또는 달리는 기차에서 '창밖의 풍경을 바라보듯이 자신의 불안경험을 조망하는 상태'를 의미한다. 불안문제를 겪는 사람들의 연합 조망을 분리 조망으로 바꾸면 불안증상이 감소하고 둔감화 반응이 증가하는 경향이 있다.

또 명상의 '바라보기, 관조하기, 알아차림' 등도 일종의 분리 조망의 한 형태이다. 동사섭의 용타는 분리 조망과 관련된 '구나기법'을 고안해 낸 바 있다. 구나기법이란 일어나는 문제상황과 그 문제상황에서의 나의 문제행동을 분리 조망하면서 알아차리고, 이를 있는 그대로 명명하거나 기술하도록 하는 기법이다. 이 기법에서는 보통 문제와 관련된 현상이나 대상, 그리고 자신의 반응을 '무엇무엇 하는구나'의 문장으로 인식하거나 표현하도록 요구한다(용타, 2007).

남편의 술버릇으로 인해 갈등을 겪고 있는 박 여인이 상담자를 찾아왔다. 남편의 술버릇 중에 하나는 사람들과 2차 3차까지 다니면서 술을 먹고 나서 술값을 자신의 카드로 계산하는 것이다. 2개월 전에는 하룻밤에 총 132만 원이 카드로 계산된 적도 있었다. 어제도 남편은 저녁시간부터 전화연락이 되지 않았다. 박 여인은 직감적으로 남편이 술을 먹고 있음을 알고, 이곳저곳으로 전화를 했지만 연락이 닿지 않았다. 집에서 밤늦게까지 속을 끓이고 있는데, 남편은 새벽 1시가 되어서야 집에 들어왔고, 이 일로 남편과 크게 말다툼을 한 상태였다. 한 가지 다행스러웠던 것은 어제는 5만 8천 원만 카드 결제가 되어 있었다.

상담자는 박 여인에게 구나기법을 설명하고 나서 자신의 문제상황에 적용해 볼 것을 권유하였다. 다음의 축어록에는 박 여인이 자신의 문제상황에 구나기법을 적용하는 과정이 예시되어 있다.

상담자　남편과 나의 반응을 객관적으로 바라보면서, 남편이 무엇무엇 하는구나라고 하거나 자신이 무엇 무엇 하는구나라고 해 보는 겁니다. 어제 상황에 적용하는 연습을 한번 해 볼까요?

내담자　예.

상담자　남편이 1시에 현관문을 열고 들어오는 상황이라고 합니다. 이 상황에서 남편이 무엇무엇 하는구나 하고 문장을 완성해 보세요.

내담자   또 술을 먹고 왔네.

상담자   그래요. 잘하셨는데, 일단 문장에 맞춰서 연습을 해 봅시다. 남편이 행동을 있는 그대로 묘사하면서 남편이 무엇무엇 하는구나라는 문장을 완성해 보세요.

내담자   저 귀신 죽지도 않고 또 들어오는구나. 이렇게 하면 돼요?

상담자   아주 잘하셨습니다. 그런데 일단 '저 귀신 죽지도 않고 또'란 말은 빼고 새벽 1시에 남편이 현관문을 열고 들어오는구나. 또는 남편이 술 냄새를 풍기면서 새벽 1시에 들어오는구나라고 하면 됩니다. 한 번만 더 해 보죠.

내담자   새벽 1시에 남편이 들어오는구나.

상담자   예. 아주 잘하셨습니다. 이 상황에서는 남편에 대해서만 무엇무엇 하는구나 라고 하면 부족하고, 자신의 반응을 객관적으로 바라보면서, 내가 무엇무엇 하는구나라고 하는 것이 필요합니다. 자신의 반응을 바라보면서 내가 무엇무엇 하는구나라는 문장을 완성해 보시겠습니까?

내담자   내가 울화통이 터지는구나. 막 때려 주고 싶은 마음이 생기는구나. (소리 내어 크게 웃으면서) 이혼하고 싶은 마음이 굴뚝 같구나. (소리 내어 크게 웃는다.)

상담자   해 보니 어떠세요?

내담자   이렇게 하면 마음은 편해질 것 같네요.

상담자   그렇죠. 이렇게 하면 남편이 변화하거나 문제가 없어지는 것은 아니지만, 내 마음은 훨씬 편해질 수 있어요.

② 주의 넓히기

일반적으로 어떤 대상에 주의를 두고 있느냐가 그 순간의 인식과 행동에 영향을 미친다. 대체로 문제상황에서 내담자의 주의는 특정 인식 대상에 묶여 있다. 주의조망 넓히기는 자신의 묶여 있는 주의를 조망하고, 더 나아가 현재 묶여 있는 주의에서 벗어나 자신의 주의를 넓힘으로써 인식과 행동의 변화를 촉진하는 방법이다.

주의 넓히기를 활용한 기법이 주의 바꾸기이다. 주의 바꾸기는 문제상황과 관련된 내담자의 주의를 바꾸는 기법이다. 즉, 주의 바꾸기는 문제상황에서 역기능적 인식과 행동을 유발하거나 유지하거나 악화시키는 내담자의 묶여 있는 주의를 풀고, 주의 대상을 바꿈으로써 내담자의 인식과 행동의 변화를 촉진하는 기법이다. 직면, 재경험, 일치경험,

역설적 치료, 치료적 이중구속, 노출치료, 안구운동기법(EMDR), 정서적 자유 기법(EFT) 등에서 일어나는 인식과 행동의 변화들은 주의 바꾸기와 상관이 있는 것으로 추정된다.

③ 배경조망 넓히기

인식 범주는 그 순간의 인식과 행동에 영향을 미친다. '전경만 조망'할 때의 인식과 행동은 '배경과 함께 전경을 조망'할 때의 인식과 행동과는 다르다. 배경조망 넓히기는 문제의 배경을 조망하고, 더 나아가 현재의 조망에서 벗어나 조망배경을 더 넓힘으로써 인식과 행동의 변화를 촉진하는 방법이다.

배경조망 넓히기를 활용한 기법이 맥락 바꾸기이다. 맥락 바꾸기는 문제상황과 관련된 내담자 인식의 배경을 바꾸는 기법이다. 인식의 배경은 그 순간의 인식과 행동에 영향을 미친다. 전경의 배경, 즉 맥락이 바뀌면 인식과 행동은 변화한다. 현재 맥락에서의 문제행동이 다른 맥락에서는 중립적이거나 바람직한 행동으로 변화될 수 있다. 맥락 바꾸기는 인식의 배경을 바꾼 후, 바뀐 배경에서 인식(전경)을 조망하게 함으로써 내담자의 인식과 행동의 변화를 촉진하는 기법이다.

예를 들어, 내담자의 자기결점 인식은 이를 자기결점으로 인식하게 하는 특정 맥락 속에서만 결점이 된다. 이 맥락이 바뀌면 결점도 변화한다. 또 내담자의 불행 인식은 이를 불행으로 인식하게 하는 특정 맥락 속에서만 불행이 된다. 이 맥락이 바뀌면 불행도 변화한다. 내담자의 불안이나 슬픔도 마찬가지이다. 불안이나 슬픔으로 인식하게 하는 특정 맥락 속에서만 불안이나 슬픔이 된다. 맥락이 바뀌면 불안이나 슬픔도 변화한다.

- 따돌림당하는 친구를 돕다가 자신도 따돌림당하게 된 사건은 경제적 맥락에서는 역기능적 행동이고 손해 본 결과이다. 하지만 윤리나 종교적 맥락에서는 오히려 바람직한 윤리적이고 영적인 행동이자 성장의 기회가 될 수 있다.
- 시인이자 소설가의 과거에 힘들었던 고난과 정신적 상처, 그리고 그로 인한 현재의 열등감은 경제적 맥락에서는 손실이다. 하지만 성장이나 예술적 맥락에서는 손실이 아니라 이득이고 자원이 될 수 있다. 과거의 고난과 상처와 열등감은 그 사람을 연단시켜 성장으로 이끄는 동력이 되어 왔다. 또 그런 경험들은 자신과 타인과 세상을 이해하고, 이를 기반으로 시나 소설의 재료로 활용될 수도 있다.
- 세금이 더 증가한 경우, 지출 맥락에서 보면 손실이지만 수입 맥락에서 보면 이득이다. 세금의 증가는 그만큼 수입이 더 늘어났다는 의미이기 때문이다.

- ADHD 아동들의 '집중력 저하나 과잉행동'은 교실에서 공부하는 상황이거나 대인관계 협력작업을 요구하는 상황에서만 문제가 된다. 만약 야외에서 사냥감을 쫓는 장면이거나, 발명가 에디슨이 그랬던 것처럼 다른 사람의 간섭 없이 흥미 있는 일을 혼자 즐기고 몰두하는 장면에서는 문제가 되지 않을 뿐만 아니라 오히려 자원이 된다.

(2) 시간조망

관점 변화는 시간조망을 넓힘으로써도 가능하다. 내담자의 시간조망을 넓히면 문제상황을 바라보는 내담자의 인식을 확장시킬 수 있고, 이는 내담자의 행동 변화를 촉진한다. 시간조망 넓히기에는 '역사조망 넓히기, 미래조망 넓히기, 초월적 시간조망' 등이 포함된다.

① 역사조망 넓히기

시간인식 범주는 그 순간의 인식과 행동에 영향을 미친다. 일반적으로 내담자의 문제는 그것이 형성되고, 그리고 유지 및 발전되어 온 일련의 역사를 가지고 있다. 하지만 내담자들은 보통 문제의 역사를 부분적으로 조망하거나 불명료하게 조망하는 경향이 있다. 역사조망 넓히기는 자기문제의 역사에 대한 조망을 인식하고, 더 나아가 현재의 역사조망에서 벗어나 자신의 역사조망을 넓힘으로써 인식과 행동의 변화를 촉진하는 방법이다. 역사조망이 넓어지면 현재의 문제를 보다 확장된 역사적 맥락 속에서 인식할 수 있고, 이는 반응행동의 바람직한 변화를 촉진한다.

상담과정에서의 문제 명료화 활동, 그 과정에서 내담자가 과거의 문제상황을 회상 및 재경험하도록 촉진하는 활동, 그리고 역사적 맥락 속에서 문제상황이 반복 및 재연되는 악순환 현상 또는 반복되는 반응행동 양식이나 대인관계 상호작용 양식에 대한 이해를 촉진하는 활동 등은 모두 역사조망 넓히기와 상관있다.

② 미래조망 넓히기

미래에 대한 시간인식 범주는 그 순간의 인식과 행동에 영향을 미친다. 미래 시간인식 범주가 단기조망이냐 아니면 장기조망이냐에 따라 내담자의 인식과 행동은 달라진다. 문제를 경험하고 있는 내담자들의 미래에 대한 시간인식 범주는 일반적으로 짧다. 즉, 단기조망을 하는 경향이 있다. 미래조망 넓히기는 자신의 미래에 대한 시간조망을 인식하고, 더 나아가 현재의 조망에서 벗어나 자신의 미래조망을 넓힘으로써 인식과 행동의 변화를 촉진하는 방법이다. 미래조망이 넓어지면 현재의 문제를 확장된 미래의 시간맥락 속에서 인식할 수 있고, 이는 반응행동의 바람직한 변화를 촉진한다.

　미래조망 넓히기는 일종의 단기조망을 장기조망으로 바꾸는 작업이다. 가령 예기불안 문제는 단기조망과 상관이 있다. 예기불안을 가진 내담자들은 미래의 특정 불안상황까지만 조망하고, 그 이상의 장기조망을 하지 않는 경향이 있다. 그리고 '우려하는 최악의 불안상황에 대한 무의식적 연상 빈도'는 높으며, '우려하는 최악의 불안상황과 관련된 사건이나 자극을 적극적으로 회피'하려는 경향을 보인다. 보통 예기불안 문제는 노출치료를 통해 해결할 수 있다. 즉, 최악의 불안상황과 그 전개과정을 충분히 연상 및 경험하게 하고, 이를 통해 자연적인 둔감화 반응과 정서적 이해 경험이 일어나도록 하는 노출치료 방법으로 예기불안 문제를 해결할 수 있다. 이렇게 예기불안 문제가 노출치료를 통해 치료나 해결되는 과정에는 미래조망 넓히기라는 관점변화 원리가 숨어 있다. 미래조망 넓히기를 통해 내담자는 최악의 불안상황 너머의 둔감화 상황, 더 나아가 불안극복 상황까지 조망할 수 있게 되고, 이러한 미래조망의 확장은 치료나 문제해결로 이어진다.

　아동 및 청소년들의 비행이나 문제행동도 단기조망과 밀접한 상관이 있다. 문제행동을 하는 내담자들은 자신의 욕구 발산이나 충족을 위해 문제행동을 한다. 그들의 시간조망은 대체로 욕구 발산이나 충족까지이고 욕구 발산이나 충족 이후, 또는 문제행동이 끝난 이후에까지는 미치지 못한다. 즉, 자신의 문제행동 결과에 대한 장기조망이 부족하다. 보통 비행이나 문제행동을 하는 내담자들에게 장기조망을 하도록 하면 도움이 된다. 예를 들어, 비행이나 문제행동의 파괴적 결과들, 그리고 원하는 미래상황, 이를 위해 수반해야 할 미래의 대안행동들을 인지적으로 조망하는 활동을 하면, 내담자는 단기조망에서 벗어나 장기조망을 할 수 있게 되고, 이는 비행이나 문제행동을 감소시킨다.

　미래조망 넓히기에는 성취상태를 조망하는 활동도 포함된다. 일반적으로 문제를 경험하고 있는 내담자들의 조망은 '현재 고통과 갈등의 시간, 좌절과 절망의 시간, 실패와 무능력의 시간'에 머물러 있는 반면, '미래의 고통이 없는 치료된 상태의 시간, 갈등을 해결한 상태의 시간, 좌절과 절망을 극복한 상태의 시간, 실패와 무능력을 딛고 성공과 유능해진 상태의 시간, 문제를 해결한 상태의 시간, 성장과제를 성취한 상태의 시간', 그리고 '문제가 해결되어 더 이상 문제가 의식의 전경에 머무르지 않고 까마득한 옛날 일처럼 인식되는 상태의 시간'까지는 충분히 조망하지 못한다. 성취상태 조망과 관련된 활동에는 비전 설정, 상담목표 수립, 실행계획 수립 등이 포함된다.

3 초월적 시간조망

초월적 시간조망은 문제상황과 관련된 내담자의 시간인식 범주를 경계 밖으로 확장하는 방법이다. 즉, 문제상황과 관련된 내담자 시간인식의 경계 밖으로 나가 시간 초월적 위치에서 문제상황을 조망하고, 이를 통해 내담자의 인식과 행동의 변화를 촉진하는 방법이다.

초월적 시간조망과 관련된 기법의 하나는 시간선 치료(Time Line Therapy)이다. 이 새로운 기법의 핵심원리는 시간조망을 넓히는 것이다. 즉, 문제를 경험하고 있는 '현재 문제상황의 시점'에서 벗어나, 과거에 처음 문제가 발생했던 '최초 문제상황의 시점에서 현재의 문제상황을 조망'하거나, 최초 문제상황 이전에 '문제상황이 일어날 것으로 전혀 생각조차 하지 않았던 상황의 시점에서 현재의 문제상황을 조망'하거나, 그리고 미래에 '문제가 완전히 해결된 상황의 시점에서 현재의 문제상황을 조망'하게 함으로써 시간조망을 넓히고, 이를 통해 인식과 행동의 변화를 촉진하는 것이다(설기문, 2007; James & Woodsmall, 1988).

초월적 시간조망과 관련된 또 다른 기법은 '유서쓰기, 죽음명상'과 같은 죽음인식 활동들이다. 죽음에 대한 인식활동들은 내 존재의 경계 밖으로 나가는 작업이다. 또한 내가 경험하는 이 세상이나 내가 갈망하는 모든 것들의 경계 밖으로 나가는 작업이다. 시간 측면에서 내 존재의 시간경계 밖으로 나가는 죽음에 대한 인식활동들은 인식과 행동의 변화를 촉진한다. 인류의 시간, 지구의 시간, 우주의 시간에서 보면 내 존재의 시간은 그야말로 한순간에 불과할 수 있다. 죽음인식 활동들은 죽음에 대한 두려움과 회피 행동들을 직면하게 한다. 또한 그 너머에 있는 '도저히 피할 수 없는 절대적인 죽음'과 '한시적인 내 존재의 시간'을 직면하고 경험하며 받아들일 수 있게 한다. 또한 지금까지 문제의 근원이 되던 수많은 욕망들로부터 초월하도록 이끈다. 동시에 지금까지 누리고 향유하고 음미하고 감탄하고 감사하고 가꾸지 못했던 소중하고 가치 있는 것들을 인식하도록 이끈다. 내 존재와 나에게 주어진 모든 것들의 소중함이나 가치에 대한 깨달음들은 바람직한 행동변화로 이어진다. 그래서 내 존재와 나에게 주어진 것들을 누리고 향유하고 음미하고 감탄하고 감사하고 가꾸어 나가도록 이끈다.

(3) 가치조망

관점 변화는 가치조망을 넓힘으로써도 가능하다. 즉, 내담자의 가치조망을 넓히면 문제상황을 바라보는 내담자의 인식을 확장시킬 수 있고, 이는 내담자의 행동 변화를 촉진한다. 가치조망 넓히기에는 '가치 조망하기, 긍정조망 넓히기, 가치초월적 조망하기' 등이 포함된다.

① 가치 조망하기

가치란 '특정 경험적 현상이나 대상에 대한 값어치 신념'을 의미한다. 이러한 가치는 인식의 출발점으로서의 기능, 즉 관점으로서의 역할을 한다. 관점의 역할을 하는 가치는 그 순간의 인식과 행동에 영향을 미친다.

한편, 내담자는 매 순간 경험적 현상이나 대상에 대해 가치판단을 한다. 가치판단 과정에서, 특정 경험적 현상이나 대상에 대하여 긍정적 가치를 부여했을 때는 취하거나 보유하려고 한다. 그러나 반대로 부정적 가치를 부여했을 때는 피하거나 배출하려고 한다. 또한 긍정이나 부정으로 가치 부여가 되지 않는 나머지 모든 현상이나 대상들은 인식되지 않거나 인식되더라도 의미 부여가 되지 않는다. 이러한 가치판단 과정은 그 순간의 인식과 행동에 영향을 미친다.

가치나 가치판단 과정에 대한 조망 없이 문제상황을 인식하고 행동하는 것과 가치나 가치판단 과정에 대한 조망을 토대로 문제상황을 인식하고 행동하는 것은 다르다. 가치 조망하기는 내담자가 자신의 문제상황과 관련된 가치나 가치판단 과정들을 조망하게 함으로써 인식과 행동의 변화를 촉진하는 방법이다.

② 긍정조망 넓히기

일반적으로 문제를 가진 내담자들의 가치조망은 '부정적으로 편향'되어 있다. 예를 들어 '가진 것보다는 잃은 것이나 가지고 싶은 것, 잘한 점보다는 못한 점, 좋은 점보다는 나쁜 점, 장점보다는 단점, 진리보다는 거짓, 선함보다는 악함, 아름다움보다는 추함'을 조망하는 경향이 있다. 이런 부정적 편향은 역기능적 인식이나 행동에 영향을 미친다.

긍정조망 넓히기는 내담자가 문제와 관련된 자신의 부정적 조망을 인식하고, 더 나아가 문제와 관련된 부정적 조망에서 벗어나 대안과 관련된 긍정적 조망을 하게 함으로써 인식과 행동의 변화를 촉진하는 방법이다. 예를 들면, '잃은 것이나 가지고 싶은 것보다는 가진 것, 못한 점보다는 잘한 점, 나쁜 점보다는 좋은 점, 단점보다는 장점, 거짓보다는 진리, 악함보다는 선함, 추함보다는 아름다움'을 조망하게 함으로써 인식과 행동의 변화를 촉진하는 방법이다.

긍정조망 넓히기의 구체적 기법 중에 하나는 긍정적 해석이다. 즉, 부정적 조망으로 인해 '특정 사건을 위험으로 인식'하는 내담자에게, 긍정적 조망을 통해 '위험이 내재된 성장기회'로 해석해 주는 기법이다. 또 부정적 조망으로 인해 '자신의 어떤 특성을 결점으로 인식'하는 내담자에게, 긍정적 조망을 통해 '결점이 아닌 자원'으로 해석해 주는 기법이다. 또 부정적 조망으로 인해 '특정 사건을 손실로 인식'하는 내담자에게, 긍정적 조망을 통해 '손실이 아닌 이득으로 해석'해 주는 기법이다. 또 부정적 조망으로 인해 '자신이 한 특정 행동이 부도덕하고 파괴적인 동기에서 비롯되었다고 인식'하는 내담자에게, 긍정적 조망을 통해 '부도덕하고 파괴적인 동기가 아닌 성장동기'에서 했다고 해석해 주는 기법이다.

- 나는 게을러요
  ⇨ 당신은 조급하지 않고 여유 있는 사람이군요. 고통스럽게 일하는 것보다는 주어진 것에 만족하고 누리는 것을 더 중요하게 생각하는 사람이군요.

- 나는 잠이 많아요
  ⇨ 당신은 휴식과 수면에 탁월한 능력을 가지고 있군요.

- 나는 고집이 세요
  ⇨ 당신은 개성 있는 사람이군요. 자기주관을 가지고 있고 자기주장을 할 줄 아는군요.

- 부모님이 이혼을 해요
  ⇨ 이제 가족갈등이 마무리되겠군요. 더 이상 다투는 것을 보지 않아도 되겠군요.

- 애인과 헤어졌어요.
  ⇨ 당신은 드디어 그 사람으로부터 벗어날 수 있겠군요. 이제 더 좋은 사람을 만날 수 있는 기회를 얻을 수 있을 것이고요.

- 나는 시험을 볼 때가 되면 너무 불안해요
  ⇨ 불안은 일종의 준비하라는 메시지입니다. 이제 불안경험은 시험준비를 열심히 하도록 당신을 이끌겠군요. 그래서 결국 당신을 강한 사람으로 만들어 나갈 것이고요.

- 나는 계획성이 없어요
  ⇨ 당신은 계획적이고 인위적인 삶을 살기보다는 자유롭고 자연스러운 삶을 더 소중히 생각하는군요.

- 나는 최근에 불면증이 생겼어요 정말 잠이 안 와요 잠을 잘 수가 없어요
  ⇨ 잠을 잘 수가 없는 것이 아니라 잠을 안 잘 수 있는 것이기도 하지요. 당신은 결국 밤에 깨어 있을 수 있겠군요. 깨어 있는 시간들이 당신에게 주어지는 것이지요. 이 주어진

많은 시간들을 지금처럼 성과 없이 그리고 고통스럽게 잠을 자려고 노력하는 데 낭비
하기보다는, 당신이 하고 싶었던 일들을 하는 데 사용할 수도 있지 않을까요?

• **나는 몸이 약해요**
⇨ 그래서 더 건강관리를 잘할 수 있게 되었군요. 또 겸손한 사람이 될 수 있었고요.

긍정적 조망이 필요한 인식의 대상 중 하나는 바로 자기 자신이다. 일반적으로 문제상
황을 경험하고 있는 내담자들은 자신에 대해 부정적으로 조망하고, 그 결과 자신을 부정
적으로 경험한다. 그리고 이런 부정적 경험들이 누적되면 낮은 자존감이 형성된다. 형
성된 낮은 자존감은 또 하나의 부정적 조망틀로 작용하게 된다. 내담자는 낮은 자존감을
조망틀로 사용함으로써 자신의 부정적 측면을 인식하고, 이에 기반하여 역기능적 행동
들을 하게 된다. 이렇게 되면 하나의 악순환 고리가 형성된다.

자신에 대한 부정적 조망, 그로 인한 부정적 자기 인식과 행동, 그리고 낮은 자존감 등
은 대체로 무의식적 과정이다. 내담자들은 자신이 부정적 조망을 하고 있다는 사실을 스
스로 알기 어렵다. 그리고 자신에 대해 다른 조망, 즉 긍정적 조망을 할 수도 있고, 이를
통해 지금까지와는 다른 인식과 행동을 할 수도 있음을 알기도 어렵다.

사람들은 자기 자신이 가치에 반하는 행동을 하고 있음을 알아차릴 때 강한 수치심과
절망감을 느끼게 된다. 이런 수치심과 절망감으로 인한 고통을 피하기 위해 역기능적인
행동이나 증상을 발달시키기도 한다. 내담자들에게 긍정적 자기 조망을 통해 자기고양
경험이나 자존감 회복 경험을 하도록 이끄는 활동은 상담에서 중요한 작업 중 하나이다.

가치화란 유형 또는 무형의 경험적 대상에 대해 주관적으로 값어치를 매기는 정신
과정을 지칭한다. 일반적으로 문제행동 이면에는 가치혼란이 내재해 있다. 만약 내담
자가 자신의 가치나 가치화 과정을 인식할 수 있고, 또 자신의 가치들 간의 부조화 및
그로 인한 갈등을 확인할 수 있으며, 가치혼란이나 갈등을 줄이기 위해 가치 우선순위
를 정립할 기회를 가지고, 더 나아가 자신의 가치와 일치되게 행동하는 경험의 기회를
가진다면 가치혼란을 줄일 수 있고, 그에 따라 문제행동도 줄어들게 될 것이다.

3 **가치초월적 조망하기**
내담자들은 신체감각에 기반하여 객관적 사실을 지각할 뿐만 아니라, 지각된 객관적
사실에 대해 가치판단을 함으로써 긍정적이거나 부정적인(또는 선과 악, 옳고 그름, 잘하고

못함, 유용함과 무용함, 아름답고 추함 등) 의미를 만들어 낸다. 내담자들의 문제는 대부분 객관적 사실에 대한 것이 아니다. 이보다는 사실에 대한 가치판단에 대한 것이고, 그리고 이런 가치판단을 통해 만들어 낸 부정적인 의미에 대한 것이며, 또 이런 가치판단과 의미부여에 기반해서 저지르게 되는 역기능적인 인식이나 행동에 대한 것이고, 또 이런 역기능적인 인식이나 행동에 의해 만들어진 부정적인 결과에 대한 것이다.

가치초월적 조망하기는 자기 자신에게 일어나는 지각, 가치판단과 의미 부여, 역기능적 인식과 행동들, 그리고 부정적인 결과들을 가치초월적 위치에서 있는 그대로 조망하도록 함으로써 내담자의 인식과 행동의 변화를 촉진하는 방법이다. 가치초월적 조망하기와 관련된 기법에는 '알아차림, 관조하기, 수용하기, 공감하기, 음미하기' 등이 포함된다.

(4) 기본가정 조망

관점 변화는 기본가정에 대한 조망을 넓힘으로써도 가능하다. 내담자가 자신의 기본가정을 조망할 수 있으면, 기본가정에서 벗어나 문제상황을 인식할 수 있고, 이는 내담자의 바람직한 행동 변화를 촉진한다. 기본가정에 대한 조망 넓히기에는 '기본가정 조망하기, 신념 바꾸기, 다르게 명명하기, 설명틀 형성하기' 등이 포함된다.

① 기본가정 조망하기

기본가정이란 인식의 전제조건을 의미한다(이를 신념이라고도 한다). 이 기본가정은 관점으로 기능하는데, 관점으로서의 기본가정은 특정 순간의 인식과 행동에 영향을 미친다. 기본가정에 대한 조망 없이 문제상황을 인식하고 행동하는 것과, 기본가정에 대한 조망을 토대로 문제상황을 인식하고 행동하는 것은 다르다. 기본가정 조망하기는 문제와 관련된 내담자의 기본가정들을 조망하게 함으로써 내담자의 인식과 행동의 변화를 촉진하는 방법이다.

예를 들어, 우울증의 기본가정 중에 하나는 상실이다. 즉, '나에게 정말 중요한 무엇인가가 나로부터 영원히 떨어져 나갔다.'는 가정을 토대로 우울하고 절망적인 세상과 자신의 경험을 구축해 나간다. 다시 말하면, '끝장난 현실 인식, 부정적 미래 인식과 절망감, 자신에 대한 무능력감과 무가치감, 비난받아 마땅한 자기행동에 대한 후회와 죄책감, 그리고 자신과 세상에 대한 원망과 분노' 등의 기반에는 '상실에 대한 기본가정'이 있다. 이 기본가정이 관점으로 작용하여, 우울하고 절망적인 세상과 자신의 경험들을 구축해 나간다. 우울증을 가진 내담자가 '상실에 대한 기본가정'을 조망함으로써 '자신의 우울한 경험과 행동, 그리고 자신이 살아가는 우울한 세상이 상실에 대한 기본가정에 기반을 두고 있다는 사실'을 알게 되면, 우울 경험과 행동들이 변화하기 시작한다.

2 신념 바꾸기

신념이란 믿어 의심치 않는 확고한 생각을 의미한다(이를 기본가정 또는 전제조건이라고도 한다). 이런 신념은 인식의 출발점인 관점으로 기능을 하며, 이 때문에 우리의 인식과 행동에 큰 영향을 미친다. 신념은 무의식이고 자동적이기 때문에 의식하거나 통제하기 어렵다. 또한 신념은 무의식적 확신을 기반으로 하기 때문에 신념을 의심하거나 점검하려 하지 않는다. 일반적으로 문제상황과 문제행동은 신념에 토대하고 있다. 만약 문제상황이나 문제행동과 관련된 신념이 바뀌면 문제상황과 문제행동도 바뀐다. 신념 바꾸기란 문제와 관련된 내담자의 역기능적 신념들을 조망하게 하고, 더 나아가 역기능적 신념을 기능적 신념으로 바꿈으로써 내담자의 인식과 행동의 변화를 촉진하는 방법이다. 인지상담은 이러한 신념 바꾸기 원리를 기반으로 하고 있다.

3 다르게 명명(命名)하기

인간은 감각을 토대로 지각한 현상을 인지적으로 분류 및 명명하는 경향이 있다. 어떤 현상을 분류 및 명명할 때 단어나 문장을 사용하게 되는데, 이 과정에서 사용하는 단어나 문장은 현상을 규정하는 기능을 가지고 있다. 바꿔 말하면 사용한 단어나 문장은 일종의 관점으로서의 기능을 한다. 현상에 대한 분류 및 명명, 즉 사용한 단어나 문장은 그 순간의 인식과 행동에 영향을 미친다. 따라서 현상을 다르게 분류 및 명명하면, 즉 단어나 문장을 바꾸면 내담자의 문제상황, 그리고 인식과 행동이 변화한다.

다르게 명명하기란 문제와 관련된 내담자의 명명 현상, 그리고 내담자가 사용한 역기능적 단어나 문장들을 조망하게 하고, 더 나아가 역기능적 단어나 문장을 기능적 단어나 문장으로 바꿈으로써 내담자의 인식과 행동의 변화를 촉진하는 방법이다.

예를 들어, '특정 상황에서 내가 불편한 감정을 경험'했다면, 내가 이를 '짜증 남'이라 명명하는 것과 '민감함'이라 명명하는 것은 나에게 각기 다른 영향을 미친다. 또한 '자신이 가진 여러 가지 문제점들'에 주목하고 '난 문제가 많은 사람이다.'라고 명명하는 것과, '난 여러 가지 성장과제에 직면해 있다.'라고 명명하는 것은 나의 인식과 행동에 서로 다른 영향을 미친다.

또한 어떤 사람이 공개석상에서 나를 향해 "잘난 척하지 마시오. 당신은 내가 아는 사람들 중에 가장 위선적인 사람이요."라고 이야기했을 때, 이를 '상대가 내게 싸움을 걸어오는 상황'이나 '내가 모욕당한 상황'이나 '나를 무시하는 상황'이나 '지켜보는 사람들에게 내가 약한 존재가 아니란 것을 보여 줘야 하는 시험받는 상황'이라고 명명하면, 이는 나에게 악영향을 끼쳐서 내가 역기능적 인식과 행동을 하도록 만들 수 있다. 그러나 '내가 오해받는 상황'이나 '상대의 편집증적 특성이나 무례함이 드러나는 상황'이나 '상대가 집단권력을 가진 나에게 도전해서 이 집단에서 자신의 위치를 확보하려는 의도로 한 말이기 때문에 상대에게 말려들어서 말싸움하면 안 되는 상황'이나 '지켜보는 사람들에게 재미있는 볼거리를 제공해 줄 수 있는 놀이상황'이라고 명명하면, 이는 나에게 악영향을 덜 끼치게 되고, 그에 따라 기능적 인식과 행동을 하는 데 도움이 된다.

일반적으로 내담자들은 현상을 부정적으로 명명하면서 부정적 단어나 문장을 사용하는 경향이 있다. 따라서 내담자의 부정적 단어나 문장을 긍정적 단어나 문장으로 바꿔 주면 내담자의 인식과 행동도 바람직한 방향으로 변화한다.

④ 설명틀 형성하기

어떤 현상이나 대상을 인식한 후 이를 설명하는 경험, 즉 이해 경험을 하기 위해서는 특정 현상이나 대상을 인식하고 설명할 수 있는 틀인 '설명틀'을 필요로 한다. 만약 설명틀이 없거나 빈약하다면 특정 현상이나 대상은 제대로 인식하거나 설명하거나 관리하기 어려울 수 있다. 따라서 설명틀은 관점으로서의 기능을 하며, 이 때문에 우리의 인식과 행동에 큰 영향을 미친다.

일반적으로 내담자들은 자신의 문제에 대한 설명틀이 빈약하거나 역기능적이다. 또 내담자들은 자기문제의 대안에 대한 설명틀이 없거나 있더라도 빈약하다. 설명틀 형성하기란 내담자가 자신의 문제와 관련된 빈약하고 역기능적인 설명틀을 조망하게 하고, 더 나아가 상담자가 문제나 대안과 관련된 설명틀을 제공해 줌으로써 내담자에게 새로운 설명틀을 형성시키고, 이를 통해 내담자의 인식과 행동의 변화를 촉진하는 방법이다.

설명틀 형성은 정보제공, 평가, 진단, 심리교육, 분석 및 해석 등의 다양한 방식을 통해서 할 수 있다. 어떤 방식으로 했더라도 설명틀을 형성한다는 말은 결국 내담자가 자신의 문제, 원인, 해결방안을 설명할 수 있도록 한다는 말이다.

내담자에게 설명틀을 형성하는 한 가지 방법은 상담자가 내담자에게 '문제, 원인, 해결방안'에 대해 설명을 해 주는 것이다. 그런데 설명을 할 때는 내담자의 수용 여부를 고려해야 한다. 보통 설명으로 인한 상담효과는 상담자 설명의 진위 여부보다는 설명에 대한 내담자 수용 여부에 따라 결정된다. 즉, 상담자의 설명이 맞느냐 안 맞느냐, 또는 사실이냐 아니냐의 여부보다는 내담자가 그러한 설명을 사실로 받아들이느냐의 여부, 그리고 자기이해의 자료로 삼느냐의 여부에 따라 상담효과가 결정된다. 따라서 상담자의 설명은 사실에 근거하여 객관적으로 설명하는 것도 중요하지만, 그 이상으로 내담자가 이해하고 수용할 수 있도록 설명하는 것이 중요하다(김미리혜, 김진영 외 역, 2000).

2) 경험과 분석

새로운 경험 그 자체에는 이미 정서적 이해가 내재되어 있다. 만약 내담자가 새로운 경험을 하게 된다면, 새로운 경험에 수반된 정서적 이해도 자연스럽게 일어난다. 즉, 상담자가 내담자에게 새로운 경험을 할 수 있는 기회를 제공한다면, 새로운 경험 자체에는 이미 정서적 이해가 내재되어 있기 때문에 내담자는 자연스럽게 정서적 이해를 경험할 수 있다는 말이다.

그러나 무의식적 내용인 경우, 단순히 새로운 경험의 기회를 제공해 주는 것만으로는 내담자가 정서적 이해에 이르지 못할 수 있다. 물론 새로운 경험은 종종 무의식을 활성화시켜 의식으로 드러나게 하는데, 이렇게 되면 내담자는 자연스럽게 정서적 이해 경험을 할 수 있다. 하지만 대부분의 경우, 새로운 경험의 기회를 갖는 것만으로는 무의식적 내용에 대한 정서적 이해가 일어나지 않는다. 무의식적 내용에 대한 정서적 이해를 촉진하기 위해서는 상담자의 섬세하고 직접적인 개입, 즉 무의식적 내용에 대한 분석이 필요하다. 정서적 이해를 촉진하는 두 번째 핵심원리는 바로 '새로운 경험을 촉진하기와 경험의 무의식적 내용에 대해 분석하기'이다.

(1) 새로운 경험 촉진하기

새로운 경험에는 정서적 이해가 포함되어 있기 때문에 정서적 이해를 촉진하는 가장 기초적인 원리는 내담자에게 새로운 경험의 기회를 제공하는 것이다. 즉, 새로운 경험의 기회를 제공해 줌으로써 새로운 경험의 과정에 수반된 새로운 인식, 설명, 통합의 경험을 하도록 조력할 수 있다.

그런데 내담자에게 새로운 경험의 기회를 제공하는 작업은 독립된 절차가 아니다. 새로운 경험의 기회를 제공하는 작업은 상담의 모든 조건들 속에 포함되어 있다. 이는 구분된 요소가 아니라 상담의 모든 조건들 속에 포함되어 있는 하위 또는 공통요소라고 할 수 있다.

한편, 새로운 경험들의 공통요소 중 하나는 '새로운 감각적 체험'이다. 새로운 감각적 체험 자체에는 이미 생생하게 보거나 듣거나 느끼는 경험요소, 즉 정서적 이해가 포함되어 있다. 상담자가 내담자에게 새로운 감각적 체험의 기회, 즉 '눈으로 새로운 빛이나 형태나 움직임을 보고, 귀로 새로운 소리를 듣고, 몸으로 새로운 신체감각을 느끼고, 코로 새로운 냄새를 맡고, 혀로 새로운 맛을 느끼게 하는 직접적인 체험의 기회'를 제공하면, 내담자는 '감각지각과 신경생리적 활성화에 기초한 일차적 감지(感知) 또는 알아차림, 즉 봄이나 들음이나 느낌'을 경험할 수 있게 된다. 이러한 감각지각과 신경생리적 활성화에 기반한 봄, 들음, 느낌 등은 정신장애 치료, 당면문제의 해결, 성장과제 성취의 기초단위로서 매우 중요한 요소로 보인다.

(2) 경험의 무의식적 내용에 대한 분석

정서적 이해에는 신체적 정서적 경험만 있는 것이 아니라 인지적 경험과 행동적 경험도 포함되어 있다. 즉, 인지적 인식이나 설명, 그리고 통합 및 관리 경험도 포함되어 있다. 상담자가 내담자의 인지적 경험, 즉 새로운 인식이나 설명, 그리고 통합 경험을 촉진하는 절차를 흔히 '분석'이라 한다.

분석의 개념   분석(分析)이란 '나누고 구분해서 구체적으로 이해한다.'는 의미를 가지고 있다. 즉, '대상이나 현상에 대한 객관적 관찰이나 탐구를 통해 대상이나 현상을 작은 단위로 나누어 구체적으로 인식하거나 설명하는 일'을 의미한다.

상담에서 분석이란 '내담자가 자신의 경험을 대상화한 후, 자신의 경험을 자세히 관찰하거나 탐구하고, 이를 통해 자신의 경험을 작은 단위로 나누어 구체적으로 인식하거나 설명하는 일', 또는 '상담자가 내담자의 경험을 객관적으로 관찰하거나 탐구하고, 이를 통해 내담자의 경험을 작은 단위로 나누어 구체적으로 인식하거나 설명한 후, 이를 내담자에게 알려 내담자의 자기인식이나 자기설명을 촉진하는 일'을 의미한다.

분석의 목표   분석의 목표는 내담자가 자기분석을 하도록 조력하는 것이다. 즉, 내담자가 스스로 자신의 경험을 대상화 또는 객관화한 후, 자신의 경험을 자세히 그리고 객관적으로 관찰하거나 탐구하고, 이를 통해 자신의 무의식적 경험을 작은 단위로 나누어 구체적으로 인식하거나 설명하도록 함으로써 무의식적 경험을 의식으로 통합하고 관리해 나갈 수 있도록 상담자가 조력하는 것이다.

분석 과정에서의 상담자 역할은 내담자의 자기분석을 조력하는 것이다. 그런데 일부 내담자들은 자기분석 능력이 없거나 효율적인 자기분석 방법을 모른다. 또 일부 내담자들은 자기분석 능력이 있고 자기분석 방법을 알고 있더라고 스스로 자기분석을 하지 않는다. 이럴 때 필요한 것이 바로 상담자의 분석이다.

분석의 대상　　분석의 대상은 내담자의 경험인데, 내담자의 모든 경험이 분석의 대상이 되는 것은 아니다. 보통 분석의 대상이 되는 것은 '① 문제행동 경험, ② 대안행동 경험'의 두 가지 범주에 해당하는 경험들이다.

첫 번째 분석 대상은 '문제행동 경험'이다. 즉, 내담자가 '자신의 문제행동 경험'을 대상화한 후, '자신의 문제행동 경험'을 자세히 관찰하거나 탐구하고, 이를 통해 내담자가 '자신의 문제행동 경험'을 '작은 단위'로 나누어 '구체적으로 인식하거나 설명'해 나가도록 상담자가 개입하는 과정이 분석이다.

예를 들어, '불안문제'를 가진 내담자라면, 내담자가 '자신이 경험하는 불안문제'를 대상화한 후, '불안문제와 관련된 경험'에 대해 자세히 관찰이나 탐구를 하고, 이를 통해 불안문제를 경험하는 '구체적인 불안상황'과 그러한 불안상황 속에서의 '구체적인 불안반응 경험'을 구분해 내고, 이러한 과정에서 내담자가 자신의 '구체적인 불안상황과 불안반응 경험'에 대한 인식이나 설명을 해 나가도록 조력한다.

두 번째 분석 대상은 '대안행동과 관련된 경험'이다. 즉, 내담자가 '대안행동과 관련된 경험'을 대상화한 후, '대안행동과 관련된 경험'을 자세히 관찰하거나 탐구하고, 이를 통해 내담자가 '대안행동과 관련된 경험'을 작은 단위로 나누어 '구체적으로 인식하거나 설명'해 나가도록 상담자가 개입하는 과정이 분석이다.

예를 들어, '불안문제'를 가진 내담자라면, 내담자가 '불안문제와 관련된 대안행동 경험'을 대상화한 후, '대안행동 경험'에 대해 자세히 관찰이나 탐구를 하고, 이를 통해 '둔감화 상황, 이완 상황, 접근행동 상황' 등의 구체적인 대안상황과 이러한 대안상황 속에서의 '둔감화 행동, 이완 행동, 접근행동' 등의 구체적인 대안행동들을 구분해 내고, 이러한 과정에서 내담자가 자신의 '구체적인 대안상황과 대안행동 경험'에 대한 인식이나 설명을 해 나가도록 조력한다.

그런데 상기된 문제행동이나 대안행동 경험들 중에서, 다시 분석의 직접적인 대상이 되는 것은 '내담자가 인식, 설명, 통합 및 관리하지 못한 무의식적 경험들'이다.

　여기서 내담자가 인식, 설명, 통합 및 관리하지 못한 무의식적 경험이란 말은 포괄적인 의미로 사용하였다. 즉, 분석의 직접적인 대상이 되는 무의식적인 경험이란 '무의식적 경험뿐만 아니라 전의식 경험들, 망각이나 억압된 경험들, 배경의 경험들, 일반화된 경험들, 불명료한 경험들, 자기관리되지 않은 자동화 또는 습관화된 경험들'을 포괄하는 의미로 사용하였다. 분석의 대상의 되는 무의식적인 경험들을 자세히 요약하면 〈표

표 12-1 분석의 대상의 되는 무의식적 경험들

① 의식화되지 않은 무의식이나 전의식 경험들
- 의식의 표층(表層)으로 올라오지 않은 심층(深層)의 경험
- 회상되어 치료적 재경험이 되지 않은 망각이나 억압된 경험

② 전경(前景, figure)이 되지 않은 배경(背景, ground, 또는 맥락)의 경험들
- 전경이 되지 않은 문제의 배경 관련 경험
- 전경이 되지 않은 배경의 경험
- 전경이 되지 않은 체계 관련 경험(결손, 의사소통, 역할, 위계, 경계, 규칙, 발달)

③ 구체화되지 않은 일반화된 경험들, 그리고 명료화되지 않은 불명료한 경험들
- 구체화나 명료화되지 않은 문제상황 관련 경험
- 구체화나 명료화되지 않은 내현적 행동 경험
- 구체화나 명료화되지 않은 과거사나 발달사 경험
- 구체화나 명료화되지 않은 과거의 외상 관련 경험
- 구체화나 명료화되지 않은 미해결과제 관련 경험
- 구체화나 명료화되지 않은 발달과제 관련 경험
- 구체화나 명료화되지 않은 반복 및 재연되는 악순환 경험
- 구체화나 명료화되지 않은 문제행동 양식 경험
- 구체화나 명료화되지 않은 조건화된 '선행사건, 반응행동, 후속사건'과 관련된 경험
- 구체화나 명료화되지 않은 상담활동 관련 경험
- 구체화나 명료화되지 않은 상담자와 상호작용 관련 경험

④ 자기관리되지 않은 자동화 또는 습관화된 경험들
- 일치되지 않은 불일치 경험
- 자기관리되지 않은 악순환 경험, 문제행동 양식 경험
- 자기관리되지 않은 조건화된 '선행사건, 반응행동, 후속사건'과 관련된 경험
- 자기관리되지 않은 무가치 경험
- 자기관리되지 않은 습관화된 경험

12-1〉과 같다.

분석의 과정   일반적으로 분석은 내담자의 무의식적 경험에 대한 '탐색과 설명의 과정'이다. 즉 내담자가 스스로 자기탐색이나 자기설명을 못하거나 하지 않을 때, 상담자가 탐색이나 설명을 해 줌으로써 스스로 자기탐색이나 자기설명을 해 나가도록 조력하는 과정이다. 따라서 분석 과정은 탐색의 과정이면서 동시에 설명의 과정이기도 하다. 또한 이 둘을 모두 포함하는 구체화나 명료화 과정이기도 하다. 여기서는 서로 중복되는 측면이 있더라도, 분석 과정을 탐색 과정, 설명 과정, 구체화나 명료화 과정으로 구분하여 설명하였다.

① 탐색 과정

분석은 하나의 탐색 과정이다. 일반적으로 탐색이란 현상이나 대상을 관찰하고, 관찰된 현상에 대해 의문을 형성하며, 형성된 의문에 대한 답을 찾기 위해 이성적 추론을 하고, 추론 결과를 토대로 가설을 수립하며, 수립된 가설을 검증하고, 검증을 토대로 결론을 내리는 일련의 과정을 말한다. 상담에서도 분석을 통해 탐색되지 않은 내담자의 무의식적 경험에 대해 관찰하고 의문하고 추리하고 가설을 세우고 검증하고 결론을 내려 나간다.

상담자는 먼저 내담자가 스스로 자신의 무의식적 경험을 관찰하고, 의문하고, 추리할 기회를 제공한다. 더 나아가 자기 스스로 가설을 세우고 검증하면서 스스로 자기결론(새로운 인식과 설명)을 내릴 수 있는 기회를 제공한다. 이 과정에서 내담자 스스로 하지 못하거나 안 할 때, 상담자는 자신의 관찰이나 의문이나 추리나 가설을 내담자에게 알리고 나서, 다시 내담자가 스스로 관찰이나 의문이나 추리나 가설이나 검증이나 결론을 내려 나가도록 조력한다.

② 설명 과정

분석은 언어적으로 설명하는 과정이기도 하다. 언어적 설명의 과정이란 내담자가 문제와 관련된 자신의 경험을 언어화하여 설명할 수 있도록 조력하는 과정이라는 의미이다. 다시 말하면, 분석이란 내담자가 자신의 문제와 관련된 무의식적 경험을 분별하여 언어적으로 명명(命名)하거나, 있는 그대로의 사실을 언어적으로 진술(陳述)하거나, 이면적 현상이나 원인을 추리판단(推理判斷)하여 이를 언어적으로 설명하거나, 문제와 관련된 객관적 사실에 대해 주관적 가치나 의미를 부여하는 평가(評價)나 가치판단(價値判斷)을 하여 이를 언어적으로 설명하도록 조력하는 과정이다.

일반적으로 분석에서 언어적으로 설명하고자 하는 내용은 '문제와 관련된 무의식적 경험의 구성요소, 기능, 기원, 법칙, 의미 등'이다. 이에 대해 더 자세히 이야기하면 다음과 같다.

첫째, 분석에서는 내담자가 '자신의 문제와 관련된 경험의 구성요소'를 언어적으로 설명할 수 있도록 조력한다. 여기서 경험의 구성요소란 '문제, 문제상황, 문제행동, 반복 및 재연 악순환, 내현행동, 조건화된 선행사건과 반응행동과 후속사건, 반응행동 양식, 대인관계 상호작용 양식 등'을 말한다.

둘째, 분석에서는 내담자가 '자기문제의 기능들', 그리고 '자기문제의 구성요소들의 기능들'을 언어적으로 설명할 수 있도록 조력한다. 여기서 기능이란 '역할이나 작용'을 말한다. 분석에서는 내담자가 '자신의 문제나 증상'이 구체적으로 '내담자의 일상생활이나 정신과정 속에서 어떤 역할이나 작용을 하는지', 그리고 문제나 증상의 '하위 구성요소들'이 구체적으로 '문제나 증상의 형성, 유지, 악화에 어떤 역할이나 작용을 하고 있는지'를 인식하고, 이를 언어적으로 설명할 수 있도록 조력한다.

셋째, 분석에서는 내담자가 '자신의 문제의 기원'을 언어적으로 설명할 수 있도록 조력한다. 여기서 문제의 기원이란 '발생적 원인'을 의미한다. 즉, '문제가 유발된 최초의 사건과 반응행동 경험, 그리고 미해결과제와 연관된 외상 관련 사건과 반응행동 경험, 그리고 생의 초기 성격 형성 시기의 성격발달과제와 연관된 사건과 반응행동 경험' 등을 의미한다.

넷째, 분석에서는 내담자가 '자신의 문제와 관련된 현상의 규칙성들'을 언어적으로 설명할 수 있도록 조력한다. 여기서 규칙성이란 '세상과 자신, 그리고 자신의 문제나 대안과 관련된 실존, 상관관계, 인과관계 등의 법칙'을 의미한다. 상담자는 내담자가 '자신의 문제와 관련된 현상의 규칙성들'을 스스로 탐색하여 찾아낸 후, 이를 언어적으로 설명할 수 있도록 조력한다.

다섯째, 분석에서는 내담자가 '자기문제와 관련된 가치나 의미'를 언어적으로 설명할 수 있도록 조력한다. 여기서 가치나 의미란 '내담자가 자기문제와 관련해서, 객관적 사실에 대해 주관적으로 가치를 평가하거나 의미를 부여하는 내적 반응행동'을 의미한다. 보통 내담자들의 경우, 자기문제와 관련해서 객관적 사실에 대해 비현실적이거나 부정적이거나 역기능적인 가치 평가나 의미 부여를 하는 경향이 있다. 반면, 대안상황에서는 객관적 사실에 대해 현실적이고 긍정적이며 기능적이고 문제해결 및 성장지향적인 가치 평가나 의미 부여를 하는 경향이 있다.

분석 과정에서 상담자는 우선 내담자에게 '자기문제의 구성요소, 기능, 기원, 법칙, 의미'에 대해 스스로 언어적 설명을 할 수 있는 기회를 제공한다. 그러나 내담자가 스스로 설명을 하지 못하거나 안 할 때는, 상담자가 내담자 문제의 구성요소, 기능, 기원, 법칙, 의미 등을 탐색하여 인식하고, 이를 질문, 반영, 해석, 평가 등을 통해 언어적으로 설명을 해 준다. 그리고 나서 다시 내담자가 스스로 '자기문제의 구성요소, 기능, 기원, 법칙, 의미'에 대해 스스로 언어적 설명을 할 수 있는 기회를 제공해 나간다.

③ 분석. 그리고 구체화나 명료화 과정

앞에서 설명한 바와 같이, 분석은 자기탐색과 자기설명을 촉진하는 과정이다. 그런데 이 자기탐색과 자기설명을 촉진하는 주요 기법이 바로 구체화나 명료화이다(의사소통 차원에서의 구체화나 명료화는 주로 질문, 반영, 해석을 통해서 이루어진다). 따라서 분석은 또 다른 측면에서 '내담자 문제에 대한 구체화나 명료화 과정'이라고도 할 수 있다. 즉, 분석은 내담자가 스스로 자신의 무의식적 경험에 대한 자기탐색이나 자기설명을 못하거나 하지 않을 때, 상담자가 질문, 반영, 해석 등의 기법을 사용한 구체화나 명료화를 통해 내담자의 무의식적 경험을 탐색하거나 언어적으로 설명해 주고, 이를 통해 내담자 스스로 자기탐색이나 자기설명을 해 나가도록 조력하는 과정이다. 이는 결국 앞장에서 설명한 문제 명료화 과정이 바로 이해 경험을 촉진하는 분석과정이라는 의미이다.

분석은 문제에 대한 탐색 과정이면서, 동시에 언어적 설명 과정이면서, 동시에 문제에 대한 구체화나 명료화 과정이다. 그런데 이 분석 과정은 이론적 접근에 따라 탐색이나 설명, 또는 구체화나 명료화하는 내용이 조금씩 달라진다. 예를 들면, 아래와 같다.

- 정신분석에서는 '최근, 과거, 그리고 상담장면에서의 문제상황과 문제행동'을 탐색이나 설명, 또는 구체화나 명료화해 나간다. 그리고 이 과정을 통해 '억압이나 망각되었던 최근의 문제사건과 경험, 과거의 외상사건과 경험, 아동기의 발달사건과 경험을 회상하여 재경험'한다. 이 과정에서 '지금여기 상담자와의 상호작용에서 과거의 사건과 경험을 재연 및 반복하는 현상이 발생'한다. 이와 관련된 가장 대표적인 현상이 '저항과 전이'이다. 이런 '회상과 재경험, 재연과 반복'이 나타나면, 이를 또 다시 탐색이나 설명, 또는 구체화나 명료화해 나간다. 그리고 이 과정을 통해 자신

의 '문제상황과 문제행동의 악순환 현상, 문제행동 양식(특히 '아동기 문제상황과 문제행동의 반복 및 재연 악순환, 아동기 문제행동 양식, 아동기 대인관계 상호작용 양식'; 더 나아가 증상이나 문제행동과 관련된 '무의식적 감정양식, 무의식적 자아기능, 무의식적 방어기제, 무의식적 욕구나 소망')을 새롭게 인식하거나 설명하고, 더 나아가 통합 및 관리해 나갈 수 있도록 돕는다.

- 행동상담에서는 '문제행동이 일어나는 문제상황'을 직접 관찰한다. 그리고 '조건화된 사건과 반응행동'을 탐색이나 설명, 또는 구체화나 명료화해 나간다. 그리고 이 과정을 통해 '문제행동을 유발하는 조건화된 선행사건과 자극, 조건화된 문제행동, 문제행동을 유지 및 강화하는 조건화된 후속사건과 자극'을 새롭게 인식하거나 설명하고, 더 나아가 통합 및 관리해 나갈 수 있도록 돕는다.

- 인간중심적 상담에서는 '상담장면에서의 경험'을 탐색이나 설명, 또는 구체화나 명료화해 나간다. 그리고 이 과정을 통해 '지금여기 사건과 자신의 반응행동, 특히 자기문제나 상담자와의 상호작용과 관련된 정서적 경험, 그리고 인식이나 설명되지 않은 무의식 경험, 불안과 방어경험, 일치되지 않은 불일치 경험, 가치판단과 무가치 경험, 비수용 경험, 개방되지 않은 비개방 경험, 관리되지 않은 비관리 경험 등'을 새롭게 인식하거나 설명하고, 더 나아가 통합 및 관리해 나갈 수 있도록 돕는다.

- 인지상담에서는 '사건과 부정적 결과, 그리고 그 사이에 있는 비합리적 사고과정이나 신념'을 탐색이나 설명, 또는 구체화나 명료화해 나간다. 그리고 이 과정을 통해 사건과 부정적 결과 사이의 '비합리적 사고나 신념'을 새롭게 인식하거나 설명하고, 더 나아가 통합 및 관리해 나갈 수 있도록 돕는다.

제 **13**장

대안 설정

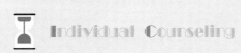
Individual Counseling

대안(代案)이란 '기존의 바람직하지 않은 정신장애나 당면한 생활문제나 성장과제를 대신할 바람직한 상태'를 말한다. 여기서 바람직한 상태란 '바람직한 정신장애의 치료 상태, 당면한 문제의 해결 상태, 성장과제의 성취 상태'를 의미하거나, 이러한 바람직한 상태를 성취할 수 있는 '구체적인 방법'이나 '바람직한 행동'을 의미한다.

따라서 대안 설정이란 내담자가 기존의 바람직하지 않은 정신장애나 당면한 생활문제나 성장과제를 대신할 바람직한 정신장애의 치료, 당면한 문제의 해결, 성장과제의 성취 상태를 설정하거나, 이러한 바람직한 상태를 성취할 수 있는 구체적인 방법이나 바람직한 행동을 수립하도록 조력하는 작업을 의미한다.

이 장에서는 대안 설정을 '소망 탐색, 대안 탐색, 목표 설정, 실행계획 수립'으로 나누어 설명하였다.

1. 소망 탐색

대안 설정은 소망 탐색에서부터 시작된다. 즉, 대안 설정은 내담자의 치료나 해결이나 성장지향적인 소망들을 탐색하여 구체화나 명료화하면서부터 시작된다.

문제와 관련하여 내담자의 소망은 여러 가지 유형으로 구분할 수 있다. 먼저 소망은 의식 여부에 따라 의식적 소망과 무의식적인 소망으로 구분할 수 있다. 대안 설정 작업은 주로 무의식적 소망이 아닌 의식적 소망에서 출발한다. 일반적으로 문제 명료화, 감정정화, 그리고 이해 경험을 촉진하는 과정에서 문제와 관련된 내담자의 무의식적 소망들은 명료화되기 때문에 의식적 소망으로 전환된다. 만약 의식적 소망으로 전환되지 않은 무의식적 소망에서부터 대안 설정 작업을 시작하고자 한다면, 먼저 무의식적 소망을 의식화하는 작업이 선행되어야 한다.

소망은 사실 여부에 따라 현실적 소망과 비현실적 소망으로 구분할 수 있다. 일반적으로 대안 설정 작업은 현실적 소망에 초점을 두고 이루어진다. 보통 비현실적 소망은 일차적으로 이해의 대상이지 성취의 대상은 아니다.

소망은 기능에 따라 기능적 소망과 역기능적 소망으로 구분할 수 있다. 일반적으로 대안 설정 작업은 기능적 소망에 초점을 두고 이루어진다. 역기능적 소망도 이해와 관리의 대상이지 성취의 대상은 아니다.

내담자의 소망을 탐색하는 효과적인 방법 중에 하나는 '회피소망, 접근소망, 성장소망(학습성장, 가치실현)'의 세 가지 소망(또는 세부적으로 네 가지 소망)을 탐색하는 것이다. 먼저 ① 회피소망은 자신의 문제와 관련하여 부정적인 상태에서 벗어나고 싶어 하는 내담자의 소망이다. 그리고 ② 접근소망은 부정적인 상태에서 벗어난 이후에 긍정적인 상태로 나아가고 싶어 하는 내담자의 소망이다. 그리고 성장소망은 학습성장 소망과 가치실현 소망으로 세분할 수 있다. 첫 번째 ③ 학습성장 소망은 배우고 노력해서 지금보다 더 나은 사람으로 성장하고 싶어 하는 내담자의 소망이다. 두 번째 ④ 가치실현 소망은 자신이 정말 소중하게 여기고 있고 그래서 값어치 있게 생각하고 있으며 그래서 자신의 삶에서 추구하고 있는 내담자의 가치들을 자신의 삶에서 실제로 구현이나 실현해 나가고 싶어 하는 내담자의 소망이다.

회피소망, 접근소망, 학습성장 소망, 가치실현 소망에 대한 탐색을 질문형태로 바꾸면 아래와 같다.

가. 회피소망
- 당신이 없애고 싶은 자신의 부정적 반응(또는 반응양식, 성격)은 무엇입니까?
- 당신은 자신의 어떤 부정적 상태로부터 벗어나기를 원하십니까?

나. 접근소망
- 당신이 얻고 싶은 긍적적 반응(또는 반응양식, 성격)은 무엇입니까?
- 당신이 부정적 상태에서 벗어난 이후에 어떤 긍정적 상태로 나아가기를 원하십니까?

다. 학습성장 소망
- 당신은 무엇을 배우거나 노력해서 지금보다 더 나은 사람이 되고 싶습니까?
- 당신은 어떤 능력이나 습관(또는 태도나 특성)을 길러서 더 나은 사람이 되고 싶습니까?

라. 가치실현 소망
- 자신의 삶에서 실현시키고 싶은 것들이 있다면 무엇입니까?

• 당신이 어떻게 살고 있으면 자신이 가치 있는 삶을 살고 있다고 느끼게 될까요?

회피소망, 접근소망, 학습성장 소망, 가치실현 소망에 대한 탐색을 시험불안 문제를 가진 박 양에게 적용하면 다음과 같다. 먼저 ① 회피소망은 힘든 시험상황이나 이런 상황에서 경험하는 시험불안과 같은 부정적인 상태로부터 벗어나고 싶어 하는 그녀의 소망들이다.

그리고 ② 접근소망은 부정적인 시험상황이나 시험불안 상태로부터 벗어난 다음에 반대편에 있는 긍정적인 상태로 나아가려는 그녀의 소망들이다. 가령 '마음이 편하고 자유로움, 빈둥거림, 잠을 오래 잠, 공부하는 대신 드라마를 봄, 친구들과 놀러 다님, 몸이 이완됨, 신체적 피로가 감소하고 활력이 증가함' 등과 같이 부정적인 상태에서 벗어나 긍정적인 상태로 나아가려는 그녀의 소망들이다.

그리고 ③ 학습성장 소망은 시험상황에서의 과잉 불안반응에 대한 내성과 대처능력을 길러서 더 적응적이고 더 강한 사람이 되고 싶어하는 그녀의 소망들, 또는 효과적이고 효율적인 시험공부 방법과 성적을 높이는 방법을 새롭게 배우거나 더 향상시켜서 지금보다 더 나은 공부잘하는 학생이 되고 싶어 하는 그녀의 소망들이다.

그리고 ④ 가치실현 소망은 '높은 학업성적을 성취하는 것' 또는 높은 학업성적을 얻은 이후에 '내가 꿈에 그리던 ○○대학 ○○학과에 진학하는 것' 또는 ○○대학 ○○학과를 졸업한 이후에 '내가 원하는 경찰시험에 합격하는 것' 또는 경찰시험에 합격한 이후에 '정의사회를 구현하는 경찰이 되는 것' 또는 더불어 사는 삶과 봉사가치를 실현하기 위해 '월 1회 이상 봉사활동을 하는 것' 또는 물질적 풍요와 주거 안정이라는 가치를 실현하기 위해 '강남구에 내 명의의 30평 이상의 아파트를 구매하는 것' 또는 화목한 가족이라는 가치를 실현하기 위해 '가족들에게 신경질적인 행동을 줄이는 것, 아빠를 용서하고 화해를 청하는 것, 청소나 빨래나 설거지 등의 집안일을 더 많이 하는 것' 등과 같이 자신이 소중하게 여기고 있고 그래서 값어치 있게 생각하고 있으며 그래서 자신의 삶에서 추구하고 있는 가치들을 삶에서 구현이나 실현해 나가고 싶어 하는 그녀의 소망들이다.

한편, 내담자의 소망은 때때로 역기능적이고 파괴적이다. 자신에게 역기능적이고 파괴적일 뿐만 아니라 가족, 친구나 동료, 그리고 사회공동체에도 역기능적이고 파괴적일 수 있는 소망을 가진 내담자들이 있다.

대학교 1학년인 김 양은 지금까지 세 번의 자살시도를 했다. 김 양에게 "이 상황에서 당신이 정말 원하는 것이 무엇입니까?"라고 물었더니 "전 죽고 싶어요."라고 하였다. 상담자가 다시 "정말 원하는 것이 죽는 겁니까?"라고 물었지만 김 양은 고개를 끄덕이면서 "예!"라고 대답하였다.

40대 초반의 박 여인은 노숙을 하는 알코올중독자이다. 그녀는 오랫동안 술과 노숙 생활을 해 왔기 때문에 건강이 매우 나빠진 상태이다. 그리고 노숙을 하다 보면 성폭력 위험에 항상 노출되어 있었다. 길거리 상담을 하면서 그녀를 만난 상담자는 노숙인 숙소로 들어가기를 권하였다. 하지만 박 여인은 "제발 나에게 신경 끄세요. 내가 다 알아서 하고 있으니까 그냥 내버려 두세요."라고 하면서 노숙인 숙소에 들어가기를 완강하게 거부하였다.

실업계 고등학교 3학년 학생인 이 군은 등교거부를 하고 있다. 엄마는 이 군을 설득하려고 하였다. 한 달 이후에는 여름방학이 시작되기 때문에 학교 다닐 일이 이제 얼마 남아 있지 않다는 점, 여름방학이 끝나 2학기가 되면 취업을 빌미로 학교에는 적당히 나가지 않아도 졸업을 할 수 있다는 점, 사회에서 대접을 받으려면 최소한 고등학교 졸업장은 가지고 있어야 한다는 점 등의 이유를 들어 이 군을 설득하려고 하였다. 하지만 이 군은 자신이 학교에 다시 나가거나 졸업하는 일은 결코 없을 것이고, 또 무슨 일이 있더라도 자신은 자퇴를 하겠다고 고집부리는 상황이다. 마지막으로 엄마는 상담을 10회 받으면 자퇴를 허락해 주겠다는 조건으로 이 군을 상담실로 데리고 왔다. 상황을 듣고 나서 상담자가 "이 상황에서 무엇을 원하니?"라고 물었더니 "내 생각은 바뀌지 않아요. 난 누가 뭐라고 해도 자퇴할 겁니다. 선생님도 날 설득할 생각은 하지 마세요."라고 하였다.

40대 후반의 김 여인에게 "무엇을 원하십니까?"라고 물었더니, "남편과 이혼하려고 해요."라고 대답하였다. 그런데 그녀는 지금까지 전업주부 생활을 해 왔기 때문에 혼자 살아갈 준비가 되어 있지 않았다. 이혼 이후에 먹고 살려면 생활자금이 있어야 하지만 돈은 남편이 관리하고 있고, 자신에게는 준비된 생활자금이 없다. 더구나 그녀가 거액의 사채를 쓰며 도박을 한 이후에, 시부모가 빚을 모두 갚아 주는 조건으로 재산상의 모든 권리를 포기하겠다는 각서를 쓰고 공언까지 한 상태였기 때문에 이혼 이후에 남편에게 재산분할을 요청하기도 어려운 상태에 있었다. 또한 안정적인 생활을 위해서는 취업을 해야 하지만 그녀는 전혀 취업할 준비가 되어 있지 않았다. 결정적으로 남편은 이혼을 원하지 않고 있다. 하지만 그녀는 "이제 더 이상 같이 살 수 없어요. 정말 이혼하려고 해요."라고 말한다.

중학교 1학년인 민수는 공원에서 친구들과 담배를 피우다가 이를 제지하는 60대의 청소부 할아버지와 시비가 붙었다. 민수는 친구들과 같이 청소부 할아버지에게 폭력을 행사하였고, 이 일로 경찰서에서 조사를 받았다. 민수는 미성년자였고, 또 청소부 할아버지도 처벌은 원하지 않는다고 말했기 때문에 법적 처벌은 면할 수 있었다. 민수는 상담받는 조건으로 풀려났다. 민수는 어머니와 함께 내방하였다. 민수의 어머니는 질 나쁜 친구들과 어울리면서 민수도 문제행동들을 따라 한다면서 나쁜 친구들과 어울리지 않도록 해 달라고 요청하였다. 그리고 더 이상 싸움을 하지 않았으면 좋겠고, 무엇보다 담배를 끊게 해 달라고 요청하였다. 이후 상담이 진행되면서 흡연문제를 다루었는데, 이 과정에서 상담자가 "담배를 계속 피울 생각이니?"라고 물었더니 건성으로 "아뇨, 안 피울 거예요."라고 대답하였다. 하지만 상담자는 그 말을 신뢰할 수 없었기 때문에 다시 물었다. "괜찮으니까, 솔직히 말해 봐! 정말 안 피울 수 있어? 특히 경민이나 윤호와 같이 놀 때 다른 친구들은 피우는데 넌 정말 안 피울 수 있어?"라고 물었다. 민수는 "아뇨! 피우겠죠. 솔직히 말하면, 담배 끊을 생각은 없어요."라고 하였다.

50대 초반의 김 씨는 가정폭력 문제로 법원에서 상담명령을 받고 상담실을 찾아왔다. 그는 지금까지 한 달에 두세 번씩 아내와 딸에게 폭력을 휘둘러 왔다. 아내와 딸은 김 씨의 폭력을 피해서 가출했다. 그리고 가정폭력상담소의 도움을 받아 남편을 고소하였다. 김 씨는 경찰 조사와 재판을 받았고, 결국 원하지 않는 상담까지 받아야 하는 상황에 처해 있었다. 그의 분노는 거의 폭발 직전이었다. 김 씨의 마음속에 내재된 충동 중에 하나는 아내에 대한 강한 적개심이었다. 상담초기에 억제되었던 적개심은 상담관계가 진전되면서 언어적으로 표출되기 시작하였다. "전 다 때려 죽일 겁니다. 두고 보세요. 언젠가 내 앞에서 후회할 날이 있을 테니!" 상담자가 물었다. "정말 당신이 원하는 것이 언젠가는 아내를 때려 죽이는 겁니까?" 다시 내담자가 "이제 저도 살 만큼 살았어요. 그년 죽이고 나도 죽으면 그만 아닙니까? 저요. 저 정말 한다면 하는 사람입니다."라고 대답하였다.

상기된 사례와 같이 내담자의 소망은 기능적인 것들만 있지 않고 역기능적이고 파괴적인 것들도 존재한다. 이렇게 내담자가 역기능적이고 파괴적인 소망들을 가지고 있을 때, 상담자가 할 수 있는 개입 중에 하나는 '내담자의 성장동기에 접근하는 것'이다.

내담자의 문제행동 이면에 있는 동기들은 보통 하나가 아닌 여러 개이다. 대체로 여러 개의 동기들은 서로 뒤엉켜 있는데, 이런 여러 가지 동기들 중에서 가장 근원적인 동기는 자기실현을 하려는 동기, 또는 지금보다 더 나은 상태가 되고 더 나은 사람이 되려는 동기, 즉 성장동기이다. 역기능적이고 파괴적인 동기를 가진 내담자와 상담을 할 때 요구되는 상담자의 능력은 이 성장동기를 인식하고 해석해 낼 수 있는 능력이다.

성장동기에 접근하는 방법 중에 하나는 상향질문을 하는 것이다. 상향질문이란 행위의 목적을 점층적이고 반복적으로 질문해 들어가는 기법을 말한다. 앞에서 설명한 실업계 고등학교 3학년 학생인 이 군의 등교거부 문제에 대한 상담을 예로 들면 아래와 같다.

상담자 정말 자퇴하려는 결심을 하고 있구나. 먼저 난 너의 뜻을 존중한다는 말을 전하고 싶구나. 그런데 난 네가 자퇴하려는 마음을 더 이해하고 싶어. 물론 너 자신도 더 깊은 자기이해를 했으면 좋겠고. 그래서 말인데, 자퇴하려는 확고한 결심과 관련된 자신의 있는 그대로의 경험들을 살펴보는 시간을 가지고 싶은데 괜찮겠니?

내담자 예.

상담자 그럼 한번 자신의 있는 그대로의 경험들을 안으로 들여다보고 뭐가 보이는지에 대해 이야기해 줄래? 또는 내면에 있는 마음의 소리들을 들어 보거나, 몸과 가슴으로 경험되는 것들을 느껴 보고, 이를 이야기해 줄 수 있겠니?

내담자 뭘 어떻게 하라는 말인지…….

상담자 내가 이해되지 않게 설명하면서 너에게 요구를 하고 있는 것 같구나. 그러니까 내 말은, '네가 무엇을 얻기 위해서 학교에 안 나가려고 하는지'를 알고 싶다는 말이다. 난 네가 학교 안 나가고 자퇴하려는 이유가 정말 궁금한데, 그 이유를 나에게 이야기해 줄 수 있어?

내담자 그냥 학교가 싫어서요.

상담자 학교가 정말 싫어서 학교 가지 않으려 한다는 것을 알겠어. 그런데 그 싫은 마음을 들여다봐요. 정말 싫은 학교에 나가지 않고 또 자퇴해서 얻으려는 것이 무엇인지를 들여다봐요.

내담자 전 학교에서 시간 낭비를 하는 것이 싫어요.

상담자 아하! 그렇구나. 넌 시간 낭비를 하는 것이 정말 싫은 거구나. 좀 더 이해를 하고 싶은데, 학교에 나가는 것이 정말 시간 낭비라고 느껴졌던 상황이나 자퇴를 하는 것이 더 낫겠다는 생각이 들었던 상황이 있으면 몇 가지 이야기해 줄 수 있겠니? 〈중략〉

상담자 시간 낭비를 하기 싫다는 것을 알겠어. 그런데 시간을 낭비하지 않는 것을 통해서 네가 얻으려는 것이 무엇인지가 궁금하구나.

내담자 글쎄요. 시간을 좋게 사용하는 것이겠죠.

상담자 그렇구나. 넌 시간을 낭비하는 대신 정말 유익한 시간을 보내고 싶은 거구나. 네가 말하는 시간을 좋게 사용하는 것, 즉 유익한 시간을 보내는 것은 구체적으로 어떻게 시간을 사용하는 것인지가 궁금하구나. 예를 들어 보자. 만약 네가 시간을 낭비하지 않고 유익한 시간을 보내고 있다고 가정하자. 그렇다면 너에게 어떤 일들이 벌어지는 것을 보면, '아! 내가 시간낭비를 하지 않고, 유익한 시간을 보냈구나 하고 알 수 있게 될까? 〈중략〉

상담자 네가 시간을 낭비하지 않고 유익한 시간을 보내고 싶어 하는 것을 알겠어. 그렇다면, 유익한 시간을 보낸 다음에 네가 얻으려는 것이 무엇이니?

내담자 난 누가 뭐라고 해도 내가 하고 싶은 일을 하면서 살려고 해요. 난 소설을 쓰고 싶어요. 환상소설을 써서 세계적으로 유명한 작가가 되고, 또 돈도 많이 벌고 싶어요.

상담자 그렇구나. 네가 학교에 가지 않으려는 이유, 그리고 자퇴를 하려는 이유는 시간 낭비를 하지 않고 유익한 시간을 보내려는 마음 때문이었구나. 그리고 유익한 시간을 보내려는 이유는 유명하고 돈 많이 버는 성공한 환상소설가가 되고 싶은 마음 때문이었구나.

이렇게 성장동기가 명료화나 구체화되면, 성장동기를 통해 곧바로 문제행동을 직면해 나갈 수 있다.

상담자 그런데 유명하고 돈 많이 버는 환상소설가가 되려면 갖추어야 할 조건들이 있을 텐데, 그중에 학력도 좀 있어야 하는 것 아니니? 세계적으로 유명한 소설가가 되려면 수많은 소설가 지망생들보다 뛰어나야 하는데, 그렇게 되려면 괜찮은 대학에 가서 괜찮은 교수에게서 체계적인 교육을 받는 것이 더 낫지 않겠니? 또 좋은 대학에 가려면 일단 고등학교는 졸업해야 하는 것 아니니?

내담자 그렇기는 하죠… 사실 검정고시를 볼까 하는 생각도 해 본 적이 있어요… 하지만 어떤 사람들은 검정고시를 보는 것이 더 시간이 많이 들어간다고 하던데요.

상담자 그렇구나. 검정고시도 만만하지는 않겠지. 시간이 더 많이 들 수도 있고, 시험에서 떨어질 위험부담도 있고. 어쩌면, 검정고시보다는 그냥 학교에 다니는 것이 더 시간을 유익하게 보내는 것이 아닐까 하는 생각이 드는지도 모르겠구나.

내담자 조금은요.

상담자 정말? 그래? 정말 싫지만 그래도 조금은 학교에 그냥 다니는 것이 낫겠다는 생각이 들기도 한다는 말이구나.

내담자 예.

상담자 그런 생각에 대해 좀 더 자세히 이야기해 줄 수 있겠니?

내담자 이야기하다 보니, 그냥 다닐까 하는 생각도 들었어요. 실질적으로 학교에 다니는 시간은 두 달 정도밖에 안 될 것 같고, 그럴 거면 그냥 학교에 다니면서 졸업을 하고, 졸업한 이후에 내가 하고 싶은 일들을 해 나가면 될 것 같긴 해요.

상담자는 멘토 활동을 하는 대학 국문과 3학년 학생과의 만남을 주선하였다. 또한 지역 문인협회의 실무자이면서 글쓰기 치료를 하는 소설가와의 만남도 주선하였다. 이후에 이 군은 고등학교를 계속 다녀서 졸업하기로 결정하였고, 9개월 후에는 실제로 고등학교를 졸업했다. 그리고 나서 모 대학 문예창작과에 입학하였다.

2. 대안 탐색

문제나 대안과 관련된 소망들이 구체화나 명료화된 이후에는, ① 우선적인 소망을 선택하고, 이 소망이 성취된 상태를 탐색하여 적합한 성취상태를 구성하거나, ② 성취상태에 이르기 위한 성취방법을 탐색하여 적합한 성취방법을 구성하거나, ③ 성취방법을 실행으로 옮길 성취행동을 탐색하여 적합한 성취행동을 구성해 나간다.

- 성취상태란 문제나 대안과 관련하여 바라던 소망이 성취된 상태를 의미한다. 즉, 정신장애가 치료된 상태, 당면문제가 해결된 상태, 그리고 성장과제가 성취된 상태를 의미한다.
- 성취방법이란 성취상태에 이르기 위한 구체적인 방법들을 의미한다. 즉, 정신장애를 치료하거나, 당면문제를 해결하거나, 성장과제를 성취하는 효과적인 원리, 기법, 과정 등을 의미한다.
- 성취행동이란 성취상태에 이르기 위한 바람직한 행동, 또는 성취방법을 실현하는 바람직한 행동을 의미한다.

성취상태나 성취방법이나 성취행동을 구성하는 과정을 대안 탐색이라 한다. 여기서는 대안 탐색을 '대안 탐색 방법'과 '대안 선택 방법'으로 구분하여 설명하였다.

1) 대안 탐색 방법

대안을 탐색하는 방법들은 아주 다양하지만, 상담에서 많이 활용하는 방법에는 ① 브레인스토밍, ② 과거의 성공경험 탐색하기, ③ 성공모형 탐색하기, ④ 가정법을 사용하여 탐색하기, ⑤ 대안 제시 등이 포함된다.

브레인스토밍   브레인스토밍은 문제해결을 위한 집단 의사결정 방법이다. 이는 여러 사람이 함께 모여, 먼저 가능한 모든 대안들을 찾아보고, 이어서 제시된 대안들 중에서 부적절한 대안을 제외하여 최종적으로 남은 대안을 선택해 나가는 과정을 거친다. 이 과정에서 가능한 모든 대안들을 찾아볼 때는 '가능한 한 많은 대안을 찾을 것'과 '대안이 다 제시되기 전까지는 비록 엉뚱하고 비현실적인 것이라도 평가 및 판단을 유보할 것' 등이 권장된다.

중학교 2학년인 오 군은 성적저하와 시험불안 문제 때문에 상담을 받았다. 그는 '중간고사 성적을 평균 80점 이상 받기'를 희망하였는데, '이전 시험성적은 69점'이었다. 상담자와 내담자는 서로 합의하에 '중간고사 성적을 80점 이상 받을 수 있는 방안'을 찾기 위해 브레인스토밍을 하였는데, 다음에 제시된 대안들은 브레인스토밍 결과로써 얻은 것들이다. 이후에 제시된 대안들 중에서 불가능하거나 바람직하지 않은 대안들을 제거하여 최종적으로 '과외학원 다니기, 예비시험 보기, 게임 안 하기'를 대안으로 선택하였다. 그리고 내담자가 제시한 대안항목 중에서 '자살하기'가 있었기 때문에 추가로 '자살위기 평가'를 실시하였지만 별다른 이상은 없었다.

- 커닝하기
- 시험문제 미리 구하기
- 열심히 공부하기
- 과외학원 다니기
- 예비시험 보기
- 게임 안 하기
- 자살하기
- 완전히 포기하기
- 대리시험 보기
- 실컷 놀고 공부하기
- 시험을 없애 버리기
- 담력훈련 하기
- 교회 안 가기
- 명상하기
- 이민 가기
- 등산하기
- 학교를 없애 버리기
- 다른 학생 공부 방해하기

성공경험 탐색하기　성공경험이란 문제를 해결하거나 목표를 성취했던 경험을 말하는데, 이러한 성공경험을 탐색하면 대안을 탐색하는 데 도움이 된다. 해결중심 상담에서는 성공경험 탐색 방법으로 '예외질문'을 많이 활용하는데, 여기서 '예외'란 말은 '문제 이외의 상황, 즉 문제가 없거나 문제를 해결하였던 상황'을 의미한다. 따라서 '예외질문'이란 '문제가 없거나 성공적으로 문제를 해결하였던 상황에 대한 질문'을 말한다. 구체적으로 말하면 '예외상황이 있었습니까?'라고 질문하면서 '문제가 없었던 또는 문제를 해결하였던 예외상황을 발견'하도록 돕고, 더 나아가 내담자가 예외상황이 있었다고 말하면 '예외상황에서 구체적으로 어떻게 생각하고 선택하고 말하고 행동하였습니까?'라고 질문하면서 '예외상황을 만드는 데 도움이 되었던 생각, 선택, 말, 행동' 등을 발견하도록 돕는 방법이다.

예외질문은 내담자가 이미 가지고 있는 현실적인 문제해결 자원을 탐색하는 데 효과적이고, 더불어 상담을 긍정적인 방향으로 흐르도록 하는 힘을 가지고 있다.

김 여인은 34세의 가정주부인데, 최근 대학원 입학시험에 합격한 후 등록하는 과정에서 시어머니와 심한 갈등이 생긴 상태에서 상담실을 찾았다.

내담자　어떤 때는 너무너무 불편해요.

상담자 참을 수 없을 만큼 불편함을 느꼈겠군요. 그런데 시어머니와 문제없이 잘 지냈던 때가 있었나요?

내담자 결혼 전에는 시어머니와 친했어요.

상담자 그때는 어떻게 행동하였기에 그렇게 시어머니와 친할 수 있었어요?

내담자 처음에는 둘이서 외식도 하고 쇼핑도 다니고 그랬는데… 일부러 친해지려고 노력을 했어요.

상담자 구체적으로 어떻게 노력을 했었기에 친해질 수 있었는지 궁금하네요.

내담자 결혼 초에는 다 그런 마음을 먹잖아요. 사실 서로 잘 모르기도 하고요. 처음에는 '속상해도 참고 잘해야지.' 하는 생각을 많이 했어요. 그래서 일부러 시어머니에게 전화로 안부도 묻고, 쇼핑을 같이 가자고 하고… 시어머니는 신랑이 전부거든요… 느낌이라는 거 있잖아요. 어머니는 사람들에게 제 흉을 많이 보고 다니시나 봐요. 하지만 모르는 척 참았고… 바쁘지만 신랑과 함께 수요일 저녁에는 거의 시댁에 갔어요. 그때는 저도 노력을 많이 했어요.

상담자 그런 상황에서 시어머니와 더 이상 나빠지지 않고 관계를 유지할 수 있었던 것은 당신이 여러 가지 방법들을 동원해서 더 이상 나빠지지 않도록 노력을 했기 때문이라는 생각이 드네요. 가령, ① 속으로 참아서 잘해야지 하는 다짐을 했던 것, ② 먼저 전화로 안부를 물은 것, ③ 쇼핑을 같이 가자고 제안하는 것, ④ 시댁에 인사드리러 가는 것과 같은 방법으로 노력을 해 왔다고 생각합니다. 이런 성공적이었던 방법들 중에서 이번에 대학원 진학으로 벌어진 갈등을 해결하는 데 도움이 되는 방법이 있을까요?

성공모형 탐색하기   성공모형이란 문제를 해결하거나 목표를 성취한 본받을 만한 대상을 말하는데, 이는 실제적인 인물일 수도 있고, 책 속의 인물일 수도 있으며, 사람이 아니라 동식물 또는 자연현상일 수도 있다. 따라서 성공모형 탐색하기는 성공적으로 문제를 해결하거나 목표를 성취한 대상을 찾아내어 그 대상모형이 사용한 효과적인 방안들을 탐색함으로써 자신의 문제해결이나 목표성취에 적합한 대안을 찾는 방법이다. 성공모형 탐색하기의 기본 가정은 '만약 누군가가 성공을 했었다면, 나도 성공할 수 있다.'는 것이다. 즉, '누군가가 성공을 했었다면, 그의 성공과 관련된 생각과 선택과 말과 행동을 알아내고, 이를 배워서 똑같이 따라 한다면 나도 성공을 할 수 있다.'는 것이다.

39세의 윤 여인은 유방암 진단을 받고 유방제거 수술을 받았다. 수술이 성공적이어서 종양은 제거했지만 심한 우울증에 빠지게 되었다. 이러한 우울증 문제로 남편과 같이 상담실을 찾아왔지만, 첫 면접을 받고 난 3일 후에 수면제를 먹고 자살을 기도했다. 다행히 시누이에게 발견되어 응급치료를 받은 상태에서 다시 상담실을 찾았다. 상담이 진행되면서 그녀는 서서히 변화되기 시작하였는데, 특히 트랜스 유도와 암시에 잘 반응하였다. 상담을 시작한 지 2개월이 지나면서부터 주변 사람들과 만나는 횟수가 증가하고 야간 대학에 진학하는 등 행동상의 두드러진 변화가 나타났다. 하지만 그녀는 유방암 재발에 대한 강한 두려움을 가지고 있었는데, 이런 두려움을 해결하는 방법을 찾기 위해 성공모형을 탐색하기로 하였다. 그녀는 성공모형, 즉 유방암 재발문제를 극복한 사람을 알고 있지 못했기 때문에 상담자의 권유에 따라 '가톨릭복지관에서 실시하는 암환자 모임'에 참석하기로 하였고, 그곳에 가서 유방암을 극복한 사람에 대한 정보를 찾아보기로 하였다. 1주일 후에 만났을 때 "복지관에서 식이요법 전문가를 만났고 그의 권유로 유방암 극복수기에 대한 책을 두 권이나 사서 읽었다."고 보고하였다. 책에서 도움받은 것이 무엇인지를 물었더니 "식이요법과 운동, 그리고 스트레스 관리와 마음가짐이 중요하다는 것을 알게 되었다."고 했다. 이 회기가 끝날 즈음에, 그녀는 요가 프로그램과 식이요법 강좌에 등록하기로 상담자와 약속을 했다.

김 군은 인문계 고등학교 2학년 남학생이다. 김 군은 초등학교 교사인 어머니의 권유로 상담실을 찾았는데, 김 군은 성적저하 문제를 호소하면서 구체적인 공부방법에 대해 알고 싶어 했다.

내담자 공부방법을 잘 모르긴 해도… 더 이상은 모르겠어요. 나도 노력을 했으니까요.
상담자 나름대로의 방식으로 공부를 했다고 생각하지만 자신이 해 온 방식이 최선이라고 느끼지는 않는군요.
내담자 예… 저도 남들처럼 공부 잘하는 법을 알 수 있으면 좋겠어요. 〈중략〉
상담자 주변에 공부 잘하는 사람이 있나요?
내담자 있긴 있는데… 누나가 공부를 잘해요. 잘난 척을 많이 하죠.
상담자 누나가 공부를 잘하지만 잘난 척하는 것이 싫은 거네요… 또 다른 공부 잘하는 사람을 알고 있나요?
내담자 삼촌이 회계사 1차 시험에 합격했다가 2차 시험에서 떨어졌어요. 우리 친척들 중에서는 공부를 제일 잘했어요. 시험에 합격했다고 학교에 현수막도 붙고.

상담자 회계사 1차 시험에 합격되었었다면 공부를 잘했겠군요. 그런 삼촌이 자랑스
럽기도 할 것 같고요. 삼촌과는 친해요?

내담자 예. 잘해 줘요. 전에는 우리 집에서 두 달 정도 같이 살았었어요. 성격도 좋고.

상담자 삼촌을 좋아하고 있는 것 같네요. 삼촌도 김 군을 좋아하는 것 같고… 주변에
공부 잘하는 사람이 있는지를 질문한 것은 이유가 있었어요. 생각해 봐요. 공
부를 잘하는 사람은 그럴 만한 이유, 그러니까 효과적으로 공부하는 방법을
알고 있기 때문이지요. 효과적인 방법으로 공부를 하니까 성적이 좋게 나왔
을 거라는 말이지요. 만약 그렇다면, 공부 잘하는 사람이 활용하는 방법을 알
아내어 그대로 따라서 할 수만 있다면 김 군도 공부를 잘할 수 있지 않을까?

내담자 그렇겠죠. 하지만 그런 사람들은 머리가 좋잖아요.

상담자 정말 머리가 좋아서 그럴까?… 설사 그렇다고 하더라도 좋은 머리를 가진 사
람들은, 자신의 좋은 머리를 활용해서 좋은 성적을 얻는 방법들을 찾았을 가
능성이 높지 않을까?

내담자 그럴 것도 같네요.

상담자 그럼, 누나나 삼촌에게서 효과적으로 공부하는 방법을 알아내는 시도를 해
보면 어떨까?

내담자 음… 좋아요.

상담자 그래요. 어려울 수도 있지만 해 보면 좋겠어요. 그런데 공부방법을 알아내는
것은 쉽지 않을 수도 있어요. 자신만의 방법을 알려 주는 것이 싫을 수도 있
고, 자신이 사용하는 방법이 무엇인지 잘 모를 수도 있고요. 그렇기 때문에
누나나 삼촌이 사용하는 것을 알아내기 위해서는 사전에 준비가 필요해요.
한 가지 방법은 질문할 내용을 미리 생각해 보는 것이지요. 이런 방법이 괜
찮겠어요?

내담자 예.

상담자 좋아요. 그럼 생각을 해 봅시다. 어떤 질문들을 하면 될까요? 〈후략〉

상담자와 내담자는 서로 합의하여 아래와 같은 질문항목을 구성하였다.

• 공부를 왜 하나요?

- 공부가 재미있나요? 어떻게 하면 재미있게 공부할 수 있나요?
- 어떤 과목을 잘하고 어떤 과목이 어려운가요?
- 공부와 관련된 계획을 세우나요? 계획을 세우면 그대로 실천하나요?
- 공부하는 데 방해가 되는 것들은 무엇이고 어떻게 극복하나요?
- 국어, 영어, 수학을 어떻게 공부하나요?
- 노트는 어떻게 작성하나요?
- 스트레스를 어떻게 하나요?
- 암기를 어떻게 하나요?
- 예습과 복습은 어떻게 하나요?
- 집에서는 어떻게 공부하나요?
- 학교에서는 어떻게 공부하나요?
- 시험 볼 때는 어떻게 하나요?

상담자 이 질문을 누나와 삼촌에게 해 보고 올 수 있겠어요?
내담자 전화로 해도 되나요?
상담자 만나기 어려워요?
내담자 예. 누나는 같이 있으니까 그렇지만 삼촌이 조금…….
상담자 그렇다면 누나는 만나서 물어보고 삼촌은 전화로 물어보고 오는 것으로 할
        까요?
내담자 예.

가정법을 사용하여 탐색하기   가정법이란 현실이 아니지만 마치 현실인 것처럼 가정하는 방법인데, 이러한 가정법을 활용하면 효과적으로 대안을 탐색할 수 있다. 가정법을 사용한 대안 탐색 방법들을 몇 가지 예시하면 아래와 같다.

- 문제해결 가정: 문제가 해결되었다고 가정한 후, 어떤 대안을 사용해서 문제해결을 했을지를 생각하여 이야기해 보도록 함으로써 대안을 탐색할 수 있다.
- 기적질문: 해결중심적 치료에서는 기적질문을 사용한다. 즉, 밤에 잠을 자는 동안 문제가 해결되는 기적이 일어났다고 가정한 후, 다음 날 아침에 일어났을 때 구체적으로 무엇을 보거나 들으면 기적이 일어났다는 것을 알 수 있는지를 생각하여 이야기

해 보도록 함으로써 대안을 탐색할 수 있다(가족치료연구모임 역, 1995, 1996).

- 신의 조언 또는 현자의 조언: 신과 같은 전능한 사람 또는 현명한 사람이 되었다고 가정한 후, 신 또는 현자의 입장에서 문제해결 대안을 제시해 보도록 함으로써 대안을 탐색할 수 있다.
- 신과 소원: 신이 문제해결과 관련된 다섯 가지 소원을 들어준다고 가정한 후, 다섯 가지 소원을 이야기하도록 함으로써 대안을 탐색할 수 있다.
- 로또 당첨: 로또가 당첨되어 100억 원이 생겼다고 가정한 후, 하고 싶은 일들을 이야기하도록 함으로써 대안을 탐색할 수 있다.
- 죽음 가정: 1주일 후에 죽음을 가정하고, 남아 있는 시간 동안 무엇을 할 것인지를 이야기하거나, 유서를 쓰도록 하는 활동들을 통해 대안을 탐색할 수 있다.

모 대학 영문과 2학년인 김 양은 시험시기가 되면 두통과 설사가 심했다. 진통제로도 쉽게 두통이 없어지지 않았기 때문에 종합병원에서 정밀검사를 받았으나 의사로부터 이상이 없다는 이야기와 함께 심리적인 문제일 수도 있으니 정신과에 가 보라는 이야기를 들었다. 김 양은 정신과 대신 대학상담실에 가서 상담을 받았다. 다음은 16회기에 실시한 상담내용인데, 이 회기에서 가정법을 활용한 대안 탐색이 이루어졌다.

내담자　정신병원에 가면 사람들이 미쳤다고 할 수도 있잖아요… 도움이 안 되지는 않겠지만…….

상담자　정신과 의사를 만나는 것이 도움될 것이라는 생각은 들지만 가고 싶지 않은 거군요… 또 신경 쓰이는 것은 정신과에 다닌다는 사실이 알려졌을 때 사람들에게 오해받을까 걱정되는 것도 있고요. 그러니까 미친 사람 취급받는 것을 피하고 싶으신 거지요… 김 양이 정신과에 가지 않고 상담실에 온 이유를 알겠습니다… 그런데 한번 상상을 해 봅시다. 만약 자신이 정신과 의사라고 가정을 한다면 자신과 똑같은 경쟁심, 두통과 설사 문제를 가진 사람에게 어떤 해결책을 내려 줄까요?

내담자　글쎄요… 나야 잘 모르죠… 의사도 아니고…….

상담자　그렇군요. 무리한 요구를 한다는 심정이 들지도 모르겠습니다. 그런데 지금 우리는 경쟁심을 줄이고, 두통과 설사 문제를 해결하는 방법을 찾고자 하고 있습니다. 문제해결 방법을 찾는 한 가지 요령은 마치 해결책을 알고 있는 사람처럼 되어서 생각을 해 보는 것이지요. 그래서 의사 선생님 입장에서 생각을 해 보라고 제안했던 것이고요.

내담자 아… 예.

상담자 사실과 다를지라도 정말 그 입장에서 생각해 보면 방법을 찾는 데 도움이 되는 것은 사실입니다.

내담자 잘 모르겠어요. 어떻게 생각할지…….

상담자 그럼 당신 주변에 김 양을 위해 정말 솔직하게 조언을 해 줄 만한 현명한 사람이 있습니까?

내담자 잘 모르겠어요… 글쎄… 선생님이 말씀해 주시면 되잖아요.

상담자 저라면 김 양에게 도움이 되는 해결방안을 알려 줄 수 있을 것이라고 생각하는군요… 그렇다면, 이렇게 해 보지요. 만약 김 양이 저라고 가정하고, 김 양과 똑같은 문제를 가진 사람이 찾아와서 해결방법을 알려 달라고 한다면 뭐라고 조언을 하겠습니까?

내담자 잘 모르겠어요… 스트레스 많이 받고 있으니 마음을 편하게 해라… 아니 모르겠어요… 사실 저는 운동을 해야 한다는 생각을 해 왔어요. 그럼 좀 강해질 것 같고… 주희와 경쟁하지 말아야지 하는 생각도 많이 해요. 박 교수님은 주희만 챙기시니까. 질투심이 많이 나죠. 또… 제가 참을성이 약하거든요. 그래서 두통약도 먹기 시작했는데 이제는 많이 먹어도 잘 안 들어요. 내성이 생긴 것 같아요.

상담자 지금 생각할 수 있는 문제해결 방법들은 '① 스트레스를 줄이기, ② 마음을 편하게 먹기, ③ 운동하기, ④ 주희와 경쟁하지 않기, ⑤ 참을성을 기르기' 등이라고 요약할 수 있을까요?

내담자 예.

상담자 좀 더 구체적으로 생각해 보았으면 하는데, 먼저, 지금 스트레스 문제가 해결된 상태라고 가정해 봅시다. 모든 스트레스가 다 해결되어서 아무런 문제가 없는 상태가 되었다고 상상을 해 보는 겁니다. 내가 질문을 하면 정말로 그런 상태인 것처럼 대답을 해 봅시다. 자 당신은 스트레스 문제를 완전히 해결하셨군요?

내담자 예.

상담자 정말 놀랍습니다. 성공비결이 무엇인지 궁금합니다. 어떤 방법이 효과가 있었나요?

내담자 스트레스 받으면 그때그때 풀었어요. 체육관에 다니는 것이 도움되었고
요… 주희 일에 신경도 안 쓰고, 마음을 편하게 가지려고 노력했지요… 뭐
그런 것들…….

상담자 그러면, ① 주희에게 신경을 안 쓰고 마음 편하게 가지는 것과 ② 체육관 다
닌 것이 도움이 되었단 말이네요.

내담자 예.

상담자의 대안 제시   상담자가 바람직한 대안을 직접 제시해 주는 것도 대안 탐색의
한 형태이다. 보통 상담자의 대안 제시가 요구되는 몇 가지 상황들이 있다. 예를 들면,
내담자가 가진 특정문제 및 증상에 적합한 전문적인 치료방법이 있을 경우, 상담시간이
제한되어 있는 단회기나 단기상담인 경우, 또 단위회기 시간이 짧을 경우, 대안을 스스
로 탐색할 능력이 부족한 아동, 청소년, 그리고 정신기능이 현저히 낮은 경우 등이 이에
해당한다.

상담자의 대안 제시는 내담자 문제상황에 대한 객관적인 이해와 문제해결 방법에 대
한 전문적인 지식을 토대로 해야 한다. 또한 내담자의 자발성과 선택권, 결과에 대한 책
임성을 저해하지 않는 범위 내에서 실시하는 것이 바람직하다.

이 군은 폭력행동으로 법원에서 수강명령을 받은 보호관찰 대상인 고등학교 3학년 남
학생이다. 다음은 4회기에 이 군과 상담했던 사례인데, 이 회기에서 상담자는 대안 제시
방법을 활용하였다.

상담자 정말 아버지를 죽이고 싶도록 미웠고, 그렇게 생활하다 보니 화를 잘 내는
성격이 되었다는 말이네요.

내담자 아버지는 툭하면 어머니를 때렸어요. 술 먹고 와서는… 나에게 소리치고 빗
자루로 때리고… 인간도 아니죠. 처음에는 무서웠지만 나중에는 맞는 것
도… 나중에는 제가 가만히 있지도 않았죠. 중3 때 다른 여자와 살기 위해 집
도 팔고 은행에 돈도 다 가지고 가 버렸어요… 저는 화를 잘 못 참아요. 이젠
그러지 않으려고 해요. 저도 다 컸으니까… 가끔 사람을 무시하면… 그럴 때
는 잘 못 참는 것 같아요. 정수와도 그래서 싸운 것이고요… 선생님은 화가

나면 어떻게 해요?

상담자 화가 나서 싸우거나, 그래서 이번처럼 수강명령 받는 일이 없었으면 한다는 말이군요. 그리고 내가 어떻게 화를 참는지를 알면 도움이 될 것 같아요?

내담자 예. 선생님은 말을 잘하잖아요. 저는 말은 잘… 말로 안 되면 주먹부터 나가는 거죠… 화날 때 어떻게 하면 되는지 그걸…….

상담자 화날 때 효과적으로 행동하는 방법에 대해 알고 싶다는 것이네요?

내담자 예.

상담자 효과적인 행동방법은 다섯 가지로 요약할 수 있어요. 첫 번째, 자신이 화가 날 때 자신의 화난 감정을 알아차릴 수 있어야 해요. 왜냐하면 자신의 감정을 알아차릴 수 있어야 폭력적인 행동으로 이어지기 전에 멈출 수 있고, 화난 감정 자체를 경험하면서 그 실체를 알 수도 있기 때문이죠. 이런 것들을 위해서는 알아차림 훈련이 필요해요. 두 번째는 화난 감정을 생산적으로 처리하는 것이 필요해요. 가장 좋은 것은 직접 말로 풀 수 있으면 좋지요. 주먹으로 표현하는 것은 당장 화난 감정을 처리하는 데는 도움이 되지만 또 다른 싸움이나 갈등을 불러일으키기 때문에 적절하지 않아요. 그러나 정말 너무너무 화가 날 때는 말로만은 안 되니까 화를 참고 지연시키는 방법이나 다른 쪽으로 주의를 환기시키는 방법을 익힐 필요가 있어요. 세 번째는 합리적으로 생각하는 방법을 익혀야 해요. 왜곡되거나 합리적이지 못한 생각은 이 군을 화나게 하거나 주먹을 쓰게 만들기 때문이죠. 네 번째는 관심기울이기나 공감하는 방법을 익혀야 해요. 다른 사람의 상태나 심정을 알아차리는 능력이 모자라면 사람들과 사귀는 데 어려움이나 갈등을 겪을 수 있기 때문이죠. 마지막으로 자기성장을 위해 노력해야 합니다. 내가 성숙한 사람이 되면 화나는 횟수가 줄어들 것이기 때문이죠. 요약하자면, 화가 날 때 효과적으로 행동하는 방법은 자기 상태를 알아차리기, 화난 감정을 처리하기, 합리적으로 생각하기, 관심기울이기나 공감법을 익히기, 그리고 마지막으로 성숙한 사람이 되는 것들이라 할 수 있어요. 이러한 방법들을 사용하면 본인의 문제 해결에 도움이 될 것 같아요?

2) 대안 선택 방법

대안 탐색이 기존의 반응행동에서 벗어나 새로운 반응행동들을 발견하도록 하는 데 목적이 있다면, 대안 선택은 탐색된 새로운 대안들 중에서 자신의 문제해결 및 목표성취에 도움되는 대안들을 선택하도록 돕는 과정이다. 대안을 선택하는 과정은 직관적 선택과 비교·분석적 선택으로 구분할 수 있다. 먼저 직관적 선택은 세세한 비교 및 분석 과정을 거치지 않고 직관적으로 대안을 결정하는 방식이다. 반면, 비교·분석적 선택은 대안들의 장단점을 자세히 비교 및 분석해서 대안을 결정하는 방식이다. 일반적으로는 직관적인 방법을 많이 사용하지만 문제유형이나 상황에 따라서 비교·분석적 방법이 필요할 때가 있다.

(1) 직관적 선택

직관적 선택이란 비교·분석적 과정을 거치지 않고 직관적으로 선택하는 것을 말한다. 사실 탐색된 대안들을 하나하나 비교 및 분석을 해야만 바람직한 대안을 찾을 수 있는 것은 아니다. 어떤 대안들은 발견하는 즉시 직관적으로 효과적임을 알 수 있기 때문에 더 이상의 비교·분석과정이 불필요할 수 있다.

예를 들어, 직장상사와의 갈등으로 직장을 그만둔 후 실직상태에서 경제적 곤란 때문에 고민하던 내담자는 '실업수당을 신청하는 방안'을 발견했을 때, 더 이상의 비교·분석적 절차가 없더라도 이를 문제해결 방안으로 선택할 수 있다. 또 중학교 때부터 컴퓨터공학자가 되기를 꿈꾸던 학생이 아버지의 권유에 따라 사범대학 수학과에 들어간 후 적성에 맞지 않아서 심한 갈등을 겪고 있던 중에, 상담자로부터 '조금만 노력하면 컴퓨터공학과로 전과할 수 있고, 전과가 안 되면 복수전공이나 부전공을 할 수도 있다.'는 이야기를 들었을 때, 이 역시 더 이상의 비교·분석 과정을 거치지 않아도 문제해결 방안으로 선택할 수 있다.

실제 상담과정 중에서도 이런 직관적 선택이 많이 이루어진다. 예를 들어, 고 씨는 대학원에서 교육심리를 전공하고 있는 32세의 총각이다. 그는 결혼을 하지 않기 때문에 부모님으로부터 결혼 압력을 받고 있다고 하였다. 또 내적인 불안, 그리고 대인관계에서의 소외감이나 외로움 등의 문제를 가지고 있다고 하였다. 또 안정된 직업을 가지고 있지 않았기 때문에 자신의 진로에 대해서도 걱정하고 있다고 하였다. 그는 상담과정에서 '자신에게 적합한 진로나 직업'을 알고자 하였고, 대안을 탐색하는 과정에서 '신학대학원에 가는 방안'이 언급되었다. 그때, 그는 순간적으로 자신에게 '삶의 본질에 대한 탐구와 종교적인 생활에 대한 동경이 있었다.'는 것을 깨달았고, 또 '자신에게 종교적인 소명이 주어졌을 수 있으며, 자신이 현재 외롭고 방황하는 것은 주어진 소명을 피해 왔기 때문이란 생각이 들었다.'고 하였다. 1주일 후에 상담을 하기로 약속했는데, 그는 만나기로 약속한 날보다 하루 일찍 상담자에게 전화를 했다. 그는 이전 회기의 상담이 끝나고 나서, 하나님께 간절히 기도하면서 정말 진지하게 생각했다고 하였다. 그 결과 교육심리를 계속하는 대신 신학대학원에 진학하여 목사가 되겠다는 결심을 했다고 하였다. 그리고 더 이상 상담을 받지 않아도 되겠다면서 고맙다는 말을 남겼다. 그는 2개월 후에 신학대학원 특별전형에 지원했지만 떨어졌다. 그러나 1년 후에는 일반전형으로 지원해서 합격하였다.

한편, 직관적인 선택이 반드시 바람직한 것만은 아니다. 직관적인 선택이 오히려 문제해결을 지연시키거나 방해하는 경우도 종종 발생한다. 직관이란 결국 내담자의 반사적 반응행동의 일부일 수 있고, 이는 문제를 유지시키는 하나의 요인이 될 수도 있다. 따라서 직관적 방식으로 선택하도록 촉진할 때는 자칫 내담자의 충동이나 성급한 반사행동이 직관으로 포장되지 않도록 주의를 기울여야 한다.

(2) 비교 · 분석적 선택

비교 · 분석적 선택은 대안들의 장단점을 자세히 비교 및 분석해서 대안을 결정하는 방식이다. 보통은 직관적 방법을 사용하겠지만, 매우 중요한 의사결정 문제일 때, 탐색된 대안들에 대한 선택갈등이 있을 때, 그리고 대안선택 이후에 이미 선택한 대안에 대한 만족과 확신이 부족할 때는 비교 · 분석적 방법이 더 적합할 수 있다.

예를 들어, 4년제 사범대학 교육학과에 진학해야 할지 아니면 2년제 대학 사회복지과에 진학해야 할지를 놓고 갈등하고 있을 때는 직관적 방식보다 비교 · 분석적 방법이 더 적합할 수 있다. 그리고 남편의 외도로 갈등을 겪던 내담자가 이혼을 해야 할지 말아야 할지를 결정할 때, 가난하지만 사랑하는 사람과 결혼을 해야 할지 경제적으로 안정된 사람과 결혼을 해야 할지를 고민 중일 때, 집단 따돌림 문제로 갈등을 겪고 있는 내담자가 이사 및 전학을 가느냐의 여부를 결정할 때에도 직관적 방식보다 비교 · 분석적 방법이 더 나을 수 있다.

일반적으로 비교 · 분석적 선택은 '일차 선택, 대안 평가, 대안 선택' 순으로 이루어진다.

일차 선택   대안 분석이나 선택은 작업량이 많아서 시간과 노력이 많이 요구된다. 만약 제시된 대안의 수가 많으면 이들을 일일이 분석하거나 하나의 대안을 선택하는 데 시간과 노력이 많이 들어간다. 하지만 대안의 수를 줄일 수 있으면 분석이나 선택하는 데 소요되는 시간과 노력도 줄일 수 있다. 일차 선택이란 대안 분석이나 선택을 하기 이전에 일차적으로 대안의 수를 줄이는 과정을 말한다.

일차 선택은 ① 부적절한 대안들을 제외시켜서 대안의 수를 줄이는 방법, ② 적절한 대안들을 골라내서 대안의 수를 줄이는 방법, 그리고 이 두 방식을 합쳐서 ③ 부적절한 대안들을 제외시킨 이후에 적절한 대안들을 골라내서 대안의 수를 줄이는 방법이 있다. 경험적으로 보면 일차 선택에서는 대안의 수를 보통 2~3개로 줄이는 것이 바람직하다.

대안 평가   대안 평가란 '평가준거를 사용하여 특정 대안의 양적 수준이나 가치를 판정하거나 설명하는 행위'를 말한다. 쉽게 말하면, 여러 가지 대안들을 서로 비교하여 가장 좋은 하나의 대안을 선택하는 작업을 하기 전에 대안들의 장단점들을 파악하는 과정을 대안 평가라 한다. 보통 대안 평가는 몇 가지 평가항목을 임의로 정해 놓고, 이 항목에 맞춰 평가를 하는 방식으로 이루어진다. 대안 평가에 활용되는 일반적인 평가항목과 그 내용들을 요약하면 다음과 같다.

- 타당성: 특정 대안은 문제해결 또는 목표성취에 도움이 되는가? 어느 정도 도움이 되는가?
- 위험성: 특정 대안은 나(또는 타인이나 사회)에게 위험한가? 어느 정도 위험한가? 또는 안전한가? 어느 정도 안전한가?

표 13–1 **대안 평가 예시**

대안	안정성(위험성)	실천 용이성	경제성	사회 영향력	순위
헬스	위험 낮음	실천 다소 어려움 (시간 부족, 게으름, 습관, 늦잠, 힘듦)	경제성 다소 낮음(헬스장 비용 지출)	피해 안 줌. 관계 증진(아내와 같이 운동할 수 있음)	

- 실천 용이성: 특정 대안은 현실에서 실천하기 쉬운가? 어느 정도 실천하기 쉬운가? 또는 실천하기 어려운가? 어느 정도 실천하기 어려운가?
- 경제성: 특정 대안은 나(또는 타인이나 사회)에게 이득이 있는가? 어느 정도 이득이 있는가? 또는 손실이 있는가? 어느 정도 손실이 있는가?
- 영향력: 특정 대안은 타인이나 사회에 긍정적 영향을 미치는가? 어느 정도 긍정적 영향을 미치는가? 또는 부정적 영향을 미치는가? 어느 정도 부정적 영향을 미치는가?

대안 선택 대안 선택이란 각각의 대안에 대한 평가내용을 비교하면서 우선순위를 결정하고 이를 토대로 적합한 대안을 선택하는 과정을 말한다. 보통은 대안 평가 자료를 토대로 세부내용들을 비교해서 상대적 우위의 대안을 선택해 나간다.

한편, 대안을 비교 및 선택할 때는 위에서 설명한 '타당성, 위험성, 실천 용이성, 경제성, 사회적 영향력' 등의 준거를 고려할 수 있다. 예를 들어, 남편의 외도문제로 고민하던 40대 여인은 이혼하는 것, 별거하는 것, 자신이 원하는 것을 주장하면서 참고 사는 것의 세 가지 방안에 대해 다음과 같이 비교하여 결국 '주장하면서 참고 사는 방안'을 선택하였다.

표 13-2 대안 선택 예시

대안	타당성	안전성 (위험성)	실천 용이성	경제성	사회적 영향력	가치 조화	우선순위
이혼함	1	3	3	3	3	3	16/3
별거함	2	2	2	1	2	2	11/2
주장함, 참고 삶	3	1	1	2	1	1	9/1

3. 목표 설정

문제와 관련된 소망을 탐색하고, 소망과 관련된 대안을 탐색한 이후에는 목표 설정 작업을 해 나간다. 목표란 '내담자가 상담을 통해 성취하고자 하는 긍정적 결과'를 의미한다. 따라서 목표 설정이란 '내담자가 목표를 설정하도록 상담자가 조력하는 과정'을 의미한다.

3. 목표 설정   371

참고로, 여기에 기술된 '목표 설정' 과정은 이전의 과정들과 중첩된 부분이 포함되어 있다. 구체적으로 말하면, 문제 명료화 과정의 일부인 '① 상담목표 설정 과정', 그리고 상담계획 수립 과정의 일부인 '② 상담개입 목표 설정 과정'은 여기에 기술된 상담처치의 대안 설정의 일부인 '③ 목표 설정 과정'과는 부분적으로 중첩되어 있다.

이런 중첩에도 불구하고, 이들 간에는 몇 가지 차이가 있는데, 이런 차이를 정리하면 다음과 같다. 첫째, 시점에서 차이가 있다. 즉, 상담과정 측면에서 '① 상담목표 설정'은 상담초기의 문제 명료화 과정의 일부이다. 그리고 '② 상담개입 목표 설정'은 상담초기의 상담계획 수립 과정의 일부이다. 그리고 '③ 목표 설정'은 상담중기의 상담처치의 대안 설정 과정의 일부이다.

둘째, 작업 주체에서 차이가 있다. 즉, 작업 주체 측면에서 '① 상담목표 설정'과 '③ 목표 설정'은 상담자와 내담자가 모두 작업 주체로서 서로 협력해서 설정하는 작업이다. 반면, '② 상담개입 목표 설정'은 상담자가 작업 주체로서 상담회기 진행 중에 또는 상담회기가 끝난 이후에 상담자가 설정하는 작업이다.

셋째, 형태와 초점에서 차이가 있다. 즉, 문제 명료화 과정에서의 '① 상담목표 설정'은 형태 측면에서 '대부분 질적 목표의 형태지만 일부는 양적 목표의 형태'로 설정된다. 그리고 초점 측면에서 상담자와 내담자의 '상담 목표관리에 초점'이 있다. 다시 말하면 '상담방향 설정, 활동 조직화 기준 마련, 성취판단 기준 마련, 상담동기 강화' 등의 상담 목표관리에 초점이 있다.

그리고 상담계획 수립 과정에서의 '② 상담개입 목표 설정'은 형태 측면에서 '대부분 양적 목표의 형태지만 일부는 질적 목표의 형태'로 설정된다. 그리고 초점 측면에서 '상담자의 상담개입 목표관리에 초점'이 있다. 다시 말하면, '상담자가 상담개입을 한 결과로서 산출하고자 하는 내담자의 긍정적 변화 상태'를 설정하는 데 초점이 있다.

그리고 상담처치의 대안 설정 과정에서의 '③ 목표 설정'은 형태 측면에서 '대부분 양적 목표의 형태'로 설정된다. 그리고 초점 측면에서 '내담자의 행동 학습과 행동 자기관리에 초점'이 있다. 다시 말하면 '내담자의 대안행동 수행 능력을 형성하기 위한 학습목표' 또는 '내담자의 대안행동 실행과 습관 형성을 위한 학습목표'를 설정하는 데 초점이 있다.

그런데 이상에서 설명한 구분은 다소 인위적이고 이론적인 것이다. 즉, 실제 상담실무에서 이런 차이점들은 애매하거나 불분명해질 수 있으며, 이런 점 때문에 이들을 명확히 구분하는 것은 어려울 수 있다.

목표 설정은 상담성과와 밀접한 관련이 있다. 잘 선정된 목표에는 상담을 통해 성취하고자 하는 긍정적 결과, 즉 성과가 명확히 제시되어 있기 때문에 상담 활동을 생산적으로 조직화한다. 이런 조직화된 활동들은 결국 의미 있는 성과로 이어지게 한다.

한편, 목표는 준거에 따라 여러 가지 유형으로 구분할 수 있다. 먼저 목표는 구조나 범주에 따라 궁극적 목표, 결과목표, 과정목표, 세부목표로 구분할 수 있다. 여기서 궁극적 목표는 추구하는 방향이나 목적을 의미한다. 그리고 결과목표는 사전에 정한 시간에 이르렀을 때 성취하고자 하는 구체적인 결과를 의미하고, 과정목표는 결과목표를 성취하기 위한 중간단계의 하위목표들을 의미하며, 세부목표는 과정목표를 성취하기 위한 세부단계의 하위목표들을 의미한다.

또한 목표는 수치화나 가시화 정도에 따라 질적 목표와 양적 목표로 구분할 수 있다. 질적 목표에서 질적(質的)이란 용어는 수치화(數值化)나 가시화(可視化)되어 있지 않다는 말이다. 따라서 질적 목표란 수치화나 가시화되어 있지 않은 형태로 진술된 목표를 의미한다. 바꿔 말하면 양적 목표의 구성요소인 성취결과와 성취준거를 갖추지 않은 형태의 목표들을 모두 질적 목표라고 한다. 앞에서 설명한 성취소망, 성취상태 등은 보통 질적 목표에 해당한다. 반면, 양적(量的)이라는 말은 수치화나 가시화되어 있다는 말이다. 따라서 양적 목표란 수치화나 가시화되어 있는 형태로 진술된 목표를 의미한다. 바꿔 말하면 양적 목표의 구성요소인 성취결과와 성취준거가 명시되어 있는 형태의 목표들을 양적 목표라고 한다.

가급적 목표는 양적으로 설정하는 것이 바람직하다. 목표를 양적으로 설정하면 관찰 및 측정, 통제 및 관리가 용이하며, 결국 목표 성취를 촉진할 수 있게 된다. 따라서 잘 구성된 목표는 양적으로 진술되어 있고, 이렇게 잘 구성된 양적 목표에는 ① 가시적인 '성취결과'와 ② 성취결과에 도달하였는지의 여부를 판단할 수 있는 '성취준거'가 명시되어 있다.

표 13-3 양적 목표의 구성요소

양적 목표 구성요소 = 성취결과 + 성취준거(성취기간, 성취수량)

1) 성취결과

양적 목표에는 상담의 결과로서 성취하고자 하는 표적이 양적으로 진술되어 있다. 이러한 양적 표적을 성취결과라고 하는데, 성취결과를 진술할 때는 '내담자 중심, 결과형, 구체성, 성취 가능성, 긍정성' 등을 고려해야 한다.

내담자 중심　상담은 본질적으로 내담자의 변화를 지향하기 때문에 성취결과는 상담자 중심이 아니라 내담자 중심으로 진술하는 것이 바람직하다. 즉 '상담자가 특정 결과를 성취하겠다.'의 형태가 아니라, '내담자가 특정 결과를 성취한다.'의 형태로 진술하는 것이 바람직하다. 이를 위해 목표로 진술된 문장의 '주어'는 상담자가 아니라 '내담자'가 되어야 한다. 또 '목적어나 서술어'도 상담자가 아니라 '내담자'가 되어야 한다. 또 가급적 '동사'는 수동태가 아니라 '능동태'를 사용하는 것이 바람직하다. 예를 들면, 아래와 같다.

- '상담자가 내담자를 졸업시킨다.'가 아니라 ? '내담자가 졸업을 한다.'로 진술한다.
- '상담자가 내담자의 발표불안 증상을 제거한다.'가 아니라 ? '내담자의 발표행동이 증가한다. 발표상황에서 내담자가 자신의 비합리적 신념을 2개 이상 찾아 각각을 합리적 신념으로 바꿔서 진술할 수 있다. 내담자의 불안검사 점수가 감소한다.'로 진술한다.
- '상담자가 내담자의 자기주장 능력을 형성시킨다'가 아니라 ? '문제상황과 문제행동을 제시하면 내담자는 주장과 비주장 행동을 변별할 수 있다. 내담자의 자기주장 행동이 증가한다'로 진술한다.

결과형　목표는 결과의 형태로 진술하는 것이 바람직하다. 이 말은 방향과 결과와 과정을 구분해야 한다는 의미이다. 먼저 '결과의 형태로 진술하는 것이 바람직하다.'는 말은 '목표는 방향이 아니라 결과로 진술하는 것이 바람직하다.'는 말이다. 예를 들면, 아래와 같다.

- '세계적인 교육학자가 된다'와 같은 방향이 아니라 ⇨ '2025년 2월 말일 이전에 ○○ 대학 교수가 된다.'와 같은 결과로 진술한다.
- '건강을 회복한다.'나 '체중을 관리한다.'와 같은 방향이 아니라 ⇨ '12월 31일까지

체중을 60kg 이하로 줄인다.'와 같은 결과로 진술한다.

그리고 '결과의 형태로 진술하는 것이 바람직하다.'는 말의 또 다른 의미는 '목표는 과정이 아니라 결과로 진술하는 것이 바람직하다.'는 말이다. 예를 들어, 원하는 것이 '졸업'이라면 목표는 원하는 것이 성취된 결과를 반영하는 '졸업한다.'로 진술하는 것이 바람직하다. 그러나 원하는 것이 졸업임에도 불구하고, 결과가 아닌 과정에 해당하는 '학교에 결석하지 않는다. 중간고사 성적을 높인다. 매일 영어단어를 암기한다. 영어학원에 다닌다.' 등을 결과목표로 설정하는 것은 바람직하지 않다. 이런 것들은 결과목표가 아니라 과정목표나 세부목표에 해당한다. 물론 과정목표나 세부목표 자체를 설정하는 것이 불필요하다는 말은 결코 아니다. 단지 과정목표나 세부목표를 최종 결과목표로 설정하는 것이 바람직하지 않다는 말이다.

한편, 목표를 결과형으로 진술할 때는 타당성을 고려해야 한다. 즉, 결과는 호소문제가 해결된 상태를 반영할 수 있어야 한다는 의미이다. 예를 들어, 내담자가 '불안문제'를 호소하면서 '신체적 긴장의 감소'에 대한 소망을 이야기한다면, 목표를 '특정 불안상황에서 근육긴장도가 낮아진다.' 또는 '이완능력이 증가한다.'로 설정하는 것은 바람직하다. 그러나 불안문제나 신체적 긴강 감소와 별 상관이 없는 '기말고사의 평균성적이 증가한다.'로 설정하거나 '가족과의 대화시간이 증가한다.'로 설정하는 것은 바람직하지 않다.

구체성　　성취결과는 구체적인 형태로 진술하는 것이 바람직하다. 성취결과를 구체적으로 진술하기 위해서는 성취하고자 하는 표적이 양적으로 진술되어야 하는데, 일반적으로 표적은 '산물, 수행, 능력, 측정'의 네 가지 지표를 사용하여 양적으로 진술된다.

첫째, 표적은 산물지표를 사용하여 진술할 수 있다. 산물(産物)이란 가시적인 물질을 의미한다. 따라서 산물지표란 가시적인 물질의 형태로 표적을 진술하는 것이다. 즉, 이 물질만 보면 목표가 성취되었다는 것을 알 수 있는 가시적인 물질을 목표로 삼는 것이다. 예를 들어, '졸업한다.'라는 질적 목표는 '대학 졸업장'이라는 가시적인 산물을 지표로 사용하여 '대학 졸업장을 받는다.'라는 양적 목표를 구성할 수 있다. 또 '부자가 된다.'라는 질적 목표는 '10억 원 이상의 잔액이 남아 있는 은행통장'이라는 가시적인 산물을 지표로 사용하여 '10억 원 이상의 잔액이 남아 있는 은행통장을 소유한다.'라는 양적 목표를 구성할 수 있다. 또 '건강해진다'라는 질적 목표는 '○○병원 건강관리 프로그램의 수료증'이라는 가시적인 산물을 지표로 사용하여 '○○병원 건강관리 프로그램을 이수하여 수료증을 받는다.'라는 양적 목표를 구성할 수 있다.

둘째, 표적은 수행지표를 사용하여 진술할 수 있다. 여기서 수행(遂行)이란 '행동을 한다' 또는 '행동으로 옮긴다'는 의미를 가지고 있다. 따라서 수행지표란 '가시적인 특정 행동을 실제로 행하는 형태'로 표적을 진술하는 것이다. 즉, 특정 행동을 실제로 행하는 것을 보면 목표가 성취되었다는 것을 알 수 있도록 진술하는 것이다. 예를 들어, '건강해진다.'라는 질적 목표는 '마라톤'이라는 가시적인 행동을 행하는 형태의 수행지표를 사용하여 '마라톤을 한다.' 또는 '2014년 춘천 마라톤 대회에 나가 풀코스를 완주한다.'라는 양적 목표를 구성할 수 있다. 이와는 달리 '수영'이라는 가시적인 행동을 행하는 형태의 수행지표를 사용하여 '수영을 한다.' 또는 '○○수영장에 월회원으로 등록한다.'라는 양적 목표를 구성할 수도 있다.

수행지표를 사용할 때는 추상명사나 추상동사를 사용하기보다는 물질명사, 그리고 동작동사 또는 행위동사를 사용하는 것이 바람직하다. 동작동사 또는 행위동사란 행동을 묘사하는 동사들인데, 예를 들면, '본다, 듣는다, 맛본다, 움직인다, 걷는다, 만진다, 그린다, 쓴다, 만든다, 말한다, 기억한다, 구별한다, 정의한다, 예시한다, 요구한다' 등과 같은 것들이다.

셋째, 표적은 능력지표를 사용하여 진술할 수 있다. 여기서 능력이란 '가시적인 특정 조건에서 특정 행동을 수행할 수 있다는 능력이 입증한 상태'를 의미한다. 그리고 특정 조건이란 주로 '시험'을 의미한다. 따라서 능력지표란 '가시적인 특정 시험조건에서 특정 행동을 수행할 수 있다는 형태'로 표적을 진술하는 것이다. 즉, 제시된 특정 조건의 시험에서 특정 행동을 수행할 수 있으면, 특정 능력이 형성된 것으로 가정하고, 특정 시험조건에서의 특정 행동 수행결과를 보고, 목표가 성취되었다는 것을 판단할 수 있도록 진술하는 것이다.

예를 들어, '따돌림 문제'를 가진 아동의 질적 목표가 '자기주장 능력을 형성한다.'라면, 양적 목표는 '조롱받는 상황'이라는 시험 조건, 그리고 '나 전달법을 사용하여 자신이 원하는 것을 두 가지 이상 이야기할 수 있다.'라는 주장능력과 관련된 행동을 조합하여, '조롱받는 상황을 제시하면, 나 전달법을 사용하여 자신이 원하는 것을 두 가지 이상 이야기할 수 있다.'라는 형태의 양적 목표를 구성할 수 있다. 이렇게 하면, 나중에 실제로 내담자에게 '조롱받는 상황을 제시'하고, 그 상황에서 내담자가 '나 전달법을 사용하여 자신이 원하는 것을 두 가지 이상 이야기할 수 있으면 목표가 성취된 것'으로 판단하고, 만약 '나 전달법을 사용하지 못하거나 자신이 원하는 것을 두 가지 이상 이야기하지 못하면 목표가 성취되지 않은 것'으로 판단할 수 있게 된다.

일반적으로 시험조건은 '공간, 시간, 행동수행, 상황' 등의 형태로 구분할 수 있다. 공간적 형태의 시험조건은 '집에서, 사무실에서, 교실에서, 학교에서, 비행기 안에서, 차 안에서' 등으로 나타낼 수 있고, 시간적 형태의 시험조건은 '아침에, 밤에, 수업시간에, 12시간마다, 1시에서 2시 사이에' 등으로 나타낼 수 있으며, 행동수행 형태의 시험조건은 '텔레비전을 보면서, 책을 읽을 때, 어머니에게 이야기할 때, 걸어갈 때, 학기말 시험을 보면서' 등으로 나타낼 수 있고, 상황 형태의 시험조건은 '~와 만날 때, ~가 없을 때, 자녀가 말대꾸를 할 때, 설거지가 쌓여 있을 때, 아이가 울 때, 상사가 지시할 때' 등으로 나타낼 수 있다.

넷째, 표적은 측정지표를 사용하여 진술할 수 있다. 여기서 '측정'이란 '측정도구를 사용하여 수치화하는 것'을 의미한다. 상담에서 사용하는 '측정도구'에는 '저울, 시계, 혈당계와 같은 물리적 도구', 그리고 '지능검사지, 성격검사지, 적성검사지와 같은 심리검사 도구', 그리고 '주관적 만족지수, 주관적 고통지수와 같은 주관적 평가지수', 그리고 '중간고사나 기말고사 시험지, 토플 시험지, 토익 시험지, 수능 시험지, 자격증 시험지와 같은 시험지' 등이 포함된다. 따라서 측정지표란 '측정도구를 사용하여 특정 표적을 수치화하여 진술하는 것'이다.

예를 들어, '건강해진다.'라는 질적 목표는 '체중계로 측정한 몸무게'라는 가시적인 형태의 측정지표를 사용하여 '체중을 60kg 이하로 줄인다.'라는 양적 목표를 구성할 수 있다. 또 '불안이 줄어든다.'라는 질적 목표는 '○○불안검사지로 측정한 불안점수'라는 가시적인 형태의 측정지표를 사용하여 '○○불안검사의 불안점수가 10점 이하로 낮아진다.'라는 양적 목표를 구성할 수 있다. 또 '행복감이 증가한다.'라는 질적 목표는 '주관적 행복지수로 측정한 10점 척도의 점수'이라는 가시적인 형태의 측정지표를 사용하여 '주관적 행복지수가 8점 이상으로 증가한다.'라는 양적 목표를 구성할 수 있다.

성취 가능성   목표는 현실적으로 성취 가능한 형태로 진술하는 것이 바람직하다. 이는 내담자와 상담자의 능력, 상황적인 제약들을 고려하여 목표를 설정해야 한다는 말이다. 예를 들면, 2년 동안 학급 내 석차순위가 20위 미만이던 학생에게 '1개월 이내에 학급 내 성적순위를 3위 이내로 향상시킨다.'라고 설정했다면 내담자의 특성과 능력을 고려할 때 성취 가능한 목표라고 보기 어렵다. 또 자폐증 때문에 사회적 고립행동을 보이는 아동에게 '1개월 이내에 하루에 10명 이상의 사람들과 각각 10분 이상 대화를 한다.'라고 설정하는 것도 내담자의 특성과 능력을 고려할 때 성취 가능한 목표라고 보기 어렵다. 상담자의 전문성도 고려되어야 한다. 가령 '심인성 알레르기 증상의 심리치료'에 대한 교육이나 훈련, 자격이나 경력을 가지고 있지 않은 상담자가 심인성 알레르기 증상을 보이는 내담자의 목표를 '1개월 이내에 알레르기 증상을 없앤다.'라고 설정하는 것은 성취 가능한 목표라고 보기 어렵다.

한편, '성취 가능하다.'는 말은 '통제나 관리가 가능하다.'는 의미도 가지고 있다. 일반적으로 자신을 통제하거나 관리하는 것이 타인을 포함한 외부환경을 통제하거나 관리하는 것보다 훨씬 효율적이기 때문에 목표는 '타인이나 외부환경을 변화시키는 것'이 아니라 '자신의 행동을 변화시키는 것'으로 설정하는 것이 바람직하다. 예를 들어, 가출문제 때문에 상담받으러 온 청소년 내담자의 경우, 목표를 '어머니의 잔소리가 줄어든다, 부모님이 싸우지 않는다.'라고 설정한다면, 내담자가 부모를 변화시키는 것은 현실적으로 어렵기 때문에 성취 가능성이 낮아질 것이다. 그러나 타인이나 환경이 아닌 자신의 변화, 즉 '6개월 동안, 3일 이상 가출하지 않는다. 자신이 원하는 것을 아버지에게 하루 2회 이상 이야기한다.'라고 목표를 설정한다면, 이는 내담자가 통제하거나 관리할 수 있기 때문에 상대적으로 성취 가능성도 높아질 것이다. 또한 자신을 변화시키더라도 '자신의 유전, 생리, 외모, 과거의 사건이나 행동' 등과 같이 통제하거나 관리하기 어려운 것들보다는 '자신의 현재 사고, 선택, 언어표현, 비언어 표현, 반복적 습관이나 태도' 등과 같이 통제하거나 관리하기 쉬운 것들을 목표로 설정하는 것이 더 바람직하다.

긍정성   목표는 긍정적으로 진술하는 것이 바람직하다. 일반적으로 상담은 '아픔, 고통, 고민, 갈등, 어려움, 힘듦, 결핍, 지나침, 무가치함' 등과 같이 부정적으로 상징화되는 정신장애 증상이나 문제행동들을 다루는 활동이다. 이 때문에 목표는 정신장애 증상의 제거나 감소, 당면 생활문제와 관련된 문제행동의 제거나 감소와 같이 부정적인 것을 없애거나 줄이는 데 초점이 맞추어지는 경향이 있다. 즉, 부정적인 것들을 없애려는 상담의 특성 때문에 목표를 부정적 형태로 진술하는 경향이 있다.

따라서 목표를 부정적으로 진술할 수밖에 없는 다소의 불가피성이 있고, 이 때문에 목표를 부정적으로 진술했다고 하더라도 결코 부적절하다고 할 수는 없다. 그러나 상담은 부정적인 데서 벗어나는 것을 추구하지만 동시에 부정적인 데서 벗어나서 긍정적인 데로 나아가는 것을 추구하는 활동이다. 그러므로 목표를 부정적으로 진술하는 것보다는 긍정적으로 진술하는 것이 더 바람직하다. 그리고 부정적으로 진술하는 것이 더 적합한 경우에는 가급적 부정적 진술과 함께 긍정적 진술도 포함시켜 진술하는 것이 더 낫다. 즉, '증상이나 문제행동을 제거한다. 증상이나 문제행동이 감소한다.'의 형태보다는 '대안행동을 형성한다. 대안행동이 증가한다.'의 형태이거나 '문제행동을 제거하고 대안행동을 형성한다. 문제행동이 감소하고 대안행동이 증가한다.'의 형태가 더 바람직하다. 몇 가지 구체적인 예를 들면 아래와 같다.

- '결석하지 않는다.'와 같이 부정적 형태로 구성하기보다는 ? '출석한다.'와 같이 긍정적 형태로 구성하는 것이 더 바람직하다.
- '늦잠 자지 않는다.'와 같이 부정적 형태로만 구성하기보다는 ? '늦잠 자지 않는다.' 뿐만 아니라 '아침 일찍 일어난다.'와 같이 긍정적 형태를 포함시켜 구성하는 것이 더 바람직하다.
- '불안척도의 점수를 낮춘다.'와 같이 부정적 형태로만 구성하기보다는 ? '불안척도의 점수를 낮춘다.'뿐만 아니라 '자존감 척도의 점수를 높인다. 또는 근육이완 행동이 증가한다.'와 같이 긍정적 형태를 포함시켜 구성하는 것이 더 바람직하다.

한편, '목표를 긍정적 형태로 진술하라.'는 말을 '목표는 부정적으로 진술해서는 안 된다.'는 말로 오해해서는 안 된다. 상담실제에서는 부정적 진술이 불가피할 때가 많이 있다. 가령 공황장애를 가진 내담자에게 '신체적 이완행동, 혼자 여행하는 행동, 대안신념' 등과 같은 긍정적 행동들을 형성시키는 것이 정말 필요하다. 하지만 이보다 더 선행되어야 할 것은 '신체적 긴장, 극단적인 회피행동, 공황장애 관련 불안신념과 인지왜곡, 그리고 불안발작 행동' 등과 같은 부정적 행동들을 없애거나 줄이는 일이 더 시급할 수 있다. 따라서 '목표는 부정적으로 진술해서는 안 된다.'가 아니라 '목표는 가급적 긍정적으로 진술하는 것이 더 바람직하다.' 또는 '목표는 부정적으로만 진술하는 것보다는 가급적 긍정적 진술을 포함시켜 구성하는 것이 더 바람직하다.'라고 이해하는 것이 더 적절하다.

2) 성취준거

양적 목표에는 성취결과뿐만 아니라 성취준거도 명시되어 있어야 한다. 성취준거(또는 '수락기준'이라고도 한다.)란 목표의 성취 여부를 판정할 수 있는 명확한 기준을 의미한다. 목표에는 성취준거가 명시되어 있어야 동기화, 활동조직화, 관찰 및 측정, 성취 여부

판단, 평가 및 조정과 같은 목표 관리기 용이헤진다.

한편, 성취준거는 기간과 수량으로 구분할 수 있다. 즉, 성취준거가 명시되어 있다는 말은 목표에 '언제까지 목표를 완료할 것인지(또는 목표행동을 언제까지 수행할 것인지)를 나타내는 기간', 그리고 '어느 정도를 완료(또는 수행)할 것인지를 나타내는 수량'이 명시되어 있다는 의미이다.

기간   기간은 목표를 언제까지 완료할 것인지 또는 목표행동을 언제까지 수행할 것인지를 나타내기 위해 명시한다. 기간을 명시해야 성취 여부 판단이 가능해지고, 이렇게 해야 목표관리가 좀 더 쉬워진다.

예를 들어, 가출문제를 가진 내담자의 목표를 '외박하지 않는다.'로만 설정했다면, 기간이 명시되어 있지 않기 때문에 성취 여부를 판단하기가 어렵다. 즉, '외박하지 않는다.'는 말이 '평생 동안 외박하지 않는 것인지, 1년 동안만 외박하지 않는 것인지, 1개월 동안만 외박하지 않는 것인지, 1주일 동안만 외박하지 않는 것인지' 등이 불분명하다. 단지 '외박하지 않는다.'로만 설정하면, 만약 '내담자가 2주일 동안 외박하지 않았을 경우' 해당 목표가 성취된 것인지 아닌지를 판단하기가 어렵다.

그러나 '2014년 1월 1일부터 2014년 12월 31일까지 1년 동안'이라는 기간을 포함시켜 '2014년 1월 1일부터 2014년 12월 31일까지 1년 동안 외박하지 않는다.'로 목표를 설정한다면, 이 목표에는 기간이 명시되어 있기 때문에 성취 여부 판단이 보다 쉬워진다.

또 등교거부 행동을 하는 고등학교 3학년 내담자의 목표를 '고등학교를 졸업한다. 문예창작학과에 진학한다.'라고만 설정했다면, 기간이 명시되어 있지 않기 때문에 성취 여부를 판단하기가 어렵다. 즉 '10년 후'에 졸업하고 문예창작학과에 진학한다는 것인지, '5년 후'에 졸업하고 문예창작학과에 진학한다는 것인지, 아니면 '내년'에 졸업하고 문예창작학과에 진학한다는 것인지가 불분명하다.

그러나 '2014년 2월 28일까지 9개월 안에'와 '2014년 3월 1일까지 10개월 안에'라는 기간을 포함시켜 '2014년 2월 28일까지 9개월 안에 고등학교를 졸업한다. 2014년 3월 1일까지 10개월 안에 문예창작학과에 진학한다.'로 설정한다면 이 목표에는 기간이 명시되어 있기 때문에 성취 여부 판단이 보다 쉬워진다.

위의 사례에 예시된 것처럼, 기간을 명시해야 성취판단이 가능해진다. 여기서 기간을 명시한다는 말은 구체적으로 '시작일과 종료일, 그리고 총기간'을 명시한다는 말이다. 일반적으로 산물지표나 능력지표나 측정지표를 사용하여 목표를 진술한 경우, 기간은

'○○일시까지 총 ○○ 기간 안에 완료한다.'의 문장형태로 진술된다. 반면, 수행지표를 사용하여 목표를 진술한 경우, 기간은 '○○일시부터 ○○일시까지 총 ○○ 기간 동안 수행한다.'의 문장형태로 진술된다. 상기된 가출문제의 사례에서는 수행지표를 사용하여 목표를 설정하였기 때문에 '○○일시부터 ○○일시까지 총 ○○ 기간 동안 수행한다.'의 문장형태로 진술되었다. 반면, 등교거부 문제의 사례에서는 산물지표를 사용하여 목표를 설정하였기 때문에 '○○일시까지 총 ○○ 기간 안에 완료한다.'의 문장형태로 진술되었다. 이와 관련된 사례들은 이 장의 뒷부분에 많이 예시되어 있다.

수량 수량은 목표를 어느 정도 완료할 것인지 또는 목표행동을 어느 정도 수행할 것인지를 나타내기 위해 명시한다. 수량은 흔히 빈도, 비율, 중량, 지속시간 등으로 나타낼 수 있는데, 이러한 수량을 명시해야 성취 여부 판단이 가능해지고, 이렇게 해야 목표관리가 좀 더 용이해진다.

예를 들어, 건강문제를 가진 내담자의 목표를 '1년 동안 수영을 한다.'로 목표를 설정한다면, 이 목표에는 기간이 명시되어 있지만 수량이 명시되지 않기 때문에 성취 여부를 판단하기가 어렵다. 즉, '1년 동안 수영을 한다.'는 말이 1년 동안 다른 일상적인 일들은 접어 두고 쉬지 않고 수영만 한다는 것인지, 다른 일상적인 일들을 하면서 일정 시간 동안만 수영을 한다는 것인지가 불분명하다. 또한 일정 시간 동안만 수영을 하는 것으로 한다고 하더라도 1일 중에 12시간을 수영하겠다는 것인지, 1시간을 수영하겠다는 것인지, 아니면 5분만 수영하겠다는 것인지가 불분명하다. 또한 1일 중에 1시간씩 수영을 하는 것으로 한다고 하더라도 1주일 중에 7일 내내 1시간씩 수영하겠다는 것인지, 1주일 중에 5일만 하겠다는 것인지, 아니면 1주일 중에 1일만 하겠다는 것인지가 불분명하다. 또한 '1일 1시간씩 1주일에 5일 동안 수영한다.'라고 히더라도 1시간을 수영할 때 50m 코스를 한 번만 왕복하겠다는 것인지, 아니면 10번을 왕복하겠다는 것인지, 아니면 50번을 왕복하겠다는 것인지가 불분명하다.

이렇게 수량이 명시되어 있지 않으면 성취 여부 판단이 어렵다. 가령 하루 10분씩 1주당 1일 동안만 수영을 했고, 이를 1년 동안 지속해 온 경우라면, 목표 성취 여부를 어떻게 판단할 것인가? 또 1시간 동안 수영장에 갔다고 하더라도 실제 내용을 들여다보면 수영은 거의 안 하고 물장구치거나 친구들과 수다만 떨며 1시간을 보낸 경우라면 목표 성취 여부를 어떻게 판단할 것인가? 이런 경우에는 판단이 애매하다. 왜냐하면 목표에 수량이 명시되지 않아서 성취판단 준거가 없기 때문이다.

그러나 '1년 동안 수영을 한다.'라는 목표에 '하루 1시간씩 주당 5일 동안'이라는 수량을 포함시켜 '1년 동안, 하루에 1시간씩 주당 5일간 수영을 한다.'로 목표를 설정한다면, 이 목표에는 수량이 명시되어 있기 때문에 성취 여부 판단이 보다 쉬워진다.

더 나아가 '1시간 동안 ○○수영장 50m 코스를 30회 이상 왕복한다.'는 수영의 수량을 포함시켜 '1년 동안, 하루에 1시간씩 주당 5일간 수영을 한다. 그리고 1시간 수영할 때는 ○○수영장 50m 코스를 30회 이상 왕복한다.'로 목표를 설정한다면, 이 목표에는 수량이 명시되어 있기 때문에 성취 여부 판단이 보다 쉬워진다.

다른 한편, 성취준거, 즉 기간이나 수량을 설정할 때는 내담자의 동기나 능력, 목표의 난이도 등을 고려해야 한다. 일반적으로 내담자의 상담동기가 부족한 경우, 성취능력이 부족한 경우, 목표의 난이도가 높은 경우에는 성취준거를 낮추는 것이 바람직하다. 반대로 내담자의 상담동기가 높은 경우, 수행능력이 높은 경우, 목표의 난이도가 낮은 경우에는 성취준거를 높이는 것이 바람직하다.

3) 목표 설정에 대한 논란

이상에서 목표를 설정하는 원리와 방법들에 대해 살펴보았는데, 모든 상담자들이 목표 설정의 가치나 필요성을 주장하는 것은 아니다. 오히려 일부 상담자들은 목표 설정의 가치와 필요성에 대해 부정적 의문을 제기한다. 목표 설정과 관련된 논의들을 정리하면 다음과 같다.

첫째, 인간의 욕구는 끊임없이 변화하고, 욕구가 변화하면 현안문제도 변화하며, 현안문제가 달라지면 목표도 달라지기 때문에 어떤 정형화된 목표를 설정하는 것은 바람직하지 않다는 지적이다. 그러나 문제나 목표가 역동적으로 변화한다는 사실이 목표 설정이 불필요하다는 타당한 근거라고 보기는 어렵다. 역설적이지만 이렇게 역동적으로 변하기 때문에 오히려 목표 설정이 더 필요할 수도 있기 때문이다.

둘째, 결과를 정확히 예측하여 이를 목표로 설정하는 작업 자체의 한계를 문제점으로 지적한다. 그러나 이것도 역시 목표 설정이 불필요하다는 타당한 근거라고 보기는 어렵다. 결과를 정확히 예측하는 것은 불가능하지만 그렇다고 결과를 예측하는 것이 불필요한 것은 아니다. 오히려 예측의 한계에도 불구하고 객관적인 자료를 토대로 결과를 예측하는 것이 바람직한 성과를 얻는 데 도움이 되고, 더불어 내담자에게는 이런 작업 자체가 문제가 해결된 상태를 그려 보도록 하기 때문에 치료적 힘으로 작용하기도 한다.

셋째, 현상을 수치화하는 한계를 지적하기도 한다. 심리적인 욕구, 감정이나 사고과정, 생리적 과정, 표현행동, 대인관계 등을 측정 가능하도록 명확하게 수치화하는 것은 분명히 한계가 있다. 왜냐하면 그것들은 본질적으로 수치가 아니기 때문이다. 하지만 심리적 특성을 측정 가능한 수치로 바꿀 수 있으면 통제 및 관리가 용이하고, 결국 상담효과를 얻는 데 도움이 된다. 따라서 수치화의 한계에도 불구하고 수치를 명시하는 것은 유용하다고 할 수 있다.

넷째, 학습이론에 근거한 목표 설정방법들이 이론적으로는 타당하지만 실용적이지는 않다고 지적한다. 이는 현실적으로 상담을 하면서 부딪치는 문제이기도 하다. 실제로 목표 설정 작업은 때때로 번거롭고 귀찮고 어렵다. 하지만 이런 번거로움이나 어려움은 대부분 초기에 벌어지는 일이다. 어렵더라도 일단 초기에 목표를 잘 설정해 두면 이후에 목표관리가 훨씬 용이해 지고, 목표를 설정하지 않음으로써 발생할 수 있는 혼란도 방지할 수 있다. 또한 상담활동들을 체계화하여 효율성을 증대시키며, 결국 상담성과를 얻는 데 도움이 된다. 만약 상담성과, 즉 내담자의 긍정적 변화에 도움이 된다면 번거롭고 어렵더라도 목표를 설정하는 작업은 가치 있는 일이 될 것이다.

4. 실행계획 수립

어떤 내담자들은 목표 설정만 조력해 주면 나머지는 스스로 해 나간다. 그러나 어떤 내담자들은 목표 설정에 대한 조력만으로는 부족하다. 즉, 어떤 내담자들에게는 목표를 성취해 나가는 분명한 실행계획을 수립하는 것까지 조력해 주어야 한다. 실행계획이란 목표를 성취하기 위한 행동 수행 계획을 의미하는데, 구체적으로는 과정목표와 세부목표를 설정한 후, 이를 계획의 형태로 구성하는 작업을 의미한다.

여기서는 실행계획 수립을 과정목표와 세부목표의 설정, 그리고 실행계획 수립으로 구분하여 설명하였다.

1) 과정목표와 세부목표의 설정

결과목표의 성취는 한 번에 이루어지는 것이 아니라 일련의 과정을 거치면서 이루어진다. 이러한 일련의 과정에서 해결해야 할 중간과제들이 존재하는데, 이러한 중간과제를 해결한 상태에 대한 진술을 과정목표라고 한다. 과정목표도 질적 과정목표와 양적 과정목표로 구분할 수 있는데, 보통 과정목표라고 할 때는 양적 과정목표를 지칭한다. 잘 설정된 과정목표에는 '중간과제가 해결된 성취결과', 그리고 '성취기간과 성취수량을 포함한 성취준거'가 명시되어 있다.

각각의 과정목표의 성취는 일련의 하위과정을 거치면서 이루어진다. 이렇게 과정목표를 성취해 나가는 일련의 하위과정에서 해결해야 할 하위 중간과제들이 존재하는데, 이러한 하위 중간과제를 해결한 상태에 대한 진술을 세부목표라고 한다. 보통 세부목표라고 할 때는 양적 세부목표를 지칭하며, 잘 설정된 세부목표에는 '성취결과와 성취준거'가 명시되어 있다.

과정목표와 세부목표를 설정하는 작업은 정해진 원리와 순서가 있는 것은 아니지만, 대체로 다음과 같은 원리와 순서로 진행할 수 있다.

첫째, 상위목표가 명확히 진술되어야 한다. 과정목표나 세부목표는 상위목표를 성취하기 위한 일종의 하위목표이다. 따라서 하위목표를 설정하려면 먼저 상위목표가 명확하게 진술되어야 한다. 다시 말하면, 결과목표가 먼저 명확히 진술되어야 과정목표 설정 작업을 시작할 수 있고, 과정목표가 먼저 명확히 진술되어야 세부목표 설정 작업을 시작할 수 있다는 말이다.

둘째, 과정목표와 세부목표를 설정하기 위해서는 중간과제나 하위 중간과제들을 탐색하여 명확하게 진술하여야 한다. 즉, 과정목표나 세부목표는 일종의 결과목표나 과정목표를 성취해 나가는 일련의 과정에서 처리해야 할 중간과제나 하위 중간과제를 해결한 상태를 양적으로 진술한 것이기 때문에, 과정목표나 세부목표를 설정하려면 먼저 중간과제나 하위 중간과제가 탐색되고 명확하게 진술되어야 한다. 이 중간과제나 하위 중간과제에는 절차에 따른 과제와 난관에 따른 과제가 포함된다.

절차에 따른 과제란 현재의 시점에서 목표를 성취하는 시점까지의 과정에서 해결해야 할 과제들을 말한다. 그리고 난관에 따른 과제란 일련의 목표 성취 과정에서 목표 성취를 방해하는 사건이 발생할 수 있는데, 이러한 방해사건을 해결하는 일과 관련된 과제들을 말한다.

예를 들어, 국어교사가 되기 위해 준비하고 있는 모 대학 국문과 1학년 학생인 정 양의 경우, '중등학교 국어교사가 되는 것'이 목표라면, 절차에 따른 과제란 현재부터 중등학교 국어교사가 되는 시점까지의 과정에서 해결해야 할 과제들을 말한다. 즉, '성적 관리하기, 교직과정 이수 신청서 제출 및 승인받기, 교직과정 이수하기, 대학 졸업장 취득하기, 임용고시 준비학원 다니기, 임용고시 응시하기 및 합격하기, 교사로 임용받기' 등을 말한다.

난관에 따른 과제란 '국어교사가 되는 것을 방해하는 사건을 해결하는 데 따른 과제들'을 말한다. 예를 들어, '성적이 낮았을 경우, 교직과정 이수를 신청했지만 탈락이 되었을 경우, 교직과정 이수 승인을 받았지만 교직과정 이수를 완료하지 못했을 경우, 교원임용고시에 응시는 했지만 불합격했을 경우, 1년 후에 가족들이 다른 지역으로 이사를 가야 하는 상황인 경우' 등과 같이 국어교사가 되는 것을 방해하는 사건과 관련된 과제들을 의미한다.

셋째, 중간과제들이 밝혀지면 중간과제가 해결된 상태를 탐색하여, 과정목표나 세부목표를 양적으로 진술하여야 한다. 예를 들어, 정 양의 경우, '성적 관리하기'가 중간과제라면, 과정목표는 '2014년 12월 31일까지 평균학업성적을 4.3 이상 받는다.'로 설정할 수 있다. 또한 난관과 관련하여 '성적이 낮아서 교직이수 승인을 받지 못했을 경우', 이를 해결하기 위해 '교직과정을 대체할 수 있는 방안 찾기'가 중간과제라면, 과정목표는 '2018년 3월 1일까지 ○○대학 교육대학원에 입학한다.'로 설정할 수 있다.

2) 실행계획 수립

과정목표와 세부목표가 설정된 다음에 이를 실행계획의 형태로 정리하는 작업이 필요하다. 실행계획을 수립하는 방법들을 정리하면 아래와 같다.

첫째, 일반적으로 실행계획 수립이란 이미 수립된 과정목표와 세부목표를 추진 일정별로 정리하는 작업을 의미한다.

둘째, 실행계획을 수립힐 때는 행동변화 원리를 고려해야 한다. 흔히 유발자극 활용을 포함한 동기화 전략, 자기관리 전략, 그리고 상벌을 포함한 강화 전략 등을 고려해야 한다.

셋째, 실행계획에는 수행과정에 대한 관찰과 기록, 그리고 결과에 대한 평가, 그리고 평가 이후에 계획을 재조정하는 과정을 포함시키는 것이 바람직하다.

고등학교 3학년 남학생인 박 군은 상담교사와 3회의 진로상담을 실시하였다. 다음은 박 군이 상담교사와 협의하여 수립한 실행계획이다.

① 문제: 김 군은 학과 선택을 하지 못해서 갈등을 하고 있다. 상담에서 학과를 포함한

진로 의사결정을 하고 싶다고 하였다.

② 목표: 김 군은 상담자와 협의하여 아래와 같이 목표를 설정하였다.

- 소망: 세계적인 교육학자가 된다.
- 목표: 2025년 2월 말일 이전에 ○○대학 교수가 된다.
  - 2021년 2월 28일 이전에 박사학위를 취득한다.

③ 실행계획: 김 군은 상담자와 협의하여 아래와 같은 목표를 성취하기 위한 실행계획을 수립하였다.

- 2017년 2월 28일 전에 ○○대 교육학 학사학위를 취득한다.
- 2017년 3월 1일 전에 ○○대 교육학 석사과정에 합격한다.
- 2019년 2월 28일 전에 ○○대 교육학 석사학위를 취득한다.
- 2019년 3월 1일 전에 ○○대 교육학 박사과정에 합격한다.
- 2021년 2월 28일 전에 ○○대 교육학 박사학위를 취득한다.

40대 중반의 주부인 김 여인은 상담자와 14회의 상담을 실시하였다. 다음은 김 여인이 상담자와 협의하여 수립한 실행계획이다.

① 문제: 김 여인은 병원에서 비만, 그리고 당뇨병 고위험군에 속한다는 진단을 받았다. 담당의사는 그녀에게 운동을 권유하였고, 또 스트레스로 인한 호르몬과 신경전달물질의 불균형이 의심된다며 신경정신과 상담을 권유하였다. 그녀는 지인의 소개를 받아 상담실을 찾아왔다고 하였다.

② 목표: 김 여인은 상담자와 협의하여 아래와 같은 목표를 설정하였다.

- 소망: 건강을 회복한다. 체중을 줄인다. 운동을 한다.
- 목표: 12월 31일까지 체중을 60kg 이하로 줄인다.
  - 9월 3일부터 12월 3일까지 주 5일, 하루 50분씩 걷는다.

③ 실행계획: 김 여인은 상담자와 협의하여 아래와 같이 목표를 성취하기 위한 실행계획을 수립하였다.

- 첫 주에는 하루 10분 이상 걷는다.
- 둘째 주에는 하루 30분 이상 걷는다.
- 셋째 주부터는 하루 50분 이상 걷는다.
- 우천 시에는 집에서 줄넘기를 300회 한다.

- 일별, 주별 결과기록을 한다.
- 주별 목표를 성취하면 주말에 사우나를 갈 수 있다.
- 주별 목표를 미성취하면 주말에 사우나를 갈 수 없다.
- 월별 목표를 성취하면 월말에 10만 원 이하의 옷을 구매한다.
- 월별 목표를 미성취하면 월말에 옷을 구매할 수 없다.
- 3개월 이후 목표를 완수하면, 해외여행을 1회 갈 수 있다.
- 3개월 이후 목표를 완수 못하면, 이후 1년간 해외여행을 갈 수 없다.
- 1주 이내에 홈페이지에 운동계획을 공지한다.
- 매주 1회 이상, 주말에 운동 결과기록을 홈페이지에 공지한다.

수행과제 수립   어떤 내담자들은 실행계획을 수립한 이후에도 여전히 좀 더 세밀한 행동지도가 필요하다. 이런 내담자들에 대한 조력방안 중에 하나는 수행과제를 구성하도록 돕는 것이다. 수행과제란 내담자가 실행이 가능한 행동과제, 즉 일종의 숙제를 의미한다.

수행과제 수립에 대한 몇 가지 예를 들면, 건강을 증진하기 위해 목표를 '2014년 1월 6일부터 6월 31일까지 6개월간 하루 1시간씩 주당 5일 이상 운동한다.'라고 설정했다면 수행과제는 '내일부터 3일 동안 아침에 일어나서 5분간 체조한다'로 구성할 수 있다.

시어머니와 관계를 개선하기 위해 목표를 '1개월간 주당 2회 이상 시어머니에게 전화로 안부인사를 한다.'로 설정했다면 수행과제는 '다음 주 상담시간까지 시어머니에게 할 전화 인사말 5가지를 글로 써 온다.'로 구성할 수 있다.

엄마와 관계를 개선하기 위해 목표를 '3개월간 한 번에 20분씩 주당 2회 이상 집안 청소를 한다'로 설정했다면 수행과제는 '다음 주 상담시간까지 설거지를 1회 이상 한다'로 구성할 수 있다.

성적을 향상시키기 위해 목표를 '6개월간 하루 1시간 이상씩 주당 6일 동안 예습과 복습을 한다'로 설정했다면 수행과제는 '내일부터 2일 동안 하루 5분 이상의 예습과 복습을 한다'로 구성할 수 있다.

다음은 상담학과 재학생인 이 양과의 상담사례이다. 이 양은 우유부단한 자신의 성격을 고치고 싶다며 상담을 시작하였다. 다음에 제시된 축어록에는 수행과제 설정을 촉진하는 과정이 기술되어 있다.

내담자 자격증을 따려면 수련을 받아야 하니까요. 하긴 해야 하는데, 무엇을 해야
할지 모르겠어요.

상담자 민희가 선택하고 실행할 수 있는 것들은 있을까?

내담자 심리검사?

상담자 민희가 어떤 심리검사를 받으면 수련경력을 쌓는 데 도움이 될 것 같니?

내담자 아무거나 심리검사를 받으면 되는 것 아닌가요? 전 잘 몰라요.

상담자 자세히 모르는구나. 민희가 마음만 먹으면 심리검사를 받을 수 있는 곳이 있어?

내담자 대학상담센터요. 주말에 MBTI 워크숍도 한다고 해요.

상담자 오~ 그래? 그럼, 주말 워크숍에 참가하려면, 어떻게 신청해야 하는지를 알
고 있어?

내담자 그냥 상담센터에 신청만 하면 돼요.

상담자 민희는 워크숍에 신청할 생각이니?

내담자 그냥 관심은 있는데 잘 모르겠어요.

상담자 관심 있지만 신청할지 말지 결정을 한 것은 아니구나. 만약 지금 결정을 한
다면 신청을 할래?

내담자 해 볼까요? 잘 몰라서…….

상담자 민희가 결정해 봐. 해 볼래?

내담자 네. 해 볼게요.

상담자 오~ 그럼 언제 신청할래?

내담자 이번 주에 신청 마감한다고 들었는데, 잘 모르겠어요.

상담자 이번 주 내로 신청을 해야 하는 상황이구나. 그렇다면 이번 주 내로 신청을
해야 하는데 민희는 언제 신청할래?

내담자 내일 신청할게요.

상담자 내일 신청을 한단 말이지?

내담자 예.

상담자 그렇구나. 그럼 다음 주 이 시간에 상담실에 올 때, 신청한 결과를 알려 줄 수
있겠니?

내담자 예.

상담자 약속한 거다!

내담자 예.

제 **14** 장

행동 형성

Individual Counseling

상담처치의 네 번째 요소는 행동 형성이다. 내담자가 감정정화, 이해 경험, 그리고 대안 설정을 해 나감에 따라 행동상의 바람직한 변화가 나타나기 시작한다. 즉, 상담장면이나 실생활 속에서 정신장애나 생활문제나 성장과제와 관련된 역기능적인 행동들은 줄어들고 대신 기능적인 대안행동들은 증가하기 시작한다. 이런 변화는 대체로 자연스럽게 일어나지만, 어떤 내담자들에게는 이런 변화가 자연스럽게 일어나지 않기 때문에 상담자의 조력을 필요로 한다.

행동 형성이란 내담자가 정신장애나 당면한 생활문제나 성장과제와 관련된 역기능적인 행동을 소거하고 기능적인 대안행동을 형성할 수 있도록 상담자가 조력하는 작업을 의미한다. 더 구체적으로 말하자면 상담실과 실생활 장면에서 내담자가 자신의 정신장애와 관련된 증상행동을 감소시키거나 제거하고, 더 나아가 치료지향적 대안행동을 증가시키거나 새롭게 형성할 수 있도록 상담자가 조력하는 작업을 의미한다. 또한 당면한 생활문제와 관련된 문제행동을 감소시키거나 제거하고, 더 나아가 문제해결 지향적 대안행동을 증가시키거나 새롭게 형성할 수 있도록 상담자가 조력하는 작업을 의미한다. 또한 성장과제와 관련된 성장방해 행동을 감소시키거나 제거하고, 더 나아가 성장지향적 대안행동을 증가시키거나 새롭게 형성할 수 있도록 상담자가 조력하는 작업을 의미한다.

한편, 행동 형성에 대한 이론적 토대는 '고전적 조건화, 조작적 조건화, 사회학습이론, 그리고 인지이론'의 네 가지 학습이론에서 찾을 수 있다. 이 장에서는 상기된 네 가지 학습 이론을 중심으로 행동을 형성하는 원리에 대해 간략히 설명하였다. 그리고 나서 행동 형성 과정을 '능력 형성과 실행 촉진'으로 구분하여 설명하였다.

1. 행동 형성 원리

여기서는 '고전적 조건화, 조작적 조건화, 사회학습이론, 그리고 인지이론'의 네 가지 학습 이론을 중심으로 행동 형성의 원리를 설명하였다.

고전적 조건화   역기능적 문제행동을 소거하고 순기능적 대안행동을 형성하는 학습원리 중 하나는 고전적 조건화이다. 고전적 조건화란 '선행사건(또는 조건이나 자극)과 후속 행동반응 간의 결합원리'를 설명하는 이론이다. 이런 선행사건과 후속 행동반응 간의 결합원리를 활용하면 역기능적 문제행동을 소거하거나 감소시키고 순기능적 대안행동을 형성하거나 증가시킬 수 있다. 즉, ① 문제행동을 유발하는 특정 선행사건(또는 조건이나 자극)과 이 특정 선행사건에 결합되어 있는 문제행동 반응 간의 연결을 끊음으로써 문제행동을 소거시킬 수 있다. 또 ② 문제행동을 억제할 수 있는 특정 선행사건(또는 조건이나 자극)과 실제 문제행동 반응 간의 결합을 새롭게 만듦으로써 문제행동을 소거하거나 감소시킬 수 있다. 그리고 ③ 대안행동을 유발할 수 있는 특정 선행사건(또는 조건이나 자극)과 실제 대안행동 반응 간의 결합을 새롭게 만듦으로써 대안행동을 형성시킬 수 있다. 또 ④ 대안행동을 억제하는 특정 선행사건(또는 조건이나 자극)과 이 특정 선행사건에 결합되어 있는 대안행동 반응 간의 연결을 끊음으로써 대안행동을 형성하거나 증가시킬 수 있다.

현재 고전적 조건화 원리는 불안, 심인성 신체질환, 불면 등과 같은 불수의적 행동에 대한 상담에 광범위하게 적용되고 있다. 고전적 조건화 원리를 활용한 기법에는 고전적 조건화 과정을 역으로 이용하는 역조건화(counter-conditioning), 점진적이고 단계적으로 둔감화시켜 나가는 체계적 둔감법(systematic desensitization), 수용성을 고려하면서 점진적이 아닌 급진적으로 둔감화시켜 나가는 홍수법(flooding), 점진적으로 도움 자극을 줄여 나가는 용암법(fading) 등이 있다(김규식 외, 2013). 그리고 NLP(Neuro Linguistic Programming)의 앵커링, 하위양식 기법, 그리고 EMDR(Eye Movement Desensitization and Reprocessing), EMT(Eye Movement Technique), TFT(Thought Field Therapy), EFT(Emotional Freedom Techniques) 등의 신체운동적 접근들도 고전적 조건화 원리를 활용한 기법들이다.

조작적 조건화   역기능적 문제행동을 소거하고 순기능적 대안행동을 형성하는 또 다른 학습원리는 조작적 조건화이다. 조작적 조건화란 '선행 행동과 후속 사건(또는 조건이나 자극) 간의 결합원리'를 설명하는 이론이다. 이런 선행 행동과 후속 사건 간의 결합원리를 활용하면, 역기능적 문제행동을 소거하거나 감소시키고 순기능적 대안행동을 형성하거나 증가시킬 수 있다. 즉, ① 선행 문제행동과 이 문제행동을 강화하는 특정 후속 사건(또는 조건이나 자극) 간의 연결을 끊음으로써 문제행동을 소거하거나 감소시킬 수 있

나. 또 ② 선행 문제행동과 이 문제행동을 약화하는 특정 후속 사건(또는 조건이나 자극) 간의 결합을 새롭게 만듦으로써 문제행동을 소거하거나 감소시킬 수 있다. 그리고 ③ 선행 대안행동과 이 대안행동을 강화하는 특정 후속 사건(또는 조건이나 자극) 간의 결합을 새롭게 만듦으로써 대안행동을 형성하거나 증가시킬 수 있다. 또 ④ 선행 대안행동과 이 대안행동을 약화하는 특정 후속 사건(또는 조건이나 자극) 간의 결합을 끊음으로써 대안행동을 형성하거나 증가시킬 수 있다.

조작적 조건화의 주요 원리는 '강화와 처벌'이다. 강화는 특정 행동을 한 이후에 강화물을 제공함으로써 특정 행동이 증가되도록 하는 원리이고, 처벌은 특정 행동을 한 이후에 벌을 제공함으로써 특정 행동이 감소되도록 하는 원리이다. 조작적 조건화 원리를 활용한 기법에는 아래와 같은 것들이 있다(김규식 외, 2013; 전윤식, 강영심, 황순영 편역, 2004; Martin & Pear, 2003).

- 정적 강화: 바람직한 행동 이후에 강화물을 제공함으로써 바람직한 행동을 증가시키는 강화 기법이다.
- 부적 강화: 바람직한 행동 이후에 부적 조건을 제거해 줌으로써 바람직한 행동을 증가시키는 강화 기법이다.
- 행동 조형: 특정한 목표행동을 형성하기 위해, 목표행동의 수행 절차를 세분하여 단계적 점진적 세부 목표행동들을 설정한 후, 단계적이고 점진적으로 목표행동의 수행 절차를 강화함으로써 목표행동을 형성해 나가는 강화 기법이다.
- 토큰 강화: 토큰을 통한 대리강화체계를 구성하고, 바람직한 행동 이후에 토큰을 제공함으로써 바람직한 행동을 증가시키는 강화 기법이다.
- 정적 처벌: 바람직하지 않은 행동 이후에 처벌을 제공함으로써 바람직하지 않은 행동을 감소시키는 처벌 기법이다.
- 부적 처벌: 바람직하지 않은 행동 이후에 정적 조건을 제거함으로써 바람직하지 않은 행동을 감소시키는 처벌 기법이다.
- 타임 아웃: 바람직하지 않은 행동 이후에 강화 받을 수 있는 환경조건으로부터 일시적으로 격리시킴으로써 바람직하지 않은 행동을 감소시키는 처벌 기법이다.
- 반응 대가: 바람직하지 않은 행동 이후에 그 행동에 대한 대가를 치르게 함으로써 바람직하지 않은 행동을 감소시키는 처벌 기법이다.
- 혐오 요법: 윤리적 측면과 내담자의 수용성을 고려하면서 바람직하지 않은 행동 이

고전적 조건화는 주로 불수의적 행동을 대상으로 한다. 불수의적 행동이란 의지에 의해 통제하기 어려운 행동들을 의미한다. 예를 들면, 생리적 반응들은 대부분 불수의적이다. 배고픔, 졸림, 목마름, 피로감, 신체적 고통, 구토, 어지러움, 호흡곤란, 땀 분비, 성적 흥분, 알레르기 반응 등은 모두 불수의적 반응이다. 또 정서적 반응들도 대부분 불수의적이다. 불안, 슬픔, 우울, 분노, 기쁨, 사랑 등은 대부분 불수의적 반응이다.

반면, 조작적 조건화는 주로 수의적 행동을 대상으로 한다. 수의적 행동이란 의지에 의해 통제되는 행동들을 의미하는데, 외적인 언어표현, 비언어적 표현, 외적인 반응행동 등은 수의적 반응이다. 예를 들면, 말하거나 말 안 하기, 참말하거나 거짓말하기, 부정적으로 말하거나 긍정적으로 말하기, 욕하거나 칭찬하기, 시선 마주하거나 회피하기, 작은 소리로 말하거나 큰 소리로 말하기, 걷거나 뛰기, 도망가거나 싸우기, 주먹으로 때리거나 안 때리기, 훔치거나 안 훔치기, 다른 사람을 따라하거나 안 따라하기 등은 모두 수의적 반응이다.

그리고 수의와 불수의 경계에 있는 반응행동들도 있다. 예를 들면, 내적인 회상, 상상, 추리, 판단, 기대나 소망, 선택, 그리고 외적인 행동양식, 습관행동 등은 수의와 불수의 경계에 있다.

후에 전기쇼크, 시각적 혐오자극 등을 제공함으로써 바람직하지 않은 행동을 감소시키는 처벌 기법이다.

사회학습이론   사회학습이론은 사회적 장면에서의 관찰학습, 인지학습, 그리고 모방학습 등을 설명하는 이론이다. 먼저 관찰학습이란 학습자가 직접 경험이 아닌 간접 경험인 관찰을 통해 행동을 학습하는 것이다. 즉, 대리학습자인 모델을 인지적으로 관찰하여 '모델에게 일어난 선행사건이나 자극과 후속 반응행동 간의 관계에 내해 인지적으로 학습하는 것, 그리고 모델에게 일어난 선행 반응행동과 후속사건이나 자극 간의 관계에 대해 인지적으로 학습하는 것'을 말한다. 대리학습이란 관찰학습과 비슷한 용어인데, 이는 학습자의 직접적인 경험을 대신하는 타인, 즉 대리학습자를 관찰함으로써 행동을 학습한다는 점을 강조하는 용어이다(김규식 외, 2013; 이수연 외, 2013).

한편, 톨만(Tolman), 로터(Rotter), 반두라(Bandura) 등은 선행사건이나 자극과 후속 반응행동 사이에, 또는 선행 반응행동과 후속사건이나 자극 사이에 인지가 관여되어야 학습이 일어난다고 보았다(이수연 외, 2013). 즉, '고전적 조건화와 관련된 인지적 학습'이 일어남으로써 '특정 자극이 특정 사건과 같이 발생한다는 사실에 대한 인지적 지식이 형성'

되고, 또 '특정한 선행자극이 발생하면 특정한 사건이 일어날 것이라는 인지적 기대가 형성'되어야 비로소 '선행사건이나 자극과 후속 반응행동 사이에 고전적 조건화'가 일어난다고 보았다.

그리고 '조작적 조건화와 관련된 인지적 학습'이 일어남으로써 '특정 반응행동을 하면 특정 강화물을 받거나 처벌을 받게 된다는 사실에 대한 인지적 지식이 형성'되고, 또 '특정 반응행동을 하면 특정 강화물을 받거나 처벌을 받는 사건이 일어날 것이라는 인지적 기대가 형성'되어야 비로소 '선행 반응행동과 후속사건이나 자극 간의 결합, 즉 조작적 조건화'가 일어난다고 보았다.

또한 로터나 반두라는 '인지적 지식이나 인지적 기대' 외에도 '특정 사건이나 반응행동의 통제소재에 대한 사고나 신념', 그리고 '자기효능감에 대한 사고나 신념, 자기행동에 대한 예측, 자기행동에 대한 성찰이나 평가, 자기행동에 대한 조절, 사회적 도덕적 기준'과 같은 인지적 요인이 학습에 관여한다고 보았다(이수연 외, 2013).

다른 한편, 모방학습이란 학습자가 대리학습자인 모델의 행동을 관찰하고, 관찰한 모델의 행동을 따라하거나 흉내 내는 모방행동을 통해 학습이 일어나는 과정을 설명하는 이론이다. 또 다른 한편, 사회학습이론의 관찰학습, 인지학습, 모방학습을 포함하고 있는 대표적인 상담기법은 모델링(Modeling)이다.

인지이론　인지이론은 사건과 반응행동 사이에는 인지과정이 존재하는데, 이 인지과정의 변화를 통해 정서나 행동이 변화하는 과정에 대해 설명하는 이론이다. 인지이론에서는 부정적 정서나 문제행동은 외적인 사건에 의해 유발되는 것이 아니라, 외적인 사건에 대한 비합리적이고 역기능적인 사고과정이나 신념에 의해 유발된다고 가정한다. 또한 이러한 비합리적이고 역기능적인 사고과정이나 신념은 현실적 · 논리적 · 기능적 사고과정을 통해 새롭게 변화시킬 수 있고, 이를 통해 부정적 정서나 문제행동의 변화를 촉진할 수 있다고 가정한다(김규식 외, 2013).

인지이론의 대표적인 상담기법은 논박이다. 논박 기법에서는 내담자의 부정적 정서나 문제행동과 관련된 사고나 신념들이 비현실적이고, 비논리적이며, 무가치한 특성을 가지고 있다고 가정한다. 따라서 상담자가 이성적인 논박을 통해 내담자의 비현실적이고, 비논리적이며, 무가치한 사고나 신념을 소거하고, 대신 현실적이고, 논리적이며, 가치 있는 사고나 신념을 형성해 나가고자 한다.

이상에서 행동 형성과 관련된 네 가지 학습원리에 대해 간략히 설명하였다. 이어 행동 형성을 촉진하는 과정에 대해 설명하였는데, 이는 '능력 형성과 실행 촉진'으로 구분하여 설명하였다.

2. 능력 형성

행동 형성의 우선 과제는 능력을 형성하는 것이다. 여기서 능력을 형성시킨다는 말은 다음과 같이 두 가지 의미로 사용하였다. 첫 번째, 능력을 형성시킨다는 말은 역기능적 행동을 소거시킨다는 의미로 사용하였다. 즉, 정신장애와 관련된 증상행동, 당면 생활문제와 관련된 문제행동, 성장과제와 관련된 성장방해 행동을 감소시키거나 제거할 수 있는 능력을 형성한다는 의미로 사용하였다. 두 번째, 능력을 형성시킨다는 말은 기능적 대안행동을 형성시킨다는 의미로 사용하였다. 즉, 정신장애와 관련된 증상행동을 대신할 치료지향적 대안행동, 당면 생활문제와 관련된 문제행동을 대신할 문제해결지향적 대안행동, 성장과제와 관련된 성장방해 행동을 대신할 성장지향적 대안행동을 증가시키거나 새롭게 형성한다는 의미로 사용하였다. 여기서는 능력 형성을 역기능적 행동의 소거와 기능적 대안행동 형성으로 구분하여 설명하였다.

1) 역기능적 행동의 소거

상담의 일차적 목표는 역기능적 행동을 소거하는 일이다. 즉, 정신장애와 관련된 증상행동을 감소시키거나 제거하는 일, 당면 생활문제와 관련된 문제행동을 감소시키거나 제거하는 일, 성장과제와 관련된 성장방해 행동을 감소시키거나 제거하는 일이다.

역기능적 행동을 소거시키기 위해서 앞에서 설명한 네 가지 학습원리들이 활용된다. 먼저 고전적 조건화에서는 선행사건이나 선행자극을 통제하여 역기능적인 행동을 소거하려 한다. 즉, 역기능적 행동(정신장애의 증상행동, 당면 생활문제의 문제행동, 성장과제의 성장방해 행동)과 관련된 선행사건과 선행자극 간의 연합을 약화시키거나 제거함으로써, 그리고 선행자극과 역기능적 행동 간의 연합을 약화시키거나 제거함으로써 역기능적인 행동을 소거하려 한다.

조작적 조건화에서는 후속사건이나 후속자극을 통제하여 역기능적인 행동을 소거하리 한다. 즉, 역기능직 행동과 관련된 후속사건과 후속자극 간의 연합을 제거함으로써, 그리고 역기능적 행동과 후속사건 또는 역기능적 행동과 후속자극 간의 연합을 제거함 (역기능적 행동을 강화하는 기존의 후속사건이나 후속자극을 찾아내어, 이를 감소시키거나 제거함)으로써 역기능적 행동을 소거하려 한다.

사회학습이론에서는 관찰학습, 인지학습, 모방학습을 통해 역기능적인 행동을 소거하려 한다. 즉, 내담자와 비슷한 모델의 역기능적 행동(증상행동이나 문제행동이나 성장방해 행동)을 관찰하게 함으로써 역기능적인 행동을 감소시키거나 제거하려 한다. 또한 관찰을 통해 사건이나 자극과 역기능적 행동과의 관계에 대한 인지적 지식이나 기대를 형성함으로써 역기능적인 행동을 감소시키거나 제거하려 한다. 또한 역기능적인 통제소재에 대한 사고나 신념, 역기능적인 자기효능감, 자기행동에 대한 역기능적인 예측, 평가, 조절, 그리고 역기능적인 사회적 도덕적 기준과 같은 역기능적인 인지들을 감소시키거나 제거함으로써 역기능적인 행동을 소거하려 한다. 또한 역기능적인 행동을 흉내 내거나 따라 하는 모방행동을 중지시킴으로써 역기능적인 행동을 소거하려 한다.

인지이론에서는 역기능적인 사고나 신념을 찾아내고, 이를 감소시키거나 제거함으로써 역기능적인 행동을 소거하려 한다. 즉, 비현실적이고 비논리적이며 무가치한 사고나 신념을 찾아내고, 이를 감소시키거나 제거함으로써 증상행동이나 문제행동이나 성장방해 행동을 소거하려 한다.

중학교 1학년 여학생인 김 양은 바퀴벌레를 혐오하고 무서워한다. 어느 날 학교 교실에서 바퀴벌레가 나와서 자신의 책상 옆으로 기어 다니는 사건이 발생하였다. 김 양은 집에서 그날 학교에서 겪는 충격적인 일을 엄마에게 울면서 이야기하였다. 그리고 다음 날 아침에 일어나서도 학교에 가면 바퀴벌레가 나올 것 같다면서 학교에 가지 않겠다고 또다시 눈물 흘리며 이야기하였다.

엄마는 담임교사에게 전화해서 김 양이 아파서 학교에 가지 못한다고 했고, 김 양에게는 집에서 하루 쉬도록 했다. 이후 엄마는 상담실로 전화해서 20분 정도의 전화상담을 받았다. 그리고 전화상담자의 권유에 따라, 그날 저녁에 김 양을 데리고 상담실로 찾아왔다.

상담에서 김 양은 바퀴벌레뿐만 아니라 거미, 송충이, 지네, 쥐며느리, 나방, 파리, 벌 등 대다수의 벌레들에 대해서 공포반응을 보인다는 것이 밝혀졌다. 엄마는 자신도 바퀴벌레를 싫어하지만 특히 김 양의 할머니가 아주 싫어한다고 하였다. 그리고 김 양이 세

살 때 시내에서 잃어버렸다가 11시간 만에 찾았던 일, 김 양이 어려서부터 겁이 많고 병원을 싫어했는데, 특히 주사 맞는 것을 아주 싫어했던 일, 김 양을 임신했을 때 엄마가 우울중이 있었다는 점, 그리고 결혼 초기에 남편과 부부싸움을 많이 했는데, 이런 일들이 딸에게 안 좋은 영향을 미쳤을 것 같다는 점 등을 이야기하였다.

상담자는 면담을 통해 김 양에게 벌레 공포증이 있음을 확인하고, 이를 김 양에게 알렸다. 그리고 노출치료의 필요성을 설명하면서, 노출치료의 하나인 체계적 둔감법을 하자고 제안하여 김 양의 동의를 받았다.

체계적 둔감법은 절차상 먼저 이완훈련부터 시작하였는데, 이완훈련은 근육이완훈련과 호흡이완훈련을 약 40분 정도 실시하였다. 그리고 숙제로 '하루 10분 이상씩 2회, 주 5일 동안 근육이완과 호흡이완을 연습하기'를 제시하였다. 그다음 회기부터는 둔감화를 실시하였고, 이때 둔감화 대상은 바퀴벌레와 이에 대한 공포반응으로 한정하였다. 그리고 불안위계 목록을 작성하였는데 그 내용은 아래와 같다.

① 바퀴벌레가 내 몸으로 기어오름(주관적 불안지수 10)
② 바퀴벌레를 손으로 만짐(주관적 불안지수 10)
③ 바퀴벌레가 내 침대에 기어 다니면서 병원균을 묻힘(주관적 불안지수 9)
④ 밤에 잠을 자는 동안 바퀴벌레가 꿈에서 귀신으로 나옴(주관적 불안지수 9)
⑤ 음식물에 바퀴벌레가 기어 다니는 것을 봄(주관적 불안지수 8.5)
⑥ 학교에서 바퀴벌레가 책상 위로 기어 다님(주관적 불안지수 8)
⑦ TV나 PC에서 바퀴벌레가 나오는 영상자료를 봄(주관적 불안지수 7)
⑧ 사진으로 바퀴벌레를 봄(주관적 불안지수 6.5)
⑨ 바퀴벌레를 상상함(주관적 불안지수 6)

불안위계목록을 작성한 이후에, 상상을 통한 간접노출을 실시하였다. 즉, 이완상태에서 바퀴벌레를 상상하기, TV와 PC에서 바퀴벌레 영상을 보는 것을 상상하기, 학교에서 바퀴벌레가 책상 위로 기어 다니는 장면을 상상하기 등과 같이 불안위계가 낮은 것부터 상상을 통한 간접노출을 실시하였고, 이를 통해 상상된 각 장면에 대한 주관적 불안지수를 모두 1 이하로 낮추었다.

이어 직접노출을 실시하였다. 즉, 한 회기는 '사진으로 바퀴벌레 보기'와 'PC에서 바퀴벌레 영상 보기'를 실시하여, 모두 주관적 불안지수를 2 이하로 낮추었다. 그리고 또 다

른 한 회기는 '실제 살이 있는 바퀴벌레 보기', 그리고 '죽은 바퀴벌레 만지기'를 실시하였
고, 이 과정에서 주관적 불안지수를 모두 2 이하로 낮추었다. 이후 김 양의 바퀴벌레에
대한 공포반응은 거의 사라졌다. 하지만 바퀴벌레에 대한 혐오감은 다소 유지되었다.

　윤호는 7세의 남자아이다. 그는 지난 3개월 동안 네 번의 방화를 했다. 처음은 화장실
에서 두루마리 휴지에 불을 붙였는데, 이 일로 아빠에게 매를 맞았다. 그러나 2주 후에
엄마와 이모가 식사를 하는 사이에 안방에 들어가 침대 위에서 성냥통에 불을 붙이는 일
이 발생하였다. 이 일로 이불과 침대시트 일부분이 불에 탔고, 윤호는 손과 얼굴에 약한
화상을 입었다. 그러고 나서 두 달 정도 잠잠하다가 아파트 관리소 옆에 있는 공터에서
신문지를 쌓아 놓고 불을 질렀다. 또 1주 전에는 시골 할아버지 집에 갔다가 뒷동산 입구
에 쌓아 놓은 짚더미에 불을 질러서 짚더미를 모두 태워 버렸다. 다행히 불은 크게 번지
지 않고 자연적으로 꺼졌지만 엄마는 윤호의 방화행동을 더 이상 방치하면 정말 큰일을
저지르겠다 싶어 윤호를 데리고 내방하였다.

　상담자는 윤호에게 트랜스 상태를 유도하였다. 그리고 트랜스 상태에서 '성냥과 라이
터를 발견했을 때 곧바로 엄마에게 주는 행동과 그 행동의 결과로서 칭찬과 함께 좋아하
는 과자를 받아서 맛있게 먹는 장면'을 반복적으로 경험하게 하였고, 5회기부터는 추가
적으로 '성냥과 라이터를 보면 불쾌한 기분이 들고, 이어 성냥과 라이터를 만지면 갑자기
펑 하고 터지면서 손과 얼굴에 화상을 입는 장면', 그리고 '성냥통을 열면 더러운 오물이
들어 있고, 라이터를 켜면 오물이 뿜어져 나오면서 악취를 풍기는 장면'을 반복적으로 경
험하게 하였다. 9회기 때 상담자가 성냥을 보여 주자 윤호는 더럽다고 말하면서 만지지
않으려 했다. 14회기에는 이런 거부 및 혐오반응이 뚜렷해져서 라이터와 성냥을 보이면
정말 싫고 더럽다면서 다소 익살스럽게 구역질하는 흉내까지 내었다.

　추가로 실시한 엄마와의 상담에서 윤호의 방화행동은 성냥갑 모으기가 취미였던 엄마
와 상관이 있다는 것이 밝혀졌다. 엄마는 종종 윤호와 함께 서랍에 가득 들어 있었던 성
냥갑들을 열어 보면서 놀곤 했었다고 하였다. 윤호의 방화행동이 점점 심해지자, 성냥갑
들을 많이 버렸지만, 정말 버리기 아까운 것들은 윤호의 손이 닿지 않는 벽장 속에 감춰
놓고 있다고 하였다. 또한 아빠가 담배를 피우기 때문에 집 안 곳곳에 일회용 라이터들
이 있다는 사실도 밝혀졌다. 그리고 윤호의 방화행동이 시작된 것은 윤호 동생이 태어난
시점과 상관이 있다는 점, 또 윤호의 방화행동은 대체로 엄마가 없을 때 일어났다는 점
도 밝혀졌다.

상담자는 엄마에게 남아 있는 성냥갑들도 집 안에 두지 말 것을 제안했고, 엄마는 상담자의 제안을 받아들여 숨겨 놓았던 성냥갑을 모두 버렸다. 또한 집 안에 있는 라이터도 모두 없애거나 윤호가 가질 수 없도록 철저히 관리하도록 요구하였다. 이에 엄마는 상담자의 제안을 받아들여 라이터들을 찾아서 대부분 버렸지만, 아빠가 잘 협조하지 않는다고 했다. 상담자는 아빠의 협조를 이끌어 내기 위해 아빠와 전화 통화를 했고, 또 아빠에게 라이터와 방화행동과의 관계를 설명하면서 라이터 관리를 요청하였다. 아빠는 라이터를 관리할 뿐만 아니라 이번 기회에 금연하는 일도 적극적으로 고려하겠다고 하였다.

또 상담자는 엄마에게 마사지 활동을 제안하였다. 그리고 서로 합의하여, '1개월 동안, 하루 30분 이상씩, 엄마가 윤호에게 마사지를 해 주기'로 합의하였다. 그리고 만약 엄마가 하지 못할 때는 아빠가 대신해서 윤호에게 마사지를 해 주기로 합의하였다. 그 이후에, 1개월 동안 마사지 활동은 지속되었다. 이후 윤호는 방화행동을 하지 않았다. 엄마의 보고에 의하면 "윤호가 아주 좋아졌고, 이젠 방화도 안 하고, 동생이나 친구들과도 잘 지낸다."고 하였다.

2) 기능적 대안행동의 형성

역기능적 행동을 소거하는 일도 중요하지만 역기능적 행동을 대신할 기능적인 대안행동을 형성시키는 일도 중요하다. 즉, 정신장애와 관련된 역기능적인 증상행동을 대신할 기능적인 치료행동을 증가시키거나 새롭게 형성시키는 일, 당면 생활문제와 관련된 역기능적인 문제행동을 대신할 기능적인 문제해결 행동을 증가시키거나 새롭게 형성시키는 일, 성장과제와 관련된 역기능적인 성장방해 행동을 대신할 기능적인 성장행동을 증가시키거나 새롭게 형성시키는 일도 중요하다.

기능적 대안행동을 형성할 때에도 네 가지 학습원리들이 활용된다. 먼저 고전적 조건화에서는 선행사건이나 선행자극을 통제하여 기능적 대안행동을 형성하려 한다. 즉, 기능적 대안행동(증상행동을 대신할 치료행동, 문제행동을 대신할 문제해결 행동, 성장방해 행동을 대신할 성장행동)과 관련된 선행사건과 선행자극 간의 연합을 새롭게 형성함으로써, 그리고 선행자극과 기능적 대안행동 간의 연합을 새롭게 형성함으로써, 그리고 기능적 대안행동을 유발하는 기존의 선행사건이나 선행자극을 찾아내어, 이를 증가시킴으로써 기능적 대안행동을 형성하려 한다.

조작적 조건화에서는 후속사건이나 후속자극을 통제하여 기능적 대안행동을 형성하려 한다. 즉, 대안행동과 관련된 후속사건과 후속자극 간의 연합을 새롭게 형성함으로써, 그리고 기능적 대안행동과 후속사건이나 후속자극 간의 연합을 새롭게 형성시킴(또는 기능적 대안행동을 강화하는 기존의 후속사건이나 후속자극을 찾아내어 이를 증가시킴)으로써 기능적 대안행동을 형성하려 한다.

사회학습이론에서는 관찰학습, 인지학습, 모방학습을 통해 기능적 대안행동을 형성하려 한다. 즉, 내담자와 비슷한 모델의 기능적 대안행동(치료행동이나 문제해결 행동이나 성장행동)을 관찰하게 함으로써 기능적 대안행동을 증가시키거나 새롭게 형성하려 한다. 또한 관찰을 통해 사건이나 자극과 기능적 대안행동과의 관계에 대한 인지적 지식이나 기대를 형성함으로써 기능적 대안행동을 증가시키거나 새롭게 형성하려 한다. 또한 기능적인 통제소재에 대한 사고나 신념, 기능적인 자기효능감, 자기행동에 대한 기능적인 예측, 평가, 조절, 그리고 기능적인 사회적 도덕적 기준과 같은 기능적인 인지들을 증가시키거나 새롭게 형성함으로써 기능적 대안행동을 형성하려 한다. 또한 모델의 기능적 대안행동을 관찰하여, 기능적 대안행동을 흉내 내거나 따라 하게 하는 모방행동을 증가시킴으로써 기능적 대안행동을 형성하려 한다.

인지이론에서는 역기능적인 사고나 신념을 대신할 기능적인 대안사고나 대안신념을 찾아내고, 이를 증가시키거나 새롭게 형성함으로써 기능적 대안행동을 형성하려 한다. 즉, 현실적이고 논리적이며 실용적인 사고나 신념을 찾아내고, 이를 증가시키거나 새롭게 형성함으로써 치료행동이나 문제해결 행동이나 성장행동을 형성하려 한다.

한편, 기능적 대안행동을 형성할 때는 실생활 속에서 실천하려는 '대안행동 수행 능력의 형성'을 고려해야 한다. 대안행동 수행 능력을 가진 내담자들은 대안행동 수립까지만 조력을 해 줘도 자기 스스로 대안행동을 실행으로 옮기고, 이를 통해 원하는 목표들을 성취해 나간다. 그러나 대안행동 수행 능력이 부족한 내담자들은 대안행동 수립을 했더라도 수행 능력이 부족하기 때문에 자신의 생활 장면에서 대안행동을 실행으로 옮기기가 어렵고, 설사 실행을 했더라도 원하는 목표들을 성취하기 어려울 수 있다. 따라서 대안행동 수행 능력이 부족한 내담자들에게는 대안행동 수행 능력을 형성하도록 해 줄 필요가 있다.

42세의 가정주부인 윤 씨는 하루 30회 이상 손을 씻는 강박행동을 가지고 있다. 그녀는 자신의 행동이 성적인 공상이나 충동, 그리고 좌절이나 분노에 대한 억압 때문이라는 사실을 받아들였지만, 이러한 각성이 강박행동을 멈추게 할 수는 없었다. 이 때문에 상담자의 주도하에 강박행동 양식에 대한 구체적인 대안행동을 탐색하였다. 탐색 이후에 선택된 대안행동은 두 가지였는데, 하나는 '손을 씻고 싶은 충동이 일어나면, 손을 씻지 않았을 때 일어날 수 있는 최악의 상황을 1분간 상상하기'였고, 다른 하나는 '손을 씻고 싶은 충동이 일어나면, 이완호흡을 세 번 하고 나서, 현재의 심정과 소망을 3가지 이상 속으로 말하기'였다. 이러한 두 가지 대안행동을 실천하기로 약속했지만 막상 일상생활 속에서는 구체적으로 어떻게 행동해야 하는 것인지를 몰랐기 때문에 실행으로 옮길 수 없었다고 하였다.

이 때문에 상담자는 상담장면에서 대안행동들을 익힐 수 있는 기회를 제공하였다. 먼저 눈을 감고 최악의 상황을 상상해 보도록 한 후, 연상되는 최악의 상황에 대해 말로 표현하도록 하였다. 그리고 나서 상담자가 또다시 이완호흡을 시범 보인 후에, 이를 따라 해 보도록 했고, 이어 혼자 연습을 해 보도록 하였다. 그리고 나서, 상담자는 내담자에게 지난주에 강박행동과 관련하여 손을 씻고 싶은 충동이 일어났던 구체적인 상황을 회상하도록 요구하였다. 윤 씨는 학부모 모임에 갔다가 교감 선생님을 만나 악수를 했다고 하였다. 그런데 그 이후에 손에 더러운 것이 묻어 있는 느낌이 들어서 손을 씻고 싶은 충동이 일어났지만, 상담자와의 약속 때문에 계속 참았던 일을 이야기하였다. 상담자는 윤 씨에게 그 상황에서 심정과 소망을 찾아서 말로 표현하도록 요구하였고, 상담자는 내담자가 자신의 심정과 소망을 찾아서 말로 표현하는 동안 옆에서 공감을 통해 내담자의 언어표현을 도왔다.

> 내담자 왠지 손에 무엇인가 묻어 있는 것 같았어요.
>
> 상담자 손에 더러운 것이 묻어 있는 것 같은 느낌이 들었군요.
>
> 내담자 예.
>
> 상담자 그래서 마음속에 어떤 소망들이 일어나던가요? 아니면 어떻게 하고 싶은 마음이 일어나던가요?
>
> 내담자 손을 씻고 싶었죠.
>
> 상담자 그랬군요. 그럼 이렇게 하시면 됩니다. 마음 속으로 '손에 더러운 것이 묻어 있어 불결함을 느끼는구나. 그래서 손을 씻고 싶은 마음이 일어나는구나.'라고 하시면 됩니다. 한번 해 보시겠습니까?
>
> 내담자 '손이 더러워서 불쾌하구나. 그래서 손을 씻고 싶구나.'

상담자 예. 아주 잘하셨습니다. 다른 내용을 한 번 더 연습해 보죠. 또 그 상황에서 어떤 느낌들이 드셨어요.

내담자 느낌은…….

상담자 교감 선생님 손이 왜 불결해 보이던가요?

내담자 아… 그랬어요. 악수할 때 양복 어깨에 비듬이 떨어져 있는 거예요. 그리고 전에 말씀드린 것처럼 남자들은 손으로 이것저것 다 하잖아요. 그 손으로 성기도 만지고… 순간적으로 그런 생각도 들었던 것 같아요. 아니, 들었어요.

상담자 어깨에 떨어진 비듬을 보고 불결한 마음이 들었겠네요. 그리고 성기 만지는 것을 포함해서 이것저것 더러운 것을 만지고 잘 씻지 않는 손이라는 생각이 들었고요.

내담자 예. 맞아요.

상담자 그래서 어떤 소망들이 일어나던가요? 마음속에서 어떻게 하고 싶던가요?

내담자 왜 꼭 악수를 하나? 난 안 하고 싶다. 그런데 다들 하니까…….

상담자 그러니까 마음속으로 '악수를 하고 싶지 않다. 피하고 싶다.'라는 소망이 일어난 거군요.

내담자 예.

상담자 그럼 이러면 됩니다. 마음속으로 '불결한 마음이 드는구나.' 또는 '비듬을 보고 불결한 마음이 드는구나.'라고 하시면 됩니다. 또한 '성기도 만지고 이것 저것 더러운 짓을 하고도 잘 씻지 않는 손이라는 생각이 드는구나.'라고 하시면 됩니다. 그리고 소망은 '그래서 악수를 피하고 싶은 마음이 일어나는 구나.'라고 하시면 됩니다. 한 번 더 해 보시겠습니까? 우선 느낌부터 해 보시죠. 불결한 또는 더러운 느낌을 말로 표현해 보세요.

내담자 '내가 불결해하는구나.'

상담자 예. 좋네요. 그리고 피하고 싶은 소망을 말로 표현해 보세요.

내담자 '비듬도 보이고 해서 불결해서 악수를 피하고 싶구나.'

상담자 예. 아주 좋습니다. 그럼 지난주에 하지 못한 과제를 다음 주까지 해 오시겠습니까?

내담자 예. 이번엔 꼭 하고 올게요.

상담자 정말이죠? 그 말 꼭 책임을 지셔야 됩니다.

내담자 예. 약속할게요.

> 상담자 과제의 내용은 먼저 '일주일 동안, 하루 세 번 이상, 손을 씻고 싶은 충동이 일어나면, 손을 씻지 말고, 대신 손을 안 씻었을 때 일어날 수 있는 최악의 상황을 1분간 상상하기를 하는 것'입니다. 맞죠?
>
> 내담자 네.
>
> 상담자 그리고 또 다른 과제의 내용은 '일주일 동안, 하루 세 번 이상, 손을 씻고 싶은 마음이 일어나는 상황에서, 손을 씻지 말고, 대신 이완호흡을 세 번 하고, 그러고 나서, 그때 느끼는 심정이나 소망을 3가지 이상 찾아서 마음속으로 말을 해 보는 것'입니다. 맞죠?
>
> 내담자 네.

다른 한편, 기능적 대안행동을 형성할 때는 역기능적 행동에 대한 직접적인 대안은 아니더라도 '알아차림 능력, 의사소통 능력, 의사결정 능력'과 같은 기초능력의 형성도 고려해야 한다. 예를 들면, 내담자가 자신과 타인과 환경을 민감하게 알아차리는 능력이 부족하면, 이는 역기능적 행동을 소거하고 기능적인 대안행동을 형성하는 과정에서 방해요인으로 작용할 수 있다. 이런 경우에는 알아차림 훈련을 통해 내담자가 자신과 타인과 환경을 민감하게 알아차리는 능력이 증진되도록 조력할 필요가 있다.

내담자의 의사소통 능력이 부족하면, 이 역시 역기능적 행동을 소거하고 기능적인 대안행동을 형성하는 과정에서 방해요인으로 작용할 수 있다. 이런 경우에도 의사소통 훈련을 통해 내담자가 Do Language, I Message, 주장, 관심기울이기, 공감, 질문 등과 같은 기초적인 의사소통 능력이 형성되도록 조력을 제공할 필요가 있다.

한편, 내담자의 의사결정 능력이 부족하면, 이 역시 역기능적 행동을 소거하고 기능적인 대안행동을 형성하는 과정에서 방해요인으로 작용할 수 있다. 이런 경우에도 의사결정 훈련을 통해 내담자가 역기능적 비합리적 의존적 의사결정 행동을 줄이고, 대신 기능적 합리적 자주적 의사결정 행동을 증진시키며, 이를 통해 객관적 정보의 수집과 이해, 합리적 선택과 결정과 같은 기초적인 의사결정 능력이 형성되도록 조력할 필요가 있다.

또한 내담자의 자기관리 능력이 부족하면, 이 역시 역기능적 행동을 소거하고 기능적인 대안행동을 형성하는 과정에서 방해요인으로 작용할 수 있다. 가령, 어떤 내담자들은 자신의 신체적 건강을 잘 관리하지 못한다. 그들은 바람직하지 않은 식사나 운동 습관을 가지고 있을 수 있고, 성이나 술·담배·마약 등에 빠져 있을 수도 있다. 또 다른 내담자들은 심리적 갈등 때문에 자신의 외모관리를 잘하지 못한다. 그들은 김치 국물이 묻은

옷을 입거나 머리를 감지 않은 지저분한 모습으로 사회생활을 하기도 한다. 어떤 내담자들은 특정한 감정이 일어날 때 취약한 행동을 드러낸다. 그들은 분노, 슬픔, 성적 욕구 등을 잘 통제하지 못한다. 어떤 내담자들은 목표 없이 맹목적으로 행동한다. 또 다른 내담자들은 시간관리를 잘 못하고, 어떤 내담자는 인간관계를 잘 못한다. 이렇게 내담자가 자기관리 능력이 부족할 경우에도 자기관리 훈련을 통해 내담자가 건강, 외모, 감정, 목표, 시간, 인간관계 등에 대한 자기관리 능력이 형성되도록 조력할 필요가 있다.

3. 실행 촉진

내담자가 상담실 장면에서 행동상의 바람직한 변화를 보이면, 실생활 장면에서도 행동상의 바람직한 변화가 나타나기 시작한다. 즉, 내담자들은 실생활 장면에서 정신장애와 관련된 증상행동은 감소하고 대신 치료행동은 증가하기 시작한다. 또한 당면한 생활문제와 관련된 문제행동은 감소하고 대신 문제해결 행동은 증가하기 시작한다. 또한 성장과제와 관련된 성장방해 행동은 감소하고 대신 성장행동은 증가하기 시작한다.

하지만 어떤 내담자들은 실생활 장면에서 행동상의 바람직한 변화가 나타나지 않는다. 그 주된 이유 중에 하나는 실생활 장면에서 실행하지 않기 때문이다. 예를 들면, 일부 내담자들은 실생활 장면에서 비합리적 사고를 계속 유지하면서 대안적인 합리적 사고를 시도하지 않는다. 또 일부 내담자들은 바람직한 행동의 실행에 대한 수행결단을 하지 않는다. 또 일부 내담자들은 바람직한 실행 이후에 평가 및 조정과정을 통해 자기관리를 해 나가는 경험을 하지 못한다.

내담자가 실생활에서 바람직한 행동들을 실천하지 않을 때는 상담자가 내담자의 실행을 촉진할 필요가 있다. 실행 촉진이란 실생활 장면에서 행동상의 바람직한 변화를 위해 필요한 행동들을 내담자가 실천하도록 상담자가 조력하는 작업을 말한다. 여기서는 실행 촉진 과정을 '실행 준비, 실행 평가'로 구분하여 설명하였다.

1) 실행 준비

내담자가 실생활 장면에서 행동상의 바람직한 변화를 성취하도록 촉진하는 작업은 준비에서부터 시작될 수 있다. 실행 준비란 내담자가 실생활 장면에서 행동상의 바람직한 변화를 성취해 나갈 수 있도록 돕기 위해 내담자를 준비시키는 과정을 말한다. 여기서는 실행 준비를 '행동수행 결단 촉진, 행동수행 과제 설정, 행동수행 계약'으로 나누어 설명하였다.

(1) 행동수행 결단 촉진

내담자가 문제해결이나 목표성취를 위해 필요한 특정 행동을 수행하겠다고 결심하도록 돕는 과정을 행동수행 결단 촉진이라고 한다. 대체로 수동적인 내담자들은 의존적인 습관, 수행과정의 어려움을 회피하려는 동기, 일어날 수 있는 부정적 결과에 대한 두려움 등의 이유로 수동적인 태도를 고수하는 경향이 있다. 대체로 수동적인 내담자들에게 행동수행 결단을 촉진하면 실행이나 행동상의 변화를 기대할 수 있다. 일반적으로 다음과 같은 몇 가지 조건이 갖추어지면 내담자의 행동수행 결단이 촉진된다.

첫째, 내담자가 문제해결이나 목표성취를 위해서 자신이 어떤 행동을 수행해야 한다는 사실을 발견하고 이를 수용하면 결단행동이 증가하는 경향이 있다. 따라서 상담자는 행동수행 과제에 대한 직면, 행동수행 필요성에 대한 설명 등을 통해 내담자의 행동수행 결단을 촉진할 수 있다.

둘째, 행동수행 과정이나 결과를 예견하면 결단행동이 증가하는 경향이 있다. 행동수행 과정이나 결과가 위협적이지 않다는 것을 인식할 때, 그리고 긍정적인 과정이나 성과가 일어날 것이라고 기대하거나 예견할 때 결단행동이 증가하는 경향이 있다. 따라서 상담자는 내담자가 행동수행 과정이나 결과를 예견해 보도록 하고, 행동수행 과정이나 결과와 관련된 심리적 위협 내용을 구체화나 명료화시킴으로써 행동수행 결단을 촉진할 수 있다. 또한 행동수행 과정이나 결과에 대한 긍정적 기대를 가지거나 긍정적 예견을 하도록 함으로써 행동수행 결단을 촉진할 수 있다.

셋째, 행동수행을 할 수 있는 내적인 능력이 자신에게 있다고 자각할 때 결단행동이 증가하는 경향이 있다. 따라서 상담자는 내담자의 내적인 자원을 탐색하여 내담자가 알아차릴 수 있도록 돕고, 긍정적인 피드백을 제공하며, 성공경험의 기회를 제공하는 등의 개입을 통해 행동수행 결단을 촉진할 수 있다.

32세의 박 씨는 어머니와의 오래된 갈등 때문에 어머니를 만나는 것을 회피하고 있으면서도 막연하게 자신의 갈등을 해결하기 위해서는 어머니와 화해를 해야 한다는 생각을 하고 있었다.

상담자　이 문제로 갈등을 느끼기 시작한 것이 몇 년이나 되었는지 궁금하네요?

내담자　한 20년 정도 된 것 같아요.

상담자　20년 정도라… 참 오래 견뎌 오셨네요. 그럼 앞으로 얼마나 더 이 문제로 갈등을 느끼실 생각인가요?

내담자　예?… 무슨 말인지?

상담자　그러니까, 20년 동안이나 참아 왔고, 박 선생님은 여전히 이 문제만큼은 어떻게 할 수 없어 하는 것 같습니다. 제가 보기에 앞으로도 이 문제로 갈등을 느끼면서 살아갈 것 같고, 그 기간이 현실적으로 어느 정도인지가 궁금하다는 것이지요.

내담자　그러니까… 물론 그러고 싶지는 않죠… 그래서 상담을 받는 거 아닙니까.

상담자　갈등을 없애고 싶지만 어쩔 수 없으니 참 난감한 상황이네요… 제가 생각하기에 박 선생님은 너무나 큰 기대를 하고 있는지도 모르겠습니다. 그래서 높은 기대 때문에 아주 작은 일을 하는 것조차 어렵고 부담스러운 것이 아닌가 하는 생각이 듭니다.

내담자　그럴지도…….

상담자　이 문제상황을 해결해 나갈 때, 박 선생님이 할 수 있는 것부터, 그러니까 아주 작은 일에서부터 실천하는 것이 필요하다고 생각합니다.

내담자　할 수 있는 거요?

상담자　가령 이런 거지요. 어머니에 대해 분노가 일어날 때 크게 심호흡을 하거나, 보내지 않는 편지를 써 보는 것, 또 어머니에게 버림받았기 때문에 오히려 얻을 수 있었던 긍정적인 것들을 생각해 보는 것과 같은 일들입니다. 이렇게 부담 없이 편하게 실천을 할 수 있는 것에서부터 시작하는 것이 좋을 것 같다는 말이지요.

내담자　그런 것들이야…….

상담자　좋습니다. 그럴 수 있기를 바라요… 제가 보기에 박 선생님은 미남이고 호감형이며, 귀한 티가 나는 것 같아요. 어머니에게 버림받고 고아원에서 7년을 견디어 낼 수 있을 만큼 강하고 건강하며, 고통을 겪었지만 그런 고통 때문에 가족이나 사랑이 얼마나 소중한지를 알게 되는 계기가 되었고요. 이런 것들은 박 선생님이 가슴 따뜻하고 괜찮은 사람이라는 말이지요. 박 선생님을 보면 어떤 따뜻함 같은 것을 느낄 수 있어서 좋았어요. 예를 들어, 며칠 전에 중앙로에서 만났을 때 진정으로 나를 반겨 준다는 것을 느낄 수 있었어요. 전에 메일을 통해 감사하다는 말을 했을 때 참 기분이 좋았습니다. 그리고 박 선생님은 똑똑하신 것 같아요. 자신을 잘 이해하고 있는 것 같고, 때로는 자신의 잘못을 솔직하게 인정하는 용기도 있고, 이 모든 것들을 볼 때 참 괜찮은 사람이라고 느껴집니다… 박 선생님이 어머니와의 갈등을 해결하기가 어렵다는 것을 알고 있지만, 할 수 있는 범위에서, 그리고… 굳이 큰 것을 바라지 않으면서 작은 일부터 실천할 수 있기를 바라요.

내담자   예… 고맙습니다. 좋게 봐주셔서… 할 수 있는 것이라면 못할 것도 없죠! 그러나 힘든 일을 하라고 억지로 떠밀지는 마세요. 못하는 것은 절대 안 할 테니까(웃음).

상담자   내가 억지로 하고 싶지는 않지만 자신이 할 수 있는 것들을 해 나가겠다는 말이군요. 이 말에 대해 책임을 질 수 있습니까?

내담자   예.

(2) 행동수행 과제 설정

대안 설정에서 이미 설명을 했지만, 행동수행 과제란 문제해결이나 목표성취를 위해 실천해야 할 행위를 과제로 구성한 것이다. 다시 말하면 일종의 행동 실천과 관련된 숙제를 의미한다. 이러한 행동수행 과제를 구성하도록 하면 내담자의 실행 및 행동상의 바람직한 변화를 촉진할 수 있다. 여기서는 행동수행 과제 설정을 '① 행동수행 의지 발견, ② 실천행동 구성, ③ 행동수행 과제 구성'으로 구분하여 설명하였다.

행동수행 의지 발견   행동수행 과제를 설정하기 위해서는 개입시점을 잘 파악해야 하는데, 주로 내담자의 행동수행 의지가 나타날 때 개입을 시작하는 것이 효과적이다. 그런데 행동수행 의지가 나타날 때 개입을 하려면, 먼저 상담자가 내담자의 행동수행 의지를 민감하게 알아차리는 것이 필요하다. 일반적으로 내담자의 행동수행 의지는 자기반성, 수행에 대한 충동이나 걱정, 당위적 사고, 행동계획, 의사결정, 수행결과에 대한 보고와 같이 다양한 방식으로 표현된다. 이를 문장으로 표현하자면 다음과 같이 정리할 수 있다.

- 자기반성: "나는 ○○한 점에서 반성이 됩니다."

- 수행에 대한 충동: "나는 ○○을 하고 싶습니다."
- 수행에 대한 걱정: "내가 ○○을 할 수 있을지 걱정이 됩니다."
- 수행에 대한 당위적 사고: "나는 ○○을 해야만 합니다."
- 계획: "나는 앞으로 ○○을 할 생각입니다."
- 의사결정: "나는 ○○을 결정했습니다."
- 수행결과에 대한 보고: "나는 ○○을 실행해 보았습니다."

실천행동 구성　　행동수행 의지가 발견되면, 이러한 의지를 구체적인 행동으로 전환해야 과제를 구성하기가 수월하다. 실천행동 구성이란 내담자가 실천하려는 행동을 구체화하는 과정이라고 할 수 있다. 행동수행 의지를 실천행동으로 전환하는 질문들을 예시하면 아래와 같다.

- 내가 잘하고 싶다. ⇨ 잘하고 싶다는 말은 내가 구체적으로 어떤 행동을 하고 싶다는 말입니까? 잘하기 위해서 구체적으로 내가 어떤 선택이나 행동을 할 수 있을까요?
- 그녀에게 잘해 주겠다. ⇨ 잘해 주겠다는 말은 그녀에게 구체적으로 어떤 행동을 해 주겠다는 말입니까? 그녀에게 잘하기 위해서 구체적으로 내가 어떤 선택이나 행동을 할 수 있을까요?
- 그만두겠다. ⇨ 그만두겠다는 말은 구체적으로 어떤 선택이나 말이나 행동을 한다는 말입니까? 그만두기 위해서 구체적으로 내가 어떤 선택이나 행동을 실천할 수 있을까요?
- 엄마 말을 잘 듣겠다. ⇨ 엄마 말을 잘 듣겠다는 말은 구체적으로 엄마에게 어떻게 말하고 행동하겠다는 말입니까? 엄마 말을 잘 듣기 위해서 구체적으로 내가 어떤 선택이나 행동을 할 수 있을까요?
- 공부를 시작하겠다. ⇨ 공부를 시작하겠다는 말은 구체적으로 어떤 선택이나 행동을 하겠다는 말입니까? 공부를 시작하기 위해서 구체적으로 어떤 선택이나 행동을 실천할 수 있을까요?

박 군은 고등학교 2학년 남학생으로 공부문제와 친구 간의 갈등문제로 상담을 받고 있다. 다음은 박 군과의 6회기 상담 내용인데, 반성의 형태로 나타난 내담자의 행동수행 의지를 실천행동으로 구체화한 부분이다.

내담자　이번에는 정말 열심히 해 보고 싶어요… 영철이와 싸운 것도 제가 잘못한 것
　　　　이고…….

상담자　열심히 공부하지 않은 일과 싸운 일이 후회되는 거구나.

내담자　예.

상담자　열심히 한다는 것은 구체적으로 무엇을 한다는 말이니?

내담자　그냥 공부를 열심히 하겠다는 말이죠.

상담자　공부를 열심히 한다?

내담자　예.

상담자　조금 더 구체적으로 생각해 보는 것이 네게 도움될 것 같아서 말이야. 공부
　　　　를 열심히 한다는 말은 네가 구체적으로 무엇을 한다는 말이니? 그러니까 너
　　　　의 어떤 행동을 보면 공부를 열심히 하고 있다는 것을 알 수 있느냐 하는 말
　　　　이지.

내담자　책을 열심히 보고, 밤늦게까지… 그리고 시간낭비도 않고, 또 일찍 일어나고.

상담자　그러니까 열심히 해 보고 싶다는 말은 늦게까지 책을 보고, 시간낭비도 않
　　　　고, 또 일찍 일어나는 행동을 말하는 거구나.

내담자　예.

상담자　그리고… 또 영철이와 싸운 것이 후회스럽다고?

내담자　예.

상담자　그런 후회스러움을 줄이기 위해 네가 할 수 있는 것이 구체적으로 무엇이지?

내담자　사과를 해야 하겠죠.

상담자　그렇구나. 사과하면 덜 후회스러울 것 같단 말이지. 그런데 어떤 행동을 해
　　　　야 사과한 것이 되니?

내담자　만나서 미안하다고 말하는 거요…….

　　행동수행 과제 구성　　행동수행 의지를 구체적인 실천행동으로 전환시키고 나서, 이를
토대로 구체적인 행동수행 과제를 구성해 나간다. 여기서 행동수행 과제란 문제해결이
나 목표성취를 위해 내담자가 실천하려는 행동숙제를 말하는데, 이러한 행동수행 과제
를 구성하도록 하면 실행 및 행동상의 바람직한 변화를 촉진할 수 있다.

　　행동수행 과제를 구성할 때는 우선, 포괄적인 행동들을 작은 단위의 행동으로 구체화
하는 것이 좋다. 여기서 구체화한다는 말의 실제적 의미는 작게 나눈다는 뜻이다. 즉, 포

괄적인 행동을 작은 단위의 행동으로 세분화한다는 말이다. 예를 들어, '운동한다'가 포괄적인 행동이라면, '헬스클럽에 등록한다, 아침에 10분간 조깅한다, 조깅 운동화를 구입한다.' 등은 세분된 행동들이다. 대체로 행동수행 과제를 세분화하면 내담자의 실천을 촉진할 수 있다. 가령 '친구에게 말을 건네는 것'으로 구성하는 것보다 '국어숙제의 내용에 대해 질문한다, 수업시간표에 대해 질문한다, 입고 있는 옷이 예쁘다고 말해 준다, 우리 함께 잘 지내 보자라는 말을 한다.'라고 세분화하면 실천을 촉진할 수 있다.

또한 행동수행 과제를 구성할 때는 곧바로 실천에 옮길 수 있는 것으로 구성하는 것이 바람직하다. 행동수행 과제는 목표가 아니라 목표성취를 위해 현재의 시점에서 행동으로 옮길 과제이다. 따라서 행동수행 과제를 구성할 때는 먼 미래에 수행할 내용이 아니라 현재 시점에서 곧바로 실천할 수 있는 내용이거나 몇 시간 혹은 며칠 후에 실천할 수 있는 내용으로 구성하는 것이 바람직하다.

윤 양은 대학 1학년생으로 열등감 문제로 상담을 받았다. 그녀의 열등감의 주된 내용은 신체적인 것이었다. 그녀의 키는 162cm였지만 몸무게는 72kg이었다. 다음은 윤 양과의 3회기 상담 내용이다.

내담자　단식도 하고 운동도 해 볼 생각입니다.

상담자　단식과 운동을 하겠다고 결심을 하셨네요. 그런데 단식과 운동을 한다는 것은 실제로 당신이 무엇을 한다는 말인지 궁금합니다.

내담자　식사량을 줄이고, 절대 간식은 먹지 않고… 매일 아침 조깅도 하고요.

상담자　그런 것들을 실제로 할 수 있겠어요?

내담자　당장은 어렵겠지만 조금씩 해 봐야죠.

상담자　그럼 식이요법이나 조깅을 본격적으로 실시하기 전에 지금 당장 시작할 수 있는 일은 무엇입니까?

내담자　글쎄요… 조깅하려면 운동화를 사야 하고… 식탁에서 빵을 치우고, 엄마에게 다이어트를 한다고 알려서 도움을 구하고…….

상담자　그러니까 운동은 '운동화 사는 일'부터 시작되고, 또 단식은 '식탁에 있는 음식물들을 보이지 않는 곳으로 치우고, 엄마에게 다이어트를 하니까 도움을 달라고 말을 하는 것'에서부터 시작한다고 할 수 있겠군요?

내담자　예.

상담자 그럼 운동화를 사고, 식탁 치우고, 엄마에게 다이어트 하니까 도와 달라고
      말하는 것은 오늘이라도 당장 실천할 수 있겠군요.

내담자 예.

한편, 상담목표나 행동수행 과제를 구성할 때는 조작적 조건화 원리에 기반한 상벌체계를 고려하는 것이 바람직하다. 즉, '대안행동을 하면 보상을 받고, 문제행동을 하면 처벌을 받는다.'는 내용을 포함시키는 것이 바람직하다.

대학교수가 꿈인 김 씨는 대학원 박사과정을 수료했지만, 박사학위 논문 작성과 졸업을 7년째 지연시키고 있다. 그는 상담이 성공적으로 끝난다면 박사학위 논문을 써서 박사학위를 취득할 것이라고 하였다. 상담자의 도움을 받아 김 씨는 상담목표를 아래와 같이 구성하였다.

- 2014년 8월 31일까지 박사학위 논문 초안을 작성한다.
- 2015년 2월 20일에 박사학위를 취득하고 졸업한다.

그런데 김 씨는 이전에 다른 상담자들과 같은 주제로 두 번의 상담을 받은 적이 있고, 그때마다 상기된 것과 비슷한 상담목표들을 수립했었지만, 목표를 성취하지 못하는 일이 반복되어 왔다. 이를 감안하여 상담자는 상벌체계를 도입하여, 아래와 같은 조건들을 내담자의 동의를 받아 목표에 포함시켰다.

- 2014년 1월 10일까지 130만 원(2014년 2월까지 한 달에 10만 원씩 산정)을 재단 사무처에 예치한다.
- 상담목표를 성취하면, 2015년 2월 말에 예치금을 100% 돌려받는다.
- 상담목표를 성취하지 못하면, 2015년 2월 말에 예치금 전액을 ○○당 ○○○의원(김 씨는 정치인들을 싫어하며, 특히 ○○당과 ○○○의원은 매우 싫어한다고 하였다.)에게 재단직원들 명의로 정치후원금을 낸다.

영미는 대학교 1학년 여학생이고, 그녀의 아버지는 대학교 행정직원이다. 상담은 영미의 진로문제와 부녀갈등 문제를 도와 달라면서 아버지가 의뢰하였다. 상담과정에서 부녀갈등이 다루어졌는데, 주요 갈등주제는 영미의 귀가시간이었다. 아버지는 9시 이전에는 귀가를 하도록 요구했지만 영미는 이를 무시했다. 자정을 넘기는 일이 다반사이고 종종 외박까지 하곤 하였다. 영미와 아버지가 서로 합의한 영미의 상담목표는 다음과 같다.

- 2014년 4월 6일부터 5월 31일까지 약 2개월 동안, 밤 10시 30분 이전에 귀가한다.

영미는 목표행동을 성취해 나가겠다고 약속을 했다. 하지만 설정된 목표가 영미에게는 아버지와의 갈등을 줄일 수 있다는 점 빼고는 큰 유인가가 없는 내용이었다. 이 때문에 영미는 목표에 명시된 행동을 수행할 의지가 낮은 상태였다. 그리고 아버지도 영미가 지금까지 보인 행동들 때문에 영미가 약속한 행동들을 실천할 수 있을지에 대해 의구심을 가지고 있었다. 이런 이유들 때문에 서로 합의하여 목표 성취를 위한 상벌체계를 포함시켰는데, 그 내용은 아래와 같다.

- 2014년 4월 6일부터 5월 31일까지 약 2개월 동안, 밤 10시 30분 이전에 귀가하는 목표를 성취하면, 2014년 여름방학 때 해외여행을 보내 준다.
- 약 2개월 동안 밤 10시 30분 이전에 귀가하는 목표를 성취하지 못하면, 2014년 여름방학 동안 자가용 사용을 금지한다. 그리고 2014년 6월과 8월 사이에 교회에 10회 이상 출석한다.

그리고 추가적인 상담과정에서, 위에 제시된 상담목표와 관련하여 행동수행 과제들을 아래와 같이 구성하였다.

- 2014년 4월 13일부터 4월 19일까지 1주일 동안 아버지에게 하루 1회 이상 문자로 귀가시간을 알린다.

또한 서로 합의하여, 상기된 행동수행 과제를 성취하기 위한 상벌체계를 포함시켰는데, 그 내용은 아래와 같다.

- 1주일 동안 아버지에게 하루 1회 이상 문자로 귀가시간을 알리는 행동을 완수하면, 그다음 주 금요일과 토요일에는 12시까지 귀가하는 것을 허용한다.
- 1주일 동안 아버지에게 하루 1회 이상 문자로 귀가시간을 알리는 행동을 완수하지 않으면, 그 다음 1주 동안 평일 귀가 시간을 9시로 앞당긴다.

(3) 행동수행 계약

실행을 준비시키는 또 하나의 방법은 계약이다. 일반적으로 계약내용에는 행동수행 과제, 행동수행 기간, 행동수행 수량, 행동수행 평가, 행동수행 대가, 계약일시, 계약자 성명 등이 포함된다. 한편, 행동수행 계약의 방식은 구두계약과 서면계약의 두 가지가 있다. 보통은 구두계약을 많이 하지만, 특별한 경우에는 서면계약을 한다.

구두계약   구두계약이란 말 그대로 구두언어를 사용하여 약속하는 것이다. 실용적이어서 쉽고 편리하며, 계약내용이 유동적이기 때문에 융통성 있게 조정하기 쉬운 장점이 있는 반면, 신뢰를 기반으로 해야 하기 때문에 신뢰가 없으면 구두계약의 힘이 약해지고, 계약내용이 가시적이지 않기 때문에 수행에 대한 계약내용, 역할 및 책임소재가 덜 분명하며, 계약 이후에 수행평가를 하기가 상대적으로 어려운 단점이 있다. 구두계약의 단점을 보완하기 위해 여러 가지 방안들을 고려할 수 있는데, 몇 가지 방안을 제시하면 아래와 같다.

- 면접기록에 구두계약 내용을 기록해서 보관한다. 이렇게 되면 상담자나 내담자의 기억에만 의존하는 것을 피할 수 있고, 나중에 기록내용을 다시 봄으로써 과제수행 점검이 가능해진다.
- 내담자가 상담자에게만 약속하게 하는 것이 아니라 내담자 주변의 중요인물에게 약속하도록 하거나 다른 여러 사람들 앞에서 공언을 하도록 한다. 예를 들어, 사전에 내담자의 동의를 거쳐 내담자의 수행과제를 어머니에게 알려서 점검을 요청하거나 집안 식구들에게 공언을 할 수 있는 기회를 만들어 달라고 요청을 할 수도 있다. 또 가족이 아니라 학교 담임교사나 애인이나 친구 등에게 도움을 요청할 수도 있다.
- 구두계약을 구성할 때 중간보고 과정을 포함시킨다. 즉, 과제수행을 하는 중간 과정에 내담자가 상담자에게 중간보고를 하도록 계약을 하면 실천을 강화할 수 있다. 가령, '다툰 친구에게 미안하다는 말을 전화로 하기'로 수행과제를 구성했으면, 여기에 추가하여 '친구에게 미안하다는 말을 전화로 했을 때 친구가 어떤 반응을 보였는지에 대해 상담자에게 전화로 알리도록 하는 중간보고를 포함'시키면 좀 더 실천을 촉진할 수 있다.
- 이와는 반대로, 상담자가 내담자에게 전화를 걸어서 중간점검을 할 수도 있다. 가령, 학습 및 진로문제로 상담받던 내담자가 수행과제를 '컴퓨터 학원에 등록하기'로 했으면, '상담자가 내담자에게 전화를 걸어 실천 여부와 경험 내용을 전화로 점검'할 수 있다. 또는 사전에 내담자와 합의하여 '상담자가 학원선생님과 통화하여 등록 여부를 확인하고 지도를 당부함'으로써 실천을 촉진할 수도 있다.
- 구두계약 내용을 요약하여 재확인함으로써 실천을 촉진할 수 있다. 즉, 행동수행 과제를 구성했던 그 회기를 종료하기 직전에 상담자가 구두계약 한 내용을 요약하고 이를 재확인하면 행동수행 과제를 기억하고 실천하는 데 도움이 된다.
- 행동수행 과제는 나중에 점검하는 시간을 가질 것이며, 이때 상담자가 적극적인 역

할을 할 것임을 내담자에게 알리고, 이에 대해 사전동의를 받아 두면, 이후의 평가 과정에 상담자가 보다 적극적으로 개입할 수 있는 여건을 만들 수 있다.

서면계약   서면계약이란 계약내용이 문장으로 쓰여진 문서를 사용하여 약속하는 것

표 14-1 행동수행에 대한 서면 계약서 예시

행동수행 계약서

1. 수행과제: 학교에 출석한다.

2. 수행기간: 2012년 10월 27일부터 2012년 12월 24일까지 약 2개월

3. 수행수량: 약 2개월 동안 결석은 1회 이하, 지각과 조퇴는 각각 2회 이하로 한다.

4. 수행점검: 매월 마지막 금요일에 엄마가 담임에게 전화하여 출석을 확인한다.

5. 수행대가

   • 완수하면 엄마가 최신기종 핸드폰을 2012년 12월 말에 사 준다.
   • 2012년 10월 27일부터 2012년 11월 30일까지 결석, 지각, 조퇴가 없으면, 12월 1일에 엄마가 용돈 10만 원을 준다.
   • 2012년 12월 1일부터 2012년 12월 24일까지 결석, 지각, 조퇴가 없으면, 12월 25일에 엄마가 용돈 10만 원을 준다.
   • 2012년 10월 27일부터 2012년 11월 30일까지 결석이 2회 이상이거나 지각과 조퇴가 4회 이상이면, 12월 1일부터 12월 2일까지 48시간 동안 휴대폰과 컴퓨터 사용을 금지한다.
   • 2012년 12월 1일부터 2012년 12월 24일까지 결석이 2회 이상이거나 지각과 조퇴가 4회 이상이면, 12월 25일부터 12월 26까지 48시간 동안 휴대폰과 컴퓨터 사용을 금지한다.
   • 2012년 10월 27일부터 2012년 12월 24일까지 결석이 4회 이상이거나 지각과 조퇴가 8회 이상이면, 아래의 벌칙을 받는다.
     −2012년 12월 25일부터 2012년 12월 31일 사이의 4시간 이상의 봉사활동을 한다.
     −2012년 12월 25일부터 2013년 1월 30일 사이에는 스키장에 가지 못한다.
     −2012년 12월 25일부터 2013년 1월 30일 사이에 1박 2일 해병대 캠프에 참석한다.

위에 기록된 내용을 지킬 것을 약속합니다.

2012년   월   일

계약자 성명: (인)

계약자 성명: (인)

계약자 성명: (인)

이다. 서면계약은 계약내용이 구체적인 조항으로 명문화되어 있기 때문에 수행기간 및 정도, 수행내용, 수행대가, 역할 및 책임 등이 분명하고, 이 때문에 평가나 조정이 상대적으로 쉽다. 또한 계약내용을 명문화된 조항으로 만드는 과정에서 계약내용의 현실성을 점검하거나, 상담자와 내담자 간의 인식차이를 점검하는 기회가 되기도 한다.

일반적으로 서면계약은 구두계약보다 계약의 힘이 상대적으로 강하다고 할 수 있다. 그러나 서면계약은 실용적이지 못한 단점을 가지고 있다. 즉, 서면계약 과정은 복잡하고 번거로우며, 상황을 고려한 계약내용 변경이 상대적으로 어렵다. 서면계약의 단점을 보완하기 위해 고려할 수 있는 방안들을 제시하면 아래와 같다.

- 서면계약의 내용은 사례마다 달라질 수 있음에도 불구하고, 일정한 서면계약 양식을 만들어 두는 것이 도움이 된다. 예를 들어, '행동수행 과제, 행동수행 기간, 행동수행 수량, 행동수행 평가일, 행동수행 대가, 계약일시, 계약자' 등이 명시된 서면계약 용지를 만들어 두면 일일이 계약서를 작성하는 번거로움을 피할 수 있다.
- 중요한 사항에 대해서만 서면계약을 함으로써 번거로움과 수고를 줄일 수 있다. 예를 들어, 자살충동 문제를 가진 내담자의 경우 자살금지에 대한 약속은 서면계약을 하고, 나머지 보호자에게 연락하기, 신경과에 방문하여 진단받기, 음주행동 줄이기, 봉사활동하기, 조깅하기 등에 대한 약속은 구두계약을 함으로써 번거로움과 수고를 줄일 수 있다.

2) 실행 평가

문제해결이나 목표성취를 위한 행동수행 과제를 실천해 나가는 과정에서 일부 내담자들은 상담자의 조력을 필요로 한다. 내담자의 행동수행을 조력하는 가장 기본적인 방법은 평가이다. 실행 평가에는 다음과 같은 작업들이 포함되어 있다. 즉, 내담자의 행동수행을 관찰 및 기록하고, 행동수행 과정과 결과를 확인하며, 바람직한 행동수행을 강화하고, 바람직하지 않은 행동수행을 조정해 나가는 작업들이 포함되어 있다.

(1) 행동수행 관찰 및 기록

실행 평가를 통해 실천을 촉진하기 위해서는 '실생활 장면에서의 행동수행 과정과 결과를 관찰하거나 기록하는 것'이 바람직하다.

그런데 관찰 및 기록은 보통 단순하게 이루어진다. 즉, 내담자가 일상생활을 하면서 자기관찰을 한 후, 이를 기억해 두었다가 상담장면에서 상담자가 이에 대해 질문을 하면 내담자가 회상하여 구두로 보고하는 방식으로 이루어진다. 하지만 일부는 관찰 및 기록이 체계적으로 이루어지기도 한다. 체계적으로 이루어질 때는 개별 상황에 맞는 다양한 방식들이 사용될 수 있다. 즉, 일반적으로는 자연적 관찰 및 기록 방식을 많이 사용하지만, 상황에 따라서는 실험실 관찰 및 기록 방식을 사용할 수도 있다. 또 일반적으로는 자기관찰 및 기록 방식을 사용하지만, 상황에 따라서는 타인관찰 및 기록, 그리고 비디오나 CCTV와 같은 기기를 사용한 관찰 및 기록 방식을 사용할 수도 있다. 그리고 보통 전체보다는 부분적인 관찰 및 기록 방식을 더 많이 사용한다. 가령 특정 사건을 중심으로 부분적인 관찰 및 기록을 할 수도 있고, 특정 시간을 중심으로 부분적인 관찰 및 기록을 할 수도 있으며, 행동목록이나 평정척도를 사용하여 부분적인 관찰 및 기록을 할 수도 있다.

(2) 행동수행 과정과 결과 확인

실행 평가를 통해 실행을 촉진하기 위해서는 '상담과정 중에 실생활 속에서의 행동수행 과정과 결과가 확인'되어야 한다. 상담자가 내담자의 행동수행 과정과 결과를 확인할 때는 아래와 같은 질문들을 포함시키는 것을 바람직하다.

- 행동수행 과제를 수행했는가? 또는 하지 않았는가?
- 행동수행 과제를 수행했다면, 언제, 어디서, 어떤 행동을, 어떻게 수행했는가?
- 행동수행 과제를 수행한 결과는 무엇인가?
- 행동수행 과제를 수행했다면, 그 원인은 무엇인가? 행동수행 과제의 수행을 촉진하는 사회환경적 요인, 신체적 요인, 심리적 요인, 상담자와 내담자 상호작용 요인은 무엇인가?
- 행동수행 과제를 수행하지 않았다면, 그 원인은 무엇인가? 행동수행 과제의 수행을 방해하는 사회환경적 요인, 신체적 요인, 심리적 요인, 상담자와 내담자 상호작용 요인은 무엇인가?

한편, 실행 평가의 주된 기능 중에 하나는 실행을 촉진하는 것이다. 이러한 평가의 실행 촉진 기능을 높이려면 평가의 초점을 부정적으로 이끌기보다는 긍정적으로 이끌 필요가 있다. 즉, 평가를 부정적 행동이나 부정적 결과를 탐색하는 데 초점을 두기보다는 긍정적 행동이나 긍정적 결과를 탐색하는 데 초점을 둘 필요가 있다. 일반적으로 평가를 긍정적으로 이끌면, 내담자의 경험 개방성과 새로운 도전행동이 증가하는 경향이 있다.

- 지난주에 당신은 어떤 긍정적 결과들을 얻었습니까?(긍정적 결과) 당신이 어떻게 생각하고 선택하고 말하고 행동해서, 그런 긍정적 결과를 얻을 수 있었습니까?(긍정적 행동)
- ○○과제를 수행하면서 무엇이 좋았습니까?(긍정적 결과) 그런 좋은 점을 얻는 과정에서 당신은 구체적으로 어떻게 생각하고 선택하고 말하고 행동을 했습니까?(긍정적 행동)
- ○○과제를 수행하면서 당신이 얻은 소득이나 이득은 무엇입니까?(긍정적 결과) 그런 소득이나 이득을 또다시 얻으려면 어떻게 생각하고 선택하고 말하고 행동해야 하는지에 대해 생각해 보셨습니까?(긍정적 행동)
- ○○과제를 수행하고 난 이후에, 어떤 점들이 도움이 되었습니까?(긍정적 결과) 그런 점들이 도움이 되었던 결정적인 이유들을 당신의 생각이나 선택이나 말이나 행동에서 찾는다면 구체적으로 무엇일까요?(긍정적 행동)
- ○○과제를 수행하는 과정에서 당신은 무엇을 배웠습니까?(긍정적 결과) 그렇게 배운 것들을 유지하려면 당신이 어떻게 생각하고 선택하고 말하고 행동해야 하는지에 대해 생각해 보셨습니까?(긍정적 행동)

(3) 바람직한 행동수행의 강화

행동수행을 촉진할 때는 조작적 조건화 원리에 기반한 상벌체계를 고려하는 것이 좋다. 즉, 내담자가 바람직한 행동을 수행한 이후에는 긍정적 보상을 받는 경험을 하도록 함으로써 바람직한 행동이 증가되도록 하고, 바람직하지 않은 행동을 수행한 이후에는 부정적 처벌을 받는 경험을 하도록 함으로써 바람직하지 않은 행동이 감소되도록 하는 것이 좋다.

그런데 행동수행 과정에서는 가급적 벌을 사용한 소거보다는 보상을 사용한 강화가 더 바람직할 때가 많다. 또 새로운 행동수행을 형성하고자 할 때는 계속 강화를 하는 것이 바람직하고, 일단 행동수행이 형성된 이후에 기존의 행동수행을 증가시키고자 할 때는 간헐강화를 하는 것이 바람직하다. 또한 보상은 일차적 보상에서 점차 이차적 보상으로 바꾸는 것이 바람직하고, 외적인 보상이나 외부통제에서 점차 내적인 보상이나 자기관리를 통한 자기보상으로 바꾸는 것이 더 바람직하다.

> 에릭슨(Erickson)에게 난폭운전 문제를 가진 내담자가 의뢰되었다. 에릭슨이 '어떤 도움을 원하는지'를 묻자, 그는 "자기 스스로 해결할 것이기 때문에 상담자에게는 어떤 도움도 필요 없다."고 하였다. 다시 에릭슨이 '문제를 해결하는 데까지 얼마의 시간이 필요한지'를 물었다. 그는 "2주일 후에는 자신의 난폭운전하는 습관을 고치겠다."고 하였다. 에릭슨은 그를 지지하면서, "다음 상담회기를 2주 후로 하자."고 제안하였고, 그도 동의하였다. 2주가 지나서 그는 "약속대로 운전습관을 바꾸었다."고 하였다. 에릭슨이 '어떻게 그렇게 약속을 지키고 또 스스로 할 수 있었는지'를 묻자, 그는 "난폭운전을 하다가 큰 교통사고를 낼 뻔했고, 그 사건 이후로는 안전운전을 하기 시작했다."라고 하였다(Duncan, Miller, & Coleman, 2001; 고기홍, 김경복, 양정국, 2010).

가장 바람직한 강화는 자기관리에 기반한 자기강화이다. 하지만 현실적으로는 자기강화가 쉽게 발달되지 않기 때문에 일정기간 동안 상담자가 강화를 해 줄 필요가 있다. 아래에는 상담자에 의한 사회적 강화의 한 형태로서 긍정적 해석에 대해 설명하였다.

긍정적 해석이란 현상을 긍정적으로 설명하는 것이다. 즉, 내담자의 행동수행과 그 결과나 관련요인 등을 긍정적인 측면에서 설명하는 것을 의미한다. 이러한 긍정적 해석은 내담자의 행동수행을 강화하는 수단이 된다. 강화수단으로서의 긍정적 해석은 동기에 대한 긍정적 해석, 능력이나 노력에 대한 긍정적 해석, 행동수행 결과의 가치에 대한 긍정적 해석, 미래에 대한 긍정적 해석 등으로 구분하여 설명할 수 있다.

① 동기에 대한 긍정적 해석: 행동의 동기나 의도를 긍정적으로 해석해 주면 행동을 바람직한 방향으로 강화할 수 있다. 이러한 해석은 아래와 같은 문장형태로 주어질 수 있다.

⇨ ○○행동을 한 데는 나름대로 그럴 만한 이유가 있었겠군요.

⇨ 그 행동은 ○○성장동기에서 시작된 일이었군요.

⇨ 그 행동은 긍정적인 ○○성장동기를 성취하기 위한 것이었군요.

⇨ 그 행동은 긍정적인 ○○의미를 지닌 것이었군요.

⇨ 긍정적인 ○○를 성취하기 위해서 한 행동이 ○○이었군요.

가출문제로 상담을 받던 고등학교 2학년 여학생인 김 양은 2주일 동안 가출을 하지 않겠다고 상담자와 약속했다. 하지만 4일 후에 어머니로부터 김 양이 가출했다는 연락을 받았다.

> **상담자** 엄마로부터 가출을 했다는 이야기를 들었어. 전에 우리가 두 번째 만났을 때 2주일 동안은 가출을 하지 않겠다고 약속했었고, 그런데도 가출한 것을 보면 나름대로 이유가 있었으리라는 생각이 들었어.
>
> **내담자** 집에 있고 싶지 않아서요. 엄마나 아빠는 요즘 아무 말도 안 해요… 어떤 때는 숨이 막혀요… 제가 말씀 드렸죠. 조금 나아지는 것 같더니 또 그래요… 가출 않겠다고 약속은 했지만 집에 있으면 돌아 버릴 것 같아서…….
>
> **상담자** 가출은 답답한 심정을 풀기 위한 하나의 방법일 수 있겠구나. 그러니까 너는 돌아 버릴 것 같이 답답한 심정을 풀 수 있는 방법을 찾고 있다고 할 수 있겠구나.

② 능력이나 노력에 대한 긍정적 해석: 바람직한 행동의 원인으로 내담자의 능력이나 노력을 지목하여 해석하면 행동수행을 강화할 수 있다. 즉, 성과는 행운 때문이 아니라 내담자의 능력이나 노력 때문에 일어났다고 말해 주는 것이다.

예를 들어, 큰아들이 교통사고로 죽은 뒤에 우울증에 걸려 상담을 받던 김 여인은 두 가지 과제인 '하루 여정으로 강화도에 다녀오기'와 '하고 싶은 일을 10가지 이상 생각해서 써 오기'를 실제로 수행하였다. 이에 대해 아래와 같이 해석할 수 있다.

⇨ 당신은 일단 결심을 하면 곧바로 실천으로 옮기시는군요. 결단력이 느껴집니다.

⇨ 당신은 약속한 것은 지키시는군요.

⇨ 혼자 보문사에 다녀왔다는 것은 이제 당신의 활동력이 증가했다는 것을 의미합니다.

⇨ 이렇게 10가지를 써 왔다는 것은 100가지도 쓸 수 있다는 것을 보여 주는 것 같습니다.

⇨ '1년 동안 월 2회 이상 여행하기'에는 당신의 결심이나 의지가 묻어 있는 듯합니다. 그리고 목표관리나 시간관리 능력도 엿보이고요.

⇨ 강화도에 다녀온 것도, 10가지 하고 싶은 일을 써 온 것도 모두 당신이 이제 스스로 노력하고 있다는 것을 반영하는 듯합니다.

③ 행동수행 결과의 가치에 대한 긍정적 해석: 행동수행 결과의 가치를 긍정적으로 해석함으로써 바람직한 행동수행을 강화할 수 있다. 이는 주로 아래와 같은 문장형태를 가지고 있다.

⇨ ○○결과는 문제해결에 진전이 있음을 나타낸다는 점에서 가치 있습니다.

⇨ ○○결과는 문제해결 가능성을 반영한다는 점에서 가치 있습니다.

⇨ ○○결과는 열악한 상황에서 실천했다는 점에서 가치 있습니다.

⇨ ○○결과는 당신이 정상임을 반영한다는 점에서 가치 있습니다.

⇨ ○○결과는 더 이상 나빠지지 않았다는 점에서 가치 있습니다.

⇨ ○○결과는 당신이 능력 있다는 사실을 나타낸다는 점에서 가치 있습니다.

예를 들어, 큰아들이 교통사고로 죽은 뒤 우울증 문제로 상담을 받던 김 여인은 아들의 생일이나 기일만 되면 주기적으로 슬픔에 빠져드는 경향이 있었다. 다음 주 목요일이 기일이었기 때문에 그날은 슬픔에서 벗어나기 위해 '친구와 함께 찻집에서 차 마시기 과제'를 수행하기로 하였지만, 이를 기억은 하고 있으면서도 수행하지는 않았다. 이에 대해 아래와 같이 해석할 수 있다.

⇨ 과제를 기억했다는 말은 문제해결에 보다 가까이 가고 있다는 것을 의미합니다.

⇨ 힘든 상황에서 과제를 기억했다는 것은 매우 가치 있는 일입니다.

④ 미래에 대한 긍정적 해석: 행동수행의 미래를 긍정적으로 예견하여 해석함으로써 행동수행을 강화할 수 있다. 이는 주로 아래와 같은 문장형태를 가지고 있다.

⇨ ○○행동은 당신의 능력을 반영합니다. 조금 더 기다리면, 반드시 더 나은 성과를 얻게 될 것입니다.

⇨ ○○은 좋은 징조입니다. 앞으로 점점 더 나아질 것입니다.

⇨ ○○은 이전보다 나아졌고, 앞으로도 점점 더 나아질 것이라는 것을 암시하지요.

⇨ 당신은 ○○능력이 있습니다. 이는 분명 앞으로의 성공에 밑거름이 될 것입니다.

⇨ 당신은 시작하는 데 다소의 시간이 필요한 것 같습니다. 하지만 일단 시작하면 열심히 해서 원하는 것들을 성취해 나갈 겁니다.

(4) 바람직하지 않은 행동수행의 조정

바람직하지 않은 행동수행은 점검 및 조정되어야 한다. 그런데 만약 내담자가 행동수행 과제를 실생활 속에서 실천하지 않았다면, 이는 행동수행 방해요인이 있음을 반영하는 것이다. 따라서 행동수행 과제를 조정하기에 앞서 행동수행 방해요인이 있는지를 확인하고 필요한 조치들을 취하는 것이 바람직하다. 몇 가지 행동수행 방해요인들을 요약하면 아래와 같다.

- 내담자와 상담자 간의 대인관계 상호작용에 갈등이 있을 때는 행동수행 과제에 대한 실천이 줄어든다.
- 내담자의 상담문제나 목표가 변화하면 행동수행 과제에 대한 실천이 줄어든다.
- 내담자가 행동수행을 하는 과정에서, 정도 이상의 억압이나 불일치 상태를 경험하고 있을 때는 행동수행 과제에 대한 실천이 줄어든다.
- 내담자가 행동수행을 하는 과정에서, 행동수행을 저해하는 무의식적인 감정, 사고나 신념, 욕망이나 기대, 선택, 방어, 표현, 행동양식 등이 있을 때는 행동수행 과제에 대한 실천이 줄어든다.
- 내담자가 실천한 행동수행이 실생활 문제를 해결하거나 목표를 성취하는 데 별 도움이 되지 않으면 행동수행 과제에 대한 실천이 줄어든다.
- 내담자의 행동수행 능력이 부족하거나, 행동수행 동기나 의지가 부족하거나, 행동수행 과제가 기존의 욕구나 가치와 대립될 때는 행동수행 과제에 대한 실천이 줄어든다.
- 내담자가 행동수행을 한 이후에 적절한 보상이 주어지지 않으면 행동수행 과제에 대한 실천이 줄어든다.
- 행동수행을 방해하는 가족, 애인, 친구, 직장 선후배 등이 존재하면 행동수행 과제에 대한 실천이 줄어든다.
- 갑작스런 가족의 죽음, 이성친구와의 이별, 이사, 감기 등과 같은 예기치 못한 난관이나 스트레스 상황이 발생하면 행동수행 과제에 대한 실천이 줄어든다.

상기된 행동수행 방해요인들은 점검 및 조정되어야 한다. 즉, 상담관계 점검과 재형성, 상담문제나 목표의 점검과 재설정, 감정정화의 점검과 재촉진, 이해 경험의 점검과 재촉진, 대안 설정의 점검과 재설정, 행동수행 능력과 의지의 점검과 재형성, 행동수행 이후의 보상에 대한 점검과 재구성, 행동수행을 방해하는 사회적 환경이나 사건에 대한 조치 등이 고려되어야 한다. 이런 작업 이후에 행동수행 과제를 재구성하는 것이 바람직하다.

고등학교 3학년 남학생인 정 군은 친구와의 갈등 문제로 상담을 받았다. 그는 한 여자를 사이에 두고 친구와 삼각관계에 있었다. 그는 갈등의 근원이 자신에게 있다고 생각했고, 그 때문에 친구에게 정말로 미안한 마음을 가지고 있었다. 그래서 그는 '친구에게 전화로 미안하다는 말을 하기'로 약속하였지만, 행동수행 과제를 실행으로 옮기지 않았다.

상담자   만나 봤어요?

내담자   전화로 커피숍에서 만나자고 했더니 시간이 없다고 해서 못했어요. 만나지 못해서…….

상담자   만나지 못해서 말도 못했군요. 하지만 어떤 성과들이 없지는 않을 것이니 찾아봅시다.

내담자   된 게 없어요.

상담자   제대로 된 것이 없다고 생각하는군요. 하지만 전혀 성과가 없는 것만은 아닐 겁니다. 정 군이 생각하기에 전보다 좀 더 나아진 점은 어떤 것들이 있을까?

내담자   전화를 해 본 거…….

상담자   그렇군요. 전화를 해 본 것과 안 한 것과는 아주 많은 차이가 나지요. 전화를 한 것은 아주 의미 있는 진보라고 생각돼요. 또 어떤 것들이 전보다 더 나아졌을까? 〈중략〉

상담자   그러니까 비록 완전히 성공하지는 않았지만 '전화를 하기로 결심했고 이를 실제 행동으로 실천한 점이나 만나자고 이야기한 점' 등은 매우 가치 있고 발전적인 행동이라고 말할 수 있어요.

내담자   예… 선생님이 좋게 봐 주셔서 그렇지…….

상담자   잘 본 것 같아요. 저는 정 군 행동의 좋은 면을 보고자 해요. 왜냐하면 정 군은 다소 긍정적인 성과보다는 실현되지 못해 아쉬운 것, 있는 것보다는 없어서 가지고 싶은 것, 이미 한 일이나 현재 하고 있는 일보다는 앞으로 해야 할 일에, 그리고 쉬운 것보다는 어려운 것에 더 관심을 두고 있는 것처럼 보이기 때문입니다. 그렇지 않은가요?

내담자   예… 저는 자신감이 없고… 부정적인 생각을 많이 해요.

상담자   지금 하는 말 속에도 자신을 부정적으로 보고 있다는 것을 알고 있어요?

내담자   아! 예. 습관이 돼서.

상담자   습관 때문에 자신도 모르게 부정적으로 생각을 한다는 말이네요. 이런 습관에서 벗어나고 싶어요?

내담자 예. 하지만…….

상담자 습관이 되면 쉽게 변하지 않지요. 그래서 새로운 습관이 들 때까지 노력이 필요하고, 다른 사람의 도움도 필요하고 그런 거예요. 그럼, 먼저 변화의 방향에 대해 생각해 봅시다. 그러니까 부정적으로 생각하는 것을 어떻게 생각하면 되겠어요?

내담자 긍정적으로?

상담자 그렇죠. 긍정적으로 생각을 하면 되겠지요. 그러니까 부정적으로 생각하는 습관을 변화시키기 위해 앞으로는 긍정적으로 생각하는 연습을 많이 해 봅시다. 〈중략〉

내담자 약속을 해서 그냥…….

상담자 전화를 한 것은 여기서 선생님과 약속을 했기 때문에 별 생각 없이 그냥 하게 되었다는 말이군요.

내담자 예.

상담자 음… 약속을 하면, 그러니까 다른 사람에게 어떤 일을 하겠다고 공언하면 실제 행동으로 옮기는 데 도움이 될까요?

내담자 조금은 도움이 될 것 같아요.

상담자 앞으로 부담이 되지 않는 범위 내에서, 실행으로 옮기기 위해 다른 사람에게 하겠다는 말을 공언하는 방법을 조금 더 많이 활용해 봅시다. 괜찮아요?

내담자 예. 〈중략〉

상담자 그럼, 오늘 저녁에 전화를 걸어 윤호에게 만나자고 다시 말을 하기로 약속을 하는 겁니다.

내담자 예.

상담자 좋아요. 그런데 전화를 했는데, 이번에도 시간이 없다고 하면 어떻게 할 생각인가요?

내담자 음… 그래도 꼭 만나서 할 말이 있다고…….

상담자 그럼 윤호는 어떻게 나올까요?

내담자 나오기 싫어하기야 하겠죠… 아니면 전화로 말을 하자고 하겠죠.

상담자 그래요! 그런데 만약, 윤호가 '나가기 싫다. 할 말이 있으면 전화로 해라.'라고 말하면 어떻게 말을 할 수 있을까요?

내담자　그냥 전화로⋯ 미안하다고 말하면⋯⋯.

상담자　전화로 미안하다는 말을 전할 수 있겠군요. 그럼 여기서 직접 역할놀이를 통해 연습을 시도해 봅시다. 자 내가 윤호라고 가정하고 전화를 받습니다. '여보세요. 누구십니까?' 〈중략〉

상담자　그럼 오늘 저녁에 전화를 해서 만나자고 이야기를 하고, 만약 윤호가 나오지 않겠다고 말하면 전화로라도 미안하다는 말을 하기로 약속을 한 겁니다. 다음 시간에 결과가 어떻게 되었는지에 대해 이야기를 나누고요.

내담자　예.

제 **15** 장

상담종결

Individual Counseling

상담종결이란 '진행되어 온 상담을 마무리하여 끝내는 작업'을 의미한다. 상담종결은 내담자의 문제가 해결되거나 목표가 성취되어 더 이상 상담이 필요치 않은 상황, 또는 현실적인 난관 때문에 더 이상 상담을 지속할 수 없는 상황, 또는 이 둘 간의 절충지점에서 이루어진다(이장호, 2005; 오혜영, 유형근, 이영애, 강이영, 2011).

상담자에 따라 상담종결의 중요성을 다르게 평가한다. 일부 장기상담을 지지하는 상담자들은 상담종결의 중요성을 강조한다. 즉, 상담종결을 제대로 하지 않으면 그 이전의 초기나 중기에서 이룬 상담효과를 감소시키거나, 심한 경우 잘못된 종결개입으로 인해 내담자에게 해를 입힐 수도 있다고 주장한다. 이 때문에 상담종결은 고도의 전문성과 신중함, 그리고 많은 시간과 노력이 필요하다고 주장한다. 이와는 달리, 일부 단기상담을 지지하는 사람들은 상담종결의 중요성을 상대적으로 낮게 평가하는 경향이 있다. 이들은 종결의 중요성은 인정하지만, 장기상담자들의 주장처럼 어렵고 복잡한 과정이 아니며 많은 시간이 필요한 것도 아니라고 주장한다.

그러나 상담종결의 중요성에 대한 서로 다른 주장에도 불구하고, 대부분의 상담자들은 상담종결을 반드시 필요한 하나의 독립된 처치(treatment)로 인식하는 경향이 있다(김계현, 1995). 이 장에서는 상담종결 과정을 '종결논의, 상담평가, 상담 마무리 조치'의 세 과정으로 구분하여 설명하였다.

1. 종결 논의

종결에 따르는 현안들을 처리하기 위해서는 종결주제에 대한 직접적인 언급과 논의가 필요하다. 종결 논의란 상담자와 내담자가 종결에 대해 논의하여 종결 여부와 종결 방법을 결정해 나가는 과정을 말한다. 여기서는 종결 논의 과정을 '종결시점 평가와 종결 합의'로 구분하여 설명하였다.

1) 종결시점 평가

상담종결에 따른 작업들을 해 나가려면, 상담자가 종결시점인지 아닌지를 판단할 수 있어야 한다. 종결시점 평가란 상담종결 작업을 시작할 시점인지의 여부를 객관적으로 평가 및 판단하는 일을 의미한다. 종결시점에 대한 부적절한 판단과 개입은 상담효과를 떨어뜨리고 조기종결이나 과잉상담 등의 문제를 불러일으킬 수도 있다. 따라서 종결시점에 대한 객관적인 평가 및 판단이 필요하다.

종결시점에 대한 객관적인 평가 및 판단을 하려면 여러 가지 변인들을 고려해야 한다. 일반적으로 종결시점 평가 및 판단을 위해 고려해야 할 변인에는 '목표성취, 전반적인 긍정적 변화, 기간종료, 예상기간의 지나친 초과, 상담 비효과, 종결의사, 무의식적 갈등, 내담자와 상담자의 상황' 등이 포함된다.

목표성취   종결시점 평가 및 판단의 첫 번째 요소는 목표성취 여부이다. 만약 상담자와 내담자가 합의해서 설정한 상담목표의 성취준거를 충족시켰거나, 그에 근접한 성취수준에 도달하였다면 상담종결 작업을 시작해야 할 시점이라고 할 수 있다.

그런데 목표성취 여부를 종결시점 평가지표로 사용하기 위해서는 이전의 상담목표 설정 과정에서부터 목표를 양적으로 설정해 두어야 한다. 특히 목표의 성취여부를 판단할 수 있는 성취준거를 명확히 설정해 두어야 한다. 만약 성취준거를 제대로 설정하지 않았다면, 성취여부를 판단할 수 있는 새로운 기준을 만들어야 하는 어려움이 따를 수 있다.

예를 들어, 말더듬 문제인 경우 '2014년 3월 12일까지, 5분 동안 책을 읽도록 했을 때 말더듬 횟수가 3회 이하로 감소한다.'라고 상담목표를 설정했었다면 성취여부를 판단하는 데 큰 어려움이 없다. 그러나 '말더듬 행동이 감소한다.'라고만 설정되어 있으면, 성취준거가 없기 때문에 성취여부를 판단하기가 어려워진다.

이렇게 성취준거가 불분명해서 목표의 성취여부를 판단하기 어려울 때는 성취여부를 판단할 수 있는 새로운 기준을 만들어야 한다. 이때 주관적 평가지수가 유용하다. 즉, 내담자에게 문제해결이나 목표성취에 대한 만족 정도를 10점 척도로 평가해 보도록 하는 주관적 평가지수가 유용하다. 상기된 말더듬 문제인 경우, 아래와 같이 주관적 평가지수를 활용할 수 있다.

　상담자   말더듬 문제가 해결된 정도를 10점 만점에 몇 점 정도 줄 수 있을까요?

내담자   10점 만점에 7점 정도요.

상담자   그럼 7점이면 원하는 것을 성취했다고 할 수 있을까요?

내담자   예. 어느 정도까지는…….

상담자   어느 정도까지라는 말은 상담결과가 충분하지는 않지만 일정 부분 만족스럽
다는 말로 이해해도 됩니까?

내담자   예.

전반적인 긍정적 변화   종결시점 평가 및 판단은 전반적인 긍정적 변화의 정도를 고려
해야 한다. 만약 상담목표에 포함되지 않았더라도 정신장애의 치료, 당면 생활문제의 해
결, 성장과제의 성취와 관련하여 전반적으로 의미 있는 변화가 나타난다면 상담종결 작
업을 시작해야 할 시점이라고 할 수 있다.

여기서 말하는 전반적이고 의미 있는 변화란 신체, 심리, 관계, 직무, 영성 등에서 전
반적으로 나타나는 변화, 그리고 질이나 양적으로, 또는 주관이나 객관적으로 어느 정도
만족스럽게 느껴지는 변화를 의미한다.

예를 들면, 신체적 건강의 증진, 심리적 건강이나 성숙의 증진, 인간관계의 증진, 직무
생산성이나 만족감의 증진, 영적 성장의 증진 등과 같이 전반적으로 바람직한 변화가 나
타나고, 이에 대해 어느 정도 만족스러움을 느낀다면 상담종결을 고려해야 할 시점이라
고 할 수 있다.

기간종료   종결시점 평가 및 판단은 기간종료 여부를 고려해야 한다. 만약 계약한 상
담기간이 지났거나 임박했다면 상담종결 작업을 시작해야 할 시점이라고 할 수 있다. 특
히 상담초기에 종결시점에 대한 논의를 거쳐 '일정기간이 지나면 종결을 하기로 합의'한
경우, 이 기간이 임박했거나 지났다면 종결을 고려해야 한다. 대체로 종결작업이 시작되
는 시점은 약속된 전체 상담기간 또는 예상되는 전체 상담기간의 80~85%가 소요된 시
점이라고 할 수 있다. 예를 들어, 10회기의 상담을 하기로 했다면 8회기 이후, 즉 9회기
부터는 종결개입을 시작하는 것이 바람직하다.

예상기간의 지나친 초과   종결시점 평가 및 판단은 예상기간의 초과 정도를 고려해야
한다. 만약 상담기간이 예상보다 지나치게 길어졌다면 상담종결 작업을 시작해야 할 시
점이라고 할 수 있다.

대체로 내담자 및 문제의 특성, 상담자의 접근방법에 따라 상담 소요기간은 달라진다. 그러나 이를 고려하더라도 지나치게 상담기간이 길어질 때는 상담종결을 고려해야 한다. 예를 들어, 5년 이상 상담을 지속하는 경우도 있는데, 이렇게 지나치게 상담기간이 길어질 경우에는 상담이라는 접근방법의 한계, 즉 효과가 없다는 것을 나타낼 수도 있고, 상담기간이 길어지면 불가피하게 내담자의 의존성이 형성되며, 유료상담인 경우 상담자의 경제적 수입은 보장되지만 내담자의 경제적 부담을 가중될 수 있으므로 일부 특수한 상황을 제외하고는 비윤리적일 수 있다. 또 무료상담인 경우에도 한 내담자를 오래 상담하면 나머지 잠재적 내담자들에게 상담기회가 줄어들기 때문에 예상기간이 어느 정도 초과되었을 때는 상담종결을 고려해야 한다. 합의된 것은 아니지만 보통 단기상담에서는 1학기, 즉 6개월을 넘기지 않는 경향이 있다. 따라서 단기상담 접근을 하고 있다면 6개월 이상 상담이 지속되는 경우에는 상담종결을 고려해야 한다.

상담 비효과   종결시점 평가 및 판단은 상담의 효과를 고려해야 한다. 만약 상담을 지속해도 더 이상 상담효과가 없다고 판단될 때는 상담종결 작업을 시작해야 할 시점이라고 할 수 있다.

보통 상담자가 일정한 조치를 취했으나 시간이 경과해도 내담자에게 호전되는 기미가 보이지 않고, 또한 앞으로도 더 호전될 기미가 보이지 않는다면 종결을 고려해야 할 책임이 상담자에게 있다. 일반적으로 상담효과가 없다는 말은 내담자의 시간, 상담비, 노력 등을 투자한 것에 비해 양이나 질, 그리고 속도 측면에서 의미 있는 변화가 나타나지 않고 있으며, 앞으로도 의미 있는 변화를 기대할 수 없는 상태를 말한다. 다시 말하면, 상담을 받은 상태나 안 받은 상태나 별 차이가 없는 것으로, 이런 경우에는 당연히 상담종결을 고려하는 것이 바람직하다.

종결의사   종결시점 평가 및 판단은 종결의사를 고려해야 한다. 만약 내담자가 종결의사를 표현한다면, 이는 상담종결 작업을 시작해야 할 시점이라고 할 수 있다. 그런데 의식적인 수준에서는 종결을 원하면서도 무의식적인 차원에서는 종결을 원하지 않을 수도 있고, 반대로 의식적인 수준에서는 종결을 원치 않으면서도 무의식적인 차원에서는 종결을 원하는 경우도 있다. 또한 말로는 종결의사를 표현하지만 마음속으로는 종결을 원하지 않을 수도 있고, 반대로 말로는 종결의사를 부인하지만 마음속으로는 종결을 원하는 경우도 있다. 그리고 대부분의 내담자들은 종결과 지속에 대한 양가적 태도를 가지고 있어서 한편으론 종결을 원하면서도 다른 한편으론 종결을 원치 않는다. 이처럼 종결 의사는 단순하지 않기 때문에 내담자가 종결의사를 표현하면 먼저 그 의미를 명료화시 킬 필요가 있다. 하지만 상기된 어느 경우라도 일단 종결의사가 확인된다면 상담종결을 고려할 필요가 있다. 즉, 의식적이거나 무의식적이거나, 말로 표현하거나 마음속으로 원 하거나 간에 일단 종결의사가 확인되었다면 상담종결을 고려하는 것이 바람직하다.

무의식적 갈등   종결시점 평가 및 판단은 종결과 관련된 무의식적 갈등을 고려해야 한다. 내담자의 정신장애 증상이 없어지고, 당면 생활문제가 해결되며, 성장과제가 성취 되었음에도 불구하고, 그리고 소정의 상담목표가 성취되었음에도 불구하고 내담자가 상 담을 지속하려는 경우에는 의존성이나 분리불안과 같은 무의식적 갈등을 의심해 보아야 한다. 만약 무의식적 갈등이 있다면, 이를 해결하기 위해 상담의 연장 여부를 내담자와 협의하는 것이 필요할 수 있다.

그러나 상담에서 모든 문제를 완벽하게 해결할 수는 없다. 따라서 종결과 관련된 무의 식적 갈등이 나타나더라도, 일단 상담초기에 합의한 상담문제를 해결하거나 설정한 상 담목표를 성취한 상태라면 상담종결 작업을 시작하는 것이 바람직할 수 있다. 단, 종결 과 관련된 무의식적 갈등을 가진 내담자들은 대부분 대인관계에서 성공적인 이별경험이 부족하기 때문에 신중한 종결작업이 필요할 수 있다. 보통 이런 내담자들과 상담종결을 할 때는, 상담종결 과정 자체를 바람직한 이별행동을 학습하는 과정으로 삼고, 갑작스러 운 종결을 피하여 점진적으로 종결하며, 또 일정 기간이 지난 후에 다시 만나는 추후지 도를 포함시키는 것이 바람직하다.

내담자 상황   종결시점 평가 및 판단은 내담자의 상황을 고려해야 한다. 만약 내담자 가 상담받을 수 없는 사정이 생겼다면 이는 상담종결 작업을 시작해야 할 시점이라고 할 수 있다. 가령 내담자가 병들거나, 이사를 가거나, 군대에 가거나, 유학을 가거나, 직장의 여건 때문에 더 이상 상담받으러 오기 어려운 상황이 될 수도 있는데, 이럴 때는 곧바로 종결작업을 시작하는 것이 바람직하다.

그런데 내담자들은 종종 내담자 역할 수행의 어려움 때문에 상담받을 수 없는 사정을 꾸며 낼 수도 있어서 주의가 필요하다. 예를 들어, 사적 경험과 관련된 자기노출에 대한 어려움, 낯설고 익숙하지 않은 행동수행에 대한 어려움, 상담이나 상담자에게 느끼는 실 망과 분노를 표현하고 이를 처리해 나가는 데 따르는 어려움 등의 이유로 상담받을 수 없는 상황을 꾸며 낼 수도 있기 때문에 주의를 기울여야 한다. 이럴 때는 먼저 내담자의 내적 동기를 명료화시킨 이후에 종결시점 평가 및 판단을 내리는 것이 바람직하다.

상담자 상황   종결시점 평가 및 판단은 상담자의 상황도 고려해야 한다. 만약 상담자에게 상담을 지속할 수 없는 사정이 생겼다면 상담종결 작업을 시작해야 할 시점이라고 할 수 있다. 예를 들어, 직장을 옮기거나, 병 때문에 휴직을 해야 하거나, 장기출장을 가야 하거나, 법적인 문제로 일정기간 상담을 할 수 없게 되었거나, 비윤리적인 이중관계를 형성하여 치료적 관계가 손상되었을 경우 등은 곧바로 종결작업이 이루어져야 한다.

한편, 역전이 문제가 발생하고, 상담자가 이를 극복하기 어려운 경우에도 상담종결을 검토해야 한다. 예를 들어, 지속 또는 반복되는 내담자에 대한 지나친 좌절과 분노, 시기와 경쟁심, 외로움과 배척감, 위협감과 피해의식, 지배욕구, 보상욕구 등과 같은 역전이 문제가 일어나고, 이런 역전이가 상담자의 역할과 기능을 심각하게 저해한다면 신중하게 상담종결을 검토해야 한다.

2) 종결 합의

Frances와 Clarkin(1981)은 정신과 심리치료에 대한 평가서 500건을 분석하였다. 분석 결과, 치료자들이 '환자가 더 이상 심리치료가 필요없다는 판단과 조치'를 한 비율은 1% 미만(4건)이었다. 반면, 환자들이 '나는 더 이상 심리치료를 안 받겠다는 판단과 선택'을 한 비율은 10% 이상(52건)이었다. 이런 결과를 토대로 연구자들은 심리치료를 종결시킴으로써 얻을 수 있는 이점이 있다는 사실을 고려할 필요가 있다고 주장하였다.

상담자는 종결시점에 대한 합리적 판단을 토대로 내담자와 종결에 대해 협의하여 필요한 사항들을 처리해 나간다. 종결 합의란 종결 여부와 종결 방식에 대해 상담자와 내담자가 상의하여 결정하는 일을 의미한다. 여기서는 종결 합의 과정을 '종결의사 표현, 종결반응 처리, 종결 의사결정'으로 나누어 설명하였다.

(1) 종결의사 표현

일반적으로 종결시점이 되면, 내담자와 상담자 모두 종결에 대한 생각이나 소망을 가지며, 이를 직접 또는 간접적으로 표현한다. 여기서는 종결의사 표현과 관련된 현상, 그리고 내담자가 종결의사를 표현할 때 상담자가 어떻게 반응해야 하는지, 또한 상담자가 종결을 제안할 때 어떻게 행동해야 하는지에 대해 설명하였다.

1 내담자의 종결의사 표현

내담자들은 종결의사 표현을 어려워하기 때문에, 보통 종결의사 표현이나 종결 제안은 상담자에 의해 주도되는 경향이 있다. 하지만 종종 내담자가 먼저 종결의사를 직접적으로 표현하기도 한다. 예를 들면, 내담자들은 아래와 같이 종결의사를 직접적으로 표현할 수 있다.

- 더 이상 도움을 받지 않아도 될 것 같습니다. 이제 상담을 그만 받으려고요.
- 이젠 더 이상 상담을 받지 않아도 될 것 같습니다. 상담을 그만해도 될까요?
- 상담을 해도 저에겐 별 도움이 되지 않는 것 같습니다. 그만두고 싶습니다.
- 졸업식 끝나고 다음 주 화요일에 이사를 해요. 이제 더 이상 상담받지 못할 것 같습니다. 상담은 어떻게 마무리하면 되죠?
- 상담을 언제 그만두면 됩니까? 전 상담을 빨리 끝냈으면 좋겠습니다.

그러나 대다수의 내담자들은 상기된 것처럼 직접적으로 종결의사를 표현하지 않는다. 보통 내담자들은 종결의사를 직접적인 방식보다는 간접적인 방식으로 표현하는 경향이 있다. 예를 들어, 내담자들은 아래와 같은 간접적인 방식으로 종결의사를 표현할 수 있다.

- 종결의사를 간접적인 언어로 표현한다. 예를 들면, "언제까지 상담을 받아야 하나요? 몇 번을 더 상담하면 됩니까? 언제 상담을 종료합니까?" 등과 같이 남아 있는 시간에 대해 확인하면서 종결의사를 간접적으로 표현한다.
  또는 "다음 달부터는 시험도 있고 공부를 해야 해서 상담시간에 오기가 힘들어요." "제가 인사업무를 맡고 있어서 이제부터는 정말 정신없이 바빠지거든요. 다른 일을 병행하기가 진짜 힘들어요." "상담실이 집과 너무 떨어져 있어서 오기가 힘들어요." 등과 같이 상담을 지속하기 어려운 사정들을 이야기하면서 종결의사를 간접적으로 표현한다.
- 상담종결 이후의 생활과 관련된 주제에 대한 표현을 통해 종결의사를 간접적으로 표현한다. 예를 들면, "선생님은 많은 내담자들을 다 기억해요? 저도 기억을 해 주실

거죠? 나중에 상담이 끝나고 선생님이 보고 싶으면 어떻게 하면 되나요? 나중에 선생님을 찾아와도 되죠? 나중에 행사나 학회에 가면 선생님을 볼 수 있나요? 힘들 때는 선생님께 전화해도 되나요?" 등과 같이 상담자와의 이별과 관련된 주제를 언급하면서 종결의사를 간접적으로 표현한다.

또는 "이젠 잘될 것 같아요. 모든 것이 달라질 것 같아요. 그런데 만약 다시 증상이 나타나면 어떻게 하죠?, 이번 시험에 떨어지면 어떻게 하죠?, 상담이 끝난 이후라도 한 번 더 바람을 피우면 전 정말 이혼을 하려고 해요." 등과 같이 종결 이후의 생활과 관련된 주제를 언급하면서 종결의사를 간접적으로 표현한다.

• 상담 평가와 관련된 표현을 통해 종결의사를 간접적으로 표현한다. 예를 들면, "처음에 상담실에 왔을 때 관공서 같은 느낌이었어요. 그런데 지금은 친척집 같은 느낌이 들어요." "가장 기억이 남는 일은 제가 정말 죽고 싶다고 했을 때입니다. 그때를 생각하면 지금도 아찔해요." 등과 같이 상담경험을 반추하면서 종결의사를 간접적으로 표현한다.

또는 "요즘은 무거운 짐을 내려놓은 느낌, 그리고 막혀 있던 가슴이 뚫린 것 같은 느낌이 정말로 들어요." "내가 살아온 인생을 돌아보는 시간들이었습니다. 마치 긴 여행을 다녀온 느낌입니다." "상담에서 숙제를 푼 것 같아요. 아버지를 만나고, 아버지를 정말로 떠나보내는 시간이었어요." "이제 다른 사람의 삶이 아닌 내 삶의 방향을 찾은 것 같아요. 구체적인 목표를 설정했는데, 그게 나를 이끄는 것 같아요." "아빠의 좋은 점이 보이기 시작했어요. 전에는 상상하기도 힘든 일이었는데 선생님 덕분에 나도, 아빠도, 그리고 우리 가족도 모두 달라진 것 같아요." 등과 같이 긍정적 결과를 이야기하면서 종결의사를 간접적으로 표현한다.

또는 "상담을 해도 저에겐 별 도움이 되지 않는 것 같습니다. 저에게는 상담이 잘 맞지 않는 것 같네요." "솔직히 말하면 돈이 아깝다는 생각도 들어요. 상담을 통해 얻은 것이 무엇인지 잘 모르겠어요." "상담실이 너무 멀어서 오기가 힘들어요. 그리고 상담실 직원들이 좀 불친절한 것 같아요." 등과 같이 부정적 결과를 이야기하면서 종결의사를 간접적으로 표현한다.

일부 내담자들은 종결의사를 언어로 표현하지 않고 행동화한다. 예를 들면, 상담실에 연락 없이 오지 않기, 다른 약속이 생겼다면서 약속시간을 변경하거나 지연시키기, 약속된 시간이 지나서 내방하기, 상담회기 종료시간이 남아 있는데 상담을 마쳐 달라고 요청하기, 전화를 해도 받지 않기, 자기개방이나 자기노출이 감소하기, 과제 수행이 감소하기, 소극적이거나 수동적인 행동이 증가하기, 식사 초대하기 등의 행동을 통해 종결의사를 간접적으로 표현한다.

또한 드물지만 일부 내담자들은 종결과 관련된 무의식적 갈등을 통해서 종결의사를 표현하기도 한다. 예를 들면, 증상이나 문제가 재발되거나, 퇴행이 일어나거나, 의존과 분리의 갈등, 예기불안 등이 증가하거나, 상실로 인한 우울 등의 종결과 관련된 무의식적 갈등을 통해서 종결의사를 간접적으로 표현하기도 한다.

내담자가 종결의사를 행동화를 통해 표현하는 것은 일차적으로 내담자에게 책임이 있다. 그러나 상담자에게도 일부 책임이 있다. 왜냐하면 대부분의 내담자들은 행동화를 하기 전에 종결의사를 간접적으로 상담자에게 표현하는 경향이 있는 반면, 상담자는 내담자의 종결의사와 관련된 간접적인 표현을 알아차리지 못할 수 있기 때문이다.

② 종결의사 탐색

내담자가 종결의사를 직접 또는 간접적으로 표현한다면 상담자는 이를 탐색하여, 종결의사를 구체화나 명료화할 필요가 있다. 그런데 직접적인 방식으로 내담자가 종결의사를 표현했을 때 종결의사를 탐색하는 작업은 이미 종결의사가 드러나 있기 때문에 큰 어려움이 없다. 하지만 간접적인 방식으로 종결의사를 표현했을 때는 상담자의 민감성과 보다 섬세한 탐색작업이 필요하다.

진 군은 고등학교 2학년 남학생이다. 그동안 따돌림 문제로 11회기 상담을 받았는데, 최근 3회기 동안 계속해서 약속시간보다 10분에서 30분 정도씩 늦게 왔다.

> 상담자 오늘은 2시에 상담하기로 했는데, 30분 정도 늦었구나.
> 내담자 예.
> 상담자 30분 늦은 이유가 있었겠구나.
> 내담자 밥 먹고 낮잠 자다가 늦었어요.
> 상담자 상담실에 올 때 심정은 어떠니?
> 내담자 그냥 그저 그래요.
> 상담자 그저 그렇다는 말은 불편하다는 말이니?
> 내담자 불편한 건 아니고… 좀 귀찮아요.

상담자 귀찮다는 말은 상담을 그만두고 싶은 심정도 있다는 말로 받아들일 수 있겠니?

내담자 아니, 그런 건… 하지만 상담을 안 해도 될 것 같아요.

상담자 마음 한편에는 상담을 그만두고 싶은 마음이 있다는 말이구나.

내담자 예.

상담자 그런데 민수는 언제 그만두고 싶은 생각을 하게 되었니?

내담자 이제 학원에도 다녀야 하고… 시간이 부족해요. 여기 오려면 멀기도 하고… 그리고 아이들과 사이도 좋아졌고…….

상담자 그렇구나. 따돌림받는 문제도 해결되었고, 공부도 해야 하는구나. 그래서 상담을 그만두고 싶지만 그만두겠다는 말을 하기가 다소 어렵게 느껴졌던 거구나.

내담자 예.

③ 상담자의 종결의사 표현

내담자의 종결작업을 효과적으로 조력하려면, 상담자 자신의 종결반응을 인식하고 관리할 수 있어야 한다. 하지만 때때로 종결은 내담자뿐만 아니라 상담자에게도 다루기 어려운 주제일 수 있다. 아래의 내용은 종결과 관련된 상담자의 역기능적인 반응들이다.

- 상담자는 내담자와 상담하는 것에 대해 부정적 감정을 느낄 수 있다. 이 때문에 무의식적으로 빨리 끝내고 싶은 마음이 들 수도 있다. 실제로 상담자는 서둘러 상담을 종결하기도 하고, 반대로 자신의 무의식적인 소망을 억압이나 부인하면서 오히려 상담종료 시점임에도 불구하고 상담을 더 연장하려고 시도할 수도 있다.
- 상담이 효과적이지 못할 때, 종종 상담자는 자신이 상담자 역할을 제대로 수행하지 못했다는 죄책감이나 무능력감을 느낄 수 있다. 이로 인해 내담자와의 관계에서 주도성을 잃고 내담자에게 끌려갈 수 있다. 또는 지나치게 관대한 모습을 보이려고 하며, 이 때문에 종결과 관련된 불편한 주제들을 다루는 것을 피할 수도 있다.
- 상담자는 마음속으로 경제적 이익과 관련된 계산을 할 수도 있다. 그래서 경제적 이득을 고려해서 가급적 상담을 지연시키려고 시도할 수도 있다. 또는 도덕적 자아이상 때문에 이기적인 자신이 되지 않으려고 하면서 상담을 빨리 끝내려 할 수도 있다.
- 시간한정 상담에서 상담자는 할당된 시간과 회기수를 채우기 위해 상담 진전이 없더라도 크게 중요하지 않은 활동을 하면서 시간을 소일하고 있을 수도 있다.

- 장기상담자들은 장기상담사로서의 정체성과 자아이상을 실현하기 위해, 그리고 이를 통해 유능감을 유지시키기 위해 장기상담을 하려고 시도할 수 있다. 이에 따라 내담자의 종결의사들은 종종 무시될 수도 있다.
- 종결 상황에서 상담자의 이별, 상실, 종결과 관련된 무의식적인 갈등이나 역기능적인 행동양식이 활성화될 수도 있다. 분리불안이나 유기당한 경험이 있는 상담자는 내담자를 떠나보내는 일이 큰 어려움으로 경험될 수도 있다.
- 종종 종결과 관련된 무의식적 갈등들은 행동으로 표출되기도 한다. 상담자들은 종종 상담시간을 잊어버리거나 약속시간보다 늦게 온다. 때로는 상담회기가 지나치게 길어질 수도 있고, 반대로 지나치게 짧게 끝날 수도 있다. 드물지만 일부 상담자들은 술을 마시고 깨지 않은 상태에서 상담을 시작하기도 한다. 때로는 상담이 끝나고 나서 상담기록을 하지 않는다. 또 때로는 실시한 상담회기에 대한 평가나 다음회기 계획을 수립하지 않는다. 또 때로는 상담을 시작하기 직전에 이전회기 상담내용을 점검하고, 해당 회기의 계획을 재점검하는 일을 빠뜨릴 수 있다. 그래서 이전회기와의 연속성 없이 상담회기를 진행할 수도 있다. 드물지만 일부 상담자들은 성적, 금전적, 사회경제적 이중관계를 유지하고 싶은 소망을 가지며, 이들 중 일부는 내담자와 이중관계를 맺는다.

한편, 내담자들은 종결 주제에 대한 표현을 피하는 경향이 있다. 이 때문에 종결의사의 표현과 그에 따른 현안에 대한 논의는 대체로 상담자에 의해 주도되는 경향이 있다. 보통 상담자들은 종결시점을 평가한 후, 지금이 종결시점이라는 판단이 섰을 때, 이러한 판단을 내담자에게 전달하면서 종결을 제안하고, 이 과정에서 보이는 내담자의 종결반응을 지지 및 지도하며, 더 나아가 종결에 따르는 현안들을 합의해 나간다.

(2) 종결반응 처리

상담자는 종결과 관련된 현안들을 결정해 나가기 전에, 내담자의 종결반응에 대한 이해와 조치가 필요하다. 이해와 조치가 필요한 몇 가지 내담자의 종결반응들을 예시하면 아래와 같다.

- 내담자들은 개인적 특성, 상담기간, 상담자의 개입 형태, 상담관계의 형성 정도, 상담목표의 성취 정도 등에 따라 여러 가지 종결감정들을 경험한다. 가령, 내담자들은

만족 및 성취감, 감사, 기대감 등의 긍정적인 종결감정과 함께 상실감과 슬픔, 미진
함과 아쉬움, 좌절과 실패감, 답답함과 구속감, 거부감, 배척감, 분노, 불안과 두려
움 등의 부정적인 종결감정을 경험할 수 있다.

- 종결시점에서 내담자의 무의식적 종결갈등이 활성화되기도 한다. 예를 들면, 증상
  이 악화되거나 생활문제가 재발한다. 의존성이 증가하면서 상담자에게 작은 일조
  차도 묻고 답을 구하면서 대신 결정하거나 대리 수행을 해 달라고 요청하기도 한다.
  또한 상담자와의 이별이나 상담관계의 상실과 관련된 우울반응이 나타나기도 하
  고, 과거의 외상적 이별이나 유기경험과 관련된 분리불안이나 유기불안, 그리고 예
  기불안이 나타나기도 한다.
- 종결갈등을 행동화하여 결석, 지각, 조퇴, 과제수행 회피나 지연 등이 나타나기도
  하고, 예고 없이 상담자를 방문하거나, 상담자를 초대하는 등과 같은 사적 교류와
  관련된 행동을 하기도 한다.
- 일부 내담자들은 상담자가 종결의사를 표현하거나 종결 제안을 하면, 이에 대해 '상
  담자가 나를 포기한다. 나를 버린다. 나를 내친다. 싫어한다. 버림받았다. 거부되었
  다.'라고 인식하기도 한다.

일반적으로 내담자의 종결반응들에 대한 기본적인 개입전략은 지지이다. 지지란 내
담자가 쓰러지지 않게 받쳐 준다는 의미이다. 즉, 상담자가 내담자의 있는 그대로의 종
결경험과 반응행동들에 대해 정서적 사회적 지지를 제공해 주는 작업을 말한다. 예를 들
면, 상담자가 관심기울이기, 공감, 중립적 탐색 등을 통해 내담자의 있는 그대로의 종결
경험과 반응행동에 대한 정서적 사회적 지지를 제공하고, 이 과정에서 내담자가 감정정
화 및 일치 경험을 할 수 있도록 촉진함으로써 지지를 제공할 수 있다. 또한 내담자를 대
신하여 상담자가 종결경험과 반응행동에 대해 대리 설명, 대리 선택과 대안 제시, 대리
수행 등을 제공해 줌으로써 지지를 제공할 수 있다.

기본적인 지지전략에서 더 나아가 종결에 대한 상담구조화, 직접적인 종결논의, 상담
회상 및 긍정적 성과 탐색, 바람직한 성과와 행동의 강화, 미해결 과제의 탐색 및 대처방
안 수립, 종결 이후의 난관에 대한 예견 및 대처방안 수립, 피드백, 인사 나누기 등을 상
담자가 주도하고, 이를 통해 내담자의 자립을 촉진해 나가는 것이 필요하다.

(3) 종결 의사결정

내담자의 종결의사나 종결반응들이 탐색되고 나서, 종결과 연관된 구체적인 현안에 대한 의사결정들이 필요하다. 여기서 종결 의사결정은 먼저 종결 여부를 결정하고, 이어 구체적인 종결방법들에 대해 결정하는 일을 말한다. 종결 의사결정은 '종결 여부 결정, 종결방법 결정'으로 구분하여 설명하였다.

① 종결 여부 결정

종결 여부는 상담자의 종결시점에 대한 판단과 내담자의 종결의사를 고려하면서 서로 논의하여 결정된다. 일반적으로 종결 여부에 대한 논의와 결정은 종결단계에서 이루어진다. 그러나 일부 단기상담에서는, 종결은 시작단계에서부터 다루는 것이 바람직하다고 주장한다. 즉, 접수면접이나 첫 회기에서 전체 상담을 구조화할 때부터, '언제 상담을 종료할 것인지'에 대해 논의하고, 이를 토대로 상담종결 시점을 결정하고 상담을 시작하는 것이 바람직하다고 주장한다.

실제로 일부 공익성 상담기관에서는 많은 사람들에게 상담서비스를 제공하기 위해 한 사람당 10회기나 12회기 이내로 상담회기를 제한한다는 방침을 가지고 있다. 이들 기관에서는 접수면접이나 첫 회기에서부터 잠정적인 종결시점을 결정하고 상담을 시작한다. 그러나 사전에 상담종결 시점을 결정하였더라도 상담이 전개되는 과정에서 여러 변수들이 있기 때문에 실제적인 종결 여부의 결정은 종결단계에서 이루어진다고 할 수 있다.

앞에서 언급했듯이 대체로 내담자들은 종결과 관련된 주제를 회피하는 경향이 있기 때문에 종결 여부에 대한 논의와 결정은 직접적이고 분명하게 다루는 것이 바람직하다.

내담자 이제 학원에도 다녀야 하고… 시간이 부족해요. 여기 오려면 멀기도 하고… 그리고 아이들과 사이도 좋아졌고…….

상담자 그렇구나. 따돌림받는 문제도 해결되었고, 공부도 해야 하는구나. 그래서 상담을 그만두고 싶지만 그만두겠다는 말을 하기가 다소 어렵게 느껴지는가 보구나.

내담자 예.

상담자 솔직한 심정을 알 수 있으니 좋네. 전에는 솔직하게 말하기가 힘들다는 이야기를 했던 것이 생각나. 이제 솔직한 이야기를 할 수 있는 힘이 생긴 것 같네. 또 따돌림 문제도 해결된 것 같고. 그래서 나도 상담을 마무리해도 되겠다 싶은 생각이 들어⋯ 그럼 이제 상담을 마무리하는 것으로 할까?

내담자   예.

상담자   그래. 그럼 이제 상담을 마무리하는 것으로 하자.

② 종결방법 결정

종결 여부가 결정되면, 점진적으로 종결방법들을 서로 논의해서 결정해 나간다. 주된 논의 및 결정 사항은 회기의 양, 회기빈도, 면접방식, 장소 등이다.

회기의 양   종결과제들을 처리하는 데 소요되는 회기의 양은 상황에 따라 달라진다. 그러나 대체로 원만하게 종결과제들을 처리하려면 전체회기의 15~20% 정도의 시간은 필요하기 때문에 이 수준에서 종결회기를 구성하는 것이 바람직하다. 가령 10회기 상담을 진행했다면, 전체회기의 15~20% 수준인 2회기 정도는 종결과제를 처리하는 데 할애하는 것이 바람직하다.

상담자들 중에 일부는 종결논의를 시작한 그 회기에 곧바로 상담을 종결하는 경우도 있는데, 이런 상황은 가급적 피하는 것이 좋다. 보통은 종결논의가 시작된 회기부터 최소한 1~3회의 추가적인 회기를 구성하는 것이 바람직하다. 그러나 여건상 곧바로 종결을 해야 하는 불가피한 상황일 경우에는 전화나 서신 등을 통해 종결작업을 처리하는 방안이나 별도의 추후지도 시간을 고려하는 것이 좋다.

회기빈도   종결회기를 구성할 때는 회기와 회기 사이의 간격을 점진적으로 늘여 나가는 것이 바람직하다. 가령 지금까지 주 2회씩 상담해 오다가 서로 협의하에 3회의 종결회기를 더 갖기로 결정하였다면, 다음 회기는 1주 후에 만나고, 그다음 회기는 2주 후에, 그리고 마지막 회기는 3주 후에 만나는 방안을 고려할 수 있다. 이렇게 하면 갑작스런 종결에 따르는 충격을 줄일 수 있고, 상담을 받지 않았을 때 일어날 수 있는 문제점들을 탐색하고, 그에 대한 해결방안을 찾아서 점검해 볼 수 있는 시간적 기회와 여유를 가질 수 있다.

면접방식   면대면 상태에서 종결작업을 하는 것이 일반적이지만 굳이 면대면 방식만 고집할 필요는 없다. 상황에 따라서 면대면보다도 전화나 서신방식이 더 적합할 경우도 생기기 때문이다. 그러나 전화나 서신방식으로 상담할 경우에는 가급적 회기 수를 제한하는 것이 바람직하다. 관계를 유지하려는 욕구 때문에 일부 내담자들은 상담이 끝난 이후에도 전화나 서신을 통해 비공식적이고 사적인 관계로 이어지기를 원한다. 이렇게 되면 내담자의 의존성을 형성시킬 수도 있고, 상담관계가 아닌 사회적 관계로 발전될 소지가 많기 때문에 이중관계에 따르는 여러 가지 문제점들이 파생될 수도 있으며, 유료상담인 경우 상담비 부분이 불분명해질 수도 있고, 상담자의 사적인 생활이 침해받을 소지도 있다. 따라서 전화나 서신으로 상담을 할 때는 가급적 회기 수를 제한하고, 유료상담인 경우 상담비에 대해서도 사전에 합의해 두는 것이 바람직하다.

장소   종결시점이 되면 상담장소도 상담실에만 국한시키지 않는다. 상황에 따라 상담실 장면에서 벗어나 내담자의 생활공간으로 찾아가는 상담을 구상할 수 있다. 그러나 찾아가는 상담을 할 경우에도 윤리적 측면에서 비공식적이고 사적인 관계로 이어지지 않도록 주의를 기울이는 것이 바람직하다.

한편, 종결 여부를 논의하거나 결정하고 나서, 종결에 따른 현안들을 살펴보는 것이 바람직한데, 이는 종결개입에 대한 내담자의 수용력을 증진시키기 때문이다. 특히 내담자들은 곧바로 종결할 것으로 기대하는 경향이 있는 반면, 종결작업을 효과적으로 하기 위해서는 여러 번의 상담회기가 필요하기 때문에 내담자를 설득시켜야 하는 어려움이 있다. 그런데 이때 종결 구조화의 일환으로 종결과제를 점검하는 시간을 가지면 내담자는 자연스럽게 여러 번의 종결회기가 필요하다는 것을 수용하는 경향이 있다.

상담자   그럼 이제 상담을 마무리하는 것으로 할까?
내담자   예.
상담자   그래, 좋아. 그럼 이제 상담을 마무리하는 것으로 하자. 그런데, 우리가 그만두기 이전에 해야 될 일이 무엇인지에 대해 생각해 보았으면 해. 그러니까, 완전히 상담을 마치기 전에 처리해야 할 일이 있는지를 점검해 보자는 말인데, 민수는 마무리하기 전에 해야 할 일들이 무엇인지에 대해 생각해 보았니?
내담자   아뇨… 잘 모르겠어요.
상담자   잘 모를 수 있지. 그럼 지금 생각해 볼래? 상담을 마치기 전에 해야 할 일이 있을까?
내담자   그냥, 공부 열심히 하고요… 성진이와 사이좋게 지내고…….

상담자   그렇지. 공부 열심히 하고, 성진이와 사이좋게 지내는 것이 필요하다고 생각하는구나. 그 이외에도 우리가 상담을 마치기 전에 해야 할 일이 있을까?

내담자   엄마는요… 상담을 계속 받으래요.

상담자   그렇구나. 상담을 그만두기 위해서는 엄마를 설득시켜야 하는 문제가 있구나. 또 있어?

내담자   잘 모르겠어요.

상담자   좋아. 공부를 더 열심히 하는 것, 성진이와 사이좋게 지내기, 그리고 상담을 그만두겠다고 엄마를 설득시키기가 필요하다고 생각하고 있구나… 민수 이야기를 들었으니 내 생각도 이야기했으면 해. 보통 상담에서는 마무리를 잘해야 하거든. 앞에서 좋아도 마무리가 잘 안 되면 안 좋을 수 있기 때문이지. 먼저, 우리가 상담을 하면서 얻은 성과가 무엇인가를 확인하고, 또 성과가 있었다면 왜 그런지를 생각해 보는 것이 필요한데, 왜 그런지에 대한 이유를 알면 나중에 성과를 더 많이 얻는 데 도움되기 때문이야. 그럴 것 같니?

내담자   예.

상담자   그리고 또 우리가 해결하지 못한 미해결과제가 있는지, 그리고 왜 해결하지 못했는지에 대한 이유를 생각해 보고, 더 나아가서 해결하지 못한 문제를 앞으로 어떻게 처리할 것인지에 대해서도 생각을 해 두면 좋아. 그것뿐만 아니라 상담을 그만두었을 때 일어날 수 있는 문제가 무엇인지를 생각해 보고, 또 그런 문제가 실제로 일어났을 때 어떻게 해결할 것인지에 대해서도 생각해 두면 나중에 도움이 되지. 그리고 상담을 하면서 서로에게 못한 말이 있으면 솔직하게 터놓고 이야기하는 기회도 있으면 좋고, 마지막 인사도 나누고 말야. 이 모든 일들을 다 해야 하는 것은 아니지만, 조금 시간적 여유를 가지고 이런 것들을 처리하면 더 나을 수 있지. 그럴 것 같니?

내담자   예.

상담자   예란 말은 이런 마무리 작업들을 하기 위해 몇 회기의 상담을 더 해도 괜찮다는 말이니? 그래도 괜찮겠어?

내담자   어느 정도나 더 해야 해요?

상담자   앞으로 두 번 정도는 더 만나면 될 것 같아. 물론 네가 가능해야 하겠지만 말야.

내담자   좋아요.

2. 상담평가

상담평가란 상담목표의 성취 여부를 판단하고, 상담을 종결하거나 종결이후의 바람직한 행동방향 및 방법을 모색하는 기초자료를 얻기 위해 상담의 전체과정을 살펴보면서 상담결과를 측정하고, 상담목표의 성취 여부를 판단하며, 성취나 미성취와 관련된 요인들을 분석하는 작업을 의미한다.

이러한 상담평가의 기능은 다음의 다섯 가지로 요약할 수 있다. 첫째, 상담평가 활동은 그 자체가 치료나 문제해결이나 성장촉진적 기능을 한다. 즉, 상담평가는 인식이나 설명틀 형성과 같은 내담자의 자기이해를 촉진하고, 바람직한 행동방향이나 방법에 대한 정보를 제공하며, 상담자에 대한 의존행동을 줄이고 자립행동을 촉진하고, 평가절차나 방법을 익힐 수 있는 기회를 제공한다.

둘째, 상담평가를 통해 상담의 성과를 확인할 수 있다. 즉, 상담을 수행한 결과로서 내담자가 상담목표를 성취했는지, 이로써 상담문제가 해결되었는지, 내담자의 실생활에서 갈등이 줄어들고 삶의 만족과 생산성이 증가하였는지 등을 확인해 볼 수 있다.

셋째, 상담평가를 통해 상담의 적절성을 판단할 수 있게 된다. 즉, 상담평가를 하면 상담개입의 결과에 대한 정보를 얻을 수 있으므로 상담이나 상담자 개입의 적절성을 판단할 수 있게 된다. 가령 상담이라는 방식이 내담자의 문제해결에 적절한 수단이었는지, 상담시간이나 장소, 그리고 상담전략은 적절했는지 등의 상담 자체의 적절성을 판단할 수도 있고, 상담자의 전문성이나 수행의 적절성을 판단할 수도 있다. 상담자뿐만 아니라 내담자의 수행 결과에 대한 정보를 얻을 수 있으므로 내담자의 능력이나 노력의 적절성을 판단할 수도 있게 된다.

넷째, 상담평가는 상담개입에 대한 의사결정을 내리는 데 도움이 된다. 즉, 평가를 통해 상담수행의 결과 및 관련 요인에 대한 정보를 얻을 수 있으므로 앞으로 상담종결 개입방향을 설정할 때 그리고 종결절차 및 방법을 결정할 때 도움이 된다. 상담자뿐만 아니라 내담자에게도 상담평가는 자립과 관련된 의사결정을 내리는 데 도움이 된다. 즉, 내담자는 상담종결 과정이나 상담이후의 생활과 관련된 의사결정에 필요한 정보를 평가과정에서 제공받는다.

다섯째, 상담평가는 상담의 질적 수준을 유지 및 발전시킨다. 즉, 상담평가는 상담서비스를 체계적으로 점검 및 관리하게 하고, 이는 결국 상담서비스의 질적 수준을 유지하거나 발전시키는 역할을 하게 된다.

여기서는 상담평가를 '상담과정 회상, 상담결과 탐색, 상담결과 측정 및 상담목표 성취 판단, 관련 요인 분석'으로 구분하여 설명하였다.

1) 상담과정 회상

상담평가는 상담의 전체 과정을 회상시키는 것에서부터 시작할 수 있다. 이렇게 상담의 전체 과정을 회상시키는 작업은 그 자체에 평가기능이 있을 뿐만 아니라 평가를 도입하는 수단이 되기도 한다.

상담과정을 회상시키는 방법은 여러 가지가 있는데, 주된 방법은 '회상 지시 및 유도, 요약, 질문, 질문지, 소감문, 예술작품, 상담기록자료' 등이 있다.

회상 지시 및 유도　상담의 전체 과정에 대한 기억들을 떠올려 보도록 말로 요청하거나 유도하는 것을 회상 지시 및 유도라고 한다. 내담자들에게 회상하라고 지시하면 저항을 보일 수도 있지만 대체로 실용적인 방법 중 하나이다.

요약　상담의 전체 과정의 요점들을 짧게 정리하는 방법이다. 상담자가 전체과정을 요약해서 내담자에게 이야기를 해 줄 수도 있고, 상담자가 내담자에게 요약을 요청하여 내담자가 상담의 전체 과정을 요약해서 이야기하도록 할 수도 있다.

질문　내담자가 전체적인 과정을 회상할 수 있도록 상담자가 질문을 하는 방법이다. 전체적인 상담과정에 대한 회상을 유도하려면 연결질문을 하는 것이 바람직한데, 예를 들면 아래와 같은 질문들을 연이어서 할 수 있다.

- 상담받기 이전의 일상생활들을 기억해 본다면, 구체적으로 어떤 일들이 기억나십니까?
- 상담받기로 결정했던 구체적인 상황이나 장면이 기억나십니까?
- 상담실에 처음 왔을 때, 그리고 상담자를 처음 만나서 상담을 시작했을 때를 기억해 본다면 어떤 장면들이 생각나십니까?
- 상담이 시작되고 나서 지금까지 일들을 회상해 본다면, 어떤 일들이 기억나십니까?

- 상담과정에서 가장 기억에 남는 상황이나 장면들은 무엇입니까?
- 상담과정에서 가장 좋았던 때를 기억한다면 구체적으로 무엇이 떠오르십니까?
- 상담과정에서 가장 힘들었던 때를 기억한다면 구체적으로 무엇이 떠오르십니까?
- 상담과정에서 아쉽거나 후회되는 일들을 회상한다면 구체적으로 무엇이 떠오르십니까?

질문지   과정회상에 대한 질문지를 마련해 놓고, 이 질문지를 내담자에게 작성토록 함으로써 상담과정에 대한 회상을 촉진할 수 있다. 보통 상담종결 평가질문지에는 과정회상에 대한 질문들이 포함되어 있는 경우가 많이 있다.

소감문   내담자에게 상담 전체 과정에 대한 소감문을 쓰도록 하는 방법이다. 이는 상담장면에서 직접 쓰게 할 수도 있고 수행과제로 제시할 수도 있다. 소감문을 쓰려면 시간이 필요하고, 또 글쓰기와 관련된 의지나 노력도 필요하다. 하지만 소감문은 과정회상 및 질적 평가에 매우 효과적인 방법이다.

예술작품   글쓰기를 싫어하는 내담자들에게는 소감문 대신 그림이나 특정 예술작품으로 상담의 전체 과정을 표현해 보도록 할 수도 있다. 가령 글쓰기 싫어하는 아동에게 7개의 사각형이 그려진 용지를 주면서 각각의 사각형 안에 자신이 가장 많이 기억나는 장면을 그리도록 한 후, 자신이 그린 그림의 내용을 설명하도록 함으로써 과정회상을 촉진할 수 있다. 또 찰흙을 좋아하는 아동에게 '찰흙을 사용해서 상담의 처음, 중간, 그리고 현재의 모습을 작품으로 만들어 보라.'고 한 후, 만들어진 찰흙작품의 내용을 설명하도록 함으로써 과정회상을 촉진할 수 있다.

상담기록자료   상담과정 중에 내담자가 작성한 상담신청서, 심리검사 결과지, 각종 질문지나 그림, 녹음이나 녹화자료를 보관해 두었다가 내담자에게 보여 주면서 회상을 촉진할 수도 있다.

2) 상담결과 탐색

상담평가는 양적 평가와 질적 평가로 구분할 수 있다. 양적 평가에서는 양적인 측정도구를 사용하여 상담결과를 수치화하고, 이렇게 수치화된 상담결과를 토대로 상담문제의 해결이나 상담목표의 성취 여부를 판단한다. 반면, 질적 평가에서는 양적인 측정도구를 사용하지 않고 질적인 평가방식을 사용하여 상담결과들을 탐색하고, 이를 기반으로 상담문제의 해결이나 상담목표의 성취 여부를 판단한다.

질적 상담평가는 '상담결과 탐색'에서부터 시작할 수 있다. 여기서는 상담결과 탐색에 대해 설명하였는데, 상담결과 탐색은 '긍정적 결과 탐색, 부정적 결과 탐색, 그리고 미해결 문제 탐색'으로 구분하여 설명하였다.

(1) 긍정적 결과 탐색

상담평가와 관련된 긍정적 결과는 '상담목표, 상담문제, 전반적 변화'의 세 가지 측면에서 탐색할 수 있다. 즉, 상담의 긍정적 결과는 이전에 수립한 상담목표가 현 시점에서 어느 정도 성취되었는지를 구체화함으로써 탐색할 수 있다.

그리고 이전에 내담자가 호소한 문제나 상담에서 다루기로 합의한 상담문제가 현 시점에서 어떻게 변화하였는지를 구체화나 명료화함으로써 상담의 긍정적 결과를 탐색할 수 있다.

또한 상담 이전에, 내담자의 신체, 심리, 인간관계, 직무 등의 전반적 상태와 현재 상담을 종결하는 시점에서의 전반적 상태가 어떻게 변화하였는지를 구체화나 명료화함으로써 상담의 긍정적 결과를 탐색할 수 있다.

다음의 두 사례에는 상담목표와 관련된 긍정적 결과에 대해 탐색하는 과정이 기술되어 있다.

내담자 좋아졌어요.

상담자 정말 좋아졌다고 느끼는군요. 이전에 우리가 수립한 상담목표와 관련해서 정리를 해 봅시다. 전에 건강관리를 하지 않는 문제를 해결하기 위해 상담목표를 '2014년 1월 6일부터 6월 30일까지 6개월간 하루 1시간씩 주당 5일 이상 걷기운동을 한다.'라고 설정했어요. 기억나시죠?

내담자 예.

상담자 오늘이 6월 16일인데, 지금까지 목표를 어느 정도 성취했는지 궁금하군요?

내담자 그럭저럭 한 것 같은데요.

상담자 그럭저럭 했다는 말은 지금까지 운동하는 목표를 완벽하게 수행했다는 말인

가요? 아니면 목표만큼은 수행하지 못했지만 목표에 근접하게 수행을 했다
는 말인가요?

내담자 　근접하게 한 것 같아요.

상담자 　근접하게 했다는 말은 구체적으로 어떻게 수행했다는 말인지 이야기를 해
　　　　줄 수 있어요?

내담자 　전에 선생님께 말씀 드렸잖아요. 시험 볼 때 못한다고, 그리고 몇 번은 귀찮
　　　　아서 못했을 거예요. 전부 기억은 잘 나지 않지만 몇 번 빼고는 거의 했어요.

상담자 　이제 많이 좋아졌군요. 서서히 상담을 마무리해도 될 것 같습니다. 그래서
　　　　우리가 설정했던 또 다른 상담목표에 대해 점검을 해 보았으면 좋겠는데, 괜
　　　　찮겠어요?

내담자 　예. 목표라면 몸무게 줄이는 거요?

상담자 　그래요. 제가 기록해 놓은 내용을 보니 처음에 수립한 상담목표가 정확히 "6
　　　　월 30일까지 체중을 60kg 이하로 줄인다."였습니다. 기억하시죠?

내담자 　그럼요. 집에 붙여 놓았는데, 매일 보고 있죠.

상담자 　어떤가요? 제가 볼 때는 목표를 초과한 것 같은데, 실제로 어떤지 모르겠네요.

내담자 　어제 57kg이었어요.

다음의 사례에는 상담문제와 관련된 변화를 구체화시킴으로써 상담의 긍정적 결과를
탐색한 내용이 기술되어 있다.

상담자 　김 양이 상담실에 처음 왔을 때가 기억나요. 교복을 입고 웃으면서 인사하던
　　　　모습도 기억나고, 곤충들을 정말 싫어하는데, 그중에서도 바퀴벌레는 정말
　　　　징그럽고 무섭다고 하던 말도 기억나고, 또 학교가기 싫다고 했던 말도 기억
　　　　나요. 또 엄마 아빠가 많이 싸우던 일과 이혼할 것 같아 많이 걱정했던 일을
　　　　이야기하면서 울던 모습도 기억나요. 이런 일들이 김 양도 기억나요?

내담자 　네.

상담자 　그리고 체계적 둔감법을 통해 바퀴벌레에 대한 두려움들을 하나하나 줄여
　　　　나가던 모습도 기억나요. 엄마와 함께 바퀴벌레를 만지던 때도 기억나고요.
　　　　그리고 보면 처음과는 많이 달라진 것 같다는 생각이 들어요. 어때요? 김 양
　　　　은 자신이 달라진 것 같나요?

내담자 많이요.

상담자 구체적으로 어떻게 달라졌다고 생각하는지가 궁금해요.

내담자 달라진 점이 많죠.

상담자 구체적으로 어떤 것들이 달라졌어요?

내담자 이젠 바퀴벌레를 봐도 괜찮아요. 물론 좋은 건 아닌데, 그냥 괜찮아졌어요.

상담자 최근에 실제로 바퀴벌레를 봤는데 괜찮았던 경험을 한 적이 있었나요?

내담자 TV에 바퀴벌레 다큐를 보자고 했는데, 제가 안 본다고 했잖아요. 그런데 그 다큐 봤어요. 끝까지 본 건 아니지만 봐도 이젠 괜찮았어요. 그리고 꿈에도 나타났는데, 꿈속에서 제가 막 이완훈련하는 거예요. 엄마에게 꿈 이야기하며 웃기도 했어요.

상담자 바퀴벌레는 이제 괜찮아졌구나. 다른 벌레들은 어때요?

내담자 그냥 벌레들은 싫은데, 옛날처럼 막 그러지는 않아요. 잘 모르겠어요. 그렇지만 옛날 같지는 않아요.

상담자 그래? 대단하구나. 그리고 학교에서는 괜찮니? 바퀴벌레 때문에 학교 가기가 무섭고 싫다고 했었는데.

내담자 이젠 안 그래요. 잘 다녀요. 아~ 전에 선생님께 말하지 않았는데, 교실에서 바퀴가 또 나왔는데 괜찮았어요. 이젠 제가 바퀴벌레를 무서워하는 친구들을 놀리기도 했어요.

(2) 부정적 결과 탐색

상담을 하다 보면 의도하지 않게 부정적 결과가 발생하기도 한다. 실제로 몇몇 연구에서는 상담 및 심리치료 사례 중 5~10% 정도에서 부정적 결과가 나타난다고 보고하고 있다(Garfield, 1995). 따라서 긍정적인 성과를 확인하는 것도 중요하지만 그 이상으로 부정적 결과를 확인하는 것도 중요하다.

상담의 부정적 결과와 관련된 변인으로는 '변화 행동, 사적인 비밀 누설, 상담기법의 오용, 이중관계, 부적절한 상담 또는 상담자' 등이 있다.

변화 행동   기존의 문제행동이 새롭게 변화하는 과정에서 의도하지 않은 부적응 문제가 발생할 수 있다. 예를 들어, 과거의 충격적인 경험을 노출하거나 사적인 비밀을 고백한 이후에 종종 죄책감이나 수치심이 과도하게 증가할 수 있다. 아버지에 대한 무의식적인 적개심을 상담장면에서 역할놀이를 통해서 행동화하면 실제 생활장면에서 아버지와 갈등이 있을 때도 행동화 가능성이 증가할 수 있다. 비주장적이던 내담자가 상담을 받은 이후에 주장행동이 증가하면 주변 사람들과의 갈등도 증가될 수 있다. 전에는 의식하지 못하던 성적인 욕구나 적개심들이 의식화되면 오히려 증상이 심해질 수도 있다. 또 심리적 갈등의 해소에 따른 해방감 때문에 무모한 의사결정이나 행동을 할 위험성이 증가할 수도 있다.

사적인 비밀 누설   은밀하고 사적인 정보가 본인의 의사에 반하여 외부로 알려질 때 심리사회적 피해가 발생할 수 있다. 이러한 비밀누설로 인한 피해는 종종 발생한다. 예를 들어, 상담기록을 허락 없이 연구자료로 쓰면서 사적인 정보가 노출될 수도 있고, 공개강연에서 사적인 정보를 허락 없이 공개할 수도 있으며, 사례협의 과정에서 사적인 정보가 공개될 수도 있고, 상담기록에 대한 관리가 허술해서 내담자의 사적인 정보들이 담당 상담자 이외의 사람들에게도 쉽게 접근 및 열람될 수 있다.

또한 내담자를 의뢰하는 과정에서 사적인 정보가 노출될 수도 있고, 법원이나 검찰, 감사원 등에서 내담자의 상담자료를 요청하면서 사적인 정보가 노출될 수도 있다. 사적인 정보의 노출은 내담자에게 죄책감이나 수치심, 불안, 불신감, 억울함, 분노 등의 심리적 갈등을 유발할 수도 있고, 사회적 비난이나 처벌을 불러올 수도 있다.

상담기법의 오용으로 인한 피해   상담자가 기법을 잘못 사용하여 내담자가 피해를 입기도 한다. 예를 들어, 자살충동을 가진 내담자에게 역설적 기법을 사용하여 자살하라고 지시했다가 실제 자살시도로 이어진 경우, 고소공포증을 가진 내담자에게 불안장면에 노출시키기 위해 내담자의 의사를 무시하고 고층전망대에 데리고 갔다가 불안발작이 일어난 경우, 귀신에 대한 불안을 가진 아동에게 최면상태에서 귀신을 만나는 체험을 시킨 이후에 불면과 악몽 증상이 유발된 경우, 과거에 근친상간 경험이 있는 내담자의 외상적 기억을 회상시킨 이후에 망상이 심해진 경우, 다이어트를 위해 음식에 대한 혐오반응을 연합시켰더니 거식증으로 발전한 경우 등은 상담기법의 잘못된 사용으로 내담자가 피해를 입은 경우이다.

이중관계   이중관계란 상담자와 내담자가 상담목적 이외의 관계를 형성하는 것을 말한다. 이러한 이중관계도 부정적 결과의 원인이 된다. 예를 들어, 내담자와 성적인 관계를 맺은 경우, 돈을 빌리거나 물건을 사고파는 등의 경제적 이해관계를 맺는 경우, 상담과 관련 없이 영화나 연극을 같이 보러 가는 경우, 같은 동호회에 참석하여 함께 어울리는 경우 등은 모두 이중관계에 해당된다. 이중관계는 상담의 치료적 기능을 약화시키며, 상담자의 사적인 욕구나 목적을 성취하는 데 악용될 가능성이 있기 때문에 부정적 결과의 원인이 될 수도 있다.

부적절한 상담 또는 상담자   자격과 능력을 갖추지 않은 부적절한 상담자에 의해 실시되는 상담도 부정적 결과를 일으키는 원인이 된다. 예를 들어, 특정 상담기법을 훈련받지 않았거나 숙련되지 않은 상태의 상담자가 역설적 지시, 최면유도 및 암시, 행동 강화 미술치료, 놀이치료 등과 같이 고도의 전문적 지식과 경험을 필요로 하는 기법을 사용하는 경우, 정신의학적 질환에 대한 지식과 경험이 없는 상담자가 신경정신과나 일반 의학적 처치가 필요한 내담자에게 상담적 처치만으로 충분히 해결 가능하다면서 붙잡아 두는 경우, 상담자의 주관이나 편견을 객관적이고 사실적인 정보인 것처럼 내담자에게 이야기하는 경우, 검증되지 않은 이론 및 기법을 시험적으로 적용해 보는 경우, 심리검사 실시 및 해석에 대한 지식과 경험이 없는 상담자가 검사를 실시하거나 해석하는 경우, 자격을 갖추지 않은 상담자가 부당한 상담비나 검사비를 청구하는 경우 등은 부적절한 상담이나 상담자에 의해 유발된 부정적 결과들이다.

(3) 미해결 문제 탐색

미해결 문제란 해결되지 않아 남아 있는 문제를 말한다. 이러한 미해결 문제에는 '다루지 못한 문제, 미진한 문제, 그리고 예견되는 문제' 등이 포함된다. 미해결 문제의 탐색과 처리는 상담종결의 주요과제 중 하나이다.

다루지 못한 문제 구체화   상담초기에 내담자가 호소한 문제, 그리고 상담자와 내담자가 상담에서 다루기로 합의한 상담문제, 그리고 상담에서 성취하기로 합의한 상담목표들 중에서 일부는 실제 상담과정에서 다루지 못할 수도 있다. 상담결과를 탐색할 때는 이처럼 다루지 못한 문제를 구체화하는 것이 필요할 수 있다.

미진한 문제 구체화   미해결 문제의 두 번째 형태는 미진한 문제이다. 미진한 문제란 상담과정에서 다루었지만 부분적으로 다루어진 문제, 또는 상담에서 다루다가 도중에 더 이상 다루지 않은 문제 등을 의미한다. 상담결과를 탐색할 때는 미진한 문제도 구체화하는 것이 필요할 수 있다.

예견되는 문제 구체화　미해결 문제의 세 번째 형태는 예견되는 문제이다. 즉, 현재시점에서 문제가 발생한 것은 아니지만, 특정한 미래의 시간에서 일어날 가능성이 있는 문제를 예견되는 문제라고 한다. 상담결과를 탐색할 때는 예견되는 문제도 구체화하는 것이 필요할 수 있다.

3) 상담결과 측정과 상담목표 성취 여부 판단

상담결과를 탐색한 이후에 상담결과를 측정하고, 이를 토대로 상담목표의 성취 여부를 판단해 나간다. 여기서 상담결과 측정이란 상담과정에서 얻은 결과를 양적 도구를 사용하여 수치화하는 작업을 의미한다. 그리고 상담목표 성취 판단이란 상담결과 측정을 토대로 상담목표가 성취되었는지의 여부를 판단하는 작업을 의미한다.

일반적으로 상담결과 측정과 상담목표 성취 여부를 판단할 때는 '양적 상담목표, 행동변화, 척도질문, 질문지, 심리검사, 행동관찰' 등의 방법을 활용한다.

양적 상담목표　상담결과 측정과 상담목표 성취 여부를 판단하는 첫 번째 방법은 양적 상담목표를 사용하는 것이다. 즉, 양적 상담목표에 명시된 표적을 측정하고, 이렇게 표적을 측정한 결과가 양적 상담목표에 명시된 성취준거를 만족시키는지의 여부를 확인함으로써 상담목표 성취 여부를 판단하는 것이다.

그런데 이 방법을 사용하려면, 먼저 상담목표가 양적으로 진술되어 있어야 한다. 즉, 표적이 명시되어 있고, 또 성취준거인 성취기간과 성취수량이 명시되어 있어야 양적 상담목표를 활용한 상담결과 측정 및 상담목표 성취 판단이 가능하다.

예를 들어, 시험불안 문제의 경우, '2014년도 1학기 학기말 시험의 평균점수가 85점 이상이 된다.'와 같이 양적 상담목표로 진술되어 있어야 한다. 이렇게 상담목표가 양적으로 진술되어 있어야, 2014년도 1학기 학기말 시험을 본 이후에, 평균점수가 성취준거인 85점 이상인지를 확인함으로써 상담목표가 성취되었는지의 여부를 판단할 수 있다.

척도질문　척도질문이란 내담자에게 주관적 만족지수나 주관적 고통지수와 같은 주관적 평점척도를 제시한 후, 이를 통해 평점을 내리도록 하는 질문방법이다. 이러한 척도질문을 사용함으로써 상담결과 측정과 상담목표 성취 여부를 판단해 나갈 수 있다. 보통 척도질문은 과학적 측정도구가 없거나 양적 상담목표를 수립하지 않은 상황에서도 사용이 가능하기 때문에 매우 유용한 방법 중에 하나이다. 일반적인 척도질문의 문장구조는 다음과 같다(가족치료연구모임 역, 1995, 1996).

- 만약 당신이 처음에 원했던 것들을 얻어서 만족한 상태를 10점이라 가정하고, 반대로 전혀 얻지 못해서 불만족한 상태를 0점, 그 중간을 5점이라고 한다면, 지금 상태는 몇 점 정도를 줄 수 있겠습니까?
- 지금 당신의 상담문제가 해결된 정도를 10점 만점의 척도로 평점을 매긴다면 몇 점 정도 주시겠습니까?
- 당신의 ○○문제는 현재 몇 % 정도 해결되었다고 생각하시나요?
- 당신의 긍정적 변화의 정도를 10점 만점의 점수로 환산한다면 몇 점을 줄 수 있을까요? 가령 10점은 매우 긍정적인 변화를 한 것이고, 0점은 전혀 긍정적인 변화를 하지 않은 것이며, 5점은 중간정도라고 할 때, 당신의 긍정적 변화의 정도를 10점 만점에 몇 점을 주시겠습니까?

상담자 그러니까 '좋아졌다.'는 것을 판단할 수 있는 기준이 있겠느냐 하는 문제입니다.

내담자 그냥 마음이 편해지면 되는 거 아닙니까?

상담자 마음 편해지는 것도 한 가지 판단기준이라 할 수 있지요… 그럼 마음이 편해진 정도만 놓고 보았을 때, 아주 만족한 상태를 10이라고 가정하고, 반대로 불만족한 상태를 0이라고 한다면 지금 상태는 몇 점 정도 줄 수 있겠습니까?

내담자 글쎄… 한 8점 정도…….

상담자 8점 정도면 만족정도가 높은 점수네요… 이 정도면 처음에 상담에서 얻고자 했던 것들을 얻은 수준이라고 볼 수 있을까요?

내담자 어느 정도 만족을 해요… 인수가 그렇게 된 것도 그렇고… 처음에 비하면 훨씬 좋아진 것 같아요. 그이도 그렇게 말해요.

상담자 완전한 것은 아니지만 상담받은 것이 성공적이었다고 할 수 있겠군요.

내담자 그럼요.

질문지   상담결과를 측정하는 질문지에 응답하도록 한 후, 이를 토대로 상담목표의 성취 여부를 판단하는 방법이다. 〈표 15-1〉은 상담 성과 질문지이다.

표 15-1 상담성과 질문지

상담성과 질문지

아래의 문항들은 상담에서 얻은 성과가 무엇인지를 알아보기 위해 만들어졌습니다. 현재의 자신의 상태에 비춰 그 만족정도를 10점 척도로 평점을 하십시오.

NO	문항	10점 평점
01	나의 문제와 증상은 감소하였다.	
02	나의 느낌과 생각을 솔직히 상대방에게 표현하는 행동이 증가하였다.	
03	상대방의 느낌과 생각에 관심을 기울이고, 공감을 표현하는 행동이 증가하였다.	
04	내가 원하는 것을 상대에게 알리고 요구하는 행동이 증가하였다.	
05	나의 문제를 알아차리는 행동의 횟수가 증가하였다.	
06	나 스스로 문제의 원인을 찾는 행동횟수가 증가하였다.	
07	나 스스로 문제해결 방안을 찾아서 마련하는 행동횟수가 증가하였다.	
08	문제해결 방안을 생활 속에서 실천하는 횟수가 증가하였다.	
09	나의 문제나 불행에 대해 긍정적으로 생각하는 횟수가 증가하였다.	
10	갈등관계에 있는 사람들의 수가 줄어들고, 대신 친한 사람들의 수가 증가하였다.	
11	나의 주변 사람들은 나에 대해 전보다 좋게 이야기한다.	
12	직장과 일에 대한 만족감이 증가하였다.	
13	일을 하면서 성공경험과 물질적 보상이 증가하였다.	
14	주변 사람들의 이익에 대해 생각하고, 직·간접적으로 도와주는 행동이 증가하였다.	
15	나의 건강이 좋아졌다.	

심리검사   심리검사를 통해 상담결과를 측정하고, 그 결과를 토대로 상담목표의 성취 여부를 판단하는 방법이다. 심리검사를 활용할 때는 문제나 목표에 적합한 검사를 선택하여 사용해야 한다. 가령 열등감 문제를 가진 내담자에게 자아개념 검사나 자기존중

감 척도를 사용하였다면 적합할 수 있지만 흥미검사나 진로검사 등을 사용하였다면 적합하다고 하기 어렵다.

행동관찰　상담자 또는 별도의 관찰자에 의해 내담자의 행동을 모니터링하고 이를 자료처리함으로써 상담결과를 측정하고 이를 토대로 상담목표의 성취 여부를 판단하는 방법이다. 행동관찰 방법은 주로 아동의 문제행동 지도에 많이 활용된다.

4) 관련 요인 분석

　관련 요인 분석이란 상담결과와 관련된 요인이 무엇인지를 설명하는 과정을 말한다. 쉽게 말하면 긍정적 결과나 부정적 결과, 그리고 미해결과제 등이 발생한 이유를 설명하는 과정이다. 단순히 결과만 아는 것보다 그 결과가 일어난 이유를 아는 것은 내담자의 이해경험, 즉 설명틀 형성에 도움이 된다. 이렇게 설명틀을 형성시킬 수 있으면 상담 성과를 지속시키거나 피해가 재발되는 것을 방지하거나 미해결과제를 처리하는 방안을 찾는 데 도움이 되고, 이는 결국 상담에 대한 의존행동을 줄이고 자립행동을 강화하는 계기를 마련해 준다.

　한편, 상담평가의 치료적 기능을 증대시키기 위해서는 긍정적 결과에 대한 탐색, 긍정적 결과에 대한 측정, 긍정적 결과의 관련 요인 탐색과 같이 긍정적인 것들에 초점을 두고 개입하는 것이 바람직하다. 이렇게 평가과정을 긍정적으로 이끌 수 있으면 그 자체가 내담자에게 정서적 지지, 바람직한 행동의 강화, 긍정적 자아개념 형성 등을 촉진하는 힘으로 작용한다. 관련 요인 분석은 보통 "○○결과를 일으킨 이유는 무엇이라 생각하십니까?" "어떻게 그런 결과가 나타나게 되었을까요?" "○○결과는 무엇 때문에 일어났다고 생각하십니까?" 등과 같은 질문으로 시작할 수 있다.

> 내담자　그런 대로 만족해요. 완전한 것이란 없잖아요… 제가 좋은 선생님을 만나서 문제가 잘 풀린 것 같아요.
>
> 상담자　감사합니다. 보람이 느껴지네요……. 〈중략〉
>
> 상담자　그런데, 이런 성과가 나타나게 된 이유는 무엇이라고 생각합니까?
>
> 내담자　선생님을 만났기 때문에… 운이 좋았죠.
>
> 상담자　저의 어떤 점이 도움이 되었다고 생각하시나요.

내담자 　처음에 상담받을 생각은 없었어요. 경숙이가 선생님에게 꼭 상담을 받아 보라고 했을 때 조금 망설였지만, 참 따뜻하고 의식수준이 높은 분이라고 말을 하기에 한번 만나는 봐야지 했던 거죠. 선생님과 있으면 마음이 편해지고 따뜻해요. 처음에는 어색하고 긴장이 되기는 했지만 그것도 오히려 괜찮았어요.

상담자 　고맙고, 기분이 좋네요… 정자 씨는 힘들 때 다른 어떤 도움보다 기운을 차릴 때까지 따뜻하고 안전하게 보호해 줄 사람이 필요한 것 같습니다. 저에게서 그런 도움을 받았다니 참 좋네요. 그런데 상담성과가 나타난 것은 저 이상의 이유들이 있을 것이라고 생각합니다. 가령 정자 씨는 개인적으로 어떻게 하였기에 이런 성과를 얻을 수 있었지요?

내담자 　글쎄요… 그냥 잘 모르겠지만… 내가 정말 죽으려고 했던 것이 아니라 살려고 했다는 것을 깨닫는 순간 열심히 살아야겠다는 생각이 들었어요… 부끄럽기도 했고요… 선생님이 말씀하신 것처럼 사실 치료하면 되는데… 암이라니까 맥이 탁 풀리더라고요. 그래서 죽을 준비를 했다고나 할까… 그랬는데… 선생님이 제게 이런 말을 했었는데, 그러니까 "할 수 있는 범위 내에서 실천 가능한 일들을 찾아보자."고… 뭘 해야 될지는 잘 떠오르지 않았지만 그 말이 많이 생각났어요. 그리고 아마 그다음 시간에 수술을 받기로 했었을 거예요. 나중에 운동도 했고 이완훈련도 했고, 또 긍정적 암시를 배운 대로 열심히 했고… 그런 것들이 다 합쳐져서 좋아진 것 같아요.

상담자 　그렇군요. 살아야겠다는 결심, 그리고 실천 가능한 일들에 대해서 생각해 본 것, 수술이나 운동을 열심히 한 것, 이완훈련과 긍정적 암시를 실천한 것들이 몸을 치료하고 또 마음도 치료해서 이런 성과들이 나타났겠군요… 그 과정에서 정말 정자 씨가 참 열심히 노력했다는 점을 간과할 수 없을 것 같아요. 또 노력을 통해 성과를 얻을 수 있을 정도로 잠재된 능력이 있었다는 점도 중요하고요. 능력이 없다면 아무리 노력해도 성과가 없었을지도 모르지요.

3. 상담 마무리 조치

상담을 종결하려면 상담을 종결하는 데 따르는 과제들이 발생하게 된다. 예를 들면, 미해결 문제들이 남아 있을 경우, 이를 처리해야 하는 과제들이 발생한다. 또 상담이 끝나면 더 이상 상담자의 도움이 주어지지 않기 때문에 내담자가 스스로 자신의 문제를 관리할 수 있도록 자립을 촉진시켜야 하는 과제들이 발생한다. 또 그동안 의미 있는 상담관계를 유지 및 발전시켜 왔는데 상담이 끝나면 상담관계도 끝내야 하기 때문에 상담관계를 잘 마무리하는 데 따르는 과제들도 발생하게 된다. 또 상담이 끝난 이후에 상담비처리, 종결기록과 관리, 종결실적 처리와 같은 상담행정과 관련된 과제들, 그리고 내담자 사후관리에 따른 과제들이 발생한다.

상담 마무리 조치는 상담을 종결하는 데 따르는 현안 과제들을 처리하는 작업을 의미한다. 즉, 성공적으로 상담을 종결하기 위해 필요한 미해결 문제에 대한 조치, 자립 조치, 상담관계 마무리 조치, 상담종결 이후 조치 등을 해 나가는 작업을 의미한다. 상담 마무리 조치는 간과되기 쉬우나 상담효과에 영향을 미치는 중요한 치료적 처치의 하나이다. 여기서는 상담 마무리 조치를 '미해결 문제에 대한 조치, 자립 조치, 상담관계 마무리 조치, 상담종결 이후 조치'로 구분하여 설명하였다.

1) 미해결 문제에 대한 조치

상담 마무리 조치 중 하나는 남아 있는 미해결 문제에 대해 조치이다. 이러한 미해결 문제에 대한 조치가 부적절하면 상담결과, 상담과정, 상담자, 상담기관에 대해 부정적으로 평가하는 원인이 될 수도 있다. 따라서 상담자는 상담을 끝내기 이전에 미해결 문제에 대한 적절한 조치를 취해 나가야 한다. 여기서는 미해결 문제에 대한 조치를 '상담피해에 대한 조치'와 '기타 미해결 문제에 대한 조치'로 구분하여 설명하였다.

(1) 상담피해에 대한 조치
상담자의 무능력, 부주의, 역전이 문제, 그리고 내담자 특성이나 다른 여러 가지 원인들에 의해 내담자에게 상담피해가 발생할 수 있다(Garfield, 1995). 상담피해에는 부정적 행동이 형성되거나 사적인 비밀이 누설되거나 이중관계가 형성되는 것 등이 포함된다.

일차적으로 상담으로 인해 피해가 나타나지 않도록 사전에 최대한 주의를 기울여야 하겠지만, 그럼에도 불구하고 예기치 않은 상담피해가 발생할 수 있다. 이 때문에 상담평가 과정에서 상담피해가 일어났는지를 확인해야 하고, 만약 상담피해가 확인되면 종결하기 전에 이에 대한 적절한 조치를 취해 나가야 한다.

상담피해가 발생했을 때 종결시점에서 상담자가 취할 수 있는 조치들은 '조치시간의 확보, 피해경험에 대한 표현 촉진, 인식과 설명틀 형성, 대처방안 수립과 대안행동 형성, 그리고 보고 및 의뢰' 등이다.

조치시간의 확보 및 상담 개입   상담피해가 발생했을 경우, 일차적으로 피해문제를 처리하기 위한 조치시간을 확보하는 것이 중요하다. 만약 시간 확보가 가능하다면 상담피해 경험에 대한 표현 촉진, 알아차림과 설명틀 형성, 그리고 대처방안 수립이나 대안행동 형성 등의 조치를 취해 나가야 한다. 그러나 시간 확보가 안 될 경우에는 이차적으로 추후상담 및 의뢰조치를 적극적으로 고려해야 한다.

상담피해 경험에 대한 언어적 표현의 촉진   내담자가 상담피해와 관련된 부정적 경험을 언어적으로 표현하도록 촉진하고, 이에 대해 상담자가 정서적 지지를 제공하고, 이를 통해 내담자가 감정정화 및 일치 경험을 하도록 돕는 일은 2차적 피해를 줄이는 방법 중 하나이다.

상담피해 경험을 언어적으로 표현하도록 촉진하기 위해서는 세 가지 점이 고려되어야 한다. 첫째, 촉진적 관계 환경이 제공되어야 한다. 이는 상담자의 일치성, 존중, 공감, 중립적 탐색, 긍정적 해석과 같은 촉진적 태도를 통해 제공할 수 있다.

둘째, 상담이나 상담자에 대한 직·간접적인 원망이나 분노가 있는지를 탐색하고, 이런 원망이나 분노가 있을 경우, 이와 관련된 경험을 언어적으로 노출하거나 개방, 그리고 주장할 수 있도록 이끄는 것이 바람직하다. 그리고 내담자가 실제로 원망이나 분노를 노출이나 개방이나 주장을 하면 상담자는 일치성, 존중, 공감, 중립적 탐색, 긍정적 해석과 같은 촉진적 태도로 반응하는 것이 바람직하다.

셋째, 피해경험과 관련된 성장욕구에 대해 탐색하고, 마찬가지로 성장욕구와 관련된 경험을 노출이나 개방, 그리고 주장을 하도록 이끄는 것이 바람직하다. 또한 내담자가 실제로 성장욕구와 관련된 경험을 노출이나 개방이나 주장을 하면 마찬가지로 상담자는 일치성, 존중, 공감, 중립적 탐색, 긍정적 해석과 같은 촉진적 태도로 반응하는 것이 바람직하다.

인식과 설명틀 형성   내담자가 상담피해 경험과 관련된 새로운 인식과 설명틀을 형성할 수 있도록 상담자가 조력하는 것이 바람직하다. 먼저 상담피해 경험과 관련된 새로운 인식을 촉진함으로써 심리적 피해를 줄일 수 있다. 특히 상담피해의 불가피성을 발견하는 것, 상담피해의 긍정적인 의미를 발견하는 것, 상담피해를 일으키거나 유지시키는 데 관여된 자신의 행동과 책임을 발견하는 것, 상담피해와 관련된 긍정적 미래를 새롭게 예견하는 것 등은 심리적 피해를 줄이는 데 도움이 된다.

그리고 상담피해 경험에 대한 설명틀을 형성시킴으로써 추가적인 피해를 줄일 수 있다. 즉, 상담피해 경험과 관련해서 상담피해의 증상이나 당면 문제, 그 원인과 대처방안을 새롭게 설명할 수 있도록 조력함으로써 추가적인 피해를 줄일 수 있다.

그런데 종결단계에서 상담피해에 대한 인식과 설명틀 형성을 촉진할 때는 상담자가 보다 주도적으로 내담자를 이끄는 것이 바람직하다. 즉, 일차적으로 스스로 인식하거나 설명할 기회를 주되, 스스로 못할 때는 상담자가 대리 인식이나 대리 설명을 해 준 이후에, 다시 내담자에게 상담자가 제공한 대리 설명을 토대로 자신의 상담피해 경험을 새롭게 인식하고 설명할 기회를 제공하는 것이 바람직하다. 단, 주의할 점은 종결시점이기 때문에 상담피해 경험에만 초점을 두고, 그 외의 심층적 문제를 다루는 것은 바람직하지 않다.

대처방안 수립과 대안행동 형성   상담피해와 관련된 구체적인 대처방안을 수립하고, 수반된 대안행동 능력을 형성하며, 이러한 대안행동을 실생활에서 실천하고, 이를 통해 당면한 문제들을 해결해 나가도록 조력하는 것이 바람직하다.

종결단계에서 상담피해에 대한 대처방안 수립과 대안행동 형성을 촉진할 때에도 상담자가 보다 주도적으로 내담자를 이끄는 것이 바람직하다. 즉, 먼저 스스로 대처방안을 수립하고, 스스로 수반된 대안행동을 연습하며, 스스로 실생활에서 대안행동을 실천해서, 스스로 당면한 문제들을 해결해 나갈 수 있는 기회를 제공해 준다. 그러나 스스로 못할 때는 상담자가 대안을 제시해 주고, 대안행동을 연습시키며, 대안행동의 실천을 지시하고 또 강화해 줌으로써 내담자를 적극적으로 지도하는 것이 바람직하다.

보고 및 의뢰   상담자가 직접 조치하기 어려운 상황이나 심각한 피해나 윤리적 문제가 발견되었을 경우에는 가족이나 보호자, 지도감독자, 관계기관 등에 보고 및 의뢰하는 방안이 고려되어야 한다. 한편, 일부 내담자들의 특성이나 문제 유형은 상담피해와 더 밀접한 것으로 추정된다. 예를 들면, 정신분열, 경계선 장애, 편집성향이 있는 내담자들은 상담피해의 발생 가능성이 상대적으로 높은 것으로 추정된다. 따라서 이런 내담자들은 초보자나 준전문가에게 배정되는 것이 바람직하지 않으며, 나중에 상담피해가 발생하여 의뢰해야 할 상황에서도 보다 전문적인 상담자나 상담기관에 의뢰하는 것이 바람 직하다고 할 수 있다.

(2) 기타 미해결 문제에 대한 조치

미해결 문제에는 상담피해만 있는 것이 아니라, 이외에도 '다루지 못한 문제, 미진한 문제, 예견되는 문제' 등이 있으며, 이에 대한 조치도 필요하다. 미해결 문제를 다루는 일 반적인 지침들을 요약하면 아래와 같다.

- 만약 미해결 문제에 대한 아쉬움이 크지 않다면, 그리고 상담피해나 윤리적 문제와 같은 우려사항이 없다면, 내담자의 동의를 받아 미해결 문제를 다루지 않고 마무리 하는 것이 일반적이다. 하지만 미해결 문제를 다루지 않더라도 미해결 문제와 관련 된 내담자의 경험에 대한 정서적 지지, 그리고 재상담 안내를 포함한 종결에 대한 구조화는 충분히 해 주는 것이 필요하다.
- 만약 미해결 문제에 대한 아쉬움이 크거나 상담피해나 윤리적 문제와 같은 우려사 항이 있다면, 이를 처리하기 위한 별도의 회기를 고려해야 한다. 그리고 상담피해에 대한 조치에 준하여 접근해야 한다.

한편, 종결시점이 되면 상담자와 협의 없이 내담자가 일방적으로 상담을 중단하는 경 우가 가끔씩 발생한다. 이럴 때는 생산적으로 마무리 조치를 취할 기회를 갖기 위해 상담 자가 적극적으로 내담자에게 접근하여 간단한 마무리 작업이라도 하는 것이 바람직하다.

가령 10회기의 상담을 받고 나서 내담자가 아무런 연락도 없이 오지 않는다면, 1~3주 가량 더 기다려 보고 나서, 그래도 오지 않으면 상담자가 전화를 걸어 종결논의, 평가, 마 무리 조치를 위한 간단한 전화면접이라도 실시하는 것이 바람직하다.

2) 자립 조치

미해결 문제를 잘 마무리하는 것도 중요하지만, 상담이 끝났을 때 상담이나 상담자의 도 움 없이 내담자 스스로 문제해결이나 목표성취를 해 나갈 수 있도록 돕는 자립 조치도 매우 중요하다. 자립 조치란 상담이나 상담자에 대한 의존을 줄이고 내담자 스스로 자기관리 를 해 나갈 수 있도록 돕는 일, 즉 분리 및 개별화를 촉진하기 위한 조치들을 의미한다.

여기서는 자립 조치를 '종결불안 및 의존행동 조치, 자립계획 수립, 자기관리 행동 형성, 사회적 지지체제 구축'으로 나누어 설명하였다.

(1) 종결불안 및 의존행동 조치

일부 내담자들은 상담이 빨리 끝나기를 기대한다. 그러나 어떤 내담자들은 상담이 끝나는 것을 아쉬워하기도 하고, 또 어떤 내담자들은 상담이 끝나거나 상담자와 이별하는 것을 두려워하기도 한다. 그리고 어떤 내담자들은 상담자의 도움이 지속되는 것을 자신의 자주성을 침해하는 것으로 받아들여 싫어한다. 반면, 어떤 내담자들은 상담자에게 의지하려 하기 때문에 상담자의 도움을 갈구한다. 이들에게 상담종결은 의존대상의 상실을 불러오기 때문에 갈등의 원인이 된다. 만약 종결시점에서 내담자가 종결불안이나 의존행동을 보인다면, 이에 대한 조치가 필요하다.

① 종결불안

장기상담을 지지하는 상담자들은 종결이 불안반응을 유발하기 때문에 내담자들에게 심각한 갈등의 원인이 될 수 있다고 주장한다. 따라서 이에 대한 신중하고 전문적인 접근이 필요하다고 주장한다. 그러나 현실적으로 대부분의 상담은 장기상담이 아닌 단기상담이기 때문에 종결시점에서 의미 있는 불안이 나타나지는 않는다. 설사 나타나더라도 그 정도가 미약하기 때문에 크게 문제시되는 것도 아니다. 따라서 종결과정에서 보이는 종결불안은 단지 일부 내담자들에게서만 나타나는 현상이라고 할 수 있다.

일부 내담자들에게만 나타나는 현상임에도 불구하고 일단 종결불안이 나타나면 이에 대한 조치가 필요하다. 일반적인 종결불안 조치는 다음과 같다. 즉, 종결불안 경험에 대한 감정정화 및 일치 경험을 촉진하기, 종결불안과 관련된 새로운 인식이나 설명틀을 형성시키기, 종결불안 상황에 대한 대처방안 수립을 촉진하기, 종결불안 행동에 대한 대안행동을 형성시키기, 대안행동 실행을 촉진하기 등이다.

한편, 상기된 조치들을 취할 때 '긍정적 의미부여, 긍정적 심상, 긍정적 내부언어' 등의 기법들이 도움된다.

긍정적 의미부여   종결이나 자립에 대해 긍정적 의미부여를 함으로써 종결불안을 줄일 수 있다. 즉, 종결이나 자립을 부정적으로 생각하는 것에서 벗어나 긍정적 의미와 가치를 발견하도록 돕는 방법이다. 종결에 대한 긍정적 의미부여는 다음과 같은 내용들을 다룬다.

- 위기와 성장자원: 종결은 어떤 소중한 것을 상실할 수 있는 위험이 있다. 하지만 그런 상실은 내적인 자원을 계발하는 기회를 제공하기 때문에 종결은 위험하면서도 동시에 성장의 기회가 된다. 종결 자체는 잠재적으로 성장을 촉진하는 자극이 된다.

- 과정: 종결은 시간의 흐름 속에 한 국면에 지나지 않는다. 종결은 시간의 흐름에 따른 변화의 한 국면이고, 종결상황에서 일어나는 경험도 지속적으로 변화하는 경험적 흐름의 한 국면이다. 시작에는 종결이 예정되어 있고 종결은 또 다른 시작이자 새로운 경험을 향한 출발점이 된다.

- 현상과 학습: 종결은 하나의 현상이다. 종결상황에서의 경험도 하나의 현상이다. 종결상황에서 경험하는 정서적 불안이나 걱정, 그리고 종결에 대한 회피동기나 회피행동 역시 하나의 현상이다. 종결상황과 경험을 통해 삶의 실제적인 한 국면을 직면하고 배울 수 있게 된다. 자신이 현상을 좋고 나쁜 것으로 분별하지 않고, 자신이 종결경험을 나쁜 것으로 생각하여 회피하지 않으면, 종결과 관련된 삶의 한 국면을 접하고 배울 수 있는 기회를 가질 수 있다.

- 지속과 의존, 그리고 분리와 자립: 상담을 지속하는 것은 상담이나 상담자에게 의존하는 것이다. 의존 속에서 자신은 진정한 자유와 책임, 그리고 성장을 경험할 수 없다. 종결은 상실과 분리를 낳지만 동시에 자유와 책임, 자립과 성장을 촉진한다. 종결은 자신의 자립자원을 활성화시켜 자립을 촉진하고 더 나아가 자유와 책임, 성장 및 발달을 촉진한다.

- 상담과 삶: 비록 상담경험에 중요한 의미와 가치를 부여할지라도 상담은 자신의 삶에서 아주 작은 부분에 지나지 않는다. 상담이 자신의 갈등과 고민을 대신할 수 있다는 환상을 발달시킬 수 있지만 그렇다고 현실적인 갈등이 사라지는 것은 아니다. 자신이 부정하고 누가 대신해 주기를 바랄지라도 자신이 살아갈 몫의 현실적인 삶은 그 누구도 대신해 줄 수 없다. 그것은 그 어떤 누구에게도 떠넘길 수 없는 자신의 몫이다. 자신이 삶의 주체임을 알 때 자기 안에서 갈등과 부담은 일어나겠지만, 동시에 진한 삶의 가치와 의미를 경험하고 사랑과 충만함을 경험할 수 있는 가능성이 열리게 된다.

- 상담경험과 잠재력: 상담에서 경험할 수 있었던 것은 삶에서도 경험할 수 있다. 상담장면에서 할 수 있었다는 것은 자기 안에 가능성이 있음을 증명하는 것이기 때문이다. 자신에게 관심과 사랑으로 도움을 준 상담자의 행동을 보고 배웠으므로 상담자가 자신을 도왔던 것처럼 자신도 자기 스스로에게 도움을 줄 수 있다.

- 문제발생과 새로운 반응: 상담을 종결한 이후에 고민과 갈등상황을 다시 만나게 될 것이다. 비록 여전히 고민과 갈등을 경험할지라도 자신은 전과는 다른 경험과 반응을 할 것이다. 숨겨진 의미와 가치를 볼 수 있을 것이며, 자신을 지키고 성장시키는 기회로 활용할 수 있을 것이다.
- 노력과 변화: 성장을 이루기 위해서는 지속적인 노력이 필요하다. 처음에는 의도적인 노력이 필요하며 의도적으로 노력하는 기간을 넘길 수 있어야 비로소 바람직한 행동이 자연스럽게 형성될 것이다. 변화는 때로 새로운 역할과 책임이 요구되기 때문에 스트레스가 될 수도 있다. 이러한 스트레스는 자신의 잠재된 능력을 활성화시켜 성장으로 이끄는 자극이 될 것이다.

긍정적 심상   종결불안을 처리하는 또 다른 방법은 종결이나 자립에 대한 긍정적 심상을 형성하는 것이다. 심상이란 마음속에서 경험되는 상징적 이미지이다. 구체적으로 심상은 오감에 의해 받아들여진 정보로 구성되어 있다. 시각적 심상은 형태, 색, 크기, 넓이, 움직임 등으로 구성되고, 청각적 심상은 소리의 유형, 크기, 세기, 리듬 등으로 구성되며, 촉각적 심상은 온도, 형태, 거칠기, 딱딱함 등으로 구성된다. 종결불안은 부정적 심상과 연합되어 있다. 이 때문에 부정적 심상을 긍정적 심상으로 변화시키면 종결불안을 줄이는 데 도움이 된다. 긍정적 심상을 통한 개입은 성공경험을 회상시키는 것, 성공에 대한 심상을 새롭게 구성하는 것, 종결 이후의 긍정적 생활을 심상으로 경험하도록 하는 것, 종결불안 심상을 긍정적으로 재구성하는 것, 긍정반응을 불러일으키는 심상을 새롭게 구성하는 것 등이 있다.

긍정적 내부언어   내부언어란 내적인 사고의 언어적 형태를 말한다. 수많은 내부언어가 존재하지만 종결불안과 관련된 내부언어는 주로 당위성, 확신 및 결단의 형태로 되어 있는 부정적 언어들이다. 예를 들면, "○○해야만 한다, 결코 ○○해서는 안 된다, ○○하지 않을 수 없다, ○○을 피할 수 없다, ○○임에 틀림없다, 결코 ○○하지 않을 것이다."와 같은 것들이다. 이러한 부정적 내부언어를 긍정적으로 대치시키면 종결불안을 줄이는 데 도움이 된다. 긍정적 내부언어의 형태는 "○○지만 나는 할 수 있다, ○○지만 나는 괜찮아, ○○는 안 좋지만 ○○는 좋은 일이야, ○○일이 벌어져도 나는 괜찮아, ○○하긴 하지만 ○○한 점이 나에게 이득이야, ○○임에도 불구하고 ○○에 감사하다." 등이다.

기타   기타 재상담이 가능함을 알리기, 종결회기를 구성할 때 만나는 시간빈도를 점진적으로 줄여 나가기, 주후상담을 계약하기 등도 종결불안을 처리하는 한 방법이다.

② 의존행동

종결시점에서 단순한 종결불안 이상의 의존행동을 보이는 내담자들도 종종 발견할 수 있다. 여기서 말하는 의존행동이란 내적인 불안이나 부족감을 채우기 위해 상담이나 상담자에게 의존하면서 종결을 회피하는 행동을 의미한다.

종결단계에서 내담자가 의존적인 행동을 보일 경우에는 신중한 개입이 필요하다. 의존적인 내담자와 종결작업을 할 때 고려해야 할 사항들을 정리하면 아래와 같다.

- 상담 성과와 종결: 일단 긍정적인 성과가 있는 내담자들은 불필요하게 상담을 지속할 필요 없이 종결을 준비시키는 것이 바람직하다. 즉, 종결논의를 주도하면서 종결시점과 종결절차를 합의하고, 합의에 따라 필요한 조치를 취해 나가는 것이 바람직하다.
- 종결 후 추후지도: 종결합의 이후에 새로운 문제를 노출하면서 상담연장을 요구할 경우에는 일단 약속대로 종결을 하되 일정기간이 지난 이후에 다시 상담하는 방안을 고려하는 것이 바람직하다.
- 종결예고: 종결일자를 사전에 예고함으로써 준비를 촉진한다. 특히 종결합의 이후에는 상담회기마다 몇 회기가 남았는지를 언급하는 것이 바람직하다.
- 점진적 종결: 종결회기의 간격을 점진적으로 늘여 나간다. 예를 들어, 1주일에 한 번씩 상담을 해 왔다면, 다음 회기는 2주일에 한 번, 그다음 회기는 3주일에 한 번, 또 다음 회기는 한 달에 한 번 만나는 것처럼, 만나는 간격을 점진적으로 늘여 나감으로써 서서히 종결하는 것이 바람직하다.
- 지지적 개입: 종결합의 이후에는 통찰적 개입보다는 지지적 개입이 바람직하다. 즉, 의존행동과 관련된 심층적 경험을 탐색하거나 의존적 성격 자체를 변화시키려 하는 것은 바람직하지 않다. 이런 접근보다는 의존경험에 대한 감정정화 및 일치 촉진, 의존상황과 관련된 문제행동의 구체화나 명료화, 의존상황에 대한 대처방안 수립, 자립행동 연습과 실천 등에 초점을 맞추고 지지적 개입을 해 나가는 것이 더 바람직하다.

(2) 자립계획 수립

자립을 촉진하는 방법 중에 하나는 내담자에게 자립계획을 수립하도록 하는 것이다. 자립계획 수립이란 내담자의 자립을 촉진할 목적으로 상담종결 이후의 생활에 대한 계획을 내담자가 수립하도록 조력하는 일을 말한다. 여기서는 자립계획 수립을 '상담종결 이후 예상, 자립계획 수립'으로 나누어 설명하였다.

① 상담종결 이후 예상

자립계획을 수립하기 전에 상담종결 이후의 사건에 대해 예상해 보는 활동을 할 수 있는데, 상담종결 이후에 대한 예상은 긍정적 예상과 부정적 예상으로 구분할 수 있다.

긍정적 예상   자립계획을 수립하기 위해서는 먼저 상담종결 이후의 생활을 예상해 보도록 할 수 있다. 이때 부정적인 내용보다는 긍정적인 내용에 초점을 두고 예상하도록 하면 바람직한 행동을 강화하고 자립을 촉진하는 데 도움이 된다. 상담종결 이후에 일어날 수 있는 긍정적 변화가 무엇인지를 예상하도록 이끄는 질문은 다음과 같다.

- 상담이 끝난 이후에 무엇이 어떻게 나아져 있을까요?
- 구체적으로 언제 어디서 어떤 상황에서 내가 좋아졌다는 것을 알 수 있을까요?
- 사람들은 당신이 어떻게 좋아졌다고 이야기를 할까요?
- 인간관계(건강, 행동, 직무) 측면에서 어떤 바람직한 변화들이 나타나게 될까요?
- 상담 성과가 유지된다면 당신은 구체적으로 어떻게 생활하고 있을까요?
- 상담 끝나고 한참 후에 당신의 생활에 바람직한 변화가 나타난다면, 구체적으로 어떤 변화가 나타나게 될까요?
- 당신이 원하던 일들이 일어난다면, 당신은 어떻게 생각하거나 행동하고 있을까요?

상담자 한번 생각을 해 보자는 말입니다. 긍정적으로 생각하면 그것이 이루어질 가능성이 높아진다는 것을 살펴보았잖아요. 그러니까 상담 이후에 무엇이 나아져 있을지를 생각해 보자는 말입니다.

내담자 상담 끝나서요?

상담자 예.

내담자 마음이 안정될 것 같아요. 이제는 옛날처럼 화가 나거나 미운 감정이 들어도 오래가지 않아요. 선생님이 말씀하신 것처럼 속으로 긍정적인 말을 하면 마음이 변하는 것 같아요.

상담자   나중에도 그런 일이 일어난다면, 어떤 상황에서 그런 일이 일어날까요?

내담자   글쎄… 영숙이가 잘난 척한다고 했잖아요. 남자친구가 회계사거든요. 지금 연수받고 있는데… 꼭 저에게 그런 일을 자랑하려고 해요. 나중에도 그러겠죠. 그러면 저는 속으로 기분이 안 좋을 것 같아요. 밉기도 하고 질투심도 나고…….

상담자   만약 당신이 좋아진다면, 그럴 때 어떻게 반응하고 있을까요?

내담자   선생님이 말씀하신 거… 사실 제가 대학원에 들어오니까 무척 부러워했거든요. 열등감을 느끼나 봐요. 그래서 자기 자랑을 많이 하죠. 그럴 때면, 속으로 '자신의 열등감을 남자친구를 통해 보상받으려고 하는구나. 나에게 열등감을 느끼면 그럴 수도 있겠지.'라고 생각을 할 것 같아요.

상담자   그런 생각을 하면 무엇이 달라질까요.

내담자   마음이 여유가 생기겠죠. 자신감도 생기고요.

부정적 예상   자립계획을 수립하기 위해서는 상담종결 이후에 일어날 수 있는 부정적인 사건들을 예상해 보는 일도 필요할 수 있다. 예를 들어, 증상이나 문제의 재발, 실수, 실패, 난관, 스트레스 사건 등과 같은 부정적 사건들을 예상해 볼 수 있다.

상담자   걱정되는 점이 있습니까? 그러니까 상담이 끝난 이후에 걱정되는 거.

내담자   특별히는 없고… 아니, 가장 걱정되는 건 그 사람을 다시 만나는 것일 것 같아요.

상담자   그 사람을 만났을 때 구체적으로 무엇이 걱정스러운가요?

내담자   기억들이 떠오르잖아요… 상담을 또다시 받아야겠네. 여전히 남아 있는 것 같아요. 제가 사람들을 잘 믿지 못한다는 것이 이럴 때 나타나는 것 같아요.

상담자   그 사람을 만나는 것, 만났을 때 과거의 기억이 떠오르는 것, 사람을 잘 믿지 못하는 것들이 걱정되는 거네요. 맞아요?

내담자   예.

상담자   그 사람을 만나는 일이 걱정된다면, 그 사람을 만났을 때 어떻게 할지에 대한 대비책이 있어야 하겠군요?

내담자   예. 그러면 좋죠.

2 자립계획 수립

자립계획 수립이란 내담자의 자립을 촉진할 목적으로 상담종결 이후의 생활에 대한 계획을 내담자가 수립하도록 조력하는 일을 의미한다. 자립계획에는 종결 이후에 예상되는 문제에 대한 계획과 종결 이후에 성취하고자 하는 목표에 대한 계획이 포함된다. 여기서는 자립계획 수립을 '예상문제 대처방안 수립'과 '목표성취 계획 수립'으로 나누어 설명하였다.

예상문제 대처방안 수립   상담 이후를 예상해 보도록 하는 것만으로도 치료적 의미를 가지고 있다. 그러나 내담자의 치료적 성과를 좀 더 안정시키고, 더 나아가 내담자의 자립을 촉진하기 위해서는 예상문제에 대한 구체적인 대처방안을 수립하는 것이 바람직하다.

상담자   불안감이나 슬픔을 극복하려면 이런 문제에 대한 대비책이 있어야 하겠군요?

내담자   예. 그러면 좋죠.

상담자   그럼 구체적인 대비책을 생각해 봅시다. 그런데 지금 대비책에 대해 생각을 해 봐도 괜찮겠어요?

내담자   예.

상담자   그 사람을 만나는 상황에서 어떤 일들이 일어났으면 좋겠습니까?

내담자   마음이 편했으면 좋겠어요. 얼굴도 붉어지고… 숨고 싶죠. 우선 부담 없게 만들고 싶어요.

상담자   부담 없게 만든다는 말은 당신이 어떻게 행동한다는 말입니까?

내담자   행동? 글쎄요… 목소리나 몸이 떨리지 않고… 만나서 용서를 구하고 싶어요… 사실 내가 느끼는 것을 잘 몰라요.

상담자   목소리나 몸이 떨리지 않는다? 그러니까 바꿔 말하면 몸과 마음이 이완된다는 말인가요?

내담자   예. 그런 것 같아요.

상담자   또 자신의 느끼는 죄책감을 알리고 용서도 구하고 싶다?

내담자   예. 정말 그러고 싶어요. 그래야 내 마음이 정리될 것 같아요. 그 일로 나도 힘들고… 그 사람도 힘들었다는 것을 잘 알아요… 어색하긴 하지만…….

상담자   하나씩 정리를 해 봅시다. 만나서 이야기를 한다면 언제 하실 수 있을까요?

내담자   만나는 것은 어렵지 않아요. 제가 가지고 있는 전화번호도 맞을 거예요. 이

사도 안 깄다고 들었이요.

상담자 지금이라도 당장 마음만 먹으면 만나자고 할 수 있겠군요?

내담자 지금 당장 하겠다는 말은 아니고요.

상담자 지금은 아니고…….

내담자 나중에…….

상담자 나중에 언제? 1주일? 아니면 3개월? 아니면 1년 후에?

내담자 글쎄요… 한 달이나 후에나…….

상담자 좋아요. 한 달 이내에 하실 수 있겠어요?

내담자 예.

상담자 약속을 하신 겁니다? 실천하지 못할 거면 그냥 넘어가고요.

내담자 할 수는 있어요.

상담자 할 수 있을 것 같은 게 아니라 확실히 할 수 있어야 합니다. 저에게 약속을 할 수 있겠어요?

내담자 예… 좋아요.

상담자 그럼 어떻게 연락하실 건가요?

내담자 전화하면 돼요.

상담자 만나서 무슨 말을 하실 생각인가요?

내담자 미안하고 용서를 해 달라고요. 선생님이 말씀하신 것처럼 이 문제로 힘들었던 점을 말하지요. 〈중략〉

상담자 그 사람을 만났을 때 몸과 마음을 이완시키기 위해서는 무엇을 할 수 있을까요?

내담자 글쎄요.

상담자 이완하는 방법을 익혀 두시면 도움이 될까요?

내담자 저는 잘 모르겠어요. 마음 편히 먹으려고 해도 잘 안 돼요.

상담자 이완법을 익히면 일차적인 도움은 되지요. 이완방법은 여러 가지 있는데, 미화 씨에게는 호흡법이 도움될 것 같아요. 간단하지만 긴장을 줄이는 데 효과적인 방법입니다. 배워 보시겠어요?

내담자 예.

목표성취 계획 수립   내담자의 자립을 촉진하려면 예상되는 문제에 대한 대처방안을 수립하도록 도와주는 것도 필요하지만, 예상되는 문제가 없더라도 내담자의 소망이나 목표와 관련하여 목표성취 계획이나 자기관리 계획을 수립하는 것도 필요하다. 예를 들어, 건강, 식사, 휴식 및 여가, 자기성장, 인간관계, 직무, 경제활동 등에 대한 소망이나 목표가 있다면, 이를 성취하기 위한 구체적인 계획을 수립하도록 조력해 주면 내담자의 자립행동은 촉진된다.

내담자	건강도 신경을 써야겠어요.
상담자	건강을 신경 쓴다는 말은 어떻게 한다는 말인가요?
내담자	좋은 음식을 먹고 또… 운동도 좀 하고…….
상담자	좋은 음식을 먹는다는 말은 무엇을 먹는다는 말인가요?
내담자	신선하고 깨끗한 음식을 먹어야 한다면서요.
상담자	제가 그렇게 말했군요. 잊어버리고 있었는데 기억하고 있었군요. 그 말에 대해 조금 더 설명을 해야 할 것 같은데, 그 전에 먼저 확인하고 싶은 것은 건강을 돌보기 위한 방안의 하나로 좋은 음식을 먹는 일을 실천할 생각은 있어요?
내담자	해야죠. 〈중략〉
상담자	담배도 안 피우고, 술도 먹지 않기로 분명히 약속한 겁니다!
내담자	예.
상담자	그럼 금연이나 금주를 위해서 무엇부터 시작할 수 있을까요?
내담자	글쎄요.
상담자	처음 하는 사람들은 하려고 해도 잘 몰라서 하지 못하는데, 제가 도움을 줄 사람을 소개해 드릴까요?
내담자	예.
상담자	좋아요. 오늘 끝나면 제가 전화번호를 적어 드리고, 미리 전화를 해 두겠습니다. 그곳 선생님이 저와 절친한 사이라 가면 친절하게 안내해 드릴 겁니다. 괜찮겠어요?
내담자	좋아요.
상담자	그리고 운동도 하겠다고 했죠? 운동을 한다면 구체적으로 어떤 운동을 할 수 있을까요?

(3) 자기관리 행동 형성

상담이나 상담자의 도움을 받지 않고 자기 스스로 문제를 해결해 나가는 자기관리 행동올 형성시킬 수 있다면 내담자의 자립은 촉진된다. 가령 내담자가 문제해결 방법, 목표 및 시간관리 방법, 의사결정 방법, 의사소통 방법 등을 연습하여 익히거나, 이완법, 자기암시법, 자기강화법 등과 같은 구체적인 기법을 연습하여 익히면 자립에 도움이 된다.

> **상담자** 이완법을 익히면 일차적인 도움은 되지요. 이완방법은 여러 가지 있는데, 미화 씨에게는 호흡법이 도움될 것 같아요. 간단하지만 긴장을 줄이는 데 효과적인 방법입니다. 배워 보시겠어요?
>
> **내담자** 예.
>
> **상담자** 먼저, 이완호흡법은 짧은 기간에 배울 수 있고, 효과도 있으면서, 활용하기도 쉬운 장점이 있어요. 이완호흡의 하나는 일정한 비율로 들이마시고, 멈추고, 내뱉는 호흡을 하는 것입니다. 여기서는 비율이 중요하기 때문에 호흡할 때는 비율을 잘 지켜야 합니다. 비율은 4 대 7 대 8인데, 연습을 위해 비율을 초로 바꿉시다. 그러니까 들이마시는 것을 4초, 멈추는 것을 7초, 내뱉는 것을 8초의 비율로 호흡을 하는 것입니다. 한번 연습해 볼까요. 〈중략〉
>
> **상담자** 하고 나니 기분이 어떻습니까?
>
> **내담자** 기분이 안정돼요. 이렇게 가라앉게 만드는 것 같아요.
>
> **상담자** 그 사람을 만날 때 불안하고 떨리면 혼자서 속으로 이완호흡을 3회 정도 실시하도록 하세요. 그럴 수 있겠어요?
>
> **내담자** 예.

(4) 사회적 지지체계 구축

지지체계(support systems)란 내담자를 쓰러지지 않게 받쳐 주는 체계란 의미이다. 다시 말하면, 내담자의 정신적 사회적 생활, 그리고 당면한 문제의 해결이나 성장과제 성취에 도움이 되는 가족, 친구, 학교 및 직장, 기타 단체 및 기관 등을 지지체계라 한다.

내담자의 사회적 지지체계를 구축한다는 말은 생활 속에서 자신의 문제를 의논하고 도움을 받을 수 있는 가족, 친구, 선후배, 상사, 지도자 등을 사귀는 것, 도움이 되는 모임이나 단체 등에 가입하는 것, 스트레스를 유발하는 사회환경에서 벗어나는 것 등을 포함한다. 지지체계를 구축하는 과정에서 의뢰문제도 고려해야 하는데, 이는 뒤에서 따로 설명하였다.

3) 상담관계 마무리 조치

상담자와 내담자는 상담초기에 일종의 인위적 계약을 통해 상담관계를 형성한다. 이런 관계는 일상적인 사회적 관계라기보다는 특수한 목적으로 형성된 한시적인 관계라고 할 수 있다. 즉, 영원히 지속되는 관계가 아니라 상담이 종결되면 끝내야 하는 관계라는 말이다. 상담관계 마무리 조치란 상담자와 내담자가 인위적으로 맺은 계약관계를 종료하고, 다시 일반적인 사회적 관계로 돌아감으로써 내담자의 자립을 촉진하는 동시에, 상담을 마무리하는 조치를 의미한다. 여기서는 상담관계 마무리 조치를 '상담관계 종료 조치와 의뢰 조치'로 구분하여 설명하였다.

(1) 상담관계 종료 조치

상담계약이 종료됨에 따라 상담자와 내담자의 관계도 종료된다. 이러한 상담관계 종료의 상징적 의미는 기존의 인위적인 상담관계를 정리해서 다시 자연적인 사회적 관계로 되돌려 놓는 것이다.

한편, 많은 내담자들은 바람직한 방식으로 인간관계를 종료했던 경험이나 이와 관련된 기술들이 부족한 경향이 있다. 따라서 적합한 상담관계 종료 조치는 내담자에게 성공적으로 인간관계를 마무리하는 경험을 할 수 있는 기회를 제공하고, 또한 인간관계 마무리 기술을 학습할 수 있는 기회를 제공한다는 점에서 가치 있다.

여기서는 상담관계 종료 조치를 '종결선언, 종결인사'로 구분하여 설명하였다.

종결선언   종결선언이란 상담자가 내담자에게 종결을 공식적으로 선언하는 것이다. 구체적으로 말하면, 상담관계가 완전히 종료되어 상담자와 내담자로서의 만남과 수반된 역할이 끝났고, 앞으로는 상담자와 내담자가 아닌 그냥 사회적 구성원의 한 사람으로서 만나게 된다는 것을 알리는 것이다. 이런 종결선언은 내담자의 자립을 촉진한다.

종결인사   종결인사란 상담관계가 종료되어 두 사람이 이별해야 할 시점에서 서로의 심정을 나누고 마무리 인사를 하는 작업을 말한다. 일반적으로 종결이나 이별은 상실, 단절, 처벌 등의 의미를 지닐 수 있기 때문에 사람들은 종결이나 이별과 관련된 경험을 나누려 하지 않는 경향이 있다. 그러나 종결에 대한 현안들을 처리하기 위해서, 그리고 관계를 바람직한 방향으로 마무리하기 위해서는 종결이나 이별에 대해 직접적으로 언급하여 다루어 주는 것이 바람직하다. 종결인사는 종결이나 이별에 따르는 경험을 바람직한 방향으로 처리하는 중요한 절차이자 수단이라 할 수 있다.

종결인사는 보통 상담자에 의해 주도된다. 종결인사에서 다루는 주된 내용은 전체 상담과정을 회상하면서 개인적으로 좋았던 점에 대해 언급하고 감사를 표현하는 것, 아쉬움이나 섭섭함을 언급하면서 이와 관련된 바람이나 소망을 표현하는 것, 서로에 대한 신뢰와 소망을 언급하면서 안녕을 기원하거나 긍정적 암시를 제공하는 것 등이다.

(2) 상담의뢰 조치

상담의뢰 조치란 상담자가 자신이 담당하던 내담자를 다른 상담자나 상담기관에 상담해 달라고 요청하여 내담자가 보다 더 적합한 상담을 받을 수 있도록 내담자를 인도하는 조치를 말한다. 이러한 상담의뢰 조치는 '의뢰 판단, 의뢰 논의, 의뢰하기'로 구분하여 설명할 수 있다.

의뢰 판단   상담자는 종결시점에서 내담자를 다른 전문가나 전문기관에 의뢰할 것인지의 여부를 평가하여 판단을 내릴 수 있어야 한다. 일반적으로 내담자에게 미해결 문제가 남아 있음에도 불구하고, 상담자가 더 이상 도움을 줄 수 없거나, 상담자가 제공하는 도움보다 더 나은 도움을 줄 수 있는 전문가가 있을 때는 의뢰를 고려하는 것이 바람직하다.

예를 들면, 상담종결 시점에서 내담자에게 상담피해를 포함하여 비교적 심각한 미해결 문제가 남아 있을 때, 내담자가 일방적으로 상담을 중단하거나 조기종결을 요구할 때, 상담자의 전공영역이 아닌 내용에 대해 내담자가 추가적인 상담서비스를 요청할 때, 기타 상담자나 내담자의 사정으로 조기종결을 해야 할 때 등은 의뢰를 고려하는 것이 바람직하다.

한편, 의뢰를 판단할 때는 내담자의 미해결 문제가 남아 있는 정도, 미해결 문제의 심각성 정도, 내담자의 자립 능력, 내담자의 의뢰에 대한 동기나 욕구, 의뢰하는 전문가의 전문성 등을 고려해야 한다. 그리고 특히 의뢰하는 상담자의 전문성, 서비스 내용, 시간적 여유, 접근 용이성 등에서 기존의 상담자보다 더 나은 상태인지를 고려하는 것이 바람직하다.

의뢰 논의   의뢰가 필요하다는 판단이 서면, 이를 내담자와 논의하여 의뢰 여부를 결정해 나간다. 이 과정에서 상담자는 의뢰하고자 하는 전문가나 전문기관, 그리고 의뢰절차에 대한 객관적인 정보를 내담자에게 제공하는 것이 바람직하다. 즉, 전문가의 자격이나 경력, 전문기관의 특성이나 인적 구성, 서비스 내용, 서비스 받는 절차, 소요경비, 장소, 찾아가는 방법 등에 대한 객관적인 정보를 제공하는 것이 바람직하다. 또한 의뢰를 논의하는 과정에서 일어나는 내담자의 경험에 대한 지지를 제공하고, 더 나아가 내담자가 의뢰와 관련된 합리적인 의사결정을 내릴 수 있도록 이끌어야 한다.

의뢰하기   의뢰할 때는 의뢰하고자 하는 전문가나 전문기관에 대한 객관적 정보를 가지고 있어야 한다. 전문가나 전문기관에 대한 잘못된 정보를 가지고 있으면 부적절한 의뢰를 할 가능성이 높아지고, 이로 인해 내담자의 시간 낭비나 경제적 손실, 심지어 상담피해를 불러일으키거나, 상담자에 대한 신뢰를 떨어뜨릴 가능성도 높아지게 된다.

그리고 효율적인 의뢰를 위해서는 기관협력도 중요하다. 상담자는 사전에 특정 전문가나 전문기관과 의뢰에 대한 협정을 맺어 두는 것이 바람직하다. 또한 의뢰하려는 전문가나 전문기관의 상담서비스 내용, 전화번호나 위치, 그리고 의뢰절차 등을 미리 파악해 두는 것이 바람직하다.

실제로 의뢰를 할 때는 먼저 해당 전문가나 전문기관에 연락을 취해서 의뢰를 요청하고 의뢰절차를 협의해 나간다. 이때 필요하다면 내담자에 대한 정보를 넘겨줄 수도 있는데, 만약 내담자에 대한 정보를 넘겨줄 경우에는 윤리적 측면에서 내담자의 사전동의를 받아야 한다. 제공되는 정보의 내용은 '호소문제 및 증상, 평가 및 진단내용, 처치사항 및 결과에 대한 것들'이며, 이를 구두나 소견서 등의 형태로 제공할 수 있다.

표 15-2 개인상담 종결 질문지

---

1. 상담종결 논의

1-1. 상담종결이 임박했는데, 임박한 상담종결에 대해 어떻게 느끼십니까? 어떤 생각이 드십니까?

1-2. 상담종결과 관련해서 원하는 것이 있습니까? 상담종결을 언제 할까요? 종결회기는 몇 회기를 할까요? 종결회기 간격을 어떻게 할까요? 장소는 어디서 할까요? 대면은 어떤 방식으로 할까요?

2. 상담종결 평가

2-1. 상담시작부터 지금까지의 전체 과정을 회상한다면, 어떤 사건이나 경험들이 기억나십니까?

2-2. 상담은 효과가 있었습니까? 상담을 통해 증상 치료나 문제 해결이나 과제 성취를 하였습니까?

2-3. 설정한 상담목표를 성취하였습니까? 어떤 상담목표를 어느 정도 성취하였습니까? 구체적으로 정신장애의 증상행동들이 소거나 감소하였습니까? 또는 당면한 생활문제의 문제행동들이 소거나 감소하고 대안행동들이 형성이나 증가하였습니까? 또는 성장과제의 학습행동들이 형성이나 증가하였습니까?

2-4. 당신의 어떤 행동이나 태도가 상담목표를 성취하는 데 도움이 되거나 방해가 되었습니까?

3. 상담성과 다지기

3-1. 상담에서 얻은 긍정적 성과들이 있다면 구체적으로 무엇입니까? 신체적 건강의 바람직한 변화, 그리고 심리적 반응(내현반응, 외현행동), 반응양식(능력, 습관, 태도), 성격의 바람직한 변화, 그리고 가족관계를 포함하여 사회적 인간관계의 바람직한 변화, 그리고 진로나 직업과 관련하여 의사결정, 준비, 실행, 성취 등의 바람직한 변화, 그리고 기타 경제적 성취나 영적 성장의 바람직한 변화 등과 같은 상담에서 얻은 긍정적 성과들이 있다면 구체적으로 무엇입니까?

3-2. 당신의 어떤 내적 반응이나 외적 행동, 그리고 어떤 능력이나 습관, 태도가 상담성과를 산출하는데 도움이 되었습니까?

4. 미해결 문제 조치

4-1. 상담에서 해결하지 못한 미해결 문제가 있습니까? 다루지 못한 문제, 다루다가 그만둔 문제, 다뤘는데 미진한 문제, 앞으로 예견되는 문제가 있습니까?

4-2. 상담종결을 해야 상황에서, 미해결 문제를 어떻게 마무리할 수 있을까요?

5. 자립 조치

5-1. 상담종결 이후의 생활을 연상한다면, 어떤 생활이 연상되십니까? 구체적으로 바라거나 기대하는 긍정적인 생활이 있다면 무엇입니까? 걱정이나 염려되는 부정적인 생활이 있다면 무엇입니까?

5-2. 상담종결 이후에 적용이나 실천을 해 볼 수 있는 적용거리나 실천거리가 있습니까? 상담과정에서 당신이 했던 결정이나 선택, 다짐이나 계획, 실천과 결과 등이 있었다면 무엇입니까?

5-3. 상담종결 이후의 자립계획을 수립한다면, 구체적으로 자립계획을 어떻게 수립하시겠습니까?

5-4. 당신은 자립행동 수행 능력, 그리고 자립행동 실천과 성취 의지가 있습니까?

6. 관계 마무리 조치

6-1. 상담종결을 하기 전에, 상담이나 상담자나 상담실에 대해 하고싶은 말이 있습니까? 구체적으로 느꼈던 심정이나 들었던 생각이나 원하는 바람이나 기대 등과 관련해서 하고 싶은 말이 있다면 무엇입니까?

6-2. 상담과정에서 불편했거나 힘들었거나 아쉬웠던 점이 있었습니까? 구체적으로 무엇입니까?

6-3. 상담과정에서 좋았거나 만족했거나 감사했던 점이 있었습니까? 구체적으로 무엇입니까?

4) 상담종결 이후 조치

상담을 종료한 이후에 취하는 조치를 상담종결 이후 조치라 한다. 여기서는 상담종결 이후 조치를 '종결기록 및 관리, 상담행정, 추후지도'로 구분하여 설명하였다.

(1) 종결기록 및 관리

상담종결 이후에 해야 할 일 중 하나는 상담의 전체과정을 요약하여 개인상담 종합기록부를 작성하는 일이다. 개인상담 종합기록부에 들어가는 내용은 내담자에 대한 인적사항, 담당 상담자, 상담기간 및 빈도, 내담자의 호소문제 및 증상, 진단과 상담계획, 상담결과, 사후조치, 상담자의 전체적 소감 등이다.

한편, 윤리적 측면에서 상담종결 이후에 상담기록들은 철저히 관리되어야 한다. 보통 상담기관에서는 상담이 진행되는 기간에는 상담자가 상담기록을 보관 및 관리한다. 하지만 상담종결 이후에는 '상담기록 관리 담당자'를 두고 전체 상담기록들을 보관 및 관리한다.

상담기록에 대한 관리는 매우 중요한데, 특히 상담기록에 대한 열람은 철저히 관리되어야 한다. 원칙적으로는 담당상담자만이 상담기록을 열람할 수 있어야 하고, 그 이외의 사람들의 열람은 철저히 제한되어야 한다. 매우 드물지만 상담실의 상부기관, 의료나 복지 관련 행정기관, 경찰, 검찰, 법원 등에서 상담기록 열람을 요청하기도 하는데, 이런 경우에도 열람은 제한되어야 한다. 단 불가피하게 열람시켜야 할 경우에는 원자료를 보여 주기보다 사적인 정보를 누락 및 변경시킨 자료를 보여 주거나, 전체 상담기록 중에서 꼭 필요한 기록 내용만을 보여 주는 것이 바람직하다. 그리고 외부에 의해 강제 열람이 이루어진 경우에는, 별도의 열람기록대장을 만들어 놓고 '열람목적, 열람내용, 열람일시, 열람자의 이름이나 서명' 등을 받아 두는 것이 바람직하다. 또한 별도의 '비밀유지와 책임사항이 명시된 서약서'를 만들어 놓고 '읽고 서명'하도록 하는 것이 바람직하다.

한편, 최근에는 상담기록에 대한 보관 및 관리가 대부분 전산화되어 있기 때문에, 이전보다는 체계적으로 보관 및 관리되고 있다. 그러나 컴퓨터나 인터넷 자체의 보안문제 때문에 외부에서 열람될 위험이 상존하는 상태이다.

(2) 상담행정

상담이 종결되면 이에 수반된 행정적 사안들도 처리해야 한다. 가령 상담실적을 산정하는 일, 상담결과를 보고하는 일, 내담자가 납부하지 않은 상담비나 심리검사비를 요청하는 일 등을 처리해야 한다.

상담실적 처리   상담은 해당기관의 '상담실적 분류체계'에 따라 문제유형을 분류하고, 또 '실적처리 기준'에 따라 상담한 것들을 실적으로 산정해 나간다. 대부분의 상담실에서는 '1인에 대해 50분을 상담하면 1건'으로 상담실적을 산정하고 있다. 최근에는 이런 과정이 모두 전산화되어 있기 때문에 별도의 실적처리 과정을 거치지 않아도 컴퓨터 프로그램상에서 면접기록만 작성해도 곧바로 실적이 산정된다.

보고   상담이 종결된 이후에 상담결과를 구두 또는 서면으로 보고해야 하는 경우도 있다. 가령 보호관찰소에서 특정 내담자에게 상담을 해 달라는 요청을 받고 상담을 진행한 경우, 검찰이나 법원에서 기소나 판결을 내리기 전에 특정 내담자에 대한 조사를 해 달라는 요청을 받고 상담이나 심리검사를 진행한 경우, 그리고 정부나 지원단체에서 경비보조와 함께 특정 내담자들에 대한 상담을 해 달라는 요청을 받고 상담을 진행한 경우 등은 상담종결 이후에 상담결과 보고를 해야 하는 상황이 발생할 수 있다.

또 상담 수련생인 경우에도 슈퍼바이저에게 상담결과를 보고해야 하고, 간혹 내담자나 보호자, 기타 상담 의뢰인이나 의뢰기관 등에서도 상담결과를 알려 달라고 공식 또는 비공식적으로 요청하기 때문에 상담결과 보고를 해야 하는 상황이 발생할 수 있다.

일반적으로 상담결과 보고를 할 때 고려해야 할 사항들을 정리하면 다음과 같다.

• 양식: 외부에서 상담결과를 요청할 때는 보통 상담결과보고 양식이 있는 경우가 많다. 상담결과의 보고는 대부분 주어진 양식에 맞게 작성해야 한다.
• 비밀보장: 상담결과를 보고할 때 지켜야 할 원칙 중 하나는 비밀보장이다. 상담자는 사전에 상담결과가 보고됨을 내담자에게 알려 동의를 구해야 하고, 나중에 결과보고를 할 때는 가능한 범위 내에서 내담자의 사적인 비밀이 공개되지 않도록 해야 한다. 단, 수련생이 슈퍼바이저에게 하는 보고는 상담서비스 체계의 일부이기 때문에 비교적 상세한 내용들이 다루어진다. 그렇지만 이런 경우에도 내담자에게 사전에 슈퍼비전을 받는다는 사실, 그리고 슈퍼바이저에게 상담내용이 보고된다는 사실을 알리고 동의를 받아야 한다.

상담비 정산   일반적으로 상담비가 정산되지 않으면 상담관계도 잘 마무리되지 않는다. 따라서 상담비를 정산하여 마무리하는 것은 상담관계 종료 또는 성공적인 관계 마무리에도 중요한 요인이라고 할 수 있다.

한편, 상담기관에 따라서는 상담자가 내담자에게 상담비나 심리검사비를 청구하여 받고, 필요한 영수증을 발급하는 업무를 병행하기도 한다. 그런데 내담자에게 돈을 요구하는 것은 민감한 사안이고, 이와 관련된 역동이 상담관계에 영향을 미치기 때문에 상담자가 상담비 관련 업무를 담당하는 것은 바람직하지 않다. 특히 상담종결 시점에서, 상담자가 상담비를 청구하거나 영수증을 처리하는 등의 역할을 수행하면, 상담자를 긍정적으로 내면화하여 통합하는 작업을 해야 하는 내담자에게 부정적 영향을 미칠 수 있다. 따라서 가능하다면 돈과 관련된 문제는 별도의 회계담당자를 두고 처리하도록 하는 것이 바람직하다.

(3) 추후지도

추후지도란 상담이 종결되고 일정 시간이 지난 시점에서 상담종결 이후의 내담자 적응과 성장을 조력하고 동시에 상담서비스의 질적 관리를 목적으로 상담자가 내담자를 추후 평가한 후 필요한 추후 행동지도를 하고, 더불어 대안적인 상담서비스를 구성해 나가는 조력과정을 의미한다. 추후지도에 대해서는 제16장에서 자세히 설명하였다.

제 **16** 장

추후지도

Individual Counseling

이 장에서는 상담종결 이후의 추후지도에 대해 설명하였다. 즉, 추후지도가 무엇인지, 그리고 추후지도는 어떤 하위유형으로 구분할 수 있는지, 그리고 추후지도의 목적과 목표는 무엇인지, 그리고 추후지도 목표를 성취할 수 있는 방법은 무엇인지 등에 대해 설명하였다.

1. 추후지도 개념 정의

추후지도는 'follow up service'를 번역한 용어이다. 그런데 'follow up service'는 다양한 용어로 번역되어 왔다. 가령, 추후(追後)와 지도(指導)라는 단어를 조합하여 '추후지도(追後指導)'라고 번역되기도 하고, 추수(追隨)나 사후(事後)라는 단어를 사용하여 '추수지도(追隨指導)나 사후지도(事後指導)'라고 번역되기도 한다. 또한 상담(相談)이란 단어를 사용하여 '추후상담(追後相談)이나 추수상담(追隨相談)'으로 번역되기도 하고, 관리(管理)라는 단어를 사용하여 '추후관리(追後管理)나 추수관리(追隨管理)나 사후관리(事後管理)'라고 번역되기도 한다.

번역과정뿐만 아니라 상담실무에서도 'follow up service'를 서로 다르게 규정하면서 상기된 유사용어들을 사용하고 있다. 가령 일부 상담기관이나 상담자들은 'follow up service'를 '상담을 종결하는 과정의 일부분'으로 규정하고 '추수상담'이라는 용어를 사용한다. 하지만 다른 상담기관이나 상담자들은 '상담을 종결한 이후에 실시하는 상담'으로 규정하고 '추후상담'이라는 용어를 사용하기도 하고, '상담을 종결한 이후의 서비스 관리'로 규정하고 '추후관리나 사후관리'라는 용어를 사용하기도 하며, '상담을 종결한 이후에 실시하는 지도'로 규정하고 '추후지도나 사후지도'라는 용어를 사용하기도 한다. 상기된 것처럼 번역이나 실무에서 유사용어들이 많다는 것은 용어의 정리가 필요함을 시사한다.

여기서는 먼저 추후지도가 무엇인지, 즉 개념정의부터 살펴보고자 한다. 그런데 추후지도에 대한 개념정의는 학자마다 다르다. 구체적으로 교육학 용어사전(서울대학교 교육

연구소, 1995)에는 추후지도를 다음과 같이 정의하였다. 즉 "추후지도란 상담이나 그 밖의 생활지도를 일단 실시한 뒤에 그런 지도를 받은 사람이 어느 정도 건전하게 적응하고 있는가를 확인한 다음, 경우에 따라서는 필요한 상담이나 그 밖의 교육적 조력(助力)을 더해 주는 것"이라고 정의하였다.

그리고 김춘경, 이수연, 이윤주, 정종진, 최웅용(2016)은 "추후지도란 상담을 종결한 후에 일상생활에서 내담자의 경험, 목표, 어떤 대상에 대한 작업 등에 대하여 내담자를 돕기 위한 활동"이라고 정의하였다. 그리고 김춘경 등(2016)은 추후지도의 기능을 다음과 같이 요약·정리하였다. 첫째, 상담과정에서의 경험을 일상생활에서 일반화할 수 있도록 돕는다. 둘째, 내담자의 행동변화를 지속적으로 점검한다. 셋째, 내담자가 잘하는 점은 강화하고 부족한 점은 보완하도록 해 준다. 넷째, 상담자에게는 상담과정에서 상담목표, 상담전략 및 기법 등의 적용이 적절하였는지를 점검하여 임상적 역량을 강화할 수 있게 해 준다.

그리고 고기홍(2014)은 "추후지도란 상담이 끝나고 일정시간이 지난 이후에 이루어지는 사후지도 목적의 상담"이라고 정의하였다. 또한 고기홍, 정지희, 김세진, 김은실(2022)은 "추후지도란 상담을 종결하고 일정 시간이 지난 후, 내담자를 만나서 추수지도 목적으로 실시하는 상담"이라고 정의하였다. 또한 Okun과 Ksntrowitz(2019)는 "추후지도란 내담자의 문제가 무엇이었든, 조력이 끝난 이후 얼마나 지났는지와 상관없이 내담자가 상담종결 이후에 어떻게 지내는지를 확인하는 과정"이라고 정의하였다.

그리고 표준국어대사전에 보면, 추후(追後)란 '일이 지나간 얼마 뒤'이다. 그리고 지도(指導)란 '어떤 목적이나 방향으로 남을 가르쳐 이끎'이다. 이러한 사전적 의미를 상담에 적용하면, 추후지도에서 추후란 '상담을 종결하고 나서 일정시간이 지난 뒤'를 의미한다. 그리고 추후지도에서 지도란 '상담종결 이후의 어떤 목적이나 방향으로 내담자를 가르쳐 이끄는 행위'를 의미한다. 그런데 여기서 어떤 목적이나 방향이란 일반적으로 '상담종결 이후의 내담자 적응이나 성장', 그리고 '상담서비스의 질적 유지나 발전'이라고 할 수 있다. 따라서 사전적 의미의 상담 추후지도(追後指導)란 '상담을 종결하고 나서 일정시간이 지난 뒤에 상담종결 이후의 내담자 적응이나 성장, 그리고 상담서비스의 질적 유지와 발전을 목적으로 상담자가 내담자를 가르쳐 이끄는 행위'라고 할 수 있다.

상기된 학자들이나 사전의 추후지도에 대한 개념 정의를 토대로 추후지도의 특징을 요약·정리하면 아래와 같다.

첫째, 추후지도의 시점은 상담종결 이후 일정 시간이 지난 시점이다. 일정 시간의 지난 시점은 보통 3개월 이후를 의미하지만 예외적으로 그 이전일 수도 있다.

둘째, 추후시도의 목적은 내남자 적응이나 성장을 조력하는 것, 그리고 상담서비스의 질을 관리하는 것이다.

셋째, 추후지도의 목표는 상담종결 이후의 내담자 상태를 평가하여 기술하는 것이다. 또한 역기능적 문제행동을 감소시키고, 대신 순기능적 적응행동이나 대안행동을 증가시키는 것이다. 또한 이전의 상담서비스가 상담종결 이후에 어떤 영향을 미치고 있는지를 평가하여 대안적인 상담서비스를 구성하거나 제안하는 것이다.

넷째, 추후지도의 주된 내용은 추후 평가와 추후 행동지도, 그리고 대안적인 상담서비스 구성이다. 즉, 내담자 평가와 상담서비스 평가를 포함한 추후 평가, 그리고 내담자의 역기능적 문제행동을 감소시키고 순기능적 적응행동이나 대안행동을 증가시키기 위한 추후 행동지도, 그리고 추가적으로 대안적인 상담서비스 추후 구성이 추후지도의 주된 내용이다.

다섯째, 추후지도는 형태, 방식, 담당, 시간 등의 측면에서 매우 다양하게 이루어질 수 있다. 예를 들면, 일반적인 상담 형태로 할 수도 있고, 교육적인 지도 형태, 경영적인 관리 형태, 연구와 같은 면접조사 형태, 그리고 사회적 만남의 형태로 할 수도 있다. 또한 서신, 전화, 영상 방식으로 할 수도 있고, 직접적인 면접 방식으로 할 수도 있다. 그리고 직접적인 면접을 하더라도 내담자가 상담실로 내방하게 할 수도 있고, 반대로 상담자가 내담자를 방문하는 방식으로 할 수도 있다. 또한 담당했던 상담자가 실시할 수도 있지만 추후지도 전담자가 실시할 수도 있다. 또한 시간은 5~10분 정도로 짧게 할 수도 있고, 50분 전후로 할 수도 있으며, 예외적으로 2~3시간을 연속해서 할 수도 있다. 또한 단회(單會)로 할 수도 있고, 단회가 아닌 다회(多會)로 할 수도 있다.

위에서 학자들이나 사전의 추후지도에 대한 개념 정의들을 살펴보았다. 그리고 추후지도의 특징들도 살펴보았다. 이상의 내용들을 모두 종합하면 추후지도는 다음과 같이 개념 정의할 수 있다. 즉, '추후지도란 상담이 종결되고 일정시간이 지난 시점에서 상담종결 이후의 내담자 적응과 성장을 조력하고 동시에 상담서비스의 질적 관리를 목적으로 상담자가 내담자를 추후 평가한 후 필요한 추후 행동지도를 하고, 더불어 대안적인 상담서비스를 구성해 나가는 조력과정이다.'라고 개념 정의할 수 있다.

2. 추후지도 유형

추후지도는 분류기준에 따라 다양한 유형으로 구분할 수 있다. 즉, 추후지도는 소요시간, 대면 방식, 상담서비스 형태, 추후지도 대상, 추후지도 실시 방식 등의 분류기준에 따라 여러 가지 유형으로 구분할 수 있다.

1) 시간에 따른 추후지도 유형

추후지도는 회기의 수나 기간에 따라 '단회 추후지도, 단기 추후지도, 장기 추후지도'로 구분할 수 있다. 먼저 단회 추후지도는 단 1회기의 추후지도를 의미한다. 추후지도의 대부분은 단회 추후지도 형태로 이루어진다.

그리고 단기 추후지도는 6개월 또는 1년 미만의 짧은 기간동안 이루어지는 2회기 이상의 추후지도를 의미한다. 일반적으로 단기 추후지도는 추적평가 및 지도가 필요할 때 주로 이루어진다. 즉, 상담종결 이후에도 일정 기간동안 내담자를 추적하여 내담자의 상태를 평가하고, 이러한 평가를 토대로 추가적인 행동지도가 필요할 때 단기 추후지도를 실시한다.

마지막으로 장기 추후지도는 1년 이상의 긴 기간 동안 이루어지는 추후지도를 의미한다. 일반적으로 장기 추후지도는 1년 이상의 긴 기간 동안 내담자를 추적해서 평가 및 지도가 필요할 때 이루어진다. 예를 들면, 조현병, 양극성 장애, 성격장애, 발달장애, 치매, 알코올이나 약물중독 등의 만성적 정신장애 문제를 가진 내담자, 그리고 문제행동 또는 일탈행동을 보이는 복지시설의 아동이나 청소년 내담자, 그리고 보호관찰소나 소년원의 비행청소년, 교도소의 수감자 등은 1년 이상의 긴 기간 동안 추적해서 평가 및 지도가 필요할 수 있는데, 이 경우 장기 추후지도가 이루어진다.

2) 대면방식에 따른 추후지도 유형

추후지도는 대면방식에 따라 '대면 추후지도, 전화 추후지도, 영상 추후지도, 서신 추후지도' 등으로 구분할 수 있다. 먼저 대면 추후지도는 상담자와 내담자가 서로 만나 얼굴을 대면한 상태에서 이루어지는 추후지도이다. 그리고 전화 추후지도는 전화를 통한 추후지도이다. 전화 추후지도는 접근 용이성 때문에 많이 이용되는데, 실제로 상담실무에서 이루어지는 추후시도의 대나수는 전화 추후지도이다. 그리고 영상 추후지도는 영상전화 통화, 그리고 Zoom이나 Webex 등을 통해 영상으로 대면해서 이루어지는 추후지도이다. 마지막으로 서신 추후지도는 이메일, 문자, 대화방, 수기편지 등의 서신을 주고받는 형태로 이루어지는 추후지도이다. 서신 추후지도도 접근용이성 때문에 많이 이용되고 있다.

3) 상담서비스 형태에 따른 추후지도 유형

추후지도는 상담서비스 형태에 따라 '개인상담 추후지도, 집단상담 추후지도, 가족상담 추후지도, 심리교육 추후지도, 심리검사 추후지도' 등으로 구분할 수 있다. 먼저 개인상담 추후지도는 개인상담을 종결한 이후에 개인상담을 받은 내담자를 대상으로 한 추후지도이다. 그리고 집단상담 추후지도는 집단상담을 종결한 이후에 집단상담을 받은 집단구성원들을 대상으로 한 추후지도이다. 집단상담 추후지도는 보통 집단원 전체를 대상으로 한다. 하지만 종종 특정 집단구성원에게 개별적으로 추후지도를 실시할 수도 있다. 그리고 가족상담 추후지도는 가족상담 종결 이후에 가족상담을 받는 가족 구성원들을 대상으로 한 추후지도이다. 집단상담 추후지도와 마찬가지로 가족상담 추후지도도 특정 가족구성원에게 개별적으로 실시할 수도 있다. 그리고 심리검사 추후지도는 심리검사 종결 이후에 심리검사를 받은 내담자들을 대상으로 한 추후지도이다. 마지막으로 심리교육 추후지도는 심리교육 종결 이후에 심리교육을 받은 수강자들을 대상으로 한 추후지도이다. 심리교육 추후지도는 종종 홍보 목적으로 이용되기도 한다. 즉, 추후지도를 실시하면서 동시에 상담기관의 사업에 대한 홍보도 할 목적으로 심리교육 대상자들에게 추후지도를 실시하기도 한다. 심리교육 추후지도도 수강자들 중에서 특정 수강자를 대상으로 추후지도를 실시할 수 있다.

4) 대상과 추후지도 유형

추후지도는 대상에 따라 '내담자 추후지도, 관련인 추후지도, 관련기관 및 단체 추후지도' 등으로 구분할 수 있다. 먼저 내담자 추후지도는 내담자를 대상으로 한 추후지도이다. 보통 추후지도는 내담자를 대상으로 하기 때문에 대다수의 추후지도는 내담자 추후지도이다. 그리고 관련인 추후지도는 내담자와 관련된 부모, 형제, 담임교사, 담당 사회복지사, 기타 가해자나 피해자 등과 같은 관련인을 대상으로 실시하는 추후지도이다. 마지막으로 관련 기관 및 단체 추후지도는 내담자와 관련된 학교, 소년원, 보육원, 쉼터, 상담실 등의 기관이나 단체를 대상으로 한 추후지도이다.

5) 기타 분류준거와 추후지도 유형

추후지도는 상기된 분류기준 외에 또 다른 분류기준에 따라 추후지도 유형을 구분할 수도 있다. 예를 들면, 추후지도의 장소, 공식성, 합의, 상담비 등의 분류준거에 따라 추후지도를 다양하게 구분할 수 있다.

구체적으로 추후지도는 장소에 따라 내방 추후지도와 방문 추후지도로 구분할 수 있다. 즉, 내담자가 상담실을 내방하도록 해서 추후지도를 실시하는 내방 추후지도와 상담자가 내담자를 만날 수 있는 곳으로 방문해서 추후지도를 실시하는 방문 추후지도로 구분할 수 있다.

공식성 여부에 따라 공식적 추후지도와 비공식적 추후지도로 구분할 수 있다. 즉, 추후지도의 전형적인 형식과 절차에 따라 실시하는 공식적 추후지도와 전형적인 형식과 절차를 따르지 않는 비공식적 추후지도로 구분할 수 있다.

합의 여부에 따라 일방적 추후지도와 쌍방적 추후지도로 구분할 수 있다. 즉, 주로 상담자나 상담기관에서 내담자에게 일방적으로 연락해서 실시하는 일방적 추후지도와 상담자와 내담자가 서로 합의해서 실시하는 쌍방적 추후지도로 구분할 수 있다.

추후지도가 유료인지의 여부에 따라 유료 추후지도와 무료 추후지도로 구분할 수 있다. 즉, 상담비를 받고 실시하는 유료 추후지도와 상담비를 받지 않고 실시하는 무료 추후지도로 구분할 수 있다. 일반적으로 추후지도는 그 특성상 유료 추후지도보다는 무료 추후지도가 더 많은 경향이 있다.

3. 추후지도 목적과 목표

추후지도의 개입방향, 즉 추후지도를 실시하는 목적, 그리고 추후지도를 통해 산출하려는 목표는 아래와 같다.

1) 추후지도 목적

일반적으로 추후지도를 실시하는 목적은 내담자 사후관리와 상담서비스 사후관리의 두 가지로 요약할 수 있다.

(1) 내담자 사후관리

추후지도를 실시하는 첫 번째 목적은 내담자 사후관리 또는 상담사례 사후관리를 위해서이다. 즉, 상담종결 이후에 '상담성과의 유지나 강화, 상담문제의 재발이나 악화 예방, 그리고 궁극적으로 생활적응과 성장발달을 조력하는 등의 내담자 사후관리'를 위해 추후지도를 실시한다. 바꿔 말하면, 상담종결 이전의 상담성과가 상담종결 이후에도 유지되거나 강화되도록 조력하기 위해서 추후지도를 실시한다. 또한 상담종결 이전에 상담과정에서 다뤘던 상담문제가 재발이나 악화되지 않도록 조력하기 위해서 추후지도를 실시한다. 또한 궁극적으로 내담자가 상담종결 이후의 생활에 잘 적응하고, 더 나아가 성장발달을 지속해 나갈 수 있도록 조력하기 위해서 추후지도를 실시한다.

(2) 상담서비스 사후관리

추후지도를 실시하는 두 번째 목적은 상담서비스 사후관리를 위해서이다. 즉, 이전 상담개입의 보충이나 보완, 이전 상담개입의 점검 및 개선, 상담서비스 이미지 관리 등의 상담서비스 사후관리를 위해서 추후지도를 실시한다.

이전 상담개입의 보충이나 보완　　상담서비스 사후관리의 하나는 이전 상담개입을 보충이나 보완하는 것이다. 바꿔 말하면, 상담종결 이전의 상담개입들 중에서 부족한 점이 있었다면, 이를 보충하기 위해서 추후지도를 실시한다. 또한 상담종결 이전의 상담개입들 중에서 잘못된 점이 있었다면, 이를 보완하기 위해서 추후지도를 실시한다.

예를 들어, 조기종결된 내담자는 주된 추후지도 대상이 될 수 있다. 추후지도를 통해 상담서비스 시간을 확보하고, 이렇게 확보된 시간을 활용해서 조기종결 때문에 할 수 없거나 부족했던 상담개입들을 보충할 수 있다.

또 진로 의사결정 문제를 호소한 고등학교 2학년 내담자에게 3회기의 단기상담을 실시했다. 그런데 상담과정에서 내담자에게 자살사고가 있다는 것이 드러났다. 하지만 내담자는 진로문제에 대한 상담을 원했고 자살사고에 대한 상담은 원하지 않았다. 이 때문에 자살사고 문제는 다루지 못했고, 진로 의사결정에 초점을 두고 3회기의 상담이 진행되었다. 상담종결 이후 대략 5개월 즈음에 내담자가 집에서 자살소동을 일으켰다는 이야기를 담임선생님을 통해서 들었다. 슈퍼비전 과정에서 슈퍼바이저는 상담자에게 추후지도를 실시할 것, 그리고 이전 상담개입에서 부족했던 위기평가 및 위기조치를 지금 시점에서라도 실시하도록 권유했고, 실제 상담자는 슈퍼바이저의 권유에 따라 내담자에게 연락해서 위기평가 및 위기조치를 위한 추후지도를 실시했다. 이 사례에서의 추후지도는 이전 상담개입을 보충이나 보완할 목적으로 실시한 추후지도에 해당한다.

상담개입 점검 및 개선   상담서비스 사후관리의 또 다른 하나는 이전의 상담개입을 점검하여 개선하는 것이다. 바꿔 말하면, 이전 상담개입 그리고 이전 상담개입의 추후결과에 대한 정보를 수집하고, 이 수집된 정보를 토대로 이전 상담개입의 효과나 효율성을 평가하고, 이 효과나 효율성 평가를 토대로 이전 상담개입을 점검 및 개선하기 위해서 추후지도를 실시한다.

이전 상담개입을 점검 및 개선하기 위한 추후지도는 ① 이전 상담개입에 대한 정보수집, 그리고 ② 이전 상담개입 관련 추후결과에 대한 정보수집, 그리고 ③ 이전 상담개입의 효과와 효율성 평가, 그리고 ④ 이전 상담개입의 효과와 효율성 평가내용을 상담개입에 반영하기 등을 포함한다. 그런데 여기서 상담개입에 반영하기는 평가를 실시한 결과 효과적이고 효율적이라고 밝혀진 상담개입은 지속하거나 강화하고, 효과적이지 않거나 효율적이지 않은 상담개입은 중단하거나 개선해 나가는 작업을 의미한다.

상담서비스 이미지 관리   상담서비스 사후관리의 또 다른 하나는 상담서비스 이미지를 관리하는 것이다. 바꿔 말하면, 상담서비스 만족도 향상을 포함한 상담기관의 이미지, 상담자의 이미지, 그리고 상담 이미지를 긍정적으로 형성시키고, 이런 긍정적 이미지를 홍보에 활용할 목적으로 추후지도를 실시한다.

상담서비스 이미지 관리 측면에서의 추후지도는 일차적으로 상담서비스 사후 만족도를 높이기 위해서 실시한다. 즉, 상담기관, 상담자, 상담서비스 내용에 대한 사후 만족도를 높이고, 이를 통해 상담기관, 상담자, 상담서비스 내용에 대한 긍정적 이미지를 형성, 유지, 강화하기 위해서 추후지도를 실시한다.

또한 이미 발생한 상담민원을 사후처리하거나, 아직 발생하지는 않았지만 앞으로 발생 가능한 상담민원을 사전예방할 목적으로 추후지도를 실시하기도 한다. 또한 상담과정에서 이미 발생한 윤리적 법적 문제를 사후처리하거나, 아직 발생하지는 않았지만 앞으로 발생할 수 있는 윤리적 법적 문제를 사전예방할 목적으로 추후지도를 실시하기도 한다.

2) 추후지도 목표

추후지도 목표는 내담자 사후관리 측면에서의 목표와 상담서비스 사후관리 측면에서의 목표로 구분해서 설명할 수 있다.

(1) 내담자 사후관리 측면에서의 목표

내담자 사후관리 측면에서의 추후지도 목표는 상담종결 이후의 추후지도 시점에서, 내담자의 상담문제가 재발하거나 악화되지 않는 것이다. 좀 더 구체적으로 정신장애 문제에 대해 상담했던 내담자의 경우라면, 정신장애가 재발하지 않거나, 이미 재발했다면 정신장애가 더 이상 악화되지 않는 것이다. 즉, 정신장애 증상행동이 없어지거나 더 이상 증가하지 않는 것이다. 그리고 당면 생활문제에 대해 상담했던 내담자의 경우라면, 당면 생활문제가 재발하지 않거나 이미 재발했다면 더 이상 악화하지 않는 것이다. 즉, 당면 생활문제와 관련된 문제행동이 없어지거나 더 이상 증가하지 않는 것 그리고 문제행동과 관련된 대안행동을 형성하거나 더 증가하는 것이다. 그리고 성장과제 또는 발달과제에 대해 상담했던 내담자의 경우라면, 성장과제 또는 발달과제를 성취하여 성장 또는 발달하는 것이다. 즉, 성장과제와 관련된 성장행동 또는 발달과제와 관련된 발달행동을 형성하거나 더 증가하는 것이다.

(2) 상담서비스 사후관리 측면에서의 목표

상담서비스 사후관리 측면에서의 추후지도 목표는 '상담서비스의 추후결과를 측정하여 기술하는 것, 상담서비스의 추후결과와 관련된 이전의 개입목표와 전략을 기술하는 것, 이전 개입의 문제점과 개선방안 또는 발전과제와 발전방안을 구성하여 기술하는 것, 특히 상담서비스 추후 만족도를 높이는 것, 상담서비스나 상담기관이나 상담자에 대한 긍정적 추후이미지를 증가시키고 부정적 추후이미지를 감소시키는 것, 그리고 수익성 상담기관인 경우, 상담수요와 상담실적과 상담수익이 증가하는 것' 등이다.

4. 추후지도 방법

추후지도 방법은 다양한 측면에서 기술할 수 있다. 여기서는 추후지도 방법을 담당자, 대상, 시점, 상담비, 장소, 과정 등으로 구분하여 기술하였다. 구체적인 추후지도 방법은 아래와 같다.

1) 추후지도 담당

일반적으로 추후지도 담당자는 본 상담에서 내담자를 담당했던 상담자이다. 즉, 담당 상담자가 본 상담도 담당하고, 추후지도도 담당한다. 그러나 예외적으로 상담기관의 여건이나 상담자의 여건에 따라서 담당상담자가 아닌 별도로 지정된 추후지도 업무 전담자가 추후지도를 담당할 수도 있다. 예를 들면, 일부 상담기관에서는 담당상담자가 추후지도를 하지 않고, 추후지도 담당자를 별도로 지정하여, 이 지정된 담당자가 추후지도를 전담하고 있다. 또 일부 복지상담기관에서는 본 상담은 심리상담 전문가가 담당하고, 사전 접수면접이나 사후 추후지도는 사회복지 전문가가 담당함으로써 담당상담자와 추후지도 담당자를 구분하기도 한다.

2) 추후지도 대상

상담을 받았던 모든 내담자들은 상담종결 이후에 추후지도 서비스의 잠재적 대상이 된다. 만약, 상담기관이 추후지도 서비스를 제공할 수 있는 여건을 갖추고 있다면 상담을 받았던 모든 내담자들에게 추후지도 서비스를 제공하는 것도 고려해 볼 수 있다. 그러나 대부분의 상담기관은 모든 내담자들에게 추후지도를 제공할 수 있는 여건을 갖추고 있는 것도 아니고, 설사 갖추고 있더라도 정작 내담자들이 추후지도를 원하지 않을 수도 있고, 심지어 싫어하거나 거부할 수도 있다. 또 추후지도를 제공한다고 하더라도 내담자에게 도움되지 않을 수도 있고, 심지어 손해나 피해가 발생할 가능성도 없지 않다.

이런 현실을 고려할 때 추후지도는 모든 내담자들에게 제공되는 서비스라고 하기보다는 이를 필요로 하는 내담자들에게 선별적으로 제공되는 서비스라고 할 수 있다. 일반적으로 추후지도를 우선적으로 필요로 하는 조건은 다음과 같다. 즉, '만성 정신장애, 위기문제, 복합문제, 상담기관의 사후관리 대상, 추후지도 요구' 등이다. 이를 좀 더 자세히 설명하면 아래와 같다.

첫째, 만성 정신장애를 가진 내담자들은 추후지도가 권장된다. 즉, 만성 정신장애를 가진 자들은 상담종결 이후에 정신장애 증상의 유지나 악화, 또는 재발 위험이 상대적으로 더 높기 때문에 추후지도가 권장된다. 예를 들면, 조현병, 망상장애, 신경발달장애, 양극성 장애, 내인성 우울장애, 강박장애, 복합 외상후 스트레스 장애, 수면장애, 약물중독, 성격장애 등은 상담종결 이후에 증상의 유지나 악화, 또는 재발 위험이 상대적으로 더 높기 때문에 추후지도가 권장된다.

둘째, 위기문제를 가진 내담자들은 추후지도가 권장된다. 즉, 위기문제를 가진 내담자들은 위기상담을 종결한 이후에도 사후관리가 요구되는데, 이러한 위기 사후관리 측면에서 위기문제를 가진 내담자들은 추후지도가 권장된다. 예를 들면, 자살시도, 자해, 가정폭력 피해, 학교폭력 피해, 군대폭력 피해, 성폭력 피해, 아동학대 피해, 노인학대 피해, 범죄 피해, 가출, 원하지 않는 임신, 급박하고 중요한 의사결정 등의 위기문제를 가진 내담자들의 경우, 위기상담을 종결한 이후에도 위기 사후관리 측면에서 추후지도가 권장된다. 참고로 위기문제를 가진 내담자들은 흔히 위기가 지나가면 상담동기가 낮아지는 경향이 있다. 낮아진 상담동기는 수동적 행동으로 나타날 수 있는데, 이는 추후지도 의사결정과 참여에 영향을 미치기 때문에 상담자는 이점을 염두에 두고 개입할 필요가 있다.

셋째, 복합문제를 가진 내담자들은 추후지도가 권장된다. 즉, 일부 내담자들은 매우 다양한 문제들을 복합적으로 가지고 있는데, 이런 복합문제들 중에 한 두 개를 상담에서 잘 해결했다고 하더라도, 이들은 여전히 남아 있는 문제들 속에 둘러싸여 살아가기 때문에 상담종결 이후에도 지속적인 도움을 필요로 하고, 또 이 때문에 추후지도가 권장된다.

예를 들면, 14세의 중학교 1학년 남학생인 민수는 동네 슈퍼에서 삼각김밥을 훔치다가 걸려서 도벽문제로 10회기의 상담을 받았다. 상담 후, 민수의 도벽행동은 줄어들었다. 하지만 민수는 많은 문제에 둘러싸여 있다. 민수의 친부모는 이혼을 했고, 현재 친모와 같이 살고 있다. 과거 친부는 알코올 중독 그리고 폭력문제를 가지고 있었는데, 내담자는 어렸을 때 친부로부터 심한 언어적 신체적 학대 또는 폭력을 당했다. 심할 때는 부엌칼을 들고 엄마와 민수를 위협하기도 했다. 내담자는 친부모가 이혼을 한 직후에 보육원에 버려지듯이 맡겨졌고, 그 이후 민수는 보육원에서 4년 2개월을 살았다. 보육원에서의 생활은 특별한 문제가 있었던 것은 아니지만 늘 힘들었다고 한다. 친모는 이혼 후 새로운 남자를 만나 동거하다가 지금은 그 남자와 헤어졌고, 8개월 전에 내담자를 보육원에서 데리고 나와 지금 같이 살고있다. 친모는 미장원 일을 하다가 최근에 그만두었는데, 경제적으로 매우 힘든 상태에 있다. 민수는 생존형 절도로 경찰서에서 유명한 아이이다. 민수는 지능이 평균 이하이고 학습장애가 의심되었다. 학교 성적은 늘 최하위 수준이다. 친한 친구는 없고 혼자 외톨이처럼 생활한다. 학교에서의 별명은 걸뱅이인데, 친구들로부터 따돌림을 당하곤 한다. 민수는 전형적인 복합문제를 가진 내담자로서 추후지도가 필요한 우선적인 대상이다.

복합문제를 가진 내담자들은 상담 사각지대에 있는 사람들인 경우가 많다. 복합문제는 자발적 내담자들보다는 비자발적 내담자들에게서 더 많이 발견되는 경향이 있다. 그리고 학교 청소년들 보다는 학교밖 청소년들, 일반청소년들 보다는 비행청소년들, 일반인 보다는 알코올이나 약물중독자들에게서 더 많이 발견되는 경향이 있다. 이런 복합문제를 가진 내담자들은 상담종결 이후에도 지속적인 도움을 필요로 하기 때문에 추후지도가 권장된다.

넷째, 상담기관의 사후관리 대상자들은 추후지도가 권장된다. 즉, 일부 상담기관에서는 상담종결 이후에 사후관리 차원에서 추후지도를 실시하는데, 이때 상담기관의 사후관리 대상자들은 자연스럽게 추후지도 대상이 된다. 예를 들어, 일부 상담기관은 상담서비스 이용자의 만족도 점수를 높일 목적으로 사후관리 차원에서 무료 추후지도를 실시한다. 또 일부 상담기관에서는 민원이 발생했거나 발생할 가능성이 있을 때, 제기된 민원을 해결하거나 또는 발생 가능한 민원을 예방할 목적으로, 더불어 상담기관의 이미지를 관리할 목적으로 사후관리 차원에서 무료 추후지도를 실시한다. 또 일부 학업이나 진로상담기관에서는 상담종결 이후에 사후관리 차원에서 모든 내담자들에게 무료 추후지도를 하도록 하는 업무지침이 마련되어 있다. 업무지침에 따라 상담자들은 학업이나 진로상담을 종결한 이후 일정시간이 지나면 서신을 통한 무료 추후지도를 실시한다. 그리고 일부 특별관리가 필요한 내담자들에게는 전화나 대면을 통한 무료 추후지도를 실시한다. 또 일부 과학적 연구를 병행하는 상담기관에서는 상담종결 이후의 내담자 상태를 추적 조사할 목적으로 추후지도를 실시하기도 하고, 일부 교정교화를 주된 목적으로 하는 상담기관에서는 상담종결 이후에 교정교화의 결과를 추적 조사하거나 사후관리를 위해 추후지도를 실시하기도 한다.

다섯째, 추후지도를 요구하는 내담자들에게는 추후지도가 권장된다. 즉, 일부 내담자 또는 관련인이나 관련기관은 추후지도를 요청한다. 상담은 그 특성상 상담을 요구하는 자들에게 제공하는 서비스이다. 추후지도도 마찬가지이다. 추후지도는 추후지도를 요구하는 자들에게 제공되며, 이 때문에 내담자, 관련인, 관련기관이 추후지도를 요구하면, 이들에게 우선적으로 추후지도를 제공하는 것이 바람직하다. 물론 현실적인 제약을 고려하여 추후지도 제공 여부가 결정되어야 한다.

한편, 추후지도 대상은 보통 상담을 받았던 내담자들이다. 하지만 종종 내담자가 아닌 관련인이나 관련기관이 추후지도 대상이 될 수도 있다. 예를 들어, 아동이나 청소년 내담자의 부모는 상담종결 이후에 종종 추후지도 대상이 된다. 또 구조적 결손이나 역기능을 보이는 가족 전체가 추후지도 대상이 될 수도 있다. 또 비행문제를 저지른 보호관찰 청소년을 의뢰했던 보호관찰소가 추후지도 대상이 될 수도 있고, 자살위기 청소년을 의뢰했던 복지시설, 폭력문제를 가진 청소년이 소속된 학교 등도 추후지도 대상이 될 수 있다.

3) 추후지도 시간

추후지도가 이루어지는 시점은 상담종결을 한 이후 일정시간이 지난 시점이다. 여기서 일정시간이 지난 시점이 구체적으로 어느 정도의 시간이 지난 시점인지에 대한 기준은 명확하지 않다. 하지만 일반적으로 상담종결 이후 3개월 이상 지난 시점부터는 추후지도로 보는 경향이 있다. 가령, 상담종결 이후 1개월이 지난 시점에서의 상담이라면 이는 추후지도로 구분하기보다는 종결상담으로 구분하는 경향이 있다. 반면, 상담종결을 한 이후 3개월이나 12개월이나 20개월 지난 시점에서의 상담은 종결상담이 아닌 추후지도로 구분한다. 하지만 이런 기준은 명확한 기준도 아니고 합의된 기준도 아니다. 상황에 따라서는 1개월 지난 시점에서의 상담도 추후지도가 될 수 있고, 심지어 공식적인 상담종결 이후 고작 1주일이 지난 시점에서의 상담도 추후지도가 될 수 있기 때문이다.

상담종결 후, 추후지도를 실시해야 하는 적합한 시점이 언제인가에 대한 기준도 명확하지 않다. 관련해서 습관 형성에 걸리는 기간에 대한 연구들을 살펴보면, 습관이 형성되는 기간은 1개월에서 6개월까지 다양하다. 이런 연구결과들은 개인특성이나 상황조건에 따라 습관 형성 기간은 달라질 수 있다는 것을 시사한다. 추후지도 적합 시점과 습관 형성 기간은 서로 다른 측면일 수 있지만, 상담종결 이후 과정이 상담에서 일어난 학습행동이 실생활 행동변화로 이어지는 일종의 새로운 습관을 형성하는 과정이라고 할 수 있다는 측면에서 습관 형성 기간을 추후지도 적합 시점을 판단하는 데 참고할 수는 있을 것이다. 이 경우, 적합한 추후지도 시점은 다음과 같이 정리할 수 있다. 첫째, 추후지도 적합 시점은 개인차 있다. 따라서 내담자의 여건 그리고 상담기관의 여건을 고려하여 추후지도 시점을 개별적으로 결정해야 한다. 둘째, 굳이 추후지도 적합 시점을 제시한다면 1개월에서 6개월 사이에 실시하는 것이 적합하다. 그러나 상황조건에 따라 유연하게 1개월 이내에 실시할 수도 있고, 6개월 이후에 실시할 수도 있어야 한다.

추후지도의 회기수는 사례에 따라 다양하지만, 일반적으로는 단회로 실시되는 경우가 가장 많다. 그런데, 장기 추적지도가 필요한 중증이거나 만성 정신장애, 그리고 복지시설이나 교정시설의 구성원들은 2회 이상 실시되기도 한다. 그리고 단기 추후지도나 장기 추후지도를 실시할 때 추후지도 회기 간격이나 빈도는 사례마다 다르지만, 추후지도 특성상 3개월 이상 간격으로 실시하는 것이 바람직할 수 있다.

추후지도 기간은 1회성이 아닌 경우, 즉 2회 이상 단기 추후지도나 1년 이상 장기 추후지도의 경우, 기간도 염두에 둘 필요가 있다. 일반적으로 장기 추후지도는 장기 추적지도가 필요한 만성적인 문제를 가진 내담자들이 대부분이기 때문에 추후지도 기간을 오래한다고 해서 문제가 되지는 않는다. 오히려 이들에게는 오랜 기간 동안 추후지도를 해 주는 것이 더 바람직할 수 있다. 그런데 다수에게 상담서비스를 제공해야 하는 공익성 상담기관인 경우, 특정 내담자에게 오랜 기간 동안 추후지도를 하는 것은 형평성 문제가 있기 때문에 권장되지 않을 수 있다. 또 수익성 상담기관에서도, 특정 내담자에게 오랜 기간 동안 추후지도를 하는 것이 권장되지 않는다. 그 이유는 추후지도는 상담비를 받기가 어려울 수 있기 때문이다. 이 때문에 수익성 상담기관에서는 장기 추후지도가 아닌 유료의 장기상담을 더 권장하는 경향이 있다.

추후지도의 단위회기 시간은 매우 유연하게 운영된다. 즉, 5분 전후의 짧은 추후지도에서부터 180분 이상의 긴 추후지도에 이르기까지 다양하게 실시할 수 있다. 일반적으로 전화 추후지도이거나, 형식적인 추후지도이거나, 담당상담자가 아닌 추후지도 전담자가 실시하는 추후지도인 경우에는 단위회기 시간이 줄어드는 경향이 있다. 반대로 방문 추후지도이거나 집단상담 추후지도이거나 비공식적 추후지도 등은 단위회기 시간이 늘어나는 경향이 있다. 그런데 추후지도도 가급적 30분에서 90분 사이의 범주에서 실시하는 것이 바람직하다.

4) 추후지도 장소

추후지도 장소도 유연하게 선택된다. 일반적으로 내담자가 상담실로 내방해서 추후지도를 하는 것이 좋지만, 내담자 상황에 따라 방문 추후지도가 더 나을 수도 있다. 또한 면접이 권장되지만, 상담실 여건이나 내담자 상황에 따라 전화나 서신 추후지도가 더 나을 수도 있다. 즉, 추후지도 장소는 상황에 따라 유연하게 실시할 필요가 있다.

5) 추후지도 상담비

추후지도의 상담비는 무료로 할 수도 있고, 유료로 할 수도 있다. 그런데 추후지도의 특성상 유료보다는 무료로 실시하는 경우가 많다. 즉, 추후지도는 상담서비스에 대한 사후관리 성격이 강하기 때문에 무료로 실시하는 경우가 많다. 또한 내담자가 요구해서 추후지도를 하는 경우보다 상담자가 권유해서 추후지도를 하는 경우가 더 많고, 그리고 약속 없이 일방적으로 상담실에서 내담자에게 연락한 후 추후지도를 실시하는 경우도 많기 때문에 유료보다는 무료로 실시하는 경우가 많다. 또한 접근 방식 측면에서도 추후지도는 대면보다 전화나 서신 등의 방식을 더 선호하기 때문에 전화나 서신상담의 특성상 유료로 하기가 어려워서 무료로 하는 경우도 많다.

물론 추후지도를 유료로 하기도 한다. 특히 상담초기에 상담기간을 계약할 때, 처음부터 유료 추후지도를 계약하고 유료로 운영하기도 한다. 또한 내담자들 중에 일부는 유료 추후지도를 요청하기도 한다. 물론 유료로 추후지도를 실시하더라도, 추후지도라는 점을 감안하여 일정금액을 할인하는 경우도 많이 있다.

5. 추후지도 과정

추후지도 유형에 따라 추후지도 과정은 상이할 수 있다. 여기서는 가장 전형적이라 할 수 있는 대면 형태의 단회 추후지도 과정을 설명하였는데, 이는 크게 ① 추후지도 이전 과정, ② 추후지도 과정, 그리고 ③ 추후지도 이후 과정으로 구분하여 설명할 수 있다.

1) 추후지도 이전 과정

추후지도 이전 과정이란 본격적인 추후지도를 실시하기 이전의 과정을 의미한다. 추후지도 이전 과정에는 '사전 추후지도 판단과 의사결정 그리고 계획 수립, 사전 추후지도 논의 및 합의, 사전 추후지도 준비' 등이 포함된다. 이상의 추후지도 이전 과정은 주로 종결상담 과정에서 이루어진다.

(1) 사전 추후지도 판단과 의사결정 그리고 잠정적 계획 수립

일반적으로 추후지도를 실시하는 것이 실시하지 않는 것보다 낫다. 하지만 상담실무에서의 추후지도는 현실적인 제약들을 고려해서 실시해야 한다. 예를 들어, 일부 내담자들은 추후지도에 대한 요구가 높다. 이런 내담자들은 추후지도를 요청하고, 실제로 추후지도에 적극적으로 참여하며, 그 결과 추후지도를 통해 도움을 받는다. 하지만 대다수의 내담자들은 추후지도에 대한 요구가 낮다. 즉, 대다수의 내담자들은 추후지도를 원하지 않고, 실제로 추후지도에 참여하려 하지 않는다. 그리고 설사 참여를 하더라도 별 도움을 받지 못한다.

상담기관도 추후지도에 대한 요구가 서로 다르다. 일부 상담기관은 상담자들에게 추후지도를 적극적으로 권장한다. 추후지도 전담자를 지정해서 추후지도를 담당하게 하거나 담당상담자들에게 추후지도를 요구하고 실제 추후지도를 수행하면 이를 강화해 나간다. 하지만 대다수의 상담기관은 상담자들에게 추후지도를 적극적으로 권장하지 않는다. 담당상담자들에게 추후지도를 요구하지도 않고 실제로 추후지도를 수행해도 관심이나 보상이 주어지지 않는다. 심지어 일부 상담기관에서는 추후지도가 수익에 별 도움이 안 되기 때문에 하지 말라고 직간접적으로 요구한다.

상담자들도 마찬가지이다. 일부 상담자들은 추후지도 필요성을 인식하고 실제로 추후지도를 적극적으로 실시한다. 하지만 대다수의 상담자들은 추후지도 필요성에 대한 인식이 낮다. 그리고 실제로 추후지도를 실시하지 않는다. 설사 자의적 타의적으로 추후지도를 실시하더라도 내담자의 적응과 성장에는 별 도움을 주지 못할 뿐만 아니라 오히려 부정적 영향을 미치기는 경우도 발생한다.

추후지도에 대한 현실적 제약들 때문에 상담자는 사전 점검과 준비 차원에서 추후지도 필요성 판단과 실시 여부 결정, 그리고 잠정적 계획 수립이 요구된다. 즉, 특정 내담자에게 추후지도가 필요한지에 대한 판단, 그리고 실제 추후지도를 실시할 것인지에 대한 의사결정, 그리고 만약 실시한다면 언제 어디서 어떻게 할 것인지에 대한 결정과 잠정적 계획 수립이 요구된다. 이를 과업질문 형태로 구성하면 아래와 같다.

- 이 내담자는 추후지도가 필요한가? 아니면 불필요한가?
- 이 내담자에게 추후지도를 실시할 것인가? 아니면 실시하지 않을 것인가?
- 이 내담자에게 추후지도를 실시한다면, 언제, 어디서, 어떻게 실시할 것인가?

상담자는 특정 내담자에게 추후지도가 필요한지 아닌지, 또는 추후지도를 실시할 것인지 실시하지 않을 것인지, 실시한다면 구체적으로 추후지도를 어떻게 실시할 것인지에 대한 판단과 의사결정을 내려야 하는 데, 이에 대한 명확한 기준이 있는 것은 아니기 때문에 다소 어려움이 따를 수 있다. 그런데 아쉽긴 하지만 위에서 설명한 추후지도 방법에 기술된 내용들은 판단이나 의사결정을 하는데 일정한 기준을 제공할 수 있을 것이다. 특히 추후지도 대상에 기술된 '만성 정신장애, 위기문제, 복합문제, 상담기관의 사후관리 대상, 추후지도 요구하는 내담자' 등은 유용한 기준으로 활용할 수 있을 것이다.

상담자가 추후지도를 실시하기로 결정한 이후에는 추후지도를 어떻게 할 것인지에 대한 잠정적 계획을 수립할 필요가 있다. 즉, 잠정적으로 추후지도를 어떤 방식으로 할 것인지, 그리고 시간을 어떻게 구성하고, 장소를 어디에서 실시하며, 어떤 내용을 다룰 것인지 등에 대한 잠정적 계획을 수립할 필요가 있다.

(2) 사전 추후지도 논의 및 합의

추후지도에 대한 잠정적 계획을 수립한 이후에는, 내담자와 논의하여 '추후지도 여부, 추후지도 방식, 시간, 장소, 내용' 등을 합의해 나가는 것이 필요하다. 그런데 이 과정은 일종의 추후지도 구조화에 해당한다. 즉, 내담자는 추후지도에 대해 잘 모를 수 있기 때문에 상담자가 내담자에게 추후지도가 무엇이고 왜 필요한지, 그리고 추후지도를 한다면 어떤 방식으로 할 수 있는지, 시간은 어떻게 구성하고, 장소는 어디에서 하며, 어떤 내용을 다루게 되는지, 유료인지 무료인지 등을 설명하고, 내담자의 이해와 동의를 구해 나가는 일종의 추후지도 구조화에 해당한다고 할 수 있다.

추후지도 구조화 또는 추후지도 논의 및 합의 과정에서 다뤄야 할 내용들을 구조화 내용 그리고 논의 의제 중심으로 정리하면 아래와 같다.

- 구조화: 추후지도(내담자에게는 '추후지도'보다는 '추후상담'이나 '종결 후 상담'이란 용어를 사용하는 것이 더 적합할 수 있다.)를 실시하면 더 낫기 때문에 권장된다.
- 의제: 당신은 추후지도 실시에 동의하는가?
- 구조화: 만약 추후지도를 실시한다면, 추후지도는 대면이나 전화나 서신으로 할 수 있다. 일반적으로 대면이 낫고, 대면이 어려우면 전화로 할 수도 있고, 전화도 어려우면 서신으로 할 수도 있다.
- 의제: 당신은 대면으로 하기를 원하는가? 전화로 하기를 원하는가? 서신으로 하기를 원하는가?
- 구조화: 만약 추후지도를 실시한다면, 추후지도 시간은 대략 3개월이나 6개월 또는 1년 후에 실시하는 것이 권장된다. 그리고 일반적으로 1회를 실시하고, 시간은 약 50분 정도 소요된다. 장소는 주로 상담실에서 실시하지만 원한다면 다른 장소에서 실시할 수도 있다. 상담비는 상담서비스 사후관리 차원이기도 해서 일반상담비의 50%만 받고 있다(또는 무료이다). 추후지도에서 다루는 내용은 상담 후의 상태를 알아보는 추후 평가, 그리고 정보제공이나 조언 수준에서 필요한 도움을 제공하는 추후상담이다.
- 의제: 당신은 추후지도 시간을 어떻게 하기를 원하는가? 추후지도 장소는 어디에서 하기를 원하는가? 추후지도에서 자신의 상태를 알아보는 추후 평가, 그리고 필요한 도움을 정보제공이나 조언 수준에서 제공하는 추후상담을 하는 것에 대해 동의하는가?

논의와 합의는 종종 내담자가 아닌 관련인과 해야 하는 경우도 있다. 특히 어린 아동, 시설 아동청소년, 정신장애 등으로 현실 인식과 대처 능력이 현저히 떨어진 내담자 등의 경우에는 상담자와 관련인이 논의하여 추후지도를 합의·결정할 수 있다. 한편, 일방적 추후지도에서는 논의와 합의과정이 생략된다.

(3) 사전 추후지도 준비

상담종결 과정에서 추후지도를 합의한 이후, 일정시간이 지나 추후지도 일자에 가까워지면, 상담자나 상담기관에서 내담자에게 추후지도가 있음을 이메일이나 핸드폰 문자 등을 통해 알리는 것이 바람직하다.

또한 추후지도 이전에 처리해야 할 업무들을 다시 확인 및 점검하는 것이 바람직하다.

즉, 미리 이전 상담기록과 관련자료들, 그리고 추후지도 계획을 다시 확인하면서 사전 점검을 하는 것이 바람직하다.

2) 추후지도 과정

실제 추후지도 과정은 다양한 형태로 이루어질 수 있는데, 여기서는 면접 형태의 단회 추후지도를 중심으로 과정을 설명하였다. 일반적으로 추후지도 과정은 크게 '도입 과정, 본 과정, 마무리 과정'의 구분할 수 있다. 즉, 사회적 인사와 라포 형성, 연결짓기와 추후지도 구조화를 포함하는 ① 도입과정, 그리고 ② 추후 평가와 ③ 추후 행동지도를 포함하는 본 과정, 그리고 소감 나누기, 사후구조화, 마무리 인사를 포함하는 ④ 마무리 과정으로 구분할 수 있다.

(1) 도입 과정

일반적으로 추후지도는 상담종결 이후 최소 3개월 이후에 이루어진다. 이러한 3개월 이상의 시간 간격으로 인해 추후지도를 시작할 때 상담관계 재형성이 요구된다. 치료동맹을 토대로 하면 상담관계 재형성이란 라포 재형성과 상담 재구조화를 의미한다.

상담자는 도입과정에서 라포를 재형성하고, 추후지도 구조화를 해 나가야 한다. 즉, 도입과정에서 상담자는 촉진적 태도와 반응을 통해 정서적 유대를 재형성시키고, 추후지도의 목표, 과정, 역할 및 규범에 대한 구조화를 통해 추후지도 구조를 형성시켜 나가야 한다. 일반적으로 추후지도는 공식적 상호작용보다 비공식적 상호작용이 증가하는 경향이 있고, 이는 종종 추후지도 작업을 해 나가는 데 필요한 상담구조 발달을 방해하기 때문에 도입과정에서 추후지도 구조화는 특히 중요하다.

일반적으로 추후지도에 대한 구조화는 특정 사례나 주어진 조건에 따라 달라질 수 있다. 하지만 추후지도에 대한 예시를 보이기 위해 임의로 추후지도에 대한 구조화 문장을 구성하여 제시한다면 다음과 같다. 즉, 추후지도 구조화를 한다면 다음과 같이 할 수 있다.

　　저와 영희씨는 3개월 전에 추가상담을 하기로 약속을 했었습니다. 그리고 3개월이 지났고 드디어 오늘 만났습니다. 그동안 어떻게 살고있을지에 대해 종종 궁금했었는데, 오늘 아침에 영희씨를 드디어 만난다는 생각을 하니 기대도 되고 조금 설레이기도 했습니다. 그리고 실제 만나니 정말 반갑고 기쁘네요.

　　오늘 상담은 이렇게 진행을 했으면 합니다. 먼저, 영희씨가 상담종결을 한 후 지금까지 어떻게 지내 왔는지에 대해 듣고 싶습니다. 특히, 이전에 상담했던 문제와 관련해서 문제상황이나 문제행동이 어떻게 달라졌는지에 대해 듣고 싶습니다. 그리고 영희씨가 바라던 일들이 이루어졌는지에 대해서도 듣고 싶습니다.

　　더불어, 지금 영희씨의 전반적인 기능상태에 대해서도 알아보는 시간을 가졌으면 합니다. 예를 들면, 신체적 건강이나 심리적 상태, 그리고 가족이나 친구나 연인 등과의 인간관계, 그리고 학업이나 진로와 관련해서 어떤 상태인지에 대해서도 알아보는 시간을 가졌으면 합니다.

　　그러고 나서, 혹시 최근에 겪고 있는 당면한 문제가 있거나, 혹은 최근에 성취하고 싶은데 잘 안 되는 성장과제가 있는지, 또는 모처럼 전문가인 저를 만났으니 저에게 조언을 구할 일이 있는지에 대해서도 알아보고, 만약 저에게 조언을 구할 일이 있다면, 전문가로서 제가 할 수 있는 정보제공이나 조언들을 해 주는 시간도 가졌으면 합니다.

　　그리고 마무리를 하기 전에, 오늘 활동에 대해 정리하는 시간을 가졌으면 합니다. 가령 오늘 상담하면서 좋았거나 만족스러웠던 점들, 그리고 아쉬웠던 점, 섭섭했던 점 등이 있다면 솔직하게 이야기를 나누는 시간을 가졌으면 합니다. 그리고 혹시 가능하다면, 상담기관이나 상담자인 저에게 피드백이나 해 주고 싶은 말이 있으면 듣고 싶기도 합니다.

　　그러고 나서 마지막 인사를 나누고 마치는 순으로 진행을 했으면 합니다. 시간은 이전에 했던 것처럼 50분인데, 필요하다면 시간은 10분 전후로 유연하게 줄이거나 늘일 수 있습니다. 이렇게 진행하려 하는데 괜찮겠습니까?

(2) 추후평가

추후평가는 대상에 따라서 '내담자 추후평가'와 '상담서비스 추후평가'로 세분할 수 있다.

① 내담자 추후평가

내담자 '추후평가란 ① 상담종결 이후 일정시간이 지난 시점에서, ② 내담자 상태에 대한 정보를 수집하고, ③ 이렇게 수집된 정보를 상담받기 이전의 내담자 상태에 대한 정보나 상담종결 이전의 내담자 상태에 대한 정보와 비교하여, ④ 내담자 상태의 변화 여부나 정도, 그리고 그 의미나 가치에 대해 판단이나 설명하고, ⑤ 이러한 판단이나 설명을 토대로 이후의 내담자 상태의 변화를 예측하거나 바람직한 방향으로 내담자 상태를 변화시키기 위한 추후지도 방안을 구성하는 작업'을 의미한다.

추후평가에서 내담자 상태에 대한 정보를 수집할 때 다음과 같은 정보들이 포함된다. 즉, 인적 정보, 상담문제 정보, 기능 정보, 특수 정보의 네 가지 정보들이 포함된다. 첫 번째 인적 정보와 관련해서 상담종결 이후 내담자의 연락처나 주소지 변경, 또는 소속 변경 등에 대한 정보들이 수집된다.

두 번째 상담문제 정보와 관련해서 상담종결 이후 상담문제의 변화나 상담목표의 성취, 그리고 관련 문제상황과 문제행동 또는 대안상황과 대안행동, 그리고 문제태도, 그리고 추가적으로 이전에 수립한 자립계획 실천과 그 결과 등의 정보들이 수집된다.

세 번째 기능 정보와 관련해서 상담종결 이후 내담자의 신체, 심리, 인간관계, 직무 기능의 변화에 대한 정보들이 수집된다. 가령 내담자의 신체기능의 변화인 경우, 상담종결 이후 내담자의 신체적 상태 그리고 건강이나 질병에 대한 정보들이 수집된다(예를 들면, 신장이나 체중의 변화, 근육의 변화, 시력의 변화, 청력의 변화, 균형이나 보행의 변화, 식사나 소화나 배변의 변화, 수면의 변화, 섭식의 변화, 운동의 변화, 신체 상해나 질병의 변화, 기타 신체 건강의 변화 등의 신체기능 정보들이 수집된다. 이 모든 정보를 수집하는 것은 아니고 이 중에 내담자와 연관된 정보들이 수집된다).

또한 내담자의 심리기능의 변화인 경우, 상담종결 이후 내담자의 심리적 상태 그리고 정신건강 상태에 대한 정보들이 수집된다(예를 들면, 감각지각, 기억, 상상, 감정, 사고, 욕구, 인식, 자기조절, 방어기제, 형태, 동작, 언어표현, 행동 수행, 그리고 지능을 포함한 능력, 습관, 태도, 성격, 흥미, 가치, 그리고 자아기능과 자기관리 등의 심리기능 정보들 중에 연관된 정보들이 수집된다).

또한 내담자의 인간관계 기능의 변화인 경우, 상담종결 이후 내담자의 인간관계 기능에 대한 정보들이 수집된다(예를 들면, 가족관계 기능의 변화, 그리고 사회 내 친구관계 기능의 변화나 직장 내 직무관계 기능의 변화나 사적인 연인관계 기능의 변화 등 인간관계 기능 관련 정보들 중에 연관된 정보들이 수집된다).

또한 내담자의 직무기능의 변화인 경우, 상담종결 이후 내담자의 진로, 학업, 직업, 직장, 업무 기능에 대한 정보들이 수집된다(예를 들면, 진로 의사결정이나 계획의 변화, 진로 준비행동의 변화, 학업의 변화, 취업의 변화, 직업의 변화, 직장의 변화, 지위나 직책이나 업무의 변화, 업무적응의 변화 등 직무기능 관련 정보들 중에 연관된 정보들이 수집된다).

네 번째 특수 정보와 관련해서 상담종결 이후 내담자의 정신병과 위기상태의 변화에 대한 정보들이 수집된다. 가령, 내담자의 상담문제가 정신병과 관련된 경우, 필수적으로 정신병의 변화에 대한 정보들이 수집된다. 또는 상기된 문제, 기능, 관계, 직무 정보들을 수집하는 과정에서 정신병 단서들이 발견된 경우, 정밀평가를 통해 정신병에 대한 정보들이 수집된다.

또한 내담자의 상담문제가 자살 등 위기문제와 관련된 경우, 필수적으로 위기상태의 변화에 대한 정보들이 수집된다. 또는 상기된 문제, 기능, 관계, 직무 정보들을 수집하는 과정에서 위기상태 단서들이 발견된 경우, 정밀평가를 통해 위기상태에 대한 정보들이 수집된다.

이렇게 수집된 정보들은 상담받기 이전의 내담자 상태에 대한 정보와 비교하거나 상담종결 이전의 내담자 상태에 대한 정보와 비교하여, 내담자 상태의 변화 여부나 정도, 그리고 그 의미나 가치에 대해 판단이나 설명하는 작업이 요구된다.

그리고 내담자 상태의 변화 여부나 정도, 그리고 그 의미나 가치에 대해 판단이나 설명을 한 이후에, 이를 토대로 이후의 내담자 상태의 변화를 예측하는 작업이 요구된다. 또한 바람직한 방향으로 내담자 상태를 변화시키기 위한 추후지도 방안을 구성하는 작업이 요구된다.

② 상담서비스 추후평가

상담서비스 추후평가란 ① 상담종결 이후 일정시간이 지난 시점에서, ② 상담서비스 결과에 대한 정보를 수집하고, ③ 이렇게 수집된 정보를 이전의 신청접수, 접수면접, 상담관계 형성, 문제 명료화, 상담목표 설정, 상담계획, 상담처치, 종결논의, 종결평가, 미해결문제 조치, 자립조치 등에 대한 정보와 비교하여, ④ 상담서비스의 결과 또는 성과를 판단이나 설명하고, 더 나아가 ⑤ 상담서비스의 발전과제와 발전방안에 대해 판단이나 설명하는 작업을 의미한다.

아래의 질문지는 상담서비스 만족도 평가 질문지이다. 이 질문지는 상담서비스 추후평가를 실시할 때 도구로 활용할 수 있다.

상담서비스 만족도 평가 질문지

_____ 자신이 받은 전체 상담서비스에 대하여 만족하십니까?

_____ 상담서비스를 받은 내용이 자신의 문제해결이나 목표성취에 효과가 있었습니까?

_____ 상담서비스에 대해 자신이 투자한 것 대비 얻은 성과, 즉 효율성이 높습니까?

_____ 자신이 받은 상담서비스에 대해 개선할 점을 찾는다면, 무엇입니까?

_____ 당신을 상담했던 담당 상담자에 대해 만족하십니까?

_____ 상담시간에 대해 만족하십니까?

_____ 상담시설에 대해 만족하십니까?

_____ 상담비에 대해 만족하십니까?

(3) 추후 행동지도

추후 행동지도(追後 行動指導)란 추후지도 과정에서 선행된 내담자 추후평가를 토대로 내담자가 바람직한 행동을 할 수 있도록 상담자가 내담자의 행동을 지도하는 일을 의미한다. 여기서 상담자가 지도하려는 내담자의 행동은 성과행동들, 문제행동이나 대안행동들, 의존행동이나 자립행동들이다. 좀 더 자세히 설명하자면, 추후 행동지도는 크게 보면 상담종결의 일부분이라 할 수 있는데, 이런 상담종결의 주된 개입과제는 '성과 다지기, 미해결문제 조치, 자립 조치'이다. 이 때문에 추후 행동지도에서도 우선 상담성과 다지기와 관련된 성과행동들에 대한 지도가 요구된다. 또한 미해결문제 조치와 관련된 문제행동이나 대안행동들에 대한 지도도 요구된다. 또한 자립 조치와 관련된 의존행동이나 자립행동들에 대한 지도도 요구된다.

추후 행동지도의 이상적인 목표는 상기된 성과행동을 유지나 증가시키는 것, 문제행동을 제거나 감소시키고 대안행동을 형성이나 유지나 증가시키는 것, 의존행동을 제거나 감소시키고 자립행동을 형성이나 유지나 증가시키는 것이다.

그런데 추후 행동지도의 이상적인 목표는 너무 포괄적이기 때문에 현실적인 목표로서의 기능을 제대로 못할 수 있다. 이런 점을 고려하여 추후 행동지도의 현실적인 목표를 제시한다면 '내담자가 자신의 문제행동(또는 의존행동)과 대안행동(또는 성과행동, 자립행동)에 대한 설명틀을 형성하는 것'이다. 구체적으로 말하면, 내담자가 자신을 힘들게 하는 문제가 무엇인지, 그리고 이런 문제가 어떤 문제상황에서 발생하는지, 그리고 이런 문제상황에서 자신의 문제행동이 무엇인지, 그리고 이런 문제행동의 원인이 무엇인지, 그리고 이런 문제상황과 문제행동에 대한 대안상황과 대안행동이 무엇인지, 그리고 이런 문제행동을 감소시키거나 없애고 대안행동을 증가시키거나 새롭게 형성시키는 방법은 무엇인지에 대해 주관적으로 타당한 설명을 할 수 있게 되는 것이다.

추후 행동지도의 현실적인 목표를 성취하기 위한 주된 전략은 지지 전략이다. 이러한 지지 전략이란 내담자가 자신의 문제, 문제상황과 문제행동, 문제행동의 원인, 대안상황과 대안행동, 문제행동 감소나 대안행동 증가시키는 방법에 대해 스스로 의문하고, 스스로 탐구하며, 스스로 판단 및 설명을 하고, 스스로 판단 및 설명의 진위를 검증해 나갈 수 있도록 돕는 전략이다. 그런데 내담자가 스스로 하지 못하면, 이차적으로 상담자가 대신 의문을 제기하거나, 대신 탐구하거나, 대신 판단 및 설명을 하거나, 대신 검증을 해 줌으로써 내담자가 상담자의 도움을 받으면서 의문, 탐구, 판단 및 설명, 검증을 해 나갈 수 있도록 지원하는 전략이다. 이런 지지전략은 이차적 지원에 더 초점을 둔 전략이다. 다시 말하면, 주로 정보제공이나 조언을 통해 문제, 문제상황과 문제행동, 문제행동의 원인, 대안상황과 대안행동, 문제행동 감소나 대안행동 증가시키는 방법에 대해 상담자가 내담자에게 알려 주고, 이를 통해 내담자가 적응과 성장을 해 나갈 수 있도록 지원하는 전략이다. 두 개의 사례를 예시하면 아래와 같다.

상담자 현재 상황에서, 이 문제를 어떻게 마무리하면 좋을까?

내담자 왜 그런지를 많이 생각해 봤어요. 생각을 하다 보면 답이 나오겠죠.

상담자 공감   이유를 많이 생각해 보았구나. 그리고 생각을 하다 보면 답이 나올 거라고 믿고 있구나.

상담자 대안 제시   자기 문제의 원인을 스스로 생각해 보는 행동은 아주 바람직하지. 우리는 문제가 일어날 때 스스로 생각해 보는 행동을 더 많이 할 필요가 있어요. 예를 들어, '지금 무슨 일이 벌어지고 있지? 문제가 뭐지? 문제의 원인이 뭐지? 이 상황에서 부정적인 문제 말고 긍정적인 기회를 찾는다면 뭐가 있지? 이 상황에서 난 무엇을 원하지? 원하는 것을 얻으려면 내가 어떻게 반응하면 되지? 그런 반응을 언제 어디서 실천을 할 수 있지?' 등과 같은 질문을 스스로에게 하고, 이런 질문의 답을 스스로 찾아서 스스로 실천하는 행동은 더 아주 바람직하고 더 많이 할 필요가 있어.

상담자   현재 상황에서, 이 문제를 어떻게 마무리하면 좋을까?

내담자   자꾸 화가 나요. 그래서 안 좋은 말을 하게 돼요.

상담자 공감   자꾸 화가 나서, 안 좋은 말도 하게 되는 거구나.

상담자 대안 제시   화가 날 수 있지. 그래서 안 좋은 말도 할 수 있지. 너가 화가 난 이유는 상대방이 잘못을 했기 때문이야. 화는 너가 정당하고 상대방은 잘못했다고 생각될 때 일어나는 감정이거든. 이렇게 화가날 때는 상대를 공격하지도 말고 또 두려워서 상황을 회피하지도 말고 대신 상대방 입장도 고려하면서 당당하게 너가 원하는 것을 말로 주장할 수 있으면 가장 좋지. 그런데 주장을 하면 된다는 것을 알면서도 실천할 수 없을 수도 있는데, 이런 이유 중 하나는 주장 능력이 없거나 부족하기 때문이지. 만약 그렇다면, 교육이나 연습이 필요하단다. 즉, 주장훈련 교육을 받거나 열심히 주장하는 연습을 해야 비로소 주장 능력이 길러지고, 그렇게 능력이 있어야 주장을 할 수 있게 되는 거지. 또한 너가 화가 났을 때를 잘 살펴보면, 지나치게 자주, 지나치게 오래 그리고 지나치게 강하게 화를 낼 수도 있어. 이런 경우라면 상대도 잘못했지만 너의 화 내는 습관에도 문제가 있을 수 있어. 만약 이런 경우라면, 상대방이 나를 화나게 했고 상대방이 변화하면 문제가 해결된다는 생각에 머물러 있으면 안 돼. 그렇게 되면 자신의 화내는 습관 문제를 처리해서 더 나은 사람으로 성장해 나갈 수 없게 되고, 또 상대방과의 갈등도 제대로 해결할 수 없기 때문이야. 우리는 흔히 이렇게 생각을 하지. 즉, 화나 갈등을 불러일으킨 것은 상대방이고, 그래서 내가 상대방에게 화를 내는 것은 당연한 것이라고 확신을 하지. 하지만 이건 진실이 아닐 수 있어. 진실은 내 안에서 화가 일어나고 있고, 내가 화난 상태에서 안 좋은 말을 해서, 나도 대인갈등을 불러일으키는 데 한몫을 하고 있는 것이라고 할 수 있어. 반복적으로 지나치게 화를 내는 문제를 제대로 해결하려면, 화난 이유를 밖에 있는 상대방에게서 찾는 것을 멈추고, 대신 정직하게 자신에게서 화난 이유를 찾아 개선해 나가는 성숙한 행동을 더 많이 해 나갈 필요가 있어.

추후지도에서는 정보제공이나 조언이 권장된다. 내담자에게 유용한 정보를 제공해 주거나 필요한 조언을 해 주는 것은 내담자에게 많은 도움이 된다. 아래에 있는 문장들은 추후지도에서 내담자에게 해 줄 수 있는 조언들을 모아 놓은 것이다.

추후지도 조언

넌 상담 없이 혼자서도 잘할 수 있다.

넌 전보다 더 나아졌다. 이전에 그랬던 것처럼 앞으로도 점점 더 나아질 것이다.

자기노출과 감정을 정화하라. 자기개방과 일치행동을 하라.

힘들 때 관심과 연민이 널 구할 것이다. 그러나 관심과 연민을 쫓아가지는 마라.

문제가 안 풀릴 땐 관점을 바꿔라.

생각하라. 스스로 의문하고 탐구하고 판단하고 검증하라. 합리적으로 생각하라.

반성하라. 성찰하라.

일어나는 일들을 수용하라.

모든 것은 쓸모 있다. 모든 것에는 의미가 있거나 의미를 부여할 수 있다.

인내하라. 때론 인내심과 기다림이 필요하다.

좋은 일을 하라. 공적 가치를 추구하라. 공적 가치가 널 성공으로 이끌 것이다.

문제는 위기이자 기회이다. 위험을 인식하고 대처하라. 또한 기회를 인식하고 활용하라.

상처는 이미 아물었다. 상처를 건드리지 말고, 상처에 새 살이 돋게 하라.

대안을 수립하라. 비전을 설정하고 목표를 수립하고 계획을 짜서 실천하라.

반복하면 길이 난다. 감정이 반복되면 감정의 길이 난다. 행동을 반복하면 행동의 길이 난다.

보상을 받으면 행동은 증가한다. 증가시키고 싶은 행동이 있다면 보상과 연결시켜라.

처벌을 받으면 행동은 감소한다. 감소시키고 싶은 행동이 있다면 처벌과 연결시켜라.

관찰과 모방을 통해 학습할 수 있다. 우리가 학습하는 대부분은 관찰과 모방을 통해서이다.

평상시에는 삶을 무위하라. 고통과 어려움이 있을 때는 무위하면 안 되고 유위해야 한다.

자신의 삶을 살아라. 자신이 원하는 것이 아니라면 사회나 부모가 원하는 삶을 살지 마라.

가치 있는 삶의 대부분은 고난과 역경을 극복해야 비로소 그 진가를 알 수 있는 것들이다.

과정적 삶을 살아라. 경험에 개방적이 되어라. 실존적인 삶을 살아라.

실천하라. 안 되면 되게 하라.

건강을 관리하라. 운동을 하라.

독서를 하라. 사색을 하라.

겸손하라. 네가 겸손하지 않을 때 종종 세상이 널 겸손으로 이끌 것이다.

때론 벌거벗은 한 인간이 돼서 있는 그대로의 모습으로 살아가는 것이 필요하다.

환경을 기능화하라.

사람들과 잘 지내라. 사람들에게 함부로 하지 마라. 존중하라. 사람이 재산이다.

소통히리. 기능적 의사소통을 하라. 자기주장을 하라.

비난이 나쁜 것만은 아니다. 비난 속에 사랑이 있고, 비난 속에 성장 기회가 있다.

토론을 하라. 사회참여를 하라.

좋은 관계를 원한다면. 먼저 그를 이해하라.

부모도 희생자다. 부모도 자기 삶이 있다. 부모도 너처럼 한 인간이다.

용서할 수 있다면 용서해라. 대물림 하지 마라. 대물림이 있다면 너에게서 끊을 수 있다.

세상은 공정하지 않다. 공정을 기대하지 마라. 그러나 너가 공정한 행동을 시작할 수는 있다.

위계질서를 고려하라.

경계를 고려하라. 경계를 가져라.

성장은 생명체의 기본동기이다. 문제는 성장이 필요함을 알리는 신호이자 성장할 수 있는 기회이다.

한편, 추후 행동지도는 단순히 상담에 국한된 개입이 아니다. 추후 행동지도는 전형적인 상담뿐만 아니라 사례관리, 생활지도, 교육, 검사, 복지 서비스 등과 경계가 일정부분 맞물려 있다. 바꿔 말하면, 추후 행동지도를 실시하는 시점에서는 전통적인 상담에 국한된 개입만을 고집하지 말아야 한다. 대신 전통적인 상담과 다른 사례관리, 생활지도, 교육, 검사, 그리고 복지 차원의 개입들이라고 할지라도 내담자에게 도움이 된다면 병행하는 것이 필요하다.

박영철 군에게

영철 군을 만나 지 벌써 1년이 지나갔군요.

개인적으로 상담종결 이후에 영철 군이 어떻게 지내는지가 궁금해서 이메일을 보냅니다.

영철 군이 선배와 함께 상담실을 처음 방문했을 때 모습들, 그리고 상담과정에서 과거의 상처들을 떠올리면서 힘들어하던 모습들, 그리고 자신의 아픈 과거의 경험들 속에서 교훈을 찾아내던 모습들, 그리고 논박 훈련이나 내부언어 바꾸기, 이완훈련, 노출과 둔감화 훈련을 하면서 조금씩 변화해 가던 모습들이 종종 생각나곤 합니다. 영철 군과 만나서 상담하는 과정은 나에게도 정말 의미 있고 좋은 시간이었기 때문입니다.

또 기억나는 것 중에 하나는, 마지막 종결회기에서, 영철 군이 학생회장 선거에 후보로 지원하겠다고 말을 했던 일입니다. 난 영철 군이 그 말을 한 이후에, 실제 어떤 일들이 벌어졌는지가 궁금합니다.

각별히 내가 궁금한 것은 영철 군이 학생회장이 되었는지 안 되었는지도 궁금하지만, 그것보다도 더 궁금한 것은 영철 군이 스스로 결심한 것을 실천하는 과정에서 어떤 경험들을 했는지입니다. 특히 학생회장 후보로서 소견 발표 등을 해 나갈 때, 이전과는 강도가 약하더라도 발표불안이 발생할 수 있는데, 그런 불안이 발생할 때 영철 군이 불안에 어떻게 대응했는지에 대해 궁금합니다. 또 발표불안 문제와 관련해서 상담에서 다룬 비합리적 신념이나 사고에 대한 논박이나 부정적인 내부언어 다루기, 그리고 이완하기, 점진적 노출방법 등이 생활 장면에서 실제로 도움 되었는지도 궁금합니다.

상담시간에 명언찾기 활동에서 영철 군이 넬슨 만델라의 "결코 넘어지지 않는 것이 아니라 넘어질 때마다 일어서는 것, 거기에 삶의 가장 큰 영광이 존재한다."란 명언을 선택하면서 생기 있는 얼굴로 의지를 다지던 기억도 납니다. 영철 군도 일반 사람들처럼 작게 때로는 크게 넘어지는 상황이 발생하겠지만, 그때마다 일어서서 이전의 삶을 회복하고, 더 나은 성장을 향해 나아가면서, 삶의 큰 영광들이 함께하기를 기원합니다.

이메일 답장이나 전화를 해 주면 좋겠습니다. 기다리고 있겠습니다.

상담자 홍길동

(4) 마무리 과정

추후지도 과정은 도입과정, 그리고 추후평가와 추후행동지도를 포함한 본 과정, 그리고 마무리 과정으로 구분할 수 있다. 추후지도의 마무리 과정도 사례마다 다르다. 그러나 대체로 추후지도 마무리 과정은 '과정 요약, 질의 응답, 소감 나누기, 사후 구조화, 마무리 인사' 등의 순으로 이루어질 수 있다. 즉, 상담자가 추후지도 과정과 그 결과를 요약하고, 그리고 내담자에게 마무리 하기 전에 궁금한 것이 있는지를 묻고 나서 질의응답 시간을 가지며, 그리고 오늘 경험한 추후지도에 대한 소감 나누기를 하고, 그리고 상담자가 사후구조화를 실시하며, 그리고 서로 마무리 인사를 나눈 후, 추후지도를 종료하는 등의 순서로 마무리 과정이 이루어질 수 있다.

3) 추후지도 이후 과정

일반적으로 상담종결 이후에 상담은 마무리된다. 그러나 상담종결 이후에 추후지도를 실시할 경우, 완전한 상담종결은 사실상 추후지도 이후에 이루어진다. 추후지도 이후의 과정이란 추후지도를 마친 이후의 과정을 의미한다. 일반적으로 추후지도 이후의 과정은 사례마다 다르지만 대체로 다음과 같은 업무들이 포함된다. 즉, 상담기록, 실적보고, 상담비 정산, 의뢰, 재상담 등이다.

먼저, 추후지도를 마친 이후에, 추후지도에 대한 상담기록이 요구된다. 그리고 상담실적 보고도 요구된다. 또한 유료 추후지도를 실시한 경우 내담자와 상담비를 정산하는 일까지 요구될 수도 있다.

그리고 내담자에 따라서는 추후지도의 후속작업으로 의뢰가 요구될 수도 있다. 예를 들어, 인간관계 갈등 문제를 가진 내담자와 추후지도를 하는 과정에서, 상담자가 방학 중에 실시하는 집중적 집단상담에 참가를 권유했고, 내담자가 이를 받아들였다면, 추후지도가 끝난 후에도 내담자를 집단상담에 의뢰해야 하는 후속과제가 남겨져 있을 수 있다. 또한 부모와의 추후지도가 끝난 후에도 부모의 양육태도 변화를 위해 부모를 부모교육에 의뢰해야 하는 후속과제가 남겨져 있을 수도 있다.

그리고 추후지도 후속작업 중 하나는 이전의 상담개입을 점검한 후, 개선방안을 마련하고, 이를 이후 상담개입에 반영해 나가는 업무이다. 이런 점검과 개선 그리고 반영은 비공식적인 행태로 업무가 주어지지만, 예외적으로 공식적인 형태로 업무가 주어질 수도 있다. 가령 상담행정, 슈퍼비전, 상담연구 등의 목적으로 점검과 개선방안을 마련한 이후에 공식적인 보고서를 작성하여 제출하도록 요구될 수도 있고, 이런 개선방안 이행에 대한 지도감독을 받아야 할 수도 있다.

또한 추후지도 이후에 종종 재상담이 이루어지기도 한다. 예를 들면, 내담자의 문제가 재발했고, 이 때문에 내담자가 재상담을 원할 경우에는 추후지도 이후에 재상담이 이루어질 수도 있다. 그리고 내담자가 정신병적 문제나 위기문제가 발생했을 때도 내담자가 원하는지의 여부와 상관없이 추후지도 이후에 정밀평가나 위기개입이 추가로 이루어질 수도 있다.

만남과 성장

고기홍

마음의 벽을 허물고 당신을 바라볼 때

비로소 당신이 보입니다.

마음을 열고 빈 마음으로 당신을 맞이할 때

비로소 당신은 내 마음속으로 들어옵니다.

그때 나와 당신을 갈라놓던 울타리가 낮아지고

만남의 설레임과 두려움, 그리고 번거로움과 갈등 속에서

새롭게 우리라는 울타리를 만들어 갑니다.

밖으로 향한 마음을 안으로 거두어 나를 바라볼 용기가 있을 때

비로소 나의 모습이 보입니다.

내가 용기를 가지고 더 나은 성장으로 나아가려 할 때

비로소 나의 단점들이 보이기 시작합니다.

단점 속에서 성장의 씨앗을 발견할 때

비로소 내 안에 실망과 부끄러움은 조심스런 희망과 자신감으로 바뀌어 갑니다.

두려움과 어색함 속에서 나 자신이 될 수 있는 힘을 얻습니다.

당신이 마음의 벽을 허물고 나를 바라봐 줄 때

비로소 따뜻한 온정 속에서 나를 바라볼 수 있는 힘을 얻습니다.

당신이 마음을 열고 빈 마음으로 나를 맞이해 줄 때

비로소 나는 거부에 대한 두려움을 떨치고 나를 존중할 수 있게 됩니다.

당신의 고통이 내 고통으로 느껴질 때

비로소 나를 느끼고, 고통 너머의 의미를 발견할 수 있습니다.

당신에게서 나의 모습을 발견할 때

비로소 나를 이해하고 받아들이며 변화할 수 있는 용기를 얻습니다.

내가 당신을 도울 수 있을 때

비로소 나를 스스로 보살필 수 있는 힘을 얻습니다.

나는 당신에게서 만남의 기쁨과 성장의 힘을 얻습니다.

당신과의 만남이 소중하게 느껴질 때

비로소 당신과 나의 경계가 무너지고

우리라는 울타리가 더욱 넓어져 갑니다.

나는 당신과의 만남을 통해

함께 살아가는 의미를 배워 갑니다.

성장의 여정에서 당신을 만나서 기쁘고 반갑습니다.

▣ 참고문헌

가족치료연구모임 역(1995). 해결중심적 단기가족치료. 하나의학사.

가족치료연구모임 역(1996). 단기가족치료. 하나의학사.

강혜영, 김계현(2006). 상담숙제 부여방법에 따른 숙제순응도의 차이. 상담학연구, 7(3), 731-743.

고기홍(2013). 상담관계 발달 모형 개발. 교육학 연구, 29(1), 133-148.

고기홍(2014). 통합적 자기관리 모형을 통한 개인상담. 학지사.

고기홍(2020). 상담사례개념화와 반응분석. 학지사.

고기홍(2021). 상담 접수대상과 상담 제외대상 구분 기준. 교육치료연구, 13(2), 391-409.

고기홍, 김경복, 양정국(2010). 밀턴 에릭슨과 혁신적 상담. 시그마프레스.

고기홍, 정지희, 김세진, 김은실(2022). 청소년 개인상담. 한국청소년상담복지개발원.

고제원(2008). 최면의 이론과 실제. 학지사.

국립국어원(2024). 표준국어대사전. 국립국어원.

국립특수교육원(2009). 특수교육학 용어사전. 하우.

권희경, 안창일(2000). 내담자 저항과 저항에 대한 상담자 개입이 상담지속과 성과에 미치는 영향. 한국심리학회지: 상담 및 심리치료, 12(2), 33-53.

김계현(1995). 카운슬링의 실제. 학지사.

김계현, 황매향, 선혜연, 김영빈(2012). 상담과 심리검사 2판. 학지사.

김규식, 고기홍, 김계현, 김성회, 김인규, 박상규, 최숙경(2013). 상담학 개론. 학지사.

김기석 역(1972). 상담과 심리치료. 중앙적성출판사.

김미리혜, 김진영 외 역(2000). 심리치료 절충 통합적 접근. 정민사.

김영환, 문수백, 홍상황(2006). 심리검사의 이론과 실제. 학지사.

김정희, 이장호 역(1992). 현대심리치료. 중앙적성출판사.

김춘경, 이수연, 이윤주, 정종진, 최웅용(2016). 상담학 사전. 학지사.

김충기, 이재창 역(1985). 상담과 심리치료. 교육과학사.

노혜련, 허남순 역(2004). 해결을 위한 면접. 시그마프레스.

박경, 최순영(2009). 심리검사의 이론과 활용 2판. 학지사.

박영숙, 박기환, 오현숙, 하은혜, 최윤경(2010). 최신 심리평가. 하나의학사.

박태수, 고기홍(2003). 개인상담의 실제. 학지사.

박태수, 고기홍(2007). 개인상담의 실제 제2판. 학지사.

서울대학교 교육연구소(1995). 교육학용어사전. 하우.

설기문(2003). 자기혁신을 위한 NLP 파워. 학지사.

설기문(2007). 시간선 치료. 학지사.

설기문, 이차연, 남윤지, 정동문, 권영달, 김행신 역(2010). NLP 입문. 학지사.

양명숙, 김동일, 김명권, 김성회, 김춘경, 김형태, 문일경, 박경애, 박성희, 박재황, 박종수, 이영
    이, 전지경, 제석봉, 천성문, 한재희, 홍종관(2013). 상담이론과 실제. 학지사.

오혜영, 유형근, 이영애, 강이영(2011). 청소년 개인상담. 한국청소년상담원.

용타(2007). 마음 알기 다루기 나누기. 대원사.

이관용, 이장호 역(1982). 카운셀링과 심리치료의 이론과 실제. 대한교과서주식회사.

이무석(2006). 정신분석에로의 초대. 이유.

이수연, 권해수, 김현아, 김형수, 문은식, 서경현, 유영달, 정종진, 한숙자(2013). 성격의 이해와 상
    담. 학지사.

이임순, 이은영, 임선아 공역(2003). 행동수정. 학지사.

이장호(1982). 상담심리학 입문. 박영사.

이장호(2005). 상담면접의 기초 2판. 중앙적성출판사.

이장호(2011). 상담심리학 제4판. 박영사.

이형득 외(1984). 상담의 이론적 접근. 형설출판사.

이형득 편저(1992). 상담이론. 교육과학사.

임진수 역(2005). 정신분석학 사전. 열린책들.

전윤식, 강영심, 황순영 편역(2004). 행동치료. 시그마프레스.

정남운, 이기련 역(2008). 정신분석적 진단: 성격 구조의 이해. 학지사.

정성란, 고기홍, 김정희, 권경인, 이윤주, 이지연, 천성문(2019). 집단상담. 학지사.

정성란, 고기홍, 김정희, 권경인, 이윤주, 이지연, 천성문(2013). 집단상담. 학지사.

정원식, 박성수(1978). 카운슬링의 원리. 교학사.

천성문, 이영순, 박명숙, 이동훈, 함경애 (2006). 상담심리학의 이론과 실제. 학지사.

최해림, 장성숙 역(1993). 집단정신치료의 이론과 실제. 하나의학사.

하지현, 유재학(2007). 저항의 양상들. 정신분석, 18(1), 112-117.

한국청소년상담복지개발원(2017). 고위기 영역별 개입방안 및 윤리적 법적 대응매뉴얼. 한국청소년
    상담복지개발원.

Bandura, A. (1991). Social cognitive theory of moral thought and action. In W. M. Kurtines & J. L. Gerwitz (Eds.), *Handbook of moral behavior and development*. Erlbaum.

Bijou, S. W., & Baer, D. M. (1961). *Child development* (Vol. I). Prentice Hall.

Bordin, E. S. (1979). The generalizability of the psychoanalytic concept of the working alliance. *Psychotherapy: Theory, research and practice, 16*, 252-260.

Corey, M. S., & Corey, G. (2010). *Becoming a helper* (6th ed.). Brooks/Cole.

Duncan, B. L., Miller, S. D., & Coleman, S. W. T. (2001). Utilization: A seminal contribution, a family of ideas, and a new generation of applications. In B. B. Geary & J. K. Zeig (Eds.), *The handbook of Ericksonian psychotherapy*. The Milton Erickson Foundation Press.

Frances, A., & Clarkin, J. F. (1981). No treatment as the prescription of choice. *Archives of General Psychiatry, 38*(5), 542-545.

Frank, G. (1992). Classics revisited: Wilhelm Reich's on character analysis. *International Review of Psychoanalysis, 19*, 51-56.

Garfield, S. L. (1995). *Psychotherapy: An eclectic-integrative approach*. John Wiley & Sons.

George, R. L., & Cristiani, T. S. (1981). *Theory, methods, and processes of counseling and psychotherapy*. Prentice-Hall.

Greenson, R. (1967). *The technique and practice of psychoanalysis*. International Universities Press.

Hill, C. E. (2012). 상담의 기술: 탐색 통찰 실행의 과정[*Helping skills: Facilitating exploration, insight, and action* (3rd ed.)]. (주은선 역). 학지사. (원저는 2009년 출간).

James, T., & Woodsmall, W. (1988). *Time line therapy and the basis of personality*. Meta Publications.

Lally, P., van Jaarsveld, C. H. M., Potts, H. W. W., & Wardle, J. (2010). How are habits formed: Modelling habit formation in the real world. *European Journal of Social Psychology, 40*(6), 998-1009.

Laplanche, J., & Pontalis, J. B. (1974). *The language of psychoanalysis*. W. W. Norton.

Laplanche, J., & Pontalis, J. B. (1967). *Vocabulaire de la psychanalyse*. Presses Universitaires De France.

Mahoney, M. J., & Moes, A. J. (1997). Complexity and psychotherapy: Promising dialogues and practical issues. In F. Masterpasqua & P. A. Perna (Eds.), *The psychological meaning of chaos: Translating theory into practice*. American Psychological Association.

Martin, G. L., & Pear, J. (2003). *Behavior modification: What it is and how to do it* (7th ed.). Pearson Prentice Hall.

Moore B. E., & Fine, B. D. (1990). Psychoanalytic Terms and Concepts. Yale University Press.

O'Connor, J., & Seymour, J. (1993). *Introducing neuro-linguistic programming: Psychological skills for understanding and influencing people*. Thorsons.

Okun, B. F., & Kantrowitz, R. E. (2019). 상담기본기술 A to Z: 일반인 준전문가 전문가를 위한 조력의 이해와 실제(8판)(*Effective helping: interviewing and counseling techniques*). (이윤희, 김지연, 전호정, 박민지 공역). 학지사. (원저는 2015년 발간).

Rogers, C. R. (1942). *Counseling and psychotherapy*. Houghton Mifflin.

Rogers, C. R. (1952). *Client-centered psychotherapy*. Scientific American.

Sahakian, W. S. (1990). 심리치료와 카운셀링 – 기법의 연구[*Psychotherapy and counseling; Studies in technique*]. (서봉연, 이관용 역). 중앙적성출판사. (원저는 1970년에 출간).

Sandler, J., Dare, C., & Holder, A. (1973). *The patient and the analyst: The basis of the psychoanalytic process*. International Universities Press.

Skinner, B. F. (1969). *Contingencies of reinforcement*. Englewood Cliffs, NJ: Prentice Hall.

Spiegler, M. D., & Guevremont, D. C. (2003). *Contemporary behavior therapy* (4th ed.). Wadsworth/Thomson Learning.

Stone, L. (1973). On resistance to the psychoanalytic process: Some thoughts on its nature and motivations. In B. Rubenstein (Ed.), *Psychoanalysis and contemporary science (Vol. 2)*. Macmillan.

Tyler, L. E. (1969). *The work of the counselor*. Appleton–Century–Crofts.

Wolberg, L. R. (1977). *The Technique of psychotherapy* (3rd ed.). Grune Stratton.

찾아보기

저자 소개

고기홍(Ko Kee Hong)

계명대학교 교육학 석사(상담심리)

동아대학교 교육학 박사(교육상담)

한국상담학회 집단상담 수련감독 전문상담사

한국상담학회 가족상담 1급 전문상담사

여성가족부 1급 청소년상담사

NLP Trainer

전 제주도청소년종합상담센터 국장

　　서귀포시청소년상담실 소장

　　제주대학교, 제주교육대학교, 제주한라대학교 강사

　　대구경북상담학회 회장

현 계명대학교 교수

개인상담(2판)

Individual Counseling (2nd ed.)

2014년 9월 15일 1판 1쇄 발행
2020년 9월 10일 1판 4쇄 발행
2025년 1월 10일 2판 1쇄 발행

지은이 • 고기홍
펴낸이 • 김진환
펴낸곳 • ㈜ 학지사

04031 서울특별시 마포구 양화로 15길 20 마인드월드빌딩
대표전화 • 02-330-5114   팩스 • 02-324-2345
등록번호 • 제313-2006-000265호

홈페이지 • http://www.hakjisa.co.kr
인스타그램 • https://www.instagram.com/hakjisabook

ISBN 978-89-997-3297-3 93180

정가 27,000원

저자와의 협약으로 인지는 생략합니다.
파본은 구입처에서 교환해 드립니다.

이 책을 무단으로 전재하거나 복제할 경우 저작권법에 따라 처벌을 받게 됩니다.

출판미디어기업 학지사

간호보건의학출판 학지사메디컬 www.hakjisamd.co.kr
심리검사연구소 인싸이트 www.inpsyt.co.kr
학술논문서비스 뉴논문 www.newnonmun.com
교육연수원 카운피아 www.counpia.com
대학교재전자책플랫폼 캠퍼스북 www.campusbook.co.kr